·北京师范大学史学探索丛书·

XianQin HanTang ShiLun

先秦汉唐史论（上）

黎 虎 著

北京师范大学出版集团
BEIJING NORMAL UNIVERSITY PUBLISHING GROUP
北京师范大学出版社

图书在版编目(CIP)数据

先秦汉唐史论/黎虎著. —北京：北京师范大学出版社，2016.5

(北京师范大学史学探索丛书)

ISBN 978-7-303-18426-2

Ⅰ. ①先… Ⅱ. ①黎… Ⅲ. ①中国历史－先秦时代－文集 ②中国历史－汉代－文集 ③中国历史－唐代－文集 Ⅳ. ①K220.7-53

中国版本图书馆 CIP 数据核字(2015)第 018814 号

营销中心电话 010-58805072 58807651
北师大出版社学术著作与大众读物分社 http://xueda.bnup.com

出版发行：北京师范大学出版社 www.bnup.com
北京市海淀区新街口外大街 19 号
邮政编码：100875
印　　刷：大厂回族自治县正兴印务有限公司
经　　销：全国新华书店
开　　本：730 mm×980 mm 1/16
印　　张：42.25
字　　数：680 千字
版　　次：2016 年 5 月第 1 版
印　　次：2016 年 5 月第 1 次印刷
定　　价：118.00

策划编辑：刘松弢　　责任编辑：赵雯婧　刘松弢
美术编辑：王齐云　　装帧设计：王齐云
责任校对：陈　民　　责任印制：马　洁

出版说明

在北京师范大学的百余年发展历程中，历史学科始终占有重要地位。经过几代人的不懈努力，今天的北师大历史学院业已成为史学研究的重要基地，是国家“211”和“985”工程重点建设单位，首批博士学位一级学科授予权单位。拥有国家重点学科、博士后流动站、教育部人文社会科学重点研究基地等一系列学术平台。科研实力颇为雄厚，在学术界声誉卓著。

近年来，北师大历史学院的教师们潜心学术，以探索精神攻关，陆续完成了众多具有原创性的成果，在历史学各分支学科的研究上连创佳绩，始终处于学科前沿。特别是崭露头角的部分中青年学者的作品，已在学术界引起较大反响。为了集中展示北师大历史学院的这些探索性成果，也为了给中青年学者的后续发展创造更好条件，我们组编了这套“北京师范大学史学探索丛书”，希冀在促进北师大历史学科更好发展的同时，为学术界和全社会贡献一批真正立得住的学术力作。这些作品或为专题著作，或为论文结集，但内在的探索精神始终如一。

当然，作为探索丛书，特别是以中青年学者作品为主的学术丛书，不成熟乃至疏漏之处在所难免，还望学界同仁不吝赐教。

北京师范大学历史学院

北京师范大学史学理论与史学史研究中心

北京师范大学史学探索丛书编辑委员会

2014 年 3 月

绪　言

北京师范大学历史学院拟出版“探索丛书”，约稿于我，但当时手头唯一一部书稿在此之前两个月已签订了出版合同，故另将其他论文鸠集、遴选而成此书稿以应命。

这个书稿由两编组成，上编论文的历史世代从先秦至唐代，故曰“古史”卷，下编为关于中国古代“吏民”问题研究的系列论文，故曰“吏民”卷。“吏民”卷虽然以两汉魏晋为主，但时有上溯先秦、下及隋唐者，亦在先秦汉唐的历史世代之中，故名书稿曰“先秦汉唐史论”。

“古史”卷中的前几篇是关于殷商历史问题的论文。兹先略述我何以研究先秦史而又转入魏晋南北朝史研究的问题。早年习史颇关注先秦时期，一方面是兴趣使然，另一方面也与一些机缘有关：一是在学生时代有幸参加了当时由全国人大民族委员会和国务院民族事务委员会组织的全国少数民族社会历史调查，被分配在鄂伦春族调查组工作，深入大兴安岭鄂伦春族聚居地进行了一年的调查，从而有机会对于尚处于原始社会末期的一个民族有所了解，实地看到所谓原始社会究竟是什么样的；二是在参加工作之后，被分配到中国古代史教研组，领导安排跟随杨绍萱教授学习金文并承担历史文选课程的教学，从而对殷周历史获得了一些初步的认识并得以阅读了《尚书》、《诗经》、《春秋左传》等先秦古籍。杨老布置我阅读罗振玉的《贞松堂集古遗文》、《三代吉金文存》，郭沫若的《殷周青铜器铭文研究》等，要求摹写这些铭文，同时每周到他家中一次给我一人授课，讲授内容为三代历史、族徽以及商代至周代的铜器铭文等①；三是 1977 年八九月间

① 在杨老家中受教期间，他曾经拿出他的《中国戏曲史》手稿(毛笔誊写、竖行红格稿纸，订成三册)以及在延安期间收到的毛泽东致他和齐燕铭的亲笔信给我看。后者是抗战期间他在延安负责编导历史剧《逼上梁山》时，得到毛泽东称赞的一封信，他的名字置于当时的文化局长齐燕铭的前面。这封信后来公布时改称“致延安平剧院”的信，没有了收信人杨绍萱和齐燕铭。百度词典关于杨老的词条写道：“杨绍萱(1893—1971)，剧作家，唐山市滦南县柏各庄(原属直隶滦州)人。曾用名广誉。执笔创作历史剧《逼上梁山》初稿，并与齐燕铭共同编导，搬上舞台。新中国成立后，杨绍萱历任文化部戏曲改进局、艺术局副局长，北京师范大学教授。”这里没有提到杨老对于殷周金文方面的造诣，应当补上。

的晋、陕、豫、冀访古之行。是行由中国古代史教研组长郭澎同志带队，教研组教师共七八人参加，遍访此四省重要考古遗址。每到一地即与当地文管会、博物馆、考古队的负责人座谈，他们以最专业的、极其详尽的讲解全面介绍其发掘成果与收藏，并参观博物馆、库房、考古现场。这些负责人后来多为考古界的名家。时值十年动乱刚结束，古风犹存，考古人员可以说是毫无保留地将最好、最新的发现向我们和盘托出。例如，在陕西的扶风、岐山参观了当时刚刚发现的周原遗址和西周甲骨文，由刘士莪、卢连成、罗西章等先生亲自介绍并带领参观库房和考古现场，在正在发掘的秦雍城遗址由工作站的韩伟先生作了介绍；在郑州参观了正在发掘中的商城遗址，由工作站的裴明相先生带领参观并座谈，在郑韩故城遗址由郝本性先生带领参观并座谈，在河北灵寿参观了正在发掘中的战国中山王墓遗址现场……这种深入、细致的考古参观是以后再也享受不到的学术盛宴，使我对于中国古代历史有了感性的、亲切的认识。在这些因素综合作用下，自然而然将研究的重心置于先秦时期。恢复高考之后的中国古代史课程由我首讲，这门课在学生中引起强烈的反响，不仅在校内，甚至传言于校外，其主要亮点就是原始社会和先秦时期。与此同时于1982年发表了我的第一篇先秦史论文《殷都屡迁原因试探》。《中国史研究动态》1989年第4期发表的王永顺《殷都屡迁原因研究概述》中将本文所提王位纷争是殷都屡迁主要原因的观点列为自东汉郑玄以来关于这一问题的八种代表性观点之一。后来这个观点已被一些高校教材和学术论文①等所吸收采纳。

但是，当我发表上述第一篇殷代史论文时却已经决定转入魏晋南北朝史研究了，主要就是考虑魏晋南北朝史上承秦汉，下启隋唐，这样就使自己有可能从比较开阔的历史视野中纵览中国古代历史。尽管如此，此后与先秦史的关系仍然不能完全脱离，而且这个转移还是相当困难的。当时中国古代史教研组长郭澎同志一再劝告、挽留不要转移，希望继续留在先秦史中。为此他甚至将自己珍藏的几十张钟鼎文照片送给我。其他不少友人

① 例如哈佛大学张光直教授：《关于中国初期“城市”这个概念》，载《文物》，1985(5)。

也是这样慰留的。怎奈去意已决，最后还是得到有关同志的理解，如愿以偿转入魏晋南北朝史的研究中来。于是我提出成立一个“魏晋南北朝史研究室”的设想，并积极与有关方面进行沟通，终于得到校、系领导的积极支持，从而正式成立了“魏晋南北朝史研究室”，成为当时全校第一个以研究为中心任务的研究单位。不久，北京出版社拟重新出版“文革”前吴晗先生倡议的“中国历代史话丛书”，编辑也是听到了我在先秦史教学方面的传言而前来邀约我写其中的《夏商周史话》的，由于我已经将研究重心转入魏晋南北朝史，故一再推辞，后来转念以之权作告别先秦史的一次谢幕礼而答应下来。此书于1984年出版之后，始料不及的是不时有朋友传来社会上的，特别是中国社会科学院历史研究所先秦史研究室先生们的好评的信息，书中运用了不少考古新发现资料而令他们格外关注，其中孟世凯先生还特地屈尊光临寒舍相见，这是我首次与历史研究所的先秦史专家认识。更令我始料不及的是嗣后不久，先秦史学界大师胡厚宣先生因这本《夏商周史话》和《殷都屡迁原因试探》这篇论文而给我发来了参加1987年于安阳举行的“中国殷商文化国际讨论会”的邀请函。我接到这个通知之后，一方面有受宠若惊之感，另一方面也颇感为难，因这时我已无暇顾及先秦史了。思忖良久，于是决定撰写一篇殷代外交方面的论文以赴会。因为当时我已经确定研究中国古代的外交制度问题了，觉得研究一下殷代的这个问题可以一举两得，一方面权作再一次的先秦史谢幕礼，得以参加此次盛会，另一方面因为中国古代的外交制度渊源于先秦，可以为研究后代的古典外交制度奠定基础，于是写了《殷代外交制度初探》这篇论文。在安阳的盛会中首次拜见胡厚宣先生，得瞻其风采，并从社科院先秦史研究室的先生那里得知邀请我与会的某些内幕：当时另一高校从事先秦史研究者要求参加此会被拒，他向会议筹办方——历史研究所先秦史研究室提出抗议说“黎某人已经不搞先秦史了，你们为什么邀请他而不邀请我?”对方答称“黎某人参加是胡厚宣先生点的名”云云。如所周知，在中国学术界一提起古代外交多避之唯恐不及，但是此文的遭际还算幸运，《历史研究》于次年第1期即刊登了此文，而且后来竟然还遇到了学术界的知音，有的学者在评介改革开放以来的先秦朝聘研究问题时写道：“1949年以后，当代学者对朝聘许多问题研究日趋活跃。尤其是近20年，朝聘的研究超越了以往任何时代……各方面成果让人目不暇接，成就巨大。杨宽、沈文倬、杨向奎、钱玄、李学勤、黎虎、刘雨、陈戍国等，硕果累累。许多研究课题属于拓荒性质，把周代朝聘研究带入了一种前所未有的科学境地。”①私衷绝不敢与上述诸大家相提并论，但是我想指出的是李无未先生之所以作出这样的评判，其主要根据当为上述那篇拙文以及嗣后出版的《汉唐外交制度史》等，在当今论文著作动辄以车载斗量的时代，只此一点亦足见李先生之见地实非流俗可比，得此知音，夫复何求？

汉代的论文收入了《解忧公主出塞的历史贡献》、《汉代和亲与“质侍”在外交中的互动关系》、《汉代“天子三玺”在外交中的应用》等三篇。

西汉中叶的出塞公主——解忧公主一直没有引起人们的注意更遑论给予应有的评价，不仅在许多通史著作中没有她的地位，即使在论述两汉与西域关系历史的专著、论文中，对此亦语焉不详，甚或不置一词；在论及西汉一代出塞和亲的汉女时，我们的历史著作中提到的只有王昭君或细君公主，以至一些辞书亦然。例如，《中国人名大辞典》就只有王昭君和细君公主而无解忧公主。我于1979年在《北京师范大学学报》发表《解忧公主出塞的历史贡献》这篇论文之前，曾经在《蒲公英》中以《解忧公主的事迹》为题发表了一篇不足2000字的短文。这是刚刚从“文化大革命”中解放后，人们开始重新收拾文化的岁月。《蒲公英》为北京市西城区文化馆创办的文艺性小报，于1979年元旦创刊，每周一期，每期四版，其中有“历史人物”专栏，所刊发的文章，不论作者为何人，一律以“求是”署名。应该刊主编之约写了这篇短文，刊登于该刊之第三期。据说这个小报一经面世，在那个文化饥渴的年代，立即受到市民的热烈欢迎。《解忧公主出塞的历史贡献》一文首次在学术界提出了这个历史人物，并全面、系统、深入地论述了她的主要贡献及其对于当时实现汉王朝“欲与乌孙共灭胡”、从而“断匈奴右臂”战略计划的贡献。指出在西汉一代出塞和亲的汉女中，解忧公主的贡献，她的历史作用，比王昭君或细君公主都要更大些，因而她的历史地位

① 李无未：《周代朝聘制度研究》，35页，长春，吉林人民出版社，2005。

也应当更高些。令人欣慰的是，此后关于解忧公主的学术性、普及性的文章遂陆续出现，现在这个历史人物不仅已经被史学界一致认同，而且在社会上也已经广为人知，不仅历史著作中有了她的地位，而且各种历史或人物辞典中也都普遍立了解忧公主这一词条了。

魏晋南北朝史方面，因为过去已经出版了《魏晋南北朝史论》一书，故这里所收不多，只有几篇短文和一篇较长的文章。在这组短文中，《曹魏屯田始于何年》提出了曹魏屯田先有军屯后有民屯、始于东汉兴平元年(194年)的意见。有的学者发文反对本文的意见，认为兴平元年不可能产生曹魏屯田；但是也有的学者肯定并接受了本文的意见，高敏先生在《关于曹魏屯田制的几个问题》中即采纳了本文的意见，并在利用本文所依据的资料和论据基础上加以进一步论述，肯定曹操于兴平元年已经实行军屯①。周一良先生于1983年11月1日赐函中亦有所勉励，谓："近读大作论曹魏屯田文，于军屯民屯之先后及地域之扩展，均有所辨析；尤其结合当时年成及灾情、气候等论屯田之兴起，颇受启发也。"故将此文收入此书中，聊以备忘并为有兴趣于此者提供进一步研究之参考。

《客家民居特征探源——与汉魏晋北朝中原宗族聚居、大宅、坞堡关系》一文是试图将地方民系研究纳入中国古代大历史中的一个尝试。文章认为，尽管客家民居有地域性的差别，但是有两个基本要素则是共同的：一是这种住宅规模非常巨大，一个大屋之内可容几十户甚或几百户人居住，而且都是同一父系血统的族人；二是这些住宅都具有坚固的、封闭的外围和严密的防御体系。因而这种居宅就具有两个最为突出的基本特征：其社会特征是宗族共同体聚居，其建筑特征是围堡式大屋。进而指出这两个基本特征一方面是为了适应南迁之后在当地生存、发展的需要而形成和确立起来的，但是另一方面它们又不是凭空产生的，而是有着源远流长的、深厚的历史渊源的。认为前者渊源于汉魏晋北朝中原的宗族共同体聚居制度和坞堡宗族聚居方式，后者渊源于汉魏晋北朝中原大宅与坞堡建

① 文载氏著：《魏晋南北朝社会经济史探讨》，34～36页，北京，人民出版社，1987。

筑。这一见解为学术界所首倡。

本书还收入了几篇不限于某一断代的、综代性论文。其中，《狮舞流沙万里来》是探讨中国民俗文化之一狮子舞的渊源流变的文章。狮子舞是中国人民喜闻乐见的一种民间舞蹈，流行广泛。然而关于它出现于何时、起源于哪里等问题却颇为模糊乃至纷纭混乱。关于其出现的时间，或笼统地谓“其俗由来已久”，“是历史悠久的民间舞蹈”，均未明言出现于何时；说明具体时间者，则有谓“汉代即已流行”，有谓“起源于南北朝”。关于它的来源，或谓其为“汉族传统娱乐活动”，“唐代已传入西凉”，显然认为其源于中国本土。中国本土是如何产生狮子舞的？有的认为其渊源于古代的“傩礼”……凡此种种，不一而足。本文考定狮子舞虽然现在已成为在中国广泛流行的民间舞蹈，但是它并非本土所出，而是源于西域，大约是在曹魏时期出现于中原文化舞台上的。

《中国古代饮食文化研究论纲》一文是应《扬州大学烹饪学报》约稿而草撰的。20 世纪 90 年代我曾经主持国家教委博士点基金研究项目，出版了《汉唐饮食文化史》①，没有料到这本书在得到学术界肯定的同时也受到社会人士的欢迎，以至因此而在 2005 年被中国食文化研究会授予首批“中国食文化突出贡献专家”称号。据说在烹饪学界将是书列为必读参考书，职是之故而有《扬州大学烹饪学报》之约稿。这篇文章以我贯穿于《汉唐饮食文化史》中的基本思路为主要依据，其中某些论述也吸收了书中其他作者的观点，尤以姚伟钧先生的观点为然，在此声明并予致谢。

唐史方面选了四篇。《刘知幾为武则天“制造舆论”吗?》是我在十年动乱结束之后不久在《历史研究》发表的第一篇论文。当时的惯例，该刊出版之后《人民日报》和新闻联播都要进行报道，因此本文刊出之后亦同样被作了介绍和报道。读者可以看到，文章中的行文风格与思想内容仍然带着一些“文化大革命”时期的影响和痕迹，而且其内容和论证现在看来也是比较肤浅的。但这是当时社会现实的反映，将其入选，权当对这一历史时代的一个见证罢了。

① 黎虎：《汉唐饮食文化史》，北京，北京师范大学出版社，1998。

《唐代的市舶使与市舶管理》、《唐代的押蕃使》是我在进行国家教委“八五”人文社会科学研究项目时期的产物。

唐代的市舶使是一个传统的研究课题，从明末清初的顾炎武，到日本学者桑原骘藏，再到20世纪以降诸多中国学者都作了研究，但是它却是一个存在巨大分歧、众说纷纭、争议不休的老问题。这主要是因为关于市舶使的资料并不太多，有的记载比较含混，因而人们对其解读差异较大，特别是对于市舶使的性质认识存在偏差，对于市舶使与岭南地方节度使、押蕃舶使以及他们之间的相互关系混淆不清。本文在厘清市舶使人选的基础上，指出市舶使为朝廷派遣至岭南地区采购舶来品之专使，与朝廷派往其它地区的“市珠玉使”、“市马使”等性质是一致的，他们的身份经历了“朝官→宦官→监军(宦官)”的变化过程；地方长官——节度使并不兼任市舶使，他们所兼任的为“押蕃舶使”，而“押蕃舶使”与市舶使是不同序列、不同性质的负责外交、外贸管理的使职。有的学者在评介这个问题的研究历史和现状之后总结道：“在所有讨论唐代市舶使的文章中，黎虎的论述最具有说服力。”①我把这视为是对我的一种鞭策。

与市舶使问题相反，唐代的押蕃使则是个一直无人问津的问题，只是有时有的学者在论述市舶使问题时往往将其与押蕃使混为一谈。押蕃使与市舶使是相互联系的问题。本文提出，唐代于周边地区设置的押蕃使与岭南地区设置的押蕃舶使性质基本上是一致的，只是因为岭南地区面对的是蕃舶，而其他周边地区面对的则是众多不同的国家、民族——诸蕃。因而产生了这样两种不同的称谓。在此基础上，本文比较全面、系统、深入地论述了押蕃使的设置、机构、职能等方面的问题。

本书的下编是我在2005—2009年发表的，根据长沙走马楼吴简而进行的关于中国古代“吏民”问题研究的系列论文，共收入11篇。这些论文可分为三组，第一组三篇是讨论“吏户”问题的，第二组五篇是讨论“吏民”问题的，第三组三篇是讨论“吏民”中的“真吏”、“给吏”、“军吏”等问题的。这三组论文又可划分为两类，第一组为第一类，是属于“破”的，即对于学术

① 郑有国：《中国市舶制度研究》，21页，福州，福建教育出版社，2004。

界传统的“吏户”论进行质疑和商榷的；第二、三组为第二类，是属于“立”的，即正面阐述我对于“吏民”以及“吏民”中的“真吏”、“给吏”、“军吏”等的含义、性质问题看法的。

我是怎样开始关注“吏民”问题并由此而引起对于长沙走马楼吴简中一系列相关问题的研究兴趣的呢？事情要从2003年审读一份博士后出站报告说起，这份出站报告是以长沙走马楼吴简为中心而做的一个问题，在这个报告中一再强调走马楼吴简中存在“吏户”的资料，说在孙吴户籍简中“吏民”总户数之下是分列“吏户”、“民户”的，甚至还有一种叫作“真吏”的“吏户”云云。如所周知，尽管魏晋南北朝时期存在“吏户”是广泛流行于学术界的传统说法，但是在文献中并没有明确的、直接的资料和证据，如今地下发现孙吴时期的第一手资料有这样的记载，自然十分难能可贵，从而引起了我的好奇心。于是我找来吴简进行阅读，但是从中反复查找也没有发现能够证明“吏户”存在的记载。特别是当我对长沙走马楼吴简中各类“吏民”的人均土地进行统计，发现“吏”的人均土地远高于普通农民人均土地之后，对于“吏户”论及其种种说法和所谓证据的症结所在遂有了全新的认识，大有涣若冰释、豁然开朗之感。治中国古代社会经济史的一个困难是苦于缺乏材料以资进行统计，如今打开了古代基层社会的档案库，可以利用这些翔实的资料进行统计，以可信的数据揭示历史的真相，实属千载不遇的良机。于是我又从吴简再回过头去阅读相关文献记载，这样经过两者的对照、比较，坚信所谓孙吴时期存在“吏户”的说法是有问题的，遂开始重新审视并深入研究这个时期的所谓“吏户”问题。而“吏户”问题是认识“吏民”问题的核心和关键，于是从“吏户”问题切入围绕长沙走马楼吴简开展了相关问题的研究，从而形成了我对于这一问题的比较系统的基本看法。不久我又承担了国家社科基金项目的另一专题研究，遂不得不将两者交叉进行，导致国家课题延期两年才得以完成。至2009年为止，共发表了这11篇系列论文。这11篇论文不是零散的、互不关联的片断，而是一个相互联系的整体，其中贯穿着我对于中国古代基层社会一种全新的认识。

第一组三篇论文是对史学界传统的“吏户”论进行质疑、商榷的。“吏户论”是在20世纪50年代提出的，半个世纪以来一直是中国魏晋南北朝史学界的主流观点之一，被学术界广泛接受和应用。其基本观点是：第一，“吏”有单独的、特殊的户籍，称为“吏户”或“吏籍”，与一般民户分开。第二，“吏”的身份非常卑贱，其身份地位是在一般编户齐民之下的依附民。而孙吴时期是“吏户”形成的重要时期和典型。经过对于吴简和文献记载的综合研究，我在《“吏户”献疑——从长沙走马楼吴简谈起》一文中，认为长沙走马楼吴简中的“吏”与“民”一起编制于基层乡里，同为国家编户齐民，并不存在独立的“吏户”。更重要的是这些“吏民”不仅在经济、政治等方面的权利义务相同，而且“吏”还稍优于普通编户民。在对吴简中的六种“吏民”占田数量进行统计之后发现，当时长沙地区的人(户)均占田约 32 亩，普通农民的人(户)均占田 29.6 亩，处于六种“吏民”中的最后一位；“吏”的人(户)均占田 51.6 亩，处于六种“吏民”中的第二位，其占田数量为普通农民的 1.74 倍。在号称“以农立国”的中国古代社会，土地是最重要、最基本的生产资料，是衡量其经济地位的重要标尺。这样就从经济基础上给“吏户”论以动摇，表明将“吏”视为身份地位低于一般民户的说法是与历史事实相悖的。这是我敢于质疑“吏户”论的关键。

与此同时，进而对于“吏户”论所依据的若干重要的文献资料重新进行审视，并在《魏晋南北朝“吏户”问题再献疑——“吏”与“军吏”辨析》中对于“吏户”论将大量“军吏”方面的文献资料挪用于论证“吏户”问题加以辨析；继而在《魏晋南北朝“吏户”问题三献疑——“吏户”论若干说法辨析》中则对于“吏户”论的种种似是而非的流行说法进行了辨析。

第二组五篇是正面阐释“吏民”含义与性质的文章。“吏民”一词在中国古代史籍中虽然长期而频繁使用，但是关于其含义与性质等方面并没有明确的记载，因此过去学术界并未予以关注。在长沙走马楼吴简中含有大量关于“吏民”的资料，在这些地方政府的田赋、簿籍等档案中记载了民户男、女以及州、郡、县吏等各种身份的人员，直接将他们概括称之为“吏民”，这就为我们研究“吏民”提供了文献资料中所没有的、十分宝贵的第一手资料。因此我们现在有了将地下资料与纸上资料结合起来进行研究“吏民”的十分有利的条件和可能性了。这组论文从不同角度阐释了“吏民”的涵义、构成、社会属性以及“吏”与“民”的关系、“吏”与地方政府、中央政府的关系等方面的问题。认为“吏民”即通常所谓的“编户齐民”，是当时社会的基层民众和统治基础，由“小吏”与普通农民为主构成的“吏民”是一个不可分割的整体，提出了“吏”是具有相对稳定性与相对流动性的一个群体，它来自于“民”又复归于“民”，循环往复，生生不息的基本观点。

第三组三篇文章是分别对于吴简中的“真吏”、“给吏”和“军吏”等问题进行的讨论。

“真吏”在文献中几乎没有留下什么记载和痕迹，吴简中虽然有三十几枚简记载了“真吏”，但是其含义及其身份均不明。《说“真吏”——从长沙走马楼吴简谈起》一文试图破解这一“无头案”，探讨“真吏”的含义及其性质。经过对于汉唐时期文献及简牍资料之探赜索隐，本文提出的初步见解是：“真吏”是相对于非“真吏”而言的。“真吏”为真除实授的官员和吏员，此外非真除实授的官员和吏员则属于非“真吏”。非“真吏”又有两种类型，一类是冗散无职事者，只有名义上的官称吏名；一类是虽有具体职事，但未真除实授者。“真吏”与非“真吏”的区分，存在于从中央到地方，从行政系统至军事系统，从高级官员至下层小吏。“真吏”与“真官”的含义基本相同，但“真吏”的范畴大于“真官”。这是在学术界首次提出这一见解并对之作了比较全面、系统、深入的论证。

在长沙走马楼吴简中既有“州吏”、“郡吏”、“县吏”等称谓，又有不少“给州吏”、“给郡吏”、“给县吏”等的记载。两者的关系和区别如何？《说“给吏”——从长沙走马楼吴简谈起》一文提出“给吏”大体上有两种不同的类型，一是在本州郡县服役的“给州吏”、“给郡吏”、“给县吏”者；二是被派遣至其他单位或部门的“给吏”者。最近根据新近公布的吴简资料对原刊文作了比较大的修改、补充。

中国古代史籍中频见“军吏”一词，但是“军吏”的范畴是什么？并没有明确的记载，是一个使用频度较高而含义模糊的概念，因而也就没有引起学术界的注意。学术界注重了军队将领乃至士卒的研究，而鲜见措意于“军吏”的研究。长沙走马楼吴简中虽然有不少关于“军吏”的资料，但是并不见对此有专题的论述，因此探讨“军吏”问题有助于对吴简相关资料的认识。《汉唐时期的“军吏”——从长沙走马楼吴简谈起》一文考察了先秦至唐代“军吏”的内涵及其发展变化状况，认为“军吏”在先秦时指军队中除士兵之外的各级军官，战国时期其层级有所下移，指将军以下的中下级军官。汉代以校尉为将军与军吏的分界线，此外幕府中的各色吏员亦属“军吏”范畴。魏晋南北朝沿袭汉代，也以将领所辖中下级军官和军府属吏为“军吏”，不过，“军吏”与将军并非截然划分，而具有一定的相对性。唐五代时期的“军吏”范畴较前代有所变化，府署僚佐并不笼统纳入军吏范畴，而主要指其中的武职僚佐，不包括其中的文职僚佐。由于“军吏”范围宽泛，其上下层之地位亦相去悬远。吴简中的“军吏”属于军中下层吏员。在吴简的六种“吏民”中，“军吏”的待遇、地位等同或略高于普通农民和“卒”，而低于“士”、“吏”和“复民”。

在我进行“吏民”问题研究的同时，2005 年又承担了国家社会科学基金项目——《汉唐交聘体制研究》的研究，随着这一课题于 2011 年的结项，意味着从 2003 年以来的七八年间，“吏民”问题与“汉唐交聘体制研究”双管齐下并得以双获收成，这是我生平科研工作最为密集，也是至为难得的潜心学术的阶段，自感进入了研究工作的一个黄金时代。《诗》不云乎，“茀厥丰草，种之黄茂……实发实秀，实颖实栗”。尽管其中有些成果也许会存在不同意见，但聊可自慰的是这里的每个问题都是自己独立思考所得。“独立思考”说来容易做来难。跟风、人云亦云、墨守成规是人性的普遍弱点之一，故“三人市虎”之类现象不仅在生活中，而且在学术领域也同样存在。学术上的每一步攀登都是艰辛的，但又是其乐无穷的，故这个期间也是最为怡然自得的日子。

从本书所选论文观之，以时间跨度而言，上起先秦，下迄唐代；从内容来说，涵盖社会的、经济的、政治的、文化的诸多方面。这样的研究格局有其可取之处，有助于从比较宽阔的、多维的时空中去认识和把握历史问题。但是从中也暴露了其缺陷和不足，虽然其中也有一些比较深入的篇章，但是不免也有某些浅尝辄止、蜻蜓点水之憾，例如先秦史方面之旋得旋弃，其得失之间，似有未可逆料者也，至今忖之，不禁仍有戚然于方寸者。如果后来学者能从中汲取某些教训，以为前车之鉴，则本书庶或可免“覆瓿”之厄，于斯亦足矣！

由于笔者水平所限，文中谬误之处尚祈博雅君子有以赐正焉。

目 录

上编 古史卷

下编 “吏民”卷

上编　古史卷

殷代外交制度初探

殷商时期作为国家重要职能之一的外交，是伴随早期国家的产生而产生的。虽然早在原始社会时代，氏族部落之间或部落联盟之间的交往关系即已发生，但其与阶级社会国家出现后的外交有着不同的性质。后者是为实现统治阶级的政治、军事、经济、文化等方面目的而采取的国家对外政策及其手段。不过，由于其时氏族、部落与早期国家错杂并存，所谓外交便包括了商王朝与周边氏族、部落或方国的种种关系，而它们之间的界限尚不易清楚划分。尽管如此，殷代已经存在外交则无疑义，而研究殷代的外交制度，对于认识殷王朝与方国关系的性质以及殷代国家政权形式，乃至我国古代外交制度均有一定意义。但由于殷代处于古代外交制度的初始阶段，制度本身极不完备，加以现存可供研究的资料不多，因此许多问题目前尚无法搞清，真正深入的研究还有俟于将来。

一、“史”与“史人”

殷契卜辞中(大多为第一期)多有关于“史”和“史人”的记载。① 其表述形式多为“某史人于某”或“史于某”，如：

“王史人于沚，若。”(合集 5530 乙)②

“王勿史人于沚。”(合集 5530 甲)

“庚申卜古贞，王史人于陕。贞，勿史人于陕”(合集 376 正)

“甲申卜古贞，王史人。”(乙 1277)

---

① 仅“史人”一词，岛邦男先生统计即有五十一条，实则尚不止此。见岛邦男：《殷墟卜辞综类》，421 页，东京，汲古书院，1967。

② 郭沫若：《甲骨文合集》，北京，中华书局，1978—1982。以下简称《合集》。

“王于俾史人于美，于之及伐望，王受又。”(合集 28089 正)

“㱿贞，妇好史人于眉。”(合集 6568 正)

“贞婁史人。贞婁不其史人。己未卜古贞我事史人。贞我事不其史人。”(合集 822 正)

“丁丑卜韦贞，史人于我□。”(合集 5525)

“庚辰贞……方来即，史于犬征。”(屯南 1009)①

“史人于某”也可表述为“史人往于某”，如：“贞，史人往于唐。”(合集 5544)“史于某”也可作“史至某”，如：“乙丑卜，又史至蜀。”(合集 21911)由此可见“史”和“史人”的意义是明确的，即派遣至各地去执行某项使命的使者。早在夏末，商族还作为夏王朝的“诸侯”时，已有“使人”往还于夏、商之间。《帝王世纪》云：“及夏桀无道，罪谏者，汤使人哭之，桀囚汤使于夏台，而后释之。”②商王朝建立后，商与各方国、诸侯或氏族之间的“使人”往还就更为频繁了。

卜辞所记“史人”就是我国历史上最早的外交使者，即后世之“行人”或“使者”。《周官》有“大行人”一职，“掌大宾之礼及大客之仪，以亲诸侯”③，负责外交事务。有“小行人”，“使适四方”④。春秋时使者或称“行人”，如“行人子员”⑤、“行人子朱”⑥、“行人子羽”⑦、“行人挥”⑧等。行人又径称

① 中国社会科学院考古研究所：《小屯南地甲骨》，北京，中华书局，1983。以下简称屯南。

② (唐)欧阳询撰，汪绍楹校：《艺文类聚》，卷 12 引，221 页，上海，上海古籍出版社，1965。

③ 《周礼注疏》卷 37《秋官司寇·大行人》，见《十三经注疏》，890 页，北京，中华书局，1980。

④ 《周礼注疏》卷 37《秋官司寇·小行人》，见《十三经注疏》，893 页。

⑤ 《春秋左传正义》卷 29“襄公四年”条，见《十三经注疏》，1932 页。

⑥ 《春秋左传正义》卷 37“襄公二十六年”条，见《十三经注疏》，1988 页。

⑦ 《春秋左传正义》卷 59“哀公十二年”条，见《十三经注疏》，2170 页。

⑧ 《春秋左传正义》卷 41“昭公元年”条，见《十三经注疏》，2020 页。

为“使”[①]、“使人”[②]、“使臣”[③]、“使者”[④]等。

“史人”所使之地，除上引卜辞所载沚、陕、美、眉、我、犬、唐、蜀之外，尚有𠧟(合集 5536)、新(合集 5525)、望(合集 5535)、妻(合集 5532)、禽(合集 5534)、河(合集 5522)、吴(天 42)[⑤]、庞(京 1350)[⑥]等。这些地方有在殷商王朝国土范围内者，如禽、妻等为武丁臣属，所使可能指其居地。但有不少是方国诸侯之地，如沚、𠧟、蜀、美、望、唐等均属殷商西部方国。美即危方美，危方在今山西西南部。望方，在山西霍县北[⑦]，或谓国在今山西石楼一带[⑧]。我，殷东方国，我“孳乳为仪”，即夷仪，在今山东聊城[⑨]。

卜辞“史人”之使命，大略有三个方面：使于商王朝之邻国，执行外交使命；使于商王臣属之贵族“诸侯”，沟通王朝与地方之关系；执行某项特定任务之专使、特使。后者如“乙酉卜宾贞，史人于河，沈三牢、册三牛，三月”(合集 5522)，是派遣特使祭祀于河。文献亦有类似记载，如：“汤伐桀后，大旱七年，洛川竭，使人持三足鼎祝于山川曰：政不节邪？使人疾邪？”[⑩]在上述三项使命中，后二者属于国内事务，并非外交使命。但在卜辞中通称“史人”。后世亦将中央派至地方与派至国外者通称“使者”，如汉代以“八使巡行风俗”[⑪]，这类“使命”纯属国内事务。不过，作为外交人员之“史人”在商代已经出现，则无疑义，卜辞所记“史人”中已包含了我国历

---

① 《春秋左传正义》卷 32“襄公十四年”条，如：“于是子叔齐子为季武子介以会，自是晋人轻鲁币，而益敬其使。”见《十三经注疏》，1956 页。

② 《春秋左传正义》卷 24“宣公十三年”条，见《十三经注疏》，1885 页。

③ 《春秋左传正义》卷 29“襄公四年”条，见《十三经注疏》，1932 页。

④ 《春秋左传正义》卷 3“隐公五年”条，见《十三经注疏》，1728 页。

⑤ 唐兰：《天壤阁甲骨文存》，北京，北平辅仁大学，1939。以下简称天。

⑥ 胡厚宣：《战后京津新获甲骨集》，北京，北京来薰阁，1951。以下简称京。

⑦ 李学勤：《殷代地理简论》，75、76 页，北京，科学出版社，1959。

⑧ 《山西石楼义碟发现商代铜器》，载《考古》，1972(4)。

⑨ 丁山：《甲骨文所见氏族及其制度》，103 页，北京，科学出版社，1956。

⑩ 《后汉书》卷 61《周举传》注引《帝王纪》，2027 页，北京，中华书局，1965。《帝王世纪》，见《二十五别史》，30 页，济南，齐鲁书社，1998。

⑪ 《后汉书》卷 56《张纲传》，1817 页。

史上最早的外交使者了。

作为外交人员之“史人”，其使命之一是在战时负责传达、联络，如：“乙巳卜宾贞，臿乎告舌方其出？允……贞：使于臿？”(合集 6078)这是殷商之友邦臿向商王报告了舌方将有军事行动的情报，于是商王打算派使者至臿进一步了解军情。又如：“王于徲史人于美，于之及伐望，王受又。”(合集 28089 正)这是在伐望战争中，派使者至危方美联络，以便共同行动。“庚辰贞……方来即，史于犬征。”(屯南 1009)这是方方来犯，于是派人至犬征联络，共同伐方。“明续”617：“犬征，允伐方”①，证殷人曾与犬征联合伐方。又如前引“妇好使人于眉”，是因为当时妇好正率军攻打某方，因战事之需要而派出使者(见合集 6568)。

国家间的和平友好联系是“史人”的另一重要使命，如：

“丙辰卜敔贞，吴弔羌龙?”(合集 6636)

“贞，吴弗其弔羌龙。”(合集 6637)“贞……弔龙。”(南北·无 318)

“丁卯子卜……弔归。”(合集 40873)

弔，《说文》：“问终也。”②容庚谓：“弔，善也，引申而为有凶丧而问其善否。”③《周礼·大宗伯》：“以弔礼哀祸灾。”④《小行人》：“若国有祸灾，则令哀弔之。”⑤郑注：“祸灾，水火。”则丧事与水火等自然灾害均属弔问之范围，如春秋时“宋大水，公使弔焉”⑥。因此，弔是友好国家间的重要外交活动之一，“弔如同盟，礼也”⑦。

---

① 明义士：《殷墟卜辞后编》，台北，台湾艺文印书馆，1972。以下简称“明续”。

② (汉)许慎撰，(清)段玉裁注：《说文解字注》，383 页，上海，上海古籍出版社，1981。

③ 容庚：《金文编》卷 8，569 页，北京，中华书局，1985。

④ 《周礼注疏》卷 18《春官宗伯·大宗伯》，见《十三经注疏》，759 页。

⑤ 《周礼注疏》卷 37《秋官司寇·小行人》，见《十三经注疏》，894 页。

⑥ 《春秋左传正义》卷 9“庄公十一年”条，见《十三经注疏》，1770 页。

⑦ 《春秋左传正义》卷 18“文公三年”条，见《十三经注疏》，1840 页。

羌龙，李学勤先生谓“羌即羌方，龙即龙方”①。羌方在陕北一带，与殷经常敌对，亦有交好之时。龙方可能与匈奴有关，“此龙方与羌方似或合或叛，两者当相近”②。龙方在武丁中期曾降服于殷，“龙来氐(致)羌”(《录》626、630)③，表明龙方与商王朝亦曾友好，故有派吴往弔之举。

不仅商王派“史人”去友邦弔，友邦亦来殷商致弔，如：“丁酉卜……贞：多君曰来弔，氐象。王曰余其……”(合集 24134)

“多君”亦见于西周金文，《小盂鼎》：“昧爽，三左三右多君入服酉，明，王格周庙。”陈梦家先生认为：“小盂鼎的多君，可能是东西方的诸侯的一种，和周书中的‘邦君’是相近似的。”④

关于“史人”的指派，从卜辞看主要是由商王直接决定。但亦有由贵族重臣和将领所派，如前述“妇好使人”即是其例。

“史人”在殷代不是专职官吏，而是根据任务需要随时指派，不过他们多由商王之近侍亲信担任，“小臣”即是其重要人选。如：“甲申卜，贞(翌)日丁巳，王其乎□小臣史于□。”(珠 325)这是以小臣名某者为使。又如：“贞，使人于禽。”(合集 5534)丁山谓疑与《小臣䍃簋》铭所载为一事⑤，该铭云：“辛丑，小臣䍃入禽……”。“小臣”为商王近待，其职位可上至商王辅佐，如“伊少(小)臣惟辅，咸有九州”(《集成》285)⑥，下至近侍仆隶。因为他们多在商王左右，故得以特殊身份为“使人”而出使四方。

“史人”亦有由重臣武将担任者，如前述奉使“弔羌龙”之吴，曾受命出征：“㱿贞，吴𢦏羌龙。”(合集 6630)、“省亶”(屯南 204)，并担任“小藉臣”(合集 5603)和“供王臣”(合集 5566)等。可知吴备受商王亲信，每委以重任，其中包括出使使命。不过，他也可以归入“小臣”一类。

卜辞中还有“东史”、“西史”、“北史”等，如：

---

① 李学勤：《殷代地理简论》，81 页，北京，科学出版社，1959。

② 陈梦家：《殷虚卜辞综述》，283 页，北京，科学出版社，1956。

③ 孙海波：《河南通志文物志·甲骨文录》，北京，河南通志馆，1938。以下简称录。

④ 陈梦家：《殷虚卜辞综述》，331 页，北京，中华书局，1988。

⑤ 丁山：《甲骨文所见氏族及其制度》，83 页，北京，科学出版社，1956。

⑥ 《叔夷钟》铭。

“丁巳卜宾贞，令禼易旹食乃令西史。”(合集 9560)

“庚子卜争贞，西史旨亡祸。”

“庚子卜争贞，西史旨其有祸。”(合集 5637)

“西史旨其有祸。西史旨亡祸灾。”(合集 5637)

“……卜亘贞……东史……来。”(合集 5635)。

“贞在北史(?)隻羌。贞在北史亡其隻羌。”(合集 914)

或谓“东史”、“西史”、“北史”为镇守边地之武官，这个意见并非没有道理，但他们实际也是以武职而负责方面之使者。从上引卜辞可知他们须用兵作战，并常遭袭击，商王对其安危颇担心。这类使者，颇类后世之使持节领护诸官，汉代对于“叛服无常”的边远民族，分别设置“持节领护”，对于西方少数民族，设“护羌校尉”，“持节以护西羌”①。对东方少数民族，置“护乌桓校尉”，负责乌桓鲜卑事宜，对于北方之匈奴，设“使匈奴中郎将”，“拥节”主管匈奴事宜。所谓“持节”、“拥节”即表明其为使者身份，而“校尉”、“中郎将”则为领兵武官。他们可能是以武职负责方面之外交事务。

后世使者之身份，亦多为皇帝亲信近侍，如汉代张骞“以郎应募”使西域，陈汤以郎求使外国，司马相如以郎奉使西南夷，司马迁以郎中奉使巴蜀以南，金岑以郎“使主客”，此外苏武以“移中监”使匈奴，傅介子“以骏马监求使大宛”②等。郎官是汉代皇帝之亲信近官，他们除给事内朝之外，也常奉使出行，承担外交使命。监为太仆下属官，负责管理皇室马匹。不过他们出使之时，例须兼领军职，一般以“中郎将”身份出使，中郎将是负责宫廷警卫的光禄勋的属官。这种出使制度与商代之出使制度当不无渊源关系。

正因此，商王对于“史人”之派遣非常重视，在出使之前需占卜可否派

---

① (清)孙星衍等辑，周天游点校：《汉官六种·汉官仪卷上》，154 页，北京，中华书局，1990。

② 以上均见《汉书》本传。

出，如：

"庚申卜古贞，王史人于矢？贞勿史人于矢？不若!"(合集376正)
"己未卜古贞，我事史人？贞我事不其史人?"(合集822正)
"贞勿史人?"(合集5555)
"贞其史?"(丙232)

或者卜问某时可否出使，如：

"甲午卜帚贞，今六月我又史?"(合集21668)
"壬寅卜贞…五月我又史?"(合集21637)
"戊辰子卜贞今岁又史?"(合集21671)
"乙未余卜于九又史？于九月又史?"
"乙未余卜今八月又史？隹今八月又史?"
"丁酉余卜壬又史？于癸又史?"(合集21586)

"史人"派出之后，商王还关心其出使情况，是否途中遭到袭击，如：

"贞，羌弗𢦏朕史。"(前4.4.7)①

"贞，方其𢦏我史？贞方弗其𢦏我史？贞我史其𢦏方？我史弗其𢦏方?"(丙76.78)②

《说文》："𢦏，伤也。"③羌方长期与殷为敌，殷商常掳掠羌人为牺牲品，其使者遭羌袭击原不足怪。方在晋南，武丁世亦常进犯，其所犯之地

① 罗振玉：《殷墟书契前编》，见《国学丛刊》，第三期第三卷，石印本，1911。以下简称前。

② 张秉权：《殷墟文字丙编》，台北，"中央研究院"历史语言研究所，1958—1972。以下简称丙。

③ 段玉裁：《说文解字注》，631页，上海，上海古籍出版社，1988。

有唐、𠨘、涂等地，皆在晋中南一带，而其中如唐与商有外交关系，可能商王派往晋南友邦之“史人”常遭方之袭击。因此当时“史人”也携有武装，以保证出使任务之完成。后世亦如之，如前汉张骞第一次出使西域即率一百余人同行，途经匈奴被截获，留之十余载，归时只剩二人。第二次使西域时更“将三百人”①。后汉班超出使西域，亦率吏士同行，袭匈奴、降于阗、拒疏勒、攻姑墨、击莎车，“因其兵众，每有攻战，辄为先登，身被金夷，不避死亡。”②

兹请略说“史”字。

“史”字历来解释多歧。《说文》：“史，记事者也，从又持中，中，正也。”③王国维《释史》一文，已纠许说，旁征博引，谓“史”字所从之“中”，为盛筭之器，引申为掌书之官④。马叙伦谓“史”为笔字象形⑤。陈梦家谓“史为田猎之网，而网上出干者，搏取兽物之具也”⑥。王贵民据其意又加以详细论证⑦。以上诸家之说均似有未安。许、王、马诸氏大抵皆循“记事”、“史官”这一成见而探究史字之本义，故不免治丝而棼之憾。陈梦家、王贵民力图摆脱传统成说而另辟蹊径，但以史字所持之物为“搏取兽物之具”似亦与史字之义相去甚远。

史字在甲骨文中，除作为“使”用外，还用为“事”，此外还用为“吏”。窃以为前者为史字之本义，其余均属引申之义。《周礼》行夫职：“凡其使也，必以旌节。”⑧旌，《说文》：“从㫃……游车载旌，析羽注旄首也。”又谓㫃，“从㫃，旌旗之游㫃蹇之貌。从中，曲而垂下。”段注：“从中者，与岂

---

① (汉)司马迁撰，(南朝·宋)裴骃集解，(唐)司马贞索隐，(唐)张守节正义：《史记》卷123《大宛列传》，3168页，北京，中华书局，1959。

② 《后汉书》卷47《班超传》，1584页。

③ 段玉裁：《说文解字注》，同前第116页。

④ 王国维：《释史》，见《观堂集林》卷6，161页，石家庄，河北教育出版社，2002。

⑤ 马叙伦：《中国文字渊源与研究方法之新倾向》，见《马叙伦学术论文集》，12、200页，1940。

⑥ 陈梦家：《史字新释》，载《考古社刊》，1936(5)。

⑦ 王贵民：《说卸史》，见胡厚宣等著：《甲骨探史录》，北京，生活·读书·新知三联书店，1982，303～339页。

⑧ 《周礼注疏》卷38《秋官司寇·行夫》，见《十三经注疏》，899页。

肯㫃同意，谓杠首之上见者。”①甲骨文凡旌旗之属其杠首上见者均作之形，如：

㫃：

游：

族：

“史”字所持物之上部，亦由上述诸形所构成。可知史字所持之物必为旌节之属，作为使者之凭证或标志。不论在原始时代的氏族部落之间，抑或进入阶级社会后的各政权实体或国家之间，使者必须持有某种凭证或标志才可确保人身安全及使命之完成，“史”者所持之物即属此类凭证或标志。证诸金文，“史”字所持物之上部为旌旗之形更确，如《师㝨簋》、《史颂簠》、《毛公鼎》、《夨方彝》、《师寰簋》等。唯作为旌旗之甲骨文字，其下部均无“”形，作“史”字时才有此形。此当为“节”之表示。“节”在古代最初乃以竹为之，《释名》：“节毛上下相重，取象竹节”②，“以竹为之，柄长八尺”③。战国楚墓出土之“鄂君启节”，虽以青铜铸成，但仍仿竹节之形。史字之“”，殆即竹节之象形。一般旌旗并无此物，只有使人所持之旌旗有之，以为使者之特殊标志。“节，使者所拥也”④，“将命者持之以为信”⑤。故“史”之本义当为“使”。文字之创造乃由于人类活动之反映及其需要，人类社会早期氏族、部落之间的交往即已产生，即已有了使者往来于其间，而官吏治文书之事则晚出于其后，须待文字出现及其运用于行政，以至掌管此事之官吏产生之后。职是之故，“史”用为“使”当早于用为治“文书”之事及治“文书”之官吏。

① 《说文解字注》，308～309 页。

② 《史记》卷 8《高祖本纪》，《索隐》引，《释名》，363 页。

③ 《后汉书》卷 1 上，《光武帝纪上》注，11 页。

④ 《史记》卷 8《高祖本纪》，《索隐》引韦昭语，363 页。

⑤ 《汉书》卷 1 上《高帝纪上》颜注曰，23 页。

《说文》："使，令也。"段注："令者，发号也。"[①]凡被派遣、指使去做某件事，完成某种使命，均可曰"史"，故"史"又可借为"事"，如卜辞常见之"古王事"，即尽力于王之所使。一切差遣均可谓之"史"，被派遣领兵作战谓之"史"，被差遣贞卜、记事之人亦为"史"。故"史"可以是各种官职，如商代之各种内外史官，周官之大史、小史、内史、外史、御史、女史等，均为受王之指使差遣而承担一定之职务。后者之职务多内掌礼法，外掌交聘，"大会同朝觐，以书协礼事"[②]，"掌达书名于四方"[③]等，与"史"原是部落、国家之间担负交聘往还之使命不无渊源关系。

后世"史"与"使"分，"史"之本义遂不明。不过其联系亦并未完全断绝，"史"、"使"相通之迹仍有可寻，如《礼记·杂记》："客使自下由路西"[④]，郑氏注："使或为史"。汉宣帝时人史乐成，《汉书·霍光传》作"使"[⑤]，《杜延年传》作"史"[⑥]，颜师古注："寻史、使一也，故当姓史，或作'使'字。"汉代"刺史"之设置，初为中央派至地方巡行、监察之特使，其"史"字即用古义"使"也。"使"不仅与"史"通，与由"史"字引申之"事"、"吏"亦相通，《国语·鲁语》："备承事也"[⑦]，注："事，使也"。《仪礼·士冠礼》："有司如主人服"[⑧]，郑注："有司，群吏有事者"，贾疏："吏、史亦一也。"《左传》襄三十年："吏走问诸朝"，杜注："吏走，一本作'使走'。"[⑨]此"吏"字即为"使"之意。

"史"字若作如是解，则卜辞中"史"字之各种用法似大体可得而解，后世之"史"字及其引申之义亦有踪迹可寻。

---

① 《说文解字注》，376页，上海，上海古籍出版社，1988。

② 《周礼注疏》卷26《春官宗伯·大史》，见《十三经注疏》，817页。

③ 《周礼注疏》卷26《春官宗伯·外史》，见《十三经注疏》，820页。

④ 《礼记正义》卷41《杂记》，见《十三经注疏》，北京，中华书局，1980，1557页。

⑤ 《汉书》卷68《霍光传》，2953页。

⑥ 《汉书》卷60《杜延年传》，2665页。

⑦ 徐元诰撰，王树民、沈长云点校：《国语集解》，《鲁语下》，187页，北京，中华书局，2002。

⑧ 《仪礼注疏》卷1《士冠礼》，见《十三经注疏》，946页，北京，中华书局，1980。

⑨ 《春秋左传正义》卷40"襄公三十年"条，见《十三经注疏》，2011页，北京，中华书局，1980。

二、"来"

外交为国与国双方之关系，一方面商王朝派"史人"至方国诸侯，另一方面则诸侯方国亦须派"史人"至殷报命朝覲。

卜辞常见方国、诸侯"来"之记载，如：

"侯将来。"(续 5.5.6)

"沚聝其来？贞聝不其来?"(合集 3945)

周原卜辞亦有类似辞例，如：

"今秋楚子来，告□后□。"(Hll. 83)①

从卜辞看，"来"之含义主要有如下几个方面：

(一)来见、来王、来朝

例如：

"己未卜𣪊贞，缶其来见，一月。"

"己未卜𣪊贞，缶不其来见王。"(合集 1027)

"缶不其来见。缶不其来王。"(乙 5393)②

这里"来"表述为"来见"、"来见王"、"来王。"缶为晋南方国，曾与商为敌，武丁亲率军征讨，"王敦缶，受又"(合集 6860)，后降服于殷，因而"来王"。卜辞"来王"一辞，在文献中亦得以保存，如《诗·商颂·殷武》：

---

① 曹玮：《周原甲骨文》，北京，世界图书出版公司，2002。

② 董作宾：《殷墟文字乙编》，北京，商务印书馆，1948、1949。以下简称乙。

"昔有成汤，自彼氐羌，莫敢不来享，莫敢不来王，曰商是常。"①郑笺"来享"、"来王"曰："远夷之国，来献来见。"《殷武》之"来王"实乃殷商古文，而郑笺亦与古义相符。"来见"、"来王"亦即后世所谓"来朝"。《春秋》隐公元年："冬，十有二月，祭伯来。"②《谷梁传》："来者，来朝也。"③"祭伯来"与前引卜辞"侯某来"如出一辙。古本《竹书纪年》谓，武乙时"周王季历来朝"④。《周书》"巢伯来朝"⑤，孔氏传：巢伯，"殷之诸侯……南方远国。"丁山谓"所有的诸种刻辞，凡言'某来'者，都该作'来朝'或'来归'解"⑥。所"来"者有方国侯伯首领或其代表，亦可能为其"质子"，如周"文王之长子曰伯邑考，质于殷，为纣御"⑦，即是其例。

(二)来假

"来假"即"来至"。

卜辞除作"某来"外，还有作"某至"者，如：

> "辛酉卜王贞，方不至，今八月。"(合集 20480)
> "贞……方……其至。"(合集 20486)
> "丁亥卜……：方至？丁亥卜……：余令曰方其不至?"(合集 20478)
> "甲寅卜王占曰吉，矢至，其隹辛。"(丙 99)
> "天不其至。"(合集 4606)

"至"亦与"来"相联用，卜辞有"贞□来王，来？允至"(合集 8996)。卜问某是否"来"，后其果然来"至"。卜辞"至"犹《诗・商颂》之"来假"。《烈

---

① 《毛诗正义》卷 20(二十之四)，《商颂・殷武》，见《十三经注疏》，627 页，北京，中华书局，1980。

② 《春秋左传正义》卷 2"隐公元年"条，见《十三经注疏》，1714～1715 页。

③ 《春秋谷梁传注疏》卷 1"隐公元年"条，见《十三经注疏》，2366 页。

④ (宋)李昉等：《太平御览》卷 83，《皇王部八》引，392 页，北京，中华书局，1960。

⑤ 《尚书正义》卷 13《周书・旅獒》，见《十三经注疏》，195 页。

⑥ 丁山：《甲骨文所见氏族及其制度》，14 页，北京，科学出版社，1956。

⑦ 《帝王世纪》，见《艺文类聚》卷 12 引，40 页，见《帝王世纪》，《二十五别史》，济南，齐鲁书社，1998。

祖》："来假来飨，降福无疆。"[1]《玄鸟》："邦畿千里，维民所止，肇域彼四海，四海来假，来假祁祁。"[2]郑笺："假，至也"，"天下既蒙王之政令，皆得其所，而来朝觐贡献。"故《史记·殷本纪》每言殷道兴则"诸侯来朝"，而"殷道衰，诸侯或不至"[3]。

(三)来献

在卜辞中"来王"有明言为来献者。如：

> "贞□来王，隹来？允至，氐龟：鼋八，鼋五百十，四月。"(合集8996)

这里"来王"的具体含义是来献龟于王室。此即郑笺所谓远夷之国"来献"之谓。卜辞常见对所"来"之物作明确记录者，如：

> "甲辰卜㱿贞，奚来白马？王占曰吉！其来马五。甲辰卜㱿贞，奚不其来白马。"(丙157)
> "奚不其来牛。"(缀合144)[4]
> "贞，□来犬？□不其来犬？□来马？不其来马？"(丙340)
> "[豢]不其来五十羌。"(丙227)
> "贞，古来犬？古不其来犬？古来马？古不其来马？"(丙340)
> "光来羌。"(京1287)
> "禽不其来舟。"(乙7203)
> "贞妻来牛？贞妻不其来牛？"(丙81)
> "贞妻弗其来牛。贞妻来。"(乙6964)

---

① 《毛诗正义》卷20(二十之三)，《商颂·烈祖》，见《十三经注疏》，621页，北京，中华书局，1980。

② 《毛诗正义》卷20(二十之三)，《商颂·玄鸟》，见《十三经注疏》，623页。

③ 《史记》卷3《殷本纪》，100、102页。

④ 郭若愚、曾毅公、李学勤：《殷墟文字缀合》，北京，科学出版社，1955。以下简称缀合。

由此可见，“来”可以是“来马”、“来牛”、“来羌”、“来犬”、“来龟”等。最后一例“来牛”径称来。

(四)来使

上一节叙述了商王派“史人”至方国、诸侯。同样方国、诸侯亦常派“史人”至商王朝。如：“贞在丁牧来告，辰卫其从史受又。”(骈 3.1)①牧为殷代北部之方国。卫，驻守边境之武官，辰为私名。此辞记牧族派使者向商王报告，驻守边境之武官名辰者陪同使人一起来见商王。“己亥卜嗀贞，王曰：侯虎余其得女史……贞王曰：侯虎得女史……”(合集 3297)侯虎即仓侯虎。这是卜问是否能得侯虎所派之使人。“来使”在卜辞中也叫“来”，如：“壬辰卜，内，今五月史有至？今五月史亡其至？六月有来，曰：‘史有疾’。”(乙 5031)这是卜问五月是否有“史人”至？直到六月才得知“史人”未到是因“有疾”。

“史人”来到商都后，商王要亲自接见宴享。如：

> “己未卜，王来史人……南允出。”(合集 20345)
> “争贞，隹王享或。”(前 4.22.1)
> “其来王自享。”(前 4.22.5)
> “庚辰贞，[方]来享史□犬征。”(京津 4393)

第一例之“来”，当是“劳来”之意，泛称商王礼见接待使人。后三例是商王宴享使人。“或”为殷商东部之方国。《周礼·大宗伯》：“以享燕之礼，亲四方之宾客。”②郑注：“宾客谓朝聘者。”

来使或来王之方国诸侯完成使命后，商王还要为其占卜何时可以返命归国，如：

> “戊戌卜嗀贞，王曰侯虎往……其合氐乃史归。”(菁 7)
> “戊申卜，翌庚辰令或归。”

---

① 于省吾：《双剑誃殷契骈枝》，北京，中华书局，2009。以下简称骈。

② 《周礼注疏》卷 18《春官宗伯·大宗伯》，见《十三经注疏》，760 页。

“贞勿令方归。贞隹令。”

“辛未卜宾贞，今日令方归。”(前 5.29.2)

“贞令仓侯归。”(乙 7586)

“贞……□从仓侯归不……贞隹象令从仓侯归。”(丙 298)

“贞令沚聀归，六月。贞勿令沚聀归。”(龟 2.5.6)①

“庚午贞，今日令沚或归。庚午贞王……令或归。”(屯南 935)

“贞，……遣并，十月。”(续 1.43.1)②

上述仓侯、或、沚聀、方、并等均与商有外交关系及使命往还，其或“归”或“遣”均由商王占卜决定。

(五)来降

殷虚小屯南地甲骨有：“方来降，吉。不降，吉。”(屯南 2301)方在晋南，与殷为邻，自武丁至帝辛，时敌时友。姚孝遂、肖丁二先生谓：“此辞‘方来降’之‘降’，当用如《左传》哀公廿六年‘六卿三族降听政’之‘降’，杜注‘和同也。’‘方来降’，谓‘方’来和好。商与各方国之间，时敌时友，商当时正与宓方交战，故希望与‘方’和好。”③不过，在古代的外交关系中，交战对方“来和”与“来降服”、“来臣”并无太大区别。故卜辞又有：“印方臣……尸其臣商。”(京津 122)“丙克贞朕臣商。”(屯南 2672)印、尸、朕之“臣商”，也是他们对商时服时叛中的求和称臣。

以上几个方面，并不是互相分割的，不论来见、来假、来献、来使、来降，都是臣服于商王朝而与之建立外交关系。

“来王”之方国诸侯，每有留在殷王朝供职者。如：

1. 鬼

卜辞有“小臣鬼”(合集 5577)，这可能是鬼方之首领或“质子”留于殷王朝服职者。今山西石楼一带，可能是鬼方等西鄙多方的所在④。在武丁时

① 林泰辅：《龟甲兽骨文字》，日本，日本商周遗文会，1921。以下简称龟。

② 罗振玉：《殷墟文字续编》，影印本，1933。以下简称续。

③ 姚孝遂、肖丁：《小屯南地甲骨考释》，93 页，北京，中华书局，1983。

④ 中国社会科学院考古研究所编：《新中国的考古发现和研究》，第三章“商周时代”，241 页，北京，文物出版社，1984。

曾与殷为敌，《周易·既济》："高宗伐鬼方，三年克之"①，《未济》："震用伐鬼方，三年有赏于大国。"②鬼方后来臣服于商，成为与国，故其国代表人物得以在商为"小臣"，并被委以重任。卜辞有卜问鬼所统率之军队是否俘获羌人(乙 865)，卜问鬼与周参与祭祀活动的情况(乙 3408)。到了殷代后期，鬼方首领已成为殷王室"三公"之一，"纣以鬼侯为三公"③。

2. 丑

卜辞有"小臣丑"(珠 326)④，据郭沫若说，丑为"在殷之东南"之国⑤。山东益都苏埠屯发掘之殷商时期大型殉人墓中，发现有带"亚丑"铭文之器物⑥，"这座墓的形制和安阳西北岗的大墓相似，所出器物也和殷商晚期的相同，应当是当时在东方的诸侯或方伯一类人物的墓葬。或以为即是殷末周初的薄姑"⑦。而"有同样的族徽铭记的青铜器过去在苏埠屯也曾多次发现"⑧。这里可能就是殷东方国"丑"的所在地。"小臣丑"当是这一国族之代表人物供职于殷王朝，他同样也被委以重任，如商王曾亲自卜问小臣丑到东对这个地方负责修建监狱的工程是否吉利(龟 2.25.10)。监狱为重要专政机构，商王派其建造，足见其受信任程度。商王还曾派小臣丑乘传前往殷东南侯国去执行使命(前 5.30.1)。

3. 叡

叡(以下省作"查")，卜辞有"小臣查"(合集 27889)。"查"方"与羌方当相邻近"⑨。"小臣查"当是"查"方代表人物在殷商服职事者。

---

① 《周易正义》卷 6《既济》，见《十三经注疏》，72 页，北京，中华书局，1980。

② 《周易正义》卷 6《未济》，见《十三经注疏》，73 页。

③ 《帝王世纪》，见《太平御览》卷 381 引，34 页，又见《帝王世纪》，见《二十五别史》，济南，齐鲁书社，1998。

④ 金祖同：《殷契遗珠》，上海，上海中法出版委员会，1939。以下简称珠。

⑤ 郭沫若：《卜辞通纂·考释》，129 页，北京，科学出版社，1983。

⑥ 山东省博物馆：《山东益都苏埠屯第一号奴隶殉葬墓》，载《文物》，1972(8)。

⑦ 张长寿：《殷商时代的青铜容器》，载《考古学报》，1979(3)。

⑧ 中国社会科学院考古研究所编：《新中国的考古发现和研究》，第三章"商周时代"，240 页，北京，文物出版社，1984。

⑨ 陈梦家：《殷虚卜辞综述》，298 页。

4. 并

在山西石楼、陕北绥德一带发现的殷代青铜文化中，有殷代常见的族徽铭文。两地隔黄河相对，是殷代西北方国的一个重要地区。如在石楼发现之铜戈有“并”氏族徽。并氏与商王朝有外交关系，亦供职于商室，如：

“令并众卫”(书 77)①

“隹并令省冬”(粹 915)②

“令邑并酒河”(录 362)

他替商王征伐、巡视、祭祀。因此商王对其非常关心，“贞，并无灾，不丧众”(后下 35.1)③，卜问其是否有灾祸和“丧众”。

此外，如亘、犬、而、先等都是殷代方国，而贞人亦有亘、犬、而、先等人，他们可能是这些方国之代表人物供职于殷王室。

“昔《书》称‘蛮夷帅服’，《诗》云‘徐方既倈’，《春秋》列潞子之爵，许其慕诸夏也。”④臣属国至宗主国受官爵供职的传统，在中国历史上自古皆然。从商代得以兴起的这种做法一直延及后世，“汉兴至于孝文时，乃有弓高、襄城之封，虽自外倈，本功臣后。故至孝景始欲侯降者，丞相周亚夫守约而争，帝黜其议，初开封赏之科”⑤。东汉光武帝时，“四夷朝贺，络驿而至……乌桓或愿留宿卫，于是封其渠帅为侯王君长者八十一人，皆居塞内，布于缘边诸郡，令招来种人，给其衣食，遂为汉侦候，助击匈奴、鲜卑”⑥。唐代新罗使者金思兰，留唐宿卫，授太仆卿员外置同正员，并曾代表唐朝出使新罗。⑦

① 中村不折：《书道》第 1 卷，日本，日本书道院，1931。以下简称书。

② 郭沫若：《殷契粹编》，北京，科学出版社，1965。以下简称粹。

③ 罗振玉：《殷墟书契后编》下卷，影印本，1916。以下简称后下。

④ 《汉书》卷 17《景武昭宣元成功臣表》序，635 页。

⑤ 《汉书》卷 17《景武昭宣元成功臣表》序，635 页。

⑥ 《后汉书》卷 90《乌桓鲜卑传》，2982 页。

⑦ (宋)王溥撰：《唐会要》卷 95《新罗》，2028 页，上海，上海古籍出版社，1991。

三、“氐”和“工”

方国与殷王朝建立外交关系后，对于殷王朝除了在政治上服从，还要尽各种外交上的义务，进贡即是其主要内容之一。这种进贡关系，在卜辞中曰“氐”、“来”、“入”、“工”等。

1. 氐

氐，卜辞习见，旧释颇歧，于省吾认为：“卜辞氐作动词用者应读为底，训致。”[①]其说甚是。《尔雅·释言》：“底，致也。”[②]《说文》：“致，送诣也。”[③]

卜辞有“某氐某物”者，如：

“壬寅卜㱿贞，兴方氐羌，用自上甲至下乙。”(合集 270)

“自光氐羌刍五十。”(珠 620)

“用卢氐羌。”(合集 258)

“贞，氐我牛。”(合集 8974)

“侯侣氐人。”(甲 3332)

“来氐羌。”(库 1794)[④]

“周氐巫。”(乙 7801)

“甲子卜㱿贞，妥氐巫。贞，妥不其氐巫。”(丙 149)

“贞历(?)不其氐龟。”(合集 8998)

“允至，氐龟：鼋八，鼊五百十，四月。”(合集 8996)

“贞，妥氐羊。”(丙 304)

“宾贞，口氐象，又祖乙。”(合集 8983)

“□申卜㱿贞，侯弗[其]氐□。”(合集 8990)

---

① 于省吾：《殷契骈枝·释氐》，59～60 页，1940 年石印本。

② 《尔雅注疏》卷 3《释言》，见《十三经注疏》，2581 页，北京，中华书局，1980。

③ 段玉裁：《说文解字注》，232 页。

④ 方法敛、白瑞华：《库方二氏藏甲骨卜辞》，北京，商务印书馆，1935。

亦有“氏”后不著名物，但系数量者，如：

“老(?)氏五十。”(丙 152，226)

“我氏千。”(丙 268)

“先氏五十。”(殷缀 137)

这类卜辞当是前引卜辞“氏羌刍五十”之省，其所“氏”之物亦当如上述种种。

2. 来

“来”的表述方法与此同。如在第一节中我们已列举卜辞有“来牛”、“来马”、“来羌”、“来龟”等，但更多的“来”后亦不记名物而只缀数字，如：

“我来卅”(丙 42)

“奠来五”(丙 89)

“戋来十”(丙 64)

“妻来十”(丙 135)

“来百”(京津 2、19)

“来五十”(京津 23)等。

这也是“[豕]不其来五十羌”(丙 227)之省。“来”在这里与“氏”一样，都是向商王朝进献贡物，因此“来”、“氏”亦往往连用，如：

“㐭来氏羌刍。”(库 1794)

“龙来氏羌。”(录 626)

“贞，龙来氏。”(合集 9076)

向商王朝“氏”财物，是方国、诸侯维系外交关系的重要手段，如果不来“氏”，则可能影响外交关系，如：“戊午卜，而弗其氏，我史女不?”(前6.59.7)这是说而方如不向商王“氏”送贡物，商王将不派“史人”前往，将影响双方之关系。

3. 入

卜辞中还有许多“某入若干”之记载，它们多刻于龟腹甲桥上，通称“甲桥刻辞”。胡厚宣先生考定，此类“某入若干一类龟甲刻辞者，记贡龟之事也”①。“入”龟者多为商王亲近之臣僚，如雀、妻、禽等。然亦有方国诸侯来“入”者，如：

“犬入十。”(合集 9275)

“虎入百。”(合集 9272、9273)

“易入廿。”(丙 6)

“亘入十。”(合集 9289)

“周入二在□。”(合集 9278)

“舌入三。”(合集 9217)

“喜入五。”(合集 9260)

“并入十。”(乙 3405)

“竹入十。”(乙 4525)

除“入”龟之外，也“入”其他东西，如：“丙□□……贞□入马(?)□。”(合集 9215)

因为方国诸侯所贡之物归于商王，故卜辞径称“入王家”(屯南 332)。《周礼·内府》：“掌受九贡……凡良货贿入焉”②。

4. 工

甲骨文“工”字亦作“古”、“玊”等形，据于省吾先生说：“工与贡字通用，但甲骨文有工无贡，贡乃后起之分别文”，“甲骨文有以工为贡纳

① 胡厚宣：《甲骨学商史论丛初集》，第 3 册，1944 年石印本。

② 《周礼注疏》卷 6《天官冢宰·内府》，见《十三经注疏》，678～679 页。

者。”①《广雅·释言》：“贡，献也。”②“贡”与前述“来献”意同。传说帝尧时“焦侥氏来贡没羽”③。夏禹时“渠搜国来献裼裘”④。这是氏族部落间的友好馈赠。到了殷代“贡”成了方国诸侯对殷王朝应尽的外交义务之一，史称“文王处岐事纣……上贡必适”⑤，纣囚文王于羑里，“西伯之臣闳夭之徒，求美女奇物善马以献纣，纣乃赦西伯”⑥。

甲骨文中亦有方国、诸侯上“贡”之记载，如：

> “己巳卜𣪊贞，犬征其工。”（后下37.3）
> “贞，我史亡其工。贞，我史有工。”（丙78）
> “贞，禽亡其工。”（续5.10.4）
> “丧工。”（乙7927）

第一条卜问犬延将有贡献于商王否。第二条之“我”，盖“使人于我”之“我”。最后一辞卜问是否“丧贡”，表明当时方国诸侯之来贡，常遭截劫，故商王提心吊胆。

为了管理方国诸侯之进贡，殷王朝设有“司工（贡）”以主其事，如：

> “贞，隹弓令司工。”（续存上70）⑦
> “王其令山司我工。”（缀4）

“弓与山均为人名，此乃商王令弓或山主管贡纳之事。”⑧武王灭纣后，

---

① 于省吾：《甲骨文字释林·释工》，71、73页，北京，中华书局，1979。

② （清）王念孙《广雅疏证》卷5《释言》，135页，北京，中华书局，1983。

③ 《太平御览》80、卷694引《帝王世纪》，13页，又见《帝王世纪》，见《二十五别史》。

④ 《太平御览》80、卷694引《帝王世纪》，22页，又见《帝王世纪》，见《二十五别史》。

⑤ （汉）高诱注：《吕氏春秋》卷9《顺民》，见《诸子集成》，第6册，87页，北京，中华书局，1954。

⑥ 《史记》卷3《殷本纪》，106页。

⑦ 胡厚宣：《甲骨续存》，上海，群联出版社，1955。以下简称续存。

⑧ 于省吾：《甲骨文字释林·释工》，71、73页，北京，商务印书馆。

“入殷，登堂见美玉，曰：谁之玉？或曰：诸侯之玉也。王取而归之”①。于是“归施鹿台之珠玉及倾宫之女于诸侯”②。这些珠玉美女即方国诸侯之所贡。

上述卜辞之“氏”、“来”、“入”、“工”等，既有殷王臣僚之贡，亦有方国诸侯之贡。所贡之物有羌、羌刍、人、巫、牛、羊、马、龟、犬、象、舟等，唯独不见粮食一类农产品。这是因为上述贡纳一般来说并非如后世之赋税，而为与国所进之“方物”，即外交或诸侯之贡品——礼币。《周礼》内府所收为“四方之币献之，金玉、齿革、兵器”③，郑注：“诸侯朝覲所献国珍。”后世亦如此。如西汉自武帝后，由于对外关系发展，“明珠、文甲、通犀、翠竹之珍盈于后宫，蒲梢、龙文、鱼目、汗血之马充于黄门，距象、师子、猛犬、大雀之群食于外囿。殊方异物，四面而至”④。这些均属外国“所献国珍”，而非赋税所入。

四、殷代外交制度的特点

以上我们对殷代外交制度作了一些粗略的探讨，从中可以看到殷代外交关系已有相当程度的发展，西达秦陇，北逾陕晋，南至江淮以南，东至于海的广大地区分布的几十个方国诸侯都与商王朝建立过不同程度的外交关系。考古发掘表明，“解放以来，除了以郑州、安阳为中心的地区外，在山东、江苏、山西、湖北、安徽、江西、陕西、四川等地，以及北京附近，都发现不少重要的殷商文化遗存。这些地点距离殷商帝国的政治中心比较远，而且在传统观念上，也认为是超出了殷商帝国的势力范围，因此，推想它们有可能是当时的方国遗存”⑤。这个范围也正是殷王朝外交关

① 《初学记》卷24引《帝王世纪》，42页，见《帝王世纪》，见《二十五别史》。

② 《尚书·武成》正义引《帝王世纪》，42页，见《帝王世纪》，见《二十五别史》。

③ 《周礼注疏》卷6《天官冢宰·内府》，见《十三经注疏》，679页。

④ 《汉书》卷96下，3928页，《西域传下》。

⑤ 中国社会科学院考古研究所编：《新中国的考古发现和研究》，第三章“商周时代”，239页，北京，文物出版社，1984。

系所及之处。它们的文化遗存虽然各有地区特点，但又与殷商文化有许多相似之处，在相互的经济文化交流中，使它们在不同程度上受到殷商文化的影响。这种情况在一定意义上可以说是其时外交关系发展所留下的历史印记。

从对殷代外交制度的初步探讨中，我们可以看到当时外交制度的某些特点。

(一)外交制度的原始性

殷代是我国古代外交制度产生的重要阶段，对后世外交制度的发展有着深远的影响，后世外交制度的许多特点都可以从殷代找到它的雏形。但是，这个时期毕竟是国家产生不久，作为国家制度之一的外交制度自不免带有浓厚的原始性。其时在国家机构中还没有负责外交事务的专门机构，如后世之鸿胪主客。也还没有专职的外交官员，卜辞中的“史”、“史人”多用作动词，而少作专有名词用者。当时外交大权集中于商王手中，“史人”的派遣，对来使的接待、宴享、遣送均由商王决定。由于殷代重神权，这一切又均需经过占卜，因此实际上贞人在一定程度上也参与决定其事。此外王室贵族、重臣、将领亦可根据需要而派遣“史人”。“史人”之人选往往由具体任务的需要而派遣合适人员，不过从卜辞看，“史人”多由“小臣”一类商王近侍、亲信人物来担当。但“小臣”并不是一个确定的官职，上至商王辅佐重臣，下至侍卫仆隶均可称为“小臣”，不过从总体上他们是属于商王的近侍、亲信。

(二)外交关系的不稳定性

从部落联盟时期开始即充满了部落与部落、联盟与联盟之间无休止的征服与被征服的战争历史。到了商代，这种征服性的战争更加频繁与激烈。当时对外关系的确立，一般都是在军事征服之后而实现的，军事力量是建立外交关系的后盾。如鬼方与商王朝曾长期对立，武丁大举用兵征服后，成为商的与国。缶是在今晋南的一个方国，武丁时与商为敌。武丁曾率军亲征，“王敦缶，受又”(甲 261)。后被征服，缶君亲来朝见商王(乙 5393)，商王可以“令缶”(天 70)，并关心其是否受年(乙 6423)和获犬(前

3.33.4)。沚在武丁前期与殷为敌，卜辞有“其征沚”(林 1.4.5)、“令伐沚”(缀合 57)的记载，后被征服，沚君聝成为殷王之得力干将，受命征伐，尽各种贡纳、朝觐之义务。此类事例不胜枚举。但是，一俟殷商武力不济，他们即可反目，摆脱外交关系。如龙方便常依违于商和羌方之间。武丁曾派舌(库 1001)、师般(合集 6587)、妇井(续 4.26.3)等征伐龙方，后龙方臣服于殷，龙方与殷联合攻羌：“贞，乎龙以羌”(丙 49)，商王还派吴往“羌龙”(合集 6636)。但后因武丁兵力不及，龙方又联羌而叛，于是武丁复派吴“戋羌龙”(合集 6631)。由此可见，这些方国与殷王朝并无牢固的联盟关系，它们是与殷王朝并存的相对独立的实体。

(三)外交关系的非对等性

殷代的外交关系是建立在不平等基础上的，当时力量对比的态势还难于实现对等性的外交关系。在公元前 16 世纪以前的亚洲东部大陆，殷王视野之所及，还没有一个国家或政权能与商王朝匹敌。因此，方国诸侯战败后对于商王朝只能是一种臣属关系，它们除了在政治上服从，到“大邑商”去朝见贡纳之外，还要接受商王的各种差遣和命令，令其“古王事”，令其征伐，并随意“乎”(呼)、“取”。卜辞中常见商王“比”某方国诸侯征战的记录。卜辞“比”、“从”二字易混，屈翼鹏谓：“实则以字形言二字虽间有相似者，然大都固较然甚明，以字义言则尤风马牛不相及也。”①并谓“比”者“皆泛卜亲信某人之辞。有的同志根据“比”字有“亲密联合之义”，证明商代为方国联盟。我们似不能仅从这一点推断商与所联合出兵之方国是一种亲密平等的联合。因为这种联合军事行动的主动权完全操于商王之手，而这种军事行动又无不是为商王的军事、政治目的而采取的，方国诸侯往往处于服从地位。而这种联兵，既可称“比”，亦可称“令”。如既可作“王比沚聝伐”，又可作“乎令沚𢀛”；既可作“比望乘”(粹 1113)，又可作令乘望(京 4386)。后世建立外交关系的国家间，亦常存在军事上相互配合之义务，如西汉宣帝时为了攻打匈奴，派“校尉常惠使护发兵乌孙西域”，乌孙

① 李孝定：《甲骨文字集释》，第 8 册，2693 页，台北，“中央研究院历史语言研究所”，1970。

昆弥亲率五万余骑与汉军东西夹击匈奴，取得大胜①。此事亦可称汉宣帝令常惠“比”乌孙击匈奴，但这种“比”的主动权是完全操于汉朝之手的。

通过对殷代外交制度一些特点的初步分析，我们可以来进一步认识殷代的国家形式与政治体制。关于这个问题，目前学术界有两种主要的意见，除了上述“方国联盟”的观点之外，还有一种比较传统的意见，即认为商王朝与方国诸侯是一种中央与地方的关系。近年杨升南同志的《卜辞所见诸侯对商王室的臣属关系》一文对此有更深入的论述。但通过对殷代外交制度的初步探讨后，看来这种意见似乎值得商榷。

在殷人的观念中，殷是“大邑商”、“天邑商”或“中商”，王畿所辖为“中土”，其外为“四土”。而这“四土”实际是把四周一切诸侯、方国、部落均包括在内，均视为应是自己的领土和臣民，说明后世以中原为天下之中的中央王国思想和“普天之下莫非王土，率土之滨莫非王臣”的观念在殷代已经萌发。在这种观念支配下，邻邦对商王朝的一切外交关系均被视为“来享”、“来王”。后世由此而理想化为畿服制度与职贡制度之观念。所谓“先王之制，邦内甸服，邦外侯服，侯卫宾服，蛮夷要服，戎狄荒服”，并按照这种“五服”观念而定出不同等级的职贡，“甸服者祭，侯服者祀，宾服者享，要服者贡，荒服者王”②。这种观念并非全然无据，乃是古代中原王朝与方国、诸侯关系在一定意义上的反映，但这又是一个被扭曲和理想化了的模式。在商人的观念中，方国诸侯与商王朝的贵族之来大邑商朝见贡纳，均视为“来王”、“来享”，卜辞中“氐”、“入”、“贡”、“来”、“乎”、“取”均同样用于这二者而并无区别。而我们今天分析它们之间的关系时，则应加以区别。地处黄河中下游的商王朝，在当时无疑是一个最强大的国家，但是与它并存的政权或氏族部落还有许多。商王朝统治范围，不过西及沁水，南至商丘，东界曲阜以西，约当今河南北部、山西东部、山东西部这一地区③。这个范围内的“诸侯”，当然是商王朝的臣属和领土。但其

---

① 《汉书》卷94《匈奴传上》，3785页。

② 徐元诰：《国语集解》，《周语上》，6～7页，北京，中华书局，2002。

③ 李学勤：《殷代地理简论》，95～96页，北京，科学出版社，1959。

外广大地区则是与商并存的政权或氏族部落，尽管它们与商王朝有着这样那样的联系，有的还建立了亲密的外交上的臣服关系，但还不能将它们视为商王朝的地方政权，其加入中原王朝的过程尚有一条漫长的道路，这一过程直至秦统一六国才基本上完成。

原载《历史研究》，1988(1)，又转载于《人大复印资料·先秦、秦汉史》，1989(3)。又转载于见于省吾主编：《甲骨文诂林》，第4册，北京，中华书局，1996。

殷都屡迁原因试探

殷商历史上一个显著现象，是其都邑之频繁迁徙，殷人自称“荡析离居，罔有定极”①，“不常厥邑”②。汉代张衡曾概括道：“殷人屡迁，前八而后五。”③“前八”指成汤建国前之八迁，“后五”为成汤建国后之五迁。成汤之前八迁，史无明文，王国维摭拾《世本》、《纪年》遗文作了考证，指出了八处④，兹不赘述。成汤之后五迁，诸书记载不尽同，自汉以来学者意见亦极不一致，其中以《竹书纪年》所载近是。据此，则“汤始居亳”⑤后之五迁为：仲丁自亳迁于嚣⑥，河亶甲自嚣迁于相，祖乙居庇⑦，南庚自庇迁于奄；盘庚自奄迁于殷。

后五迁与前八迁之性质不同，前八迁乃商族建国前氏族部落之流动迁移，后五迁为殷商王都之迁徙。本文所欲讨论者，乃商朝建立后王都屡迁之原因。

一、对于几种旧说的意见

关于殷都屡迁之原因，自汉迄今，主要有如下数说：第一，“去奢行俭”说；第二，“水灾”说；第三，“游牧”、“游农”说；第四，阶级斗争说。

“水灾”说与“去奢行俭”说均源于汉儒成说。东汉郑玄谓：“祖乙居耿，

---

① 《尚书正义》卷9《盘庚下》，见《十三经注疏》，172页，北京，中华书局，1980。

② 《尚书正义》卷9《盘庚上》，见《十三经注疏》，168页。

③ （汉）张衡，张震泽校注：《西京赋》，见《张衡诗文集校注》，90页，上海，上海古籍出版社，1986。

④ 王国维：《说自契至于成汤八迁》，见《观堂集林》（外二种），326～327页，石家庄，河北教育出版社，2002。

⑤ 《尚书正义》卷7《胤征》，见《十三经注疏》，158页。

⑥ 《史记》卷3《殷本纪》，100页，作“隞”，北京，中华书局，1959。

⑦ 《尚书正义》卷8《商书·咸有一德》作“耿”，见《十三经注疏》，167页；《史记》卷3《殷本纪》作“邢”，100页。

后奢侈逾礼，土地迫近，山川尝圮焉。至阳甲立，盘庚为之臣，乃谋徙居汤旧都。”①他曾举出“奢侈逾礼”与“土地迫近，山川尝圮焉”两项原因。此外则或执“奢侈逾礼”一端②，或执“山川尝圮焉”一端③，而形成“水灾”说与“去奢行俭”说两种对立意见。

“水灾”说已为现代不少学者所摒弃，但是，近年又有提倡此说者。《历史学》杂志 1979 年第一、二期刊登顾颉刚、刘起釪先生《盘庚三篇校释译论》(以下简称《校释译论》)④，该文认为，殷人惯于选择定都居住的地方在河滨，由于黄河经常出问题，所以殷人迁移的重要原因，“终是水涝给旧地造成了祸患，引起了经济的、社会的问题，不得不迁”⑤。

我们认为，“水灾”说存在诸多矛盾与问题，难于成立。首先，殷人之都邑虽不出黄河中下游南北两岸平原，存在遭受黄河水患之可能性，但是，现在还没有材料证明水灾迫使殷人迁都之事实。《校释译论》举陈梦家《殷虚卜辞综述》关于水灾的卜辞材料，作为其立论的依据，说该书“根据不少卜辞材料，指出当时的水患有两种：一是河水来入为患，一是久雨成大水为患。这两种水患首先受害的是贫苦人民，往往会发生韩献子所说的‘民愁’，影响到奴隶主的统治。所以殷代就要常举行迁移”⑥。殷虚卜辞中诚然有许多关于水灾的材料，陈梦家先生即举出自武丁至帝辛的二十条卜辞，屡见“其㞢大水”之类的记载。洹河水灾也曾不止一次为害殷都，如武丁卜辞“洹其乍兹邑祸”⑦，明言洹水泛滥，为祸于殷都。但这些卜辞均为

---

① 《尚书正义》卷 9《盘庚》孔颖达疏引，见《十三经注疏》，168 页。

② 杜笃《论都赋》：“昔盘庚去奢行俭于亳”(《后汉书》卷 80 上《文苑传上·杜笃传》，2595 页)；荀悦《申鉴·时事第二》：“盘庚迁殷，革奢即约。”参见(汉)荀悦：《申鉴》，7 页，北京，中华书局，1985。

③ 《蔡传》：“自祖乙都耿，圮于河水，盘庚欲迁于殷。”见蔡沈：《书经集传》，宋元人注《四书五经》，393 页，北京，北京古籍出版社，1995；(清)戴钧衡《书传补商》：“盘庚之迁何故乎？曰水灾也。曷灾乎？曰河圮也。”见《续修四库全书》，第 50 册《经部·书类》，41 页，上海，上海古籍出版社，2002。

④ 顾颉刚、刘起釪：《尚书校释译论》，900～1090 页，北京，中华书局，2005。

⑤ 《尚书校释译论》，980 页。

⑥ 《尚书校释译论》，977 页。

⑦ 合集 7854 正。

盘庚迁殷后之记录，而商“自盘庚徙殷，至纣之灭，七（二）百七十三年，更不徙都”①。这就表明，尽管当时在安阳经常有洪水为患，却并没有引起迁都。何以盘庚之后之水灾没有促使殷人迁都，而盘庚之前之水灾却是殷人屡迁之“重要原因”呢？显然，卜辞中的水灾记录，不足说明殷都屡迁之原因。相反地，这种水灾记录愈多，愈是证明殷都屡迁之原因不是水灾。

在盘庚之前唯一可能遇到水灾的是祖乙。《尚书序》说：“祖乙圮于耿”。伪《孔传》说：“河水所毁曰圮。”②不过《尚书序》晚出，为汉人所作，并无先秦文献为据。即使祖乙圮于耿是事实，而当时并未立即迁都，直至祖乙之孙南庚才迁奄，其间已历三代五王之久。祖乙究竟一迁还是两迁？邢、耿、庇究竟是一地还是几地？学术界尚有争议，即使如《校释译论》所说邢、耿为一地，庇为另一地，至祖乙之子祖辛时即自耿（邢）迁于庇③，而迁都与水患之发生亦已隔代，亦不能证明祖辛迁庇是由于水灾。

其次，“水灾”说者从《盘庚》篇找到一些话作为论据，这些论据亦有问题。论据之一是“殷降大虐，先王不怀厥攸作”④，认为“大虐”指“大灾害”，并断言“旧注多以为指水患”⑤。关于“大虐”的具体含义，将在下面讨论。现在需要指出的是，伪《孔传》所谓“天降大灾”，非指河患，戴钧衡曰“孔氏安国第言水泉沉溺，未明言河患”⑥。孔颖达亦谓：“迁徙者止为邑居垫隘，水泉鹹卤，非为避天灾也”⑦。可见“大虐”不必指“水患”。论据之二是“古我先王将多于前功，适于山。用降我凶德，嘉绩于朕邦。”⑧有人释“适于山”为“每因河滨多水患，而徙都于高地也”⑨。这种解释与经义并不合。伪《孔传》说：“徙必依山之险，无城郭之劳，下去吉凶之德，立善功于我

① 范祥雍：《古本竹书纪年辑校订补》，21页，上海，上海人民出版社，1962。

② 《尚书正义》卷8《祖乙》，见《十三经注疏》，167页，北京，中华书局，1980。

③ 顾颉刚、刘起釪：《尚书校释译论》，972页，北京，中华书局，2005。

④ 《尚书正义》卷9《盘庚中》，见《十三经注疏》，170页。

⑤ 《尚书校释译论》，977页。

⑥ （清）戴钧衡：《书传补商》卷1《盘庚上》，见《续修四库全书》，第50册《经部·书类》，41页，上海，上海古籍出版社，2002。

⑦ 《尚书正义》卷9《盘庚中》，见《十三经注疏》，170页。

⑧ 《尚书正义》卷9《盘庚下》，见《十三经注疏》，172页。

⑨ 杨筠如：《尚书核诂》，116页，西安，陕西人民出版社，1959。

国。"《孔疏》说："先王至此五邦，不能尽知其地，所都皆近山，故总称适于山也……言其徙必依山，不适平地，不谓旧处无山故徙就山也。"[①]二书均未将"适于山"与"水患"联系。古人选择都邑必然尽可能依山设险，所谓"地险，山川丘陵也，王公设险以守其国"[②]。殷都的地望虽然还不能尽知，但人们所提及的几处确有依山而建者，如亳都有谓在河南偃师的，其地即处于邙山与嵩山之间；隞都有谓在荥泽者，即依敖山而建，有说在山东蒙阴[③]，则更在沂蒙山区；耿都有谓在河东皮氏(今山西河津)，地处吕梁山与中条山之间；奄都在今山东曲阜，其地"奄有龟蒙"，"保有凫绎"[④]，东有龟山、蒙山，南有凫山、绎山。但是，殷人并非一味地"适于山"，有时则自高地迁往原隰河滨，如仲丁由亳迁隞，如果隞在荥泽，则不论亳都在何地均更向河滨迁徙。盘庚从奄迁殷，奄邑较殷地距古黄河道要远得多[⑤]。有时则自河滨迁往河滨，如河亶甲自嚣迁相，相在今河南内黄，祖乙自相迁邢，邢地多谓在今河南武陟、温县一带，则嚣、相、邢均在河滨。这种现象是不能用"河患"解释的。论据之三是"今我民用荡析离居，罔有定极。"[⑥]对于"荡析离居"一语，《校释译论》说："旧注都以为形容人民遭受水灾的情况，似指奄邑曾受水灾。"[⑦]这种解释有两个问题值得商榷，一是这句的含义是否指水灾，二是奄邑是否遭受过水灾。事实上旧注并非都把这句话解释为水灾，伪《孔传》说："水泉沈溺，故荡析离居，无安定之极，徙以为之极。"[⑧]孔颖达对此解释道："孔意盖以地势洿下，又久居水变，水泉泻卤，不可行化，故欲迁都。"[⑨]认为是由于地势低洼，发生了盐碱化现象，不适于农耕和居住，因而不得不另择新地，并无遭受黄水袭击被迫迁

① 《尚书正义》卷9《盘庚下》，见《十三经注疏》，172页。

② 《周易正义》卷3《坎卦·象》，见《十三经注疏》，42页，北京，中华书局，1980。

③ 丁山：《商周史料考证》，29页，北京，中华书局，1988。

④ 《毛诗正义》卷20《鲁颂·閟宫》，见《十三经注疏》，617页。

⑤ 谭其骧：《中国历史地图集》，第1册，北京，中国地图学社，1975。

⑥ 《尚书正义》卷9《盘庚下》，见《十三经注疏》，172页。

⑦ 《尚书校释译论》，923页。

⑧ 《尚书正义》卷9，《盘庚下》，见《十三经注疏》，172页。

⑨ 《尚书正义》卷9《盘庚上》疏，见《十三经注疏》，168页。

都之意。至于说“奄邑似曾受水灾”，也属推测之辞，没有史料根据。从其地势观之，奄地处于山东丘陵西侧，黄河水患能否冲击其地，实属可疑。而从《盘庚》三篇中也没有发现奄邑遭到水患的任何迹象。

《盘庚》三篇所记迁殷史事，证明奄邑并无水灾为祸。盘庚迁殷前曾召集臣民训话，对于不乐迁都的众人提出了两点指责：一是对于迁都之举很不理解，“汝不忧朕心之攸困，乃咸大不宣乃心”①。洪水为灾是对人民生命财产直接的威胁，如果当时奄邑洪水为灾，臣民是不会不理解避害趋利的道理的，可见迁都当有更隐蔽、深刻的原因；二是只顾眼前利益和安逸，得过且过，不作长远的考虑，“汝不谋长，以思乃灾，汝诞劝忧。今其有今罔后，汝何生在上”②，广大臣民存在“有今罔后”情绪，表明“今”还是过得去的，并没有紧急灾情的威胁。常言道水火无情，如果当时奄邑水灾为虐，人民避之唯恐不及，哪里还能贪图眼前利益和安逸呢？可见盘庚所称的“灾”，不是眼前能够看见的“水灾”，而是长远的、暂时看不见的“灾”。由于其时奄邑绝无水灾之类的“天灾”，所以，盘庚迁都时，不是从奄邑逃离黄河，反而是迎着黄河，“惟涉河以民迁”③，率领臣民有计划地“作渡河之具”④，西渡黄河，从远离黄河的奄邑迁至更滨于河的安阳。

下面再看“游牧”说与“游农”说。游牧说认为，商民族在盘庚迁殷之前还是迁徙无定的游牧民族，到盘庚时才有初步的农业，由游牧时代转入农业时代，因而有了定居的倾向⑤。这个说法早已被商代卜辞和考古资料证明是不符合史实的。商代畜牧业无疑是相当发达的，商王及贵族用牲数量极其惊人，动辄数十头至三四百头。但是，在商代社会生产中，农业已是最主要的部门，不独商后期如此，商前期即已如此。这点我们将在下面谈游农说时论及。

---

① 《尚书正义》卷9《盘庚中》，见《十三经注疏》，170页。

② 《尚书正义》卷9《盘庚中》，见《十三经注疏》，170页。

③ 《尚书正义》卷9《盘庚中》，见《十三经注疏》，170页。

④ 《尚书正义》卷9《盘庚中》，孔疏引郑玄语，见《十三经注疏》，170页。

⑤ 郭沫若：《中国古代社会研究》(外二种)，100页，石家庄，河北教育出版社，2000。

“游农”说是继“游牧”说之后另一种企图从社会生产方面去寻找迁都原因的新的努力，可以傅筑夫先生为代表。解放前傅氏即提倡此说①，近年出版的《中国经济史论丛》中又辟专章进一步发挥了此说。傅氏认为：殷代的农业是一种极其粗放的原始农业，其原始性主要表现在生产工具的笨拙和耕作方法的原始上。因此当一地的地力耗尽之后，便需改换耕地，不得不常常迁徙，不能营定居生活。这种农业称为“游耕”或“游农”。“游农”经济是殷人都邑屡迁的原因所在。

此说也存在许多问题。第一，“游农”说认为“生产工具的笨拙”是殷代农业处于“游农”阶段的主要原因之一。但是，它并没有说明这些“笨拙”的生产工具究竟是商前期还是后期的，前后期的生产工具发生了什么样的变化。如果这些“笨拙”的生产工具是指商前期，即盘庚迁殷前的状况，那么，就应当举出史实来论证商后期，即盘庚迁殷之后的生产工具有了什么进步，可惜它没有举出这方面的任何史实。傅著对殷前期和后期不加区别，笼统地讲“生产工具的笨拙”，而他所使用的材料又几乎都是商后期的，如卜辞材料与殷墟出土农具的资料等，莫不如此。这在论证方法上不能不说是一个缺陷。事实上，商后期的农业生产工具，与前期相比基本上是一致的，两者处于大体相同的发展水平，都是相当“笨拙”的。随着殷商考古的发展，我们现在不仅有了商后期的典型遗存——殷墟文化，而且发现了丰富的商前期文化，如郑州二里岗文化以及湖北盘龙城、河北藁城等重要遗址。考古资料证明，郑州和小屯两地的殷商文化中，“石器中的石镰和石斧等，这两地出土的都很近似”，两地的殷商文化具备了“大体一致的特征”②。殷代农业生产中已使用少量青铜工具，而到目前为止所发现的寥寥几件青铜农具中，商代前后期的数量也基本相等，湖北黄陂盘龙城的早商墓葬中，曾出土两件青铜锸③，而商代后期的安阳殷墟，也只先后发

① 傅筑夫：《关于殷人不常厥邑的一个经济解释》，载《文史杂志》，1944(4)。

② 邹衡：《试论郑州新发现的殷商文化遗址》，见《夏商周考古学论文集》，北京，文物出版社，1980。

③ 湖北博物馆：《盘龙城商代二里岗期的青铜器》，载《文物》，1976(2)。

现过两件青铜铲[1]。可见商代前后期的农业生产工具并未发生重大的变化，我们很难把商代农业的发展划分为前后两个截然不同的阶段。

第二，“游农”说认为殷代农业处于“游农”阶段的另一主要理由是耕作方法原始。表现之一，是采用原始的“火耕”方法，即“烧田”。论者认为，由于殷代生产工具简单而笨拙，开辟原野的能力不大，只有用大火把林莽烧平，然后把土铲平，在灰土上撒播种子，是为“火耕”。其根据是“卜辞中有很多卜焚的记录”，卜辞中的“焚”字就是“烧田”之意，《说文》云：“焚，烧田也。”[2]

关于“卜焚”的意义，胡厚宣先生在《殷代焚田说》[3]等文中，指出所谓“卜焚”，都是说的殷人田猎的一种方法，根本与农作无关。胡先生的意见是正确的。不独卜辞为然，即以文献而言亦然。《说文》所谓“烧田”，也是田猎之田，王筠《说文句读》：“谓烧宿草以田猎也。”[4]《春秋》桓公七年杜预注：“焚，火田也。”[5]《尔雅·释天》：“火田为狩”[6]。“火田”方法是自古以来即经常采用的狩猎方法，直到现代有些狩猎民族还在采用，如鄂伦春族在解放前还有“烧荒引兽，放火寻角”的狩猎习俗[7]。殷人“卜焚”也是为了田猎，如武丁卜辞云：“癸卯允焚，获兕十一，豕十五，毘二十五”(乙2507)[8]即记录癸卯这天，用烧草的方法猎得犀牛十一头，豕十五头，獐二十五头。

所谓殷人耕作方法原始的表现之二，是耕作地点经常改换。既然他们的耕作技术还处于原始“火耕”的阶段，他们还“既不知灌溉也不懂施肥，

① 北京大学历史系考古教研室：《商周考古》，北京，文物出版社，1979。

② 《中国经济史论丛》上，42～44页。

③ 胡厚宣：《甲骨学商史论丛初集》，石家庄，河北教育出版社，2002。

④ 《说文句读》，第3册，252页，北京，中国书店，1983。

⑤ 《春秋左传正义》卷7“桓公七年”条，见《十三经注疏》，1753页，北京，中华书局，1980。

⑥ 《尔雅注疏》卷6《释天》，见《十三经注疏》，2610页，北京，中华书局，1980。

⑦ 《鄂伦春族社会历史调查》，第1集，11页，呼和浩特，内蒙古人民出版社，1984。

⑧ 董作宾：《殷墟文字乙编》，北京，商务印书馆，1948、1949；北京，科学出版社，1956。

完全利用土地的自然力以事种植……等到一境之内可资利用的土地都已轮流耕遍，而土地的肥力业已衰减之后，便不得不举族远徙，另到一个新的地方，再以同一的程序和方式去进行生产”①。我们虽不能对殷代农业的发展水平估计过高，但是认为殷代还不懂施肥，则与史实不符。胡厚宣在《殷代农作施肥说》②等文中以大量卜辞资料证明商代已知施用人工粪肥。甲骨文“𡰥”字即粪便之“屎”字。“𡰥田”即施用粪肥于农田。如武丁卜辞云：“庚辰卜，贞翌癸未𡰥西单田，受㞢(有)年。十三月。”意思是说，在闰十三月庚辰这一天占卜，问由庚辰起到第四天癸未这一天，打算在西单平野的田地上施用粪肥，将来能否得到丰收？这是一条非常完整而清楚的施肥的卜辞。不仅商后期已用粪肥，商前期也已知施肥，《氾胜之书》说：“汤有旱灾，伊尹作为区田，教民粪种，负水浇稼。”③从卜辞中大量“𡰥田”的记载来看，成汤、伊尹之时已知粪种，当是可能的。为了证明殷人经常改换耕作地点，傅著以“卜辞中有许多关于改换耕作地点的贞卜文字”作为根据，称卜辞卜问某地受年，如“商受年”、“雀受年”等，系卜问应在某地耕作始获丰年的意思；卜某方受禾，如“西方受禾”、“北方受禾”之类，系卜问应在什么方位耕种始获丰收的意思，断言“这都是在全部族大迁徙之前，先在原来聚居的地方不断改换耕地的记录。”④我认为这个看法也是不正确的。卜问某地、某方是否“受年”或“受禾”，是祈求某地、某方的庄稼能否有好收成，并非卜问何地、何方可否种植。即使这种卜辞如傅先生所理解的那样，但这种耕地的不断改换何以竟没有引起“全部族的大迁徙”，而导致殷人再一次迁都呢？所以，傅著所引用的这些卜辞材料，与他所要论证的结论是南其辕而北其辙的。

农业的发展，还表现在粮食的增产上。殷代前后期的粮食加工工具也

---

① 《中国经济史论丛》上，44、45页。

② 胡厚宣：《殷代农作施肥说》，载《历史研究》，1955(1)。

③ (西汉)氾胜之，万国鼎辑释：《氾胜之书辑释》，62页，北京，中华书局，1957。

④ 《中国经济史论丛》，44、45页。

基本相同，邯郸、郑州等早商遗址中出土了石杵和石臼，而殷墟的晚商遗址中也发现了这样的石臼。同时，“在郑州、辉县、邢台、藁城等地的早商遗址和殷墟的晚商遗址中都发现了大量的贮藏粮食的窖穴”①，在郑州还发现了稻壳等粮食作物遗痕，这种现象也说明了商代农业生产的前后期发展水平基本的一致性。

第三，“游农”说所称耕地改换的时间，与殷人迁都的时间也是大相径庭的。傅著说：“在成汤以前，迁徙的次数既多，而迁到一地之后，居留的时间亦短。汤以后，迁徙的次数即渐渐减少，而迁到新邑之后，居留的时间亦比较长。盘庚以后，在一地居留的时间更长……这个不同，显然是由于早期的农业状况更为原始，耕作方法更为粗放，因而改换耕地的需要就更为迫切和更为频繁，后来农业生产力慢慢有所发展，定居的成分也就逐渐加多。”②

这个解释也是经不起推敲的。我们姑且不论成汤以前的迁徙，即以成汤建国之后的迁徙而论，自成汤居亳之后，直至仲丁才从亳迁隞。成汤至仲丁共历六代十一王，如以每代三十年计，则在亳都一地定居达一百八十年之久，如以每代二十年计也在一百二十年内。仲丁至盘庚为五代十王，殷都屡迁即发生于此期间，其绝对年代不超过一百五十年。而从盘庚迁殷之后则二百七十三年未徙都邑。商朝历史约六百年，在这六百年中，只有中间一百余年发生都邑频迁，至于其前、后则均长期定居于一地。如果用“游农”说以解释成汤之前的迁徙还勉强可通的话，那么它是无论如何也无法解释为什么殷人在亳都定居如此之久的，何以这时不需要“游农”，而到仲丁之后突然“游农”起来呢？可见殷人从亳都迁隞，是与“游农”经济风马牛不相及的事情。而且，即使从仲丁至盘庚这段最频繁的迁徙时间，也平均约三十年才迁徙一次。这种迁徙也不是用“游农”经济所能加以解释的。

第四，把殷人的迁都与非洲等地原始的“游农”村落的迁徙类比也是不恰当的。殷商王朝是当时世界上的文明古国之一，古代东方的泱泱大国，

---

① 《商周考古》，40页，北京，文物出版社，1979。

② 《中国经济史论丛》，46页。

考古发掘资料证明，其王都规模恢宏，有巨大坚固的城墙，宏伟的宫室宗庙建筑，以及大规模的手工业作坊、墓葬等。以郑州商城为例，它是商代前期的王都，有人认为它就是成汤所居亳都①。其城垣周长近七公里，至今仍有高出地面九米者。据发掘报告称：仅建筑城墙的挖土量为一百七十万立方米，夯土量为八十七万立方米。如每天按一万人筑城、三千人挖土、三千人运土、三千五百人夯打、五百人负责勤杂工作来计算，至少需要八年时间才能完成。所以殷人迁离郑州商城这样巨大的城池，决不能与抛弃一个"游农"村落同日而语，这种迁徙显然与"游农"经济毫无关系，必定还有更重要的原因促使他们作这样大规模的迁徙。

还必须指出，郑州商城遗址的总面积与安阳殷墟遗址总面积相等，都在二十四平方公里以上，两者的规模是一致的。郑州商城是商前期王都的代表，安阳殷墟是商后期王都的代表，前后辉映。王都是当时政治、经济中心，这说明，商前期的社会发展水平已达到相当高度，与商后期基本一致，绝不是一个是处于原始"游农"经济的、尚未定居的，一个是摆脱了原始农业的、已达到定居的两个不同发展阶段的社会。

"去奢行俭"说是最早企图从社会原因上去解释殷人都邑屡迁的一种见解。此说自汉代提出之后，虽然遭到不少非难，尤以宋儒、清儒拒之最力，但始终无法推翻，因为此说多少有其合理的成分。盘庚迁殷时，贵族奢侈事实俱在，如《盘庚》篇"具乃贝玉"②、"总于货宝"③等皆是其证。但此说仍不能真正解释殷都屡迁。贵族奢侈不仅盘庚之时存在，盘庚迁殷之后亦曾出现，这是统治阶级的"通病"，何以此时独能促动迁都而彼时却不然？"去奢行俭"的因素是存在的，但是如没有更为重大的原因，统治阶级是不可能下这样大的决心"震动万民以迁"④的。

① 邹衡：《论汤都郑亳及其前后的迁徙》，见《夏商周考古学论文集》，213页。

② 《尚书正义》卷9《盘庚中》，见《十三经注疏》，171页。

③ 《尚书正义》卷9《盘庚下》，见《十三经注疏》，172页。

④ 《尚书正义》卷9《盘庚下》，见《十三经注疏》，172页。

郭沫若主编《中国史稿》第1册，对殷都屡迁作了如下的解释："这样迁来迁去，一方面是由于阶级斗争的发展以及统治阶级内部的纷争，同时也是由于自然灾害造成的威胁。"①这个说法提出了"阶级斗争"和"统治阶级内部的纷争"为殷都屡迁的原因，可惜没有具体解释。

有的同志倒是把当时"阶级斗争"的内容具体化了，认为那是由于贵族和平民的矛盾引起的，因为"贵族和平民的斗争是《盘庚》所言'灾'、'虐'的中心问题"②。这个说法值得商榷。其一，贵族和平民的矛盾非盘庚时期独有的，在他之前之后均是存在的，殷末"小民方兴，相为敌仇"，平民的反抗斗争使"殷其沦丧"③，震撼了殷王朝的统治，其剧烈程度远远超过盘庚时期贵族与平民的斗争。何以盘庚时期这一矛盾促动了迁都，而其他时期的同样的矛盾和斗争却不能发生这种作用呢？

其二，我们并不否认盘庚时期存在着贵族与平民的矛盾，但是，《盘庚》篇的中心问题却并非贵族与平民的矛盾。这个问题我们将在下文予以讨论，兹不烦言。这里我们先讨论一个问题，即盘庚三次训话的对象是些什么人？

盘庚在迁殷前后，曾多次召集"民"、"众"讲话。《盘庚》篇中的"众"，与甲骨文中的"众"字不能等同视之。如果甲骨文中的"众"有可以当奴隶解的话，那么《盘庚》篇中的"众"却没有一处可以当奴隶解的。上篇所记盘庚召来的"众"，训辞中指明他们的身份是"旧人"，他们的祖、父与盘庚的先王"胥及逸勤"，曾相与安乐与勤劳。盘庚"大享"先王之时，他们的祖先"其从与享之"④。可见"旧人"即世袭的贵族旧臣。下篇所召集之"有众"，其身份是"百姓"、"邦伯、师长、百执事之人"⑤，其为贵族和百官就更加明确了。

① 郭沫若：《中国史稿》，第1册，162页，北京，人民出版社，1977。

② 李民：《尚书与古史研究》，144、145页，郑州，中州书画社，1982。

③ 《尚书正义》卷10《微子》，见《十三经注疏》，177页。

④ 《尚书正义》卷9《盘庚上》，见《十三经注疏》，169页。

⑤ 《尚书正义》卷9《盘庚下》，见《十三经注疏》，171、172页。

《盘庚》篇中的“民”字，也不可与金文中的“民”字等同。郭沫若释“民”字为“横目的象形文，横目带刺，盖盲其一目以为奴征”①。但是《盘庚》篇中的“民”字与此不同。上篇的前一部分“民不适有居”中的“民”，当指广大民众，盘庚命令“众戚”②(贵族)代表他向他们陈述诰辞。这里面当有不少平民，但不会包括奴隶在内，因为奴隶是否习惯于新居，统治者是不会亲加询问和抚慰的。中篇“乃登进厥民”③中的“民”，其范围比前者显然狭小得多，那是有资格进入王庭听盘庚训话的人。王庭的面积不会太大，能进入王庭者决不能甚多。这里的“民”，其祖先与商先王曾经共事，“古我先后既劳乃祖乃父”④，当是与商王同族并能为商王奔走效劳之人。这些人的身份也是贵族，广大平民是不能有这种资格的。他们中有中小贵族，也有大贵族，包括与盘庚“同位”的“乱政”⑤之人，即百官大臣。

盘庚直接训话的对象是上层贵族和百官，而对于中小贵族和平民，则通过上层贵族和百官向他们转达盘庚的训词。明确了训话对象的身份，再结合训词内容进行分析，我们就会看到，盘庚迁殷并非由于贵族与平民的斗争引起的。

二、“比九世乱”是殷都屡迁的客观原因

《史记·殷本纪》谓：“自中丁以来，废適而更立诸弟子，弟子或争相代立，比九世乱，于是诸侯莫朝。”⑥这段记载，是我们解开殷都屡迁这一历史之谜的钥匙和关键所在。

所谓“自中丁以来……比九世乱”，是指仲丁至阳甲九王在位期间，商

① 郭沫若：《十批判书》，40页，上海，东方出版社，1995。

② 《尚书正义》卷9《盘庚上》，见《十三经注疏》，168页。

③ 《尚书正义》卷9《盘庚中》，见《十三经注疏》，170页。

④ 《尚书正义》卷9《盘庚中》，见《十三经注疏》，171页。

⑤ 《尚书正义》卷9《盘庚中》，见《十三经注疏》，171页。

⑥ 《史记》卷3《殷本纪》，101页。

朝发生了连年的王位纷争①。这段记载的重要性在于，殷人频繁的迁都，恰好发生在这个时期。如前所述，商朝自成汤建国后，王都一直定居于亳，直至仲丁才迁离旧都。从仲丁以后，商都才发生走马灯式的频繁迁徙，短短的五世十王就迁了五次，平均每世一迁。而从盘庚迁殷之后，商都又固定下来，虽然殷末“纣时稍大其邑，南距朝歌，北距邯郸及沙丘，皆为离宫别馆”(《竹书纪年》)，但是，其政治中心仍在安阳未迁。由此可见，所谓殷都屡迁，即是仲丁至盘庚这一段特定时期发生的，不在其先亦不在其后。这是我们研究殷人迁都问题时必须特别注意的一点，可惜大多数论者均忽视了这一基本事实，如《校释译论》说：“商代自汤至盘庚三百余年，一共只迁移了五次”②云云，这样表述是不确切的，它妨碍人们去正确认识殷都屡迁这一历史真相。事实上在这三百余年间，前一半时间是定居的，而频繁的迁徙只是集中地发生于后一半时间里。

殷都屡迁的时间与商朝“比九世乱”的时间如此若合符契，不会是偶然现象，它们之间必然存在着内在的因果关系。

“九世之乱”的内容已不得其详，没有更多的文献记载留存下来。“唯殷先人有册有典”③，本来应有记载材料，如《孔疏》所说：“商自成汤以来

① 对于这段记载，有不同的理解，或以为“此处‘中丁’，当是‘大丁’之误，因自大丁至康丁中有九世兄弟为王”(陈梦家：《殷虚卜辞综述》，370页)，把“九世之乱”理解为指整个商代曾出现过九世兄终弟及的时期，而不是指仲丁至阳甲九王时期。其实司马迁的记载并不错。陈先生大概以为几世当指几代人，而仲丁至阳甲不足九世，而是五世九王，于是便从商代恰好有九世兄终弟及中找到解答。在先秦秦汉的载籍中，“几世”即指“几王”的用法并非《史记》独然。如《国语·周语下》：“帝甲乱之，七世而陨”，是指商王祖甲至帝辛的五世七王，此“七世”即七王。《大戴礼·少闲篇》：“成汤既崩，二十三世乃有武丁……武丁既崩，殷德大破，九世乃有末孙纣即位。”从成汤至武丁为十一世二十三王，此“二十三世”即二十三王，从武丁至纣为七世九王，此“九世”即九王。这些书中的用法与《殷本纪》完全一致。另外，从大丁至康丁的九世兄弟为王之世，也并非均有内乱发生，如沃丁、大庚世，康辛、康丁世等就没有内乱的证据和迹象，把兄终弟及的“九世”一概视为“乱世”显然是不恰当的。故《般本纪》所谓“比九世乱”，无疑是指仲丁至阳甲九王期间连年之内争。

② 《尚书校释译论》，969页。

③ 《尚书正义》卷16《多士》，见《十三经注疏》，220页。

屡迁都邑，仲丁、河亶甲、祖乙皆有言语历载于篇。”[1]大概是由于“九世之乱”与都邑频迁的关系，造成了“《仲丁》书阙不具”[2]，给我们研究这一时期的历史造成很大困难。不过，我们虽然不能具悉其中底蕴，但是仍然可以从一些蛛丝马迹中窥其端倪：

第一，“九世之乱”乃商朝王位纷争。司马迁概述“九世之乱”是“废適而更立诸弟子，弟子或争相代立”[3]。虽然对于这个时期商王继统法中有无嫡长子继承制，人们还有不同的认识，但其“乱”的中心内容为王位纷争则无可疑。此期间在王位继承上，曾连续发生几次异常现象，王国维指出：“商之继统法以弟及为主而以子继辅之，无弟然后传子。自成汤至于帝辛三十帝中，以弟继兄者凡十四帝，其以子继父者，亦非兄之子而多为弟之子。惟沃甲崩，祖辛之子祖丁立，祖丁崩，沃甲之子南庚立，南庚崩，祖丁之子阳甲立，此三事独与商人继统法不合。此盖《史记·殷本纪》所谓中丁以后九世之乱，其间当有争立之事，而不可考矣。”[4]商王继统法有兄终弟及制与父死子继制，父死子继者多为弟之子，可是，沃甲死后却由其兄祖辛之子祖丁继位，祖丁死后却由其叔之子南庚继位，南庚死后却由其从兄祖丁之子阳甲继位。这种异常的王位继承关系，当是“废適而更立诸弟子，弟子或争相代立”的一种反映。

第二，此期间商王年祚均极短促。据《今本竹书纪年》载九王在位年数如下：仲丁“九年陟”，外壬“十年陟”，河亶甲“九年陟”，祖乙“十九年陟”，祖辛“十四年陟”，沃甲“五年陟”，祖丁“九年陟”，南庚“六年陟”，阳甲“四年陟”。这些具体年数虽不完全可靠，但从仲丁至阳甲九世年祚均短，大概是没有问题的。《殷本纪》于此期间不断有“殷衰”的字眼出现，只有祖乙时一度出现“殷复兴”是例外，而在九王中也只有祖乙年祚较长。此外，那些使“殷道复兴”的名王，其年祚均极长，如成汤二十九年，太戊七

① 《尚书正义》卷9《盘庚上》，见《十三经注疏》，168页。

② 《史记》卷3《殷本纪》，101页。

③ 《史记》卷3《殷本纪》，101页。

④ 王国维：《殷周制度论》，见《观堂集林》卷10，287页，石家庄，河北教育出版社，2002。

十五年，盘庚二十八年，武丁五十九年，等。当然，有商一代三十一王中，其间年祚长短不尽一致，原因也各不相同，但是，连续九王年祚均极短促，却是十分特殊的，这种现象也应当是“比九世乱”的一个直接反映。

王位纷争与统治阶级的内乱，并非仲丁至阳甲期间独有的现象，在这之前或之后均曾发生，但是，像这样连续九世的纷争还是仅见的。可以说，此期间是商历史上空前动荡的时期。我们如果把商代历史划分为三个时期，那么从成汤至太戊的五代十王是其向上发展的时期，这时商王朝的政治基本上是稳定的，从仲丁至盘庚的五代十王则是商的中衰时期，从盘庚迁殷之后则进入商后期，这时商朝的政治、经济、文化均达于鼎盛阶段，并由鼎盛而趋于灭亡。而殷都的频繁迁徙或长期定居，恰恰与商朝历史的这一发展趋势相一致。

那么，“九世之乱”是如何促动殷人屡屡迁都的呢？虽然载籍失传，所幸今本《商书》尚有《盘庚》三篇传世，它们就是研究殷人迁都的唯一的最重要的依据。

盘庚迁殷是商都五迁中的最后一迁。对于这次迁都，《盘庚》三篇有翔实的记载。我们可以通过对于盘庚迁殷原因的分析，去探索此前几次迁都的原因。但是有的同志却认为：“关于盘庚究竟为什么要迁殷，《盘庚》全文里并没有说明过。”①这种看法是值得商榷的。面对一千二百余字的长篇记录无法找到迁殷的原因，大概也从一个角度说明那些解释并不是盘庚迁殷的真正的原因吧。

《盘庚》三篇是公认的商代遗文，虽然其中羼入某些后代的成分，但其基本内容为殷代史实则无疑义，其史料价值之高是人所公认的。三篇为盘庚告谕臣民之辞，共计一千二百余言，为商代遗文中篇幅最长者，它详细记录了迁殷前的准备工作以及迁殷后的政策措施，反映了盘庚迁殷的原因和目的。三篇的次序可能有颠倒，俞樾认为：“以当时事实而言，盘庚中宜为上篇，盘庚下宜为中篇，盘庚上宜为下篇。曰‘盘庚作，惟涉河以民迁’者，未迁时也。曰‘盘庚既迁，奠厥攸居’者，始迁时也。曰‘盘庚迁于

① 《尚书校释译论》，975页。

殷，民不适有居’者，则又在后矣。”[①]其说近是。大抵《盘庚》中篇为迁殷前的诰辞，下篇和上篇为迁殷后的诰辞。

盘庚在迁殷前召集臣民动员迁都时，曾追述先王迁都的原因，说："殷降大虐，先王不怀（安）厥攸作，视民利用迁。"这里的"大虐"一词非指"天灾"，已如前述。《孔疏》认为"大虐"的具体含义是："上云'不能相匡以生，罔知天之断命'，即是天降灾也。"[②]明确指出"大虐"不是天灾而是人祸。我们认为，"殷降大虐"就是指"九世之乱"这样的政治上的动荡和纷乱，由于这样的"大虐"，使商代统治阶级不能"胥匡以生"，安居于一地，而是"不常厥邑，于今五邦"[③]。

"比九世乱"的直接后果是殷商王权的削弱和贵族势力的膨胀。盘庚承"九世之乱"之后，这种情况仍然留有深刻的反映。王权削弱的重要表现是贵族大臣的"傲上"和离心。盘庚在迁殷前一再向他们提出这方面的指责："荒失朕命"，"汝不忧朕心之攸困"，"乃不生生，暨予一人猷同心"；"不暨朕幼孙有比（同心），故有丧德（贰心）"；"汝有戕则（贼）在乃心"[④]。

这一连串指责表明，当时不听从盘庚命令的情况是严重的。于是，盘庚不得不三番五次把他们召来，向他们"敷心腹肾肠"[⑤]，劝说动员，威迫利诱，才告成功。

迁殷之后，盘庚继续向他们提出警告："猷黜乃心，无傲从康"，"尔无共怒，协比谗言予一人"；"式敷民德，永肩一心"；"非予自荒兹德，惟汝含德，不惕予一人"[⑥]。

盘庚迁殷时几乎遭到举国上下的反对，"民咨胥怨"[⑦]。但是，主要的阻力不是来自平民，更不是奴隶，而是来自贵族大臣。虽然盘庚迁殷前训

---

① 俞樾，《群经平议》卷4，见《续修四库全书》178经部，52～53页，上海，上海古籍出版社，2002。

② 《尚书正义》卷9《盘庚中》，见《十三经注疏》，170页。

③ 《尚书正义》卷9《盘庚上》，见《十三经注疏》，168页。

④ 《尚书正义》卷9《盘庚中》，见《十三经注疏》，170、171页。

⑤ 《尚书正义》卷9《盘庚下》，见《十三经注疏》，171页。

⑥ 《尚书正义》卷9《盘庚上》、《盘庚中》、《盘庚下》，见《十三经注疏》，169～172页。

⑦ 《尚书正义》卷9《盘庚上》，见《十三经注疏》，168页。

话的对象，比迁殷后的面要大，身份包括比较低下的阶层，但是，从盘庚的训词中看，其矛头所向不是一般民众，而是上层的贵族大臣。如盘庚说："今予命汝，一无起秽以自臭，恐人倚乃身，迂乃心。"①劝告人民不要被浮言所煽惑，对他们做拉拢争取的工作。从上、下篇我们知道，用浮言煽动民心的正是那些"旧人"、"百姓"等贵族官吏。迁殷后，盘庚发觉臣民不乐于迁徙，完全是在位大臣以浮言鼓动所致，"由乃在位"，于是又召集他们，提出如下的指责："敢伏小人之攸箴"，"不和吉言于百姓"，"今汝聒聒，起信险肤"；"弗告朕而胥动以浮言，恐沈于众，若火之燎于原"②。贵族大臣隐瞒了盘庚规谏小人的话和对于贵族们的吉言，编造邪恶的浮言恐吓民众。因此，盘庚对他们"不吉不迪，颠越不恭，暂遇奸宄"③的行为提出了严厉警告。有人以为这句话是指平民的反抗斗争，其实不然，盘庚警告的"不和吉言"、"起信险肤"'、"猷黜乃心，无傲从康"④之类，即是"不吉不迪，颠越不恭"。盘庚命令他们"恭尔事"⑤，即针对其"不恭"而发。盘庚所警告的"乃败祸奸宄"、"乃既先恶于民"⑥之类，即是"暂遇奸宄"的行为。

王权的削弱导致了贵族势力的膨胀与政治的混乱。贵族势力的膨胀，突出地表现在经济上的聚敛。迁殷前，盘庚揭露贵族大臣"具乃贝玉"。贝、玉为当时财富的标志。其时贵族大臣拼命地聚敛财富，伪《孔传》云："不念尽忠，但念贝玉而已。言其贪。"王权的削弱和贵族势力的膨胀，还导致了当时政治的混乱。迁殷时，盘庚即指出："失于政，陈于兹，高后丕乃崇降罪疾"、"高后丕乃崇降弗祥"，承认由于政治有失，以致久居旧邑，先王降下"罪疾"与"弗祥"以示惩罚。"失于政"的具体表现之一是"兹

① 《尚书正义》卷9《盘庚中》，见《十三经注疏》，170～171页。
② 《尚书正义》卷9《盘庚上》，见《十三经注疏》，169页。
③ 《尚书正义》卷9《盘庚中》，见《十三经注疏》，171页。
④ 《尚书正义》卷9《盘庚上》，见《十三经注疏》，169页。
⑤ 《尚书正义》卷9《盘庚上》，见《十三经注疏》，170页。
⑥ 《尚书正义》卷9《盘庚上》，见《十三经注疏》，169页。

予有乱政同位”[①]，由于在位官员贪赃而不忠，使得商王朝不能“安定厥邦”[②]。

由此可见，盘庚迁殷所遇到的阻力主要来自贵族大臣，而不是平民，更不是奴隶，他所要解决的主要问题乃是贵族大臣的傲上从康，浮言惑众与聚敛肥私。《盘庚》篇所反映的中心问题是王权与贵族的矛盾，即统治阶级的内部矛盾。

顺便指出，由于王位纷争和篡弑之类的政治原因而引起迁都的事实，在历史上也是不乏其例的。夏代距商不远，夏人的都邑亦曾屡经迁徙。关于他们迁都的具体情况，我们还有许多问题并不清楚，但其中若干次的迁都却是由政治原因所致。夏初都于阳城，至启子太康时居于斟寻。史称启死之后，太康等五子为乱，“五子忘伯禹之命……胥兴作乱，遂凶厥国”。[③]太康失国后，夏政归于东夷后羿、寒浞，直至少康中兴复国，其间夏人都邑迁徙无常，帝“相为羿所逐，失国，居商丘(应作‘帝丘’)”[④]。后来少康打败寒浞，才“自纶归于夏邑”[⑤]。这一连串的都邑迁徙，显然是由于王位纷争与政治动乱而引起的。“殷鉴不远，在夏后之世”[⑥]，夏人都邑变迁的事例，也可以说是我们认识殷都屡迁原因的一个“殷鉴”吧。

三、“恪谨天命”是殷都屡迁的主观原因

上面已经叙述了“比九世乱”及其所引起的矛盾和问题，人们可能会提出这样的问题：为什么必须用迁都来解决这些矛盾和问题?

对于“去奢行俭”说，有人曾这样反驳：“夫风俗视教化为转移者也。

---

① 以上见《尚书正义》卷9《盘庚中》，见《十三经注疏》，171页。

② 《尚书正义》卷9《盘庚中》，见《十三经注疏》，170页。

③ 黄怀信：《逸周书校补注释》，315页，西安，西北大学出版社，1996。

④ (宋)刘恕：《通鉴外纪》卷2上《夏纪·帝相》，20页，上海，上海古籍出版社，1987。

⑤ 王国维疏证，黄永年校点：《今本竹书纪年疏证》，53页，沈阳，辽宁教育出版社，1997。

⑥ 《毛诗正义》卷18之1《大雅·荡》，见《十三经注疏》，554页。

民俗侈靡，人主但当躬行节俭，为天下先，申定制，使无踰越，自足黜浮反本，何待于迁？若谓先君侈奢，则第裁冗费，易汰规，以养财足国已耳，又何待迁？”①同样可以对我们上面的叙述提出问难：为何不用修德行仁的办法来革新政治，解决社会矛盾，而却采取迁都之法呢？这个问题必须把它放在当时的历史条件下加以考察，才能做出正确的答案，而不能以后世的观念去要求古人与古代的历史。

殷商时期虽然已经进入青铜时代，但其社会生产力发展水平仍极低下。在这种社会发展水平上，殷商社会弥漫着对于上帝和祖先神极度崇拜的迷信思想，他们几乎完全匍匐于神权之下，一切听命于神灵的主宰。所谓“殷人尊神，率民以事神”②。他们对于尽“人事”，即发挥人的主观能动作用还缺乏认识，因而还没有能动性的道德观念。

“德”字在甲骨文中未见，西周金文中才出现。《盘庚》篇中的“德”字，显然都是周人所羼。对于“德”，郭沫若先生曾有十分精辟的说明：“德字照字面上看来是从值(古直字)从心，意思是把心思放端正……周书和周彝大都是立在帝王的立场上来说话的，故尔那儿的德不仅包含着正心修身的功夫，并且还包含有治国平天下的作用：便是王者要努力于人事，不使丧乱有缝隙可乘；天下不生乱子，天命也就时常保存着了。”③明瞭了殷人的思想以及殷周之际的思想变化，就知道为什么不能以后人的观念去要求殷人，责问何以不用修德行仁之类的主观努力去解决他们所遇到的社会问题。

《盘庚》篇“先王有服，恪谨天命，兹犹不常宁”④一语道破此中奥秘，这就是殷人为什么要用迁都以解决上述矛盾的主观原因。在殷人看来，“九世之乱”这样的政治动乱，乃是上帝和祖先神降下的“大灾”。盘庚对臣民讲话中承认殷政治有失，但他把这一切归于神意，“高后丕乃崇降罪

① (清)戴钧衡：《书传补商》卷1《盘庚上》，41页。

② 《礼记正义》卷54《表记》，见《十三经注疏》，1642页，北京，中华书局，1980。

③ 郭沫若：《青铜时代》，见《郭沫若全集》历史编第1卷，337页，北京，人民出版社，1982。

④ 《尚书正义》卷9《盘庚上》，见《十三经注疏》，168页。

疾”，“高后丕乃崇降弗祥”[①]。“高后”是商先王，也就是祖先神，在商人的迷信观念中，上帝与祖先神是合二而一的。而社会上的“罪疾”和“弗祥”都是神所降下的惩罚。

在这种迷信观念桎梏下，我们不能要求殷人在主观上会用修德行仁的方法去解决他们所遇到的矛盾。郑玄称祖乙时“国为水所毁，于是修德以御之，不复徙也”[②]，从时代考之，祖乙时还不可能有“修德以御之”的观念，尽管他圮于耿之后并不曾迁都。既然一切“罪疾”与“弗祥”都是上天的意旨，那么只有求助于神意才能攘灾祈福。盘庚迁殷前曾经占卜过，他说：“肆予冲人，非废厥谋，吊由灵各，非敢违卜，用宏兹贲。”[③]“灵各”即“灵格”，指负责占卜以沟通天人的卜人。“贲”即占卜所用大宝龟。在这里，他明确说出：迁都乃是上帝通过卜人传达下来的意旨，我不敢违背卜兆，而要大大地发扬神龟的吉示。

盘庚在回答“曷震动万民以迁”的问题时，说道：“肆上帝将复我高祖之德，乱越我家。朕及笃敬，恭承民命，用永地于新邑。”[④]意即上帝要恢复我们祖宗的美绩到我们这一代王朝，所以我很急于敬奉上帝的这一旨意来拯救民命，以永远定居于这新的都邑。(据《校释译论》第 952 页)盘庚相信迁都就是“恪谨天命”，他也正是以此去压服不听命的贵族大臣，不可一般地视之为利用迷信进行欺骗，它同后世统治阶级利用天命和迷信的情况应有所区别。

为了“不浮(违)于天时”[⑤]，只有另择新邑，才能消除上天所降“罪疾”与“弗祥”。“天其永我命于兹新邑”[⑥]，他们相信迁徙于“新邑”，就能使“天其永我命”。为了“迓续乃命于天”[⑦]，只有实行迁都一法。盘庚对此作了生动的比喻：“若颠木之有由蘖”，就像那被砍倒的树木可以再冒出新芽来一

① 《尚书正义》卷 9《盘庚中》，见《十三经注疏》，171 页。

② 《尚书正义》卷 8《祖乙》，见《十三经注疏》，167 页。

③ 《尚书正义》卷 9《盘庚下》，见《十三经注疏》，172 页。

④ 《尚书正义》卷 9《盘庚下》，见《十三经注疏》，172 页。

⑤ 《尚书正义》卷 9《盘庚中》，见《十三经注疏》，170 页。

⑥ 《尚书正义》卷 9《盘庚上》，见《十三经注疏》，168 页。

⑦ 《尚书正义》卷 9《盘庚中》，见《十三经注疏》，171 页。

祥，迁居新邑以后殷家的统治就会获得新生，就能“绍复先王之大业，底绥四方”。而如果继续留恋旧邑，便是“罔知天之断命”[①]，商邦的大命将为天所断绝。

至此还会产生一个问题：对于上帝和祖先神的迷信，非独盘庚以前为然，盘庚以后以至周人皆然，为何盘庚迁殷后再遇到社会的“罪疾”与“弗祥”时并没有采取迁都的办法？

这种现象与殷代后期社会的发展，以及由此而引起的殷人和殷周之际的思想发展和变化当是一致的。其一，盘庚迁殷，使商王朝终于找到了最理想的定都地点。殷地处于黄河中游冲积平原，水土肥饶，便于农业，同时地势形便，居“天下之中”。吴起对魏武侯曰：“殷纣之国，左孟门而右漳釜，前带河而后披山，有此险也……”[②]，既便于控制东部平原的诸侯方国，又便于进击西北高原之游牧民族，掳掠人畜，从而滋育了殷商社会经济的迅速发展。较奄邑之局处一隅，为河水所限，其地理环境之优越已不可同日而语。社会经济的发展，使商王朝的颓势得以扭转，走上了中兴的道路，出现了“百姓由宁，殷道复兴”[③]的政治局面，从而结束了“比九世乱”的长期内讧，也就结束了“荡析离居”、“不常厥邑”的动荡岁月。

其二，盘庚迁殷之后，殷商王位继承制开始发生变化。陈梦家先生曾将商王继统法分为三个时期，第一期大丁至祖丁以兄为直系，第二期小乙至康丁以弟为直系，第三期武乙至帝辛传子，与周制相同。从这种变化趋势可见，商王继统法大抵由前期之兄终弟及逐渐向后期之父死子继制发生转变。盘庚处于由第一期向第二期的转变阶段，迁殷之后商王继统法中出现了以弟为直系并终于转变为与周制相同的嫡长子继承制的新情况。嫡长子继承制的确立，使王位纷争逐渐减少，王室内部稳定下来，使王权得以加强。此后虽然仍有王位纷争，但毕竟结束了“比九世乱”那样长期的内争。

其三，由于上述社会、政治的变化所决定，迁殷之后殷人的思想也逐

① 《尚书正义》卷9《盘庚上》，168页，见《十三经注疏》。

② 缪文远：《战国策新校注》，781页，成都，巴蜀书社，1987。

③ 《史记》卷3《殷本纪》，102页。

渐发生了变化。侯外庐先生主编的《中国思想通史》，曾从殷王世系名号的变化去探讨殷人思想的变化，认为盘庚以前殷先公先王名号反映了原始的、氏族标志的孑遗，高祖夒之“夒”，沃甲之作“芍”，阳甲之作“象”等，乃表示图腾族帜的动物，示壬、示癸之“示”，乃祖先神崇拜之反映，等。而盘庚以后，人名出现了“武”、“康”、“文”等字。“‘文’字从‘心’，从大‘人’，作[illegible]。这是近于道德意义的字。”认为“周代诸王如文、武、成、康，‘文’‘武’‘康’皆继承殷末的文明，接受了殷人的思想意识，扩大而为道德观念。”①“德”的观念虽然是周人的创造，但是这一观念实肇始于殷商后期。当盘庚迁殷之后，殷人“恪谨天命”的思想中逐渐注入新的因素，尽“人事”的能动观念逐渐萌芽。

虽然殷人是在“恪谨天命”的意识支配下谋迁新邑，但毕竟上帝不能帮助他们解决实际存在的任何问题，还得靠他们自己去解决。所以，我们最后再从盘庚迁殷之后所采取的政策措施，看一看迁都之举是如何帮助他们解决上述矛盾，从而进一步认识其迁都的原因。

首先，盘庚通过迁都实现了打击贵族的反对势力的目的。在迁殷之前，盘庚即提出警告：“乃有不吉不迪，颠越不恭，暂遇奸宄，我乃劓殄灭之，无遗育，无俾易种于兹新邑。”②可见盘庚是企图通过迁都以镇压异己，除旧布新，消除对王权的威胁因素。盘庚在迁殷后即对贵族大臣重申：“无有远迩，用罪伐厥死，用德彰厥善。”③远者，与商王血缘疏远的贵族，迩者，血缘亲近的贵族。随着盘庚权威的上升，便可放手打击贵族，他宣称自己有权“制乃短长之命”④，因为上帝和祖先神灵已授与他“丕刑”，“汝罔能迪”⑤，他们是无法逃脱这种严厉惩罚的。

其次，盘庚通过迁都提高了自己的政治权威，从而加强了王权。盘庚迁殷时，以“天命”与“先王”为号召，迁都的成功，便是抓住了这两面旗

① 侯外庐：《中国思想通史》，第1卷，59～64页，北京，人民出版社，1957。

② 《尚书正义》卷9《盘庚中》，见《十三经注疏》，171页。

③ 《尚书正义》卷9《盘庚上》，见《十三经注疏》，170页。

④ 《尚书正义》卷9《盘庚上》，见《十三经注疏》，169页。

⑤ 《尚书正义》卷9《盘庚中》，见《十三经注疏》，171页。

帜。这两面旗帜在当时就是政治权威的象征。迁都后盘庚便振振有词地向臣民自诩“将多于前功”，“嘉绩于朕邦”①，使自己跻身于“古我先王”之列，从而提高了他的政治地位。迁殷之前，盘庚要求于贵族大臣的主要是服从其迁都计划，迁殷之后，他对贵族大臣的限制与要求便更为广泛而根本了。

由于殷代离氏族社会不远，血缘贵族的势力相当强大，这是殷代政治制度的特点，盘庚自然不能摆脱“任旧人共政”的传统。但是，他任用“旧人”是有条件和要求的。符合者加以任用，否则便要受到严厉的惩处。一方面，盘庚对他们在政治上提出了种种限制和要求：“猷黜乃心，无傲从康”，“克黜乃心，施实德于民，至于婚友”，“不匿厥指”、“罔有逸言”②；“各长于厥居，勉出乃力，听予一人之作猷”；“自今至于后日，各恭尔事，齐乃位，度乃口。”③戴钧衡《书传补商》引孙觉云：“恭尔事则无傲上，齐乃位则无从康，度乃口则无浮言，三者盘庚所深戒也。”④上述政策和要求，就是盘庚针对贵族大臣“傲上”、“从康”、“浮言”而采取的，其中心就是从政治上抑制贵族对于王权的侵害。另一方面，针对迁都前贵族大臣贪婪聚敛，“具乃贝玉”的状况，迁殷后盘庚警告他们“无总于货宝，生生自庸，式敷民德，永肩一心”。他宣布：“朕不肩好货，敢恭生生，鞠人谋人之保居叙钦。”⑤不任用“好货”之人，孜孜从事一已家业的人，而重用努力为臣民谋利益、能在养育人民和谋人民安居等方面做出成绩的人。这是盘庚从经济上抑制贵族大臣对于王权的侵害。

通过迁都而实行上述政治的、经济的措施，使盘庚在一定程度上实现了让贵族们“暨予一人猷同心”⑥，“永肩一心”⑦，“听予一人之作猷”⑧的

---

① 《尚书正义》卷9《盘庚下》，见《十三经注疏》，172页。
② 《尚书正义》卷9《盘庚上》，见《十三经注疏》，169页。
③ 《尚书正义》卷9《盘庚上》，见《十三经注疏》，170页。
④ (清)戴钧衡：《书传补商》卷1《盘庚上》，47页。
⑤ 《尚书正义》卷9《盘庚下》，见《十三经注疏》，172页。
⑥ 《尚书正义》卷9《盘庚中》，见《十三经注疏》，171页。
⑦ 《尚书正义》卷9《盘庚下》，见《十三经注疏》，172页。
⑧ 《尚书正义》卷9《盘庚上》，见《十三经注疏》，170页。

目的。随着王权的加强和统治阶级内部团结，就能“绍复先王之大业”①，“安定厥邦”②，“永地于新邑”③，从而达到巩固商王朝的最高目的。所以，归根结底，殷都屡迁是由“比九世乱”这种社会的、政治的原因所导致的。

原载《北京师范大学学报》，1982(4)。《人大复印资料·中国古代史》，1982年总17期全文转载。

① 《尚书正义》卷9《盘庚上》，见《十三经注疏》，168页。

② 《尚书正义》卷9《盘庚中》，见《十三经注疏》，170页。

③ 《尚书正义》卷9《盘庚下》，见《十三经注疏》，172页。

“游农”不能解释殷都屡迁的原因

关于殷都屡迁的原因，古今学者曾多方探讨，讫无定论。傅筑夫先生曾以“游农”解释迁都原因①。拙作《殷都屡迁原因试探》②提出“比九世乱”是殷都屡迁主要原因。最近，有一篇《游农与殷人迁居再探》③的大作，不同意拙作的观点而维护“游农”说。

笔者以为，“游农”说试图从经济原因去探索殷都屡迁原因，无疑是一种可贵的尝试，但只要我们研究一下商代历史，就会发现用“游农”去解释殷都屡迁的原因是非常困难的。这里有两个问题须加讨论：第一，殷代农业是否还停留在“游农”阶段？第二，用“游农”说能否解释殷都屡迁的原因？

先谈第一个问题：殷代农业是否还停留在“游农”阶段？“游农”说认为“殷代虽然已经是一个农业社会，农业已成为社会生产的主要部门，但是殷代的农业却停滞在农业发展的初期阶段上，还是一种极其粗放的原始的农业……这一主要生产部门发展得非常迟滞，长期不能越出原始的粗耕阶段”。“殷人的耕作方法与其他发展到初期阶段的农业民族完全相同，系用原始的‘火耕’方法”，这种原始的粗耕农业“耕地不能固定于一处，而不得不常常迁徙，即仍然不能营定居的生活”，因而叫作“游农”。④

现代考古学和民族学的研究表明，原始农业大体经历了刀耕农业和锄耕农业两个发展阶段。火耕是在刀耕农业阶段使用的方法，即人们常说的“刀耕火种”。锄耕农业是火耕的发展，它虽未完全排除火耕方法，但不再

---

① 1944年傅筑夫先生《关于殷人不常厥邑的一个经济解释》首倡此说，后所著《中国经济史论丛》，40～46页，北京，生活·读书·新知三联书店，1980，又辟专章重申此说。

② 载《北京师范大学学报》，1982(4)。

③ 作者果鸿孝，载《中国社会经济史研究》，1984(4)。以下简称《再探》。

④ 傅筑夫：《中国经济史论丛》，40～41页。本文以下凡引此书，均不另注。

以火耕为主。由于解放后考古学的进展，证明我国古代先民早在新石器时代已由刀耕农业进入锄耕农业阶段，已营定居的农耕生活。黄河流域的仰韶文化"所使用的农具主要是石斧、锛、锄、铲之类"，村落遗址面积几万至几十万平方米，文化堆积厚度达一米至五六米，他们"经营定居的农业生活，经历了长久的发展"①。长江流域的河姆渡遗址，出土石、骨、木、陶质生产工具几千件，最引人注目的是成批骨耜的发现，仅第四层就出土一百七十多件，表明这是当时主要的农具。它比较全面地反映了当时农业生产的水平。河姆渡先民也已经过着定居农耕生活②。

根据考古学的成果，我国的农史学界也普遍认为新石器时代我国原始农业已由刀耕农业进入锄耕农业③。商代是否已用牛耕，尚无定论，我们暂把商代农业划在锄耕农业阶段，但这已是锄耕农业的高级阶段，与新石器时代的锄耕农业不能等同。在耕作制度上，已由新石器时代的撩荒农作制，进入轮荒农作制阶段④。甲骨学家也得出相同的认识，认为殷代农业已"根据土地肥力情况采用了轮作制"⑤。

"游农"说把殷代农业与原始农业的刀耕农业等量齐观，认为殷代仍然"停滞在农业发展的初期阶段上"，"仍然不能营定居生活"，与历史事实并不相符。

其次，"游农"说用以论证殷代仍然处于"游农"阶段的一些论据也是值得商榷的。

论据之一是殷代农业生产工具笨拙，没有青铜农具。

殷代农业生产工具诚然是笨拙的，如殷人常用的双齿木耒，在姜寨、庙底沟及二里头文化遗址中均有发现，继续以木、石、骨、蚌为制作农具

① 《新中国的考古发现和研究》，第2章，41～67页，北京，文物出版社，1984。

② 中国社会科学院考古所：《新中国的考古发现和研究》，第2章，145～149页。

③ 参见郭文韬：《中国古代的农作制》，载《中国农史》，1982(1)；范楚玉：《试论我国原始农业的发展阶段》，载《农业考古》，1983(2)；中国农业科学院、南京农学院中国农业遗产研究室：《中国农学史》，北京，科学出版社，1959；闵宗殿、蓝恺忱：《关于中国农业技术史上的几个问题》，载《农业考古》，1982(2)。

④ 郭文韬：《中国古代的农作制》，载《中国农史》，1982(1)。

⑤ 王宇信：《建国以来甲骨文研究》，北京，中国社会科学出版社，1982。

的原料。这是商代农具继承前代的地方。但是，商代农业生产工具比之新石器时代又有了很大进步，这也是确凿无疑的事实。殷代已经使用青铜农具。在历年出土的各类青铜农具中，以青铜䦆的大量应用最为引人注目。䦆是用以垦殖和深翻的一种体形厚重的大锄。早在龙山文化时期已经发现石䦆，到了商代，青铜䦆已大量应用。商代早期如郑州南关外的铸铜作坊遗址中，出土一千多件陶范，其中主要为䦆范。商代晚期如安阳孝民屯遗址也出土不少䦆范。青铜䦆的使用，大大提高了人们垦殖土地的能力，把锄耕农业推向高级阶段。尽管目前学术界对于殷代青铜农具的使用水平、普及程度估计不一，但商代已经使用青铜农具则是公认的。

"游农"说所举殷代"笨拙"的农具，如 1929 年和 1932 年殷墟两次发掘的石镰和蚌器等，均属殷代后期遗物。但是，"游农"说认为"游农"主要是在盘庚迁殷之前，即商代前期，而到了商代后期，"农业生产力慢慢有所发展，定居的成分也就逐渐加多"。这里就可提出疑问：何以后期"笨拙"的农具决定了前期的"游农"？殷代前后期的农具是同样"笨拙"的还是有所区别？

论据之二是认为殷代农业"耕作方法非常原始"。"他们既不知灌溉，也不懂施肥，完全利用土地的自然力从事种殖"……这些论点是否站得住呢？

所谓殷人"火耕"的根据是"卜辞中有很多卜焚的记录"，"焚"就是"烧田"，"是一种原始的耕作方法"。为此，傅先生举出了四条卜辞[①]。这四条卜辞虽然都有"焚"字，但都看不出与农事有什么关系。

甲骨卜辞关于卜焚的辞例大约有两类，一类为记仓廪被焚烧，如，"……亦(夜)，焚廪三。"[②]另一类则为记录焚田狩兽，此类辞例约十余见[③]。

由此可见"焚"是殷人狩猎的一个重要方法。"焚"字除了以上两种用法

---

① 《中国经济史论丛》上，42 页。

② 中国社会科学院历史研究所：《甲骨文合集》，584 反甲，583 反，北京，中华书局。

③ 姚孝遂：《殷墟甲骨刻辞类纂》，473、474 页，北京，中华书局，2011。

外，在卜辞中未见焚田耕种的直接记录。

虽然如此，我们也并不认为殷代农业中已全然不用火耕方法。不独殷代还可能使用此法，整个古代社会，乃至近现代，在不同程度上都有火耕的残余。但这与原始农业中的刀耕火种不能相提并论。

关于殷人是否已知施肥技术，学术界已作了许多研究，证明殷人已掌握了人工施肥技术，并已以豕牢储置粪肥，掌握了翻肥的方法①。拙作曾有所述，兹不赘。现再就殷人是否已有农田水利的问题作一补充：

第一，甲骨文已有沟洫灌溉的记载。西周井田中已有水利灌溉系统，已为学术界所承认，然而这种水利灌溉并非始自西周，《周礼》所记井田水利灌溉之畎、遂、沟、洫、浍，在商代已见其端倪。卜辞中常见“”字，此字小篆作“”，说文作“巜”。“巜”即“浍”之本字②。《周礼·考工记·匠人》：“为沟洫……方百里为同，同间广二寻，深二仞，谓之浍”③。“浍”即井田灌溉沟洫。甲骨文“’字，或释作畎④，也指农田沟洫。古籍所记农田水利之“畎浍”⑤在甲骨文中均有了记载。甲骨文田字写作“田”“”、“”、“”等形，当是田垄与沟洫的形象反映。

第二，考古发掘已发现商代水利设施。藁城台西商代遗址曾发现有水井，其年代约当商代中期，井内出土有汲水落入的陶罐和木桶等⑥。据有的文献记载，“昔汤有旱灾，伊尹为区田，教民粪种，负水浇稼，收至亩百石。”⑦今以考古发掘资料证之，所记不诬。事实上水利灌溉并非始自商代，传说夏禹已“尽力乎沟洫”⑧。在河北磁县下播汪龙山文化遗址中曾发现“灰沟”，碳－14 测定约 4050±95 年，相当于历史上夏的年代，据认为

① 胡厚宣：《殷代农作施肥说》，载《历史研究》，1955(1)；《再论殷代农作施肥问题》，载《社会科学战线》，1981(1)。

② 彭林：《释巜》，载《考古》，1985(8)。

③ 《周礼注疏》卷 42《考工记·匠人》，见《十三经注疏》，931 页。

④ 张政烺：《卜辞裒田及其相关诸问题》，载《考古学报》，1973(1)。

⑤ 见《尚书正义》卷 5《益稷》，见《十三经注疏》，141 页。

⑥ 《新中国的考古发现和研究》，第 3 章“商周时代·一、商殷时期”，237 页，北京，文物出版社，1984。

⑦ 《太平御览》卷 821《资产部一·田》引《氾胜之书》，3658 页。

⑧ 《论语注疏》卷 8《泰伯》，见《十三经注疏》，2488 页。

这是引水灌溉的水渠①。

第三，考古发掘证实商代已种植水稻。在郑州白家庄早商遗址中，曾经发现稻壳痕迹，可知在商代早期中原地区已种植水稻。甲骨文关于水稻的记载也很多。水稻之种植，尤其是在中原地区，没有一定的水利灌溉条件是难以进行的。所谓殷人“还不懂灌溉”的说法，恐与殷代史实不符。

再谈第二个问题：“游农”能否解释殷都屡迁的原因？

从文献记载来看，有商一代之迁都，集中于仲丁至盘庚期间，历五世九王。而从成汤至仲丁之前的五世十王，居于亳，从盘庚至帝辛亡国，八世十二王，居于殷。由此可见商代定都最久之地首为殷，次为亳。殷商积年大约为六百，共传十七世三十一王。由于各王年数并无确切记载，如以殷商总年代除以十七世，则平均每世30～35年。其中从盘庚迁殷至纣亡，有确切年数273年，以盘庚至纣八世乘以35年，为280年，与273年的记载大体相近。准此，则成汤至仲丁之前的太戊，共四世，大约居亳120～140年。这样我们就可以知道，从仲丁至盘庚的五世，约150～175年，为殷人频繁迁都阶段。如果以“游农”去解释仲丁至盘庚屡迁原因还有一说的话，那么无论如何不能说明何以在此之前定居亳都一百余年的原因，而且何以商代初期不需“游农”，而到中期突然“游农”起来呢？如果在亳都时的殷人尚不“游农”，则此后之殷人更不致返回“游农”阶段去。所以，这种历史现象用“游农”说是难以解释的。

文献所记殷人定都情况，现已获得考古材料之有力证明。郑州商城是学术界承认的商代早期都城。墙体内出土的木炭经碳－14测定年代为距今3235±99年，树轮校正后为距今3570±135年，据此，则郑州商城的始建年代约公元前1620年前后，与商朝建立年代相合②。值得注意的是，郑州商城包含着龙山文化和殷商文化的早、中、晚三期，而其中的殷商文化早、中期是紧密相连的，没有中断现象，延续时间很长。其中文化遗址分布最普遍、内涵最丰富的，估计也在150～200年。所以有的学者把郑州商

① 唐云明：《河北商代农业考古概述》，载《农业考古》，1982(1)。

② 《新中国的考古发现和研究》，第三章“商周时代”，220页。

城定为亳都[①]。不论郑州商城是否亳都，这一宏大都邑曾集中使用了一百多年则可无疑，这种现象用"游农"说是难以解释的。

殷墟的情况亦复如是。"游农"说为了说明殷人随农业的进步而迁都的次数逐渐减少，便肯定盘庚迁殷以后至纣亡还有过两次迁都[②]。但《古本竹书纪年》说："自盘庚徙殷，至纣之灭，二百七十三年更不徙都"[③]。这一说法已得到充分的证实。根据解放前后殷墟遗址的典型材料，已经确定殷墟文化的发展时期，从盘庚、小辛、小乙的第一期，至帝乙、帝辛的第四期，连续不断，各期年代亦相互衔接[④]。这一考古学的分期，与甲骨文的分期也基本是一致的[⑤]。这就表明从盘庚迁殷之后，至纣亡而"更不徙都"的说法是正确的。此外，殷墟王陵东区发现的大规模祭祀坑，据研究为"商王室祭祀先祖用的公共祭祀场"[⑥]。这与卜辞记载杀祭情况可以互相印证。这种祭祀活动，从甲骨文一期至五期(帝乙、帝辛时)从未中断。古代社会，"国之大事，唯祀与戎"，帝乙、帝辛在殷祭祀祖先，说明当时殷人的宗庙并未迁徙，还在殷。"凡邑，有宗庙先君之主曰都"[⑦]，可见帝乙、帝辛继续都于殷。《括地志》云："纣时稍大其邑，据南距朝歌，北邯郸及沙丘，皆为离宫别馆"[⑧]，看来比较符合实际。所谓盘庚迁殷后还有两次迁都的说法并不可信。

考古发掘不仅证明盘庚迁殷以后"更不徙都"，而且发现在盘庚迁殷以前，殷已是一个居民点。解放后在安阳梅园庄、孝民屯、小屯南地所发现的梅园庄一期、二期文化[⑨]，与郑州二里岗下层文化属于同一时期。而二

---

① 邹衡：《夏商周考古学论文集》，北京，文物出版社，1980。

② 《中国经济史论丛》，26、46页。

③ 方诗铭、王修龄：《古本竹书纪年辑校》，30页，上海，上海古籍出版社，1981。

④ 邹衡：《夏商周考古学论文集》。

⑤ 参见董作宾：《甲骨文断代研究例》，胡厚宣《续存》序等。

⑥ 《安阳殷墟奴隶祭祀坑的发掘》，载《考古》，1977(1)。

⑦ 《春秋左传正义》卷10"庄公二十八年"条，见《十三经注疏》，1781页。

⑧ 方诗铭、王修龄：《古本竹书纪年辑校》，30页，上海，上海古籍出版社，1981。

⑨ 《1958—1959年殷墟发掘简报》，载《考古》，1961(2)。

里岗下层文化属早商早期的文化，可见在盘庚迁殷前，商代居民早已在这里劳动、生息。这种情况告诉我们，殷人迁都并非迁于草莽未开之野，而是选择已经开发的地区作为新都所在。而所谓"游农"的特点是"耕地不能固定于一处，而不得不常常迁徙，即仍然不能营定居的生活"，但是以殷地而论，从早商至晚商一直是殷人之居住地，这一现象与"游农"并不符合。

再则，"游农"也不能解释与殷人同时的夏人、周人迁徙的情况。夏、商、周是在我国黄河流域并存发展的三个部族。在商族建国前，夏人已建立夏王朝。夏朝的都邑也曾经常迁徙，其中有不少是由于政治动乱所引起的。

西方黄土高原的周族，是一个农耕部族。始祖弃"及为成人，遂好耕农"①，从夏初以来，世为"后稷"，一直定居于渭北平原的邰(今陕西武功境)，发展农业。传至不窋，"夏后氏政衰，去稷不务，不窋以失其官而奔戎狄之间"，由于政治动乱而北迁至泾水中游一带。到不窋第三代孙公刘定居于豳(今陕西栒邑)。"公刘虽在戎狄之间，复修后稷之业，务耕种"②，这时约当商朝初期。周人在豳连续居住九世，到古公亶父时，由于薰育戎狄攻之，被迫从豳迁于岐。这时已到商代中后期。从周人自邰迁豳，自豳迁岐的历史事实看，其在一地居住时间均甚久，而每次迁徙都是由于政治的、军事的原因，而不是"游农"的需要。断言商代的迁都"与后世帝王的迁都完全不同"，只有"后世帝王迁都，大都是出于政治原因"③，似非确论。

当时周人的农业生产水平，低于商人。周人迁徙尚不因"游农"，何以已在中原建立王朝的更先进的商人倒处于"游农"阶段？"游农"说既不能解释夏、周迁徙的原因，就更难解释殷人迁都的原因。

以上就"游农"说问题提出几点自己粗浅的认识。下面再就《再探》中的一些问题说几句：

---

① 《史记》卷3《殷本纪》，112页，北京，中华书局，1959。

② 《史记》卷3《殷本纪》，112页。

③ 《中国经济史论丛》，27、28页。

《再探》一开头就告诫人们，“正确理解盘庚三篇是解决殷人迁居问题的关键”。那么《再探》是如何“正确理解”的呢？他经过“细审史文”后告诉我们：“下篇与中篇似应在迁殷之前，上篇则应在迁殷之后。”上篇在迁殷之后，中篇在迁殷之前，学术界早有公论，《再探》的新说是下篇也在迁殷之前，而且为第一篇。根据是“因下篇之首就说：‘盘庚既（通其作将解）迁，奠厥攸居，乃正厥位，绥爰有众’。这里的‘绥爰有众’，应解释为，将迁居的行动计划告诉给‘众’”。《再探》这一新说的根据实际上只有一个字：就是下篇开首的“盘庚既迁”的“既”字，通“其”作“将”解，但没有告诉我们：“既”和“其”何以相通？是音训还是义训？

谨按“既”，见母，脂部，“其”，群母，之部。两字既非双声，又非叠韵，仅属旁纽，何以相通？“既”字甲骨文已常见，左边像土簋，表示饭食器具，右边坐一人，已掉头向后，表示已吃罢饭。“既”的本义为“已经”，故《书·禹贡》“沱潜既道”，“荆岐既旅”[①]，《史记·夏本纪》作“沱涔已道”，“荆岐已旅”[②]。《再探》对“既”字作如是新解，却未拿出任何根据。

此外，紧接“盘庚既迁”之后的“奠厥攸居，乃正厥位”，《再探》也没有向我们讲解。《尚书》虽佶屈聱牙，唯此数句却明白晓畅。奠者，定也。郑玄曰：“先定其里宅所处，次乃正宗庙朝廷之位。”孔疏：“盘庚既至殷地，定其国都之处所，乃正其郊庙朝社之位。”[③]至今说尚书者略无异词。若按《再探》新解：盘庚既然“将要迁都”，亦即尚未迁至殷地，何以“奠厥攸居，乃正厥位”？

《再探》“细审史文”之后的第二个新解是：中篇首云“盘庚作，惟涉河以民迁”，句中“作”字应与“行”同。亦不知以何法训之，而所据又为何？谨按郑康成曰：“作渡河之具”，俞樾谓与《孟子·公孙丑》“汤至于武丁贤圣之君六七作”，《易·系辞·传》“神农氏作”、“黄帝尧舜氏作”之“作”同。顾颉刚、刘启釪谓当如赵岐释为“兴”，意即“兴起”[④]。诸家解说均有所据，

① 《尚书正义》卷6《禹贡》，见《十三经注疏》，149、150页。

② 《史记》卷2《夏本纪》，60、65页。

③ 《尚书正义》卷9《盘庚下》，见《十三经注疏》，171～172页。

④ 顾颉刚、刘起釪：《尚书校释译论》，902页，北京，中华书局，2005。

不知《再探》何所据而一语断案，推翻以往诸说？

《再探》为了反对拙作所提殷人“后五迁与前八迁性质不同，前八迁乃商族建国前氏族部落之流动迁移，后五迁为殷商王都之迁徙”的意见，只引用盘庚中篇一句话便肯定前八迁与后五迁是同一性质，说：“如果照黎文所说前八迁与后五迁性质不同，那么盘庚为什么一味‘先王不怀厥攸作，视民利用迁，汝曷弗念我古后之闻’。这无疑表明盘庚的迁都与他先人进行的迁徙是别无二致的。”何以这么一句话就“无疑表明”前八迁与后五迁“别无二致”？原来《再探》以为盘庚这两句话提到了“先王”和“古后”，那还不是“别无二致”吗？其实殷人惯例，在位之王称“王”，死去的王称“后”，故“古后”与“先王”是同一概念。而殷代的“先王”与“先公”，却是有区别的。成汤建国以前者为“先公”，成汤建国之后者为“先王”。所以盘庚这里所谓“先王”、“古后”，非指先公。《再探》显然将“先王”、“古后”与成汤之前的“先公”相混，故做出如是“新解”。

《再探》对于盘庚三篇的“正确理解”既如上面所述，然而他这样“正确理解”与“殷人迁居”是什么关系呢？这一“关键”是如何解释了“殷人迁居”的问题呢？他所谓“下篇与中篇似应在迁殷之前，上篇则在迁殷之后”与“游农”说是什么关系呢？三篇中的“民也好，众也好，都不是奴隶”与“游农”说又是什么关系呢？这些也都让人莫名其妙，不知它们之间存在什么样的逻辑关系？而最后一个问题又恰恰是拙作所坚持的一种看法。

《再探》还断言：因为盘庚说“视民利用迁”云云，所以“既然是为了他们的利益而迁居，那就无论如何也不可能用非经济的原因去解释的”。因此，盘庚所谓“大虐”的“真正含义”只能是“游农”。《再探》做出如是论断的根据又是一个字：“利”。然而，何以见得凡是“利”字，就只能是“经济的”，而不能是别的？

拙作对于“游农”说所谓殷代农业生产工具笨拙是殷人“游农”的主要原因之一，提出疑问：第一，“游农”说没有说明这些笨拙的农具是殷代前期还是后期。第二，“游农”说所使用的资料(出土农具、卜辞)都是殷代后期的。第三，出土文物表明殷代农具在前后期处于大体相同的水平，都是相当笨拙的。从以上三点进而说明：殷代农业很难划分为性质不同的前后两个发展阶段，即前期处于"游农"阶段，后期脱离"游农"阶段。《再探》对此反驳道："我们必须指出，古代经济的发展演变是缓慢的长期过程. 在没有犁以前，农业上的主要生产工具自远古以来一直是使用耒耜，这种木制的原始工具，不用说在殷代没有什么前后期之分，就是到了西周时期还是农业生产上的主要工具。因此不承认殷人生产工具笨拙是不现实的。"《再探》承认商代前后期农具都是笨拙的这一点上，与拙作所论是相向而行的。不知《再探》是否理解，他这样的论述与他所要维护的"游农"说却是南其辕而北其辙的?《再探》接着说："奇怪的是，黎文经过一番考证之后，亦得出'可见商代前后期的农业生产工具并未发生重大变化，我们很难把商代的农业发展划分为前后两个截然不同的阶段'的结论。既然如此，黎文的指摘就失去了意义。"这种"指摘"何以会"失去了意义"呢？难道让"黎文"肯定殷代前后期农具发生了阶段性变化，因而殷代农业发展有着截然不同的两个阶段才"有意义"吗?

拙作曾对"游农"说引用某地、某方受禾卜辞以证明殷人"游农"提出疑问："即使这种卜辞如傅先生所理解的那样，但这种耕地的不断改换何以竟没有引起'全部族的大迁徙'，而导致殷人再一次迁都呢?"《再探》却引《中国经济史论丛》第 4、5 页的全段文字："所谓某方受禾，系卜问应在什么方位耕种始获丰收的意思，这都是在全部族大迁徙之前，先在原来聚居的地方不断改换耕地的记录，等到一境之内可资利用的土地都已轮流耕遍，而土地的肥力已衰减之后，便不得不举族远徙，另到一个新的地方，再以同一的程序和方法进行生产。"然后声称：这段文字已可回答黎文所提的问题。但读过《再探》所引这段文字后，笔者的疑问并未"自然解决"。既然这些殷代后期的卜辞"都是在全部族大迁徙之前，不断改换耕地的记录"，何以没有导致殷人再一次"举族远徙"？又何以能在迁殷之后，在安阳一地历"二百七十三年而更不徙都"？又何以商代早期也是在亳定居一百多年而没有"举族远徙"呢?

最后再就《再探》的驳论方法说几句。对于拙作提出的"比九世乱"是殷都屡迁的客观原因，《再探》批驳道："比九世乱与殷人迁都究竟有什么必然的关系，黎文在这里没有作直截了当的回答，而是把主题岔开，去考证殷代历届王朝迁居过的地方，共迁了几次，接着又去考证殷王朝的王位继承问题……为什么这样一乱就要迁都呢？黎文的回答是‘比九世乱的内容已不得其详，没有更多的文献记载留存下来’。既然内容已经不详，又怎能确定为屡迁的原因呢？”其实，拙作一方面在提出“比九世乱”内容不详后，紧接着便提出“仍然可以从一些蛛丝马迹中窥其端倪”，并从两个方面论证了其具体内容。另一方面则指出：“‘九世之乱’是如何促动殷人屡屡迁都的呢？虽然载籍失传，所幸今本《商书》尚有《盘庚》三篇传世，它们就是研究殷人迁都的唯一的最重要的依据。”进而从《盘庚》三篇内容分析当时殷王朝之“乱”的具体表现和性质，以及何以这个问题需要通过迁都来解决的问题。拙作在论述“比九世乱”与殷都屡迁有何关系时认为“比九世乱”造成的后果是王权的削弱、贵族势力的膨胀和政治的动乱。因此殷代统治者企图通过迁都以削弱贵族的经济、政治根基，以提高王权。从盘庚迁殷的实际效果看，通过迁都也的确实现了打击贵族势力和提高王权的目的。而《再探》却说拙作是以“内容不详”去回答“何以一乱就要迁都”的问题，这似与本文的实际情况不符。拙文的论述是否充分是另一个问题，但从何得出“把主题岔开”的结论呢？

拙作认为卜辞“卜焚”的记载不能证明殷人“火耕”，因为卜焚所指乃田猎之事，所谓“焚田”亦指田猎而非“火耕”。《再探》却批驳道：“黎文认为‘焚田’不是开辟荒地，或者说开辟耕地不需要用火把丰林茂草烧掉，但作者却无一字交代，如不用火烧，耕地是怎样开辟出来的？”经《再探》的一番变化后，“焚田”不是指“火耕”而是指田猎的原意，就变成了“开辟耕地不需要用火把丰林茂草烧掉”。拙作为了说明“火田”是自古以来常用的狩猎方法，曾举出鄂伦春人解放前还有“烧荒引兽，放火寻角”的狩猎习惯为证。《再探》对此亦大加批驳，说道：“鄂伦春人烧荒引兽，放火寻角是为了打草惊蛇，烧荒草引出禽兽，绝不是把大片森林烧光，如果把林木烧掉，则禽兽早已逃匿，还怎能进行狩猎呢？”《再探》对于鄂伦春人“烧荒引兽，放火寻角”的习俗有自己的见解，我在这里就不拟与他进行争论了，只是觉得此似有将别人的主题岔开之嫌①。

凡此例子尚多，不再罗列。殷都屡迁问题是一个复杂而艰难的学术课题，个人学识疏浅，自知无力完全解决这样的问题，拙作对于殷都屡迁原因的探讨，也只是一个极其粗浅的尝试，绝不敢以为必，衷心希望史学界的同志们进行严肃的、负责的批评指正，通过百家争鸣使问题能够得到更为深入的认识。但是最后不得不指出，像《再探》这样肆意解释，妄造“新说”；于商史及相关论题在常识性方面尚有所不足；行文逻辑混乱乃至语无伦次……学风和文风如此，对于学术讨论来说不能不令人遗憾。

原载《中国社会经济史研究》，1987(3)。

① 附：笔者曾经在20世纪50年代末参加了当时由全国人大民族委员会和国务院民族事务委员会组织的全国少数民族社会历史调查，在其中的鄂伦春族调查组工作，深入大兴安岭鄂伦春族聚居地进行了一年的调查，并参与调查报告和鄂伦春族简史、简志的撰写工作。关于鄂伦春族“烧荒引兽，放火寻角”习俗，调查报告是这样叙述的：“鄂伦春人过去为狩猎方便，有‘烧荒引兽，放火寻角’的习惯。他们每到春季就要放火烧荒，一方面为了青草早长出来，引诱野兽来吃；另一方面为看得清野兽，以便于打中。烧荒往往引起很大火灾，有时烧掉几十里乃至几百里的森林，然而他们并不以为然，因为他们世居深山密林，在他们眼里，好像森林到处都有，因此，对森林是不爱惜的，也没有任何私有观念。”参见《鄂伦春族社会历史调查》，第1集，呼和浩特，内蒙古人民出版社，1984。这份调查报告是在我参加调查组之前，由原有的调查组人员根据1956年10月至1957年1月的调查材料而撰写的。

《书·盘庚》“于今五邦”解

《尚书·盘庚上》：“先王有服，恪谨天命，兹犹不常宁，不常厥邑，于今五邦。”①此“五邦”所指为何地？自汉迄今，说解不一。马、郑均谓“五邦”指商、亳、嚣、相、耿五地②。后世学者多已指出，“五邦”乃成汤建国后之迁徙，不应包括成汤自商迁亳之事，故商、亳两地不属于“五邦”之内。这样就只剩下嚣、相、耿三邦，不足“五邦”之数。于是有人提出“五邦”应指：嚣、相、耿、庇、奄③。持此看法的理由之一是：《盘庚》篇“于今五邦”是指盘庚迁殷前已有“五迁”，故“五邦”不应包括盘庚迁殷在内。④于是将耿、庇视为二迁，凑足“五邦”。所以，问题的关键在于：“于今五邦”是否包括盘庚迁殷在内？如果包括盘庚迁殷，则耿、庇是一地还是两地的纠葛亦将易于获致解决。

窃意“于今五邦”应包括盘庚迁殷在内。关于《盘庚》三篇的先后次序，俞樾认为：《盘庚》中篇为“未迁时也”，《盘庚》下篇为“始迁时也”，《盘庚》上篇“则又在后矣”⑤，其说甚是。“于今五邦”句出自《盘庚》上篇，既然上篇所载为盘庚迁殷之后对臣民之训词，则其追述自“先王”至“今”之五次迁都，显然包括这最后一次之迁殷在内。事实上，旧注对此点本甚明确，如《尚书序》曰：“盘庚五迁，将治亳殷。”伪《孔传》亦谓“自汤至盘庚，凡五迁都。”⑥均把盘庚迁殷包括在五迁之内。

---

① 《尚书正义》卷9《盘庚上》，见《十三经注疏》，168页，北京，中华书局，1980。

② 《尚书正义》卷9《盘庚上》，见《十三经注疏》，168页。

③ 杨树达：《积微居读书记》，1页，上海，上海古籍出版社，2006；顾颉刚、刘起釪：《尚书校释译论》，900～1090页，北京，中华书局，2005。

④ （元）董鼎撰：《书传辑录纂注》卷3《盘庚上》，见《景印文渊阁四库全书》第61册《经部五五·书类》，673～676页，台北，台湾“商务印书馆”，1986。

⑤ 俞樾：《群经平议》卷4，见《续修四库全书》178经部，52～53页，上海，上海古籍出版社，2002。

⑥ 《尚书正义》卷9《盘庚上》，见《十三经注疏》，168页。

这样，“五邦”中比较明确的便有“四邦”了，即仲丁所迁之嚣(《史记·殷本纪》作“隞”，嚣、隞古音同)，河亶甲所迁之相，南庚所迁之奄，盘庚所迁之殷。至此就只剩下一迁还需要探究，具体来说就是祖乙究竟是一迁还是几迁的问题了。

关于祖乙之迁，记载比较纷纭。《尚书序》说“祖乙圮于耿”①，《殷本纪》说“祖乙迁于邢”②，《竹书纪年》则谓祖乙居庇③。据此则祖乙所迁有耿、邢、庇三地。《史记·殷本纪·索隐》曰：“邢音耿，近代本亦作‘耿’。”④故后世学者均认为邢、耿实即一地，对这个问题的看法基本上是一致的。比较分歧的是邢(耿)与庇究竟是什么关系？历代学者对此作了种种推测与考证，或以为庇与邢(耿)为一地，或以为庇与邢(耿)为两地。把邢(耿)与庇视为一地之根据似嫌不足，故当以两地说为近是。不过，窃意此两地虽然均为祖乙所迁，但在殷人看来仍然是一迁而不是两迁。何以然？因为祖乙自相迁邢(耿)之后，旋即再迁。《书序》云：“祖乙圮于耿”，于是祖乙不得不又自邢(耿)迁庇。据《竹书纪年》，自祖乙居庇之后，祖辛、沃甲、祖丁、南庚一直居于庇，直至南庚时才“自庇迁于奄”⑤。由此可知，祖乙在邢(耿)还没有来得及形成一个都邑，即被迫放弃。其居邢(耿)之时间过于短促，与庇邑之作为自祖乙至南庚五王所居相较，则祖乙迁邢(耿)实不过是祖乙迁庇过程中的一段插曲而已，在殷人心目中，便没有把邢(耿)视为一迁或一个王都，而只是把庇邑视为自己的王都。故盘庚在回顾迁都的历史时，便只数五迁而不云六迁，即把祖乙之迁只视为一迁而不是两迁了。

如果以上的推测不错的话，那么我们可以得出如下的结论：

1.《盘庚》上篇所谓“于今五邦”，为盘庚迁殷之后所言，故“五邦”应当

---

① 《尚书正义》卷8《祖乙》，见《十三经注疏》，167页。

② 《史记》卷3《殷本纪》，100页。

③ 方诗铭、王修龄：《古本竹书纪年辑校》，27页，上海，上海古籍出版社，1981。

④ 《史记》卷3《殷本纪》，101页。

⑤ 方诗铭、王修龄：《古本竹书纪年辑校》，28页。

包括迁殷在内。

2. 邢(耿)、庇似应是两地而不是一地，两地均为祖乙所迁，不过祖乙自相迁邢(耿)后不久又自邢(耿)迁庇，而迁邢(耿)之举不过是其迁庇过程中的一个插曲而已。

3. 准上述二项，则盘庚所谓“于今五邦”应为：仲丁自亳迁嚣(隞)，河亶甲自嚣迁相，祖乙自相迁庇，南庚自庇迁奄，盘庚自奄迁殷。

原载北京师范大学历史系：《史学评林》，1982(3～4)。

解忧公主出塞的历史贡献

西汉中叶的解忧公主出塞，远嫁西域乌孙王，是我国各族人民友好交往历史中一曲优美动人的乐章。解忧公主是一位对于祖国统一的多民族国家的发展做出了重要贡献的历史人物。然而，两千多年来，她却像沉埋瀚海的一颗明珠，一直没有引起人们足够的注意并给予应有的评价。不仅在许多通史著作中没有她的地位，即使在论述两汉与西域关系历史的专著、论文中，对此亦语焉不详，甚或不置一词；也有些著作主次颠倒，轩轾失当，对于其作用远不能与之相比的细君公主(即江都公主)反倒较为重视，而无视解忧公主的历史作用。因此，我们今天有必要对解忧公主出塞做出公正的评价，给她以应有的历史地位，庶几恢复历史之本来面目。

不揣刍荛，略陈管见，以期引起人们对于这一历史人物的重视，并就正于史学界同志们。

一、解忧公主出塞的历史背景

解忧公主出塞之年，史无明文。然按诸史料，当在汉武帝太初四年(公元前101年)。①

从公元前202年西汉王朝建立到解忧公主出塞的一百年中，西汉在民族关系中面临的一个最严重问题，是北方匈奴政权的威胁。匈奴族是我国

① 第一，解忧公主是在细君公主死后入乌孙的，王先谦：《汉书补注·西域传》，1633页，北京，书目文献出版社，1995。引徐松曰："(细君)公主在乌孙，仅四五年而死。"并谓解忧公主妻岑陬"在太初中"。细君公主于公元前105年出塞，四五年而死，当在太初四年。第二，据《汉书》卷78《萧望之传》，神爵二年(公元前60年)萧望之曾谓"前少主(指解忧)在乌孙四十余年"。由此上推至太初四年为四十一年。第三，又据《汉书》卷96下《西域传下·乌孙国传》，解忧公主于甘露三年(公元前51年)回到长安，"时年且七十"。(3908页)由此上溯至太初四年，解忧公主"年且二十"，正当出嫁之年。准此，则解优公主出塞之年当在太初四年。

北部地区的一个古老的兄弟民族。大约公元前3世纪匈奴族完成了由原始社会向阶级社会的过渡，在冒顿单于(公元前209—前174年)时建立了东起辽河，西逾葱岭，北抵贝加尔湖，南接长城的政权。这是一个带有强烈的掠夺性的游牧军事政权，进行“掠夺，在他们看来比劳动获得更容易甚至光荣……现在打仗，则纯粹是为了掠夺”，因而把战争视为“经常性的行当”。① 史称“匈奴明以攻战为事”，② “行盗侵驱，所以为业”③。邻人的财富刺激了他们的贪欲，战争的目的纯粹是为了掠夺，“其攻战，斩首虏赐一卮酒，而所得卤获因以予之，得人以为奴婢。故其战，人人自为趋利”。④ 匈奴经常对汉族地区进行掠夺性的军事行动，“小入则小利，大入则大利”⑤。其掠夺对象不仅是物质财富，还大肆杀掠吏民，虏为奴婢。据粗略统计，仅从汉文帝三年(公元前177年)到昭帝元凤三年(公元前78年)，匈奴贵族就掳去汉人十万口以上。⑥

这一百年中，汉匈关系发生了巨大的变化。西汉前期，由于汉、匈力量对比不平衡，汉王朝还不足以完全抗御匈奴贵族的威胁，因而采取以“和亲”与“通关市”为主，军事防御为辅的政策。经过汉初六十年休养生息，西汉社会经济发展，中央集权得到巩固，到了汉武帝时，“天下殷富，财力有余，士马强盛”⑦，解决匈奴政权威胁的条件已经具备。于是，汉武帝便改变原来的退让、迁就政策，而改为主动进攻的政策。

为此，汉武帝从两个方面着手进行，一是从军事上加强力量，主动出击，二是联合西域，夹击匈奴，实施“断匈奴右臂”的战略计划。这两个方面，密切配合，相辅相成。

解忧公主出塞之前，第一方面已取得了相当的进展。从元光二年(公

---

① 恩格斯：《家庭、私有制和国家的起源》，171页，北京，人民出版社，1999。

② 《汉书》卷94上《匈奴传上》，3760页。

③ 《史记》卷112《主父偃传》，2955页，北京，中华书局，1959。

④ 《汉书》卷94上《匈奴传上》，3752页。

⑤ 《汉书》卷49《晁错传》，2278页。

⑥ 林幹：《匈奴社会制度初探》，见《匈奴史论文集(1919—1979)》，303～304页，北京，中华书局，1983。

⑦ 《汉书》卷96下《西域传下》赞曰，3928页。

元前 133 年)汉匈战争开始后，汉武帝对匈奴发动了三次决定性的出击。元朔二年(公元前 127 年)大将军卫青出云中，夺回河南地，元狩二年(公元前 121 年)骠骑将军霍去病出陇西，大败匈奴右部休屠王、浑邪王，占领河西走廊，打通了汉通西域的道路，元狩四年(公元前 119 年)卫青、霍去病分兵出击漠北，匈奴单于远遁，以致“漠南无王庭”。时在解忧公主出塞之前十八年。

但是，这些胜利并没有完全解除北方的威胁，匈奴势力虽然受到沉重打击，但还保持相当的实力，继续与汉廷抗衡，骚扰汉边。匈奴威胁之真正得到解决，是在实现了联合西域，“断匈奴右臂”的战略计划之后。

汉代所谓“西域”，有广义与狭义之分。广义的西域包括我国新疆以西的中亚细亚、印度、伊朗高原、阿拉伯及小亚细亚等地；狭义的西域，则主要指敦煌以西、葱岭以东的我国新疆天山南北地区。本文所论主要指后者而言。西域地区自古以来就是我国西北各兄弟民族和汉族共同开辟的家园。秦汉之际西域各族人民已在这里建立了许多城邦和部落国家。天山以南的塔里木沙漠南缘的十几个国家称为“南道诸国”，北缘的十几个国家称为“北道诸国”。这些国家多以农牧为业，有城郭庐舍，故统称“城郭诸国”。天山以北的十几个国家，多以畜牧为业，统称为“山后诸国”。

秦汉时期，匈奴政权掳掠、奴役的对象，除南部的汉族农业地区外，还包括东部的鲜卑、乌桓和西部的西域各族。而“西域诸国，各有君长，兵众分弱，无所统一”[①]，所以早在西汉初，西域各族就处于匈奴政权的野蛮控制之下，“楼兰、乌孙、呼揭及其旁二十六国皆已为匈奴”。[②] 匈奴西部的日逐王在西域设置“僮仆都尉”，驻节焉耆、危须、尉犁诸国，进行军事占领与残酷的奴役剥削，“赋税诸国，取富给焉。”[③]葱岭以西大国，如大月氏、大夏、康居等亦不得不服事匈奴，“匈奴使持单于一信，则国国传

① 《汉书》卷 96 下《西域传下》赞曰，3930 页。

② 《汉书》卷 94 上《匈奴传上》，3757 页。

③ 《汉书》卷 96 上《西域传上·序》，3872 页。

送食，不敢留苦”。[1] 因此，“胡得众国而益强”。[2] 以上诸国已成为匈奴政权的重要经济支柱，在军事上则是其进攻西汉的一只有力的“右臂”。

匈奴在元狩四年被汉打败后，“单于益西北”[3]，进一步把注意力西移，加紧对西域的控制。此后，汉匈斗争的重心就转移到了西域，争夺西域成了汉匈斗争的一个焦点，西域诸国的向背成为汉、匈孰胜孰败的关键。

早在建元三年(公元前138年)，汉武帝就派张骞第一次通西域，目的是联络大月氏，东归故地，夹击匈奴。但张骞这次的使命没有达到原定目的。元狩四年(公元前119年)张骞第二次奉使西域，这次的目的是联络乌孙。乌孙原来也住在祁连、敦煌一带，依附于匈奴，后西迁至塞地(伊犁河流域)，便“不肯复朝事匈奴”[4]，与匈奴存在矛盾。张骞向汉武帝建议：“蛮夷恋故地，又贪汉物，诚得以此时厚赂乌孙，招以东居故地，汉遣公主为夫人，结昆弟，其势宜听，则是断匈奴右臂也。”[5]这是一个十分正确的决策。

乌孙地处巴尔喀什湖以东以南伊犁河流域的广大地区，这里水草丰美，物产丰盛，人民以游牧为业，与匈奴同俗。其国都赤谷城在阗池(伊塞克湖)之南。西汉时，乌孙已进入阶级社会，“国多马，富人至四五千匹”[6]。考古发掘证明，西汉时期的乌孙墓葬大小规模已相差悬殊，大型墓的封土底周达二三百米，高达十余米。有的大墓可能还有殉葬奴隶。而小墓则面积很小，随葬品极少，[7] 阶级分化已经十分明显。其时，乌孙已建立了国家，在昆弥(或作“昆莫”，即国王)之下设有各种官职和常备军队。

乌孙在西域诸国中也是最强大的一个国家。乌孙有户十二万，人口六

① 《史记》卷123《大宛列传》，3173页。

② (汉)桓宽著，王利器校注：《盐铁论校注》卷8《西域篇》，500页，北京，中华书局，1992。

③ 《史记》卷110《匈奴列传》，2914页。

④ 《汉书》卷61《张骞传》，2692页。

⑤ 《汉书》卷61《张骞传》，2692页。

⑥ 《汉书》卷96下《西域传下·乌孙国》，3901页。

⑦ 新疆维吾尔自治区博物馆：《新疆历史文物》，15页，北京，文物出版社，1977。

十三万，胜兵十八万八千人，是“山后诸国”中乃至整个西域中人口最多、兵力最强的大国，号称“最为强国”①。在西域诸国中，它是唯一能与匈奴抗衡的国家，匈奴“遣兵击之不胜”②。

乌孙在西域处于十分重要的战略地位，它东界匈奴，西邻康居、大宛，南接城郭诸国。如果乌孙与汉结盟，一方面可以一东一西，对匈奴形成夹攻之势，另一方面可以作为汉与西域各国联系的枢纽，并带动西域诸国向汉，所谓“既连乌孙，自其西大夏之属皆可招来而为外臣”③，就是这个道理。这些作用是远在葱岭以西的大月氏所起不到的。

因此，争取乌孙是实现联合西域、断匈奴右臂战略计划的一个关键。

但是，张骞这次联络乌孙的目的并未完全达到。其原因有三：一是“乌孙远汉，未知其大小”④；二是“素服属匈奴日久矣，且又近之，其大臣皆畏胡”⑤；三是“昆莫年老国分，不能专制”，⑥ 这时乌孙国分为三，不能完全由国王决定一切。归根结底还是因为汉、匈在西域的力量对比悬殊，匈奴在西域的势力还超过西汉。不过，乌孙出于对抗匈奴的需要，也强烈希望与汉通好。因此当元鼎二年(公元前 115 年)张骞回汉时，乌孙“遣使数十人、马数十匹报谢”。通过这种交往，“乌孙使既见汉人众富厚，归报其国，其国乃益重汉”。⑦ 从此乌孙与汉建立了经常性联系。时在解忧公主出塞之前十四年。

由于乌孙与汉的关系日益发展，汉使到大宛、月氏等地，均从乌孙通过，相继不绝。“匈奴闻其与汉通，怒欲击之。”在匈奴的压力下，“乌孙于是恐，使使献马，愿得尚汉公主，为昆弟”⑧，主动提出与汉结和亲，进一步倒向汉朝。乌孙以马千匹作为聘礼。元封六年(公元前 105 年)汉朝把江

---

① 《汉书》卷 96 下《西域传下·乌孙国》，3901 页。
② 《汉书》卷 61《张骞传》，2692 页。
③ 《汉书》卷 61《张骞传》，2692 页。
④ 《汉书》卷 96 下《西域传下·乌孙国传》，3902 页。
⑤ 《史记》卷 123《大宛列传》，3169 页。
⑥ 《汉书》卷 96 下《西域传下·乌孙国传》，3902 页。
⑦ 《史记》卷 123《大宛列传》，3169 页。
⑧ 《汉书》卷 96 下《西域传下·乌孙国传》，3903 页。

都王刘建的女儿细君作为公主嫁与乌孙昆弥猎骄靡。这时匈奴在乌孙还有很大势力，当细君嫁乌孙后，匈奴也立即遣女嫁乌孙。乌孙人按照以左为贵的习俗，以匈奴女为左夫人，而以细君为右夫人。时在解忧公主出塞之前四年。

猎骄靡的太子早死，死前曾商定以太子之子岑陬(乌孙官名)军须靡为太子。细君公主嫁猎骄靡后不久，“昆莫年老，欲使其孙岑陬尚公主”。当时乌孙还残存着原始社会血缘群婚的遗俗。但“公主不听，上书言状。天子报曰：‘从其国俗，欲与乌孙共灭胡’”。① 于是细君又嫁给了猎骄靡之孙军须靡。不久，猎骄靡死，军须靡继位为昆弥。细君公主在乌孙只四五年，于太初四年(公元前 101 年)死去，汉武帝即以楚王刘戊之孙解忧为公主，嫁与军须靡。

二、解忧公主在乌孙和西域的活动

解忧公主从武帝太初四年(公元前 101 年)出塞，到宣帝甘露三年(公元前 51 年)回长安，在乌孙整整生活了五十年。这五十年，在我国统一的多民族国家发展史上发生了两起意义重大的事件：一是西域与内地的联系日益密切，终于导致了神爵二年(公元前 60 年)西域都护府的建立，从此，西域与内地的关系史进入了崭新的阶段；二是北方匈奴政权对各族人民威胁的解除，最后导致了甘露三年(公元前 51 年)匈奴呼韩邪单于归汉，实现了汉匈联合。这两起重大历史事件的发生都与解忧公主在乌孙及西域的活动有着不同程度的关系。

解忧公主在乌孙的半个世纪中，进行了一系列积极的活动，为促成上述两项重大历史事件之演进做出了不可磨灭的贡献。

(一)协助完成“断匈奴右臂”的战略计划

有些著作认为，细君公主“完成了乌孙与汉联盟的任务”。② 这个看法

① 《汉书》卷 96 下《西域传下·乌孙国传》，3904 页。

② 参见安作璋：《两汉与西域关系史》，30 页，济南，齐鲁书社，1979。

似不确。细君公主作为第一位与乌孙和亲的汉公主，对于加强乌孙与汉的友好关系起了一定作用。不过，她并没有完成乌孙与汉联盟的任务。她在乌孙并无十分积极的活动，她不习惯于乌孙的游牧生活，因而“自治宫室居”。加以“昆莫年老，言语不通”，她更是整日悲愁，思恋故土，作歌哀叹：“居常土思兮心内伤，愿为黄鹄兮归故乡。”①同时，她在乌孙的时间也很短促，不过四五年而已。因此，她没有也不可能完成乌孙与汉联盟的任务。太初三年(公元前102年)李广利再征大宛时，汉武帝曾希望乌孙“大发兵并力击宛”，但乌孙只是派了二千骑兵参加，并且“持两端，不肯前”②，就是明显的例证。正因为这样，所以当细君公主死后，汉武帝立即以解忧公主续配军须靡，让她继续去完成这一使命。解忧公主与细君公主截然不同。她不仅在乌孙生活的时间比细君公主长得多，更为难能可贵的是，她在这漫长的岁月中，始终不忘自己的政治使命，岁愈久而志弥坚，进行了十分积极的富有成效的活动，为汉王朝完成与乌孙联盟的任务，从而实现“断匈奴右臂”的战略计划助一臂之力。

解忧公主嫁与军须靡后不久，军须靡死。军须靡的叔父之子翁归靡继位为昆弥，号肥王。按照乌孙的婚姻习俗，翁归靡又继娶解忧公主为妻。解忧公主与翁归靡结合的时间最长，直至汉宣帝神爵二年(公元前60年)翁归靡死。他们育有三男二女。翁归靡统治时期是乌孙国力最强盛的时期，也是乌孙与汉友好关系的高潮阶段。这与解忧公主的作用是不能分开的。解忧公主在乌孙前期的活动，史文阙载。不过，从昭帝末年匈奴侵乌孙时，提出要乌孙交出解忧公主，以迫使乌孙“隔绝汉”来看，其时解忧公主在加强汉、乌关系中当作了不少工作，已成为汉、乌友好关系的重要象征，因而匈奴感到必须除掉她才能离间汉、乌友好关系。由此可知，她前期在乌孙的活动，已奠定了汉、乌友好关系的牢固基础。到了昭帝末年和宣帝时期，随着她年龄的增长，政治上的日趋成熟，以及子女的成长，因而愈来愈活跃于乌孙乃至西域的政治舞台，发挥了重要的作用和影响。

---

① 《汉书》卷96下《西域传下·乌孙国传》，3903页。

② 《史记》卷123《大宛列传》，3178页。

自从汉武帝发动对匈奴的三次大规模出击之后，在相当长的一段时间内，汉对匈奴无更有力的反击，其规模最大的一次，是天汉二年(公元前99年)李广利、李陵的出击。但这次进攻完全失败，李广利被围，几不得脱，李陵兵败投降。此后汉、匈之间一直处于相持局面。这种状况直到本始三年(公元前71年)汉与乌孙联军大败匈奴后才彻底改变。

乌孙的向汉，对于匈奴控制西域是一沉重打击，这自然引起匈奴贵族的恐惧和仇视，因此他们拼命与汉争夺乌孙。昭帝末年，匈奴在不断南袭汉边的同时，大举西伐乌孙。为了切断乌孙与汉的联系，匈奴派遣四千骑占领了西域的门户车师，与车师联兵，共侵乌孙。匈奴还一再派人到乌孙，威胁乌孙交出解忧公主，以“隔绝汉”。在这斗争的关键时刻，解忧公主挺身而出。她上书昭帝，报告匈奴在西域的军事动向，并请求汉朝派兵，共击匈奴。汉朝接到解忧公主的上书，正在“议欲击匈奴”①时，汉昭帝死。宣帝继位后，解忧公主与翁归靡又上书宣帝，报告“匈奴复连发大兵侵击乌孙”②，夺取了乌孙的车延、恶师等地，并掳掠人民而去。他们再一次要求汉朝派军，并主动建议与汉联合出兵，乌孙“愿发国半精兵，自给人马五万骑，尽力击匈奴”③。汉朝采纳了他们的建议。

本始二年(公元前72年)，汉朝大发关东轻锐，选伉健习骑射者皆从军。第二年春，田广明将四万骑出西河，范明友三万骑出张掖，韩增三万余骑出云中，赵充国三万余骑出酒泉，田顺三万余骑出五原，凡五将军，十五万大军，由东面击匈奴；另派校尉常惠为使节，护乌孙发兵。乌孙昆弥翁归靡亲自率领翕侯以下五万余骑兵，从西面进攻匈奴。汉、乌联军共二十余万。由于双方密切配合，东西夹击，因而这次战争大获全胜，战果辉煌。乌孙兵英勇出击，攻至匈奴右谷蠡王庭，俘虏了单于的叔父、嫂嫂、公主及名王以下三万九千人，获马牛驴骡骆驼五万余匹，羊六十余万

---

① 《汉书》卷96下《西域传下·乌孙国传》，3905页；《汉书》卷70《常惠传》，3003页。

② 《汉书》卷96下《西域传下·乌孙国传》，3905页。

③ 《汉书》卷96下《西域传下·乌孙国传》，3905页。

头。① 东部战线五将军各出塞二千余里，“匈奴闻汉兵大出，老弱奔走，驱畜产远遁逃”。② 这次战争，给了匈奴政权以沉重的打击，“匈奴民众死伤而去者，及畜产远移死亡不可胜数”。此后，“匈奴遂衰耗，怨乌孙”。③ 常惠因护乌孙发兵有功，封为长罗侯。汉朝为表彰乌孙立大功，又派常惠“持金币还赐乌孙贵人有功者”④。

匈奴单于不甘心失败，这年冬，自将一万骑兵，袭击乌孙，掳掠了一些老弱人众。恰逢天降大雪，一日深丈余，“人民畜产冻死，还者不能什一”。匈奴政权又遭到一次沉重打击。这时，长期受匈奴贵族奴役的各民族纷起反抗，“丁令乘弱攻其北，乌桓入其东，乌孙击其西”，匈奴政权处于四面楚歌的困境。各族人民的密切配合，更扩大了前次的战果，“凡三国所杀数万级，马数万匹，牛羊甚众。又重以饿死，人民死者什三，畜产什五”。⑤

这一连串的胜利，是自从汉武帝反击匈奴以来六十多年间具有决定意义的胜利，是“断匈奴右臂”的一次决战，汉武帝长期经营的战略至此才得以付诸实现，其影响十分深远。

第一，这次战争对匈奴内部产生了十分深刻的影响。它给了匈奴政权以致命的打击，“匈奴大虚弱”，从此一蹶不振，再也无力保持强大的军事力量，丧失了“百蛮大国”的地位。至此，北方的威胁基本解除，从此“匈奴不能为边寇”，而“边境少事矣”。⑥ 同时，它也加速了匈奴内部的矛盾和分化，此后“匈奴乖乱”⑦，内部斗争加剧，而要求与汉友好联合的势力日益发展，“兹欲乡和亲”⑧，终于导致汉、匈民族的大联合。这次战争之后十年，神爵二年(公元前60年)匈奴西部的日逐王先贤掸“率其众数万骑归

---

① 《汉书》卷70《常惠传》，3004页。
② 《汉书》卷94上《匈奴传上》，3757页。
③ 《汉书》卷94上《匈奴传上》，3786页。
④ 《汉书》卷70《常惠传》，3004页。
⑤ 《汉书》卷94上《匈奴传上》，3787页。
⑥ 《汉书》卷94上《匈奴传上》，3787页。
⑦ 《汉书》卷70《郑吉传》，3005页。
⑧ 《汉书》卷94上《匈奴传上》，3787页。

汉”，汉封日逐王为归德侯。这次战争之后十四年，宣帝五凤元年（公元前57年），匈奴五单于争立。结果匈奴分裂为两部分，郅支单于率众西迁，呼韩邪单于款五原塞，举族归汉，实现了汉、匈民族的大联合。时为宣帝甘露二年（公元前52年），上距前次战争十九年。呼韩邪单于在召集诸大臣讨论归汉问题时，考虑到“今汉方盛，乌孙城郭诸国皆为臣妾”，因而“今事汉则安存，不事则危亡”①，这才下决心归汉。可见，乌孙与西域的向汉，对匈、汉民族的联合起了重要的促进作用，这里面自然也包含着解忧公主的一份功劳，而她恰是在呼韩邪单于归汉后的第二年回到长安的。

第二，这次战争瓦解了匈奴对各族人民的奴役统治。从此他们纷纷摆脱了匈奴政权的控制，“诸国羁属者皆瓦解，攻盗不能理”②。特别是加速了西域各族摆脱匈奴而倾心向汉。本来匈奴在西域的统治一直就受到西域各族人民的强烈反抗，他们“虽属匈奴，不相亲附。匈奴能得其马畜旃罽，而不能统率与之进退”③。因此，西汉政府领导的抵抗匈奴的斗争，代表了西域人民的利益，因而得到他们的积极支持。这次战争胜利，更鼓舞了西域人民的斗志，他们更积极支持反对匈奴政权的斗争。在汉与西域各族的共同努力下，终于把匈奴势力逐出西域。这次战争之后十年，当匈奴在西域的最后一个据点车师被拔掉后，匈奴势力退出了西域，整个西域地区便控制在西汉统治之下。于是，汉朝便在西域的中心地点——乌垒城设立西域都护府。至此，西域便从匈奴奴役下解脱出来，“僮仆都尉”由此罢，“匈奴益弱，不得近西域”④。从此，“汉之号令班西域矣”⑤，“其土地山川王侯户数道里远近翔实矣”⑥。

解忧公主对这次取得历史性胜利的汉、乌联军合击匈奴的战争做出了不可磨灭的贡献，起了十分重要的作用。这次战争的原因之一就是由于她

① 《汉书》卷94下《匈奴传下》，3797页。

② 《汉书》卷94上《匈奴传上》，3786页。

③ 《汉书》卷96下《西域传下》赞曰，3930页。

④ 《汉书》卷96上《西域传上·序》，3874页。

⑤ 《汉书》70《郑吉传》，3006页。

⑥ 《汉书》卷96上《西域传上·序》，3874页。

在乌孙的活动引起匈奴政权的嫉恨，因而发动侵击乌孙的战争。乌孙在向汉朝请求合兵反击匈奴时也一再以“哀救公主”为号召。战前她一再向汉朝上书，报告西域的局势与匈奴的动向。而汉、乌联军，东西合击匈奴的计划她是主要的提议者。后来战事的进程正是按照这个建议发展，并取得辉煌的战绩，证明这个建议是正确的。可以说，她是这次战争的重要推动者之一。这是她执行汉武帝断匈奴右臂的战略计划所取得的辉煌的成就，也是她对统一的多民族国家的发展所做的重大贡献之一。

(二)促进了乌孙与汉的友好关系

解忧公主在乌孙的五十年，是乌孙与汉友好关系的高峰。解忧公主出塞之初，乌孙迫于匈奴的威势，还在汉朝与匈奴之间“持两端”。到了解忧公主出塞的后期，特别是宣帝之世，乌孙已完全倒向汉朝而“畔绝匈奴”。这与解忧公主在乌孙政治舞台上发挥越来越大的作用适成正比。这五十年中，她为促进乌孙与汉的友好关系做了大量的工作。

为了加强乌孙与汉的友好关系，解忧公主经常派遣自己的子女到长安来，学习汉族的先进文化，为此而使节往还，络绎不绝。地节元年(公元前69年)，解忧公主遣其长女弟史到长安“学鼓琴”，留学三年。后来汉朝特派侍郎乐奉护送弟史回乌孙①。过去人们总是强调西域音乐对内地的影响，而不言内地音乐对西域的影响。从这件事可知内地音乐也曾影响西域，汉与西域在经济文化交流中互学所长，相得益彰。解忧公主的次子万年也曾到长安生活过一段时间②。宣帝五凤年间(公元前57—前54年)解忧公主还有“侍子”在长安，汉朝曾派卫司马魏和意、副候任昌送侍子回乌孙③。通过这类友好往还，一方面把西域文化传入内地，同时也把先进的汉文化带到了乌孙，促进了乌孙经济文化的发展。汉代的冶铁术就是在这期间给乌孙以深刻影响的。据汉元帝时的西域副校尉陈汤说，原来乌孙冶铁技术落后，因而“兵刃朴钝，弓弩不利”，后来由于“颇得汉巧”④，铁制

① 《汉书》卷96下《西域传下》，3916页。

② 《汉书》卷96下《西域传下》，3897页。

③ 《汉书》卷96下《西域传下》，3906页。

④ 《汉书》卷70《陈汤传》，3023页。

兵器才有了较大改进。考古学家在伊犁河流域的昭苏、特克斯、新源、尼勒克、巩留、察布查尔等地发现了许多两汉时期的乌孙墓葬。昭苏墓中出土的木炭经“放射性碳”测定，其年代相当于西汉。墓上有园丘形封土，墓室均为竖穴，其中部分有木椁室，椁室外垒卵石和木炭，椁内置棺或抬板。这种墓葬形制同战国、秦汉时代内地的墓葬有许多共同特征。从木椁和墓室的加工痕迹上可以辨别出曾使用过方刃铲、锛、斧、凿、刨、锯等工具，还发现了一些铁钉。由此可见，当时乌孙人已大量使用铁器。① 昭苏县发现的西汉乌孙人墓葬出土的陶器亦具有内地的风格，其中有一件红色细泥陶罐，圆唇小口，底小鼓腹，是汉代陶罐常见形式②。由此可见，在西汉时乌孙接受了汉文化深刻的影响，这种影响已深入于社会生活的各个领域。

解忧公主的子女也大多活跃于乌孙政治舞台，这对于促进乌孙与汉的友好关系也起了积极的作用。她的长男元贵靡，后来做了乌孙的大昆弥；次男大乐是乌孙的左大将，小女素光嫁给了乌孙贵族若呼翎侯为妻。其中尤以元贵靡对乌孙政治影响更大一些。

元康二年(公元前 64 年)，翁归靡通过汉使常惠上书，主动提出“愿以汉外孙元贵靡为嗣”，立为太子。为了进一步巩固与汉的亲密关系，翁归靡要求汉朝准许元贵靡“复尚汉公主，结婚重亲”，同时表示坚决“畔绝匈奴”③。这是乌孙方面主动采取加强与汉友好的重要步骤。这项要求虽然遭到萧望之的反对，汉宣帝还是批准了它。于是“遣使者之乌孙，先迎取聘”。翁归靡、元贵靡以及乌孙贵族派出三百余人的使团，入汉迎娶汉公主。汉宣帝以解忧公主的侄女相夫为公主，许配元贵靡。为此作了充分的准备工作，为相夫公主“置官属侍御百余人”④，住在上林苑，学习乌孙语言。汉宣帝委派常惠为副使护送相夫公主出塞。出发前，在平乐观举行了

① 参见《新疆历史文物》，15 页。

② 参见中国科学院新疆分院民族研究所考古组：《昭苏县古代墓葬试掘简报》，载《文物》，1962(7～8)。

③ 《汉书》卷 196 下《西域传下·乌孙国传》，3905 页。

④ 《汉书》卷 196 下《西域传下·乌孙国传》，3905 页。

盛大集会，邀请匈奴使者和各国君长参加，以显示汉与乌孙的特殊关系。

但是，相夫一行走到敦煌，得知乌孙政情变化，翁归靡死，乌孙贵族拥立军须靡的匈奴妻所生儿子泥靡为昆弥，因军须靡死前曾遗嘱："泥靡大，以国归之"①。元贵靡不得立。于是，汉宣帝召还了相夫。汉、乌关系遭受了一段波折。

泥靡继位后，号狂王，复娶解忧公主为妻。但狂王"不与主和"，两人关系不好。狂王又"暴恶失众"，"为乌孙所患苦"②，不得乌孙人心。在这种情况下，解忧公主与汉使魏和意、任昌合谋，于酒席中刺杀狂王。因剑刺斜，狂王负伤而逃。狂王的儿子细沈瘦起兵包围解忧公主和汉使于赤谷城。解忧公主和汉使坚持斗争数月，后西域都护郑吉率西域各国兵前来支援，打败了细沈瘦。

但在这时，翁归靡的匈奴妻所生儿子乌就屠依靠其母家的支持，袭杀了狂王，自立为昆弥。乌孙一时出现倒向匈奴的危局。西汉政府一面派破羌将军辛武贤将兵一万五千人至敦煌，准备以武力征讨；另一方面由解忧公主的侍女冯嫽进行斡旋调停。

冯嫽是解忧公主的侍者。她在乌孙大力协助解忧公主，为加强汉与乌孙、西域的关系做了出色的贡献。她"能史书，习事"③，是个颇有政治素养与外交才干的人。她的丈夫乌孙右大将与乌就屠关系十分密切，因此西域都护郑吉便利用这种关系而让冯嫽去说服乌就屠。冯嫽对乌就屠分析形势，晓以利害。乌就屠终于答应让出王位，"愿得小号"。为了详细了解乌孙政局，汉宣帝召冯嫽回长安，亲自了解情况。然后派冯嫽作为汉朝使节，"锦车持节"前往乌孙处理这起事件。冯嫽把乌孙贵族和乌就屠召到赤谷城，立元贵靡为大昆弥，乌就屠为小昆弥，均赐以汉朝的印绶。由于冯嫽出色的斡旋，终于化干戈为玉帛，"破羌将军不出塞还"④。

这次事件是乌孙内部矛盾的必然爆发。一方面是乌孙内部亲汉势力与

---

① 《汉书》卷196下《西域传下·乌孙国传》，3904页。

② 《汉书》卷196下《西域传下·乌孙国传》，3906页。

③ 《汉书》卷196下《西域传下·乌孙国传》，3907页。

④ 以上见《汉书》卷196下《西域传下·乌孙国传》，3907页。

亲匈奴势力的斗争，另一方面是狂王的残暴统治已失去乌孙人心，如不推翻他的统治，乌孙人民会遭受更大痛苦。因此解忧公主的行动反映了乌孙人民的愿望。

这次事件终于推翻了狂王的残暴统治。但是，乌孙从此分裂为二，产生了消极的后果。不过，经过解忧公主五十年辛勤浇灌的汉、乌友谊之花并没有因这场风暴而摧折凋谢，整个来说，在乌孙亲汉力量还是超过亲匈奴的力量。此后，解忧公主的子孙一直做着乌孙的大昆弥，到元贵靡的孙子雌栗靡为大昆弥时，乌孙国力又强盛起来，“国中大安和翁归靡时”①。东汉明帝永平十七年(公元74年)，耿恭为西域戊己校尉，“移檄乌孙”，乌孙“大昆弥已下皆欢喜，遣使献名马，及奉宣帝时所赐公主博具，愿遣子入侍”②。可见在解忧公主死后一百二十多年中，乌孙人还一直珍藏着解忧公主的遗物，并以此作为汉、乌友好的见证物。解忧公主撒下的民族友好的种子已深深地扎根于乌孙的土地上，任何力量也无法隔断历史上形成的汉、乌之间的血肉联系。

(三)促进了西域与汉的友好关系

解忧公主不仅在乌孙进行了积极的活动，还在西域各国进行活动，为促进西域诸国与汉的友好关系做出了贡献。

解忧公主曾派她的侍者冯嫽持汉节巡视天山南部的城郭诸国，所到之处，遍行赏赐。由于冯嫽内习汉事，外习西域诸国事，因而深得西域各国的敬信，被他们尊称为“冯夫人”③。这些行动，大大扩大了汉在西域的影响，促进了西域诸国与汉的友好关系。

解忧公主的子女也为西域各国与汉的友好关系做出了贡献。

龟兹国王绛宾由于倾心向汉，特意派人前往乌孙，求娶解忧公主的女儿。其时解忧公主的长女弟史还在长安。地节四年(公元前66年)，弟史从长安回乌孙，路经龟兹。绛宾便留下弟史，再次派人向解忧公主禀报。经解忧公主同意，绛宾与弟史成婚。第二年，解忧公主上书宣帝，请求让弟

---

① 《汉书》卷196下《西域传下·乌孙国传》，3909页。

② 《后汉书》卷19《耿恭传》，720页

③ 《汉书》卷196下《西域传下·乌孙国传》，3907页。

史以宗室的身份入朝，龟兹王绛宾也上书汉朝，“言得尚汉外孙为昆弟，愿与公主女俱入朝”①。汉朝同意了他们的要求，于是绛宾与弟史双双入汉朝贺。汉朝赐给他们印绶，号称弟史为“公主”，并“赐以车骑旗鼓，歌吹数十人，绮绣杂缯琦珍凡数千万”。夫妻二人在长安停留将近一年，回龟兹时汉朝还“厚赠送之”。此后，夫妻二人还数次前来朝贺。绛宾由于“乐汉衣服制度”，回龟兹后便“治宫室，作徼道周卫，出入传呼，撞钟鼓，如汉家仪”②。不仅模仿汉家的生活习俗，也学习汉家的一些政治制度。在西域诸国中，龟兹所受汉文化影响最深。由于绛宾模仿汉制“治宫室”，因此龟兹在都城建设方面深受内地的影响。其国都延城，“城有三重，外城与长安城等。宫室壮丽”③。今库车东郊发现的皮朗旧城，城作方形，周长七公里，或即延城之遗址。城中有土台多处，均用内地夯筑法筑成。④ 绛宾死后，其子丞德还自称为“汉外孙”，与汉朝保持密切关系，直至“成、哀时往来尤数，汉遇之亦甚亲密”⑤。

解忧公主的次子万年，深得莎车国王的喜爱，可见解忧公主与莎车也有十分密切的友好往来。莎车王死时无子，这时万年正在汉。莎车“欲自托于汉，又欲得乌孙心”⑥，为了加强与汉和乌孙的关系，于是上书汉朝，请求以万年为莎车王。汉朝答应了莎车的请求，元康元年(公元前65年)派使者奚充国护送万年赴莎车，即位为莎车王。万年即位后不久，被莎车的亲匈奴势力所杀。经过一段波折，亲汉的力量在莎车终于占了主导地位，西汉末莎车王延“长于京师，慕乐中国”，“常敕诸子，当世奉汉家，不可负也”⑦。

---

① 《汉书》卷196下《西域传下·龟兹传》，3916页。

② 以上见《汉书》卷196下《西域传下·龟兹传》，3916～3917页。

③ 《梁书》卷54《诸夷·龟兹传》，813页，北京，中华书局，1973。

④ 参见黄文弼：《略述龟兹都城问题》，载《文物》，1962(7～8)；黄文弼：《塔里木盆地考古记》，30页，北京，科学出版社，1958。

⑤ 《汉书》卷196下《西域传下·龟兹传》，3917页。

⑥ 《汉书》卷96上《西域传上·莎车传》，3897页。

⑦ 《后汉书》卷88《西域传·莎车传》，2923页。

汪宁生同志的《汉晋西域与祖国文明》①一文正确地指出：西域诸国“在模仿内地习俗方面，龟兹、莎车走在前列”。我认为还必须指出的是：龟兹、莎车之所以在这方面走在西域诸国的前面，是与解忧公主及其子女在这两国播下了民族友谊的种子而分不开的。

三、解忧公主的历史地位

甘露三年(公元前51年)，解忧公主的长子元贵靡病死，她与狂王泥靡所生的儿子鸱靡亦病死。于是，她上书宣帝，表示“年老思土，愿得归骸骨，葬汉地”。这年，解忧公主携带三个孙儿孙女，回到了阔别半个世纪的长安。这时她已经是一位年近七十的老人了。宣帝给了她以丰厚的赏赐和荣誉的待遇，“田宅奴脾，奉养甚厚，朝见仪比公主”。② 她回到长安只两年，就于黄龙元年(公元前49年)死去，她的三个孙子都留下看守她的坟墓。她就这样把自己的一生全部献给了祖国的民族友好的伟大事业，在中华民族的发展史上写下了光辉的篇章!

然而，千百年来，对于这样一位为祖国为民族做出了重要贡献的历史人物，一直没有给予应有的重视和公正的历史地位。在论及西汉一代出塞和亲的汉女时，我们的历史著作中提得比较多的总是王昭君或细君公主，而对于解忧公主或则只字不提，或则轻描淡写，一笔带过。以致一些辞书亦然，如《中国人名大辞典》，有王昭君和细君公主而无解忧公主③。这是不公正的。当然，王昭君和细君公主都对民族友好与多民族统一国家的发展做出了贡献，都是值得肯定和歌颂的人物。但是，如果不同时肯定并歌颂解忧公主，就未免不公平了。而且，在我看来，在西汉一代出塞和亲的汉女中，解忧公主的贡献和她的历史作用，比王昭君或细君公主都要更大

① 载《考古学报》，1977(1)。

② 《汉书》卷196下《西域传下·乌孙国传》，3908页。

③ 臧励龢：《中国人名大辞典》，北京，商务印书馆，1921。

些，因而她的历史地位也应当更高些。①

第一，解忧公主出塞肩负的使命是特别艰巨而重大的。其时，汉朝在民族关系上存在的主要问题，即匈奴贵族政权的威胁还没有解决，她所去的西域还是“畏匈奴于汉使”②的局面。她是面临着这些严重问题而出塞和亲的。当然，匈奴威胁之解除，是国内民族关系长期发展的必然结果，也是汉族、西域各族、东胡各族人民共同斗争的结果。乌孙与汉的友好关系的发展，也是由于乌孙人民与汉族人民根本利益的一致性决定的。但是，这些与解忧公主的积极活动也是分不开的。

正是由于上述问题之次第解决，才导致了呼韩邪单于“愿壻汉氏以自亲”③和昭君出塞的历史成果。解忧公主死后十六年，即元帝竟宁元年(公元前33年)，昭君出塞和亲匈奴。没有解忧公主出塞在其前，也就没有昭君出塞在其后。昭君出塞时，汉朝在民族关系上的主要问题已基本解决，北方匈奴政权的威胁已基本解除，汉、匈联合已经实现，南匈奴归汉后，已进入了汉、匈两族和平友好的阶段。因此，昭君出塞便是去进一步促进和巩固这一和平友好关系。

第二，从疆域地理上看，呼韩邪单于乃傍塞而居，昭君出塞亦近在河套地区。而解忧公主则万里关山，远适伊犁河畔。由于她在这里卓有成果的活动，使巴尔喀什湖以东以南的广大地区与内地的联系更加密切，经济文化交流更加频繁。这在我国统一的多民族国家的发展史上是一件具有重大意义的事件。

第三，解忧公主在乌孙的时间长达五十年，三为国母，在乌孙的政治

① 黎虎(2012年)补按：解忧公主和王昭君是汉代和亲女中最为著名的两位，但是她们二人的作为和历史贡献是有差异的，虽然王昭君出塞对于巩固和维护汉、匈友好关系产生了积极的效果，但是她本人在出塞之后基本上没有明显的主动性活动，而解忧公主则在政治乃至军事等方面均有较大行动和作为，从而为实现汉武帝“欲与乌孙共灭胡”的战略计划做出了积极贡献，为促成“断匈奴右臂”战略目标之完成助了一臂之力。她们二人的这种差异，主要是时代赋予她们的历史使命不同决定的，也与她们的出身、素质之差异有一定关系。详见拙文《解忧公主与王昭君比较研究》，载《西域研究》，2011(1)。

② 《史记》卷123《大宛列传》，3173页。

③ 《汉书》卷94下《匈奴传下》，3803页。

舞台上发挥了重大作用。她所起的作用决不限于一些客观上所自然达到的东西，而是主动地、积极地展开活动，忠贞不渝地贯彻执行自己肩负的政治使命，并使自己的活动超出乌孙的范围而达于西域诸国，为促进汉与乌孙、西域的友好关系做出了重要贡献。在漫长的岁月中，未见她因遭到挫折而“哀怨”、“悲愁”，“思乡”、“恋土”，她是一位能从祖国民族友好的大处着眼的人。她坚毅勇敢，犹如天山的雪莲顶风傲雪，常开不败。她不愧是一位有胆有识，有思想有魄力的杰出人物。

那么，为什么人们总是盛赞昭君出塞，而对解忧公主出塞则比较隔膜呢？这除了王昭君确实为祖国民族友好事业做出了贡献，因而她的事迹足资称道之外，还有一个重要原因，就是王昭君的事迹被后代诗词、戏曲、小说和说唱等文艺形式作为题材而广为宣传，因而王昭君已从一个历史人物转化成了一个艺术形象。成功的艺术形象所具有的感染力是巨大的，而文学作品所具有的巨大影响也是任何社会科学著作所无法比拟的。当人们囿于王昭君的艺术形象的时候，就有可能妨碍人们去认识那些即使作用比她更大的同类型的历史人物。这件事给了我们一个启示：一方面，不要让文艺作品模糊了我们的视线，妨碍我们去正确评价某些历史人物和历史事件；另一方面，对于重要的历史人物或历史事件，不仅历史工作者应当努力去清理、发掘并大力宣传，还须借助于文艺这一有力的手段，密切配合，以向人民群众更广泛地普及历史知识。

解忧公主是一位值得歌颂的历史人物，是一位对于祖国统一的多民族国家做出了重要贡献、在我国各族人民友谊史上闪烁着异彩的一颗明珠。因此，我们必须给她以应有的公正的历史地位，不仅在关于民族关系史的专著中，而且在中国通史著作中也应当有她的一席地位。她是当之无愧的。今年恰逢解忧公主出塞两千零八十周年，仅以此文献给这位为祖国的民族友好事业贡献了毕生的女英雄，以表示我们对她的深切的纪念！

原载《北京师范大学学报》，1979(4)。

汉代和亲与“质侍”在外交中的互动关系

汉代外交有着诸多不同的方式，它们虽然各有其特定的功能和性质，具有相对的独立性，但是它们又相互关联，密切配合，从而形成一个有机的整体，共同为汉代外交目的任务的实现做出了贡献①。和亲与“质侍”②就是汉代两种重要的外交方式，本文拟就两者在汉代外交中的关联性及其互动关系加以论述，以期有助于进一步认识外交诸方式之既有区别又有联系的有机的整体性。此为学术界所尚未触及的问题，兹不揣简陋，试略述之，以就正于诸贤。

和亲与“质侍”是国君之间子女的授受，以之改善和巩固双方邦谊的一种政治行为，是为古代重要的两种外交方式，不仅为发展汉代的外交而且对于当时的社会历史和文化发挥了重要的、积极的作用。骤看起来这两者是没有关联性的各自独立的外交方式，但是实际上它们是有关联性的，根据外交对象和外交目的任务的区别与变化在发挥各自独特功能的同时又相互配合，交相为用，存在着密切的互动关系。在拙著《汉代外交体制研究》中已经涉及了它们之间的互动关系，一方面从两者所构成的“来往”关系观之，“质侍”为“来”，和亲为“往”，两者“一‘来’一‘往’，构成和体现了外交关系中的礼尚往来及其动态平衡。”③另一方面从两者在外交关系中的作用

① 笔者所提出的汉代外交方式，主要有：朝、贡、赐、封、质侍、和亲、互市等，详参拙著《汉代外交体制研究》，绪论，8页，北京，商务印书馆，2014。

② “质侍”为笔者所创词语，为质子与侍子的合称。西汉前期承先秦绪余，一般仍然使用“质子”为称，西汉中期开始“质子”与“侍子”并用，到了东汉则基本上以“侍子”为称，故我们将两汉时期的纳质称之为“质侍”。“质侍”并非两字简单相加，而是蕴含汉代质子制度及相关时代的变化，其义有三：①称谓上的由“质”而“侍”的变化；②纳质制度性质的变化。质子制度中双向的、对等的关系变为单向的、不对等的关系；③相关时代变化的反映。统一的汉王朝的建立打破了先秦以来诸侯、列国长期并存、并峙的格局，以强势地位将四方国、族纳质视若内部侯王、臣属之“入侍”。详参拙著：《汉代外交体制研究》，第四章(下)第五节(二)《汉代之由“质”而“侍”》，489～491页。

③ 《汉代外交体制研究》，绪论，8页。

观之，从汉王朝的角度而论，和亲女为己方派驻对方之“常驻使节”，“质侍”则为对方派驻己方之“常驻使节”。虽然无论“质侍”还是和亲女均没有被派遣方正式授予常驻使节的职衔，但是他们“在实际上往往起到了这样的作用。”①

本文拟在上述基础上，进一步探讨和亲与“质侍”在汉王朝外交运作中的关联性及其互动关系。拙著《汉代外交体制研究》出版之后，感到其中仍有一些意犹未尽之处，这个问题即为其中之一，故续撰此文以事补苴。兹从如下两个方面论之，一方面是就某一外交对象国而言，国强时用和亲，国弱时用“质侍”；另一方面是就整体外交关系国而言，和亲用于强国，“质侍”用于弱国。

一、国强时用和亲，国弱时用“质侍”

和亲与“质侍”根据外交对象国的强弱变化以及与此相联系的有求于对方与否而变换用之，这方面以对匈奴的外交中最为典型。对匈奴关系是汉代外交的重中之重，可谓贯穿于两汉历史的全过程。当匈奴强盛时，汉王朝主要运用和亲这一方式，当匈奴衰弱时，则主要运用“质侍”这一方式，根据不同的情况交替运用这两种方式，遂成为汉代对匈奴外交中的一个特点。大略而言，两汉时期对匈奴外交从和亲到“质侍”的发展变化经历了三个阶段：汉初至武帝元光二年(公元前 133 年)为和亲为主阶段，元光二年至成帝建始二年(公元前 31 年)为和亲向“质侍”转变的过渡阶段，成帝建始二年起的西汉晚期直至东汉时期进入以“质侍”为主的阶段。

第一阶段的特点是汉方主动要求和亲，匈奴坐待和亲。产生这种现象的主要原因在于匈强汉弱，双方力量对比不平衡，故汉方有求于匈奴。秦汉之际匈奴崛起于北方草原地区，是当时东亚地区唯一足以与汉抗衡的大国，“当是时，冒顿为单于，兵强，控弦三十万，数苦北边。”②西汉前期正是匈奴国力最为强盛，处于巅峰状态的阶段，而西汉王朝所继承的却是国

① 《汉代外交体制研究》，第 5 章第 6 节，602～603 页。

② 《史记》卷 99《刘敬叔孙通列传》，2719 页。

力被极度消耗了的秦王朝，加以秦汉之际的战乱和破坏，故西汉建国之后，社会经济处于极其凋敝的状态，“民失作业，而大饥馑”，呈现一幅“民亡盖臧”①的萧条景象。恰恰在这时“匈奴最强大，尽服从北夷，而南与中国为敌国。”②成为汉王朝北部边疆最为严重的威胁，彼强我弱的态势十分突出。虽然经过汉初的恢复，社会经济取得长足的发展，但是双方的军事力量对比仍然是不平衡的，匈奴依然保持对汉王朝的优势地位，这是因为匈奴在游牧经济基础上建立起来的骑兵是当时世界上最先进、最富有战斗力的武装，“匈奴，轻疾悍亟之兵也，至如猋风，去如收电，畜牧为业，弧弓射猎，逐兽随草，居处无常，难得而制。”③其运动速度、机动性和远程奔袭能力，为在农业经济基础上建立起来的以步、车兵种为主的汉兵所不敌。匈奴这种武装力量与广阔的北方草原这种自然条件相结合，又将其优越性发挥到了极致。汉七年(公元前 200 年)平城之战时“汉悉兵，多步兵，三十二万，北逐之”，“冒顿纵精兵三十余万骑围高帝于白登”④。双方以大抵相当的兵力对阵，但是一方以步兵为主，一方以“精骑”为主，其胜负结局自属不言而喻，由此可见汉兵之败不在数量而在质量——缺少先进的骑兵。汉方骑兵不仅就数量而言远在匈奴之下，即使经过几代人的努力，大力发展养马业和骑兵，到武帝时达于巅峰，骑兵的数量仍然不及匈奴，倾全力所能调发的马匹最多不过十四万至十八万匹左右⑤。而且其质量亦在匈奴之下，汉方在农业区所培养的马匹不敌匈奴马，晁错指出：“上下山阪，出入溪涧，中国之马弗与也；险道倾仄，且驰且射，中国之骑弗与也。”⑥汉匈兵力相较之强弱优劣态势十分显然，于是匈奴处于军事

① 《汉书》卷 24 上《食货志上》，1127 页。

② 《史记》卷 110《匈奴列传》，2890 页。

③ 《汉书》卷 52《韩安国传》，2401 页。

④ 《汉书》卷 94 上《匈奴传上》，3753 页。

⑤ 武帝元狩四年(公元前 119 年)卫青、霍去病“两军之出塞，塞阅官及私马凡十四万匹，而后入塞者不满三万匹。”(《汉书》卷 55《卫青霍去病传》，2488 页)；武帝元封元年(公元前 110 年)天子巡边“勒兵十八万骑，旌旗径千余里，威震匈奴。”(《汉书》卷 6《武帝纪》，189 页)

⑥ 《汉书》卷 49《鼂错传》，2281 页。

上的优势和主动地位，“小入则小利，大入则大利。”①面对强邻，西汉前期不得不采取妥协退让方针，“和亲”就是在这种不利形势下不得已的选择，要求匈奴向汉方派遣“质侍”的问题尚未而且还不可能提上议程。

第二阶段的特点是匈奴方不断请求和亲，汉方则要求匈奴派遣“质侍”，双方就此展开长期的外交博弈。其主要原因在于虽然双方力量对比逐渐逆转，日益向着汉强匈弱的方向发展，但这是一个缓慢的过程，军事上亦随之进入拉锯状态的相持阶段，最后才以匈奴的分裂和衰弱而完成这一转化过程，从而在外交上实现了从和亲为主到“质侍”为主的变换过程。

汉初以来在实行和亲为主的外交方针政策及相关军事措施的保障下，争得了六七十年和平发展的历史机遇，大力休养生息，发展经济，到了汉武帝时期，汉方的综合国力和军事力量都得到了很大发展和提高，于是有了在外交上实施这一转变的有利条件。武帝元光二年(公元前133年)是这一历史性转变阶段的起始时间。是年春，武帝诏问公卿曰：“朕饰子女以配单于，金币文绣赂之甚厚，单于待命加嫚，侵盗亡已。边境被害，朕甚闵之。今欲举兵攻之，何如?”②收回和亲政策而改用战争手段解决匈奴问题首次正式提上了汉王朝的议事日程。于是有了马邑事件的发生，“自是之后，匈奴绝和亲。”③汉方开始了对匈奴以军事打击为主的进程，经过十四年的努力，到元狩四年(公元前119年)军事打击终于见了成效，“是后匈奴远遁，而幕南无王庭”，扭转了汉初以来军事上匈强汉弱的态势。但是，“匈奴虽病，远去，而汉马亦少，无以复往”，匈奴方面亦“终不肯为寇于汉边”，双方处于拉锯状态，进入战略相持阶段。在这种军事态势下，和亲问题的主动与被动关系亦随之而逆转，进入匈奴方面不断主动请求和亲的新时期，这年“单于用赵信计，遣使好辞请和亲”，第一次由匈奴方面主动提出和亲的请求，此后则“数使使好辞甘言求和亲”。汉方则“或言和亲，或言遂臣之”④，坐待匈奴方面的和亲请求了。经过十余年的方针政策酝酿过程，终于于元

---

① 《汉书》卷49《鼂错传》，2278页。

② 《汉书》卷6《武帝纪》，162页。

③ 《史记》卷110《匈奴列传》，2905页。

④ 《汉书》卷94上《匈奴传上》，3770～3772页。

封四年(公元前107年)迈出了将和亲转变为"质侍"的第一步，是年夏"汉使王乌等窥匈奴"，经过汉使的"风喻"，匈奴"详许甘言，为遣其太子入汉为质，以求和亲。"同年秋又派遣杨信出使匈奴，汉使"既见单于，说曰：'即欲和亲，以单于太子为质于汉。'"双方第一次就匈奴纳质问题进行交涉，匈奴方面则以纳质为诱饵，以求汉方许诺和亲，汉方则以纳质为条件始能答应和亲。匈奴方面以汉方的要求违反双方"故约"为由而断然加以拒绝，实际上是"殊无意入汉，遣太子来质。"①

面对汉方外交和军事两个方面的压力，匈奴方面始终以"故约"所订和亲为筹码，坚持和亲而反对纳质。处于外交上风的汉方，手握和亲筹码以图迫使匈奴就范，匈奴方面则与汉方相反，俞贫弱而俞希望和亲，"兵数困，国益贫"，"欲和亲而恐汉不听，故不肯先言，常使左右风汉使者。然其侵盗益希，遇汉使愈厚，欲以渐致和亲，汉亦羁縻之。"②

从元封四年(公元前107年)开始的纳质与和亲的博弈，经过五十余年的较量，到了五凤四年(公元前54年)终于有了结果，是年"匈奴单于称臣，遣弟谷蠡王入侍。"这是匈奴第一次接受汉方纳质要求，汉匈关系由和亲向纳质转变迈出了实质性一步，标志着汉方实现了"臣服"匈奴的目的。次年，即甘露元年(公元前53年)又有"匈奴呼韩邪单于遣子右贤王铢娄渠堂入侍。"③这一转变的具体原因在于匈奴内部分裂，导致其国势日蹙，"诸王并自立，分为五单于，更相攻击……因大乖乱"，于是"单于称臣"④，入朝于汉。纳质与入朝一起构成其臣服于汉的两个具体表现。这时汉王朝处于极其有利的外交地位，"宣帝时匈奴乖乱，五单于争立，呼韩邪单于与郅支单于俱遣子入侍，汉两受之。"⑤出现了分裂下的匈奴单于争相纳质的情形。但是这个阶段的纳质关系还并不稳定，元帝初元四年(公元前44年)"郅支单于自以道远，又怨汉拥护呼韩邪，遣使上书求侍子。汉遣谷吉送

① 《史记》卷110《匈奴列传》，2913～2814页。

② 《汉书》卷94上《匈奴传上》，3783页。

③ 《汉书》卷8《宣帝纪》，268页。

④ 《汉书》卷8《宣帝纪》，268页。

⑤ 《汉书》卷70《陈汤传》，3008页。

之，郅支杀吉。汉不知吉音问，而匈奴降者言闻瓯脱皆杀之。呼韩邪单于使来，汉辄簿责之甚急。明年，汉遣车骑都尉韩昌、光禄大夫张猛送呼韩邪单于侍子，求问吉等，因赦其罪，勿令自疑。”①“质侍”关系并不巩固，更尚未形成制度化。

在过渡阶段的末期发生了一次和亲，即元帝竟宁元年(公元前33年)王昭君之出嫁呼韩邪单于。这次和亲与西汉前中期的和亲有着诸多不同的特点和性质。第一，这是匈奴在“臣服”汉王朝的前提之下的和亲，与以前双方为“敌国”关系的和亲不同；第二，双方授受关系也完全发生了逆转，与以前汉方主动、匈奴坐待的情况不同，这次是匈奴方面乞求，而汉方“赏赐”之；第三，和亲女为汉方宫女而非“公主”，两者地位差异甚大；第四，这是在匈奴纳质和入朝的前提之下进行的和亲。由此可见这次和亲与西汉前中期的和亲是完全不同意义上的和亲，是汉匈和亲关系史中的一个特例，从两汉与匈奴和亲历史的大格局来看，这是西汉前中期对匈奴和亲的一次回光返照。

尽管在这个过渡阶段有过一次具有特殊性的和亲，但是这并不能改变汉匈关系之从和亲向“质侍”转变的历史趋势，这是因为双方关系中的汉强匈弱状态已成定局，不可逆转。

第三阶段的特点是和亲从汉匈关系中基本上隐去，“质侍”成为汉匈关系中的常态，这个阶段的“质侍”较第二阶段的“质侍”亦上了一个台阶，具有了常态化、长期化、制度化的特点。其根本原因在于匈奴分裂导致汉强匈弱的态势不可逆转，匈奴的地位亦发生重大变化，两汉四百年间匈奴对汉关系地位呈逐步下降态势，经历了从“敌国”关系而为臣属国、附属国、卫星国乃至部分纳入汉王朝统治的过程。

从成帝建始二年(公元前31年)起，汉匈关系中的纳质关系开始进入常态化、长期化的历史阶段。其具体表现是：建始二年呼韩邪单于去世，其子继位为复株絫若鞮单于，新单于即位后即“遣子右致卢儿王醯谐屠奴侯入侍”②。此后，新单于继位后即遣子入侍成为常态，而且如果有的侍子返

① 《汉书》卷94下《匈奴传下》，3801页。

② 《汉书》卷94下《匈奴传下》，3807页。

国，则立即派遣新的侍子接替，无有间断。此两者遂成为第三阶段“质侍”制度的基本特点。成帝鸿嘉元年（公元前 20 年）复株絫若鞮单于去世，搜谐单于继位，随即“遣子左祝都韩王朐留斯侯入侍”。成帝元延元年（公元前 12 年）搜谐单于去世，车牙单于立，随即“遣子右于涂仇掸王乌夷当入侍”。成帝绥和元年（公元前 8 年）车牙单于去世，乌珠留单于即位后，随即“遣子右股奴王乌鞮牙斯入侍”。侍子右股奴王乌鞮牙斯入汉之次年去世，“归葬”之后，随即“复遣子左于駼仇掸王稽留昆入侍”①，以另一侍子补上。元寿二年（公元前 1 年），乌珠留单于来朝，侍子稽留昆随单于同时返国，哀帝“遣稽留昆随单于去，到国，复遣稽留昆同母兄右大且方与妇入侍。还归，复遣且方同母兄左日逐王都与妇入侍。”②稽留昆回到匈奴后，匈方随即派遣其兄大且方夫妇一同入侍；大且方夫妇回国后，又派遣大且方之兄左日逐王都夫妇入侍。侍子夫妇同来入侍，正是“质侍”长期化的反映。由此可见这个时期匈奴对汉方的纳质从不间断，随缺随补，随时有侍子在汉廷，匈奴纳质已经完全常态化和长期化了。

到了东汉时期匈奴分裂为南北匈奴，两者与汉王朝的关系有所不同，其中南匈奴依附于汉，成为汉王朝与北匈奴之间的缓冲，处于汉王朝卫星国的地位，乃至最后被并入汉王朝，于是南匈奴向汉王朝纳质较之西汉晚期更上了一个台阶，在常态化、长期化的基础上进而制度化。光武帝建武二十五（公元 49 年）“南单于复遣使诣阙，奉藩称臣，献国珍宝，求使者监护，遣侍子，修旧约。”南匈奴主动提出按照“旧约”遣子入侍问题，这里的“旧约”当指西汉晚期成帝以降的纳质条约。次年秋，“南单于遣子入侍，奉奏诣阙。”开始履行纳质条约。但是从是年开始的纳质并不是完全重复西汉晚期的条约规定，而有了新的发展，其具体表现是：“单于岁尽辄遣奉奏，送侍子入朝，中郎将从事一人将领诣阙。汉遣谒者送前侍子还单于庭，交会道路。”③一方面是“质侍”与入朝两者结合进行，每年年终即遣子入侍，侍子兼负朝贡之责；另一方面是新旧侍子每年进行轮换，新侍子之

① 《汉书》卷 94 下《匈奴传下》，3809～3810 页。

② 《汉书》卷 94 下《匈奴传下》，3818 页。

③ 《后汉书》卷 89《南匈奴传》，2944 页。

来与前侍子之去同时进行。由于匈奴侍子常驻于汉庭，经久不辍，因而匈奴侍子之在汉庭的政治活动亦随之常态化，从而被载入汉王朝的典章制度之中，成为定制，东汉时期的“九宾”制度已将“匈奴侍子”纳入其中，形成了“九宾谓王、侯、公、卿、二千石、六百石下及郎、吏、匈奴侍子，凡九等”①这样一种包含“匈奴侍子”在内的新的礼仪制度。从而实现了匈奴“质侍”之制度化历史进程。

东汉时期的北匈奴虽然基本上保持着其独立性，并经常对于汉王朝构成不同程度的威胁，甚至有的时段还构成严重威胁，但是总体而言毕竟与西汉前中期的匈奴不可同日而语了，他们对于汉王朝没有达到致命性威胁的程度，总体而言属于骚扰性的威胁，因此汉王朝对于北匈奴并没有外交上的急迫需求，基本上是坐待其外交上的有求于已。这个时期汉王朝与北匈奴外交上的博弈，主要体现于北匈奴不断要求与汉和亲，而汉方则加以拒绝，“不答其使，但加赐而已”②成为常态。唯明帝永平六年(公元 63 年)胡邪尸逐侯鞮单于长立，“时北匈奴犹盛，数寇边，朝廷以为忧。”次年“会北单于欲合市，遣使求和亲，显宗冀其交通，不复为寇。乃许之。”③这里的“和亲”似非指联姻，而主要是包括互市在内的通使关系。即使此“和亲”包含联姻之意，在当时也没有事实证明其已经履行。从汉方来说，对于北匈奴主要是要求其纳质，但是北匈奴始终不肯纳质，直至东汉和帝永元元年(公元 89 年)窦宪大破北匈奴，随后“遣军司马吴汜、梁讽，奉金帛遗北单于，宣明国威”，北单于喜悦，“乃遣弟右温禺鞮王奉贡入侍，随讽诣阙。(窦)宪以单于不自身到，奏还其侍弟。”④在大军压境之下方才派出侍子，但是仍然没有表现出纳质的诚意。及至元兴元年(公元 105 年)北匈奴“遣使诣敦煌贡献……愿请大使，当遣子入侍。”李贤注曰：“天子降大使至国，即遣子随大使入侍。”⑤北匈奴提出汉王朝派遣大使，作为其遣子入侍

① 《续汉书·礼仪志上》，见点校本《后汉书》，3103 页。

② 《后汉书》卷 89《南匈奴传》，2957 页。

③ 《后汉书》卷 89《南匈奴传》，2949 页。

④ 《后汉书》卷 23《窦宪传》，817 页

⑤ 《后汉书》卷 89《南匈奴传》，2957 页。

之条件。表明北匈奴只要还有一些实力和独立性则不愿意遣子入侍。东汉王朝与北匈奴关于和亲与纳质的博弈，某种意义上似乎又回到西汉中期从和亲到纳质转变阶段的情形。但是直至北匈奴西迁，北匈奴也没有向汉王朝派遣质子。

二、强国用和亲，弱国用“质侍”

两汉时期和亲与“质侍”这两种外交方式之关联性及其互动关系，另一方面的体现是对于强国、大国使用和亲，对于弱国、小国则使用“质侍”，以及往往与此相联系的有求于对方与否的变化而交替运用，相互配合。

古代世界的外交基本上是一种区域性外交，亦即近邻外交，这是由于当时的交通、通信条件制约下所决定的。两汉四百年间东亚外交圈中的强国、大国为汉帝国和匈奴帝国，西域外交圈中与汉帝国并峙称雄者先后有罗马、安息、贵霜等为代表的诸多强国、大国，但是在西汉中期通西域之前，两个外交圈之间的利益交集和外交关系并不明显，即使在汉通西域之后仍然有一个发展过程，汉王朝与两个外交圈诸国的外交关系密切度与相互之间距离的远近往往成反比例关系。前者中以汉王朝与匈奴两强最为近邻，双方外交利益交集最为频密，故有汉一代外交的主要对象就是匈奴，是为汉代自始至终首屈一指的重点。汉王朝自建国伊始即与匈奴进行和亲，上文已经做了论述，兹不赘述。在东亚外交圈除了汉与匈奴之外，其他众多国家均在此两国之下，而属于中小国家之列，所以我们可以看到它们之中没有一个能够与汉王朝建立和亲关系，如果发生外交关系，“质侍”即为与这些中小国家的主要方式。

但是有汉一代与汉王朝和亲的国家，除了匈奴之外，还有一个重要对象就是西域外交圈中的乌孙。那么汉王朝与乌孙的和亲是否仍然符合我们上面提出的见解和结论呢？答案是肯定的。

首先，汉王朝与乌孙和亲是因为匈奴问题而引发和导致的，是对匈奴外交战略中的组成部分，从和亲问题的角度而言，对乌孙的和亲是对匈奴和亲的延伸。

西汉王朝为了解决匈奴这一重中之重的问题，在西汉前中期经历了由内而外再到内外兼修的发展转变过程。西汉前期主要在于“内修”，其时汉王朝专注于休养生息以发展社会经济，同时加强以骑兵为中心的军备发展，以从综合国力上和军事上培育与匈奴抗衡的力量。在“外修”方面，则经历了从近邻外交到远邻外交的两个阶段。汉初基本上专注于对匈外交，首先是运用和亲这一方式以缓和与匈奴的敌对关系，弱化、遏制其对汉边的进犯。围绕对匈奴外交这一核心课题，汉王朝逐步改善、发展了周边关系，其动作之先后顺序大体上是：册封东南地区的闽越和东瓯，向岭南的南越施加强大的政治、军事压力，迫使其从独立而转变为半独立，试图稳定后方，以便集中注意力于北方的匈奴。到了汉武帝时期，将“外修”战略战术推上了一个新的台阶，把重点从内政为主转移到对外的军事和外交为主的方针政策上来，这体现于一举将南越并入汉王朝，并顺势将与其成犄角之势的西南夷亦一举纳入版图，通过这些步骤，进一步稳定了后院，解除了后顾之忧，取得了全力面对匈奴的有利条件。在武力反击匈奴，将其驱逐于漠北，从而取得决定性胜利的基础上，又进一步从匈奴的左右两侧发动军事的外交的攻势，于是“东伐朝鲜，起玄菟、乐浪，以断匈奴之左臂；西伐大宛，并三十六国，结乌孙，起敦煌、酒泉、张掖，以鬲婼羌，裂匈奴之右肩。”从东西两个方面牵制、削弱匈奴，断其左臂、右肩，置匈奴于孤立无援境地，于是“单于孤特，远遁于漠北。”①从而将匈奴问题的解决推进到了一个崭新的、决定性的发展阶段。其中“裂匈奴之右肩”中的一个中心环节就是“结乌孙”，“结乌孙”的主要方式就是和亲，这是汉通西域时，汉王朝君臣事先就已经明确的外交方略：西向联结原先“羁属”匈奴的乌孙，“汉遣公主为夫人，结昆弟，其势宜听，则是断匈奴右臂也。”②于是有了张骞出使西域之举：“西通月氏、大夏，又以公主妻乌孙王，以分匈奴西方之援国。”③将近邻外交推向远邻外交。故和亲乌孙是汉王朝对匈奴整体战略中的一环，实际上是和亲匈奴之延伸和重要组成部分。

---

① 《汉书》卷 73《韦贤传》，3126 页。

② 《史记》卷 123《大宛列传》，3168 页。

③ 《史记》卷 110《匈奴列传》，2913 页。

其次，和亲乌孙也与乌孙在西域诸国中的“强国”、“大国”地位以及与汉的距离相对较近有关。

汉王朝从西部实施“断匈奴右臂”的战略计划并非仅仅指向乌孙一国，而是包括乌孙在内的西域地区诸多国家，何以只与乌孙和亲而不与西域其他国家和亲呢？乌孙之被汉王朝采择为西域地区的和亲国，主要有两个方面的原因，一是其在西域地区的“强国”、“大国”地位以及与汉的距离相对较近，二是与此相联系的其在整个西域地区所处重要战略地位有关。

先看看乌孙在西域地区的“强国”、“大国”地位以及与汉的距离相对较近的情形。

西域地区众多小国林立，不相统一，“各有君长，兵众分弱，无所统一。”①但是其中也有若干相对强大的国家，乌孙即是其中的突出者，它在西域中“最为强国”，“故服匈奴，及盛，取其羁属，不肯往朝会焉。”②这就是汉王朝之所以在西域诸国中唯与乌孙和亲的重要原因。史称“乌孙大国，控弦十万，故武帝妻以公主。”③那么，乌孙是否称得上“强国”、“大国”呢？兹制作汉王朝周边大国排序表以见其情形。

汉王朝周边大国排序表

国名	与汉距离	国力状况	序号
匈奴	与汉关故河南塞（《史记》卷110《匈奴列传》）	冒顿得自强，控弦之士三十余万（《汉书》卷94上《匈奴传》） 冒顿单于兵强，控弦四十万骑（《汉书》卷43《刘敬传》） 总人口150万～200万之间④	1
乌孙	大昆弥治赤谷城，去长安八千九百里。东至都护治所千七百二十一里（《汉书》卷96下《西域传》）	户十二万，口六十三万，胜兵十八万八千八百人（《汉书》卷96下《西域传》）	2

① 《汉书》卷96下《西域传下》，3930页。

② 《史记》卷123《大宛列传》，3161页。

③ 《后汉书》卷47《班超传》，1577页。

④ 据田继周：《秦汉民族史》，51页，成都，四川民族出版社，1996。

续表

国名	与汉距离	国力状况	序号
康居	王冬治乐越匿地。到卑阗城。去长安万二千三百里。不属都护。东至都护治所五千五百五十里(《汉书》卷96上《西域传》)	户十二万，口六十万，胜兵十二万人(《汉书》卷96上《西域传》)	3
大月氏	治监氏城，去长安万一千六百里。不属都护。东至都护治所四千七百四十里(《汉书》卷96上《西域传》)	户十万，口四十万，胜兵十万人(《汉书》卷96上《西域传》) 阎膏珍为王，月氏自此之后，最为富盛，诸国称之皆曰贵霜王。汉本其故号，言大月氏云(《后汉书》卷88《西域传》)	4
大宛	王治贵山城，去长安万二千五百五十里。东至都护治所四千三十一里(《汉书》卷96上《西域传第六十六上》)	户六万，口三十万，胜兵六万人(《汉书》卷96上《西域传第六十六上》)	5
安息	王治番兜城，去长安万一千六百里。不属都护(《汉书》卷96上《西域传第六十六上》) 居和椟城，去洛阳二万五千里。(《后汉书》卷88《西域传》)	其属小大数百城，地方数千里，最为大国(《史记》卷123《大宛列传》) 地方数千里，小城数百，户口胜兵最为殷盛(《后汉书》卷88《西域传》)	
大秦国	在海西(《后汉书》卷88《西域传》)	地方数千里，有四百余城。小国役属者数十(《后汉书》卷88《西域传》)	

由上表可见：①从人口与兵力两要素观之，第一大国匈奴之下的第二大国即为乌孙，无论人口数量还是军队数量均如此，而康居、大月氏(贵霜)、大宛等西域大国均在乌孙之下。其余西域小国虽多，但他们的实力与乌孙不可同日而语，以武力为例，其胜兵数量多为数千人乃至百余人，甚至如狐胡国，仅有“户五十五，口二百六十四，胜兵四十五人。”①故哀帝

① 《汉书》卷96下《西域传下》，3920页。

元寿二年(公元1年)，乌孙“大昆弥伊秩靡与单于并入朝，汉以为荣。”①乌孙与匈奴两个大国同来朝贡，汉王朝认为这是它在外交上的重大胜利，故引以为荣。②乌孙与汉的距离也是排在匈奴之后的第二位，康居、大月氏(贵霜)、大宛等西域大国均较乌孙为远，故它们对于汉王朝的战略方面、外交方面的需求程度均低于乌孙。以其中的月氏为例观之，东汉时“月氏尝助汉击车师有功，是岁贡奉珍宝、符拔、师子，因求汉公主。(班)超拒还其使，由是怨恨。”其主动向汉要求和亲却遭到拒绝，于是永元二年(公元90年)，“月氏遣其副王谢将兵七万攻(班)超。超众少，皆大恐。超譬军士曰：‘月氏兵虽多，然数千里踰葱领来，非有运输，何足忧邪？但当收谷坚守，彼饥穷自降，不过数十日决矣。’谢遂前攻超，不下，又钞掠无所得。超度其粮将尽，必从龟兹求救，乃遣兵数百于东界要之。谢果遣骑赍金银珠玉以赂龟兹。超伏兵遮击，尽杀之，持其使首以示谢。谢大惊，即遣使请罪，愿得生归。超纵遣之。月氏由是大震，岁奉贡献。”②月氏虽属大国，但是其和亲要求被拒，原因有二，一是月氏与汉王朝距离遥远，对汉王朝没有直接的威胁，由此而决定的第二个原因是其战略上的意义和迫切性与前汉时期的乌孙不能比拟。上表中还有两个重要的大国安息与大秦没有统计数字，我们没有进行排序，但是他们与汉的距离均较上述诸国更为遥远。可以说当时乌孙是在汉王朝的外交视野中仅次于匈奴的最大的强国，也是仅次于匈奴而与汉王朝距离最近、外交上需求程度最高的大国。

二是乌孙所处重要战略地位。在上述诸大国中，乌孙所处的战略地位也十分重要，它“东与匈奴、西北与康居、西与大宛、南与城郭诸国相接。”③它的东界与汉王朝北方的劲敌匈奴相邻，因此是从西翼牵制匈奴的最佳战略抓手，这在上文已经述及。乌孙的西面是康居、大宛乃至安息等西域诸国，乌孙之亲汉，不仅可以有效牵制匈奴，而且将有助于其西部诸国之向汉，如果乌孙亲匈奴，则匈奴可以继续有效控制西域，而增加对汉王朝的压力。西汉元帝时，“会康居王数为乌孙所困，与诸翕侯计，以为

---

① 《汉书》卷96下《西域传下》，3910页。

② 《后汉书》卷47《班超传》，1580页。

③ 《汉书》卷96下《西域传下》，3901页。

匈奴大国，乌孙素服属之，今郅支单于困阸在外，可迎置东边，使合兵取乌孙以立之，长无匈奴忧矣。即使使至坚昆通语郅支。”①从康居企图联合匈奴以制乌孙，可知乌孙的战略地位对于其东西两方来说都是重要的。乌孙的南面邻接城郭诸国，有助于汉王朝控制南部的西域诸国。东汉班超在经营城郭诸国时，“既破(疏勒都尉)番辰，欲进攻龟兹。以乌孙兵强，宜因其力，乃上言：‘乌孙大国，控弦十万，故武帝妻以公主，至孝宣皇帝，卒得其用。今可遣使招慰，与共合力。’帝纳之。八年，拜超为将兵长史，假鼓吹幢麾。以徐干为军司马，别遣卫候李邑护送乌孙使者，赐大小昆弥以下锦帛。”②表明乌孙在控制城郭诸国方面具有重要意义。故乌孙成为汉王朝与匈奴在西域相互争夺的重要对象和关键。

因此我们可以看到，有汉一代，与汉王朝和亲者只有匈奴和乌孙两个强国、大国，其他国家如果与汉王朝发生外交关系，则所用方式主要为“质侍”。

汉代的外交可以张骞两次通西域为分界，此前汉王朝处于外交的保守阶段，此后转入外交的积极进取阶段。而在后一阶段的外交中恰恰逐步进入了以“质侍”为主，和亲为辅的阶段，这是汉王朝鹤立鸡群于东亚地区在外交上处于强势地位的一种体现。这一转变在东亚外交圈中是从与南越建立“质侍”关系为突破口而开始的。汉武帝建元六年(公元前135年)闽越王郢兴兵击南越，南越王胡使人上书求援，于是汉王朝派遣两将军往讨闽越，闽越王弟余善杀郢以降。汉方趁势派遣“庄助往谕意南越王，南越王胡顿首曰：‘天子乃为臣兴兵讨闽越，死无以报德!’遣太子婴齐入宿卫。”南越是在兵威之下被迫纳质的。后十余年南越王胡病逝，婴齐继位后，“汉数使使者风谕婴齐，婴齐尚乐擅杀生自恣，惧入见要用汉法，比内诸侯，固称病，遂不入见。遣子次公入宿卫。”③南越第二次遣子入侍也是在汉王朝威逼之下不得已而为之的。

“质侍”与和亲在西域外交圈的实施情况与东亚外交圈有所不同，是从

① 《汉书》卷94下《匈奴传下》，3802页。

② 《后汉书》卷47《班超传》，1577页。

③ 《史记》卷113《南越列传》，2971页。

“质侍”开始的。元封三年(公元前108年)从票侯赵破奴将属国骑及郡兵数万击姑师，虏楼兰王，楼兰降服贡献。匈奴闻之，次年发兵击之，“于是楼兰遣一子质匈奴，一子质汉。”①首开西域小国向汉纳质之先河。汉王朝何以首先拿楼兰作为西域诸国纳质的突破口？这是因为楼兰不仅是西域小国，而且它是距离汉王朝最为接近的西域国家，是汉使进入西域首先必经的东部小国，它对于汉通西域具有重要价值，但它却经常依违于汉和匈奴之间。“楼兰国最在东垂，近汉，当白龙堆，乏水草，常主发导，负水儋粮，送迎汉使，又数为吏卒所寇，惩艾不便与汉通。”楼兰一直保持与匈奴的关系，经常“为匈奴反间，数遮杀汉使。”②于是汉匈之间展开了对于楼兰的争夺战，“质侍”是双方博弈的重要手段。征和元年(公元前92年)，楼兰王死，国人来请质子在汉者，欲立之。质子常坐汉法，下蚕室宫刑，故不遣。报曰：“侍子，天子爱之，不能遣。其更立其次当立者。”楼兰更立王，“汉复责其质子，亦遣一子质匈奴。”后王又死，“匈奴先闻之，遣质子归，得立为王。”汉王朝与匈奴在对楼兰的“质侍”博弈中输了一招，于是汉“遣使诏新王，令入朝，天子将加厚赏。”楼兰王后妻谓楼兰王曰：“先王遣两子质汉皆不还，奈何欲往朝乎?”王用其计，谢汉使曰：“新立，国未定，愿待后年入见天子。”③汉王朝与匈奴在楼兰的“质侍”博弈中何以稍逊一筹?这主要是匈奴早在汉通西域之前就已经长期控制着西域，它与西域诸多国家也早已建立纳质关系，这方面他的经验要比汉王朝老到纯熟得多。元凤四年(公元前77年)，大将军霍光白遣平乐监傅介子刺杀了楼兰王，告谕以“王负汉罪，天子遣我来诛王，当更立前太子质在汉者。”④汉王朝乃立楼兰质子“尉屠耆为王，更名其国为鄯善，为刻印章，赐宫女为夫人，备车骑辎重，丞相将军率百官送至横门外，祖而遣之。”⑤最终还是以汉王朝得分而结束了这场“质侍”博弈。

① 《汉书》卷96上《西域传上》，3876～3877页。

② 《汉书》卷96上《西域传上》，3878页。

③ 《汉书》卷96上《西域传上》，3877～3878页。

④ 《汉书》卷70《傅介子传》，3002页。

⑤ 《汉书》卷96上《西域传上》，3878页。

在汉王朝逼迫楼兰首开纳质之后，以征服大宛为契机，又进一步将西域的“质侍”畛域向西推进。太初四年(公元前101年)李广利征服了大宛，“贰师将军之东，诸所过小国闻宛破，皆使其子弟从军入献，见天子，因以为质焉。”①大宛东部小国纷纷纳质。大宛亦然，汉在破大宛之后，“立昧蔡为宛王而去。岁余，宛贵人以为昧蔡善谀，使我国遇屠，乃相与杀昧蔡，立毋寡昆弟曰蝉封为宛王，而遣其子入质于汉。”②原来相对来说还算强大的大宛本来在汉王朝眼中就是一个“小国”③，在被汉王朝征服之后更属弱小之国，其向汉纳质实属顺理成章。

在西域地区以楼兰纳质为突破口的同时，汉王朝进而在东方又与其长期的劲敌匈奴开展了纳质与和亲的外交博弈，这场博弈的特点是：汉方要求匈奴纳质，匈奴则要求和亲，形成长期的外交攻防战。元封四年(公元前107年)汉使王乌出使匈奴，要求匈奴纳质是这场博弈开始的标志。当时匈奴诈称遣其太子入汉为质，以求和亲。但是实际上匈奴方面“诸所言者，单于特空绐王乌，殊无意入汉及遣太子来质。”④这时的匈奴虽然在军事上遭到重创，但是仍然有很大实力，汉匈力量对比还没有发展到完全逆转的地步，故匈奴还有力量来抗拒汉王朝提出的“质侍”要求。这场博弈历时半个世纪，到了汉宣帝五凤四年(公元前54年)终于有了结果，最后以匈奴向汉王朝纳质而宣告汉匈关系中“质侍”取代和亲历史阶段的到来。这一转变的关键是匈奴进入了空前的衰弱期，由东亚地区仅次于汉王朝的第一强国而沦落为弱国——汉王朝的依附国，是年匈奴单于称臣，遣弟谷蠡王入侍⑤。最后形成了以呼韩邪单于和郅支单于为主的两个匈奴政权对峙的局面，于是甘露元年(公元前53年)呼韩邪引众南近塞，遣子右贤王铢娄渠堂入侍。郅支单于亦遣子右大将驹于利受入侍，汉两受之。⑥ 两单于争相向

① 《史记》卷123《大宛列传》，3178页。

② 《史记》卷123《大宛列传》，3179页。

③ 《史记》卷123《大宛列传》，3179页。

④ 《史记》卷110《匈奴列传》，2913～2914页。

⑤ 《汉书》卷8《宣帝纪》，268页。

⑥ 《汉书》卷94下《匈奴传下》，3797页；《汉书》卷70《陈汤传》，3008页。

汉王朝纳质。

这里值得注意的是，在匈奴正式进入对汉王朝纳质阶段的同时，西域的乌孙也已经向汉王朝纳质了。乌孙具体于何年向汉纳质没有明确的记载，但是我们却可以看到，当五凤四年(公元前54年)匈奴开始向汉纳质的同时，也出现了有关乌孙纳质的记载了，是年汉王朝“使卫司马魏和意、副候任昌送侍子还乌孙”①的记载，表明这时乌孙也已经向汉王朝纳质了，而且乌孙的纳质很可能还在匈奴纳质之稍前，因为这个记载所述是乌孙的侍子被汉使护送回国的事情，那么这个乌孙侍子应当是在五凤四年之前入汉的。乌孙作为一个西域大国、强国，何以这个时候也向汉纳质了呢？这时乌孙的国势亦走在下坡路上，宣帝神爵二年(公元前60年)乌孙向汉王朝请求和亲一事透露了这方面的信息，乌孙昆弥翁归靡事前通过长罗侯常惠向汉宣帝上书，表示“愿以汉外孙为嗣，得复尚少主，结婚内附，畔去匈奴。”②乌孙方面为了得到汉方允许继续和亲，主动提出了三个条件，一是以具有汉人血统的解忧公主之子元贵靡继位为昆弥，二是“内附”，三是“畔去匈奴”。从乌孙所提这三个条件，可以看到乌孙对于汉王朝的依附性已经日益发展，纳质为其“内附”的具体行动之一。到了甘露元年(公元前53年)呼韩邪单于召集匈奴贵族决策是否降汉的问题时，其左伊秩訾曰：“强弱有时，今汉方盛，乌孙城郭诸国皆为臣妾。”③指出乌孙已经与西域城郭诸国一起成为汉王朝的“臣妾”了。这些情况表明乌孙已经从独立自主的强国、大国转变为对于汉王朝依附性很强的弱国、小国了，双方关系已经转变为乌孙有求于汉方了，在这样的历史条件下，乌孙向汉王朝遣子入侍，汉乌关系也开始发生从和亲逐步向“质侍”的转变，实属势所必然。后“自乌孙分立两昆弥后，汉用忧劳，且无宁岁。”④国势江河日下，“汉遂不复与结婚”⑤，而只有纳质关系了。

---

① 《汉书》卷96下《西域传下》，3906页。

② 《汉书》卷78《萧望之传》，3279页。

③ 《汉书》卷94下《匈奴传下》，3797页。

④ 《汉书》卷96下《西域传下》，3910页。

⑤ 《汉书》卷78《萧望之传》，3279页。

到了西汉后期，与汉王朝和亲的两个强国、大国匈奴和乌孙都先后完成了从和亲到“质侍”的转变。到了汉元帝、成帝时，另一西域大国康居也遣子入侍，也就是说，从这个时期开始汉王朝外交网络中原来的大国、强国均与汉王朝确立了纳质关系。根本原因在于这些相对强大的国家，对于汉王朝来说都在不同程度上处于弱势地位了。在这种形势下，西域地区的其他弱小国家遣子入侍自不必说。这种势头到了东汉时期更为发展，西部方面，包括乌孙在内的西域诸国纷纷遣子入侍；北部方面，南匈奴遣子入侍已经成为制度化、长年化；东部方面则乌桓、鲜卑亦先后向汉王朝纳质，建武二十五年(公元 49 年)“乌桓或愿留宿卫，于是封其渠帅为侯王君长者八十一人，皆居塞内，布于缘边诸郡，令招来种人，给其衣食，遂为汉侦候，助击匈奴、鲜卑。”同时复置乌桓校尉于上谷甯城，“开营府，并领鲜卑，赏赐质子，岁时互市焉。”①永初元年(公元 107 年)鲜卑大人燕荔阳“诣阙朝贺，邓太后赐燕荔阳王印绶，赤车参驾，令止乌桓校尉所居甯城下，通胡市，因筑南北两部质馆。鲜卑邑落百二十部，各遣入质。”②可以说，到了东汉时期，汉王朝与四面八方的大小国家均用“质侍”而不用和亲了，进入了一个以“质侍”为主的时期。这种情况的出现，是由于这个时期汉王朝已经独步天下，在整个东亚地区乃至西域的邻近地区均无出其右者所决定的。总之，和亲与“质侍”的交相为用，大体上是随着双方力量之强弱大小以及与此相联系的外交上有求于对方与否的变化而转移的。

原载《朱绍侯九十华诞纪念文集》，开封，河南大学出版社，2015。

① 《后汉书》卷 90《乌桓鲜卑传》，2982 页。

② 《后汉书》卷 90《乌桓鲜卑列传》，2986 页。

汉代“天子三玺”在外交中的应用

“天子三玺”是中国古代外交专用印玺，汉代乃这一用玺制度的奠基时期，但汉代有关载籍对其具体的应用，记载残缺不全且说法不一，颇为紊乱，讫未见学术界有所论述，本文试图梳理相关记载以厘清这一问题。

玺是中国古代标志国家权力的信物。秦汉时期确立“六玺”制度，其中“皇帝三玺”用于内政，“天子三玺”用于外交，此后历代相承不废。“玺”在先秦为印章之通称，“尊卑共之”①，秦代开始专指皇帝之印，“秦以前，民皆以金玉为印，龙虎钮，唯其所好。秦以来，天子独以印称玺，又独以玉，群臣莫敢用。”②于是以玉石所刻印章为皇帝专用之玺，此外则不得用之。汉元年(公元前206年)十月秦王子婴“封皇帝玺符节，降轵道旁。”③将皇帝专用的“玺”与符节等其他信物一并交出，意味着向刘邦交出权力，从而宣告秦亡汉兴。因此，玺被视为“国器”，应“常当缄封”④，被严加保管。汉昭帝去世后，以霍光为首的群臣立昌邑王刘贺继位，刘贺“即位，行淫乱。”于是霍光等人上书上官皇太后列举其种种为非作歹行径而废之，其中罪状之一是“受皇帝信玺、行玺大行前，就次发玺不封。”指责刘贺于昭帝灵柩前接受了皇帝信玺及皇帝行玺之后，回到其住所，即将封装的御玺打开，并且没有及时加以封装，“得令凡人皆见，言不重慎也。”⑤由此可知帝玺之重要性和严肃性。秦设置符玺令⑥，掌管皇帝之玺，汉承秦制，西汉

① 《史记》卷6《秦始皇本纪》，《集解》引蔡邕语，228页。

② 《史记》卷6《秦始皇本纪》，《集解》引卫宏曰，228页。

③ 《史记》卷8《高祖本纪》，362页。

④ 《汉书》卷68《霍光传》注，2943页。

⑤ 《汉书》卷68《霍光传》及注，2937、2940、2943页。

⑥ 《史记》卷87《李斯列传》，2547页。战国时期秦已有此官，秦嘉谟辑注《世本八种》卷7上《氏姓篇》：符氏，“鲁顷公之孙公雅仕秦为符玺令，因而氏焉。”

少府属官有符节，设令、丞以掌其事①，到东汉时已“别为一台”②，其属官有“尚符玺郎中四人”③具体掌管皇帝之玺。汉代法律规定：“伪写皇帝信玺、皇帝行玺，要斩以匀。”④如有仿造皇帝信玺、皇帝行玺者，处以腰斩并示众的重刑。皇帝有六玺，何以这里只提到信玺和行玺呢？或谓“汉初有三玺，天子之玺自佩，行玺、信玺在符节台。”⑤盖因此两玺为国事所用较繁，使用频率比较高，故存放于符节台中，也正因如此，其被模仿的可能性也就相应较大。南越王赵胡的墓葬中出土了一枚“文帝行玺”金印⑥，此即南越王僭汉称帝时所刻印玺。赵胡死后其子婴齐继位，“即藏其先武帝、文帝玺”⑦，可知赵胡之父赵陀亦有“帝玺”，这无疑是模仿汉皇室用玺制度而刻制的。

“三玺”何时演变为“六玺”不明，不过一般认为“六玺”制度是秦代所创，“乘舆六玺，秦制也。曰‘皇帝行玺’、‘皇帝之玺’、‘皇帝信玺’、‘天子行玺’、‘天子之玺’、‘天子信玺’，汉遵秦不改。”⑧汉承秦制，继续行用“六玺”制度。此六玺各有不同用场，“所封事异，故文字不同。”⑨其中“皇帝三玺”主要用之于内政，“天子三玺”主要用之于外交，后者又根据不同的外交事项而使用不同之玺。“六玺”制度虽然在秦代已经出现，但其中的“天子三玺”是在汉代才真正被广泛应用于外交事务。这是因为汉代进入中国古代外交发展历史新阶段，跃上了一个新的台阶，“天子三玺”制度随着汉代外交的发展而得到广泛的运用，从而确立并完善了这一用玺制度。可

---

① 《汉书》卷19上《百官公卿表上》，731页。

② 《通典》卷21《职官典三·门下省·符宝郎》，124页。

③ 《续汉书》志26《百官志三》，《后汉书》，3599页。

④ 张家山247号汉墓竹简整理小组：《张家山汉墓竹简·二年律令释文注释·贼律》，134页，北京，文物出版社，2001。

⑤ 《汉书》卷68《霍光传》注引孟康曰，2942页。

⑥ 广州市文物管理委员会、中国社会科学院考古研究所、广东省博物馆：《西汉南越王墓》(上)，10、204～207页，北京，文物出版社，1991。

⑦ 《汉书》卷95《西南夷两粤朝鲜传》，3854页。

⑧ 《晋书》卷25《舆服志》，771～772页。

⑨ 虞喜：《志林》，见《唐六典》卷8《门下省·符宝郎》引，252页。

以说"天子三玺"之制是在汉代才真正得以发展起来的，是汉代外交的发展及其在礼仪制度上的一个体现。

虽然"天子三玺"在汉代开始得以广泛应用，但是它们是如何按照不同外交事项而被使用的，《汉书·百官公卿表》和《续汉志》都没有记载，幸赖《汉旧仪》(或称《汉官旧仪》)、《汉官仪》和《汉仪》三书有所记载。但是，此三书所记"天子三玺"在汉代的用场颇有歧异，兹列下表以示之。

汉代天子三玺应用表

天子之玺	天子行玺	天子信玺	出处
	策拜外国		汉旧仪(《续汉书·舆服志下》引，3673页)
赐匈奴单于、外国王书	封拜外国及征召	有事及发外国兵	汉仪(《唐六典·门下省》引，252页)
外国事	徵大臣	鬼神事	汉仪(《唐六典·门下省》引，252页)
	策拜外国及事天地鬼神		汉官仪(《通典》卷63引，355页)
事天地鬼神	外国事		汉旧仪(《御览》卷682引，3045页)
策拜外国事	徵大臣	事天地鬼神	汉官旧仪(《汉官六种》，31页)
策拜外国事	徵大臣	事天地鬼神	汉旧仪(《汉官六种》，62页)

由上表可见，"策拜外国"("封拜外国")或谓以"天子之玺"，或谓以"天子行玺"；"外国事"亦或谓以"天子之玺"，或谓以"天子行玺"；而"赐匈奴单于、外国王书"以及"发外国兵"则仅见于《汉仪》，不见于其他二书。那么，"策拜外国"("封拜外国")之玺究竟以哪个玺文为是？仅见于《汉仪》的"赐匈奴单于、外国王书"以及"发外国兵"所用之玺是否可信？所谓"外国事"又究竟为何？

《汉旧仪》、《汉官仪》和《汉仪》三书，与《汉官》、《汉官解诂》及《汉官典职仪式选用》三书共同构成所谓"汉官六种"，均为东汉人所著，是为记载汉代职官制度仪式的重要史籍。可惜此六书至明清之际已先后散失殆尽，今所见《汉官六种》主要为清人从散见于历代著述的引用中所缀辑而成①。在《汉官六种》原书已经不见的情况下，由于散见于历代著述中而经过展转传写、引用，自然难免存在遗漏、脱落、讹误等缺失或错误，因此，今所见诸书所引及今本《汉官六种》必定有相当缺失或讹误，例如，同样是《汉旧仪》所记"天子行玺"，《续汉书·舆服志下》引作用于"策拜外国"，《太平御览》卷682引作用于"外国事"，今所见《汉官六种》则记作用于"徵大臣"；甚至同一书所引亦相互有异，同样是《唐六典》所引《汉仪》，"天子之玺"或作用于"赐匈奴单于、外国王书"，或作用于"外国事"，"天子行玺"或作用于"封拜外国及征召"，或作用于"徵大臣"，"天子信玺"或作用于"有事及发外国兵"，或作用于"鬼神事"。凡此种种，不一而足。这些记载，孰是孰非？故给研究汉代"天子三玺"制度带来困惑，而这些相互牴牾的记载如果不加辨析，则无所适从，"天子三玺"在汉代究竟如何应用，就无法弄清楚。

那么，汉代"天子三玺"的用法究竟如何？我们试从下面三个方面加以探讨：

其一，从汉代"皇帝三玺"的用法以观之。

汉代"六玺"是由"皇帝三玺"和"天子三玺"组成的，两者的应用是互相对应的。《唐律释文》说唐代"天子三宝"的用法与"皇帝三宝"相同，"惟施蕃国也"②，两者用法的区别只在于前者用于"蕃国"，后者用于本国而已，这是汉代以来的用玺制度传统。因此，我们不妨先看看"皇帝三玺"在汉代的应用情况，借以推断"天子三玺"的应用。"皇帝三玺"的应用情况与"天子三玺"的应用情况相同，仍然仅见于《汉旧仪》、《汉官仪》和《汉仪》三书，兹列下表以示之。

---

① 参见《汉官六种》"点校说明"，1～5页。

② （元）王元亮重编：《唐律释文》，（唐）长孙无忌等：《唐律疏议》附录，11、645页，北京，中华书局，1983。"开元岁中，改玺曰'宝'"（《唐律疏议》卷1，11页）

汉代皇帝三玺应用表

皇帝之玺	皇帝行玺	皇帝信玺	出处
赐诸侯王书	凡封①	发兵徵大臣	汉旧仪(《续汉书·舆服志下》引，3673页)
赐诸侯王书	凡杂	发兵	汉仪(《唐六典·门下省》引，252页)
	赐诸侯王书	发兵徵大臣	汉旧仪(《太平御览》卷682引，3045页)
赐诸侯王书	凡封	发兵	汉官旧仪(《汉官六种》，30～31页)
赐诸侯王书	凡杂	发兵	汉旧仪(《汉官六种》，62页)
赐王侯书	凡封	发兵徵大臣	汉官仪(《汉官六种》，187页)

从上表可见，关于"皇帝三玺"用法的记载，其一致性强于"天子三玺"。两者记载上的这种差异，当与两者使用频度和范围的差异有关，"皇帝三玺"用于内政，其使用的范围和频度自然要超过"天子三玺"，虽然汉代外交有了很大发展，其使用频度与范围远远超过秦代，但是就汉代而言，内政事务的繁数程度超过外交方面，也是很自然的。因此，"皇帝三玺"较"天子三玺"更为人们所耳熟能详，其传写错误的频率相对来说也应当小一些。在汉代的皇帝六玺之中，今传世者有"皇帝信玺"所使用留下的封泥，使我们仍然得以窥其真容②，这从一个侧面表明"皇帝三玺"之使用频率当高于"天子三玺"。

从此表观之，其中"皇帝之玺"用于文书方面，"皇帝信玺"用于发兵方面，基本上是一致的。表明关于此两玺用法的记载应当是可信的。唯"皇帝行玺"用法的记载存在一些差异，其中以"凡封"为多，"凡杂"次之，"赐诸侯王书"为个别。如果关于"皇帝之玺"与"皇帝信玺"用法的记载是可信的，那么"皇帝行玺"的用法应当就是用于册封，而恰恰有关"皇帝行玺"用法的记载中以"凡封"为多，看来不是偶然的。将此表与上面的"汉代天子三玺应用表"进行对照，可以看到，"皇帝三玺"的用法，在"天子三玺"中

① 《续汉书·舆服志下》引《汉旧仪》，中华书局标点本作："凡六玺。皇帝行玺，凡封之玺赐诸侯王书；信玺，发兵徵大臣。"(3673页)窃意这段记载中的标点不妥，似应改作："凡六玺。皇帝行玺，凡封；之玺，赐诸侯王书；信玺，发兵徵大臣。"

② (清)吴式芬、陈介祺《封泥考略》卷一收录有"皇帝信玺"封泥，139页，杭州，浙江人民美术出版社据光绪三十年上海石印出版，2013，8。

都有相应的用法。由“皇帝三玺”的用法推之，则“天子三玺”中的“天子之玺”用于文书，“天子行玺”用于册封，“天子信玺”用于发兵的可能性是最大的。

其二，从后代的用法以观之。

汉代的“皇帝六玺”制度在其后的皇朝中基本上得以继续行用，因此考察后代的“六玺”用法当有助于推知其在汉代的用法。但是，由于汉代以后政治上的分裂和社会的动乱，文化上也遭受影响，导致载籍有所缺失，唐人杜佑在梳理玺印制度时即已慨叹：“秦汉以降，逮于周隋，既多无注解，或传写讹舛，有义理难明，虽研核莫辨。今但约其本史，聊存一代之制，他皆类此。览之者，幸详察焉。”①因为在杜佑那个时代，不仅“汉官六种”已经残缺不全，而有“传写讹舛”之憾，而且诸多正史也存在一定缺陷，如《三国志》、《梁书》、《陈书》、《北齐书》、《北周书》等均无“志”，有的虽然有“志”，但其系统性、完整性差强人意，如《宋书》、《南齐书》、《魏书》等虽然有“志”，但关于玺印制度则往往缺载或语焉不详，因此导致魏晋南北朝诸多制度缺失，包括“六玺”制度在内，以致“义理难明”，“研核莫辨”了。这是问题的一个方面。

另一方面，用玺制度又有很强的承袭性。秦汉时期的帝玺除了“六玺”之外尚有“传国玺”，合而谓之“七玺”。传国玺乃“秦始皇初定天下所刻……丞相李斯所书，其文曰‘受命于天，既寿永昌’。”②历代“宝而不用”，“明受之于运”③。秦亡，“子婴上始皇玺，因服御之，代代传受，号曰‘汉传国玺’也。”④不仅“汉诸帝世传服之”⑤，而且“历代递用”⑥，南朝沈约谓其“魏、晋至今不废。”⑦或谓：“汉灭传魏，魏又传晋。怀失政，玺投刘聪。

① 《通典》63《礼典二十三·天子诸侯玉佩剑绶玺印》自注，355页。
② 《后汉书》卷1上《光武帝纪上》注引《玉玺谱》，33页。
③ 《资治通鉴》卷175《陈纪九·太建十三年(公元581年)》胡注，5433页。
④ 《史记》卷8《高祖本纪》《索隐》引《汉官仪》，362页。
⑤ 《史记》卷6《秦始皇本纪》《正义》引崔浩云，228页。
⑥ 《南史》卷27《孔琳之传》，733页。
⑦ 《宋书》卷18《礼志五》，506页。

聪死，刘曜得之，传于石勒、季龙、冉闵。季龙磨其隐起之文，刻其旁曰：天命石氏。冉闵败，其将蒋干以玺送建业，历东晋宋齐梁。侯景陷台城，简文以玺上景。景将侯子般盗玺走至栖霞寺，僧惠永得之。陈永定三年僧死，弟子普智奉玺献陈。陈止传隋，隋末没于宇文化及，及又没于窦建德。至大唐武德四年，太宗文武皇帝为天策上将军，东讨擒窦建德，德妻曹氏及左仆射裴矩奉玺上献。"①据此可见"传国玺"是从秦汉一直承袭下来的。"六玺"与"传国玺"不同，是实际应用于行政事务的印玺，并非历代相承而用。东汉末年，"汉室之乱，天子北诣河上，六玺不自随，掌玺者投井中。"②"时六玺不自随，及还，于阁上得。"③此后"六玺"下落不明，"吴无刻玉工，以金为玺。孙晧造金玺六枚是也。"④"太康之初孙晧送金玺六枚，无有玉，明其伪也。"⑤表明汉代的"六玺"已经不传，新皇朝均重刻"六玺"。及至北齐"皇帝三玺""并白玉为之"，而"天子三玺"则"并黄金为之"，而北周则"六玺皆白玉为之，"⑥虽然六玺由历代皇朝重新刻制，其质地也有所变化，但是其文字和使用制度则历代相承。"齐乘舆制六玺，以金为之，并依秦汉之制。""梁制，乘舆印玺，并如齐制。""陈制，永定元年，武帝所定乘舆服御，皆采梁旧制。""北齐制，天子六玺，并因旧式。"北周"其六玺，并因旧制，皆白玉为之。"隋制六玺，"行用并因旧制"⑦。可以说印玺的文字和应用是一脉相承的。只是到了唐代，不仅将"玺"改称"宝"，而且"六宝"的应用也发生了变化，兹不具论。

现在我们就来看看汉唐间"六玺"制度有明确记载的北齐、北周和隋代的情况，分别列表如下。

---

① 褚遂良.《玉玺记》，见《全唐文》卷149，1518页。

② 《续汉书》志30《舆服志下》注引《吴书》，见《后汉书》，3673页。

③ 《续汉书》志30《舆服志下》注引《献帝起居注》，见《后汉书》，3673页。

④ 《宋书》卷18《礼志五》，506页。

⑤ 《三国志》卷46《吴书一·孙破虏讨逆传》注引《江表传》，1099页。

⑥ 《隋书》卷11《礼仪志》，239、250页。

⑦ 《通典》63《礼典二十三·天子诸侯玉佩剑绶玺印》自注，356～359页。

北齐、北周、隋“皇帝三玺”应用表

皇朝	皇帝之玺	皇帝行玺	皇帝信玺	出处
北齐	赐诸王书	封常行诏敕	下铜兽符，发诸州征镇兵，下竹使符，拜代徵召诸州刺史	《隋书》卷 11《礼仪志》，239 页
北周	与诸侯及三公书	封命诸侯及三公	发诸夏之兵	《隋书》卷 11《礼仪志》，250 页
隋	赐诸侯及三师、三公书	封命诸侯及三师、三公	徵诸夏兵	《隋书》卷 12《礼仪志》，255 页

北齐、北周、隋“天子三玺”应用表

皇朝	天子之玺	天子行玺	天子信玺	出处
北齐	赐诸外国书	封拜外国	发兵外国，若徵召外国	《隋书》卷 11《礼仪志》，239 页
北周	与蕃国之君书	封命蕃国之君	徵蕃国之兵	《隋书》卷 11《礼仪志》，250 页
隋	赐蕃国之君书	封命蕃国之君	徵蕃国兵	《隋书》卷 12《礼仪志》，255 页

从上两表可以看到，“皇帝三玺”与“天子三玺”的用法是完全一致的，即“之玺”用于文书方面，“行玺”用于封拜方面，“信玺”用于发兵方面，只是前者用于国内，后者用于对外。在南北朝的内政运行中帝玺实际运用的一些资料进一步佐证上述论断，刘宋永初二年(公元 421 年)，侍中谢晦“坐行玺封镇西司马、南郡太守王华大封，而误封北海太守球，版免(谢)晦侍中。”①可知“行玺”确实是用于封命的。值得注意的是，北齐、北周和隋代“皇帝三玺”的用法与汉代“皇帝三玺”的用法也是一致的，只是汉代的“皇帝行玺”用法因为记载的残缺不全和错讹而显得有所差异，尽管如此，其被用于“凡封”的记载也为多数，表明汉代的“皇帝行玺”也是用于封拜方面的，因此，《太平御览》所引《汉旧仪》谓“皇帝行玺”用于“赐诸侯王书”的说

① 《宋书》卷 44《谢晦传》，1348 页。

法，可以视为是引用中发生的错讹，并非《汉旧仪》之原文原意。由汉代“皇帝三玺”用法的确定，则汉代“天子三玺”的用法也可以得到基本上的确认，上文指出的：“‘天子三玺’中的‘天子之玺’用于文书，‘天子行玺’用于册封，‘天子信玺’用于发兵的可能性是最大的。”这一说法又得到了进一步的加强。

其三，从“汉官六种”被引用的时间先后以观之。

关于汉代“天子三玺”的记载，主要见于《汉官六种》中的《汉旧仪》、《汉官仪》和《汉仪》三书。但是我们在前面已经指出，它们都是从历代残篇断简中引用而缀辑而成的，由于辗转传写、引用，因此其中存在错讹、脱漏的情况是很自然的。今天我们所见《汉官六种》为清代人所辑，其中所引诸书的时间先后是不同的，本文在制作汉代“天子三玺”表和“皇帝三玺”表时，是按照被引用时间的先后次序而排列的，也就是说最早被引用的资料排列在前面，最晚被引用的排列在最后面。在涉及“天子三玺”的“汉官”载籍中，《续汉书·舆服志下》所引《汉旧仪》是最早的，众所周知《续汉书志》为西晋司马彪所著，南朝梁刘昭注补。也就是说《汉旧仪》关于“天子行玺”被用于“策拜外国”这条材料是在南朝梁代被引用的。在刘昭引用《汉旧仪》之后则为《唐六典》所引的《汉仪》。《唐六典》于唐玄宗开元二十七年（公元739年）成书，引用《汉仪》的文内小字注亦为撰写者所作，故《汉仪》之被引用是在上述刘昭引用《汉旧仪》之后。在《唐六典》引用《汉仪》之后则是杜佑《通典》所引《汉官仪》。《通典》于唐德宗贞元十七年（公元801年）成书，距《唐六典》成书晚62年，两书基本上可以视为同一时代之书。《通典》之后是《太平御览》引用的《汉旧仪》。《太平御览》完成于宋太宗太平兴国八年（公元983年），距《通典》之成书又近180余年之后了。今本《汉官六种》为清人所辑，故属最为晚出。

虽然我们不能认为早出者就没有或者错讹少，晚出者就一定错讹多，但是一般来说，时代越早者，其错讹频率相对小一些，时代越晚者，其错讹频率相对多一些，也应当是成立的。不过，具体到某一条材料究竟错讹与否，还得根据其他方面的条件和情况综合考量，不能一概而论。现在我们就诸书对于汉代“天子三玺”的用法加以综合分析。

首先，《唐六典·门下省》所引《汉仪》，谓“天子之玺”用于“赐匈奴单于、外国王书”可以得到确认。①这里关于文书问题，特别提到“赐匈奴单于书”，并将其置于赐“外国王书”之前，符合汉代外交的实际情况，汉代外交的重点是匈奴，与匈奴通文书亦最早、最为频繁，可以说这段引文是原汁原味的汉代文字。②从汉代“皇帝三玺”中“皇帝之玺”的用法观之，“汉官”三书均记作其用于“赐诸侯王书”，可以推知“天子之玺”亦应用之于文书而无疑。③从后代的北齐、北周及隋代的“皇帝六玺”中的“之玺”均用之于文书而无一例外，只存在用于内政或外交之别而观之，进一步印证了“天子之玺”为用于外交文书之印玺。

其次，《唐六典·门下省》所引《汉仪》，谓“天子信玺”用于“发外国兵”也可以得到确认。①从汉代“皇帝三玺”中的“皇帝信玺”用法观之，“汉官”三书均记作“发兵”所用，也是无一例外。②从后代的北齐、北周和隋代的“皇帝六玺”中的“信玺”观之，不论“皇帝信玺”还是“天子信玺”均用于发兵，唯一的区别在于前者用于国内，后者用于国外。信玺为发兵所用，亦属无疑。

再者，《续汉书·舆服志下》所引《汉旧仪》以及《唐六典·门下省》所引《汉仪》、《通典》所引《汉官仪》，均谓“天子行玺”用于“策拜外国”也可以得到确认。①在“天子之玺”用于文书和“天子信玺”用于发兵这两项得到确认之后，则“天子行玺”用于封拜随之可以自行成立。②从汉代的“皇帝行玺”用法观之，虽然诸书记载有所差异，但其中以用于“凡封”的记载为多，不会是偶然的。③从后代北齐、北周和隋代的“皇帝六玺”用法观之，除北齐以“皇帝行玺”用于“封常行诏敕”之外，北周和隋均用于封拜，而“封常行诏敕”是一个宽泛的概念，封拜亦可以包括其中。至于“天子行玺”之用于封拜，则北齐、北周和隋代完全一致。因此，“行玺”用于国内外之封拜也应当是没有疑义的。

最后，在上面我们肯定《唐六典·门下省》所引《汉仪》关于“天子之玺”用于文书，“天子信玺”用于发兵，以及《续汉书·舆服志下》所引《汉旧仪》和《唐六典·门下省》所引《汉仪》、《通典》所引《汉官仪》均谓“天子行玺”用于册封的同时，还需要分析一下其他几种“汉官”的有关记载问题：一是

《唐六典·门下省》所引《汉仪》关于“天子之玺”用于“外国事”；二是《太平御览》所引《汉旧仪》谓“天子行玺”用于“外国事”；三是今本《汉官六种》所引《汉官旧仪》及《汉旧仪》谓“天子之玺”用于“策拜外国事”。

在上述三个问题中，第一、二两个问题，即《唐六典·门下省》所引《汉仪》以及《太平御览》所引《汉旧仪》均谓“天子之玺”用于“外国事”均存在问题，“外国事”这一概念过于含混，有关“外国”的什么事情不明，是用于致外国的文书？还是用于册封外国？还是用于向外国发兵？这个问题，是引用者过于概括和笼统所致，还是引用时或转引时有所缺失而造成的？未敢遽断。第三个问题，即今本《汉官六种》所引《汉官旧仪》及《汉旧仪》谓“天子之玺”用于“策拜外国事”可以断定为错讹，乃将“天子行玺”的用法误置于“天子之玺”之下。因此，这里提出的四处记载，都存在不同程度的问题，基本上可以否定或不宜采用。至于其他关于“徵大臣”或“事天地鬼神”等事项与外交没有多大关系，故略而不置论。

本文的结论是：汉代“天子三玺”中的“天子之玺”用于外交文书，“天子行玺”用于册封外国，“天子信玺”用于发外国兵。关于这个问题的文献记载，《唐六典·门下省》所引《汉仪》对于“天子三玺”用法的记载均为正确，《续汉书·舆服志下》所引《汉旧仪》以及《通典》所引《汉官仪》关于“天子行玺”用于策拜外国的记载也是正确的。也就是说，“天子行玺”的用法，以《续汉书·舆服志下》所引《汉旧仪》、《唐六典·门下省》所引《汉仪》、《通典》所引《汉官仪》为是；“天子之玺”和“天子信玺”的用法，则以《唐六典·门下省》所引《汉仪》为是。从记载汉代“天子三玺”的“汉官”三书情况观之，唐代及其之前所引“汉官”相对比较准确，宋代以后则错讹较为严重。

原载《河北学刊》，2016(2)。

曹魏屯田始于何年

关于曹魏开始屯田的年代，史学界几乎一致认为是在建安元年(公元196年)。因为《三国志》卷一《魏书·武帝纪》明确记载建安元年“用枣祗、韩浩等议，始兴屯田”[①]；同书卷一六《任峻传》注引《魏武故事》亦谓：“及破黄巾，定许，得贼资业，当兴立屯田”[②]。而“定许”亦在建安元年。[③] 最近，高敏同志在《关于曹魏屯田制的几个问题》[④]一文中，认为曹魏屯田制萌芽于献帝初平三年(公元192年)毛玠建议“修耕植，畜军资”。这一意见发前人之所未发，对人们是有启发的。但是，其中也还存在若干问题，似应提出来进一步商榷。

第一，关于曹魏屯田制萌芽于初平三年的问题。主要根据是《三国志》卷一二《魏书·毛玠传》谓：“太祖(曹操)临兖州，辟(毛玠)为治中从事。玠语太祖曰：‘今天下分崩……宜奉天子以令不臣，修耕殖，畜军资，如此，则霸王之业可成也。’太祖敬纳其言。”[⑤]此为初平三年曹操领兖州牧时事。在这里，高敏同志不是把毛玠的建议作为屯田思想的“萌芽”，而径直认为“从这时开始，就应有了后来屯田制(即建安元年所推行的民屯—引者注)的某种萌芽”，因为这年曹操镇压了青州黄巾军，有了实行屯田制的客观条件。

我认为把曹操始行屯田定于初平三年是值得商榷的。因为毛玠向曹操进言与曹操收降青州黄巾军，《通鉴》均系于初平三年十二月。其时曹操从黄巾军中“受降卒三十余万，男女百余万口”[⑥]。当时节令已届冬季，已不

① 《三国志》卷1《魏书·武帝纪》，14页，北京，中华书局，1959。

② 《三国志》卷16《任峻传》注引《魏武故事》，490页。

③ 《后汉书》卷9《献帝纪》，380页，北京，中华书局，1965。

④ 载《史学月刊》，1981(1)。

⑤ 《三国志》卷12《魏书·毛玠传》，374～375页。

⑥ 《三国志》卷1《魏书·武帝纪》，9页。

能从事生产。因此，曹操要将所得青州黄巾军用于屯田，最早也只能在初平四年，而决不能在初平三年。但是，现在还没有任何材料可以证明初平四年曹操已将青州黄巾用于屯田。一百余万之农民被安置屯田，在历史上竟没有留下任何踪迹，不能不令人怀疑。

第二，把毛玠“修耕植、畜军资”的建议看作就是向曹操建议实行屯田亦有问题。在汉末群雄争斗中，谋士向主子提出类似的建议，不止毛玠一人，如田丰曾向袁绍建议“外结英雄，内修农战”①，恐怕不能认为田丰也在向袁绍建议实行屯田。在毛玠建议“修耕植”的第二年，韩浩也曾建议曹操“当急田”②。既然曹操已接受毛玠建议施行屯田，何以第二年又有“当急田”之议呢？史传明言建议屯田者，只有枣祗、韩浩等人③，而不言毛玠。这样看来，毛玠的建议只可视为有屯田之意向在内，而并不等于就是屯田建议，高文没有举出任何事实证明毛玠建议与曹魏屯田有直接联系。

第三，曹操实行屯田的重要条件之一是：“破黄巾定许，得贼资业。”④此处所谓“破黄巾”，不是指初平三年收降青州黄巾，而是指建安元年破汝南、颍川黄巾。《三国志·魏书·武帝纪》称：“汝南、颍川黄巾何仪、刘辟、黄邵、何曼等，众各数万，初应袁术，又附孙坚。(建安元年)二月，太祖进军讨破之，斩辟、邵等，仪及其众皆降。”⑤曹操于大破颍川、汝南黄巾后，定都于许。此即“及破黄巾，定许”的具体含义，在这次镇压黄巾军后，曹操才“得贼资业”，从而有可能在许下，即颍川、汝南一带兴立屯田。

那么，曹操屯田究竟从何年开始呢？

我们认为，曹操开始屯田是在兴平年间(公元194—195年)。不过，那时所实行的是军屯而不是民屯，而民屯是在其后的建安元年才正式实行的。

① 《三国志》卷6《魏书·袁绍传》，200页。

② 《三国志》卷9《魏书·夏侯惇传附韩浩传》注引《魏书》，269页。

③ 《三国志》卷1《魏书·武帝纪》，14页。

④ 《三国志》卷16《魏书·任峻传》注引《魏武故事》，490页。

⑤ 《三国志》卷1《魏书·武帝纪》，13页。

现在我们来看一看曹魏实行军屯的情况：

1. 兴平二年(公元195年)，曹操已在兖州实行屯田。这年，曹操与吕布争夺兖州，曹操驻军于乘氏，吕布与陈宫率兵万人从东缗来攻打曹操的一个军营，《三国志》卷一《魏书·武帝纪》注引《魏书》对这个军营有一段生动的记载：

"于是兵皆出取麦，在者不能千人，屯营不固。太祖乃令妇人守陴，悉兵拒之。屯西有大堤，其南树木幽深。(吕)布疑有伏，乃相谓曰：'曹操多谲，勿入伏中'。引军屯南十余里。明日复来，太祖隐兵堤里，出半兵堤外。布益进，乃令轻兵挑战，既合，伏兵乃悉乘堤，步骑并进，大破之，获其鼓车，追至其营而还。"①

这是一段十分宝贵的史料，可惜从来没有引起研究曹魏屯田者的注意。它告诉我们：

第一，曹操的这个基地称为"屯营"或"屯"，周围有防御性的女墙——"陴"，屯外则有麦田。第二，屯营中有兵士，有家属。其居民人数颇多，除外出收麦之精壮劳力外，剩下的士兵和"妇女"还有近千人之多，故其总数当在一二千人左右。第三，屯营的成员既要负责作战，又要负责生产——"取麦"。《通鉴》记此事曰："收麦"②。兵士外出收麦时，屯营中还有留守部队。在紧急情况下，妇女也要"守陴"，参加战斗。

上述情况表明，这种"屯营"既是一个战斗单位，又是一个生产单位。它显然具有"且战且田"的军屯性质。我们知道，曹魏屯田一般称民屯为"屯"，军屯为"营"，兴平二年的"屯营"，当是军屯雏形。

东晋应詹在上晋元帝表中说："近魏武皇帝用枣祗、韩浩之议，广建屯田；又于征伐之中，分带甲之士，随宜开垦"③，即指曹操在建安元年实行民屯之事；并告诉我们，曹操早在"征战之中"实行了军屯。值得注意的是，军屯是在"征伐之中"开始实行的，采取"分带甲之士，随宜开垦"的方式。曹操在乘氏的"屯营"，就是在"征伐之中"而采取的军屯方式。应詹的

---

① 《三国志》卷1《魏书·武帝纪》注引《魏书》，12～13页。

② 《资治通鉴》卷61，"献帝兴平三年"条，1964页，北京，中华书局，1956。

③ 《晋书》卷26《食货志》，792页，北京，中华书局，1974。

后面一句话非常重要，它告诉我们曹操实行军屯并不是在建安末年三国鼎峙局面形成之后，而是在汉末群雄混战中，因当时编户齐民流散四方，正常的租调制度尚未建立的条件下而采取的应急措施。

2. 曹操这种边战斗边生产的屯田措施，应该说在兖州他的势力范围内已比较普遍地推行了。兴平二年(公元195年)曹操军于乘氏时，他曾打算乘陶谦死的机会先东取徐州，再还兖州定吕布。荀彧谏曹操曰："昔高祖保关中、光武据河内，皆深根固本以制天下……将军本以兖州首事……且河、济天下之要地也，今虽残坏，犹易以自保，是亦将军之关中、河内也，不可以不先定。今以破李封、薛兰(二人均为吕布将)，若分兵东击陈宫，宫必不敢西顾，以其间勒兵收熟麦，约食畜谷，一举而布可破也。"①曹操接受了荀彧的意见，于是命将士"大收麦，复与布战，分兵平诸县，布败走，兖州遂平"②。这件事告诉我们：第一，荀彧建议"勒兵收熟麦"，是指曹操统辖的所有部队，故曹操命所属将士"大收麦"。故知上述"屯营"已不是个别现象，而是在曹操所属各部队中普遍推行的。这种军屯的特点是在拉锯战中抢收抢种的。第二，当时曹操的军食并非全靠租赋供给，他在战斗间隙让士兵从事生产以解决军粮，即所谓"约食畜谷"。曹操正是较好地解决了军粮问题，才战胜吕布，收复兖州。

3. 兴平二年的"大收"是怎样获得的呢？如果不是在上一年(即兴平元年)开始种植是不可能有此收获的。事实上，曹操在兴平元年(公元194年)即已开始实行军屯。一般论屯田者均认为曹魏屯田是先实行民屯，后实行军屯。故有人认为曹魏军屯最早见于建安十二年(公元207年)稍前的夏侯惇屯田，而且不过是个别将领临时性质的屯田③。这种看法并不确切，我们认为夏侯惇屯田不在建安十二年，而应在兴平元年。《三国志》卷9《魏书·夏侯惇传》曰："太祖自徐州还，惇从征吕布，为流矢所中，伤左目。复领陈留、济阴太守……时大旱，蝗虫起，惇乃断太寿水作陂，身自负

① 《三国志》卷10《魏书·荀彧传》，309页。

② 《三国志》卷10《魏书·荀彧传》，310页。

③ 黄惠贤：《试论曹魏西晋时期军屯的两种类型》，载《武汉大学学报》，1980(4)。

土，率将士劝种稻，民赖其利。转领河南尹。太祖平河北，为大将军后拒”。① 所谓“太祖自徐州还”，是指曹操征徐州陶谦事。曹操于初平四年(公元193年)秋征徐州，于兴平元年(公元194年)春自徐州还。是年夏复征陶谦，击郯，会张邈、陈宫叛迎吕布，曹操乃引军还，与吕布展开争夺兖州的战争。本传所谓“从征吕布”是紧接在曹操“自徐州还”之后，故知即指兴平元年征吕布事，而不是建安三年(公元198年)征吕布事。所谓“太祖征河北”，乃建安五年(公元200年)官渡之战。据此则知夏侯惊屯田在兴平元年后，在建安五年前，必是在公元194年至200年这七年之间。那么，夏侯惇屯田究竟在这七年中的何年呢？夏侯惇屯田之年有一个重要的气候和年成特征：“时大旱，蝗虫起”②。从兴平元年至建安五年的七年间，史籍所载旱、蝗灾害情况如下：

兴平元年(公元194年)：“三辅大旱，自四月至于是月(秋七月)”。③“蝗虫起，百姓大饿”。④

兴平二年：“大旱”。⑤

建安元年(公元196年)：无。

建安二年：“夏五月蝗。”⑥

建安三年至五年均无。

从上述记载可见，唯独兴平元年既有大旱，又有蝗灾，与夏侯惇屯田时的气候年成特征正相合。据此，则知夏侯惇屯田当在兴平元年。这年曹操即令“带甲之士，随宜开垦”，于是第二年(兴平二年)荀彧谏曹操“勒兵收熟麦”，曹操之军众“皆出收麦”，而且获得了“大收麦”的结果，就是顺理成章之事了。

由此，我们也可以得知，兴平元年之大旱与蝗灾是促使曹操实行军屯

---

① 《三国志》卷9《魏书·夏侯惇传》，268页。

② 《三国志》卷9《魏书·夏侯惇传》，268页。

③ 《后汉书》卷9《献帝纪》，376页。

④ 《三国志》卷1《魏书·武帝纪》，12页。

⑤ 《后汉书》卷9《献帝纪》，378页。

⑥ 《后汉书》卷9《献帝纪》，380页。

的重要原因之一。史称这年的大旱、蝗灾引起了普遍的粮荒，“是岁谷一斛五十余万钱，人相食”①，不仅“百姓大饿”，而且曹操与吕布双方的军粮均已罄绝，其时曹操“新失兖州，军食尽，”吕布“粮食亦尽，各引去”②。在这种情况下，如不马上解决军粮问题，便将如荀彧所言：“则十万之众未战而自困耳”③。曹操正是采取了上述军屯措施，使其得以“约食畜谷”，一定程度上解决了军食供应问题，从而得以战胜吕布，收复兖州，站稳了脚跟。

当然曹操这时的军屯，是属于临时性的应急措施。从屯田之组织形式来看，它显然首先是一个军事单位，只是由于解决军粮之急需，故令将士均需承担一定的生产任务。这种军屯当然还谈不上日后实行的“分成制”，其收获物必是全部充作军粮，以便统一“约食畜谷”，战胜敌手。大概在魏国始建之后，司马懿向曹操提出“且耕且守”的建议后，军屯才逐渐制度化。

至此，还会产生这样一个疑问：既然曹操之军屯已于兴平年间开始实行，何以史书一再称建安元年曹操破黄巾定许之后，接受枣祗、韩浩等人建议，才“始兴屯田”呢？我们认为二者是不矛盾的。因为建安元年枣祗、韩浩等人建议实行的是“民屯”而不是先已有之的“军屯”。我们知道，“屯田”(指军屯)这一国有土地的经营方式早在西汉已经出现，而在曹操的时代，施行军屯者已不限曹操一家，如兴平二年公孙瓒败于袁绍之后，“遂保易京，开置屯田，稍得自支”④，这看来也是一种军屯。故在魏晋时期已形成“出战入耕”乃“自古之常”⑤的观念，军屯已不是什么新鲜的事情。至于民屯，虽然过去不是完全没有类似的形式，但毕竟没有在内地大规模地实行过，所以枣祗、韩浩等人的建议，某种意义上便是一个创新。他们建议的核心是“募民屯田”，即民屯制度，并将其制度化，规定了民屯生产物

① 《三国志》卷1《魏书·武帝纪》，12页。

② 《三国志》卷1《魏书·武帝纪》，12页。

③ 《三国志》卷10《魏书·荀彧传》，309页。

④ 《后汉书》卷73《公孙瓒》，2363页。

⑤ 《晋书》卷26《食货志》，787页。

的分配制度—分成制的剥削方式。这套民屯制度使曹操找到了解决当时劳动者与生产资料结合的好形式，因而得以首次在内地大规模地推行，“于是州郡例置田官”，开创了经营国有土地的一个新形式。

总之，我们认为曹魏屯田是军屯在先，民屯在后。军屯开始于兴平元年(公元194年)，地点在兖州；民屯开始于建安元年(公元196年)，地点是从许下开始而推向全国。

原载《学术月刊》，1983(2)；《人大复印资料·中国古代史》，1983(3)全文转载。

司马懿徙农上邽、兴三郡盐池考辨

《晋书·食货志》："嘉平四年，关中饥，宣帝表徙冀州农夫五千人佃上邽，兴京兆、天水、南安盐池，以益军实。"①

据《晋书·宣帝纪》：嘉平三年(公元251年)六月，司马懿"寝疾"，八月戊寅"崩于京师"②。因此不可能在次年才表徙冀州农夫佃上邽、兴三郡盐池。中华书局标点本《校勘记》云："嘉平四年，司马懿已死。五行志上云，太和四年八月大霖雨，岁以凶饥。此'嘉平'乃'太和'之误。"③《校勘记》正确地指出了嘉平四年记载之误，但又据《五行志》关于太和四年八月大霖雨，岁以凶饥的记载，认为"此'嘉平'乃'太和'之误"，似乎上述司马懿的活动是在太和四年(公元230年)发生的。《晋书》卷二七《五行志》的原文是这样的："太和四年八月，大雨霖三十余日，伊、洛、河、汉皆溢，岁以凶饥。"④其中并没有透露是年的灾害与司马懿上述活动关系的信息。那么，司马懿上述活动究竟发生在哪年呢?《晋书·宣帝纪》系此事于太和五年。从当时魏、蜀争锋的态势和司马懿的活动情况观之，应当是正确的。

据《晋书》卷一《宣帝纪》，太和四年(公元230年)司马懿"迁大将军，加大都督、假黄钺，与曹真伐蜀。帝自西城斫山开道，水陆并进，泝沔而上，至于朐䏰，拔其新丰县。军次丹口，遇雨，班师"⑤。由此可见这次军事行动的主帅是曹真，而非司马懿；魏、蜀争锋的主要场所在汉中地区，而非其西的上邽地区；军事行动只有短短的两个月，魏明帝七月始"诏大将军司马懿泝汉水由西城入，与(曹)真会汉中"，由于大雨三十余日和粮运不继，九月即"诏曹真等班师。"⑥太和四年司马懿并没有表徙冀州农夫于

① 《晋书》卷26《食货志》，785页，北京，中华书局，1974。

② 《晋书》卷1《宣帝纪》，20页。

③ 《晋书》卷26《食货志》校勘记，797页。

④ 《晋书》卷27《五行志上》，821页。

⑤ 《晋书》卷1《宣帝纪》，6页。

⑥ 《资治通鉴》卷71《魏纪三》，"明帝太和四年"条，2263页。

上邽和兴三郡盐池的活动。

次年二月，诸葛亮发动第四次北伐，进围祁山，三月曹真病死，于是魏明帝以司马懿"西屯长安，都督雍、梁二州诸军事，统车骑将军张郃、后将军费曜、征蜀护军戴淩、雍州刺史郭淮等讨亮。"①这次军事行动的统帅是司马懿，魏、蜀争锋的场所也从东部的汉中地区西移至上邽一带，而且此次双方在上邽地区实行较长期的对峙。诸葛亮"闻大军且至，乃自帅众将芟上邽之麦。"司马懿"卷甲晨夜赴之，(诸葛)亮望尘而遁。"②六月，诸葛亮以粮尽退军。③"时军师杜袭、督军薛悌皆言明年麦熟，亮必为寇，陇右无谷，宜及冬豫运。帝曰：'亮再出祁山，一攻陈仓，挫衄而反。纵其后出，不复攻城，当求野战，必在陇东，不在西也。亮每以粮少为恨，归必积谷，以吾料之，非三稔不能动矣。'于是表徙冀州农夫佃上邽，兴京兆、天水、南安监冶。"④此次魏、蜀争锋，解除了蜀汉对曹魏陇西地区的威胁，据司马懿估计，这一带将获得三年的和平安定时间，从而有可能从内地迁徙大量农夫于上邽屯田积谷，为长久之计，于是有了他上表徙农的行动。

太和五年的相关措施是在太和四年经验教训基础上产生的。太和四年曹真征蜀时，王肃上疏曰："前志有之，'千里馈粮，士有饥色，樵苏后爨，师不宿饱'，此谓平涂之行军者也。又况于深入阻险，凿路而前，则其为劳必相百也。今又加之以霖雨，山坂峻滑，众逼而不展，粮县而难继，实行军者之大忌也。"⑤杨阜也为此而上疏曰："间者诸军始进，便有天雨之患，稽阂山险，以积日矣。转运之劳，担负之苦，所费以多，若有不继，必违本图……今者军用不足，益宜节度。"⑥在这种情况下，明帝不得不召诸军还。由此可见当时遇到的最大困难就是粮运不继的问题，因此太和五年司马懿吸收去年的经验教训，提出上述两项措施，以达到"以益军实"⑦的目的。此"军实"主要是指解决粮食供应的问题。

---

① 《晋书》卷1《宣帝纪》，6～7页。"梁"当为"凉"，见"校勘记四"，22页。

② 《晋书》卷1《宣帝纪》，7页。

③ 《资治通鉴》卷72《魏纪四》，"明帝太和五年"条，2268页。

④ 《晋书》卷1《宣帝纪》，7页。

⑤ 《三国志》卷13《王朗传附子王肃传》，414页，北京，中华书局，1959。

⑥ 《三国志》卷25《杨阜传》，706页。

⑦ 《晋书》卷26《食货志》，785页。

所以，《宣帝纪》将此事系于太和五年是正确的。

但是，《宣帝纪》在纠正了《食货志》关于司马懿表徙冀州农夫佃上邽的年代错误的同时，却又将《食货志》“兴京兆、天水、南安盐池”一事记作“兴京兆、天水、南安监冶”。那么，究竟司马懿在这三郡是兴建“盐池”还是“监冶”呢？

盐铁均为国之大宝，在与蜀汉对抗时两者都是曹魏政权迫切需要的“军实”。曹魏也确曾设“监冶”以典作农战之具，曹操曾以韩暨为“监冶谒者”主持冶铁事宜，他利用水排鼓风，“计其利益，三倍于前。在职七年，器用充实。制书褒叹，就加司金都尉，班亚九卿”①。但是就司马懿在三郡的兴作而言，我们以为当以“盐池”为是，“监冶”可能是“盐池”之讹。

课民耕种与开发盐业并举，两者相互配合，相互促进，是曹魏政权一贯的做法。早在建安年间就已经采取这样的措施，并取得了良好的效果。“建安初，关中百姓流入荆州者十余万家，及闻本土安宁，皆企望思归，而无以自业。于是卫觊议为‘盐者国之大宝，自丧乱以来放散，今宜如旧置使者监卖，以其直益市犁牛，百姓归者以供给之。勤耕积粟，以丰殖关中，远者闻之，必多竞还。’于是魏武遣谒者仆射监盐官，移司隶校尉居弘农。流人果还，关中丰实。”②卫觊通过兴建盐业而筹集资金购置农业生产资料，从而促进了农业生产。这样不仅使关中地区经济得到恢复和发展，而且达到了“关中服从”③的军事、政治目的。太和二年(公元 228 年)，“明帝以凉州绝远，南接蜀寇，以(徐)邈为凉州刺史，使持节领护羌校尉。至，值诸葛亮出祁山，陇右三郡反，邈辄遣参军及金城太守等击南安贼，破之。河右少雨，常苦乏谷，邈上脩武威、酒泉盐池以收虏谷，又广开水田，募贫民佃之，家家丰足，仓库盈溢。”④徐邈也是通过兴建盐业以促进农业生产的发展，这个做法正是继承前代的传统措施。由此可见开盐池与课民佃田两者并举，相互配合，相互促进，是曹魏政权的传统做法。徐邈在凉

① 《三国志》卷 24《韩暨传》，677 页。

② 《晋书》卷 26《食货志》，784 页。

③ 《三国志》卷 21《魏书・卫觊传》，611 页。

④ 《三国志》卷 26《魏书・徐邈传》，739～740 页。

州采取这种措施三年之后的太和五年司马懿也在迁徙冀州农夫佃上邽的同时兴京兆、天水、南安盐池，他的做法可以说是远采卫觊，近仿徐邈的做法。

其次，雍、凉一带颇有盐池分布，而且有着开发盐业的传统。上述卫觊开发盐业在关中地区，徐邈在凉州，而司马懿兴建盐池的京兆、天水、南安三郡正是在这两个地区之中。这三郡不仅有盐池，而且也有开发的传统。据《元和郡县图志》载，京兆府栎阳县有“煮盐泽，在县南十五里。泽多鹹卤。苻秦时于此煮盐。周回二十里”①。栎阳县在今临潼县东北，这个盐池面积不小，苻秦距曹魏仅百年左右，可能就是继承曹魏时期开采的基础上进行的。这是京兆有盐池。据《水经注》漾水条：“西汉水又西南，迳始昌峡，《晋书地道记》曰：天水，始昌县故城西也。亦曰清崖峡。西汉水又西南，迳宕备戍南，左则宕备水自东南、西北注之。右则盐官水南入焉。水北有盐官，在嶓冢西五十许里，相承营煮不辍，味与海盐同。故《地理志》云：西县有盐官是也。”②西县在今甘肃天水西南，此盐官即后世之盐官城(镇)，顾祖禹谓：“盐官城，在(西和)县东三十里。《志》云：有盐井，水与岸齐，味甘美。汉时尝置盐官于此。唐亦谓之盐官镇。”③这是天水有盐井。南安亦有盐井，《元和郡县图志》鄣县条：“盐井，在县南二里。远近百姓仰给焉。”④鄣县在今甘肃漳县。

综上所述，我们认为：《晋书·食货志》之“嘉平四年”，应为“太和五年”；《晋书·宣帝纪》之“兴京兆、天水、南安监冶”，似以“盐池”为是。

原载《隋唐史论——牛致功教授八十华诞祝寿文集》，西安，三秦出版社，2007。

---

① (唐)李吉甫著：《元和郡县图志》卷2《关内道二·京兆下》，“栎阳县”条，27页，北京，中华书局，1983。

② (北魏)郦道元注，陈桥驿校释：《水经注校释》卷20《漾水》，362页，杭州，杭州大学出版社，1996。

③ (清)顾祖禹著，贺次君、施和金点校：《读史方舆纪要》卷59，“西和县”条，2824页，北京，中华书局，2005。

④ 《元和郡县图志》卷39《陇右道上·渭州》，“鄣县”条，984页。

一部值得中国读者阅读的三国史[①]

广西师范大学出版社拟翻译出版日本讲谈社《中国的历史》，邀我为其中的《三国志的世界——后汉三国时代》写个推荐书，当时我想：现在中国历史普及性读物很多，三国历史中许多内容又是人们耳熟能详的，再花费这么多人力物力翻译出版这类书籍是否值得？究竟还有多大意义？当我阅读完本书序章《华丽的乱世》和第一章《夕阳西下的汉帝国》之后，我就被作者引人入胜的叙述和诸多新见和创意所吸引，认真读完了全书。拜读之后，我的总体感觉和结论是：这本由日本学者所撰写的三国史是一部值得中国读者认真阅读的好书。

我以为本书至少有三个突出的特色和优点，一是将三国历史与文学作品《三国演义》进行比较，剖析它们之间的异同和真伪；二是将三国历史置于古今东亚世界中进行解读，分析和比较中、日、韩相关历史文化的相互影响、交融和异同；三是本书虽然是以文学研究家的身份撰述的普及性三国历史，但是著者是以史学的、学术性的、严谨的态度进行撰写的，可以说是一部以史籍原典和考古资料为依据而追求真实的三国历史的严肃著作。而这三个特色和优点是与本书著者所独具的身份和文化背景，以及著者兼具中国历史和文学素养于一身有着密切关系的。

《三国志的世界——后汉三国时代》一书的著者是京都大学人文科学研究所东方学研究部的金文京教授，他长期致力于中国古典小说、戏剧及说唱文学历史的研究，尤以《三国演义》研究方面为长。著者在中文版自序中是这样谦虚地介绍自己的："我是在日木出生长大的韩国人，我的专业是中国古典小说，最近一直从事《三国演义》的版本问题研究，由我这个异邦的外行人来写三国历史，实在难免有不自量力之嫌。因此，我也不敢说我

① 本文为日本讲谈社：《中国的历史》(4)，中译本，桂林，广西师范大学出版社，2014，所写推荐序。

这本书有什么补遗钩隐的学术价值，或旁观者清的独特观点，只是长年的读书心得和不成熟的思考当中，倘有愚者一得，则为万幸。”由此可见著者是作为具有日本、韩国的身世和文化背景这一独特身份而进行中国历史和文化研究的，也可以说著者集中、日、韩三国历史和文化之学养于一身，故其眼界与视觉与一般中国学者自有其独特之处；同时还应当指出，著者虽然以中国古典文学——《三国演义》作为研究专业，但是其对于三国历史也是有着深入认识和研究的，故而得以将两者结合起来进行具体而微、生动活泼的解读。以著者所具有的日本、韩国的文化背景这一独特身份而又于中国历史和文化研究有素，恰恰是本书之所以独具魅力且不可多得的前提和优势，得以从一个与我们习以为常不同的角度来解读三国时代，从而使本书读来令人有耳目一新之感。当然，本书在撰述中广泛吸收了史学界、文学界的研究成果，将它们融会于一炉，这对于读者来说也是一种便利。

下面我们就来具体看看本书的三个特色和优点。

1. 将三国历史与文学作品《三国演义》进行比较，剖析它们之间的异同和真伪。

在中国几千年不断更迭的王朝历史中，唯独三国有一部反映其时代的著名古典小说《三国演义》，其他朝代虽然也多少有一些相关的历史小说，如《封神传》、《东周列国志》、《说唐演义全传》等，但是它们无论在质量和影响等方面均不能与《三国演义》分庭抗礼，《三国演义》之脍炙人口、家喻户晓为其他历史小说无法望其项背。三国时代有这样一部独步古今的小说，有其好处也有其坏处，好处是有利于普及三国历史知识，故在中国古代诸王朝中数三国为广大民众所耳熟能详；坏处是毕竟小说与历史不同，以《三国演义》而论，虽然有七分历史事实根据，但是也掺杂了三分虚构，于是民众关于三国历史的知识就往往存在虚虚实实、真假不分的问题。20世纪80年代中国电视剧中心摄制大型历史剧《三国演义》时曾经邀请我去作他们的历史顾问，我给编导和演员们讲了几次课，其中主要就是谈历史的三国与小说中的三国的区分问题。对于两者进行区分并不是要否定《三国演义》中那些虚构的内容，因为那些内容已经成为中国文化的组成分子和广大民众的精神食粮。但是，人们也应当知道历史的三国与小说的三国的区分和异同，这不仅是知识界也是处于现代文明的民众对于中国历史和中国文化的基本素养。

《三国志的世界——后汉三国时代》一书对于历史的三国和小说的三国进行了细致的区分，指出它们之间诸多的异同与真伪，可以为我们更好地对两者的区分和辨别它们的真伪异同有所助益。

本书从以下三个方面揭示了历史的三国与小说的三国之间的真伪异同：

一是史实上的真伪异同。《三国演义》在史实上的虚构存在于大小人物和历史事件之中，贯穿于全书，将虚构与史实糅合为浑然一体，达到了令人难于分辨的程度。历史人物如吴将朱然在历史上确有其人，但是在《三国演义》中抓获关羽的不是别人正是这个朱然，而他后来在刘备挑起的夷陵之战中死于蜀的武将赵云手下，这完全是作者因为偏爱关羽而虚构的情节。从史书《三国志》的记载可以知道朱然后来累建军功，病死于六十八岁。而且朱然的墓葬也于1984年在南京附近的马鞍山被发现，从而让人们得以更具体深入了解真实的朱然。历史事件如赤壁之战是《三国演义》中最为恢宏而又精彩纷呈、脍炙人口的部分，由黄盖受"苦肉计"诈降、庞统巧施"连环计"诱曹操锁战船、曹操使者蒋干"群英会"中计、诸葛亮南屏山筑台祭风、诸葛亮三气周瑜、曹操败走华容、关羽义释曹操等一系列故事所组成。本书指出，这些故事情节基本上属于虚构创作，只有蒋干出使东吴为史实，但那是赤壁之战之前的事情。诸如此类，不烦枚举。《三国演义》之所以这样进行虚构，并非随意的胡编乱造，而是与本书的主旨密切相关。本书对于三国有一个总体理念，即以蜀为正统，以曹魏为叛逆，而孙吴不过是一个配角。因此，书中对于历史人物和历史事件的虚构基本上都是服务于这个指导思想的，对于刘、关、张的美化，诸葛亮的神化，以及对于曹操的丑化和鲁肃的矮化等等，莫不与此相关。以鲁肃而论，事实上从赤壁之战孙刘联合抗曹到借荆州与刘备巩固同盟这一连串的决策，都是鲁肃主导的结果，可是《三国演义》却将这些全都归功于诸葛亮，鲁肃则被描写成一个奔波于刘备、孙权之间的滑稽可笑的老好人。再如夷陵之战被完全写成了为关羽报仇的一场复仇战，关羽之子关兴、张飞之子张苞奋勇出阵，连斩潘璋、马忠、朱然等吴将，最后连陆逊也误入诸葛亮的八阵图，落得个沮丧而归，读起来让人觉得打了败仗的不是蜀而是吴。

二是地理上的错误。作为历史著作，历史人物和历史事件活动的地理位置和空间必须是准确的，但是《三国演义》作为小说则没有完全遵循这种严格的地理概念，而是出现不少错误。著者认为“《演义》在地理关系的记述上，有关南方的部分基本上没有问题，但有关北方的记述错误很多，可以想象作者很有可能是南方人。”小说在描写关东诸侯讨伐董卓时，有曹操在荥阳被从洛阳逃往长安的董卓打败的情节，事实上荥阳在洛阳的东边，董卓从洛阳往西边的长安逃跑的话，不可能经过荥阳。关羽从许都到河北袁绍那里寻找刘备而“过五关斩六将”时，却绕道相反方向的洛阳、荥阳，不过这时荥阳的位置又恢复正常了。《演义》里写庞统死于落凤坡，以“落凤”来隐喻“凤雏”庞统的死，而这却是一个架空的地名。“六出祁山”中的地理错误尤多，比如第一次北伐时，赵云等人屯驻的箕谷实际上与祁山一东一西相距甚远，但是在《演义》里箕谷和祁山被写成是在同一方向。何以会发生这个错误？著者认为可能与参考了某些有错误的历史地图有关，宋代出版的《历代地理指掌图》中的《三国鼎峙图》里面的祁山位置比实际靠东得多，而且旁注里有诸葛亮“由斜谷道取郿，遂据箕谷，攻祁山”的记述。

三是时代背景的错误。人类的历史是在一定的时代背景中发生和存在的，三国历史也不例外。《三国演义》写的是 3 世纪的事情，但是描写方法却是 14 世纪的，著者认为：“14 世纪的罗贯中在《三国志》的史实基础上描述故事时，并没有做什么特别的时代考证，而是根据自己的时代感觉对史实进行描写。随着时代的变化，生活方式、习惯等也在变化，罗贯中对此缺乏明确的意识。比如三国时代纸刚刚发明不久，所以纸几乎还没有普及……但是罗贯中好像对此全然不知，或者是明知故犯，有意不把它反映到自己的小说里。”与纸张问题相联系的是印刷术的问题，“在《三国演义》的初期版本里竟然出现了印刷的书籍，众所周知，印刷术的发明要在更久以后了。”

2. 将三国历史置于古今东亚世界中进行解读，分析和比较中、日、韩相关历史文化的相互影响、交融和异同。本书著者认为：“当今东亚世界，中日韩三国的交流日趋密切，矛盾也随之而生，乃殆识者隐忧。有人说这就是新的东亚三国时代，也不无道理，何况这三国的国际关系，就可追溯到三国时代。此际回顾当年，不无令人反思的历史意义。且日韩人民早就熟悉三国的历史，一部《三国演义》长期以来就成为他们爱不释手、津津乐道的古典作品，其熟悉的程度比之中国人或许当仁不让。”可以说本书著者是立足于现代东亚而进行三国历史的撰述的，著者的日、韩文化背景和他对于中国历史和文化的学养，使他得以将三国历史与日、韩历史进行对比，这对于中国读者来说，是难能可贵的。三国时代是日本的邪马台国时代，在朝鲜半岛则有高句丽以及马韩、辰韩、弁韩“三韩”等。这个时代是东亚国际交流的开端，而日本和朝鲜半岛与中国发生关系的同时，引进了汉字文化、儒教、佛教等文化要素，从而促进了绵延至今的汉字文化圈的诞生。因此作者说：“追溯三国时代的历史与文化，考察它对后世的影响并借此展望东亚的未来，这也是本书的另一个鹄的。”

著者强调指出，中国在世界史上是一个具有独特文化的国家，它的很多特征都是以三国时代为起点而形成的，例如纸的普及，儒、佛、道的传播和论争，政治上对于统一帝国强烈向往的理念之确立等，而这些文化对于东亚各国尤其是日本、韩国的影响尤为巨大。

本书在介绍作为三国时代发展背景的后汉历史时，对于牵动后汉历史的外戚、宦官及儒教官僚的情况做了深入的介绍，在此基础上不仅同时介绍了后汉以后中国历史上的外戚、宦官及儒教官僚的发展变化情况，而且还介绍了东亚历史上的外戚、宦官及儒教官僚的特点，指出被视为“中国政治之祸根”的宦官在日本不曾存在，朝鲜虽然效仿中国引进了宦官制度，但在朝鲜历史上宦官从没有出现在政治舞台上。而中国自后汉以后已经基本上消灭了的外戚，在日本却长期保持了重要的政治地位，在朝鲜外戚也是一股重要的政治势力。著者认为，之所以如此，很大程度上是因为日本、朝鲜固有的母权家族制度的影响，虽然儒教的父权家族制度已经传入日本和朝鲜，但其影响力是有局限性的，这也就意味着日本和朝鲜在对儒教的吸取借鉴上都是有所取舍的。再以儒教官僚来说，在日本儒教知识阶层进入权力中心参与政治的事情从未发生过，朝鲜虽然出现了相当于中国士大夫的两班阶级，不过，中国的士大夫是一个世袭性很弱的流动性阶层，而朝鲜的两班世袭的性质则很强。

三国时代在政治方面对东亚各国、各族的影响是本书的重要关注方面，例如著者认为这个时期最重大的政治事件是汉献帝将皇位禅让给魏文帝，这一事件的思想背景是正统论。正统论不仅关系当时魏、蜀、吴之间的斗争，同时也影响了后世史书和小说《三国演义》的撰写。三国之间的争斗，既是围绕领土的现实之争，也是围绕正统的理念之争。而这种正统论还影响和规定了中国与东亚诸民族或国家的关系，同时正统论又影响了东亚诸国和诸民族，著者认为在这方面日本就是一个典型，日本也以天下自居，把天皇置于与中国皇帝对等的地位，把国内偏远地区，比如东北地方的人称为夷狄，并把朝鲜等国外交使节的访问当作朝贡对待，幕府末期则视西洋人为夷狄。此外，越南在向中国朝贡的同时，又摆出一副中国皇帝的架势来对待自己的左邻右舍。朝鲜虽然是中国朝贡体制下的优等生，但是17世纪清朝建立后，却视清政府为夷狄，而以小中华自居。著者认为，这种不正常的国际关系对现代仍然产生巨大的影响。

为了更好地阐述三国时代东亚各国之间的关系，本书特别设置专章《邪马台国及其周围的国际关系》，比较详细深入介绍了这个时期以三国为中心的东亚外交关系，包括与日本、朝鲜半岛以及越南和东南亚各国的交往，认为这个时期的国际交往是今日东亚国际关系的原型，现代这个地区所存在的各种问题都可以归结到三国魏晋时代形成的国际关系。本书并非为历史而谈历史，并非停留在三国时代，而是通过三国历史着眼于现代，因此本书以《三国时代与现代东亚地区》作为终章，表现了著者通古今之变的史识。

三国文化对于日、韩的影响更是多方面的，例如著者认为从后汉三国兴起的清谈风气影响下而形成的对于彼此相反的各种命题进行质疑问难的“问答游戏”，不仅在中国历代相承发展，如敦煌发现的唐代民间文学《茶酒论》为然，而且对于日本产生了很大影响，“这种游戏文学在室町时代①末期可能由五山禅僧带进日本，在日本也有人写了像《茶酒论》、《酒饼

① 室町时代(公元1336—1573年)相当于中国的元、明时期。

论》、《酒饭论》等同类作品。”

中国文化对于日、韩等东亚国家的影响，《三国演义》堪称代表。但是本书不限于一般的介绍《三国演义》从中国向东亚各国的流传，同时反观其在中国流传中存在的问题。《三国演义》的前身是元朝末年产生的《三国志平话》，但是《三国志平话》现在在中国已经散佚不存，而在日本内阁文库(江户时代幕府藏书)收藏有原本以及在天理图书馆收藏有流传本。此外，高丽时代在朝鲜半岛编写的汉语会话教材《老乞大》中，有高丽商人在元大都(今北京)书肆购买《三国志平话》的会话场景。著者指出，“不可思议的是，在中国的书籍中对这本书却完全没有言及。由此可见，在日本和朝鲜，人们从很早就开始对三国小说表现出甚至超出中国人的强烈关心，这一点很值得关注。”著者在这里的叙述实质上反映了这样一个重要问题，即起源于中国的文化有的在本土没有得到很好的保存和传承，而在别的国家得到保存和传承，这不能不引起我们的反思。

3. 本书虽然是以文学研究家的身份撰述的普及性三国历史，但是著者是以史学的、学术性的、严谨的态度进行撰写的，可以说是一部以史籍原典和考古资料为依据而追求真实的三国历史的严肃著作。

本书在对历史的三国和小说的三国进行厘清时，是以三国历史的基本史料——陈寿的《三国志》和裴松之的《注》以及相关的考古资料为依据而进行的。例如《三国演义》所叙十八路诸侯讨伐董卓的故事，著者指出所谓十八路诸侯是《演义》的虚构，这里面有名字的公孙瓒、孔融、陶谦、马腾等人实际上都没有参加诸侯军；《演义》所说十八路诸侯响应曹操号召集结于陈留，实际上当时冀州牧韩馥屯兵河北的邺，渤海太守袁绍与河内太守王匡屯兵黄河北岸的河内，而兖州刺史刘岱、陈留太守张邈、广陵太守张超、东郡太守桥瑁、山阳太守袁遗、破虏将军鲍信、奋武将军曹操等屯驻陈留郡的酸枣，豫州刺史孔伷屯兵颍川，后将军袁术及其部下孙坚则屯兵鲁阳。这些就是著者根据史料而做出的订正。诸如此类的考订不胜枚举，莫不如斯。例如上文所述本书对于《三国演义》史事真伪虚实的厘清，都是根据相关史料而做出的。普及读物并非可以随心所欲进行敷衍乃至编造，而是以严肃的态度，深入浅出的方式向读者传播科学的、严谨的历史知识，本书就是这样的著作。

本书的体系并不受《三国演义》叙事范围的束缚而以历史的三国时代进行补充和铺陈。在论述三国历史的由来——后汉历史时，本书增加了“没被写进《演义》的大事件——党锢之祸”这个问题，著者写道：“《演义》开场写了宦官专横之后，接下来转笔黄巾之乱，主角刘备、曹操、孙坚等都出场到齐，故事开始进入正题。但是在故事进入黄巾之乱前，我们有必要先来看看另一件没有被写进《演义》的重要历史事件”，即党锢之祸。何以有此必要？著者认为党锢实际上是清流派知识分子的代表，党锢之祸实际上是宦官为主体的政权与清流派知识阶层的矛盾斗争，黄巾之乱正是在这两者间的矛盾激烈冲突的形势下爆发的。不仅如此，著者还将刘备、曹操、孙坚以及董卓等人与清流派阶层联系起来分析他们的属性，确定他们之间矛盾冲突的性质，认为《演义》把关东诸侯与关西董卓等人的斗争描写成正义与邪恶的战争并不符合历史实际，而是关东与关西两大势力的斗争，关东诸侯实际上就是清流派官僚的联合。

本书所增加的没有被《三国演义》所写的大大小小历史内容还有很多，例如本书第七章《三教鼎立的时代》，叙述了儒、道、佛的发展变化；第八章《文学的自觉时代》介绍了三国时期的文学艺术和科学技术的成就；第九章《邪马台国及其周围的国际关系》则展示了这个时期东亚各国各族之间的关系。这些都是远远超出《三国演义》的框架而为阐述历史的三国所必须的内容。

此外，本书还特别指出了《三国演义》和三国学术著作对于吴国历史的忽视，这是因为陈寿的《三国志》以魏为正统，而《三国演义》则以蜀为中心进行描述，因此吴国就被置于配角的地位。例如在《三国演义》一百二十回中，第一百十九回叙述蜀国灭亡以及司马受禅，最后的一百二十回就突然到了吴国的灭亡。实际上从黄巾之乱到吴国灭亡共有96年，蜀亡后吴单独与魏晋对峙还长达17年，差不多占了这段历史的六分之一。因此，本书特别注重加强对于吴国历史的论述。著者写道：“有关三国时代的著作虽然很多，但以吴为中心的恐怕还找不到。从吴的角度来看三国时代，我们也许会看到迄今为止我们忽略的一些侧面。这也是本书的又一个意图。”本书对于吴国历史的加强除了补充吴国的资料和篇幅之外，还体现于对吴国历史和吴国历史人物作用的评价方面，例如对于鲁肃，认为他对当时政治、军事形势的洞察和预见在三国时代可谓首屈一指，高于广受推崇的诸葛亮；从赤壁之战孙刘联合抗曹到借荆州与刘备巩固同盟这一连串战略决策都是鲁肃主导的结果，而这一决策是符合当时三国力量对比关系的，体现了他高出于同时代人的高瞻远瞩之胆略，实为当时第一流的战略家。

本书还根据考古发掘的资料而补充了不少三国历史方面的内容。著者指出，河姆渡遗址和三星堆遗址恰恰就位于三国时代吴国和蜀国的所在地，“所以说三国时代是中国统一与分裂、文化的同一性与多样性表现得最为突出的一个时代。”在叙述吴国的内政问题时，本书补充了近年在长沙走马楼发现的吴简资料，这一重大考古发现为研究吴国乃至三国时期的历史提供了前所未有的第一手资料，使得三国历史的研究有可能突破以往文献资料的局限而别开生面。这一考古资料的补充表明本书对于最新研究成果吸取方面的关注。

最后还应当指出，本书的论述也存在一些可以商榷和批驳的地方。例如本书认为吴、蜀所订二帝并尊的互不侵犯盟约，“是中国历史上两个帝国站在完全对等的立场上缔结的第一个，也是最后一个独一无二的互不侵犯条约，这也是只有在三国这个特殊时代才有可能发生的。”事实上早在西汉前期汉与匈奴之间就曾经订立过这样的条约，当时汉皇帝和匈奴单于订立的和亲条约，就是互相承认对方的尊号和统治地位，规定互不侵犯边境的条约。本书把中国的台湾统一问题以及一国两制问题与历史上的正统论和朝贡制度相提并论，说什么“也就是说只要台湾承认北京政府的正统性，时不时来请示汇报一下，其他的事情都可以随便，这与过去中国王朝对待朝贡国的态度几乎没有什么两样。”这里是将从中国分裂出去的台湾与历史上的朝贡国相混淆，这是重大的政治问题，必须严词批驳，以正视听。将国际上普遍承认的中国唯一合法政府与历史上争正统的分裂王朝相混淆。这些都是我们在阅读中应当注意的地方。

原载日本讲谈社，《中国的历史》(4)，中译本，[日]金文京著，何晓毅、梁蕾译：《三国志的世界——后汉三国时代》，桂林，广西师范大学出版社，2014。

客家民居特征探源

——与汉魏晋北朝中原宗族聚居、大宅、坞堡关系

一、前言

关于汉族民系之一客家的民居，论者已经不少，然而尚无对其历史渊源做深入的探讨，偶尔涉及者亦多语焉不详①。探讨客家民居特征的历史渊源，不仅有助于对这一独具特色的建筑、居处方式及客家民系特点之深入认识，亦将有助于对客家先民南迁、客家民系成因等问题的探讨，对于探索乃至复原中古时代中原社会面貌亦有一定参考意义。

客家民居的典型形制是一种具有坚固、严密防御体系，实行宗族共同体聚居的围堡式大屋。尽管客家民居建筑形制因聚居地域不同而存在这样那样的一些差异，如赣南之土围，粤东之围垄屋，闽西南之圆楼等，但是有两个基本要素则是共同的：一是这种住宅规模非常巨大，一个大屋之内可容几十户甚或几百户人居住，而且都是同一父系血统的族人；二是这些住宅都具有坚固的、封闭的外围和严密的防御体系。因而这种居宅就具有两个最为突出的基本特征：其社会特征是宗族共同体聚居，其建筑特征是围堡式大屋。

这两个基本特征当然是为了适应南迁之后在当地生存、发展的需要而形成和确立起来的，但是它们又不是凭空产生的，而是有着源远流长的、

---

① 例如，罗香林：《客家研究导论》，179～180页，上海，上海文艺出版社，1992。书中谓："客家因受礼教影响，于族统最为注意，南来后，又以与主户或土族，不相融洽，时起纠纷，以为非族大人众，互相守助，不足抵抗外侮，竞争生存；唯其有此环境，故于居室及祖坟的建筑，亦不能不特别考究……正栋或正厅制如宫殿，横屋制如宫殿的庑。"陈运栋：《客家人》，344页，台北，联亚出版社，1981年，谓其为中原"宫殿式遗风"、"中原大家风趣。"黄汉民，《客家土楼民居》，152页，福州，福建教育出版社，1995，谓其"包含了古代中原合院建筑的传统"。

深厚的历史渊源的。笔者认为前者渊源于汉魏晋北朝中原的宗族共同体聚居制度和坞堡宗族聚居方式，后者渊源于汉魏晋北朝中原大宅与坞堡建筑。中古时代中原地区的这两种住宅和居处制度与南迁后的生存、发展需要相结合，从而形成了具有浓厚客家民系特色的住宅和居处方式。

客家先民之南迁肇始于西晋末年的永嘉(公元 307—313 年)之乱①，此后历十六国、北朝陆续南迁。故永嘉之乱前后中原地区的汉民族文化、社会习俗正是客家民系特征形成的文化基因。

二、汉魏晋北朝中原宗族聚居与客家宗族聚居

客家民居的第一个特征，即其实行宗族共同体聚居的社会特征，渊源于汉魏晋北朝中原地区的宗族聚居制度和坞堡宗族聚居方式。后者容下文论述，兹请先论前者。东汉时期由于世家豪族势力的发展，与个体核心家庭发展的同时，中原地区累世同居、“阖门百口”②的宗族聚居现象有了很大发展。《四民月令》是反映东汉时期以洛阳为背景的世家豪族生产、生活面貌的作品，从中可以看到当时宗族聚居的现象：“正月……及祀日，进酒降神。毕，乃家室尊卑，无小无大，以次列坐于先祖之前，子、妇、孙、曾，各上椒酒于其家长，称觞举寿，欣欣如也。”③这是四世同堂之大家族共居。这种宗族聚居之风，历魏、晋而相沿不衰，北朝时期仍有一定程度的存在，“同居共财，自祖至孙，家内百口”④、“一家之内，男女百口，缌服同爨，庭无间言”⑤、“七世共居同财，家有二十二房，一百九十八口，长幼济济，风礼著闻，至于作役，卑幼竞进”。“数世同居，有百

---

① 参见罗香林：《客家源流考》，“二、中华民族中客家的迁移和系统”，13 页，北京，中国华侨出版公司，1989。

② (晋)陈寿：《三国志》卷 18《魏志·阎温传》，裴松之注引《魏略·勇侠传》，552 页；卷 36《蜀志·马超传》，注引《典略》，94 页，等。

③ (汉)崔寔著，石声汉校注：《四民月令校注》，1 页，北京，中华书局，1965。

④ 《魏书》卷 47《卢度世传》，1062 页，北京，中华书局，1974。

⑤ 《魏书》卷 58《杨播传》，1302 页。

口。”“六世同居，并共财产，家门雍睦。”①此类记载，依然史不绝书。客家人继承了这一传统，也实行同一父系血统宗族成员在同一大屋内共居同财的居处方式。尽管随着时代的推移和社会的发展变化，客家人在保持“共居”制度的同时，“同财”的成分虽然有所削弱，但是直到现代还在不同程度上保持着宗族同财共居的遗俗：“客家人的一般风尚，都是家族制的数世同堂。”“大家庭的烹饪洗扫，通常都由媳妇们分担，每人轮值十日或半月，年节则共同操作。”②台湾客家人“传统的大家庭制度……使得兄弟之间恪遵‘三兄四弟一条心，门前土地变黄金’的古训，为维持已有的家庭产业，或做深度性、外延性的扩展，而同心努力地合作田间工作”③。广西客家人有的地方还保持这样的风俗：“女方过男家后，一般是三世、四世同堂，如果男方以下还有弟妹，新娘、新郎必需随老人合灶一段时间才能分灶……分灶以后，每逢有好酒好菜，都要喊老人同吃或挟一份菜给老人。”④在这种“合灶”、“分灶”制中仍然残存着浓厚的“同居合爨”遗风⑤。显然客家人的

---

① 《魏书》卷87《节义传》，1896页。

② 陈运栋：《客家人》，第四章之“四、家族制度”，364～365页，台北，联亚出版社，1981。

③ 徐瑞雄：《本省客家乡村社会的若干变迁》，见《中原文化丛书》，第三集《客家风土》，120～128页。转引自陈运栋：《客家人》，369页。

④ 徐杰舜：《广西客家的源流、分布和风俗文化》，见《客家学研究》，第2期，52页，上海，上海人民出版社，1990。

⑤ 笔者曾于2000年7月28日至31日到江西安远、龙南，广东南雄、始兴等地对客家民居进行考察，共访得八例“同财合爨”之事实：第一，广东梅县德馨堂。坐落于梅县南口镇侨乡村，是由其十四世祖立斋公在南洋经商发达后返乡于1905年动工兴建，至1917年才全部建成。建筑面积为1690平方米，是一座一层的二堂四横二围龙式的客家民居(以上由梅州市建设委员会提供)。据屋主人潘振锋(男，1946年生)说：他们在1940年以前还未分家，盛时有一百多人，土地雇人耕种，集体吃饭，敲钟为号。做饭由各家轮流承担。1940年才分家，因抗战时期南洋不能接济，生活拮据，不得不分家。第二，广东梅县南华又庐。坐落于梅县南口镇侨乡村，建于1904年(光绪三十年)，为二层楼的三堂四横一后枕式的十厅九井的大型客家民居建筑(由梅州市建设委员会提供)。据屋主人潘孟昌(男，1930年生)说：听其母亲讲，以前没有分家时，全屋各家集体吃饭，雇人做饭，开饭时吹哨为号，用饭地点在上堂后面、花胎两侧的凉亭中，男女各在一边。其母曾经历此事，他本人未曾经历。第三，江西安远县镇岗乡东生围。坐落于安远城南20千米镇岗乡老围村，建于1842年(道光二十二年)，落成于1849年(道光二十九年)，为陈朗庭所建。围子长94.4米，宽73米，占地面积6891.2平方米。现围

这种宗族共同体聚居遗俗与汉魏晋北朝的宗族共同体聚居制度是有着密切的渊源关系的。

但是，在东晋南北朝客家先民大规模南渡的时期，与北方中原地区盛行宗族共同体聚居的同时，江南地区却已盛行小家庭制度，南北方的家族制度有了较大的差异①。北朝人裴植，河东闻喜（今山西闻喜县）人，为瀛州（今河北河间市）刺史时，“虽自州送禄奉母及赡诸弟，而各别资财，同居异爨，一门数灶，盖亦染江南之俗也”②。在当时北方人看来，如果家族内部“同居异爨，一门数灶”是沾染了江南的风俗。也就是说当时北方还盛行同居共财的大家族制度，而南方已经盛行同居异财或异居异财的小家

内居民均系陈朗庭后裔，77 户，325 人（参见安远县博物馆钟荣昌《赣南客家围屋——安远县镇岗东生围简介》打印稿）。据屋主人陈会丰（男，1929 年生）说：清朝时屋内住有两大家，每家一百多人，其祖一家五兄弟在一起过活。集体吃饭，请长工做饭。民国以后才分的家。另一屋主人陈斗清（男，1930 年生）说：其曾祖父时仍然是大家庭，四代人一起过活。第四，江西安远县镇岗乡光裕第。据屋主人钟家生（男，1922 年生）说：听其父亲说，其父亲小时曾经吃过大锅饭。其祖父有 5 个儿子，大儿、二儿早死，还剩三兄弟在一起过活，有三四十人在一起吃饭。屋内有一大厅作为吃饭场所，做饭的炉灶也设在那里。第五，江西安远县镇岗乡磐安围（现又称河坝围）。据屋主人陈彩林（男，1941 年生）说：此屋为其六世祖陈茂芳于咸丰年间所建，牌匾所书“桂茂兰芳”，即取自他及他的夫人桂兰之名。听上辈人讲，陈茂芳有 6 个儿子，没有分家，集体在上堂吃饭，由媳妇们轮流做饭。土地则雇工耕种。到其孙子成家之后才分的家。此屋现住 38 户、176 人。第六，江西安远县孔田乡丹林围。据屋主人叶树华（男，1926 年生）说：早年间他父亲成家后，仍与祖父和伯、叔等五个家庭合在一起生活，有 30 多人，集体吃饭，他小时曾经历此事。第七，江西龙南县关西新围。此屋为徐老四（徐名钧）于嘉、道年间所建，房屋百余间，面积 10000 平方米。现住二百余人。据屋主人徐显镇（男，1940 年生）说：徐老四有 10 个儿子，在一起生活，大儿子结婚以后分的家，小儿子不分家。他的祖父徐永煌有 5 个儿子，没有分家，当时伯父在家，有的叔父则外出谋生，在大厅集体吃饭，大约有 15 口人，由祖母负责做饭。祖父死后才分的家，那时他已 8 岁。第八，江西龙南县杨村磐石围。建于明万历年间，坐落于杨村东牌。据屋主人赖吉生（男，1921 年生）说：现在 70 余家，200 百多人。以前大多数分家，只有少数不分家。他家在未分家时有 30 多人，不分田，有事时一起去做。集体吃饭，在一张大桌上，各人盛饭，自找地方吃。由当家的和媳妇们轮流做饭。各家轮流砍柴。他家并不富裕。他家在 1949 年以前也已经分了家。由此可见在晚清、民国时期仍有一些客家人在不同程度保持着“同居共财”的传统。

① 参见万绳楠整理：《陈寅恪魏晋南北朝史讲演录》，第 20 篇《南北社会的差异与学术的沟通》，327～329 页，合肥，黄山书社，1987。

② 《魏书》卷 71《裴叔业传》附《裴植传》，1571～1572 页。

庭制度，大家族制度已经受到破坏，转化为个体小家庭制度了。南朝初期人指出当时南方的社会风气是：“今士大夫以下，父母在而兄弟异计，十家而七矣。庶人父子殊产，亦八家而五矣。凡甚者，乃危亡不相知，饥寒不相恤，又疾谤谗害，其间不可称数。”①家族内部异计、殊产的现象已经占居主要地位了，尤以江左一带经济发达地区和政治中心地区为甚。这种情况在南朝史籍中已经有了相当明显的反映，例如义兴(今江苏宜兴)人许昭先，“叔父肇之，坐事系狱，七年不判。子侄二十许人，昭先家最贫薄，专独料诉，无日在家。饷馈肇之，莫非珍新，家产既尽，卖宅以充之。肇之诸子倦怠，昭先无有懈息，如是七载。尚书沈演之嘉其操行，肇之事由此得释”②。从这个记载我们可以看到，这个许氏家族虽有二十余人，但已经析为几个互无财产关系、互无共同住宅的个体小家庭，许肇之吃官司以后，其侄许昭先倾力相助，以至变卖了自己的家产和住宅，尽管他的家庭在许氏家族中是最为贫穷的。那些家境比他好的家庭并没有像他这样尽力营护，甚至许肇之的亲生儿子也已表现了不耐烦的情绪。再如吴郡钱唐(今浙江杭州)人范叔孙，“少而仁厚，周穷济急。同里范法先父母兄弟七人，同时疫死，唯馀法先，病又危笃，丧尸经月不收。叔孙悉备棺器，亲为殡埋。又同里施渊夫疾病，父母死不殡；又同里范苗父子并亡；又同里危敬宗家口六人俱得病，二人丧没，亲邻畏远，莫敢营视。叔孙并殡葬，躬恤病者，并皆得全”③。在范叔孙所在的这个里中，居住着不同姓氏的成员，即使同一姓氏的族人也已分析为不同的家庭，其中范氏宗族就已析为范叔孙、范法先、范苗等若干家庭，范叔孙对范氏族人施救，完全是出于道义，而非因宗族或财产关系；这个里中的居民是由一个个小家庭组成，范法先家有八口人，危敬宗家有六口人。施渊夫、范苗家未记口数，但从他们死后不能殡葬的情形来看，当分别为三口、两口之家。这几个家庭遭受灾难后，均无本家族成员前来照看，即使有也不是住在同一里中，“畏远”而不肯前来，真可谓“危亡不相知，饥寒不相恤”了。可见这个时期的

① 《宋书》卷82《周朗传》，2097页，北京，中华书局，1974。

② 《宋书》卷91《孝义·许昭先传》，2255页。

③ 《宋书》卷91《孝义·范叔孙传》，2252～2253页。

江南社会，个体家庭已经是基本单位，故史称“江南之俗……父子或异居”①。显然客家宗族共同体聚居的习俗与江南汉族的习俗是有所不同的。

江南少数民族也是实行分居制度的，当时广泛分布于长江中游地区的蛮族，史称“蛮俗生子，长大多与父母异居”②。“蛮俗，婚娶之后，父母虽在，即与别居。”③岭南地区“其俚人则质直尚信，诸蛮则勇敢自立……父子别业，父贫，乃有质身于子。诸獠皆然”④。可见江南地区的蛮、俚、獠等少数民族都不实行大家族制度，而是实行个体小家庭制度。这与客家宗族共同体聚居亦大相径庭。客家先民南渡时，先后接触的少数民族就是这些蛮、俚、獠等族。

由此可见客家宗族共同体聚居的习俗既非受到江南汉族的影响，也不是受到江南少数民族的影响，而是继承了中原地区的传统。

三、汉魏晋北朝中原大宅与客家大屋

客家民居的第二个特征，即围堡式大屋的建筑特征，一方面渊源于中原“大宅”，而与江南民居有所不同；另一方面则渊源于中原地区的坞堡，而与江南地区的坞堡亦有所不同。

汉代由于世家豪族的发展，为了适应其合门百口、数世同居的需要而建造的“大宅”，逐渐发展起来，如北海“大姓公孙舟造起大宅”⑤。“郭详为太尉长史，起大宅在高陵城西。”⑥这种“大宅”的具体形制如何呢？据文献记载所见，汉代“三世共财”的南阳樊重，其“所起庐舍，皆有重堂高阁”⑦。这是有多进厅堂和高大楼阁的大宅。北魏时，范阳人卢度世“父母亡，然

① 《隋书》卷31《地理志下》，886页，北京，中华书局，1973。

② 《北史》卷82《乐逊传》，2746页，北京，中华书局，1974。

③ 《北史》卷36《薛慎传》，1343页。

④ 《隋书》卷31《地理志下》，888页。

⑤ （宋）李昉等：《太平御览》卷180《居处部八·宅》引《陈留耆旧传》，878页，北京，中华书局，1960。

⑥ 《太平御览》卷180《居处部八·宅》引《三辅决录》，877页。

⑦ 《后汉书》卷32《樊宏传》，1119页，北京，中华书局，1965。

同居共财，自祖至孙，家内百口……亲从昆弟，常旦省谒诸父，出坐别室，至暮乃入”[①]。这个百口的大家族，子弟们每天早晨省谒诸父，当是在公共的厅堂中进行，行礼后，则回到各自的“别室”去，这显然是一座容纳百口居住的巨大宅第。弘农华阴杨椿、杨津家族“尊卑百口”，“不异居、异财”，“兄弟旦则聚于厅堂，终日相对，未曾入内。有一美味，不集不食。厅堂间，往往帏幔隔障，为寝息之所，时就休偃，还共谈笑。(杨)椿年老，曾他处醉归，(杨)津扶侍还室，仍假寐阖前，承候安否。椿、津年过六十，并登台鼎，而津尝旦暮参问，子侄罗列阶下，椿不命坐，津不敢坐。椿每近出，或日斜不至，津不先饭，椿还，然后共食”[②]。这是一幅北方高门大族宗族聚居于大宅之中的生活方式的生动图景，从中可见其住宅有公用的“厅堂”，为家庭成员“旦暮参问”、“子侄罗拜”及日常聚会、休息、谈笑的场所，而在“内”还有各个家庭成员自己的起居之“室”。可见这是能够容纳百口以上家庭成员居住的“大宅”。考古发掘所见大宅之实例，如河北安平出土东汉熹平五年(公元176年)墓壁画中“房屋栉比，层层进深”[③]的庭院图应是这种大宅的具体形制。这所大宅“庭院深邃广阔，重叠错落。整组建筑，四面由房屋合拢成大四合院，其内又分割成许多小四合院。中心院有堂、厢、廊庑和通往各处的甬道。”[④]客家大屋与这类中原大宅显然有着极其密切的亲缘关系。

汉魏晋时期豪族地主的“大宅”不仅规模巨大，而且一般均具备相应的防御功能。据《四民月令》记载，东汉时北方豪族地主每年三月，“农事尚闲，可利沟渎，葺治墙屋，以待雨；缮修门户，警设守备，以御春饥草窃之寇”[⑤]。可见其屋宇有御敌之设备与功能。同书十月条记载，是月需“培

---

① 《魏书》卷47《卢度世传》，1062页。

② 《魏书》卷58《杨播传》，1283、1289、1802页。

③ 河北省博物馆、文物管理处：《河北省出土文物选集》，52页，北京，文物出版社，1980。

④ 中国美术全集编辑委员会编，本卷主编宿白：《中国美术全集·绘画编》，12《墓室壁画》，16《庭院建筑》，8页，北京，文物出版社，1989。

⑤ 《四民月令校注》，“三月”，29页。

筑垣、墙，塞向，瑾户"①。十一月条记载，"冬至日平量五谷各一升，小罂盛，埋垣北墙阴下。② 可见其屋宇墙外周围还有"垣"。《尚书·梓材》注引马融云："卑曰垣，高曰墉。"③"垣"是保卫屋宇安全的、较城墙低矮的围墙。这种大宅内的居民负有习武御敌的责任，五月"乃施角弓、弩，解其徽、弦；张竹、木弓，施弦"④，八月"得凉燥，可上角弓弩，缮、治、檠正，缚徽弦，遂以习射。施竹木弓及弧"⑤。九月，"缮五兵，习战射，以备寒冻穷厄之寇"⑥。家族成员需制造各种守备之器械，并习武以御寇。这些大宅的防御设施和功能，在考古资料中也有明显的表现，它们一般均建有望楼、碉楼等防御设施。上述东汉晚期安平墓壁画中的大宅，"不但周绕围墙，还有高耸的望楼，看来像是一座设防的坞堡"⑦。湖北鄂城出土的魏晋之际的青瓷院落模型，"整体平面呈横长方形，外绕围墙……在围墙四角，各设一座碉楼"⑧。客家围屋一般均具备的坚固围墙和高耸的角楼与此如出一辙。

江南士庶的居宅则与此不同。东晋南朝时士族官僚的住宅不再突出楼阁堂室，而是追求自然，向庄园、别墅等园林式住宅发展。刘宋人孔灵符，会稽山阴人，"产业甚广，又于永兴立墅，周回三十三里，水陆地二百六十五顷，含带二山，又有果园九处"⑨。这是东晋南朝士族地主典型的庄园，在包括山林、水陆耕地和园艺的大面积的庄园范围内，建筑各式住宅和别墅。不独江南吴姓士族为然，北方南下的高门士族亦然，以一等侨姓高门陈郡谢氏为例，谢安早年即"寓居会稽"，"放情丘壑"，后虽身登台

---

① 《四民月令校注》，"十月"，67页。

② 《四民月令校注》，"十一月"，72页。

③ (清)阮元校刻：《十三经注疏·尚书正义》，208页，北京，中华书局影印，1980。

④ 《四民月令校注》，"五月"，35页。

⑤ 《四民月令校注》，"八月"，63页。

⑥ 《四民月令校注》，"九月"，65页。

⑦ 中国社会科学院考古研究所编：《新中国的考古发现和研究》，第四章"秦汉时代·汉代的壁画墓"，450页，北京，文物出版社，1984。

⑧ 鄂城县博物馆：《鄂城东吴孙将军墓》，载《考古》，1978(3)。

⑨ 《宋书》卷54《孔季恭传附子灵符传》，1533页。

辅，仍“于土山营墅，楼馆竹林甚盛，每携中外子侄往来游集”①。其侄谢玄虽建大功于淮、肥，亦于叔父谢安薨后，“解驾东归”，“选神丽之所，以申高栖之意”。谢玄一门“经始山川，实居于此”②。谢玄于会稽创建的田园别墅，至其孙谢灵运(公元385—433年)时已被经营得规模更为巨大，景色更为幽美，史称其“父祖并葬始宁县，并有故宅及墅，遂移籍会稽，修营别业，傍山带江，尽幽居之美”③。其《山居赋》对这个庄园的山水、园林之美极尽摹写。关于其内之屋宇建筑，他写道：南山为其“开创卜居之处。”“南北两处，各有居止。”“抗北顶以葺馆，瞰南峰以启轩。罗曾崖于户里，列镜澜于窗前。”南山“江楼”之外，“去岩半岭，复有一楼”④。可知在其庄园内各式宅宇、楼、馆点缀于山水林壑之间，主要突出其观赏游玩之功能，为此甚至把山崖也构筑于屋宇之内。由此可见不论侨旧士族在这个时期都已经把住宅建筑转向园林化方向发展了。这与客家民居之为求生存与自卫之实用目的大相径庭。

江南的一般民宅，由于兄弟分居，故多为小型宅院。如前所述，江南地区大家族制度式微，盛行小家庭制度，这在住宅上也有相应的反映。梁代官僚徐勉(公元466—535年)在诫子书中说，“慧日、十住等，既应营婚，又须住止，吾清明门宅，无相容处”。明言其住宅不能满足儿子结婚成家之需。一个大官僚何以不能建造大宅以满足儿孙居住所需呢？这除了江南社会风尚使然，也与他的思想观念有关，他说：“古往今来，豪富继踵，高门甲第，连闼洞房，宛其死矣，定是谁室?”“意亦谓此逆旅舍耳，何事须华?”这是士族官僚在玄、佛思想影响下的一种心态，在当时具有一定的代表性。正因为如此，徐勉的住宅“所以内中逼促，无复房宇”。为了解决这个问题，于是他一方面“聊于东田间营小园”以为自己“悬车致事”之后的归宿，另一方面又“近营东边儿孙二宅，乃藉十住南还之资，其中所需，

① 《晋书》卷79《谢安传》，2072、2075页，北京，中华书局，1974。

② 《宋书》卷67《谢灵运传》，1756页。

③ 《宋书》卷67《谢灵运传》，1754页。

④ 《宋书》卷67《谢灵运传》，1766～1767页。

犹为不少……此吾所馀，今以分汝”①。显然，这位士族官僚建筑住宅的指导思想是满足自身居住所需，并没有将儿孙后代包括在内，而建筑几代同堂、合门百口的大型住宅。在儿孙需要成家立业之时，只得另营居室以满足他们的需要。士族官僚如此，其他一般庶民亦大体如此。从东晋南朝时期社会基层实行的里伍制度中可以窥知这种民居情况，这个制度规定五家为伍，二伍为什，十什为里，十里为亭，十亭为乡②。在这种乡里基层组织中士庶错居，“君子小人”，“杂为符伍。”③同里之中不仅居住着不同阶层和身份的居民，而且居住着各种不同家族与姓氏之人，前述钱唐范叔孙所居住的里中，除了范氏之外，还有施氏、危氏等其他姓氏居民，即使同为范氏也已析为不同家庭。再如南齐时会稽永兴倪翼之所居住的里中，除了倪氏之外，尚有陈、王、左等姓氏居民，他们在急难时因“孤单无亲戚”等原因而受到倪翼之母亲丁氏的周济。④ 这些不同姓氏的个体家庭聚居一个里中，各有自己的住宅。这些个体居民的住宅必然不能太大。史称在里伍之中“比屋邻居”，相互之间“比门接栋”，因而他们之间的各种讯息和情况“小以为意，终自闻知，不必须日夕来往也”⑤。表明这些住宅并不大，多为小型宅院，相互邻接，而且江南普通民居多为草屋。东晋时，孔愉“出为镇军将军、会稽内史……在郡三年，乃营山阴湖南侯山下数亩地为宅，草屋数间，便弃官居之”⑥。陶渊明(公元365—427年)自谓：“方宅十余亩，草屋八九间。”⑦这并非诗人的浪漫之辞，他在《五柳先生传》中说其住宅“环堵萧然，不蔽风日”。史家认为此文盖“以自况”，“时人谓之实录”⑧。刘宋人何子平“世居会稽”，辞官归乡里，因母丧久未能葬，“所居屋败，

① 《梁书》卷25《徐勉传》，384～385页，北京，中华书局，1973。

② 《宋书》卷40《百官志下》，1258页。

③ 《宋书》卷42《王弘传》，1318页。

④ 《南齐书》卷55《孝义传》，959页，北京，中华书局，1972。

⑤ 《宋书》卷42《王弘传》，1318、1320页。

⑥ 《晋书》卷78《孔愉传》，2053页。

⑦ 《归园田居》，引自逯钦立辑校：《先秦汉魏晋南北朝诗》《晋诗》卷17，991页，北京，中华书局，1983。

⑧ 《宋书》卷93《隐逸·陶潜传》，2286～2287页。

不蔽雨日，兄子伯与采伐茅竹，欲为葺治，子平不肯，曰：‘我情事未申，天地一罪人耳，屋何宜覆’”①。可知其屋顶乃以茅竹覆盖。以茅竹搭盖之草屋必不能太大。因而江南士庶的普通民宅，与客家那种宗族共同体聚居的超大型屋宅亦不可同日而语。

客家大屋与江南少数民族屋宇也不相同。江南腹地的众多少数民族，在秦汉时期统称为“百越”，在《后汉书》中被称为蛮族，列入《南蛮传》中，《隋书·南蛮传》谓：“南蛮杂类，与华人错居，曰蜒，曰獽，曰俚，曰獠，曰㐌，俱无君长，随山洞而居，古先所谓百越是也。”②可知秦汉时期的百越，从东汉以后被称为南蛮，包括蛮、俚、獠等众多少数民族在内。南北朝时期，俚、獠等族主要分布于岭南、西南地区。而这些民族的居室以干栏式建筑为主，“獠者，盖南蛮之别种……依树积木，以居其上，名曰‘干兰’，干兰大小，随其家口之数”③。“干兰”建筑又被称为“麻栏”，据《桂海虞衡志·志蛮·西原蛮》：岭南俚僚“民居苫茅为两重棚，谓之‘麻栏’，上以自处，下畜牛豕……深广民居亦多如此”④。或称“阁阑”，据《太平寰宇记》卷八八《剑南东道七·昌州》：其俗“无夏风，有獠风，悉住丛菁，悬虚构屋，号‘阁阑’”⑤。这类建筑由竹、木、茅草搭盖，分为上下两层，上层住人，下层畜养牲畜，故又被称为“楼居”，“广州，镇南海……虽民户不多，而俚獠猥杂，皆楼居山险，不肯宾服”⑥。或称为“巢居”，《隋书》卷三一《地理志下》谓：岭南地区的俚、獠、诸蛮皆“巢居崖处，尽力农事”⑦。《太平寰宇记》卷88《剑南东道七·泸州》谓：“其夷獠则与汉不同……巢居岩谷，因险凭高。”⑧唐人张籍《蛮州》诗云：“瘴水蛮中入洞流，人家多住竹

---

① 《宋书》卷91《孝义·何子平传》，2257～2258页。

② 《隋书》卷82《南蛮传》，1831页。

③ 《魏书》卷101《獠传》，2248页。

④ 《文献通考》卷330《四裔七·西原蛮》引，2588页，北京，中华书局，1986。

⑤ 《太平寰宇记》卷88《剑南东道七·昌州·风俗》，1747页，北京，中华书局，2007。

⑥ 《南齐书》卷14《州郡志上》，262页。

⑦ 《隋书》卷31《地理志下》，888页。

⑧ 《太平寰宇记》卷88《剑南东道七·泸州·风俗》，1740页。

棚头。"[①]这种"竹棚"也属干栏式建筑物。隋唐时期散居闽、粤、赣交界的"蛮僚"(又称"洞蛮")，南宋后被称为"畲民"，即今畲族先民，多数学者认为他们源于汉晋时代的长沙、武陵蛮[②]。他们"随山迁徙，去瘠就腴，无定居"。"结庐山谷，诛茅为瓦，编竹为篱，伐荻为户牖。"[③]"编荻架茅为居。"[④]由此可见客家大屋与江南蛮、俚、獠、畲等少数族民居也是不相同的，而是渊源于他们祖居的中原地区。

四、汉魏晋北朝中原坞堡与客家围屋

客家民居建筑特征另一方面的渊源乃是中原地区的坞堡。早在西汉末年强宗豪族就开始建筑坞堡，"时赵、魏豪右往往屯聚，清河大姓赵纲遂于县界起坞堡，缮甲兵"[⑤]。此外史籍记载强宗豪族所建之"营堑"、"营垒"等，其性质与坞堡基本上也是一致的。樊宏，南阳湖阳人，"更始立……(樊宏)与宗家亲属作营堑自守，老弱归之者千余家。时赤眉贼掠唐子乡，多所残杀，欲前攻宏营"[⑥]。第五伦，京兆长陵人，"王莽末，盗贼起，宗族闾里争往附之。伦乃依险固筑营垒，有贼，辄奋厉其众，引强持满以拒之，铜马、赤眉之属前后数十辈，皆不能下"[⑦]。东汉末年的战乱和基层组织的破坏，导致一些以血缘关系为基础的地方性武装自卫集团的出现，强宗豪族率领宗族据险守隘，因而坞堡有了很大发展。西晋末年战乱和社会基层组织的破坏更为严重，坞堡壁垒更是遍布于北方地区，在十六国时期达到它的高峰，成为战乱时代一种特殊的聚居方式，史称"永嘉之乱，百

---

① 《全唐诗》卷386，4350页，北京，中华书局，1960。

② 参见卢勋、萧之兴、祝启源：《隋唐民族史》，251页，成都，四川民族出版社，1996。

③ 《长汀县志》(光绪五年重镌)，卷33《杂识二·畲客》引范绍质《瑶民纪略》。

④ (清)顾炎武：《天下郡国利病书》卷96《福建六·兵事》引郭造卿《防闽山寇议》，光绪二十七年仲秋二林斋藏板，图书集成局铅印。

⑤ 《后汉书》卷77《酷吏传·李章传》，2492页。

⑥ 《后汉书》卷32《樊宏传》，1120页。

⑦ 《后汉书》卷41《第五伦传》，1395页。

姓流亡，所在屯聚”。长广郡掖县人苏峻“纠合得数千家，结垒于本县。于时豪杰所在屯聚，而(苏)峻最强”①。诸如此类，不胜枚举，因而诸如“关中堡壁三千余所”②、“冀州郡县，堡壁百余”③，这类记载，史不绝书。

(一)汉魏晋北朝中原坞堡的特点

北方坞堡及其制度大略有如下特点：

1. 具有坚固、周密防御设施和功能的城堡式建筑

《说文解字》：“坞，小障也。一曰庳城也。”段注引《通俗文》曰：“营居为坞。”④《通鉴》胡三省(公元1230—1302年)注曰：“城之小者曰坞。天下兵争，聚众筑坞以自守。”⑤可见这是一种具有防御性设施的城堡式建筑。坞堡又有坞壁、堡壁、壁垒等名称，胡三省在解释“壁垒”时说：“壁垒，盖时遭乱离，豪望自相保聚所筑者。”⑥可见它们的性质都是相同的。坞堡既然是在战乱、流离之中兴起，故其建筑之时首先就考虑到它的防御设施。郦道元(约公元469—527年)在注释索水所经大栅城时说：“晋荥阳民张卓、董迈等遭荒，鸠聚流杂保固，名为大栅坞。”⑦表明坞堡建筑首要目的就在于“保固”。西晋八王之乱时，“齐王冏之唱义也，张泓等肆掠于阳翟，(庾)衮乃率其同族及庶姓保于禹山……于是峻险厄，杜蹊径，修壁坞，树藩障……缮完器备”⑧。表明坞堡除有相应的防卫性建筑和设施外，还要选择险要地址。考古发掘所见坞堡建筑形制，如嘉峪关魏晋墓出土了七幅“坞”的画像砖，其中一幅榜题红色“坞”字，“坞”的四周都画有高墙厚

---

① 《晋书》卷100《苏峻传》，2628页。

② 《晋书》卷114《苻坚载记下》，2926页。

③ 《太平御览》卷335《兵部》66《营垒》引崔鸿《后赵录》，1539页。

④ (汉)许慎撰，(清)段玉裁注：《说文解字注》14编下《自部》，736页，上海，上海古籍出版社，1981。

⑤ 《资治通鉴》卷87《晋纪九》，“怀帝永嘉四年”条，2749页，北京，中华书局，1956。

⑥ 《资治通鉴》卷100《晋纪二十二》，“穆帝升平元年”条，3166页。

⑦ (北魏)郦道元注，陈桥驿校释：《水经注校释》卷7《济水》，124页，杭州，杭州大学出版社，1999。

⑧ 《晋书》卷88《孝友·庾衮传》，2282～2283页。

壁，“有的在‘坞’内还有高层碉楼，有的坞壁上设有望楼或敌楼”①。俨然一座小城堡，是为当时北方坞堡建筑之外观。文献所见，如董卓(公元？—192年)在关中所建的郿坞，“高厚七丈，号曰‘万岁坞’”②。或谓其坞“高与长安城埒”③。公孙瓒(公元？—199年)在易京所筑，也是一种坞堡。公孙瓒被袁绍击败，“乃走还易京固守。为围堑十重，于堑里筑京，皆高五六丈，为楼其上，中堑为京，特高十丈，自居焉”④。同《传》注引《英雄记》曰：时“(公孙)瓒诸将家家各作高楼，数以千计。瓒作铁门，居楼上，屏去左右，婢妾侍侧，汲上文书”⑤。可见坞堡都有坚固的围墙和高大的碉楼，显示了其聚众保固的特征。

坞堡具有良好的防御功能，是老百姓在战乱中团结、自卫行之有效的居处方式。东汉末年谯国谯县人许褚“聚少年及宗族数千家，共坚壁以御寇”。当时“汝南葛陂贼万余人攻(许)褚壁，褚众少不敌，力战疲极。兵矢尽，乃令壁中男女，聚治石如杅斗者置四偶。褚飞石掷之，所值皆摧碎，贼不敢进”⑥。一个坞堡可以抵御一万余人的进攻，在力量对比悬殊的情况下仍能立于不败之地，可见其防御设施之坚固与有效。常林，河内温人，“依故河间太守陈延壁。陈、冯二姓，旧族冠冕。张杨利其妇女，贪其资货。(常)林率其宗族，为之策谋。见围六十余日，卒全堡壁”⑦。一个坞堡坚守两个多月而未被强悍的军阀攻陷，可见其防御功能之完善和可靠。坞堡的防御设施和功能还表现在它的整体性方面，即除了坞堡建筑本身的防御设施之外，还需选择既险要又能保障给养之地。此诚如陈寅恪(公元1890—1969年)先生所论：“凡聚众据险者因欲久支岁月及给养能自足之故，必择险阻而又可以耕种及有水泉之地。其具备此二者之地必为山顶平

① 嘉峪关市文物清理小组：《嘉峪关汉画像砖墓》，载《文物》，1972(12)。

② 《后汉书》卷72《董卓传》，2329页。

③ 《三国志》卷6《魏志·董卓传》，176页。

④ 《三国志》卷8《魏志·公孙瓒传》，243页。

⑤ 《三国志》卷8《魏志·公孙瓒传》注引《英雄记》，245页。

⑥ 《三国志》卷18《魏志·许褚传》，542页。

⑦ 《三国志》卷23《魏志·常林传》，659页。

原，及溪涧水源之地，此又自然之理也。”[①]东汉末，田畴(公元 169—214 年)在徐无山所建坞堡，即“营深险平敞地而居，躬耕以养父母”[②]。庾衮在禹山的坞堡，为坞众制定的规章之一是“无樵采人所植”，表明坞堡附近有供坞民种植之地。后来庾衮又在大头山立坞，而“田于其下”[③]。为了应付强敌长期的围攻，故坞堡需储备足够的食物和其他生活用品。董卓的郿坞可“积谷为三十年储。自云：‘事成，雄据天下；不成，守此足以毕老’”。此外，“坞中珍藏有金二三万斤，银八九万斤，锦绮缋縠纨素奇玩，积如丘山”[④]。公孙瓒在易京所建坞堡内亦“积谷三百万斛。”[⑤]这两个军阀所建坞堡虽与一般坞堡相比有一定的特殊性，但尽可能储藏充足的粮食等物资则是大多数坞堡所共同的。许褚之坞堡在抵御围攻时，曾因“乏食，伪与贼和，以牛与贼易食”[⑥]。因储备不足而处于被动，表明储备足够的粮食乃是固守坞堡的必要条件；但是也表明许褚坞堡还畜养牲畜，此亦属必要储备之一。此外，为了持久防守，坞堡内还需有水源，赫连勃勃(公元？—425 年)攻打王奚的敕奇堡时，“于是堰断其水，堡人窘迫，执奚出降”[⑦]。敕奇堡的陷落就是因为坞堡水源被敌人截断所致。

2. 坞堡建筑规模宏大

坞堡的规模究竟有多大呢？各个时代和各个地区不尽相同。前燕时，“张平跨有新兴、雁门、西河、太原、上党、上郡之地，垒壁三百余，胡晋十余万户”[⑧]。据此平均每个坞堡 330 户左右，前燕每户平均口数为 4.06[⑨]，则平均每个坞堡为 1340 人。后赵时“三辅豪右多杀其令长，拥三

---

① 陈寅恪：《桃花源记旁证》，原刊《清华学报》，第 11 卷，第 1 期，现收载于《金明馆丛稿初编》，171 页，上海，上海古籍出版社，1980。

② 《三国志》卷 11《魏志・田畴传》，341 页。

③ 《晋书》卷 88《孝友・庾衮传》，2283 页。

④ 《后汉书》卷 72《董卓传》，2329、2332 页。

⑤ 《三国志》卷 8《魏志・公孙瓒传》，243 页。

⑥ 《三国志》卷 18《魏志・许褚传》，542 页。

⑦ 《晋书》卷 130《赫连勃勃载记》，3204 页。

⑧ 《晋书》卷 110《慕容儁载记》，2839～2840 页。

⑨ 梁方仲：《中国历代户口、田地、田赋统计》，38 页，上海，上海人民出版社，1980。

十余壁，有众五万以应(晋梁州刺史司马)勋”[①]。据此则平均每个坞堡有1700人左右。西晋末年“乌丸张伏利度亦有众二千，壁于乐平”[②]。东汉末，曹操(公元155—220年)以满宠(公元？－242年)为汝南太守，率兵“攻下二十余壁……得户二万”[③]。据此平均每个坞堡为1000户，东汉汝南郡每户平均口数为5.19[④]，则平均每个坞堡为五千一二百人。永嘉初，“胡部大张訇督、冯莫突等拥众数千，壁于上党”[⑤]。“平阳人李洪有众数千，垒于舞阳。”[⑥]后秦姚兴(公元366—416年)的将领王奚“聚羌胡三千余户于敕奇堡，(赫连)勃勃进攻之”[⑦]。后秦无具体户口数字，如以同为十六国时期的前燕每户平均口数为4.06计算，则敕奇堡有12000人左右。西晋末，郗鉴(公元269—339年)“举千余家俱避难于鲁之峄山”，后“众至数万”[⑧]。永嘉之乱时，长广掖县人苏峻(公元？—328年)“纠合得数千家，结垒于本县”[⑨]。从上述数例观之，一个坞堡的人数从一千多人到数万人之间都有，而以三四百户、二千人左右者较多，由此可见坞堡建筑规模之巨大。当然并非所有坞堡壁垒，特别是一些超大型的、众至数万人的坞堡壁垒，都是修建居室以屯聚的，更非以一座建筑物而能容纳之，如，郗鉴屯聚之峄山，据载其山“东西二十里，高秀独出，积石相临，殆无土壤，石间多孔穴，洞达相通，往往有如数间屋处，其俗谓之峄孔，遭乱辄将家入峄，外寇虽众，无所施害。晋永嘉中，太尉郗鉴将乡曲保此山，胡贼攻守不能得”[⑩]。可知郗鉴在峄山之坞壁即主要是利用天险为居。

① 《晋书》卷107《石季龙载记下附子遵载记》，2790页。

② 《晋书》卷107《石季龙载记下》，2790页。

③ 《三国志》卷26《魏志·满宠传》，722页。

④ 梁方仲：《中国历代户口、田地、田赋统计》，22页。

⑤ 《晋书》卷104《石勒载记上》，2709页。

⑥ 《晋书》卷104《石勒载记上》，2713页。

⑦ 《晋书》卷130《赫连勃勃载记》，3204页。

⑧ 《晋书》卷67《郗鉴传》，1797页。

⑨ 《晋书》卷100《苏峻传》，2628页。

⑩ 《水经注》卷25《泗水注》引《地理志》，428～429页，成都，巴蜀书社，1985。《太平御览》卷42《地部七·峄山》引《地理志》，202页，略同。

3. 坞堡组织具有浓厚的宗族共同体色彩

坞堡内的居民有以宗法血缘关系为纽带而实行宗族聚居的，也有以乡党关系或宗族、乡党兼而有之聚居的。但是其中以宗族聚居者或以宗族为基础吸收乡党或其他人员加入而组成者较为普遍，如许褚，谯国谯人，“汉末，聚少年及宗族数千家，共坚壁以御寇”①。东汉末年田畴“率举宗族他附从数百人”②入徐无山结坞。曹魏时，杜恕“遂去京师，营宜阳一泉坞，因其垒堑之固，小大家焉”③。西晋八王之乱时，庾衮“乃率其同族及庶姓保于禹山”④。前赵光初三年(公元 320 年)关中有“句氏宗党五千余家保于阴密”⑤。北魏末年，“及葛荣起，(李)元忠率宗党作垒以自保”⑥。由于以宗族关系聚居，因而有的坞就径以姓氏命名，前秦苻坚(公元 338—385 年)“率步骑二万讨姚苌于北地，次于赵氏坞”⑦。即是其例。

史籍记述坞堡之人员规模时常以其有多少“家”、多少“户”为言，“可见坞中的基本组织或单位为家庭，举同族者，虽然上有宗主，族中仍旧是一个个独立的家庭组织”。而非宗族⑧。虽然如此，但是它与一般个体家庭又有所不同，在坞堡的社会、经济生活中具有浓厚的共同体色彩⑨。这些个体家庭之间的财产、身份地位表现得比较平均与平等，坞民之间的团结互助精神亦较为突出，尤以迁徙他乡异地坞堡为然。如，东汉末田畴在徐无山由坞民公推其为坞主，他与坞众共同制订“约束”，然后“班行其众，众皆便之，至道不拾遗”。田畴与坞众一样也需“躬耕以养父母”⑩。西晋末

① 《三国志》卷 18《魏志·许褚传》，542 页。

② 《三国志》卷 11《魏志·田畴传》，341 页。

③ 《三国志》卷 16《魏志·杜恕传》注引《杜氏新书》，506 页。

④ 《晋书》卷 88《孝友·庾衮传》，2282 页。

⑤ 《晋书》卷 103《刘曜载记》，2687 页。

⑥ 《魏书》卷 33《李灵传》附《李元忠传》，1202。

⑦ 《晋书》卷 114《苻坚载记下》，2921 页。

⑧ 万绳楠：《魏晋南北朝史论稿》，第 7 章第 1 节，138 页，合肥，安徽教育出版社，1983。

⑨ 参见赵克尧：《论魏晋南北朝的坞堡》，“三、坞壁的共同体残余”，载《历史研究》，1980(6)。

⑩ 《三国志》卷 11《魏志·田畴传》，341 页。

庾衮禹山坞亦然，他也是由坞众推为坞主，然后与坞众誓曰："无恃险，无怙乱，无暴邻，无抽屋，无樵采人所植，无谋非德，无犯非义，戮力一心，同恤危难。"于是"考功庸，计丈尺，均劳逸，通有无……而身率之"。因而"上下有礼，少长有仪"。后来他又率家人与林虑之人在大头山结坞，"田于其下"。年谷未熟之时，他与坞众一样"食木实，饵石蘂，同保安之。"在一次下山收获途中因眩晕坠崖而死①。由此可见这些坞堡中的个体家庭土地占有比较平均，坞主与坞众一样参加劳动，他们在生产中的均劳逸，生活中的互恤危难，社会关系和政治关系中的相对平等和民主，都体现了坞堡的共同体特色。

何以坞堡内部组织会呈现这样的特征呢？一方面，前文我们谈到东晋南北朝时北方大家族制较南方盛行，但是与此同时北方的小家庭制度本身也在发展；更主要的是，在战乱、流离的情况下，导致原有社会基层组织、社会关系、土地占有关系和宗法血缘关系的变化或破坏，势必不能继续保持宗族同居共财的生活方式，从而加速了大家族制度的崩坏和小家庭制度的发展。因而在这种适应战乱、流亡之需而兴起的坞堡之中，其基本组成单位乃是个体小家庭。另一方面，也正因为坞堡是适应战乱、流离的需要而形成的特殊的居处方式，是脱离旧的社会环境和土地关系而在新的社会环境和土地关系基础上形成的新的社会群体，而且出于风雨同舟团结自保的特殊需要，因而其经济、社会生活等方面平均与平等的特征，以及相互之间的团结互助精神就比较突出，从而具有不同程度的共同体色彩。

(二)客家围屋与北方坞堡

典型的客家民居也具有上述北方坞堡的三个特征，体现了其与古代中原坞堡一脉相承的性质和特征。

1. 客家民居也是具有坚固、周密的防御设施和功能的城堡式建筑

第一，它具有坚固、封闭的外围。客家民居不论其具体形制为方形或圆形，都具有这个共同特征，其外围墙壁均极其高大、厚重、坚固，其门窗的数量和面积均减少、减小至极限，以便最大限度地发挥其防御功能。

---

① 《晋书》卷88《孝友·庾衮传》，2283页。

正因为如此，故客家大屋有“围屋”、“围龙屋”、“土围”等形制和名称，或径称屋名为“××围”。各种所谓圆楼、方楼也是一种“围屋”。围字之初文作“口”，《说文解字》：“口，回也。象回帀之形。”①客家围屋之四周封闭或环环相套的特征与此义完全相合。同书又云：“围，守也。”②义为防守自卫。前者为形，后者为义，两者互为作用，密不可分。具有围堡特征的客家大屋，就是坚固、封闭的外围及其防守功能的结合体。

第二，屋内还有其他相关的防御设施。它不仅在房屋周围设置瞭望和射击的小孔，而且在屋中必有高大的角楼，以为登高瞭望和射击之用。为了应付长期的被围困，而建造仓储，屯积粮草，掘井凿池，保证水源。不仅屋内的水井是其水源所赖，不少客家居宅门口必有之“门口塘”，也是水源之一。这些水井、池塘不仅是饮用和洗涤所赖，也是防火之必备。客家大屋之内一般都有饲养牲畜的“猪栏”、“牛栏”，有晾晒粮食的“禾坪”，有巨大的“天井”、“花胎”以保证充足的采光。总之，客家大屋对于人祸天灾均有着极其周密、精细的因应之道和防备手段，关起大门也足以维持相当时日的生存，一个大屋就是一个自给自足的小社会，此与北朝人颜之推所谓：“闭门而为生之具以足，但家无盐井耳”③，是多么相像。正因为如此，所以其防御功能极其突出，如江西省安远县镇岗乡的尊三围，在土地革命时期曾是镇岗乡苏维埃政府所在地，1933 年陈济棠部第 44 师围剿尊三围，每天出动飞机十余架次，对准尊三围狂轰滥炸，并用大炮机枪等轰击，长达 40 余天，只是因围内弹尽粮绝才被攻破。④ 又如“20 世纪 30 年代，(福建)永定上洋的‘遗经楼’内曾驻扎数百名红军和赤卫队员，楼内粮食充足，国民党张贞部和当地民团用炸药包攻楼，连爆 3 次，大门边才崩塌一个小角，连续围困两个多月仍无法攻克”⑤。此与汉魏晋北朝中原坞堡在这方面

---

① 《说文解字注》，276 页。

② 《说文解字注》，278 页。

③ (北齐)颜之推撰，王利器集解：《颜氏家训集解》卷 1《治家第五》，55 页，上海，上海古籍出版社，1980。

④ 参见安远县博物馆钟荣昌：《赣南客家围屋——安远县镇岗东生围简介》，内部资料。

⑤ 《客家土楼民居》，104 页，福州，福建教育出版社，1995。

的特征和表现是多么相似。

第三，它的防御功能不仅表现在单个大屋的坚固、严密的防御设施和功能上，而且表现为广义的防御体系构成上。有的村落是由几座这种大屋构成相互配合、支援的防御体系①。它选址于既能避开四战之地、都会所在、土著势力相对强大，又有樵采、耕植和水源之便的“深险平敞”之地，也是一种战略上的自我防卫。总之，巨大的客家民居所具有的这些防御设施和体系与汉魏晋北朝中原豪族大宅和坞堡中常见的建筑形制和防御功能是非常相似的。

出于防御的需要，客家人也有农隙讲武的习俗。清代徐旭曾《丰湖杂记》云：“客人多精技击……每至冬月相率练习拳脚刀矛剑梃之术，即昔人农隙讲武之意也。”②一般农家均备有刀枪棍棒等器械。这与《四民月令》所记东汉豪族田庄于农隙习武的情形可谓如出一辙。

2. 客家民居的规模也是非常巨大的

客家民居的规模不是一般意义上的巨大，而是一种超大型的建筑物，在一个大屋之内，“有巨至内容有房子四五百间，能住男女四五百人”③。这种规模或大于这种规模的房子在客家地区是相当普遍的，闽西客家土楼“规模最大的有四百个房间，可住八十户人家，六百多人”④。粤北曲江的客家大屋“翰亨围”，“周长625米，面积约2.74万平方米……今屋内仍住有一百四十多户农民”⑤。粤东梅县曾氏的大围龙屋，民国时曾有“一团人(千多人)住进去，仍未住满”⑥。此类大屋，不烦枚举。对此人们不能不惊叹：“求之其他各地，真不易看见这类大屋。”⑦如此大规模的房屋，只有汉魏晋北朝时期中原豪族大宅和坞堡壁垒可与其相提并论。

---

① 《客家土楼民居》，103～104页。

② 转引自罗香林：《客家研究导论》，182～183页，上海，上海文艺出版社，1992，据希山书藏1933年11月初版影印。

③ 转引自《客家研究导论》，180页。

④ 刘佐泉：《客家历史与传统文化》，289页，开封，河南大学出版社，1991。

⑤ 《客家历史与传统文化》，296页。

⑥ 《客家历史与传统文化》，295页。

⑦ 《客家研究导论》，180页。

客家围屋，除常见的独立围屋之外，尚有以整个村落为围的巨大的村围，其规模更是大得惊人。笔者于2000年7月于粤北、赣南实地考察客家民居时所见之栗园围即是其例。栗园围坐落于江西省龙南县里仁乡，始建于宋末，围内为一大村落，总面积约150亩，为李氏一姓所居，现住有200多户。村落四周为高大坚固之围墙，墙高四五米，上下两层射击孔，开东西南北四门，设置八个炮楼，俨然一座巨大的城堡。村中有祠堂一、水井二，有巨大的池塘。今见村落内各户住房独立，有街巷门牌编号，有店铺。这种村围散布于客家地区，但总的数量并不多。这种村围，多以一姓一围，但也有少量为杂姓一围的。后者则与中古时代坞堡之有以乡党关系聚居的情况颇为类似。

3. 客家居处制度也具有浓厚的宗族共同体色彩

客家人一方面继承中原大宅的居处传统，实行宗族的同居共财；另一方面又继承中原坞堡制度的居处传统，在宗族共同体的基础上实行小家庭制度，即同居异财制度。因而客家人的宗族聚居方式就表现为同居共财与同居异财的交互结合，大家族与小家庭的相互为用。虽然因时代的不同，客家人的同居异财在不断发展，但是在其宗族内部的"共财"成分却始终是非常突出的，具有浓厚的宗族共同体色彩。其个体家庭制度与一般的个体家庭制度不同，是建立在宗族共同体基础上的个体家庭制度。其具体表现约有如下数端：

(1)房屋方面

"客人屋宇，多由创业的人，一手经营，而分给众多的子孙，但无论分遗至如何繁细，其正厅仍属公有。"①一座大屋之内包括正厅在内的公共房间甚多，据《兴宁东门罗氏族谱》卷8《礼俗·居室》所载有：第一，"龙厅"，"围龙房屋之中心一间，正对祖龛龙神龛者，为龙厅，其厅常为屋人所公有"。第二，"上堂"，供奉祖先神主及祭祀所在。第三，"中堂"，"屋中人有大喜庆事，行礼宴客，均在于此。"第四，"下堂"，"为公共出入之地，"。第五，"南北厅"，有二或四间，"此亦为一屋公有之地"。第六，

① 《客家研究导论》，180页。

"花厅"，亦有二或四间，"此为屋人应酬宾客之所，故屋中房间可分为私有，而花厅必归于众"。第七，"老人间"，"凡男妇年老病，至弥留时，其子孙即抬于是，以俟其终，此无特别建筑之房间，或以上堂正间为之，或以南北厅及其他一间为之"。第八，"浴室"、"厨房"，"初造时常以花厅附近，择其地为特别之浴室，左右横屋之余内，选出一二间为合式之厨房，及后丁口浩繁，各择便当房间为之，不能限于一处"。第九，"角楼"及"楼棚"，"不许私人住眷及安放家私，以便有事时，众人得以登楼御敌"。除此之外，还有"门廊"、"骑马廊"、"后廊"、"伸手廊"、"禾坪"、"池塘"等均为公共所有。① 由此可见在客家大屋之中公共建筑所占比例极大，可以说屋内居民除了分给自己的几间居室之外，其余都是公共房屋。

(2)土地方面

客家人虽然每个个体家庭占有一定数量的土地，但是宗族公有土地依然占居主要份额。客家的宗族公有财产非常广泛、庞大，包括土地、山林、居室、祠堂、学校、水利设施、桥梁道路等。其中最主要的就是土地。土地中最主要的是"族田"和"义田"。族田有"祭田、蒸尝田、学租田、儒租田、祠田、桥田、渡田等等，不一而足"②。据称，"闽西客家人的宗族土地约占总耕地面积的30%～40%，有的乡高达70%～80%"③。据1945年闽西适中镇的调查，"宗族田地占7/10，私人地主仅占3/10"④。土地改革时，"据调查，闽西共有族田占田地总面积的50%以上"⑤。民国时期，广东兴宁的黄陂、黄槐、岗背合为一区，"共有大小祖尝一千七百十二三个，占全区百分之四十一点二的土地。除此之外，祖尝还占有外区土地三千二百十二市亩"⑥。此外宗族还有公共之"义田"，将其收获物设立

---

① 转引自《客家研究导论》，180～181页。

② 孔永松、李小平：《客家宗族社会》，84～85页，福州，福建教育出版社，1995。

③ 《客家宗族社会》，85页。

④ 章振乾：《调查日记》，转引自《客家宗族社会》，83～84页。

⑤ 华东军政委员会土地改革委员会编：《福建农村调查》，109页，转引自《客家宗族社会》，84页。

⑥ 1950年冬土地改革时统计，转引自《客家历史与传统文化》，318～319页。

"义仓"，"以备饥荒煮赈，贫乏赖焉"①。体现了同宗相恤的精神。

(3)分家析产制度

客家宗族内部同居共财与同居异财的交互结合以及"共财"成分之得以保持不坠，与其所实行的分家析产制度有密切关系。客家人"一般讲来，一个大家庭的分家析产，大都在家长、祖父母、父母死后行之，但偶尔也有在生前分家析产的，则须抽出部分家产作为奠(引者按：疑为'尊'之讹)长们养赡及丧葬之用"②。分家时采取拈阄方式，兄弟间每人一份平均分配的原则，有的地方甚至"在父母健在尚未分家前，兄弟所置的产业，到析产时也一应加在一起，进行平均分配"③。"至于父母名下一份产业，待老人百年之后，田地即作'蒸尝'；房屋如已分定者，按父母遗嘱指定归属办理，如无指定归属者亦作尝产。"④不仅如此，"他们在分家析产时，只把一小部分土地分给子孙，留出大部分土地作为尝田，而且规定不准变卖，尝簿内庄严声明：'子孙变卖，不吉不昌，他人购买，绝子绝孙'"⑤。这种分家析产制度带来的结果是，一方面每个个体家庭的财产大体是均衡的，另一方面则保证宗族共有财产世代不绝，甚至在不断的分家析产中使得共有财产部分还有所膨胀。这种分家析产制度表明客家人虽然已经实行小家庭制度，但是其宗族同财共居的历史传统依然非常顽强和深厚，这是其宗族共同体聚居得以世代延续不断的经济基础和奥秘所在。

还必须指出，非客家民系某些地区也有一些大型住宅，这在中国的南北方均有，其外形与客家民居有相似之处，而且也有采取聚族而居的方式，如福建华安、南靖、诏安一带的闽南土楼，就是这类民宅。但是它们与客家民居有本质的差别，一方面，它们不具有作为民系特征的普遍性、广泛性，只在局部地区或少数姓氏与家族采用；另一方面，更重要的是它

① 连城《新泉张氏族谱》卷首，转引自《客家宗族社会》，89页。

② 《客家人》，365页。

③ 《客家宗族社会》，127页。

④ 黄火兴、罗碧云、李烈原：《客家风情志》，65～66页，北京，中华书局，1991。

⑤ 《客家历史与传统文化》，318页。

们与客家民系的聚居性质有所区别。以闽南土楼与闽南客家土楼为例，有的学者从建筑特征方面作了深入的分析，指出两者虽然“外观造型有许多相似之处”，但是它们之间不仅建筑方式与技术有所不同，而且内部结构有很大区别，“客家土楼为内通廊式，家族内各户之间联系密切。分户很不明确；而闽南土楼为单元式，每户为一独立的单元，分户明确有很强的私密性。所以决不能把这二者混为一谈”。“这是两种截然不同的平面布局型式，它表明在大家族聚居中，客家人‘模糊’的分户，反映出更强烈的公共性和群居性，闽南人严格的分户单元，表现出住户之间较多的独立性与私密性。”①这种房屋建筑内部结构的不同，正是反映了它们之间在聚居性质上的区别，客家民系是在宗族共同体基础上的聚居，而非客家民系的宗族聚居则只是个体家庭集合体而已。非客家民系的聚居还有另一种类型——地缘性聚居，如山西阳城县的郭峪城就属这种类型。郭峪城位于阳城县东北15公里的郭峪村，明崇祯十一年(公元1638年)为防御陕西农民起义军，由本村富户集资兴建。四周筑有高大坚固的城墙和角楼，中心建七层敌楼，形如城堡，故称郭峪城。城内总面积17.9万平方米，现住有500余户，2400口人。城中住户分属多个姓氏，每个家庭完全独立，他们既非以血缘关系而结合，也没有公共的经济相维系，仅是为了防御的需要而结坞相保，俨然汉魏晋北朝以乡里关系结合之坞堡再现。② 这种地缘性的聚居与客家的宗族共同体聚居的性质更是大相径庭。

南朝时期江南地区也有坞堡，但它与中原坞堡是不同的类型。南朝后期江南豪族兴起，坞堡也有了很大发展，“郡邑岩穴之长，村屯坞壁之豪，资剽掠以致强，资陵侮而为大”③。但是南方的“坞壁”大多是一些“栅”、“寨”、“砦”等。熊昙朗(公元？—560年)“豫章南昌人也，世为郡著姓……

---

① 《客家土楼民居》，5、28页，福州，福建教育出版社，1995。

② 笔者于2001年5月4日参观山西阳城“相府”时途经郭峪城下，但见角楼耸峙，雉堞森然，承蒙陪同的山西晋城市地矿局刘俊亭副局长详细介绍了郭峪城的情况，后又蒙其将晋城市档案馆有关郭峪城的资料复印惠赐，谨致谢忱。

③ 《陈书》卷35《传》论，490页，北京，中华书局，1972。

侯景之乱，稍聚少年，据丰城县为栅，桀黠劫盗多附之”①。这位土著豪强的坞堡是“栅”，丰城在今江西丰城县。“时巴山陈定亦拥兵立寨。”②这位土著豪强的坞堡是“寨”，巴山在今江西崇仁县西南。与此同时，“闽中豪帅，往往立砦以自保”③。在今福建一带豪强所立坞堡被称为“砦”。这些“栅”、“寨”、“砦”是怎样的建筑物呢？东汉段颎伐羌时，“乃遣千人于西县结木为栅”④。梁末，始兴曲江“著姓”侯安都（公元？—563 年），追随陈霸先（公元 503—559 年）讨伐萧梁在豫章的残余势力南江州刺史余孝顷时，“孝顷俄断后路，安都乃令军士多伐松木，竖栅”⑤。由此可见所谓“栅”是以木材构筑栅栏所成，其建筑形制与中原坞堡是不同的。南朝史籍中频见这种土著豪强所建之“栅”。江南的坞堡何以是这种由木材构筑的“栅”呢？这与江南土著人民的日常居宅即以竹木构筑有密切关系，而且那种“干兰”式建筑也就是“栅”或“栏”，或者说这种“干兰”式建筑就可称之为“栅”或“栏”，史称岭南“俗多构木为巢，以避瘴气。豪渠皆鸣金鼎食，所居谓之栅”⑥。“地滨炎海，人惟夷獠，多居栏，以避时郁。”⑦由此可见岭南少数民族所居住的“干兰”式建筑就是“栅”或“栏”，故江南土著的坞堡形式是由木材构筑而成的“栅”也就是很自然之事。“寨”也是一种“栅”，“寨”也写作“砦”。所以江南的坞堡一般是用木、竹构筑的“栅”“寨”“砦”等。显然客家围屋并非取法于这种江南坞壁，而与中原坞堡建筑有着继承关系。

五、结语

客家宗族共同体聚居的社会特征和围堡式大屋的建筑特征相互依存，

---

① 《陈书》卷 35《熊昙朗传》，477 页。

② 《陈书》卷 35《熊昙朗传》，477 页。

③ 《陈书》卷 21《萧乾传》，278 页。

④ 《后汉书》卷 65《段颎传》，2152 页。

⑤ 《陈书》卷 8《侯安都传》，144 页。

⑥ 《太平寰宇记》卷 161《岭南道五・贺州・风俗》，3083 页，北京，中华书局，2007。

⑦ 《太平寰宇记》卷 169《岭南道十三・雷州・风俗》，3230 页。

相辅相成，互为因果，缺一不可。宗族共同体聚居以围堡式大屋为依托，围堡式大屋以宗族共同体聚居为前提。这两个特征在客家民系形成中具有决定性意义。同为北方南下流民，何以唯独这一支形成客家人，关键就在于这支南下流民采取了兼备这两个特征的居处方式，前者是其形成的内在条件，后者是其形成的外在条件。宗族共同体聚居使其不致被淹没、同化于江南各族之中，从而丧失其固有的社会、文化、习俗、语言特征，得以持久地、较完整地保持其从中原带来的中古时代的传统，成为在南方腹地独具特色的汉族民系。围堡式大屋这种建筑特征，则是保证其上述社会特征得以传承不坠的最重要条件。如果没有这种特征的居室建筑，则独具客家特征的宗族共同体聚居方式亦不可能存在和持久，则其固有之社会、文化、习俗、语言也不可能保持，也就不可能有今日之客家民系。这种围堡式大屋，满足了客家人宗族共同体聚居和自卫防御的需要，不仅保证了他们在深入蛮荒之地后的生存、发展，而且因其具有的封闭性、独立性，使其有可能较少受到当地社会、文化、习俗、语言的影响或同化，始终保持其固有的民系特征，而瓜瓞绵绵，百世其昌。“福佬好食粥，客人好起居”的民谚表明建造客式房屋对于客家人来说是多么重要，这种房屋不仅把客家人与其他汉族民系区别开来，也是客家人之所以成为客家人的必不可少的条件和原因。这种围堡式大屋，犹如潜艇在深海中仍能保持其陆上的生存环境，使得这支南迁人民历尽时代沧桑和地域环境的巨变仍能保持其固有的社会生态系统，生生不息，成为不可多得的“社会化石”。我们可以认为：凡是实行这种居处方式的南下流民，就有可能形成客家人，包括那些晚渡北人接受并实行了这种居处方式者，也就有可能陆续融入这一民系之中而成为客家人。因为这支早渡北人所采取的这种居处方式，是被长期的实践证明既适应南迁后当地条件而又能保持其宗族和文化传统不坠的一种最佳选择，晚渡北人必需认同并实行这一居处方式才能融入这一群体而成为客家人；凡是没有实行这种居处方式的南下流民，则不可能成为客家人，而成为吴人、蜀人、闽人、广府人……同为北方南下的移民，何以并非都成为客家人的原因应从这里去寻找。

客家人之所以能够实行这两个特征相结合的居处制度，与其所迁入之地域与社会环境亦有密切关系。陈寅恪先生在论述南北朝时期南北士族的差异时指出，南方士族“主要与城市，商业相联系，宗族则已分解。”因而大家族制度破坏；北方士族“主要与农村、土地、宗族相联系”。因而大家族制度得以继续维持，“北方士族的势力可以延长或延续下来”①。同理，从北方南下的移民，如果顺应江南之俗而与城市和商业相联系，则其与宗族的联系就将受到破坏，其大家族制度便难以维持；如果继续与农村、土地相联系，则其与宗族就有难分的关系，其大家族制度就将得以保持。因此，那些迁于江南政治、经济中心和发达地区，与城市、商业联系密切的南下移民，其与宗族的联系亦受到破坏，从而深受江南之俗影响，使他们没有也不可能成为客家人。只有那些迁入相对落后、偏僻地区，继续与农村、土地相联系，自然也与宗族有不可分割联系的那部分南下移民，才有可能继续实行宗族聚居，其大家族制度和宗族共同体亦得以延长或延续下来，从而保持其固有的文化传统和习俗，才有可能成为客家人。

原载北京师范大学历史系：《史学论衡》(下编)，北京，北京师范大学出版社，2002。其中部分内容在《文史哲》，2002(3)，以《汉魏晋北朝中原大宅、坞堡与客家民居》发表，《人大复印资料·魏晋南北朝隋唐史》，2002(5)全文转载；《中国社会科学文摘》，2002(5)作了详细摘要。后收入《文史哲》丛刊，《文史哲》编辑部编：《门阀、庄园与政治：中古社会变迁研究》，北京，商务印书馆，2011。

① 《魏晋南北朝史讲演录》，329～330页。

第一个为少数民族政权撰写断代全史的史学家崔鸿

公元3～4世纪的130多年间，我国北方风扰云攘，金戈铁马，入居塞内的匈奴、鲜卑、羯、氐、羌等少数民族先后建立了十六个政权，史称十六国时期①。

十六国时期过后不到70年，一部记载这一时代的历史巨著——《十六国春秋》就已问世。这部巨著的作者就是北魏的著名历史学家崔鸿。

崔鸿，字彦鸾，齐州清河(今山东淄博市)人。崔氏是北方第一流的高门大族。崔鸿这一支早先不在齐州的清河郡，而在河北冀州的清河郡。崔鸿的曾祖崔旷早年随南燕主慕容德南渡黄河，才迁居于齐州。南燕灭亡后，这里先后成了东晋和南朝的辖地。崔旷在宋文帝时曾官至乐陵太守。崔鸿的祖父崔灵延，在宋孝武帝时为龙骧将军、长广太守，被封为"关内侯"。孝文帝太和二十年(公元496年)，北魏征南大将军慕容白曜平定三齐，崔灵延以败军之将而被迁到北魏代京附近，崔鸿的伯父崔光也一同被迁。后来崔光出仕北魏，参与枢机，佐命翼戴，成为拓拔皇室倚重的元老重臣。

崔鸿的父亲崔敬友，是崔光的弟弟。他在仕途上远逊乃兄，曾任本州治中，后被拜为梁郡太守，适逢生母病故，因服丧而没有赴任，此后便不复出仕。他笃信佛教，昼夜诵经，素食终身。崔敬友生有四子，崔鸿是长子。

崔鸿生于北魏孝文帝太和二年(公元478年)②。十九岁那年(太和二十年，即公元496年)，被拜为彭城王国左常侍，开始了他的政治生涯。几年后(宣武帝景明三年，即公元502年)迁为员外郎，兼尚书虞曹郎中。不久

① 同时还有汉人所建冉魏、前凉、北燕、西凉等政权。

② 据崔鸿墓志铭推算，见山东省文物考古研究所：《临淄北朝崔氏墓》，载《考古学报》，1984(2)。

又迁为给事中，兼祠部郎，再转尚书都兵郎中。正始元年(公元504年)，宣武帝下诏议定律令，太师、彭城王元勰以下三十人参加，他们不是公卿朝士就是儒学才明者，年仅二十七岁的崔鸿与其伯父崔光双双入选，跻身期间，时论荣之。可见崔鸿在仕途上还是得意的。但是崔鸿的兴趣主要还在史学方面。他“少好读书，博综经史”。① 这与家族环境的熏陶不无关系。崔氏不仅世代仕宦，而且有着深厚的文化传统，伯父崔光还是北魏著名的史学家，他从三十岁任著作郎，参与修撰北魏国史，直至七十三岁病故，大部分时间都在史职。崔鸿的史才不让乃伯，青年时期就已崭露头角，因此在做官的同时被委以史事，受命修撰起居注。史称崔鸿“弱冠便有著述之志”②，他的志向就是要修撰一部全面的、系统的记述十六国历史的著作。

这位青年史学家何以会有这样的志向呢？首先是由他对这段历史的深刻认识所决定的。他认为自从西晋八王之乱以后，虽然“所在称兵，竞自尊树”，入居中原的少数民族贵族也乘机起事，但是“能建邦命氏成为战国者”，不过十有六家③，他们都能“并因世故，跨僭一方”④。这些少数民族的领袖人物及其政权，是这一时代的政治代表和象征，这130多年的历史是中国历史不可分割的重要组成部分，而总结这一时代的历史经验和教训，同以往任何时代一样具有重要的意义，其“善恶兴灭之形，用兵乖会之势，亦足以垂之将来，昭明劝诫”⑤。他对十六国史重要性的认识，可以说是高于他那时代的其他史家的。

其次是史学发展的客观要求所决定的。十六国历史已经结束半个世纪，可是还没有加以认真的总结，还没有出现一部全面地、系统地记述这一时代的历史著作。虽然十六国各有国书，记载本国史事，但它们普遍存在许多严重的问题，从体例上看，“诸史残缺，体例不全，编录纷谬，繁

---

① 《魏书》卷67《崔鸿传》，1501页，北京，中华书局，1974。

② 《魏书》卷67《崔鸿传》，1502页。

③ 《魏书》卷67《崔鸿传》，1503页。

④ 《魏书》卷67《崔鸿传》，1502页。

⑤ 《魏书》卷67《崔鸿传》，1503～1504页。

略失所”，亟须加以全面的整理，以“审正不同，定为一书”[①]。更主要的是，这些史书都是各国史臣所撰，他们囿于各自的割据皇朝，没有也不可能从全局去把握这一时代错综复杂的关系和发展大势。崔鸿认为史学上的这种“未有统一”[②]的状况必须改变，必须将十六国综合起来加以考察，“定为一书”，编撰出一部记录这一时代的全史来。可以说，他是第一个把十六国时期当作一个重要的历史阶段，把少数民族政权历史提高到正史地位，并为此而倾注了毕生心血的史学家。

从景明元年(公元500年)开始，崔鸿便着手收集十六国的旧史及其他资料，这时他才是一个二十三岁的青年。当时他是以一人之力私下从事这一工作的，其所遇到的困难是可想而知的。为了抄录所搜寻到的史料，他几乎竭尽了家产和俸禄，有时甚至没有买纸的钱。更困难的还在于，当时北魏从平城迁都洛阳不久，各种书籍“率多分散”，于是他不得不“求之公私”，多方搜寻，“驱驰数岁”[③]。直到正始元年(公元504年)他才把所收集到的有关旧史和资料抄写完毕。

在详细占有材料的基础上，崔鸿开始着手撰写《十六国春秋》，“于吏按之暇，草构此书”[④]。其编撰工作主要从五个方面进行：①“区分时事，各系本录”，按国别以分类和归纳材料；②“破彼异同，凡为一体”，从体例上加以整齐划一；③“约损烦文，补其不足”，从内容上删繁补缺；④“删正差谬，定为实录”[⑤]，考证史实，去伪存真；⑤“为之赞序，褒贬评论”[⑥]。

到正始三年(公元506年)年底，《十六国春秋》初稿完成，这年崔鸿还不满三十岁。不过，这部著作当时还没有全部完成，只有九十五卷，还缺少记载成汉李雄父子史事的“蜀录”。因为当时崔鸿还没有把有关成汉的史

① 《魏书》卷67《崔鸿传》，1504页。
② 《魏书》卷67《崔鸿传》，1502页。
③ 《魏书》卷67《崔鸿传》，1504页。
④ 《魏书》卷67《崔鸿传》，1504页。
⑤ 《魏书》卷67《崔鸿传》，1504页。
⑥ 《魏书》卷67《崔鸿传》附《崔子元传》，1505页。

料收集齐备。曾出仕成汉的史学家常璩，撰有《蜀书》等，记述李雄父子据蜀时事。崔鸿为了撰写“蜀录”，千方百计搜寻此书，但因“此书本江南撰录”，北方没有，当时南北分隔，故而久久“寻访不获”。当时崔鸿也不是一点儿没有掌握成汉史料，“其起兵僭号，事之始末，乃亦颇有”，但他在没有得到足够的资料时，并不轻于动笔，“不得此书，惧简略不成”，于是“辍笔私求”①，以致“迟留未成”。可见他治史态度之严谨。经十六年耐心地等待和搜寻，终于在正光三年(公元522年)“购访始得”②。崔鸿这才动笔将成汉国史补写完毕。而当他写毕《蜀录》五卷，完成了《十六国春秋》百卷之时，便溘然长逝了。如果从景明元年收集材料开始，直到他全部完成此书，前后历时二十五年，他几乎是把毕生的精力和心血都贡献给这部著作了。

正始三年《十六国春秋》九十五卷初稿完成后，崔鸿一直“不敢显行其书”③。据相关史书记载，其原因有二：第一，崔鸿的父、祖均出仕南朝，因而书中不录东晋和宋、齐之书，“恐识者责之”④；第二，十六国史与拓跋魏早期历史多有牵连，书中“言多失体”⑤。这两点表明，当时要撰写十六国史是要承担政治上的压力和风险的，如果没有像崔鸿这样的胆识和恪尽史职的精神，要完成这样的巨著是不可能的。除了上述原因之外，由于当时书稿并未最后完成，崔鸿作为严肃的史学家，因而暂不公之于世，恐怕也是可以理解的事。宣武帝在得知崔鸿撰有十六国史后，曾派人命他“随成者送呈”⑥，即使在这种情况下，崔鸿也没有把它拿出来。

正始三年完成《十六国春秋》初稿后，崔鸿一方面继续收集未备的材料，以进一步完善这部巨著，另一方面则继续从政并承担史职。永平年间(公元508—512年)崔鸿被任为尚书三公郎中，和员外散骑常侍等职。三十

① 《魏书》卷67《崔鸿传》，1504页。

② 《魏书》卷67《崔鸿传》附《崔子元传》，1505页。

③ 《魏书》卷67《崔鸿传》，1505页。

④ 《魏书》卷67《崔鸿传》，1502页。

⑤ 《魏书》卷67《崔鸿传》，1503页。

⑥ 《魏书》卷67《崔鸿传》，1502～1503页。

七岁那年，其父崔敬友病故，崔鸿解任服丧。不久宣武帝下诏征他复任本官，又转迁中散大夫和司徒长史等职。在此期间，他对于官吏考绩、刑律、礼仪等国家大政，均多所陈说，发表了自己的见解。

延昌四年(公元515年)宣武帝死，崔鸿的伯父崔光等人迎立元诩继位，是为孝明帝。因翼戴皇室之功，崔光及其家族在北魏朝廷中的地位愈益显赫，作为崔光之侄的崔鸿不仅在政治上蒙受润泽，正光二年(公元521年)崔鸿之妻张玉怜入朝长信宫，引见显阳殿，其仪容举止使灵太后为之动容，叹道："夫才于朝，妻贤于室，顼在一房矣!"①更重要的是，这也为他的史学工作创造了更加有利的政治环境。正光元年(公元520年)他受命修撰高祖、世宗起居注。从此以后，他的《十六国春秋》也开始逐渐外传，史称自正光以后"以其伯(崔)光贵重当朝，知时人未能发明其事，乃颇相传读；亦以(崔)光故，执事者遂不论之"②。

正光五年(公元524年)崔光病危。崔光掌修北魏国史多年，但他只是编列了史书的卷目，而没有加以详细的整理和考证。他的指导思想是：本朝历史不是本朝人所能修成，只能做好记录时事的工作，以留待后人去修撰。因此直到他临终前，魏史仍"阙略尤多"③。弥留之际，他遗言子侄："吾荷先帝厚恩，位至于此，史功不成，殁有遗恨。汝等……勉之！勉之!"④他把修撰国史的希望寄托于崔鸿，认为"杨籖群才，非君莫可"⑤。并向孝明帝作了推荐。这年正月，孝明帝便下诏崔鸿以本官兼修国史。第二年，崔鸿被拜为黄门侍郎、散骑常侍，兼齐州中正。可惜他"在史甫尔，未有所就"⑥，不幸染疾，于这年的十一月二十九日病逝于洛阳仁信里。时

① 《张玉怜墓志》，见山东省文物考古研究所：《临淄北朝崔氏墓》，载《考古学报》，1984(2)。收录于赵超：《汉魏南北朝墓志汇编·东魏》，319～320页，天津，天津古籍出版社，1992。

② 《魏书》卷67《崔鸿传》，1505页。

③ 《魏书》卷67《崔鸿传》，1502页。

④ 《魏书》卷67《崔光传》，1498页。

⑤ 《魏故使持节镇东将军督青州诸军事度支尚书青州刺史崔文贞侯墓志铭》，见山东省文物考古研究所：《临淄北朝崔氏墓》，载《考古学报》，1984(2)。收录于赵超：《汉魏南北朝墓志汇编·东魏》，185～187页。

⑥ 《魏书》卷67《崔鸿传》，1502页。

在孝昌元年(公元525年)，年仅四十八岁[①]。

崔鸿死后四年(永安二年，即公元529年)，他的长子崔混将《十六国春秋》缮写一本，上呈孝庄帝，请藏于秘阁，《十六国春秋》正式问世。从此以后，其余有关十六国的旧史便陆续散佚不传，唯有崔鸿《十六国春秋》"大行于时"[②]。后人研究十六国历史，全赖此书。唐修《晋书》时，有关十六国的史事，主要取材于此书。可惜这部著作到北宋以后亡佚，直到明朝才有人从散见于正史和类书中的零篇碎语中，钩稽连缀为《十六国春秋》一百卷。清朝人汤球又进一步辑佚补缀，成《十六国春秋辑补》一百卷，为目前较为完备的一个本子。

作为第一部记述我国古代少数民族政权断代全史的著作，《十六国春秋》不仅在史学史上具有特殊的意义，开日后元魏史、辽金史、元史、清史之先河，而且在中华民族关系史上也是一部划时代的著作，这部著作出现本身就是中国民族关系发展到一个新阶段的象征，它将永远在中国各族人民友谊史中闪耀着异彩!

原载《中华人物志·史学家小传》，北京，中华书局，1988。

① 见《魏故使持节镇东将军督青州诸军事度支尚书青州刺史崔文贞侯墓志铭》。

② (唐)刘知几撰，(清)浦起龙释：《史通通释》卷12《古今正史》，360页，上海，上海古籍出版社，1978。

北魏的“四夷馆”

一千四百多年前，在北魏首都洛阳的南郊有一处“四夷馆”。

如果从洛阳城中北部的皇宫出来，沿着一直向南的“御道”走去，经过宽阔的铜驼街，出正南的城门——宣阳门，再走四里，洛水从西向东蜿蜒流去，河上有一座浮桥，叫作永桥。过桥后继续向南不远，路东矗立的就是“四夷馆”。“四夷馆”由四组馆舍构成，分别称为“金陵馆”、“燕然馆”、“扶桑馆”和“崦嵫馆”。四馆的命名表示北魏王朝的四方，金陵即建业(今南京)，以它代表南方；燕然是山名，即杭爱山，在今蒙古人民共和国境内，以它代表北方；扶桑是古代神话传说中日出的地方，以它代表东方；崦嵫，山名，在今甘肃天水市西，古代神话传说为日落的地方，以它代表西方。在御道西面与四夷馆相对还有“四夷里”，由四个里组成，它们分别叫作“归正里”、“归德里”、“慕化里”、“慕义里”。这四馆、四里构成一个互相联系的整体。

四馆、四里是用来干什么的呢？据东魏人杨衒之《洛阳伽蓝记》说：“吴人投国者处金陵馆，三年已后，赐宅归正里……北夷来附者处燕然馆，三年已后，赐宅归德里……东夷来附者处扶桑馆，赐宅慕化里。西夷来附者处崦嵫馆，赐宅慕义里。”①可知它们是用以安置从北魏王朝四方来赴的民族和国家的人员的地方，一般先安置于四馆之中，如久住洛阳者，则赐宅于相对应的四里。这里是北魏王朝与周边各族和外国政治、经济、文化交往的中心和象征。

从秦汉以来，中原王朝与四裔各族诸国的交往日益频繁，“诣阙朝贡”的记载史不绝书，但是并不见“四馆”、“四里”之类的设置，这是北魏时期的创举。

---

① (北魏)杨衒之撰，范祥雍校注：《洛阳伽蓝记校注》卷3《城南·龙华寺》，160～161页，上海，上海古籍出版社，1978。

北魏时期何以会有这样的举措呢？

北魏王朝的建立者鲜卑拓跋氏发祥于东北大兴安岭，至今在鄂伦春自治旗的嘎仙洞内，还遗存有拓跋氏的“先帝旧墟石室”①。登国元年(公元386年)拓跋珪建立魏国，后定都于平城(今山西大同)。魏国初期，统治者的主要精力放在经营内部，“太祖(即拓跋珪)初，经营中原，未暇及于四表”。直到太武帝拓跋焘时，相继灭掉北燕和北凉，结束了十六国纷争的状况，统一了北方。北魏王朝的国力也随之日益强盛，因而“魏德益以远闻”。② 其对外关系也开始了一个新的时代。

如对西域的关系。在北魏初期“西戎之贡不至”，到了太延(公元435—440年，拓跋焘年号)年间，西域的龟兹、疏勒、乌孙，悦般、渴槃陁，鄯善、焉耆、车师、粟特等九国“始遣使来献”③。北魏也遣使西行，他们除了与九国建立友好联系外，还广泛联络西域诸国，远至者舌(今苏联塔什干)、破洛那(今费尔干那)等国。魏使东还时，“俱来贡献者十有六国”，从而打开了北魏与西域友好往来的大门，“自后相继而来，不间于岁，国使亦数十辈矣”④。

到太和十九年(公元495年)，北魏孝文帝从平城迁都洛阳，直到天平元年(公元534年)迁邺，总计北魏在此建都四十年。

这四十年间，是北魏与周边各族和对外交流的极盛时期。孝文帝推行汉化政策，俨然以中央王朝自居，大力推动对外关系。洛阳地处中原，又是从东周以来的旧都所在，是我国古代政治、经济，文化和交通的中心。各兄弟民族和外国的商人、使者、僧人，纷纷辐辏洛阳，到处可见肤色不同、装束各异的各族、各国人等。为了适应这种对外关系发展的需要，北魏王朝便在洛阳南郊建立了四馆、四里，将来到洛阳的各族、各国人员集中于此，“自葱岭已西，至于大秦(东罗马帝国)，百国千城，莫不欢附，商胡贩客，日奔塞下，所谓尽天地之区已。乐中国土风，因而宅者，不可胜数”⑤。

---

① 《魏书》卷100《乌洛侯国传》，2224页，北京，中华书局，1974。

② 《魏书》卷102《西域传·序》，2259页。

③ 《魏书》卷102《西域传·序》，2259～2260页。

④ 《魏书》卷102《西域传·序》，2260页。

⑤ 《洛阳伽蓝记校注》卷3《城南·龙华寺》，161页。

但是，设立四馆、四里还有一个重要的政治目的，便是安置四方邻国的归顺者。北魏统治者对于南朝政权给予格外的关注，“时朝廷方欲招怀荒服，待吴儿甚厚，褰裳渡于江者，皆居不次之位”。① 南朝的归顺者，都安置于金陵馆和归正里。如景明二年(公元501年)，梁王萧衍攻下南齐都城建业，齐明帝萧鸾的儿子萧宝夤为逃避萧衍加害，渡江投奔北魏。北魏封他为会稽公，进爵为齐王，并娶南阳长公主。北魏为他“筑宅于归正里”②。跟他同来的会稽山阴人张景仁，也被“赐宅城南归正里”③。正光四年(公元523年)萧衍的养子萧正德因统治阶级内争而投奔北魏，也将他安置于金陵馆，并为筑室于归正里④。归正里由于“南来投化者多居其内”，故“民间号为吴人坊”⑤。

柔然(又称芮芮、茹茹、蠕蠕等)是北魏王朝在北方的劲敌。柔然本是拓跋鲜卑的一个分支，他们活动于北方草原。公元4世纪末至6世纪中叶，崛起于漠北，建立了强大的柔然汗国。北魏与柔然之间展开了长期的斗争。到公元6世纪初，柔然国力衰微，统治集团内争迭起。公元508年，他汗可汗被高车所杀，诸子纷争。后来其子阿那瓌在内争中被立为汗，但不到十天，内乱又起，阿那瓌战败后南投北魏。正光元年(公元520年)九月，阿那瓌来到洛阳，孝明帝派遣兼侍中陆希道为“使主”(代表团长)、兼散骑常侍孟威为“使副”，“迎劳近畿”，并派“司空公、京兆王(元)继至北中，侍中崔光，黄门郎元纂在近郊，并申宴劳，引至门阙下”⑥。这里所指的“近郊”，可能就是南郊四馆之一的“燕然馆”，据《洛阳伽蓝记》记载，阿那瓌到洛阳后，即“处之燕然馆，赐宅归德里”⑦。同年十月，孝明帝亲临显阳殿，接见阿那瓌，“从五品以上清官、皇宗，藩国使客等列于殿廷”⑧，

① 《洛阳伽蓝记校注》卷2《城东·景宁寺》，117页。

② 《洛阳伽蓝记校注》卷3《城南·龙华寺》，160页。

③ 《洛阳伽蓝记校注》卷2《城东·景宁寺》，117页。

④ 《洛阳伽蓝记校注》卷3《城南·龙华寺》，160页。

⑤ 《洛阳伽蓝记校注》卷2《城东·景宁寺》，117页。

⑥ 《魏书》卷103《蠕蠕传》，2298页。

⑦ 《洛阳伽蓝记校注》卷3《城南·龙华寺》，160页。

⑧ 《魏书》卷103《蠕蠕传》，2298页。

陪同接见，仪式非常隆重。

此外，四馆、四里也是外族和外国质子居住的地方，如燕然馆就安置着“北夷酋长遣子入侍者”。由于他们生长于北方高凉之地，不习惯洛阳炎热的天气，北魏政府允许他们“秋来春去，避中国之热”。因为他们像南来北往的候鸟大雁一样迁徙，所以洛阳官民称呼他们为“雁臣”①。

四馆四里的规模很大，据记载仅归正里就有三千余家，如以每里三千家计，四里有一万二千家，《洛阳伽蓝记》说“附化之民，万有余家”，看来并非夸大之词。四馆、四里的建筑有一定的规划，因而非常整齐，“门巷修整，閶闔填列，青槐荫柏，绿柳垂庭”②，是一个环境幽雅的居住区。

四馆、四里的设立，促进了民族关系和中外经济文化的交流，在这里集中着“四方风俗，万国千城”③，“天下难得之货，咸悉在焉”④，成了四方人文风俗荟萃和经济文化交流的中心。为了适应这种交流的发展和满足各族、各国人民生活习俗的不同需要，在四夷馆的附近特意设立了一个市场，叫“四通市”，由于它地处永桥旁，故民间又称它为“永桥市”。在金陵馆的南方人喜欢吃鱼，因此“伊洛之鱼，多于此卖，士庶须脍，皆诣取之”⑤，民间将它叫作“鱼鳖市”⑥。伊洛二水所出水产非常鲜美，不仅南方人喜爱，北方人也很喜爱，因此当时流传着“洛鲤伊魴，贵于牛羊”⑦的说法。

四夷馆北面的白象坊和狮子坊，也值得一提。永平二年(公元509年)，乾陀罗国(在北天竺)曾向宣武帝贡献白象一只，这是很宝贵的稀有品种。白象背上设有五彩屏风和七宝座床，可以乘坐好几个人。最先白象被养在皇宫的“乘黄曹”内。白象脾气暴躁，经常毁坏屋墙，跑出圈舍，在洛阳城的大街上横冲直撞，吓得百姓惊惶奔走。于是胡太后命人将白象移至城南，因而此坊称为“白象坊”。至于狮子坊，则是因正光年间嚈哒国(国都

① 《洛阳伽蓝记校注》卷3《城南·龙华寺》，160页。
② 《洛阳伽蓝记校注》卷3《城南·龙华寺》，161页。
③ 《洛阳伽蓝记校注》卷3《城南·高阳王寺》，178页。
④ 《洛阳伽蓝记校注》卷3《城南·龙华寺》，161页。
⑤ 《洛阳伽蓝记校注》卷3《城南·龙华寺》，161页。
⑥ 《洛阳伽蓝记校注》卷2《城东·景宁寺》，117页。
⑦ 《洛阳伽蓝记校注》卷3《城南·龙华寺》，161页。

拔底延，在今阿富汗瓦齐拉巴德）贡献狮子而得名的①。从这两个坊的得名，我们也可以进一步窥见当时中外交流的频繁。

不过，还应当指出，四馆、四里的设置，也多少包含着政治上的、民族关系上的歧视，存在着一些消极的作用。尤其是受着“正朔所在”的传统观念熏陶较重的南来士人，更以住在四馆、四里为耻。如萧宝夤住在归正里，他“耻与夷人同列”，便通过南阳公主启请宣武帝，要求住进城内。宣武帝接受了他们的请求，赐宅于永安里②。随他同来的张景仁，也“住此以为耻”③，后来徙居城东的孝义里。在当时某些洛阳人的眼中，住在城南并不光彩。如当时有个儒生荀子文住在城南中甘里，他的同学李才讥笑他为何住城南？因为“城南有四夷馆，（李）才以此讥之”。荀子文反唇相讥道：“国阳胜地，卿何怪也？若言川涧，伊、洛峥嵘。语其旧事，灵台石经。招提之美，报德、景明。当世富贵，高阳、广平。四方风俗，万国千城。若论人物，有我无卿。”④认为城南是国都胜地，若论川涧，这里有伊、洛峥嵘；若论旧事，这里有东汉灵台遗址，太学石经；若论寺庙，这里有宏伟壮丽的报德寺、景明寺；若论当世富贵，高阳王雍和广阳王怀都住在这里；至于四夷馆，更是荟萃了四方风俗，万国千城……这一争论表明，有识之士对于四馆、四里是并不另眼相看的。

后来，随着北魏王朝的日益腐朽，终于导致各族人民的联合起义，同时也爆发了统治阶级的内争，不久北魏分裂，永熙三年（公元534年）孝静帝东迁邺城，洛阳城在统治阶级的内战中惨遭破坏，“城郭崩毁，宫室倾覆，寺观灰烬，庙塔丘墟”⑤，四馆、四里也同遭劫难。但是，各族人民之间的友好关系和中外经济文化交流，是任何力量也无法破坏的，而是在新的历史条件下得到更加高度的发展，唐代长安的兴起，及其作为各族人民荟萃和中外交往的世界性都市而出现于东方，就是一个有力的证明。

原载《文史知识》，1986(1)。

---

① 详见《洛阳伽蓝记校注》卷3《城南·龙华寺》，161～162页。

② 《洛阳伽蓝记校注》卷3《城南·龙华寺》，160页。

③ 《洛阳伽蓝记校注》卷2《城东·景宁寺》，117页。

④ 《洛阳伽蓝记校注》卷3《城南·高阳王寺》，178页。

⑤ 《洛阳伽蓝记校注·序》，2页。

陇右自古多“山崩”
——从甘肃洒勒山滑坡谈起

报载1983年3月7日下午5时40分，甘肃临夏回族自治州东乡族自治县的洒勒山发生了严重的滑坡，这一灾害的发生已经引起有关方面人士的关注，我国的科学工作者正对这一地质现象积极进行科学的考察和研究。然而，对于这一自然灾害的研究工作，不仅是自然科学工作者的职责，史学工作者也应积极参加，以便从历史发展的纵向的角度，更好地认识这一自然灾害发生发展的规律，为预防其对四化建设和人民生命财产的危害而发挥自己应有的一份作用。

我国古代史籍中，有着许多关于“山崩”的记载。所谓山崩，是泛指包括滑坡和泥石流、崩塌等地质现象在内的。其记载之悠久和丰富，在世界各国历史上是绝无仅有的，这给我们研究这一自然灾害的历史，提供了十分可贵的资料。

关于山崩的记载，最早可以追溯到遥远的夏代。传说在夏桀时，泰山曾经发生了一次“山走石泣”的猛烈灾害①，这大概是关于山体滑坡和崩塌的最早记载了。西周幽王二年(公元前780年)在周人发祥地周原地区的岐山曾经发生山崩，“是岁也，三川竭，岐山崩。”②。据《春秋左传》记载，春秋时期的鲁僖公十四年(公元前646年)“秋，八月，辛卯，沙鹿崩。”杜预注：“沙鹿，山名。平阳元城县东有沙鹿土山，在晋地。”③这是由于地震而引起的山崩。鲁成公五年(公元前586年)的“梁山崩”④，梁山在今陕西韩

① 王国维疏证：《今本竹书纪年疏证》引《述异记上》，58页，沈阳，辽宁教育出版社，1997。

② 徐元诰集解，王树民、沈长云点校：《国语集解》，《周语上》，27页，北京，中华书局，2002。

③ 《春秋左传正义》卷13，“僖公十四年”条，1803页，见《十三经注疏》，北京，中华书局，1980。

④ 《春秋左传正义》卷216，“成公五年”条，1901页。

城，曾经堵塞了黄河，三日不流。

到了秦汉以后，关于山崩的记载就更加丰富了。这是因为记载被作为一种“灾异”的山崩，是史官应尽的职责，从班固《汉书》之后，历代正史都立有《五行志》、《灵征志》、《灾异志》等，记载包括山崩在内的各种自然灾害。尽管受着当时科学发展水平的限制和天人感应思想的束缚，对这种自然现象做出的解释很多是荒谬的，但是，在这些史志中却保存了大量的关于山崩活动的历史资料。

从这些历史记载中我们可以看到，秦、陇、蜀一带是我国自古以来山崩活动最频繁的地区，而陇右则是这一广大山崩活动区的中心。这次发生滑坡的临夏东乡族自治县，正是陇右地区山崩最活跃的中心地区之一。

因此，我们现在仅就陇右地区的山崩活动情况及其特点分述如下。

一、山崩的分布及其性质

甘肃地区的山崩最早见于记载的，是《汉书・五行志》所记西汉高后二年(公元前186年)正月在武都(今甘肃西和西南)发生的一次山崩，“武都山崩，杀七百六十人，地震至八月乃止”①。这次山崩伴随着持续的地震，直到当年八月才停止。此后关于甘肃地区的山崩便史不绝书了，随着时间的推移，记载也日益频繁了。仅据不完全的史料，在甘肃地区见诸记载的较大规模的山崩从西汉高后二年到清朝宣统元年(公元1909年)为止就有五十起以上。

山崩在甘肃的分布，主要集中在陇右地区。大体上西起临夏，东至两当，南抵文县，北达皋兰、平凉，这个范围是山崩活动最频繁的地区。在这个地区中，又以秦州(治所在今天水市)、河州(治所在今临夏市)、洮州(治所在今临潭)和礼县(今甘肃本县)等地为甚。这个地区正处于土质疏松的黄土高原西端。从这里向西漫延至青海高原，向南至川北山地，向东至陕西，构成一片山崩活动频繁的地区。

---

① 《汉书》卷27下《五行志下》，1457页，北京，中华书局，1962。

山崩给人民生命财产带来巨大的损失。其中有具体的死亡人数记载的，如西汉高后二年武都山崩，造成“杀七百六十人”①的惨剧。北宋真宗咸平四年(公元1001年)成纪县(今天水市)的山崩，“压死者六十余人”②。明正统十三年(公元1448年)通渭、平凉、华亭三县“山倾”，“军民压死者八十余口”③。清康熙二年(公元1663年)河州井沟山山崩，“压死居民二十余口”④，同治十三年(公元1874年)西和西山的山崩，“压死四十九人”⑤，道光十一年(公元1831年)狄道(今临洮)黎家崖山崩，“压毙二十余人”⑥，光绪十九年(公元1893年)狄道皇后沟山崩，“压毙十三人”⑦等。更多的是没有具体的伤亡人数，不过从有的村庄田园被整个掩埋的情况来看，其伤亡人数当不在少数。如东晋元帝大兴二年(公元319年)祁山(今礼县东)“山崩，杀人”⑧；后秦永和元年(公元416年)“秦州地陷裂，岩岭崩坠，人舍坏”⑨；宋景德四年(公元1007年)成纪县“崖圮，压死居民”⑩；元延祐二年(公元1315年)成纪县山崩，“陷没民居”⑪；明弘治十八年(公元1505年)河州沙子沟石崖山山崩，“田庐民畜俱陷”⑫；正德五年(公元1510年)秦州山崩，“伤室庐、禾稼甚众”⑬；清顺治六年(公元1649年)两当山崩，“压死人畜无算”⑭。其中最惨烈的要数明崇祯十七年(公元1644年)秦州的

① 《汉书》卷27下《五行志下》，1457页。

② 《宋史》卷67《五行志》，1488页，北京，中华书局，1977。

③ 《明史》卷30《五行志》，505页，北京，中华书局，1974。

④ 赵尔巽等：《清史稿》卷44《灾异志》，1644页，北京，中华书局，1977。

⑤ 《清史稿》卷44《灾异志》，1646页。

⑥ 《清史稿》卷44《灾异志》，1645页。

⑦ 《清史稿》卷44《灾异志》，1646页。

⑧ 《晋书》卷29《五行志》，899页，北京，中华书局，1974。

⑨ 《太平御览》卷880引崔鸿《十六国春秋》，3911页，北京，中华书局，1960(据上海涵芬楼影印宋本复制重印)。

⑩ 《宋史》卷67《五行志》，1488页。

⑪ 《元史》卷50《五行志一》，1084页，北京，中华书局，1976。

⑫ 《明史》卷30《五行志》，506页。

⑬ 《明史》卷30《五行志》，506页。

⑭ 《清史稿》卷44《灾异志五》，1643页。

一次山崩，史称两山之间有民居“数百万家”，“两山合，居民并入其中”①。此外还有的山崩竟摧毁城镇。如东汉顺帝建康元年(公元144年)凉州(治所在今甘肃张家川)山崩，导致“坏城”②；清同治十三年(公元1874年)西和西山崩，“走入城中，压倒城垣二百四十余丈，民房九十余处……”③。

在这些山崩活动中，明显地可以确定其为滑坡的有如下一些：①《太平御览》卷880引崔鸿《十六国春秋》记：前凉张寔五年(公元317年)，“祁山地震，从中陶原坂三里冒覆下川忽如见掩，山上草木存焉”④。祁山在今甘肃礼县东。从滑下的山体上“草木存焉”的情况观之，可以断定这是一次滑坡。②元仁宗延祐二年(公元1315年)五月，“秦州成纪县北山移至夕川河，明日再移，平地突如土阜，高者二三丈”⑤。这种山体移动的现象无疑也是属于滑坡。令人惊奇的是，这次滑坡中的山体在两天内竟连续滑动两次，越过夕川河，使山下平原出现了高大的土丘。③明弘治十八年(公元1505年)六月丙子，“河州沙子沟夜大雷雨，石崖山崩，移七八里，崩裂处为沟”⑥。这也是一次滑坡，山体移动竟达七八里之远。④清同治十三年(公元1874年)八月，“西和西山崩，走入城中”⑦。这也是一种滑坡。此外，明崇祯十七年(公元1644年)“秦州有二山，相距甚远，民居其间者数百万家，一日地震，两山合，居民并入其中”⑧。这是一种比较复杂的地质现象，是否属于滑坡，有待地质学家们研究。

有一些关于“山崩”的记载，可能是属于泥石流。如元泰定元年(公元1324年)八月，“成纪县大雨，山崩水溢，壅土至来谷河成丘阜”⑨。这是发生在一场大雨之后的山崩，山洪挟带“壅土”倾泻而下。明万历二十七年

---

① 《明史》卷30《五行志》，506页。

② 《太平御览》卷880引《后汉书》，3910页。

③ 《清史稿》卷44《灾异志》，1646页。

④ 《太平御览》卷880《咎徵部七》，引崔鸿《十六国春秋》，3912页。

⑤ 《元史》卷50《五行志》，1084页。

⑥ 《明史》卷30《五行志》，506页。

⑦ 《清史稿》卷44《灾异志》，1646页。

⑧ 《明史》卷30《五行志》，506页。

⑨ 《元史》卷50《五行志》，1084页。

(公元 1599 年)八月，“狄道城东山崩，其下冲成一沟，山南耕地涌出大小山五，高二十余丈”①。使山下冲出一条沟的现象，无疑是泥石流所致。

其余则只记载为“山崩”，无从确定其性质。不过，从上述弘治十八年河州沙子沟石崖山和清同治十三年西和西山的滑坡，泰定元年成纪县和万历二十七年狄道城东山的泥石流等，均被记为“山崩”来看，其中必定还包括不少属于滑坡或泥石流的。

二、山崩活动的持续性

从历史资料来看，陇右地区的山崩活动具有明显的持续性。其表现之一是某些地区从古至今均有山崩活动。如天水地区(古秦州)从后秦永和元年(公元 416 年)山崩见诸记载之后，历宋、元、明、清而持续不断。临夏地区(古河州)和临洮地区(古狄道)从明清以来山崩活动亦从未中断。山崩活动持续性的表现之二，是在同一地区山崩活动的连年发生。如秦州成纪县(今天水市)，在元仁宗延祐二年(公元 1315 年)五月乙丑发生了一起严重的滑坡后，二年(即延祐三年)七月己丑又发生第二次山崩，过了二年，即延祐五年(公元 1318 年)八月再度发生山崩，此后六年，即泰定元年(公元 1324 年)八月又发生了严重的山崩。从 1315 年至 1324 年短短的九年间，就接连发生了四次强烈的山崩。再以河州(治所在今临夏)为例，从光绪十二年(公元 1886 年)至光绪二十六年(公元 1900 年)的十四年记录中，曾相继发生四次山崩。洮州(今临潭)也曾在光绪三十一年(公元 1905 年)和三十二年接连发生山崩。这些资料表明，在陇右的许多地区，山崩活动是可能连续发生的，一次山崩之后也许不会停止太久又会再度发生的。有些地区山崩间隔时间之短促，实应引起注意。

① 《明史》卷 30《五行志》，506 页。

三、山崩原因的推测

从发生在陇右地区的五十余起山崩中，可以看出山崩发生原因的共有十三起。其余则未见记述山崩的原因。在这十三起中，因暴雨引起山崩者为七起，因地震引起山崩者为六起。可见暴雨和地震是引起山崩的两项最主要原因。如上述成纪县在元代的两次山崩均由于暴雨而触发，史称延祐五年(公元 1318 年)八月，“秦州成纪县暴雨，山崩”。① 泰定元年(公元 1324 年)八月，“成纪县大雨，山崩水溢”②。明正统十三年(公元 1448 年)“夏秋霪雨，通渭、平凉、华亭三县山倾”③。弘治十八年(公元 1505 年)六月，“河州沙子沟夜大雷雨，石岸山崩”④。清康熙元年(公元 1662 年)秋，“两当暴雨，山崩”⑤。第二年七月，“河州大雷雨，井沟山崩”⑥。咸丰元年(公元 1851 年)六月“礼县霪雨，山崩”⑦。值得注意的是，这些山崩均发生于六、七、八三个月份中，这正是夏秋暴雨季节，山崩的可能性便大为增加。另一重要原因是地震，如《汉书·五行志》记高后二年(公元前 186 年)正月“武都山崩……地震至八月乃止”⑧。可见这次山崩是与地震相伴生的。十六国时期祁山的两次山崩均由于地震而引起，前凉张寔五年(公元 317 年)“祁山地震”，引起山崩⑨；东晋元帝大兴二年(公元 319 年)五月，“祁山地震，山崩”⑩。

---

① 《元史》卷 50《五行志》，1084 页。
② 《元史》卷 50《五行志》，1084 页。
③ 《明史》卷 30《五行志》，505 页。
④ 《明史》卷 30《五行志》，506 页。
⑤ 《清史稿》卷 44《灾异志》，1643 页。
⑥ 《清史稿》卷 44《灾异志》，1644 页。
⑦ 《清史稿》卷 44《灾异志》，1645 页。
⑧ 《汉书》卷 27 下之上《五行志下之》，1457 页。
⑨ 见《太平御览》卷 880，引崔鸿《十六国春秋》，3912 页。
⑩ 《晋书》卷 29《五行志》，896 页。

四、山崩的前兆

山崩活动是有前兆的。从史料中可以看到，其前兆主要有二，一是山体发生鸣吼；二是山体发生裂隙。如明成化八年(公元1472年)陇州(今陕西陇县)“北山吼三日，裂成沟，长半里”①。更多的是在事前发出鸣响。如唐武则天永昌元年(公元689年)华州(今陕西华县)赤水南岸大山曾发生一次巨大的滑坡。在滑坡发生之前，“昼日忽风昏，有声隐隐如雷，顷之(山体)渐移东数百步，拥赤水，压张村民三十余家，山高二百余丈，水深三十丈，坡上草木宛然”②。北宋神宗熙宁五年(公元1072年)“华州少华山前阜头峰越八盘岭及谷，摧陷于石子坡，东西五里，南北十里，溃散坟裂，涌起堆阜，各高数丈，长若堤岸。至陷居民六社，凡数百户，林木、庐舍亦无存者”③。据史书记载，事后，“并山之民言：‘数年以来，峰上常有云，每遇风雨，即隐隐有声。是夜初昏，略无风雨，山上忽雾起，有声渐大，地遂震动，不及食顷而山摧’”④。明嘉靖二十六年(公元1547年)澄城(今陕西澄城)“麻陂山界头岭，昼夜吼数日。山忽中断，移走，东西三里，南北五里”。⑤ 这些严重的滑坡发生之前，均有山体鸣吼的现象发生。

这次东乡族自治县洒勒山在发生滑坡之前，亦有类似的前兆现象发生。可见滑坡之有先兆现象具有一定的普遍性，这就为预防滑坡提供了一个条件。

本文对于有关山崩历史资料的叙述是极其粗疏和肤浅的，甚至可能有不少错误，其目的只是为了抛砖引玉，希望引起自然科学工作者和史学工作者对这一问题的关注。在结束本文时，我想冒昧提出一点建议，供有关方面参考：

---

① 《明史》卷30《五行志》，505页。

② 《新唐书》卷35《五行志》，910页，北京，中华书局，1975。

③ 《宋史》卷67《五行志》，1488页。

④ 《宋史》卷67《五行志》，1488页。

⑤ 《明史》卷30《五行志》，506页。

史学工作者可与有关自然科学研究机构配合，从历史发展的角度对山崩的发生发展规律进行研究。应进一步广泛收集、整理有关山崩活动的历史资料，除正史之外，地方志、类书和各种文集笔记中尚保留不少关于山崩的历史资料。应该像重视地震历史资料一样重视山崩历史资料的收集和整理，汇编成册，供史学工作者和地质科学工作者参考和研究。由于甘肃处于黄土高原与青海高原的接触地带，秦、陇、青、蜀、滇等地区均属自古以来山崩活动频繁区域，因此研究陇右地区的山崩活动，就必须与邻接省份密切配合才能取得更好的成果。

原载《兰州学刊》，1983(3)。

狮舞流沙万里来

狮舞是中国人民喜闻乐见的一种民间舞蹈，流行广泛。然而关于它出现于何时、起源于哪里等问题却颇为混乱纷纭。关于其出现的时间，或笼统地谓“其俗由来已久”，① “是历史悠久的民间舞蹈”，② 均未明言出现于何时；说明具体时间者，则有谓“汉代即已流行”，③ 有谓“起源于南北朝”，④ 有谓“自唐代以来盛行于中国民间”。⑤ 关于它的来源，或谓其为“汉族传统娱乐活动”，“唐代已传入西凉”，⑥ 显然认为其源于中国本土。中国本土是如何产生狮舞的？清代有的学者认为狮舞“盖即古傩礼之意”⑦，此说被后世一些学者所承袭，将狮舞视为“逐疫的古礼”，“傩礼的遗俗”。⑧有的认为狮舞“初在军队中盛行，后渐传入民间”，⑨ 有谓“《乐府杂录》把它归入‘龟兹部’，可能传自龟兹”⑩。

窃以为，狮子舞虽然现在已成为在中国广泛流行的民间舞蹈，但是它并非本土所出，而是源于西域，大约是在曹魏时期出现于中原文化舞台上的。

---

① 郑传寅、张健主编：《中国民俗辞典》，“舞狮”条，305页，武汉，湖北辞书出版社，1987。

② 丁守和：《中华文化辞典》，“狮子舞”条，356页，广州，广东人民出版社，1989。

③ 《辞海》，“狮子舞”条，1878页，上海，上海辞书出版社，1979。

④ 王景海，陈劳志等：《中华礼仪全书》，“舞狮子”条，431页，长春，长春出版社，1992。

⑤ 蔡鸿生：《唐代九姓胡与突厥文化》，205页，北京，中华书局，1998。

⑥ 郑传寅、张健：《中国民俗辞典》，“狮舞”条，304页。

⑦ （清）黄钊：《石窟一征》，201页，台北，台湾学生书局，1970。

⑧ 张祖基：《客家旧礼俗》，第二篇“岁时节俗”，台北，台湾众文图书公司，1986。

⑨ 王景海，陈劳志等：《中华礼仪全书》，“舞狮子”条，431页。

⑩ 丁守和：《中华文化辞典》，“狮子舞”条，356页。

一、狮子产于西域

狮子这种动物产于西域，而不产于中国内地，这是狮子舞并非起源于中国的重要客观前提。关于狮子的产地，《简明大英百科全书》是这样叙述的："狮：猫科大型动物……从前分布在非洲、欧洲和亚洲，但现在仅仅生存于非洲的撒哈拉以南的地区。由几百头狮子构成的一个亚洲亚种，在严密的保护下栖息在印度古吉拉特邦的吉尔(Gir)国家森林保护区里。"①可知狮子在古代的分布很广，遍及非、亚、欧地区。亚洲虽然也盛产狮子，但是包括中国在内的亚洲东部地区却不产狮子，主要产于西亚和南亚地区。美国学者谢弗说："在古代的亚洲，在印度、波斯、巴比伦、亚述以及小亚地区，狮子这种巨大的猫科动物是很常见的动物，在古典时代，甚至在马其顿和色萨利也可以见到狮子的身影。从那以后，狮子在亚洲的分布范围和数量就开始不断地缩小，在19世纪时，在伊朗的设拉子以南和在古杰拉特还仍然能发现一些狮子。"②上述出产狮子的地区，都属于中国古代所谓"西域"的范畴之内。英美学者关于古代狮子分布范围的说法，与中国古代史籍的记载是吻合的。两汉史籍所载狮子产地，在《汉书·西域传》中有乌弋山离国，谓其国"地暑热莽平……而有桃拔、师子、犀牛"③。据考乌弋山离国在今阿富汗之赫拉特。④《后汉书·西域传》中有条支国，谓其国"土地暑湿，出师子、犀牛、封牛、孔雀、大雀"⑤。条支大约为今叙利亚一带。⑥ 此外，曾向东汉王朝贡献狮子的西域国家有月氏国、安息国、

① 《简明大英百科全书中文版》，第11卷，323页，北京，中华书局，1989。

② [美]谢弗：《唐代的外来文明》，吴玉贵译，191页，北京，中国社会科学出版社，1995。

③ 《汉书》卷96上《西域传上·乌弋山离国传》，3889页，北京，中华书局，1962。

④ 冯承钧原编，陆峻岭增订：《西域地名》，3页，北京，中华书局，1980。

⑤ 《后汉书》卷88《西域传·条支国传》，2918页，北京，中华书局，1965。

⑥ 参见黄时鉴主编：《解说插图中西关系史年表》，45页，杭州，浙江人民出版社，1994。

疏勒国等。① 这里的月氏国，系指公元1世纪中叶建立的贵霜王朝，盛时版图跨有今阿富汗、巴基斯坦、印度西北部和中部等地。安息国系伊朗帕提亚的阿尔撒西斯王朝，盛时东至今阿富汗北部、印度河流域，西至美索不达米亚，北濒里海，南抵波斯湾。疏勒国故治在今新疆喀什市。这些向东汉王朝贡献狮子的西域国家，一般均出产狮子，有的也可能并不出产狮子而是采自它地而转献的。关于欧洲，《后汉书·西域传》说："从安息陆道绕海北行出海西至大秦……道多猛虎、师子，遮害行旅，不百余人，赍兵器，辄为所食。"②大秦指罗马帝国。但据夏德的研究认为，"意大利道途中扰害旅客的不是狮虎而是盗贼"，"在叙利亚(美索不达米亚)为行旅之患的狮虎，罗马极为需要，常向非洲及东方各省运入，以供皇帝的娱乐。"并引古罗马作家普林尼的说法："在欧洲，只希腊北部的某些地区才有狮子。"③古希腊学者亚里士多德说，狮子"这动物素以稀少著称于世，好多国内没有狮。实际上，全欧罗巴只在阿溪罗与纳索两河之间一带山林中才有此兽"④。可知狮子在欧洲的分布较少，主要产于中亚、西亚、南亚和非洲。

中国人虽然早在先秦时期就已经知道狮子这种动物，但它却是传自于西域。关于狮子的名称在中国主要有二：在汉代以前称为"狻猊"，汉代始称为"师子"，而二者均为外来语。先秦时称狮子为"狻猊"，《穆天子传》中有"狻猊……走五百里"⑤的传说记载。此书于西晋太康二年(公元281年年)挖掘汲郡战国魏襄王墓时发现，书中叙述周穆王西行的经历，反映了周代与西北少数民族乃至某些中西交通的情况，关于狻猊的这种传说，当来自西域。秦汉间学者缀辑周、汉旧文而成的《尔雅》亦有记载，谓"狻猊，如虦猫，食虎豹"。晋郭璞注云："即师子也，出西域。"⑥狻猊"这个词的读

① 分见《后汉书》之《西域传》、《班超传》、《和帝纪》、《顺帝纪》等。
② 《后汉书》卷88《西域传·大秦国传》，2920页。
③ [德]夏德：《大秦国全录》，90～91页，北京，商务印书馆，1964。
④ 亚里士多德：《动物志》，吴寿彭译，311页，北京，商务印书馆，1979。
⑤ (晋)郭璞注，(清)洪颐煊：《穆天子传》卷1，4页，北京，中华书局，1985。
⑥ 《尔雅注疏》卷十《释兽》，见《十三经注疏》，2651页。

音相当于‘＊suangi’，这是在公元前由印度传到中国的一个词”[①]。从汉代开始称其为“师子”，而“师”这个语词乃是伊斯兰语属，[②] 后加“犬”旁为“狮”字。由此可见关于狮子的称呼均从西域输入。此外中国古代还将狮子称为“虓”，东汉人许慎《说文解字》谓：虓，“一曰师子”。但这个称呼并不通行。

狮子之正式进入中国本土是在西汉。汉武帝开通西域以后，这种猛兽开始传入内地，《汉书·西域传·赞》称“自是之后……钜象、师子、猛犬、大雀之群食于外囿。殊方异物，四面而至”[③]。狮子作为西域一些国家的“贡品”，通过使臣而源源进入内地。班固《西都赋》中已有汉天子率群臣于苑中“挟师豹”[④]的描写。东汉一代西域诸国贡献狮子见诸《后汉书》者有四：章帝章和元年(公元 87 年)，“月氏国遣使献扶拔、师子”[⑤]。章和二年(公元 88 年)又有“安息国遣使献师子、扶拔”[⑥]。和帝永元十三年(公元 101 年)“冬十一月，安息国遣使献师子及条枝大爵”[⑦]。顺帝阳嘉二年(公元 133 年)“疏勒国献师子、封牛”[⑧]。

随着中外交往的进一步发展，魏晋南北朝隋唐时期，中国人关于狮子产地的记载和认识也日渐扩展和丰富。滑国，“其兽有师子、两脚骆驼”[⑨]。滑国即北朝史籍所载之嚈哒，为公元五六世纪时中亚的一个民族和王国。“者至拔国，都者至拔城……其国东有潘贺那山，出美铁及师子。”[⑩]者至拔国，在疏勒之西。“悉万斤国……其国南有山，名伽色那，山出师子。每

① [美]谢弗：《唐代的外来文明》，191 页。

② 参见罗常培：《语言与文化》，20 页，北京，语文出版社，1989。

③ 《汉书》卷 96 下《西域传下》赞曰，3928 页。

④ (汉)班固：《西都赋》，见(梁)萧统编，(唐)李善注：《文选》卷 1，28 页，北京，中华书局，1977。

⑤ 《后汉书》卷 3《章帝纪》，158 页。

⑥ 《后汉书》卷 4《和帝纪》，168 页。

⑦ 《后汉书》卷 4《和帝纪》，189 页。

⑧ 《后汉书》卷 6《顺帝纪》，263 页。

⑨ 《梁书》卷 54《诸夷传·西北诸戎传·滑国传》，812 页。又见《南史》卷 79《夷貊传下·滑国传》，1984 页。

⑩ 《魏书》卷 102《西域传·者至拔传》，2269 页，北京，中华书局，1974。

使朝贡。”[①]悉万斤，在今乌兹别克斯坦共和国之撒马尔罕。“伏卢尼国，都伏卢尼城……城北有云尼山，出银、珊瑚、琥珀，多师子。”[②]伏卢尼，在波斯国北面。“怛满，或曰怛没，……居乌浒河北平川中，兽多师子。西北与史接，以铁关为限。”[③]乌浒河即中亚之阿姆河。“炀帝时，遣侍御史韦节、司隶从事杜行满使于西蕃诸国。至……史国，得十儛女、师子皮、火鼠毛而还。”[④]史国在今撒马尔罕以南之沙赫里夏勃兹(Shahr-iSebz)。[⑤]

在亚洲以波斯产狮最多。波斯是取代安息而在伊朗高原所建国家。“波斯国……又出白象、师子、大鸟卵。”[⑥]“土多良马、大驴、师子、白象……”[⑦]“出骡及大驴、师子、白象……”[⑧]

《旧唐书》卷198《西戎·大食传》云：“大食国，本在波斯之西。大业中，有波斯胡人牧驼于俱纷摩地那之山，忽有狮子人语谓之曰……遂割据波斯西境，自立为王。”[⑨]撇去其中的神话内容，可知其地亦产狮。大食即阿拉伯帝国。

到了唐代，关于狮子产地的记载更扩展至南亚地区。《新唐书》卷221上《西域传上》载：“南天竺濒海，出师子、豹……”[⑩]唐人杜佑在《通典·乐典六》中说：“师子挚兽，出于西南夷天竺、师子等国。”[⑪]

《太平广记》引《博物志》谓曹操曾猎获狮子：“魏武帝伐冒顿，经白狼山，逢狮子，使人格之，杀伤甚众。王乃自率常从健儿数百人击之。狮子哮吼奋迅，左右咸惊汗。忽见一物从林中出，如狸，超上王车轭上，狮子

① 《魏书》卷102《西域传·悉万斤国传》，2269～2270页。

② 《魏书》卷102《西域传·伏卢尼国传》，2272页。

③ 《新唐书》卷221下《西域传下·大食传》，6264页，北京，中华书局，1975。

④ 《隋书》卷83《西域传·序》，1841页，北京，中华书局，1973。

⑤ 参见冯承钧：《西域地名》，48页。

⑥ 《魏书》卷102《西域传·波斯传》，2271页。又见《北史》卷97《西域传》；《周书》卷50《异域传下》。

⑦ 《隋书》卷83《西域传》，1857页。

⑧ 《旧唐书》卷198《西戎·波斯传》，5312页，北京，中华书局，1975。

⑨ 《旧唐书》卷198《西戎·大食传》，5315页。

⑩ 《新唐书》卷221上《西域传上·天竺国传》，6236页。

⑪ 《通典》卷146《乐六·坐立部伎》，761页，北京，中华书局，1984。

将至，此兽便跳于狮子头上，狮子即伏不敢起，于是遂杀之，得狮子一子。此兽还，未至洛阳三十里，路中鸡狗皆伏，无鸣吠者。”①曹操伐乌桓时曾登白狼山，山在今辽宁喀喇沁左翼蒙古族自治县境。张华《博物志》为志怪小说，这一带并不产狮，但西域有白狼，与狮子有关，唐虞世南《狮子赋》云：“有绝域之神兽，因重译而来扰……尔乃发乌弋，过白狼，逾绝巘，跨飞梁，越流沙而遥集。”②西域康国之贡狮须“过白狼”，而两“白狼”非一地。

魏晋南北朝隋唐时期，向中原王朝进贡狮子的记载也日益增加。向南朝的贡狮，《宋书·索虏传》载：“粟特大明中遣使献生师子、火浣布、汗血马，道中遇寇，失之。”③粟特即活动于阿姆河、锡尔河之间的昭武九姓。《梁书·西北诸戎传》载：“滑国者，车师之别种也……普通元年，又遣使献黄师子、白貂裘、波斯锦等物。”④滑国即北朝史籍所载之嚈哒，该国同时也向北朝进贡狮子，《魏书》卷102《西域·嚈哒传》载：“嚈哒国……西域康居、于阗、沙勒、安息及诸小国三十许皆役属之，号为大国……正光末，遣使贡师子，至高平，遇万俟丑奴反，因留之。丑奴平，送京师。”⑤关于万俟丑奴截留贡狮，《北史》卷48《尔朱天光传》记曰：建义元年(公元528年)夏，“丑奴击宝夤于灵州，禽之，遂僭大号。时获西北贡师子，因称神兽元年，置百官”⑥。关于此次贡狮之国，《资治通鉴》梁武帝大通二年(公元528年)记作“波斯国”：秋七月，“万俟丑奴自称天子，置百官。会波斯国献师子于魏，丑奴留之，改元神兽”⑦。盖其时嚈哒强盛，波斯为其所

① 《太平广记》卷441《狮子·魏武帝》，3598页，北京，中华书局，1961。

② (清)董诰等编：《全唐文》卷138，1396页，北京，中华书局，1983。

③ 《宋书》卷95《索虏传》，2357～2358页，北京，中华书局，1974。

④ 《梁书》卷54《诸夷传·滑国传》，812页，北京，中华书局，1973。

⑤ 《魏书》卷102《西域传·嚈哒国传》，2279页。又见《北史》卷97《西域传·嚈哒传》，3231页。

⑥ 《北史》卷48《尔朱天光传》，1774页。

⑦ 《资治通鉴》卷152《梁纪八》，“武帝大通二年”条，4750页，北京，中华书局，1956。

属。[①] 故两者实为一事。万俟丑奴被平定后，狮子运抵洛阳，故《魏书》卷10《孝庄帝纪》载永安三年(公元530年)六月，“嚈哒国献师子一”[②]。实则是年贡狮始达洛阳。关于这头狮子的最后下落，《资治通鉴》梁武帝中大通三年(公元531年)载：“尔朱天光之灭万俟丑奴也，始获波斯所献师子，送洛阳，及节闵帝即位，诏曰：‘禽兽囚之则违其性。’命送归本国。使者以波斯道远不可达，于路杀之而返。”[③]此外，《魏书》卷四载北魏太平真君十一年(公元450年)十一月，“頞盾国献师子一”[④]。

《南史·齐高帝纪》载，柔然曾向南朝进贡狮子皮制品，建元三年(公元481年)“九月辛未，蠕蠕国王遣使欲俱攻魏，献狮子皮裤褶”[⑤]。但据《南齐书·芮芮虏传》：柔然“献师子皮裤褶，皮如虎皮，色白毛短。时有贾胡在蜀见之，云此非师子皮，乃扶拔皮也”[⑥]。扶拔又记作符拔、桃拔，《续汉书》谓“符拔，形似麟而无角”[⑦]。孟康谓“似鹿，长尾”[⑧]。现代学者谓其为羚羊之属动物。[⑨] 古代狮子与扶拔常并出，如，西域乌弋所出“有桃拔、师子”[⑩]。故二者也常并献，如，东汉章帝章和元年(公元87年)“月氏国遣使献扶拔、师子”[⑪]。

唐代贡狮更是络绎而至。贞观九年(公元635年)“夏四月壬寅，康国献狮子”[⑫]康国都于今乌兹别克斯坦共和国之撒马尔罕。《酉阳杂俎》前集卷之

① 《洛阳伽蓝记校注》卷3《宣阳门》，注51，172～173页，上海，上海古籍出版社，1978。

② 《魏书》卷10《孝庄帝纪》，265页。

③ 《资治通鉴》卷155《梁纪十一》“武帝中大通三年”条，4801页。

④ 《魏书》卷4下《世祖纪下》，104页。

⑤ 《南史》卷4《齐高帝纪》，112页，北京，中华书局，1975。

⑥ 《南齐书》卷59《芮芮虏传》，1024页。

⑦ 《后汉书》卷47《班超传》注引《续汉书》，1581页。

⑧ 《汉书》卷96上《西域传上》孟康注，3889页。

⑨ 黄时鉴主编：《解说插图中西关系史年表》，49页。

⑩ 《汉书》卷96《西域传上·乌弋山离国》，3889页。

⑪ 《后汉书》卷3《章帝纪》，158页。

⑫ 《旧唐书》卷3《太宗纪》，45页。又见《旧唐书》卷198《西戎·康国传》，5310页；《新唐书》卷221下《西域下·康传》，6244页；《旧唐书》卷72《虞世南传》，2567页。

十六《毛篇》云："高宗时，加(一曰伽)毗国献天铁熊，擒白象、师子。"[①]"擒"字疑衍。万岁通天元年(公元 696 年)，"大食使者献师子，(姚)璹曰：'是兽非肉不食，自碎叶至都，所费广矣。陛下鹰犬且不蓄，而厚资养猛兽哉！'有诏大食停献"[②]。拂菻国主于开元七年(公元 719 年)"遣吐火罗大首领献狮子、羚羊各二"[③]。拂菻即拜占庭帝国，吐火罗在葱岭西、阿姆河南一带。据《新唐书》卷 221 下《西域传下》记载，与此同时吐火罗还为诃毗施国转贡狮子，开元七年(公元 719 年)，"诃毗施王捺塞因吐火罗大酋罗摩献师子、五色鹦鹉"[④]。诃毗施在今阿富汗之卡菲里斯坦地方。[⑤] 开元十年(公元 722 年)十月，"波斯国遣使献狮子"[⑥]。李肇《唐国史补》卷上："开元末，西国献狮子。至长安西道中，系于驿树。"[⑦]此外，《新唐书》卷 215 下《突厥传下》也有西突厥"射匮亦连年係贡条支巨卵、师子革等"[⑧]的记载。

综上所述可知，汉唐时期中国古籍所记载之狮子产地及贡狮国家，主要在东起疏勒，西至大食、条枝、拂菻，北自柔然，南及南天竺，大致在今中亚、西亚、南亚及东南欧地区，这一带正是古代狮子比较集中的出产地。而中国内地则并不产狮子，故时人把狮子视为"外国兽"。据《南史·宗悫传》，元嘉二十二年(公元 445 年)，振武将军宗悫以军副而参与讨伐林邑，林邑王范阳迈"倾国来逆，以具装披象，前后无际"，宗悫"以为外国有师子威服百兽，乃制其形与象相御，象果惊奔，众因此溃乱，遂克林邑"[⑨]。可见不仅中原地区没有狮子，东南亚地区亦然。因此，在汉唐时期

① (唐)段成式：《酉阳杂俎》前集卷之 16《毛篇》，160 页，北京，中华书局，1981。

② 《新唐书》卷 102《姚思廉传附姚璹传》，3980 页。

③ 《旧唐书》卷 198《西戎传·拂菻国传》，5315 页。又见《新唐书》卷 221《西域传下·拂菻传》，6261 页。

④ 《新唐书》卷 221 下《西域传下》，6260 页。

⑤ 冯承钧：《西域地名》，42 页，北京，中华书局，1980。

⑥ 《旧唐书》卷 8《玄宗纪》，184 页。

⑦ 李肇：《唐国史补》卷上，16 页，上海，上海古籍出版社，1957。

⑧ 《新唐书》卷 215 下《突厥传下》，6057 页，校勘记(三)："此处'射匮'当为'统叶护'之讹"，6070 页。

⑨ 《南史》卷 317《宗悫传》，971 页。

中原王朝都把域外贡狮视为大事，从而引起强烈的反响。《旧唐书·西戎传》载，贞观九年(公元635年)四月，康国”遣使贡狮子，太宗嘉其远至，命秘书监虞世南为之赋”①。甚至有的地名因贡狮而产生，北魏首都洛阳城南之”狮子坊”，就是因波斯国贡狮而形成的。《洛阳伽蓝记》记其事之始末甚详：“永桥南道东有白象、狮子二坊……狮子者，波斯国胡王所献也，为逆贼万俟丑奴所获，留于寇中。永安末，丑奴破，始达京师。庄帝谓侍中李或曰：‘朕闻虎见狮子必伏，可觅试之。’于是诏近山郡县捕虎以送。巩县、山阳并送二虎一豹，帝在华林园观之，于是虎豹见狮子，悉皆瞑目，不敢仰视。园中素有一盲熊，性甚驯，帝令取试之。虞人牵盲熊至，闻狮子气，惊怖跳踉，曳锁而走，帝大笑。普泰元年，广陵王即位，诏曰：‘禽兽囚之，则违其性，宜放还山林。狮子亦令送归本国。送狮子胡以波斯道远，不可送达，遂在路杀狮子而返。有司纠劾，罪以违旨论，广陵王曰：‘岂以狮子而罪人也?’遂赦之。”②贡狮对于中原王朝来说，不仅在于作为异兽而激起的好奇心和轰动，甚而在政治上也产生一定的影响。贡狮虽已却归，但“狮子坊”却留传了下来。

二、狮舞源于西域

艺术是客观现实生活的反映，狮子舞亦然。既然狮子是西域所特有的动物，那么狮子舞这种艺术形式也应是在这个土壤中诞生的，源于西域产狮国的客观现实生活，尽管传入内地之后又有其不断改造、发展、演变的历程。

先看唐人杜佑所记狮子舞之表演情况：“《太平乐》，亦谓之五方师子舞。师子鸷兽，出于西南夷天竺、师子等国。缀毛为衣，象其俛仰驯狎之容。二人持绳拂，为习弄之状。五师子各依其方色，百四十人歌《太平乐》，舞抃以从之，服饰皆作昆仑象。”③这个记载包含着三层意思：其一，

① 《旧唐书》卷198《西戎传·康国传》，5310页。

② 《洛阳伽蓝记校注》卷3《城南》，161～162页。校注谓“李或”似以“李彧”为是。

③ 《通典》卷146《乐典·坐立部伎》，761页；《旧唐书》卷29《音乐志二》，略同。

狮子为外国猛兽；其二，狮舞所表现之主要内容是人对狮子的调教、驯服、戏弄；其三，舞者穿外国服饰进行表演。第一层意思我们在前面已经作了论述，兹不赘述。现根据第二、三层意思而做一些探讨。

狮舞所表现的主要内容是人对狮子的调教和驯服、戏弄。在出产狮子的印度，狮子这种猛兽被视为兽中之王，《大集经》说："过去世有一师子王住深山窟，常作是念：我是一切兽中之王。力能视护一切诸兽。"①但是佛却能威服狮子，而凌驾于狮子之上，《佛说太子瑞应经》说："佛初生时，有五百师子，从雪山来，侍列门侧。"②从此，佛陀说法坐狮子座，演法作狮子吼，成了"人中狮子"。③ 而作为佛陀左胁侍的文殊菩萨的形象则是骑着狮子的，以表示其智慧威猛。日僧圆仁于唐文宗开成五年(公元 840 年)巡礼五台山，在那里看见大华严寺的文殊菩萨"骑狮子像，满五间殿在"。据说是工匠"开眼见文殊菩萨骑金色狮子现其人前"而作；在金阁寺见文殊菩萨"骑青色狮子"；在清凉寺，见文殊菩萨"骑白玉狮子"；在西台见文殊像"骑双狮子"。此外在西台还见到两岩"皆有大石座。相传云：'文殊师利菩萨共维摩相见对谈之处。'其两座中间于下石上有狮子蹄迹，塌入石面深一寸许"④。

佛陀坐狮子座，影响了世俗社会，于是人君也坐狮子座，并随着佛教的由西向东传播而东渐。《旧唐书·西戎传》载："泥婆罗国……其王那陵提婆，身著珍珠、玻瓈……坐狮子床。"⑤《新唐书·西域传上》云："泥婆罗……其君服珠、颇黎……御师子大床。"⑥《隋书·西域传》：波斯国，"王

---

① (北凉)天竺三藏昙无谶译：《大方等大集经》卷第十一海慧菩萨品第五之四，大藏经刊行会编：《大正新修大藏经》第 13 卷，70 页，台北，世桦印刷企业有限公司，1994。

② (唐)法琳撰：《辨正论》第 8 卷《历世相承篇》，大藏经刊行会编《大正新修大藏经》第 52 卷《史传部》，548 页，台北，世桦印刷企业有限公司，1994。

③ 蔡鸿生：《唐代九姓胡与突厥文化》，196 页。

④ [日]释园仁撰，[日]小野胜年校注，白化文、李鼎霞、许德楠修订校注，周一良审阅：《入唐求法巡礼行记校注》卷 3，281、287、299、301 页，石家庄，花山文艺出版社，1992。

⑤ 《旧唐书》卷 198《西戎传·泥婆罗国传》，5289 页。

⑥ 《新唐书》卷 221 上《西域传上》，6213 页。

著金花冠，坐金师子座”[①]。《旧唐书·西戎传·波斯传》说：“其王冠金花冠，坐狮子床。”[②]北魏时宋云、惠生出使西域至嚈哒国，见嚈哒国王，而“王妃出则舆之，入坐金床，以六牙白象四狮子为床”[③]。“龟兹国……其王头系彩带，垂之于后，坐金师子床。”[④]直至唐代仍然如此，“其王……坐金狮子床”[⑤]。吐谷浑，“自吐谷浑至伏连筹一十四世。伏连筹死，子夸吕立，始自号为可汗……夸吕椎髻、耳毛、珠，以皂为帽，坐金师子床”[⑥]。

此外亦有以狮子为冠者，《魏书·西域传》载：“疏勒国……其王戴金师子冠。”[⑦]

佛陀与世俗君主威服狮子的观念，固然是他们君临世界的一种表征，但也是现实生活中人、狮较量结果的一种反映。古代西域人与狮子这种兽中之王进行了长期的较量。由于西域多狮子，故而人、狮关系密切。如，盛产狮子的波斯，人狮搏斗是其艺术中常见的题材。[⑧] 人们猎狮寝皮，蔚为风气，《梁书·西北诸戎·波斯传》记波斯国“婚姻法：下聘讫，女婿将数十人迎妇，婿著金线锦袍、师子锦袴，戴天冠。妇亦如之”[⑨]。狮子皮成为人们的服饰并纳入礼俗之中。人们不仅以自己的聪明才智射杀、猎获狮子，进而驯服狮子。据《新唐书·西域传·师子国传》称师子国，“能驯养师子，因以名国”[⑩]。唐代文绫中所绘驯狮图就是这种现实生活的写照。[⑪] 图中的驯狮人身躯修长，赤身露体，有类“昆仑”人，画中植物亦为西域所有。

---

① 《隋书》卷83《西域传·波斯国传》，1856～1857页。

② 《旧唐书》卷198《西戎传·波斯国传》，5311页。

③ 《洛阳伽蓝记校注》卷5《城北·闻义里》，288页。

④ 《魏书》卷102《西域传·龟兹传》，2266页。

⑤ 《旧唐书》卷98《西戎传·龟兹传》，5303页。

⑥ 《周书》卷50《异域传下·吐谷浑传》，912页。

⑦ 《魏书》卷102《西域传·疏勒国传》，2268页。

⑧ 参见蔡鸿生：《唐代九姓胡与突厥文化》，203页。

⑨ 《梁书》卷54《诸夷传·西北诸戎传·波斯传》，815页。

⑩ 《新唐书》卷221下《西域传下·师子国传》，6258页。

⑪ 见刘迎胜：《丝路文化海上卷》，彩图12“日本奈良正仓院所藏唐驯狮图文绫”，杭州，浙江人民出版社，1995。

在斗狮、驯狮的现实生活基础上，因而产生了戏狮、舞狮的艺术形式。《新唐书·回鹘传》记载，黠戛斯“戏有弄驼、师子、马伎、绳伎”①。在黠戛斯的诸“戏”中有一种“狮子戏”，这种“狮子戏”与传入中土的狮舞当为类似之艺术形式，两者当有密切之关系。在今撒马尔罕一带之米国，“开元时，献璧、舞筵、师子、胡旋女”②。这里的“师子”一辞置于“舞筵”和“胡旋女”之间，前后二者均属舞蹈物事，颇疑米国所献“师子”非动物之狮子而是狮子舞。元稹《西凉伎》：“哥舒开府设高宴，八珍九酝当前头。前头百戏竞撩乱，丸剑跳踯霜雪浮。狮子摇光毛彩竖，胡腾醉舞筋骨柔。”③在这里“狮子”与“胡腾”亦并述，前者为狮子舞，后者为胡腾舞，两者同在宴饮中表演。事实上直至唐代西域仍向唐进贡狮子舞，这在唐诗中也有反映。李白《上云乐》：“金天之西，白日所没。康老胡雏，生彼月窟……老胡感至德，东来进仙倡，五色师子，九苞凤凰。”④明言狮子舞是西胡康国所献“仙倡”之一。白居易《西凉伎》：“西凉伎，假面胡人假狮子。刻木为头丝作尾，金镀眼睛银帖齿。奋迅毛衣摆双耳，如从流沙来万里。紫髯深目两胡儿，鼓舞跳梁前致辞。应似凉州未陷日，安西都护进来时。须臾云得新消息，安西路绝归不得。泣向狮子涕双垂，凉州陷没知不知。狮子回头向西望，哀吼一声观者悲。贞元边将爱此曲，醉坐笑看看不足。娱宾犒士宴监军，狮子胡儿长在目。”⑤这里把狮舞来自西域作了更为细腻的描绘。

那么，狮子舞在中原地区是何时才出现的呢？既然狮子是在汉唐时期从西域传入中原地区的，那么狮子舞也必须在这个前提下才可能在中国出现。窃谓狮子舞至少在曹魏时期已经在中国出现。汉代郊祭乐人员中有“常从象人四人”，《汉书·礼乐志》颜师古注引孟康注“象人”曰：“若今戏

① 《新唐书》卷217下《回鹘传下·黠戛斯传》，6148页。

② 《新唐书》卷221下《西域传下·康传》，6247页。

③ 《全唐诗》卷419，4616页，北京，中华书局，1960。

④ 《全唐诗》卷162，1687页。

⑤ 《全唐诗》卷427，4701页。

虾鱼、师子者也。”[①]这里提到了“戏师子”这样的文艺形式，孟康为曹魏时人，这里的“今”即指曹魏时期，可见其时已有戏狮子的表演。这是到目前为止见诸文字的中国出现狮舞的最早记载。虽然可能在此之前师子戏已经传入中国，但是有确切文献记载则从这个时期始见，至少从这个时期开始狮舞已经正式登上了中国的文化艺术舞台。据《洛阳伽蓝记》记载，北魏时洛阳城内有“长秋寺，刘腾所立也……寺北有濛汜池……中有三层浮图一所……四月四日，此象常出，辟邪、师子，导引其前；吞刀吐火，腾骧一面；彩幢上索，诡谲不常。奇伎异服，冠于都市”[②]。这是举行四月行像的法事时广设狮子等百戏表演。当时洛阳的寺院纷纷参加这种活动，如，城内的昭仪尼寺亦以“四月七日，常出诣景明，景明三像恒出迎之，伎乐之盛，与刘腾相比”[③]。这里的“刘腾”即指所立长秋寺。昭仪尼寺的行像与其他寺院一样都到景明寺集中，“四月七日，京师诸像皆来此寺”，故这一天在景明寺“于时金花映日，宝盖浮云，旛幢若林，香烟似雾。梵乐法音，聒动天地。百戏腾骧，所在骈比”[④]。这里提到昭仪尼寺在行像日的“伎乐之盛”不下于长秋寺，景明寺在这一天更是“百戏腾骧”，这些所谓“伎乐”、“百戏”实际上都应当包括了狮子戏在内。由此可见在北魏时期狮子戏已经相当普遍了。南朝亦然，《南齐书·王敬则传》谓南朝人王敬则曾“梦骑五色师子”[⑤]。狮子舞即以“五师子各立其方色”[⑥]而为之，故上引白居易《上云乐》诗云：“东来进仙倡，五色师子。”舞狮何以为“五色”？乃是以五种颜色代表五个方位。《太平广记》有唐代“太常有师子乐，备五方之色”[⑦]的记载，《新唐书·礼乐志》也说舞狮被“饰以方色”[⑧]。故狮子舞又称为“五方师

① 《汉书》卷22《礼乐志二》，1075页。

② 《洛阳伽蓝记校注》卷1《城内·长秋寺》，43页。

③ 《洛阳伽蓝记校注》卷1《城内·昭仪尼寺》，54页。

④ 《洛阳伽蓝记校注》卷3《城南·景明寺》，132～133页。

⑤ 《南齐书》卷26《王敬则传》，479页。

⑥ 《旧唐书》卷29《音乐志二》，1059页。

⑦ 《太平广记》卷497《杂录五·赵宗儒》，4080页。

⑧ 《新唐书》卷21《礼乐志十一》，470页。

子舞”①。王敬则梦骑五色狮子，应是狮子舞这一客观现实在其梦境中的反映。

到了唐代，除了西域进贡的狮子舞之外，也有自己培训的狮子舞，宫廷中还有专职机构和官员负责管理狮子舞。《太平广记》卷179载，王维“及为太乐丞，为伶人舞黄师子，坐出官。黄师子者，非一人不舞也”②。太乐丞为太乐署之副长官，从八品下。太乐署负责“调合钟律，以供邦国之祭祀享宴。”其中一项职责是“凡大宴会，则设十部伎”③。狮子舞为十部伎之一，贞观十六年(公元642年)十二月“宴百寮，奏十部乐。先是，伐高昌，收其乐付太常，乃增九部为十部伎……其后分为立、坐二部”。其中立部伎有八部，八部之二为“太平乐，亦谓之五方师子舞”④。可见狮子舞为太乐署所具体管理的乐舞之一。太乐署为太常寺所辖八署之一，故其上级主管部门为太常寺，太常寺长官为太常卿，正三品，“掌邦国礼乐、郊庙、社稷之事。”⑤穆宗长庆元年(公元821年)，“赵宗儒检校左仆射为太常卿。太常有师子乐，备五方之色，非朝会聘享不作。至是中人掌教坊之乐者，移牒取之，宗儒不敢违，以状白宰相，宰相以为事在有司，其事不合关白。宗儒忧惧不已，相座责以懦怯不任事，改换散秩，为太子少师”⑥。由上述记载我们可以知道：第一，在唐代狮子舞为太常寺及其所辖太乐署负责掌管；第二，太常寺有狮子舞伎，为十部伎中立部伎的一部；第三，狮子舞不能随意演出，只在朝廷举行盛大庆典时演出。

上引白居易、元稹诗把狮子舞视为西凉伎，而《新唐书·礼乐志》等则又谓其属于龟兹伎，“《龟兹伎》……舞者四人。设五方师子，高丈余，饰以方色。每师子有十二人，画衣，执红拂，首加红袜，谓之师子郎”⑦。唐德宗贞元十年(公元794年)，袁滋出使南诏册异牟寻，南诏仍有“皇帝所赐

① 《唐会要》卷313《谳乐》，711页，上海，上海古籍出版社，1991。

② 《太平广记》卷197《贡举二·王维》，1332页。

③ 《旧唐书》卷44《职官志三》，1875页。

④ 《唐会要》卷33《谳乐》，710～711页。

⑤ 《旧唐书》卷44《职官志三》，1872页。

⑥ 《太平广记》卷497《杂录五·赵宗儒》，4080页。

⑦ 《新唐书》卷21《礼乐志十一》，470页。

《龟兹乐》”，胡注亦将师子舞引为其中的内容①。这是何故呢？这是因为西凉伎与龟兹伎有密切关系，西凉伎中也包含龟兹伎的因素。“《西凉》者，起苻氏之末，吕光、沮渠蒙逊等据有凉州，变龟兹声为之，号为《秦汉伎》。魏太武既平河西得之，谓之《西凉乐》。至魏、周之际，遂谓之《国伎》。”②由此可见，所谓西凉伎，实则融合龟兹伎改造而成。而“《龟兹》乐者，起自吕光灭龟兹，因得其声。吕氏亡，其乐分散，后魏平中原，复获之……周武帝聘突厥女为后，西域诸国来媵，于是有龟兹、疏勒、安国、康国之乐。帝大聚长安胡儿，羯人白智通教习，颇杂以新声”③。故“自周、隋以来，多用《西凉》乐，鼓舞曲多用《龟兹》乐”④。史称唐代舞狮所演奏之《太平乐》乃“周、隋遗音也”⑤。所谓周、隋遗音，就是上述西凉乐、龟兹乐。

狮子舞作为龟兹伎的组成部分，的确具有浓郁的龟兹乐舞风格。龟兹乐具有“铿锵镗锴，洪心骇耳”等特点，舞蹈具有“举止轻飙，或踊或跃，乍动乍息，蹻脚弹指，撼头弄目，情发于中，不能自止”⑥等特点。唐代舞狮时所用之《太平乐》与其他八部乐一样，“每奏皆擂大鼓，同用《龟兹乐》，并立奏之”⑦。不仅如此，唐玄宗时“又令宫女数百人自帷出击雷鼓”，以演奏《太平乐》等乐曲，其演技，“虽太常积习，皆不如其妙也”⑧。可见《太平乐》演奏时需擂动大鼓，的确具有“铿锵镗锴，洪心骇耳”的特点。至于狮舞表演时狮子之“俛仰驯狎之容”，持绳秉拂者之“为习弄之状”，亦具有龟兹舞蹈的某些特点。

狮子舞在唐代虽然属于龟兹部，而且其表演也确实具有某些龟兹乐舞的风格，但是它的来源未必仅限于龟兹，而应是源于广义上的西域地区，自其传入内地之后，又与内地文化相融合而逐渐形成、发展、普及开来。

---

① 《资治通鉴》卷235《唐纪五十一》，“德宗贞元十年”条，7561页。
② 《隋书》卷15《音乐志下》，378页。
③ 《通典》卷146《乐六》，763页。
④ 《唐会要》卷33《谳乐》，611页。
⑤ 《新唐书》卷22《礼乐志十二》，475页。
⑥ 《通典》卷142《乐二》，738～739页。
⑦ 《唐会要》卷33《谳乐》，711页。
⑧ 《旧唐书》卷28《音乐志一》，1051页。

首先，狮子这种动物广泛分布于广义的西域各国，那么狮子舞应是西域产狮地区的现实生活在文化艺术上的反映和结晶。从上文所述已知这些产狮地区有着古老的猎狮、驯狮的现实生活，从而产生了悠久的丰富多彩的狮文化，并在这个基础上产生了以调教、驯服、戏弄狮子为主要表演形式的狮舞，如上文所举之黠戛斯之“戏师子”，米国、康国等之向唐进贡的狮舞。可见狮舞原产于龟兹以西的广大西域地区。从唐代狮舞的演员及其服饰来看，或谓其演员“服饰皆作昆仑象”，或谓其为“紫髯深目两胡儿”。“昆仑”一辞在中国古代指皮肤黑色的外国人，其分布、成分复杂，大约指从东南亚至南亚、非洲的赤道人种，以及包括西亚的部分人。甘肃榆林窟第25窟壁画之文殊骑青狮、旁有昆仑奴御卫，[①] 当是昆仑人调驯狮子的现实生活反映，这与狮舞演员之着昆仑服当不无关系。而“紫髯深目”的胡人，则应是欧罗巴人种南支的印度地中海类型或巴尔干高加索类型的人。总之他们是包涵南亚、中亚、西亚的“胡人”。因此狮舞应是西域地区多元文化的综合性产物。

其次，龟兹虽然不是狮舞的发源地，但它是西域狮舞引进中原王朝的重要中转地。龟兹与中原王朝虽然曾有过长期的、密切的朝贡关系，但始终未见其贡物有狮子，故狮舞不可能发源于其地。龟兹虽然不是狮舞的发祥地，但是，它地处中西交通和中西文化交流的枢纽，利用这一有利的地理位置，可以广泛吸收西域文化，杜佑在《通典》中论述龟兹音乐时指出：“此音所由，源出西域诸天诸佛韵调，娄罗胡语，直置难解……”[②]可知龟兹乐舞与西域乐舞有多么密切的关系。因而狮舞虽然源于西域，但它也是经过龟兹的吸收之后加以改造，进而向内地传播的。唐代十部乐演出时，“工人之服皆从其国”[③]。狮舞作为十部乐中的龟兹伎，其演员并不穿龟兹服而是穿“昆仑”服，表明它是龟兹从其以西的西域地区引进的。此外，龟兹首府在唐代曾是安西都护府和安西节度使驻节之所，这对于龟兹乐舞之向内地传播也是一个有利的条件。故白居易咏狮子舞时说：“应似凉州未

① 转引自蔡鸿生：《唐代九姓胡与突厥文化》，201页。

② 《通典》卷142《乐二》，739页。

③ 《新唐书》卷21《礼乐志》，470页。

陷日，安西都护进来时。须臾云得新消息，安西路绝归不得。”可见安西都护在引进狮子舞中居于关键地位。

三、余论

通过上面的论述，我们已经可以比较清楚地认识到，把狮子舞说成是中国古代傩礼的遗俗是站不住脚的。傩与狮子舞是不相干的两回事。

傩是古代驱除恶鬼邪魔疫疠的祭祀仪式。孔安国训解《论语·乡党》“乡人傩”时说：“傩，驱逐疫鬼。”①在举行这种祭祀仪式时所跳的一种舞蹈被称为傩舞。这种舞蹈起源于原始巫舞，到秦汉时尤为盛行。其舞蹈形式，据《周礼·夏官》：“方相氏掌蒙熊皮，黄金四目，玄衣朱裳，执戈扬盾，帅百隶而时难，以索室驱疫。”②舞者蒙熊皮，戴假面具，手执兵器，表演驱鬼的内容。这种仪式和舞蹈历代相沿，并逐渐加入娱乐成分，从而产生出一种傩戏，成为今天我国地方戏剧的一种。而傩舞至今也还在一些地区流行，如江西、广西、湖南、浙江等省都还有。由此可见，傩作为一种驱鬼的习俗，从古代至今一脉相传，自成体系。而狮子舞则是另一个系统的艺术形式，它们是循着两个不同的源流而形成发展起来的，傩舞是中国本土产生的，狮舞是从域外传入的；两者的性质也是不相同的，傩舞是从原始巫教发展演变而来的，狮舞则从一开始就是一种伎乐游艺；两者产生的时间也是不同的，傩舞早在先秦时代就已产生，而狮舞在中国的出现则是在曹魏时期。

原载《西域研究》，2001(3)，《人大复印资料·魏晋南北朝隋唐史》，2002(2)全文转载。

① 《论语注疏》卷10《乡党》何晏集解引，2495页，见《十三经注疏》，北京，中华书局，1980。

② 《周礼注疏》卷31《夏官司马·方相氏》，851页。

中国古代饮食文化研究论纲

人类文明，源于饮食，饮食文化是文化史的基石，研究中国古代文化史，必须首先研究人类历史“第一前提”的饮食。具有典型的东方农业文明特色的中国古代饮食文化是世界上最先进、最精深的，当时所确立的以粮食为主，蔬菜次之，辅以一定量的肉类、鱼类的饮食结构，是非常科学而合理的，已被现代科学研究证明极其有利于人体健康。汉唐时期奠定了中国古代饮食文化的基本模式。研究中国古代饮食文化史是为了更好地总结我国饮食生活的经验教训，取其精华，去其糟粕，为进一步提高与改进我国人民的饮食生活，为我们今天的物质文明和精神文明建设提供借鉴。

一、饮食文化在中国古代文化史上的地位

饮食是人类赖以生存和发展的第一要件。古人云：“王者以民为天，而民以食为天”①，“人民所重，莫食最急。”②《尚书·洪范》提出的治国“八政”，即以“食”为先；史家所立《食货志》，也将“食”置于首位。古人对于饮食的这种朴素的认识，到了19世纪中叶被马克思、恩格斯提升为历史唯物主义的基本原理之一，“正像达尔文发现有机世界的发展规律一样，马克思发现了人类历史的发展规律，即历来为繁茂芜杂的意识形态所掩盖的一个简单事实：人们首先必须吃、喝、住、穿，然后才能从事政治、科学、艺术、宗教等”③。因此，包括饮食在内的社会生活资料的生产“就是一切历史的第一个前提”，是人类“单是为了能够生活就必须每日每时去完

---

① 《汉书》卷43《郦食其传》，2108页，北京，中华书局，1962。

② （汉）王充撰，黄晖校释：《论衡校释》卷25《诘术》，1028页，北京，中华书局，1995。

③ ［德］恩格斯：《在马克思墓前的讲话》，见《马克思恩格斯选集》，第3卷，776页，北京，人民出版社，1995。

成它，现在和几千年前都是这样”[1]。而在人类的衣、食、住、行等社会生活中，饮食又是最基本的、最重要的，人类社会生活的其他方面和领域也都是奠基于饮食生活之上的，都是由饮食生活所决定和制约的，莫不与饮食生活息息相关，互相联系。所谓“仓廪实则知礼节；衣食足则知荣辱”。[2]就是这个道理。所以研究文化史，必须首先研究饮食文化史，这是研究人类历史的“第一前提”的第一要务。

饮食文化是文化史的基石。它不仅是物质文化，也是精神文化，它不仅影响物质文化的发展，也影响精神文化的发展。农业是饮食文化发展的基础，马克思说：“因为食物的生产是直接生产者的生存和一切生产的首要条件，所以在这种生产中使用的劳动，即经济学上最广义的农业劳动。”[3]广义的农业就是指人类为谋取维持生存所必需的食物而进行的生产活动。农业就是取得食物的生产部门。人类最初的劳动就是从谋取食物开始的。在这个基础上人类不断丰富自己认识社会和自然的能力，从而创造出各种具体的科学文化。人类文明，源于饮食。饮食是社会生活的基础和核心，它决定或制约着、影响着社会生活的其他方面，不仅因为人类首先必须解决饮食这个首要问题，才能谈得到社会生活的其他方面；而且一个时代、一个地域的人们的饮食生活，对于其社会生活的各个方面均发生着深刻的影响和有着密切的互动关系，举凡社会的礼仪、风俗、节日、庆典、婚丧嫁娶等，莫不以饮食作为重要的载体或表现形式。

饮食与物质文化、精神文化的密切关系表现在各个方面领域。饮食与手工业和工艺的起源发展密切相关，如陶瓷的产生是因饮食的需要，它源于饮食，从而产生了陶瓷文化，反过来它又推动了饮食的发展。科学技术源于饮食，如医学与饮食关系密切，人类在饮食中发现何者有益何者有害，这就是最初的医学观念，在探索怎样吃于身体有益或有害中积累了医学知识，故中国古代有“医食同源”的理念。化学源于饮食，它是从食物的

① 《德意志意识形态》，见《马克思恩格斯选集》，第1卷，78、79页。

② （春秋）管仲，黎翔凤校注，梁连华整理：《管子校注》，2页，北京，中华书局，2004。

③ 《资本论》，第3卷，715页，北京，人民出版社，1975。

酿造中萌芽发展起来的，如腌制发酵食品、酿酒、酱、醋等。饮食与人类的精神文明也是密切相关。礼仪源于饮食，《礼记·礼运》："夫礼之初，始诸饮食。"[①]原始礼仪是从人们的饮食行为习惯中开始并不断丰富起来的。文学艺术源于饮食，美学的产生与饮食有密切关系，人类最早的美的概念就是美味，《说文》："美，甘也，从羊大，羊在六畜主给膳也。美与善(膳)同意。"段玉裁注曰："五味之美皆曰甘，引申之凡好皆曰美。[②]"羊是我国古代主要肉食，是美味的代表和象征，可见美的本义是指饮食中的美味。此外如音乐舞蹈是古人在宴饮中载歌载舞发展丰富起来的，赋诗也是在宴饮中的文化内涵之一。宗教从饮食中发展，早期宗教仪式主要是祭祀，以奉献饮食为其表达形式。

中国的饮食文化是世界上最精深、最具特色的，这与中国古代的传统理念、文化特征有关。《孟子·告子》："食色，性也。"焦循《正义》曰："饮食男女，人之大欲存焉。"[③]在这两种人类的生理需求方面中国人与西方人有所差异，中国人在性问题上形成保守的传统，而将人生的倾泻导向于饮食，西方在性问题上较为开放，在饮食上较为机械单调。于是西方将性引入各种文化领域，而中国则将饮食引入、渗透于各种文化领域。其中最具特色者莫如把饮食引入政治方面。

把饮食与政治联系起来，是中国古代独特的饮食理念。自古认为治理国家与饮食烹饪的原理是相通的，商代伊尹"负鼎俎，以滋味说(商)汤，至于王道"[④]。历代传为美谈。据说"伊尹忧天下之不治，调和五味，负鼎俎而行，五就桀，五就汤，将欲以浊为清，以危为宁也"[⑤]。他借"五味"、"调和"向商王阐述如何成为"天子"的"圣王之道"。[⑥]《老子》曰："治大国烹

① 《礼记正义》卷21《礼运》，见《十三经注疏》，1415页，北京，中华书局，1980。

② (汉)许慎撰，(清)段玉裁注：《说文解字注》，146页，上海，上海古籍出版社，1981。

③ (汉)赵岐注，(宋)孙奭疏：《孟子注疏》，431页，北京，中华书局，1954。

④ 司马迁：《史记》卷3《殷本纪》，94页，北京，中华书局，1959。

⑤ 《淮南鸿烈集解》，683页，北京，中华书局，1989。

⑥ 吕不韦：《吕氏春秋》，140～143页，北京，中华书局，1954。

小鲜”。[①] 韩非子阐释道：“烹小鲜而数挠之则贼其宰，治大国而数变法，则民苦之，是以有道之君贵虚静而重变法，故曰：‘治大国者若烹小鲜’。”[②]治理大国要十分小心谨慎，如同烹饪小鱼那样不可随便搅动之。《周礼》以“冢宰”为天官之首，即百官之长。唐贾公彦疏：“冢，大也；宰者，调和膳羞之名。此冢宰亦能调和众官，故号大宰之官。”[③]“宰”遂成为官吏的统称，上至最高政务长官宰相，下至邑里的主管。因为官长需要具备厨师“调和”五味那样的本领。秦代陈平于乡里社日为“宰”，分肉甚公平，受到父老称赞，陈平曰：“嗟乎！使平得宰天下，亦如是肉矣！”[④]因此向国家推荐贤才，必需善于“助和鼎味”者。在《论语》中，“食”字出现41次，“政”字41次，这种巧合说明在孔子看来饮食与政治具有同等重要地位。

饮食与政治的联系还表现在为官者与民众在饮食上的差别，为官者称为“肉食者”[⑤]，平民为“蔬食者”、“藿食者”。春秋时“有东郭祖朝者，上书于晋献公曰：‘愿请闻国家之计。’献公使人告之曰：‘肉食者已虑之矣，藿食者尚何预焉?’”[⑥]为官者可以享受“食肉之禄”[⑦]，孔颖达疏曰“在官治事，官皆给食”。其供应标准是：“天子日食少牢，诸侯日食特牲，大夫特豕，士特豚。”[⑧]规定统治阶级按照不同等级享受不同的肉食，士以上均可以享受公家供应的肉食，故将统治者称为“肉食者”。而“古者，庶人粝食藜藿，非乡饮酒膢腊祭祀无酒肉”[⑨]。就是说一年只有重大节日或祭祖祀神的时候，才能够吃肉。故将平民视为“蔬食者”、“藿食者”。在上述观念基础上又把饮食与教育联系起来。因为中国古代的教育是“学而优则仕”，于是形

① 王弼：《老子注》，36～37页，北京，中华书局，1954。

② 《韩非子集解》，104页，北京，中华书局，1954。

③ 《周礼注疏》卷1《天官冢宰第一》，见《十三经注疏》，639页。

④ 《史记》卷56《陈丞相世家》，2052页。

⑤ 《春秋左传正义》卷8“庄公十年”条，见《十三经注疏》，1767页。

⑥ 《后汉书》卷57《刘陶传》注引《说苑》，1845页。

⑦ 《春秋左传正义》卷42“昭公四年”条，见《十三经注疏》，2034页。

⑧ 《春秋左传正义》卷42“昭公四年”条，见《十三经注疏》，孔颖达疏，2034页。

⑨ 《盐铁论校注》，351页，北京，中华书局，1992。

成了将“勤学——从政——肉食”联系起来的社会思想和教育观念。五代时魏州人刘赞，父为县令，每食，其父“自肉食，而别以蔬食食(刘)赞于床下，谓之曰：‘肉食，君之禄也。尔欲之，则勤学问以干禄，吾肉非尔之食也’”。“由是(刘)赞益力学，举进士。”①社会上形成了“学业未成，不听食肉”的风气。

但是，对于如此丰富、发达的饮食文化，我们的研究却显得相对薄弱，尚未引起足够重视，还未给饮食文化以应有的学科地位。其原因之一是近代中西文化冲突的结果，是中国曾经完全接受了西方学术，首先是西方的学科分类体系，而这个体系是根据西方文化的实际情况构建的，这就使中国文化中许多西方文化所没有的内容，因为在西方的学术框架中无所归属，而难被承认其学术地位，饮食文化即是如此。如前所述，西方人在饮食上十分机械，少有调和变化，对饮食没有像东方那样重视并提高到如此高度，因而西方在学科划分中将饮食烹饪附属于工业之类，这在目前的图书分类法中可以反映出来。这样就使国人也循着西方的眼光，将中国的饮食烹饪也视为一种食品工业，而不去探讨其中的文化内涵，同时也使一些古代的饮食典籍不能正确归类。也因为这个原因，使得学术界有些人把饮食文化视作雕虫小技，以为不如其他文化史重要和高雅，所以并不看重这个问题。

二、汉唐饮食文化的发展变化

我国古代饮食文化源远流长，而汉唐饮食文化是我国古代饮食文化史上一个极其重要的发展阶段。汉唐时期是我国古代社会发育臻于茁壮成熟的阶段，是政治经济蓬勃向上、生机盎然的黄金时代，在此基础上形成的饮食文化则是这个阶段历史的重要的有机组成部分，它与这一时期的经济、政治、文化和民族关系与中外关系的发展都有着密切的关系。研究汉唐饮食文化史对于全面、深刻认识这一阶段的历史是必不可少的，它对于

① 《新五代史》，316页，北京，中华书局，1974。

加深和丰富这一阶段历史的认识具有重要意义。

在汉唐长达一千二百余年的漫长岁月中，饮食文化历史经历了曲折的发展变化，展现出一幅丰富多彩的图景，奠定了我国人民饮食生活模式的基础，并对后世产生了深刻的影响，在我国古代饮食生活史中占有极其重要的、承前启后的地位，其主要表现是：

第一，这一时期确立了以粟、麦、稻等粮食为主食，以蔬菜和一定的肉类为副食的饮食结构模式，这是中华民族的基本饮食模式，具有典型的东方农业文明特色的饮食。具体而言，约有如下数端：

一是粮食构成的发展变化。从先秦时期起，“五谷”就成为中国人民的主要粮食，《周礼》有“以五味、五谷、五药养其病”的记载，注曰：“五谷，麻黍稷麦豆也。”[①]在记载各地的出产时则谓：“河南曰豫州……其谷宜五种。”注曰：“五种，黍、稷、菽、麦、稻。”[②]可见所谓“五谷”并非十分固定的种类，只是言其多的意思，而且其中非常重要的粟这里也没有包括在内。

粟、黍、稷是先秦时期食用最广的粮食。粟，又称禾、谷、谷子，俗称小米。黍、稷为黍属，籽粒比粟大，米色比粟鲜黄，俗称“黄米”。粟在汉唐时期得到很大发展，品种在西晋郭义恭的《广志》中有12种，一百多年间，到北魏时期已经发展为86种，在粮食中占有首屈一指的地位。黍、稷则很少发展，退居主粮中的次要地位。麦、稻则从先秦时期的次要地位日益上升。麦在《诗经》中出现的次数，仅次于黍、稷，在汉代进入大发展时期，除中原、山东、淮北等传统麦作区外，关中得到很大发展，由汉代“俗不好种麦”[③]，经政府推广，到唐代已与粟并驾齐驱。北方在南北朝时期仍以粟、黍、稷为主，到唐代麦已超过它们占居首位。据统计敦煌文书所记净土寺收支账，面69次、粟56次、麦19次。《太平广记》中，面食57次，稻米食8次，粟4次，麦饭3次。粟、麦在南北朝时期向南方推

① 《周礼注疏》卷5《天官冢宰·疾医》，见《十三经注疏》，667页，北京，中华书局，1980。

② 《周礼注疏》卷33《夏官司马·职方氏》，见《十三经注疏》，862页。

③ 《汉书》卷24上《食货志上》，1137页。

广，产量仅次于稻。稻从南朝中期起超过北方，唐代总产量已经超过麦、粟，并大量北运，形成“天下大计，仰于东南”[①]的局面。菽，即大豆，春秋时期从东北传入“戎菽”，日益推广，成为五谷之一，与粟并列为主粮。汉唐时期虽然种植面积不断扩大，但比重逐渐下降，因其单产低于粟、麦、稻，增产潜力小，逐渐向着副食方向发展。到了唐代，传统主粮结构发生了历史性变化，稻米取代粟的首席地位，麦类已上升至与粟并驾齐驱的地位。古代主粮还有雕胡，又称菰，其根即茭白，其籽实即雕胡。汉唐时期是食用雕胡米最兴盛的时期。可以做饼、饭、羹。宋代以后逐渐从主粮序列中退位，日渐成为蔬菜。

二是肉类主要为“六畜”(马牛羊鸡犬豕)，除马之外再加上鱼类，构成中国古代主要的肉食。中国是以农业种植为主的国家，肉类所占比重小，一般平民食用更少。即使被称为“肉食者”的统治阶级也不能随意吃肉，“古者……诸侯无故不杀牛羊，大夫士无故不杀犬豕”。汉代有所增加，“今闾巷县陌，阡陌屠沽，无故烹杀”[②]。魏晋南北朝时期，北方游牧民族进入中原，但也没有能够使肉食有太大的增加，他们也多数转入农耕生活，因为有限的耕地不能提供大量的牧场。

三是蔬菜。中国古代的蔬菜品种相对较少，汉代文献所记不过有20余种，《齐民要术》记载有30余种，唐末《四时纂要》记载有35种。其中以“葵”最为重要，葵，又称为冬葵或寒菜，为“百菜之首”，是当时人之“当家菜”，如《古诗十五从军征》：“烹穀持做饭，采葵持作羹”[③]，平民日常饮食为“粟飧葵菜”[④]。韭菜在汉代有了较大发展，出现了温室栽培。萧齐庾杲之因为常吃“韭葅”、“瀹薤韭”、“生韭杂菜”，而被讥笑为常吃“二十七种”。[⑤]

第二，汉唐时期初步确立了中国风味的菜肴烹饪方式，形成了以炙、

---

① 《新唐书》卷165《权德舆传》，5076页，北京，中华书局，1975。

② 《盐铁论校注》，351页。

③ 《先秦汉魏晋南北朝诗》，336页，北京，中华书局，1988。

④ 《北齐书》卷42《卢叔武传》，560页，北京，中华书局，1972。

⑤ 《南齐书》卷34《庾杲之传》，615页，北京，中华书局，1972。

脍、羹、脯、菹等为主要加工方式，以蒸、烤、煎、炸、烹、炒等为基本烹制手法，以色、香、味、形为终极效应，讲究刀工火候、五味调和，具有整体性、完美性的综合烹饪艺术，从而孕育了具有东方农业文明特色的中国菜肴的体系和风味，日后在此基础上形成了区域性的地方风味饮食和菜系。

炙——《说文》："炙肉也，从肉，在火上。"①原料为畜肉、内脏，禽类，鱼类等。

脍——《说文》："细切肉也。"②《释名》："脍，会也，细切肉令散，分其赤白异切之，已，乃会合和之也。"③为加工鱼、肉之方法。以鱼脍为多，其特点：原料是鱼，东汉《羽林郎》："就我求珍肴，金盘脍鲤鱼。"④讲求鲜、活，唐代寒山《诗》："去骨鲜鱼脍。"⑤杜甫《观打鱼歌》："饔子左右挥双刀，脍飞金盘白雪高。"⑥

羹——汤菜，《释名》："汪也，汁汪郎也。"⑦有菜羹、肉羹。食用广泛，《礼记·内则》："羹食，自诸侯以下至于庶人，无等。"⑧因为"羹食，食之主也"⑨。为大众的每日常食，故曰"凡人所食，羹饭为主"⑩。《宋书·朱修之传》："菜羹粗饭"，"乃贫家好食"⑪。

脯——《说文》："干肉也。"⑫此类尚有腊、脩等，据《周礼·腊人》郑注：大动物成条片而干为脯，经捶打加入佐料而干为脩，小动物整体而干

---

① 《说文解字注》，491页。

② 《说文解字注》，176页。

③ （东汉）刘熙，（清）毕沅疏，（清）王先谦集：《释名疏证补》，211页，上海，上海古籍出版社，1984。

④ 《先秦汉魏晋南北朝诗》，198页。

⑤ 《全唐诗》卷806，9088页。

⑥ 《全唐诗》卷220，2314页。

⑦ 《释名疏证补》，206页。

⑧ 《礼记正义》卷28《内则》，见《十三经注疏》，1467页。

⑨ 《礼记正义》卷28《内则》，见《十三经注疏》，1467页。

⑩ 《礼记正义》卷28《内则》，见《十三经注疏》，1467页。

⑪ 《宋书》卷76《朱修之传》，1970页，北京，中华书局，1974。

⑫ 《说文解字注》，174页。

为腊。均为常备之方便食品。

菹——《说文》："酢菜也。"[①]腌制酸菜类食品，将动植物原料用盐、酱、醋等腌渍，经乳酸菌发酵加工以便保藏。方法：一是用盐水洗、泡；二是加入米粥(为微生物提供养料)麦曲(发酵)。有肉菹、菜菹两类。以此法加工之鱼类称为"鲊"，《释名》："鲊，菹也，以盐米酿鱼以为菹，熟而食之也。"[②]即腌鱼、糟鱼。制法：切块，制糁(米饭加佐料)，入瓮，一层鱼一层糁，盖以箬叶。

以上是最为常用和普遍的加工方式与品种，其中以前两种最为美味，故产生了"脍炙人口"的成语。

第三，汉唐时期饮食品种的开拓和创造发明取得了重大进展，对后世具有深远影响：

首先，这个时期发明创造的食品——豆腐，经历一千余年实践的检验而被证明是人类所发现和制造的最佳营养食品之一。据说豆腐是西汉刘安发明的，李时珍在《本草纲目》中说："豆腐之法，始于汉淮南王刘安。"[③]这个说法有人怀疑，因为《本草纲目》一书晚出。但是考古工作者在河南密县打虎亭汉墓发现的画像石中，已经有豆腐作坊的图像[④]。这就证明：在汉代我国确实已经有了豆腐的生产，而刘安发明豆腐的说法当不会是空穴来风。

其次，这个时期开发利用起来的饮料——茶，不仅至今还是我国人民不可替代的最佳饮料，而且风靡全球，历久不衰。《华阳国志》：周初封建于巴，其地有"香茗"[⑤]。茶的原产地在西南。经历了由药用、食用、饮用的发展过程，汉唐是其普遍推广时期，大体循由西南而东南，由南方而北

① 《说文解字注》，43页。

② 《释名疏证补》，210页。

③ (明)李时珍：《本草纲目》，1532页，北京，人民卫生出版社，1977。

④ 中国社会科学院考古研究所：《新中国的考古发现和研究》，463页，北京，文物出版社，1984。

⑤ (晋)常璩撰，任乃强校注：《华阳国志校补图注》，5页，上海，上海古籍出版社，1987。

方推广，唐代普及于全国。西汉王褒《僮约》："烹茶尽具"、"武都买茶"[①]。三国时期长江下游已见饮茶，《三国志·吴书·韦曜传》：因其不善饮酒，孙皓"密赐茶荈以当酒"[②]。西晋时北方已经饮用，愍怀太子于宫中以卖"茶之属"为戏。[③] 唐代普及，"人自怀挟，到处煮饮。从此转相仿效，逐成风俗"[④]。并传入少数民族地区和外国。

再次，现在我们日常必备的调味品如酱油、豉、醋等，也是在这个时期产生和发展起来的。今日常食之酱油在东汉已经出现，当时称为"清酱"[⑤]。豆豉在汉代已经大量生产，西汉富商大贾有经营"蘖麴盐豉千答"[⑥]者。人工酿造的食醋也是在汉代产生的，当时称为"酢"，南北朝时期才用"醋"这个字。

凡此种种，不一而足。

最后，这一时期形成和确立的食制食俗，至今仍深深影响中国人民的饮食生活。如餐制，先秦时期通行一日两餐制，从汉代开始一日三餐制逐渐普及，汉唐时期得以巩固而成为饮食定制。先秦时期适应席地而坐习俗，因而通行分食制，西晋、十六国时期随着少数民族纷纷进入中原地区，胡床之类的高脚坐具传入，以及桌椅等家具的推广，逐渐改变了饮食习惯，形成围桌用餐的方式，适应这种饮食方式的合食制在唐代发展起来，遂成为此后国人通行之食俗。

三、汉唐饮食文化发展变化的原因

第一，社会经济的发展是饮食文化发展变化的基础和前提。我国古代饮食文化的发展变化，直接决定于以农业生产为中心的农、林、牧、副、

---

① 严可均辑：《全汉文》，359页，北京，中华书局，1965。

② 《三国志》卷65《吴书·韦曜传》，1462页，北京，中华书局，1959。

③ （唐）陆羽：《茶经》，16页，北京，中华书局，1985。

④ （唐）封演：《封氏闻见记》，51页，北京，中华书局，2005。

⑤ （东汉）崔寔撰，缪启愉辑释：《四民月令辑释》，3页，北京，中国农业出版社，1998。

⑥ 《史记》，3274页，北京，中华书局，1959。

渔各业的发展和提高，由此而决定了饮食的品种和结构模式，以及不同的饮食习惯和风味的发展变化。

汉唐时期由于农业生产力的大幅度提高，我国人民的主食结构发生了历史性的变化。在先秦时期人们的主食中，居于首位的是“五谷”中的黍、稷、菽、粟等，而到了两汉魏晋南北朝时期，粟这种具有高产潜力的粮食作物跃居五谷之首，成为最主要的粮食品种。与此同时，麦类作物也日益崛起，成为重要的主粮。这种变化使这一时期人民的饮食水平有了很大提高，导致在先秦时期作为主粮之一的菽(即大豆)向着副食方面转化，产生了豆酱、豆腐、豆豉等新的食物品种。以大豆为代表的植物蛋白食品的增加和改进，对于保障动物蛋白相对缺乏的我国人民的体质和健康有着不可估量的意义。而到了唐代，稻米又取代了粟在粮食作物中的首席地位，麦类在唐后期又取得了与粟并驾齐驱的地位，从而形成了稻、麦、粟这样的主食结构，这为人民饮食生活中的多样性发展提供了更为充足的原料。肉类食品由汉代猪多于羊，到魏晋南北朝羊多于猪。

饮食生活的发展变化与手工业、商业和交通运输的发展变化也是息息相关的，例如石转磨在汉唐时期的迅速而广泛的推广使用，使麦类的食用发生了根本性的变化，原先人们食用的或是整粒蒸煮的“粒食”，或是捣破蒸煮的“麦饭”。而进入汉代以后，面食日益广泛发展，出现了丰富多彩的面食品种，从而大大提高和改善了我国人民的饮食水平。与此相应的是，人们对于食麦的观念发生了变化，在两汉魏晋南北朝时期仍以麦类视为粗粝之食，到唐代则已基本消逝。冶铁、锅、灶的发展对饮食烹饪有着重要影响，汉代高台火灶取代先秦地灶，铁釜取代先秦陶、铜釜，两者相互配合，大大提高了烹饪的火力和便利性，为讲究火候与五味调和的中华饮食文化和饮食品种的多样性发展创造了条件。汉唐时期城市经济的发展，特别是从唐后期传统的封闭式的“市”制被冲破，新型的街市和各种类型的集市、草市的出现，导致饮食行业的繁荣兴旺，各种餐馆、食肆、酒楼、茶肆如雨后春笋，蓬勃发展，大大丰富了人们的饮食生活。饮食行业的发展，又回过来进一步促进了城市经济的繁荣，促进了饮食技艺的交流和提高。而交通事业的发展，又促进了各地食物品种的交流和饮食习俗的相互吸收与传播，例如巴蜀和江南的茶叶和饮茶之风，就是在这种条件下向全国各地和边远地区不断扩散和普及，从而导致我国人民饮料品种的历史性更新。

第二，饮食生活还受到地理环境和气候条件的影响和制约。我国地处亚洲东南部、太平洋西岸，国土的主要部分在北回归线附近及其以北地区，气候温暖湿润，土壤疏松肥沃，极适于农耕，自古有“以农立国”之称。因而我国人民的饮食一直是建基于农业生产物的基础之上，形成了具有农耕文明特色的古老饮食文化，即以粮菜为主，配以适量肉类，经精细加工烹饪的一种饮食模式，而与欧洲等国以及北方草原地区以肉、奶为主要食物的饮食模式有很大的区别。尽管在汉唐时期北方等游牧民族大量涌入中原地区，他们同时也带来肉食民族的生产经验和饮食习俗，丰富了我国传统饮食文化，但是这并不能改变中原传统的饮食模式，相反地这些进入中原地区的民族都相继改变原有的饮食方式而融合于华夏饮食文明体系中来。

但是，由于我国幅员辽阔、地形气候复杂，因而各地的出产物和食俗又有不少差异，如黄河流域以食粟、麦为主，而长江流域及其以南地区以食稻为主，北方多食牛羊肉而江南多食鱼类，由此而形成、积淀为不同的饮食烹调风味，如后来的所谓川、鲁、苏、粤四大菜系，即是在汉唐文化基础上逐步孕育生成的。

第三，民族之间、中外之间的经济文化交流以及人口流动对饮食生活的发展变化起着促进作用。统一帝国的建立，加强了中外交往，分裂割据，加速了人口流动。魏晋南北朝呈现连锁滚动式的人口大流动，北方草原民族南下中原，推动了中原人民的南下。这就使北方人民的饮食吸收了游牧民族饮食文化，又使南方吸收了中原饮食文化，促进了南北饮食文化的交流。汉唐时期是我国民族冲突与融合的重要阶段，各民族之间的交往空前频繁；同时也是我国古代第一次向世界打开大门，进行大规模对外开放的历史阶段，中外之间的交往也呈现空前的兴旺景象。汉唐时期不断进行的南北之间、民族之间、中外之间的三种交流，对这一时期的饮食生活产生了深刻的影响。

兄弟民族和域外各种饮食纷纷传入内地，是这个时期饮食生活领域中一幅绚丽的景象。食物如葡萄、石榴、胡葱、胡蒜、胡荽、菠菜、甘蓝①、胡椒等蔬果香料的传入。饮食方法和制品如“羌煮貊炙”②、“胡饭”③、“胡饼”④、“毕罗”⑤等各种“胡食”，以及葡萄酒、三勒浆等酒类，酪、酥等奶制品的传入和流行。这些都大大丰富了我国人民的饮食生活，许多已深深扎根于中华饮食文化，成为不可分割的组成部分了。与此同时中原的饮食文化也大量传入国外和少数民族地区，例如，茶在公元7世纪中叶已传入新罗。通过遣唐使的频繁来往，中国的饮食文化更是大量传入日本，其中包括茶和饮茶习俗，现在日本的茶道与唐人的饮茶习俗不无渊源关系。鉴真东渡时又将中国的豆腐传入日本。李肇《唐国史补》记载：常鲁公出使吐蕃时，赞普以茶招待他，内地的许多名茶那里都有。穆宗长庆年间刘元鼎出使吐蕃时，对方设宴款待他，“饭举酒行，与华制略等”⑥。吐蕃上层社会的宴饮方式已向内地靠拢。

南北之间的交流以粟、麦和牛羊肉的南下与稻米和茶叶的北移等为其代表。

第四，饮食生活的发展变化与科学文化水平的提高有密切关系。科学文化水平的进步，对于推动、提高、改善饮食生活水平起着巨大的积极作用。

汉初在道家黄老无为思想支配下，人们对于口腹之欲持否定态度，《淮南子》的饮食理论就带有某种禁欲主义的色彩，认为“口好味，接而说(悦)之，不知利害”，是属于“嗜欲”，⑦“重于滋味”是一种“邪气”⑧，反对

---

① 谢弗：《唐代的外来文明》，305～317页。

② 《晋书》卷27《五行志上》，823页，北京，中华书局，1974。

③ (西晋)司马彪：《续汉书·五行志一》，见《后汉书》，3272页，北京，中华书局，1965。

④ 《释名疏证补》，203～204页。

⑤ (唐)段成式撰，杜聪校点：《酉阳杂俎》，146页，济南，齐鲁书社，2007。

⑥ 《新唐书》卷216下《吐蕃传下》，6103页，北京，中华书局，1975。

⑦ 《淮南鸿烈集解》卷14，476页。

⑧ 《淮南鸿烈集解》卷14，475页。

放纵“嗜欲”与“邪气”而过分地追求美味佳肴。汉武帝独尊儒术，儒家思想占据统治地位之后，在饮食观念上仍然没有跳出反对“嗜欲”的窠臼，在盐铁会议上，贤良文学列举汉代饮食生活方面种种比古代奢侈的地方，认为“口腹纵恣，鱼肉之蠹也”。反对“口极甘脆”①。而魏晋南北朝以后，思想观念上摆脱了禁欲主义的束缚，大胆地追求现实的口腹之欲，如吴人郑泉“其闲居每曰：‘愿得美酒满五百斛船，以四时甘脆置两头，反复没饮之。惫即住而啖肴膳。酒有斗升减，随即益之，不亦快乎！’”②晋人毕茂世(卓)云：“一手持蟹螯，一手持酒杯，拍浮酒池中，便足了一生。”③这种观念上的变化，推动人们极意追求美味佳肴，讲究美食的制作与烹饪技艺的提高，到北朝《齐民要术》时仅记述的烹调基本技术就有近三十种之多。因而从这个时期开始各种《食经》、《食谱》如雨后春笋般涌现，人们总结、传授饮馔经验和技艺，从而诞生了一门新兴的学科——饮食学。而饮食学的发展反过来又促进饮食水平的提高。这些都是魏晋南北朝以后饮食生活水平比汉代提高的表现，也是其原因之一。

科学技术的发展对于饮食生活的意义更是不言而喻的，如食品酿造技术的发展为人类开拓食源与食物品种就起了巨大的作用，酿造术的关键是制曲，而正是在汉唐时期我国的制曲技术开始发展并走向成熟，“使不同谷物发霉成曲，然后用它来使更多的谷物糖化、酒化和醋化，这一技术是我们祖先一项重大的发明”④。这一技术的发展使汉唐时期在酿酒、制酱、制醋等方面取得了突出的成就，大大提高和改善了我国人民的饮食生活水平。

到了唐代，随着文化品位的提高，人们在饮食上已不再仅仅满足于吃饱吃好，而且追求饮食的营养卫生，发展了医疗养生保健食品，如治白发

① 《盐铁论校注》，356页。

② 《三国志》卷47《吴书·吴主传》注引《魏略》，1126页。

③ (南朝·宋)刘义庆：《世说新语笺疏》，余嘉锡笺疏，740页，上海，上海古籍出版社，1993。

④ 洪光柱：《中国食品科技史稿》，117～118页，北京，中国商业出版社，1984。

的“甘露羹”①，酒醉后用的“醒酒鲭鲊”②方等；对于茶的医疗保健功效也有了深入的认识，进而要求丰富饮食生活的文化内涵，追求饮食的色、香、味、形、器的综合艺术效应，以高雅的文化艺术融入饮食生活之中，如茶道的兴起、酒文化的风靡等，在满足物质需求的同时，追求精神生活的享受。

四、研究饮食文化史的目的意义

我们研究中国古代饮食文化史是为了更好地总结我国饮食生活的经验教训，取其精华，去其糟粕，为进一步提高与改进我国人民的饮食生活，为我们今天的物质文明和精神文明建设提供借鉴。

一方面从汉唐时期的饮食生活发展进程中，我们可以看到它有许多优良的传统，值得今天继承和发扬。

当时所确立的以粮食为主，辅以一定量的蔬菜和肉类、鱼类的饮食结构，就是非常科学而合理的，这一饮食构成已被现代科学研究证明是极其有利于人体健康的，它避免了以肉食为主或完全素食的两种偏颇所造成的弊端，把植物蛋白与动物蛋白很好地结合起来，实践已经证明它对保障我国人民的身体素质和健康是非常优越的。中国古代的这种饮食结构与当今世界先进国家或联合国所推行的饮食金字塔可以说基本上是一致的。汉唐时期总结出来的食不过饱，不过分追求甘肥厚腻的饮食原则，也是弥足珍贵的饮食观念，也为今天大量的实践和科学研究证明对于健康长寿是有很大作用和意义的。凡此种种都是我们今天应当继承发扬，并在科学的基础上进一步改进和提高的。

另一方面对于我国传统的饮食生活我们不能片面的颂扬和肯定，应当看到它所包含的糟粕部分，吸取教训，加以扬弃。食制方面的合食制就是一个典型。原来汉唐时期继承先秦的传统，基本上是采用分食制的，家庭

① 《太平御览》，3825页，北京，中华书局，1960。

② 《南齐书》卷37《虞悰传》，655页，北京，中华书局，1972。

用膳如此，宴会也是如此，这种食制对于减少交叉传染疾病，维护人民健康是有利的。但是，到了唐代后期分食制日益破坏，而被合食制取代，这种津液交流的合食看似热闹，实则于人民健康非常不利。今天不少人以为我国人民饮食习惯历来是合食，这是一种误解，事实上这种合食制从唐后期产生，至今不过一千余年。现在这一陋习已深深扎根于我国人民的饮食生活，尽管今天人们已经开始认识到这种合食制的弊端，但是改起来还是很困难，其中一个原因就是与人们对于我国古代食制发展演变的历史缺乏认识有关。为了中华民族的健康，现在是恢复和重新推广分食制的时候了。

汉唐时期人们在饮食生活上已经出现刻意追求珍奇异食的现象，除了一般的鱼肉类之外，还追求如“封熊之蹯，翰音之跖，燕髀猩脣，髦残象白”①。即熊掌、鸡爪、燕子的大腿、猩猩的嘴唇和牦牛大象肉之类的奇珍异味。为此，他们不惜大量捕杀珍禽异兽，食其珍美部分，从而为珍稀动物的灭绝、生态平衡的破坏种下了祸根。汉唐时期原来在长江流域还有的大象，其分布日益由北而南退缩，到唐代已逐步退至交广一带了。这是因为当时人们认为象鼻是一种美味佳肴，食用所谓“象鼻炙”②等名肴，因而大量捕杀野象，取其鼻子以快朵颐于一时。今天在国人的饮食生活中这种刻意追求珍禽异兽，甚至不惜以身试法食用野生保护动物的愚昧饮食习俗，正是我国饮食生活中亟待摒弃的糟粕之一。

公费大吃大喝也是汉唐饮食生活史上一个突出现象。统治阶级以种种名义进行公费吃喝，唐代百官上朝有所谓“廊下食”③，“常参官每日朝退赐食，谓之廊餐。”④宰相办公有所谓“堂餐”⑤。这种公费吃喝还有一套“理论”，高宗时有的宰相“以堂馔丰余，欲少损”。感到花费过多，浪费太大，提出降低一点标准，但是遭到反驳：“此天子所以重枢务、待贤才也，吾

---

① 《晋书》卷55《张载传》，1523页。

② 段公路：《北户录》，24页，北京，中华书局，1985。

③ 王溥：《唐会要》，547页，上海，上海古籍出版社，1991。

④ 马端临：《文献通考》，968页，北京，中华书局，1986。

⑤ 《新唐书》卷152《张镒传》，4830页。

等若不任职，当自引避，不宜节减，以自取名。”[①]要干就得吃，不吃就请辞职，这就是官场中的公费吃喝“逻辑”。在这种“逻辑”指导下，官吏自上而下公费吃喝成风，鱼肉人民，积弊相沿，靡所底止。

吃喝不仅是人类的一种生理活动，人的社会性决定了人的吃喝也具有强烈的社会性，早在汉初统治集团总结治乱兴亡的历史经验教训时，就已经认识到在饮食上过度追求“煎熬焚炙，调齐和之适，以穷荆、吴甘酸之变”，穷极滋味，以事口腹之欲，不仅伤身，而且“足以亡天下矣”[②]！真足以震俗惊世，今人可不思之?!

原载《扬州大学烹饪学报》，2008(3)。

① 《新唐书》卷113《张文瓘传》，4187页。

② 《淮南鸿烈集解》，64页。

刘知几为武则天“制造舆论”吗？

20世纪70年代，梁效在原《北京大学学报》第四期抛出了吹捧女皇的《有作为的女政治家武则天》一文。接着，又在第五期刊登的《儒法斗争史概况》隋唐部分，把唐代著名史学家刘知几作为“女皇”的配角推到前台。同年十二月二十三日，《北京日报》转载《概况》修改稿，其中关于刘知几这样写道：

“武则天的掌权，是一场儒法两条路线的严重斗争。在这场斗争中，出现了一批具有法家倾向的思想家。这里应该指出的……是著名历史学家刘知几(公元661—721年)，他在武则天时期曾编修国史，著有《史通》。他继承了韩非的厚今薄古论，反对儒家的复古倒退论，为武则天推行法家路线制造了舆论。”

这段文字是“四人帮”御用文人为刘知几制定的模式。“为武则天推行法家路线制造舆论”，就是他们“评价”刘知几定下的基调。

刘知几果真是为武则天“制造舆论”的吗？请看历史的事实。

一、刘知几为武则天掌权“制造舆论”吗？

《概况》首先歪曲了刘知几的政治态度，说他在武则天掌权的“两条路线斗争”中完全站在武则天一边，为其掌权“制造舆论”。梁效说，在武则天掌权的过程中，前后经历了“三次斗争高潮”：第一次是公元650年唐高宗即位后不久，围绕着废立皇后问题的斗争，第二次是公元683年高宗死后不久爆发的徐敬业等人武装反抗武则天的斗争，第三次是公元690年武则天改国号、称皇帝的斗争。就按他们所说的这三次“斗争高潮”来看，刘知几也没有为武则天“制造舆论”。在所谓“第一次斗争高潮”时，刘知几还没有出世，十一年之后，即高宗龙朔元年(公元661年)他才诞生，而这时武则天早已做稳了皇后，并逐渐把高宗置于掌握之中。少年时期的刘知几

“早游文学。年在纨绮，便受古文尚书”[①]。十二岁读完了《春秋左氏传》，从此培养起浓厚的史学兴趣，进而如饥似渴地阅读史汉三国以至唐初的皇家实录，“年十有七，而窥览略周”[②]。可以说，他把全副精力都集中到研读史籍上面，至于武则天掌权中的什么“严重的路线斗争”，他并不关心。到所谓“第二次斗争高潮”时，刘知几也不过是个二十三四岁的青年，考中进士不久，在河南获嘉县当了一个主管文书的小官——主簿。这时的刘知几，“洎年登弱冠，射策登朝。于是思有馀闲，获遂本愿。旅游京洛，颇积岁年。公私借书，恣情披阅”，[③] 正按照自己的“本愿”潜心史学，纵览群籍。试问，这又哪里是在为武则天“制造舆论”呢？直到公元690年武则天称帝，刘知几依然故我，还在做获嘉主簿，醉心于他所喜爱的历史，毫无为武则天“制造舆论”的迹象。

所谓刘知几为武则天掌权“制造舆论”的唯一依据，大概是指他给武则天的两次上疏吧？刘知几在天授二年（公元691年）和证圣元年（公元695年）确曾两度上疏武则天。只要对上疏的内容稍加剖析，就不难发现它不仅没有为武则天“制造舆论”的意思，倒是在某种程度上流露了他对武则天一系列举措的不满。他在上疏里，主张淘汰冗滥的官吏，指出：“至如六品以下职事清官，遂乃方之土芥，比之沙砾。其有行无闻于十室，即厕朝流，识不反于三隅，俄登仕伍。斯固比肩咸是，举目皆然……今尸禄谬官，其流非一。”[④]这是切中时弊之论。武则天为了巩固武周政权，广树党羽，培植势力，“滥以禄位收天下人心”[⑤]，通过各种途径扩大官僚队伍，以至民间流传歌谣：“补阙连车载，拾遗平斗量，攫槌侍御史，盌脱侍中郎。”[⑥]刘知几针对这种现象，还主张对官吏的升迁应根据政绩加以考核，不应该无功妄施。他还反对随便颁布赦令和轻易调换州刺史。由于上疏不

---

① （唐）刘知几撰，（清）浦起龙释：《史通通释》卷10《自叙》，288页，上海，上海古籍出版社，1978。

② 《史通通释》卷10《自叙》，288页。

③ 《史通通释》卷10《自叙》，289页。

④ 《唐会要》卷67《试及邪滥官》，1181页，上海，上海古籍出版社，1991。

⑤ 《资治通鉴》卷205，“长寿元年一月”条，6478页，北京，中华书局，1956。

⑥ 《全唐诗》卷878“谣”类，9942页，北京，中华书局，1960。

合武则天的口味，“后嘉其直，不能用也”①。刘知几上疏之后七八年官位一直不得升迁，便是明证。

特别应当指出的是，与上疏同时，刘知几还写了一篇《思慎赋》，委婉地表达了他的政治态度和思想感情。史称：“是时官爵僭滥而法纲严密，士类竞为趋进而多陷刑戮，知几乃著《思慎赋》以刺时，且以见意。”②显然，他写赋的目的是为“刺时”和“见意”。刘知几的青少年时代，正是统治阶级内部斗争十分激烈的时期。武则天为了篡唐建周，大肆杀伐异己，不仅“唐之宗室戕杀殆尽，其贤士大夫不免者十八九”③，连她自己的子女亲戚和她所选拔的人也在所难免。史载“太后自垂拱以来，任用酷吏，先诛唐宗室贵戚数百人，次及大臣数百家，其刺史、郎将以下，不可胜数。每除一官，户婢窃相谓曰：‘鬼朴又来矣’。不旬月，辄遭掩捕、族诛”④。以致当时“朝士人人自危，相见莫敢交言，道路以目。或因入朝密遭掩捕，每朝，辄与家人诀曰：‘未知复相见否?’”⑤刘知几生活在这阴森恐怖的时代，目睹统治集团内部无休止的杀伐倾轧，因而写下了《思慎赋》这样的暴露统治者之嗜血滥杀的灰暗篇章。他总结历史事实，联系当代政治，得出结论：“历观自古以迄于今，其有才位见称，功名取贵，非命者众，克全者寡。大则覆宗绝祀，堙没无遗，小则系狱下室，仅而获免。速者败不旋踵，宽者忧在子孙。至若保令名以没齿，传贻厥于后胤，求之历代，得十一于千百”。这就是他所要“刺”的“时”。这不正是对武则天时期酷吏恣横、统治阶级内部互相吞噬的无情揭露吗？在这种专制主义的高压政策下，刘知几表示要急流勇退，“知止足，避嫌疑”，以“全父母之发肤，保先人之邱墓”，“一生之愿于斯足矣！”⑥刘知几现存作品中，还有《韦弦赋》、《京兆试慎所好赋》，也表述了与《思慎赋》大体相同的情怀。

---

① 《新唐书》卷 132《刘子玄传》，4519 页。

② 《旧唐书》卷 102《刘子玄传》，3166 页。

③ 《新唐书》卷 3《高宗本纪》“赞曰”，79 页。

④ 《资治通鉴》卷 205，“长寿元年七月”条，6485 页。

⑤ 《资治通鉴》卷 204，“天授元年七月”条，6465 页。

⑥ 《文苑英华》卷 92《人事·思慎赋》序，416～417 页，北京，中华书局，1966。

明乎此，就不难理解为什么在武则天时期刘知几政治上并不得意，从二十岁中进士以后授了一个九品小官，直到三十九岁为止，整整十九年不得升迁。尽管在武则天死前三年他到朝廷担任了史官和凤阁舍人，但他并没有卷入当时的政治斗争旋涡，始终保持着他那“守兹介直，不附奸回”①的政治态度。长安三年(公元703年)武则天的佞幸张昌宗兄弟逼迫张说诬证魏元忠“反叛”。在武则天召张说作证之前，刘知几挺身而出，仗义执言，鼓励张说据实陈辞，“无污青史，为子孙累”②。在刘知几等人的支持下，张说顶住了压力，挫败了张昌宗兄弟的图谋。这表明刘知几即使跻身宫省，也并不曲意依违于武则天。把刘知几说成一个紧跟武则天“法家路线”并为其掌权而“制造舆论”的人，是完全不符合历史事实的。

二、刘知几编修国史是为武则天“制造舆论”吗?

从刘知几的一生来看，他主要不是从政，而是从事史学著述。因此，《概况》特意点出刘知几“在武则天时期曾编修国史”，似乎这就是他“为武则天推行法家路线制造了舆论”的有力论据了。然而这个论据却是完全站不住脚的。

刘知几一生著述颇多，有自著的，如《史通》、《刘氏家史》、《刘氏谱考》等；有参与修撰的，如《三教珠英》、《唐史》、《姓族系录》、《则天实录》、《睿宗实录》、《中宗实录》等。这些著述，在武则天时期完成的只有《刘氏家史》、《刘氏谱考》和《三教珠英》、《唐史》等。其余主要著作都是在武则天死后修撰的。

《刘氏家史》和《刘氏谱考》，是关于彭城刘氏族谱的考证性著作，它与武则天的所谓“法家路线”，完全无关。梁效在黑文中不是把打击士族地主当作武则天“革新”精神的首要表现吗？彭城刘氏正是山东士族，刘知几出身于这个士族并居然对此大加考证，按照“四人帮”的逻辑，这岂不是与武

---

① 《史通通释》卷20《忤时》，592页。

② 《唐会要》卷64《史馆杂录》，1105页。

则天的“法家路线”、“对着干”了吗？

圣历二年(公元699年)，武则天命张昌宗主持编撰《三教珠英》。刘知几亦参与其事。武则天为什么要搞这样一部书呢？史书对此有两种说法，一种认为当时武则天宠幸张昌宗兄弟，“以昌宗丑声闻于外，欲以美事掩其迹，乃诏昌宗撰《三教珠英》于内”①。另一说法认为，“上以《御览》及《文思博要》等书，聚事多未周备”②，因而修撰此书。不管出于哪一种动机，这样的书是根本不可能为“推行法家路线制造舆论”的。这部书是关于儒、佛、道三教典故的类书，与其说是为推行“法家路线”，毋宁说是为推行“儒家路线”更恰当一些。

《三教珠英》成书后的第二年，长安二年(公元702年)，刘知几由于朋友的推荐进入史馆，以著作佐郎兼修国史(即《唐史》)。从这年到神龙元年(公元705年)武则天下台，只有三年时间。这三年之最后一年，刘知几又因任凤阁舍人而暂停史职一年，在史馆实际上只有两年左右时间。刘知几参与编修国史是象《概况》所说为武则天“制造舆论”吗？请看刘知几在编修国史中的遭遇吧。这两年的史馆生活是刘知几对于当时史学界乃至现实政治的认识大大加深的重要阶段。在这里，他亲眼看到了当时史馆的弊病，监修官的昏聩、专横，以及修史中种种隐讳、曲笔的黑暗面。刘知几在回忆这段经历时写道：“长安中，会奉诏预修唐史。及今上(指中宗)即位，又敕撰《则天大圣皇后实录》。凡所著述，尝欲行其旧议，而当时同作诸士及监修贵臣，每与其凿枘相违，龃龉难入。故其所载削，皆与俗浮沉，虽自谓依违苟从，然犹大为史官所嫉。”③这是他对于武则天和中宗朝史馆情况的一个综述。它反映出修国史中存在着尖锐的斗争，他与当时的史馆，特别是与监修官有着严重的分歧，所修国史并不符合他的心意。无独有偶，当时参与编修国史的、刘知几的挚友吴兢对此也有一段追述：“臣往者长安、景龙之岁，以左拾遗起居郎兼修国史。时有武三思、张易之、张

① 《旧唐书》卷78《张行成传附张易之、张昌宗传》，2707页。

② 《唐会要》卷36《修撰》，657页。

③ 《史通通释》卷10《自叙》，290页。

昌宗、纪处讷、宗楚客、韦温等，相次监领其职。三思等立性邪佞，不循宪章，苟饰虚词，殊非直笔。"①吴兢所说与刘知几完全一致。当时的史馆就把持在武三思之流手中。武三思是武则天的侄子，史称"三思略涉文史，性倾巧便僻，善事人，由是特蒙信任。则天数幸其第，赏赐甚厚。"②他是地地道道的武则天在史馆的代理人。此公有一句口头禅："不知何等名作好人，唯有向我好者，是好人耳！"③什么是非善恶，一切都以他的好恶和利益为转移。刘知几在揭露史馆监修官时曾说："凡居斯职者，必恩幸贵臣，凡庸贱品"，特别指出"夫人既不知善之为善，则亦不知恶之为恶"④，这号人根本不配监修史书。这不正活画了武三思一流的丑恶嘴脸吗？刘知几在编修国史中主要就是与武三思之流发生矛盾冲突，而武三思执行的不是别的，正是武则天的"路线"，企图以种种歪曲历史的卑鄙手法，使唐史为武则天"制造舆论"。刘知几等一批正直的史学家恰恰在这个问题上与武三思之流存在着激烈的斗争，因而受到他们的排抑，以致后来如吴兢被迫在外重修唐史，别撰《唐书》、《唐春秋》，而刘知几则干脆退出史馆，自撰《史通》。由此可见，所谓刘知几编修国史为武则天"制造舆论"纯属胡言乱语。

三、刘知几著《史通》是为武则天"制造舆论"吗？

《史通》二十卷，四十九篇(内篇三十六，外篇十三)。它是刘知几的代表作，也是我国第一部杰出的史学评论集。因此，"四人帮"御用文人对它刻意歪曲，妄加利用。

为了把《史通》说成是为武则天"制造舆论"的，"四人帮"御用文人使出伪造历史的惯技，恣意窜改《史通》成书的时间。《概况》在《北京日报》抛出时，白纸黑字赫然写道：刘知几"在武则天时期曾编修国史，著有《史

① 《唐会要》卷63《史馆》上，"在外修史"条，1098～1099页。

② 《旧唐书》卷183《外戚·武三思传》，4735页。

③ 《旧唐书》卷183《外戚·武三思传》，4735页。

④ 《史通通释》卷10《辨职》，283页。

通》”。竟然把《史通》说成在武则天时期著成的。必须指出，此文在《北京大学学报》出笼时还只写作刘知几“在武后时曾编修国史”，而转载时竟在这句话后面打了个逗号，悄悄塞进了“著有《史通》”四字。这是经过深思熟虑的作伪。看来，随着四人帮篡党夺权步伐的加紧，他们伪造历史更加肆无忌惮了。他们以为把这四个字偷偷塞进，一笔带过，不致引起人们的注意和怀疑，就可以把《史通》说成在武则天时期写成的，而下面那个“为武则天推行法家路线制造了舆论”的结论也就顺理成章了。

但是，墨写的谎言改变不了铁铸的事实。关于《史通》成书的时间，刘知几在《史通》原序上明白无误地写道：“于时岁次庚戌景龙四年仲春之月也。”[①]中宗景龙四年(公元710年)，这时武则天已经死去整整五年了。

还必须指出，不仅《史通》成书不在武则天时期，《史通》的开始写作也不在武则天时期，而在中宗神龙二年(公元706年)左右。神龙二年，中宗率文武百官从洛阳返都长安，刘知几借故“逗留不去，守司东都。”景龙二年(公元708年)他被朝廷从洛阳召到长安。他在谈及此事时写道：“杜门却扫，凡经三载。或有谮予躬为史臣，不书国事，而取乐丘园，私自著述者。由是驿召至京，令专执史笔。”[②]他这里说的“私自著述”即指写作《史通》，由此上溯三年，正当神龙二年。刘知几就是从这年开始集中时间、集中精力编撰《史通》的。这样一部从开始编撰到成书都在武则天死后的著作，居然能“为武则天推行法家路线制造了舆论”，实在是滑天下之大稽！

刘知几写《史通》，是武则天和中宗初年史馆中的斗争，即编修《唐史》和《则天实录》中斗争的一个反映。对于武则天时期史馆中的斗争，刘知几有过一段生动而具体的回忆：在参与修《唐史》时，他曾被分配撰写高宗时宰相李义琰的传。李义琰在魏州昌乐已经三代，刘知几就如实写作“义琰，魏州昌乐人也”。监修官看后哈哈大笑，认为这样写“深乖史体”，硬要他按当时士族地主讲究郡望的习惯改写李氏的旧望“陇西成纪”。可见，史馆中的习惯势力是如何地压抑着刘知几这样有独立思想的史学家。他在讲完

① 《全唐文》卷274，2789页，北京，中华书局，1983。

② 《史通通释》卷20《忤时》，589页。

这段经历后，说："既言不见从，故有此说。"因此，后来他写了《邑里》篇，抨击了"世重高门，人轻寒族，竞以姓望所出，邑里相矜"的士族风尚和"积习相传，寖以成俗，迷而不返"的史学八股，阐述了记载历史人物的邑里必须"随时而载，用明审实"①的主张。《史通》多有这类撰史实践之总结。

武则天死后，史馆中的斗争有加无已。武三思等人投靠了新的主子——中宗和韦后，继续把持史馆。神龙元年(公元 705 年)刘知几回到史馆，奉命参与修撰《则天实录》。这一工作又受到武三思之流的严重干扰，"始，子玄修武后实录，有所改正，而武三思等不听"②。整个编写工作"事多遗恨"③。刘知几很不满意，决心搞"独断之学"——编撰《史通》。他在说明写作《史通》的思想动机时写道："嗟乎，虽任当其职，而吾道不行，见用于时，而美志不遂。郁怏孤愤，无以寄怀。必寝而不言，嘿而无述，又恐没世之后，谁知予者？故退而私撰《史通》，以见其志。"④愤懑之情，溢于言表。由此可见，刘知几著《史通》的目的不仅不是为武则天"制造舆论"，相反，武则天时期史馆中的斗争乃至政治上的黑暗倒是促使他写作《史通》的一个重要原因，也是他所要批判的对象之一。至于《史通》的思想内容，也绝不是为武则天"制造舆论"的。这个问题非本文所论范围，故从略。

应当说明，我并不认为刘知几同武则天是完全针锋相对的。他的上疏尽管流露出对武则天某些举措的不满，但其目的还是为了加强统治而贡献"化民之方"、"治人之术"⑤，他的史学活动归根结底也是为加强统治服务的。他虽然反对武三思之流"曲笔"、"阿时"，但他所强调的"直书"、"实录"仍然仅限于地主阶级利益所许可的范围之内。这些都是如何进一步历史地、全面地评价刘知几的学术问题，对此当然还应当继续深入探讨。而"四人帮"及其御用文人把刘知几硬捆在武则天"法家路线"的战车上，把他

① 《史通通释》卷 5《邑里》，143～145 页。
② 《新唐书》卷 132《刘子玄传》，4521 页。
③ 《史通通释》卷 12《古今正史》，374 页。
④ 《史通通释》卷 10《自叙》，290 页。
⑤ 《唐会要》卷 68《刺史》上，1198 页。

塑成一个在武则天麾下奔走呼号的吹鼓手形象，则完全是别有用心的歪曲，“是看着统治阶级特别是统治阶级的反动分子的‘眼色’捏造出来的”①谎言，这同如何评价刘知几完全是两码事。

原载《历史研究》，1978(8)。

① ［德］马克思：《剩余价值理论》，见《马克思恩格斯全集》，第26卷，第2册，127页，北京，人民出版社，1973。

唐代的市舶使与市舶管理

唐代的市舶使与市舶管理，乃唐代外贸、外交管理中的重要问题，素为中外学者所关注，论著颇繁，然而其中诸多问题争议亦甚，众说纷纭，莫衷一是。故有必要对这些问题作一番清理，庶几近乎是。兹就有关市舶使之设置及其人选、地方长官在市舶管理中的地位与作用、市舶使与地方长官在市舶管理中的关系等问题，略陈管见，就正于方家。

一、市舶使的设置及其人选

市舶使虽然是唐代市舶管理的重要角色，然而史料中关于市舶使任职情况的记载却不为详赡。通过对有关史料的考察，唐代市舶使可考者如下：

唐代可考币舶使统计表

时间	姓名	任职	地点	身份	资料出处
开元二年	周庆立	市舶使	安南	朝官	《旧唐书》卷8《玄宗纪》
开元十年	韦某	市舶使	广州	宦官	《全唐文》卷371于肃《内给事谏议大夫韦公神道碑》
天宝初	无	中人之市舶者	广州	宦官	《新唐书》卷126《卢奂传》
广德元年	吕太一	市舶使	广州	宦官	《旧唐书》卷11《代宗纪》
德宗初	王虔休	市舶使	广州	朝官	《全唐文》卷515王虔休《进岭南王馆市舶使院图表》
开成元年	无	市舶使	广州	宦官(监军)	《旧唐书》卷177《卢钧传》
大中四年	李敬实	市舶使	广州	宦官(都监)	关双喜：《西安东郊出土唐李敬实墓志》，载《考古与文物》，1985(6)

从上表可见自玄宗开元二年(公元714年)至宣宗大中四年(公元850

年)的近140年间，先后有7例市舶使担任者见诸记载①，几乎跨越唐代中后期。表明市舶使普遍存在于唐代中后期。我们就以上表为基础，再结合其他有关史料来考察唐代市舶使的设置及其人选情况。

(一)市舶使始置于开元二年

唐代文献所记市舶使最早者为开元二年之周庆立。《旧唐书》卷八《玄宗纪上》：开元二年“右威卫中郎将周庆立为安南市舶使，与波斯僧广造奇巧，将以进内。监选使、殿中侍御史柳泽上书谏，上嘉纳之”②。此为文献首见市舶使之记载。

论者或将唐代市舶使始置年代提早至贞观十七年(公元643年)。此说肇端于顾炎武③。日本学者桑原骘藏已指出此乃误将《宋会要》关于绍兴十七年(公元1147年)之记事张冠李戴为贞观十七年事④。桑原氏所论甚是，毋庸赘述。亦有将市舶使始置年代定于高宗显庆六年(公元661年)者⑤。此说所据乃高宗于是年发布之《定夷舶市物例敕》。显庆六年二月十六日敕曰：“南中有诸国舶，宜令所司，每年四月以前，预支应须市物，委本道长史，舶至十日内，依数交付价值，市了任百姓交易。其官市物送少府监，简择进内。”⑥认为“所司”即指市舶使。此说不确。实则敕文中之“所司”乃指中央有关部门，由他们造好预算，然后委托夷舶所至之地方长史负责采购。据《唐六典·少府监》载少府丞所掌：“凡五署(中尚、左尚、右尚、织染、掌冶)所修之物须金石、齿革、羽毛、竹木而成者，则上尚书

① 论者多谓唐代史料中仅见两人曾担任市舶使(《吕思勉读史札记》，丁帙：《唐代市舶一》，999页，上海，上海古籍出版社，1982。其余论著持此说者甚多，不备举)，即玄宗时的周庆立和代宗时的吕太一。此实袭用马端临旧说(见《文献通考》卷62《职官·提举市舶》)。或谓“有案可查的只有三人”，即除上述二人外，再加上王虔休。参见宁志新：《试论唐代市舶使的职能及其任职特点》，载《中国社会经济史研究》，1996(1)。

② 《旧唐书》卷8《玄宗纪上》。

③ (明)顾炎武：《天下郡国利病书》，商务印书馆影印四部丛刊三编本，47本，109页，1936。

④ (日)桑原骘藏：《蒲寿庚考》，第一章注1，7～8页，北京，中华书局，1954；参见《宋会要辑稿》卷1124《职官》四四之二五。

⑤ 李庆新：《论唐代广州的对外贸易》，载《中国史研究》，1992(4)。

⑥ 《唐会要》卷66《少府监》，1366页，北京，中华书局，1955。

省，尚书省下所由司以供给焉。”①少府修造所需的这些物品不少为夷舶所舶来者。此类物资之供应由少府上报尚书省，而由尚书省之度支具体负责管理。同书卷三《尚书户部》度支郎中条称其职务之一为“每岁计其所出而支其所用”，其中即包括“支纳……少府等物”②。由此可见显庆六年敕中之“所司”即尚书省及其所辖之度支。高宗令其于每年四月以前造好收购夷舶物之预算，赶在夏季季风将夷舶送达南中之前，将购物之“价值”交付南中本道长史负责收购，购得之后再上交少府监，以供御用。显庆六年敕将收购夷舶御用物品作了上述规范，以为日后收购舶物之“定例”；《唐六典》所载，乃是唐前期收购夷舶物品操作程序之实践总结，前后二者完全吻合。显然，显庆六年敕与市舶使之设置无涉，而唐代有关文献亦未见这一时期曾设置市舶使之记载。此敕规定由本道长史负责舶物收购，乃为前代以来相沿之成例。高宗、则天时期桂州都督府法曹参军杨志本曾被都督周道务“奏充岭南市阉□、珠玉使”，他“握水衡之钱，权御府之产……散国财，市蛮宝”③。杨志本就是这样一位按照显庆六年例敕、持度支所付钱前往岭南采购珠玉等“蛮宝”之“本道长史”。可见其时尚无“市舶使”之官名，更无市舶使之官员。

市舶使始置于开元二年，这与唐代使职制度之发展、市舶贸易之发展等总形势也是大体相吻合的。如所周知，唐代使职差遣制是随着唐中叶起三省制的破坏而日益盛行的，且大多是从玄宗时期开始的，其中财经部门的使职化即开始于开元九年(公元721年)④。市舶使作为与财经部门关系密切的使职之一产生于开元二年应是很自然的。从唐代市舶发展而言，玄宗朝为海外贸易开始大发展时期。张九龄称开元元年(公元713年)“海外诸国，日以通商，齿革羽毛之殷，鱼盐蜃蛤之利，上足以备府库之用，下足以赡江淮之求”。由于海外贸易及国家财政需求的发展，于是开元四年玄

① 《唐六典》卷22《少府监》，572页，北京，中华书局，1992。

② 《唐六典》卷3《尚书户部·度支郎中》，80页。

③ 严识元：《潭州都督杨志本碑》，见《全唐文》卷267，2708页，北京，中华书局，1983。所阙一字疑为“儿”，《新唐书》卷207《宦者上·吐突承璀传》，5870页：“是时诸道岁进阉儿，号‘私白’，闽、岭最多。”

④ 参见陈仲安、王素：《汉唐职官制度研究》，第1章，第6节“唐后期使职差遣制的流行”，111页，北京，中华书局，1993。

宗令张九龄主持开大庾岭路①。这是从陆路方面加强岭南与内地交通、进一步发展海外贸易的重要措施之一。从玄宗初年海外贸易的发展及其相应采取了加强海外贸易措施等方面来看，开元二年创置市舶使是顺理成章之事。在没有发现新的资料之前，我们只能认为开元二年为市舶使始置之年。

（二）唐代市舶使主要设置于广州

唐代海外贸易繁盛的港口主要有安南、广州、泉州、扬州等，成书于9世纪中叶（当唐宣、懿、僖朝）的阿拉伯古典地理名著《道里邦国志》记载西方海舶进入唐境之后的港口由南而北依次为鲁金（安南龙编，今越南河内附近）、汉府（广州）、汉久（今福建一带城名）、刚突（扬州）②，大体反映了唐代外贸港口布局的实际情况。在上述四个港口中，则以广州、安南最为繁盛和重要。魏晋以来即常将海上贸易两大中心“交、广”连称，唐代仍然如此，李肇在《唐国史补》卷下即谓：“南海舶，外国船也。每岁至安南、广州。”③从上表可以看到，唐代市舶使即是派往安南和广州的，尤以广州

① 张九龄：《开大庾岭路记》，见《全唐文》卷291，2950页。

② （阿拉伯）伊本·胡尔达兹比赫：《道里邦国志·通向中国之路》，71～72页，北京，中华书局，1991。汉久，或谓即泉州，见岑仲勉：《隋唐史》，592页，北京，中华书局，1982。

③ （唐）李肇：《唐国史补》，63页，上海，上海古籍出版社，1979。

为主；而扬州、泉州均不见派遣①。

唐代以广州、安南为接纳蕃舶之主要港口，并向此二地而不向扬、泉二州派遣市舶使的情况，还可以从其他方面得到印证。前文已谈到，唐政府从市舶所得之蕃货，是交由少府保管供用的，据《唐六典·少府监》：少府所属中尚署制造御用物品所需之物资，“其紫檀、榈木、檀香、象牙、翡翠毛、黄婴毛、青虫真珠、紫矿、水银出广州及安南”②。这些大多为舶来蕃货，其供应地主要为广州、安南；扬、泉二州不见供应此类珍异。天宝元年(公元742年)韦坚为陕郡太守、水陆转运使，于长安东穿广运潭以通舟楫，运输东南贡赋。他将各郡产物分别陈列于该郡船上，“若广陵郡船，即于栿背上堆积广陵所出锦、镜、铜器、海味……南海郡船，即玳瑁、真珠、象牙、沉香”③。由此可见扬州与广州贡赋物产迥异，前者均属本土特产，后者全为舶来蕃货。鉴真和尚从天宝元年(公元742年)至天宝

① 或谓扬州、泉州亦有市舶使。扬州有市舶使说者引南宋罗浚《宝庆四明志》卷6《叙赋下·市舶》：“汉扬州、交州之域，东南际海，海外杂国，时候风潮，贾舶交至，唐有市舶使总其征。皇朝因之，置务于浙、于闽、于广”，认为这是唐代扬州已设市舶使的早期记载，参见林萌：《关于唐、五代市舶机构问题的探讨》，载《海交史研究》，1982(4)。实则《四明志》所称“汉扬州、交州之域”，乃泛指东南沿海一带，其中的“扬州”非指扬州港，而是包括扬州地区在内的东南沿海。其下文述及宋朝在浙、闽、广三地置“舶务”时，也没有扬州这个城市。这条材料并不能证明唐代在扬州已有市舶使。有的文章甚至认为唐代扬州已有市舶司，认为日僧圆仁《入唐求法巡礼行记》中所记“所由”即扬州市舶司，参见朱江：《唐代扬州市舶司的机构及其职能》，载《海交史研究》，1988(1)。文宗开成三年(838年)圆仁随藤原常嗣所率日本遣唐使团抵扬州，在大使赴长安期间，留守扬州的日本遣唐使人员到市场买香药而“为所由勘追”见[日]圆仁撰，顾承甫、何泉达点校：《入唐求法巡礼行记》卷1，32页，上海，上海古籍出版社，1986。何谓“所由”?《资治通鉴》卷242，“穆宗长庆二年四月”条，7815页，北京，中华书局，1956。胡注：“所由，绾掌官物之吏也，事必经由其手，故谓之所由。”蒋礼鸿：《敦煌变文字义通释》对“所由”一词作了详细解释，认为是“吏人的名称，所做的事情不止一种”。泛指各种具体事务的办事人员，“也用来称某些官员”，它不是正式的官员职称(38～43页，上海古籍出版社，1981)。《行记》中的这个“所由”乃市场管理人员，与市舶司相去甚远。《行记》中共有9处出现“所由”，均为各项具体事务之负责人而非市舶司。不仅在扬州，如在登州也有，当圆仁等人到达登州时，“城南地界所由乔改来请行由，仍书行历与之”。(《唐求法巡礼行记》卷2，85页)这是指城南负责盘查来往行人的有关官吏。

② 《唐六典》卷22《少府监·中尚署》，573页。

③ 《旧唐书》卷105《韦坚传》，3222页。

十二载(公元753年)曾6次试东渡日本，期间往来于扬州与广州之间。日人真人元开所作《唐大和上东征传》真实地记录了鉴真一行历程中的所见所闻，其对于扬州、福建一带未见只字提及蕃舶之事，相反，天宝二载(公元743年)时由于“海贼大动繁多，台州、温州、明州海边，并被其害，海路堙塞，公私断行”，东海海域呈现一幅萧条景象。唯独到了广州时，则盛称“江中有婆罗门、波斯、昆仑等舶，不知其数；并载香药、珍宝，积载如山。其舶深六、七丈”①。他们对广州蕃舶之盛如此惊叹，作了如此细致的描述，无疑是其与前者形成鲜明对照，并给鉴真及随行日人留下深刻印象之反映。

不过从上表还可以看到，唐代的市舶使有一个从安南而广州，后即常派往广州的发展变化过程。唐代的市舶使最初是派往安南的，第一任市舶使周庆立即冠以“安南市舶使”职衔。德宗贞元八年(公元792年)岭南节度使李复拟派判官至安南收市时，也曾上表朝廷请求派市舶使同至安南。德宗拟同意其请求，而宰相陆贽不同意，② 不论后来是否派了市舶使至安南，至少表明在开元二年之后也曾考虑过向安南派遣市舶使。但唐代市舶使派往安南者毕竟是少数，主要是派往岭南道所在地、当时的海外贸易中心广州。市舶使由安南而广州以及后来即常驻于广州的原因，首先是因为广州为岭南政治、经济中心，其地位较安南更为重要。在汉魏时期基本上是以交州领南海(广州)，其地位高于广州，东晋南朝以来广州地位日益上升，取代交州而成为岭南政治中心。唐“永徽后，以广、桂、容、邕、安南府，皆隶广府都督统摄，谓之五府节度使，名岭南五管”③。地位更为重要，安南都护府归其统辖。随着政治、经济中心之从交州而向广州转移，蕃舶聚集港口亦呈由南而北转移之势，广州遂取代交州而成为最重要的海外贸易港口。其次与航海技术的进步有关。在航海技术较低的汉魏时期，海舶一般循沿岸航线而行，东吴以来随着航海技术的提高，逐渐开辟了横渡南中

① [日]真人元开：《唐大和上东征传》，43、74页，北京，中华书局，1979。

② 陆贽：《论岭南请于安南置市舶中使状》，见《全唐文》卷473，4828页；《资治通鉴》卷234，“德宗贞元八年”条，7532～7533页。

③ 《旧唐书》卷41《地理志四》，1712页。

国海直航广州、不必停靠交州沿岸的航线①。天宝七载(公元748年)鉴真等一行漂泊至万安州(今海南岛万宁、陵水),住于州大首领冯若芳家,"若芳每年常劫取波斯舶二三艘,取物为已货,掠人为奴婢"。万安州在海南岛东南,这里正是横渡南中国海所经航道,亦即日后贾耽所谓"广州通海夷道"所经之航道。从其所掠奴婢之多,所掠蕃舶物资之夥②,可见其劫掠蕃舶已积多年,并可推知这一带为当时繁忙之航线。航海技术的进步和横渡南海航线的开通,导致广州在海外贸易中的地位超过安南,而成为最大的海上贸易中心。到德宗时,贾耽所总结的"入四夷路",以安南为通往东南亚、南亚的陆上交通门户,而以广州为通往南海、印度洋、波斯湾的海上交通门户③。由此可见海上贸易中心已完全由安南转移至广州。因此开元十年之后市舶使便一直是派往既是岭南的政治、经济中心,又是唐代最大的海外贸易中心的广州了。

(三)市舶使人选:朝官——宦官——监军

从前表可见,唐代市舶使的担任者大体经历了由朝官而宦官而监军(宦官)的变化过程,总的说来是以宦官为主,亦偶有朝官④。

市舶使最初是以朝官担任的,开元二年(公元714年)首任市舶使周庆立即以右威卫中郎将而出任安南市舶使。在周庆立任市舶使之后两年(开元四年)有胡人上言"市舶之利",于是"上命监察御史杨范臣与胡人偕往求

---

① 参见彭德清主编:《中国航海史〈古代航海史〉》,98~99页,北京,人民交通出版社,1988。

② 《唐大和上东征传》,68页。

③ 《新唐书》卷43下《地理志七下》,1146页。

④ 这个问题主要有三说:第一,宦官说。以"宦官为市舶官员,岭南帅监领之"(吴泰,《试论汉唐时期海外贸易的几个问题》,载《海交史研究》,1981年第3期);唐初以帅臣监领,后期有时以节度使兼任,但更多的仍以宦官兼领(上引李庆新《论唐代广州的对外贸易》)。第二,广州地方长官说。"唐及北宋,市舶使多由地方官兼任,时或由中央派遣内官干预之。"(桑原骘藏:《蒲寿庚考》第一章注1,6页)"在一般情形之下,市舶使由广州刺史兼任,但在某些情况之下,市舶使则由京官担任。"(王贞平:《唐代的海外贸易管理》,龙达瑞译,见王利器、常思春主编:《稽古拓新集——屈守元教授八秩华诞纪念》,成都,成都出版社,1992)第三,节度使府幕职人员说。即除宦官和节度使外,尚有幕职人员担任,参见王杰:《唐岭南市舶使人选补正》,载《中国史研究》,1993(4)。

之”，因杨范臣反对而作罢。[1] 杨范臣如果成行，也应是一位市舶使，他也是朝臣。这两件事情可以说明三个问题：一是开元初选派市舶使时是在朝官中物色，而尚未从宦官中考虑。二是从熟悉当地情况的人士中选派。周庆立不是一般的朝官，他原系“昭州首领”[2]，昭州为岭南道桂州都督府所辖，可见最初在选拔市舶使时是以熟悉当地情况的地方酋豪为对象的。联系前文所述高、武时期以桂州都督府法曹参军杨志本为“岭南市珠玉使”观之，唐前期赴岭南市物之专使是以当地人士或本地官员为首选对象。三是以胡人参与市舶使之职事。周庆立任市舶使时因与“波斯僧及烈等广造奇器异巧以进”而遭到柳泽的弹劾，柳泽弹劾对象是他们二人[3]。可见周庆立是与这位波斯僧共同进行市舶事宜的，这与后来拟安排杨范臣与胡人配合出使是一致的。看来早期的市舶使须以当地酋豪承担，并邀请胡人以类似顾问的身份协助行事，这表明唐政府对于市舶经营管理还缺乏经验，还须借助熟悉蕃情的外国人，对于市舶使及其人员选派尚处于摸索试探阶段。此后即不见朝官出任市舶使事，大约到德宗时，王虔休作《进岭南王馆市舶使院图表》，称“臣奉宣皇化，临而存之，除供进备物之外，并任蕃商列肆而市”[4]，表明他也是市舶使。王虔休，两唐书有传，其官历在代、德时。他是以朝官出任市舶使，此为唐后期所仅见。

从开元十年(公元722年)开始以宦官充任市舶使。韦某于“开元十年解褐授内府局丞……寻充市舶使，至于广府”[5]。内府局为内侍省下属六局之一，其任职者均为宦官。这是首见明确记载以宦官充任市舶使。《新唐书》卷126《卢奂传》：天宝初(公元742—755年)，卢奂为南海太守兼五府节度使，“中人之市舶者亦不敢干其法”[6]。可见其在任时，亦有“中人”充任市

---

① 《资治通鉴》卷211，“唐玄宗开元四年”条，6718页。

② 《旧唐书》卷185上《良吏传上·薛季昶传》，4804页。

③ (北宋)王钦若等编：《册府元龟》卷546《谏诤部·直谏十三》，6548页，北京，中华书局，1960。

④ 《全唐文》卷515，5235页。

⑤ 于肃：《内给事谏议大夫韦公神道碑》，见《全唐文》卷371，5766页。

⑥ 《新唐书》卷126《卢奂传》，4418页。

舶使来到广州。代宗广德元年(公元763年)之吕太一也是“宦官市舶使”[①]。

到文宗开成年间(公元836—840年)，以宦官为市舶使的做法发生了变化，即由一般的宦官临时出使演变为长驻岭南之宦官—监军兼任市舶使。《旧唐书·卢钧传》：时卢钧为岭南节度使，其“性仁恕，为政廉洁，请监军领市舶使，己一不干预”[②]。此为文献中首见以监军兼领市舶使。其后又有李敬实于宣宗“大中四年(公元850年)，除广州都监兼市舶使”[③]。从《李敬实墓志铭》知其曾任内侍省掖庭局令、内给事等宦官职务。其事迹仅在《新唐书·郑朗传》中有一处提及：“中人李敬实排(郑)朗驺导驰去，朗以闻。宣宗诘敬实。”[④]事在大中十(公元856年)至十一年(公元857年)郑朗为宰相期间。墓志与史书的记载完全吻合，他也是一位宦官。根据唐代监军制度，监军使之外，还有都监、都都监。李敬实是以广州都监兼任市舶使。由此进一步证明从卢钧开创的以监军领市舶使的做法后来已成惯例。因而这个时期又出现了“监舶使”[⑤]。这意味着宦官在岭南监督军事的同时亦监督市舶事宜。

唐代市舶使人选的这种演变进程，首先是唐代宦官势力发展的必然结果。唐初抑制宦官，不任以事，玄宗破坏旧制，宦官地位急剧上升，宦官干政局面开始形成。唐代的宦官专权主要是通过使职差遣而实现的，市舶使即为宦官所充任的众多使职之一，因而从开元十年开始便出现以宦官代替朝官充任市舶使的变化。此后这一职务便一直由宦官把持，只在德宗时有一例朝官担任者，这与“德宗初立，颇整纲纪，宦官稍绌”[⑥]当有一定关系。

其次是由中央与地方关系的发展变化所决定的。唐朝自安史之乱以后藩镇势力急剧膨胀，为了加强对地方的控制，向藩镇派遣监军即为朝廷重

---

① 《旧唐书》卷11《代宗纪》，274页。

② 《旧唐书》卷177《卢钧传》，4591～4592页。

③ 关双喜：《西安东郊出土唐李敬实墓志》，载《考古与文物》，1985(6)。

④ 《新唐书》卷165《郑朗传》，5069页。

⑤ 萧邺：《岭南节度使韦公神道碑》，见《全唐文》卷764，7945页。

⑥ 《资治通鉴》卷263，“昭宗天复三年‘臣光曰’”，8597页。

要措施之一。早在开元末年，即以宦官充任监军，最初这些监军只是临时派遣，安史之乱以后随着于各藩镇设置常设的监军机构，监军使也成为常驻地方之官员。监军使一般都同时兼任其他使职，因而唐后期市舶使便由中央临时派遣宦官充任改为由长驻岭南之监军使兼任，使市舶使的任职开始相对固定化。这一转变开始于文宗开成年间岭南节度使卢钧请以监军兼领市舶使，此后遂成为唐后期市舶使任用的重要办法，市舶使制度也进入了一个新的发展阶段。这是中央加强对地方财政控制的重要措施之一，同时也是宦官势力和监军制度发展的必然结果。

(四)市舶使由临时转向相对固定

唐代市舶使经历了由前期的临时出使到后期相对固定的转化过程。论者或谓市舶使设立之初已有常设市舶官员或机构，不确。从开元四年有胡人上言市舶之利，玄宗决定派监察御史杨范臣与胡人共同前往求之一事观之，既没有继续以前年之市舶使周庆立担任此事，也没有委托安南或广州的市舶使(如果有这样的官员或机构的话)承担此事，可见市舶使乃根据朝廷的需要临时派遣，而在安南或广州均无常设之市舶机构或官员。早期市舶及市舶使在人们眼中并非十分光彩之事，人们受到传统观念束缚，认为市舶与商贾争利，有失王者体统。唐朝统治集团对于市舶的认识还处于不甚成熟阶段，把市舶与奢侈腐败联系在一起。加以玄宗即位日浅，还在标榜廉俭而不尚侈靡，在这种政治氛围中也还不可能设置专门的市舶机构或官员。

唐朝后期市舶使逐渐演变为常驻之官，这主要是在监军兼领市舶使之后。因为唐后期监军已经制度化，一般任期为三年，任满之后再“入觐”述职，听候迁转。如李敬实在任广州都监兼市舶使时，据其墓志铭称：“秩满朝觐，献奉之礼，光绝前后。”这是在三年任满之后回京“朝觐”。在市舶使由监军兼领之后，市舶使的任期与监军的任期可能是一致的，大约也以三年为一任期。市舶使遂由原来的临时出使转变为相对固定的常驻之官。

关于唐代有无市舶机构的问题，或以为唐代根本没有市舶机构，或以为早在高宗显庆六年已经有了市舶机构。事实上唐代已有市舶机构——市舶使院，但它是在唐后期德宗朝才产生的。德宗时王虔休《进岭南王馆市舶使院图表》说："伏以承前虽有命使之名，而无责成之实，但拱手监临大略而已，素无簿书，不恒其所。自臣亲承圣旨，革划前弊，御府珍贡，归臣有司，则郡国之外，职臣所理。"从表文可知在其之前市舶使一无固定之办公场所，二无有关之文书档案资料，反映了市舶使为临时差遣之特点，不可能有常设机构。王虔休利用海阳旧馆加以整修，建造了市舶使院，市舶使始有固定的办公地点，同时也就有了相关的文书资料，这无疑标志着市舶机构之成立。从此"供国之诚，庶有恒制……后述职于此者，但资忠履信，守而勿失，不刊之典，贻厥将来"[①]。王虔休的创举，遂成为日后市舶使机构之基本模式。

此外还有不少论著认为唐代已经设立了专管海外贸易的专门机构"市舶司"[②]。其主要根据是《唐会要·御史台下》所载"开元二年十二月，岭南市舶司、右威卫中郎将周庆立"[③]云云。认为《唐会要》所记高祖至德宗诸朝事迹乃唐人苏冕手笔，是可信的。宋人王溥编撰《唐会要》时虽以苏冕《会要》为底本，但是后来其书失传，而王书又经一千余年辗转传抄翻刻，错误很多。除了这里有"市舶司"的提法外，唐代有关文献无一提及。可见《唐会要》这条很可能是误以"使"为"司"。事实上到宋代才有"市舶司"[④]，唐代并没有设置市舶司。

综上所述可知，市舶使于开元二年始置于安南，开元十年之后移置于广州。市舶使的人选大体经历了朝官——宦官——监军(宦官)这样的变化，任职也由前期之不固定演变为后期之相对固定，并逐渐有了自己的机构。这反映了唐代中央对于岭南市舶的控制由松而紧，并日益重视和倚重的演进历程，到唐后期，岭南市舶已愈益成为支撑朝廷的重要财政来源之一。

---

① 《全唐文》卷 515，5235 页。

② 王冠倬：《唐代市舶司建地初探》；林萌：《关于唐、五代市舶机构问题的探讨》。

③ 《唐会要》卷 62《御史台下》，1270 页。

④ 《宋史》卷 167《职官志七》，3971 页。

二、地方长官是唐代市舶事务的主要管理者

虽然朝廷向地方派遣市舶使负责有关市舶事宜，但是与此同时地方长官却始终掌管着市舶管理之大权①。前期掌握于军区长官都督、总管手中，中后期则掌握于节度使手中。

有唐一代的广州都督、节度使共计有 114 位②，粗略统计见诸文献记载与蕃舶管理有直接、间接关系的就有 23 人③。他们分布于高宗至昭宗的各朝，覆盖唐代之前中后各个时期。

唐高宗永淳元年(公元 682 年)路元睿为广州都督，“每岁有昆仑乘舶以珍物与中国交市”，他“冒求其货，昆仑怀刃杀之”④。据《通鉴》记载其被杀一事详情是：“有商舶至，僚属侵渔不已，商胡诉于(路)元睿，元睿索枷，欲系治之，群胡怒，有昆仑袖剑直登厅事，杀元睿及左右十余人而去，无敢近者，登舟入海，追之不及。”⑤地方当局之所以能够对外商“冒求其货”，

---

① 关于唐代市舶管理主要有两种意见：一种意见认为既然朝廷派遣市舶使出使地方，则市舶大权即由市舶使掌管，地方长官只是监领大略或有时兼任此职，故权力主要归宦官(李庆新：《唐代广州的对外贸易》)。另一种意见认为市舶管理大权在广州地方长官之手，此以前引王贞平之《唐代的海外贸易管理》一文所论较为充分。但他认为广州地方长官常兼市舶使，亦即以兼任市舶使一职以发挥其管理职能，并认为唐代没有常设的市舶机构等，则尚可商榷。

② 《岭南文史》1984 年第 2 期载陈谦《唐代岭南节度使建制考》的统计为 114 人，但将市舶使周庆立、吕太一亦计入其中，除此二人后实为 112 人。今补刘巨鳞、陆杲，参见两唐书《卢奂传》，仍得 114 人。

③ 即高宗朝之路元睿，则天朝之王方庆(《新唐书·王方庆传》)，玄宗朝之宋璟、裴伷先、李朝隐、刘巨鳞、陆杲、卢奂(两唐书《卢奂传》)，肃宗朝之韦利见(《旧唐书·肃宗纪》)，代宗朝之张休(《旧唐书·代宗纪》)、徐浩(《全唐诗》卷 149，刘长卿《送徐大夫之广州》，1529 页)、李勉(《旧唐书》本传)、路嗣恭(《旧唐书》本传)，德宗朝之李复(《旧唐书·李传》)、王锷(《旧唐书》本传)、徐申(《新唐书》本传)，宪宗朝之马总(《旧唐书》本传)、孔戣(《新唐书》本传)，穆宗朝之郑权(《旧唐书·敬宗纪》)，文宗朝之卢钧(两唐书本传)，宣宗朝之韦正贯(《新唐书》本传)、萧倣(《旧唐书》本传)，昭宗朝之陈佩(《旧唐书·昭宗纪》)等。

④ 《旧唐书》卷 89《王方庆传》，2897 页。

⑤ 《唐纪》卷 203，“则天后光宅元年”条，6420 页。

“侵渔不已”，就是因为他们直接掌管市舶管理大权；外商有了不满是向广州都督投诉，并由其进行判决，其愤怒的矛头所指也是广州都督。路元睿被外商杀死后，改任王方庆为都督，他“秋毫无所索”①，一改前任都督的做法。可见广州地方长官直接掌握着市舶管理之方针政策和具体事务。唐后期之岭南节度使掌管市舶管理的记载更为丰富。兹仅举一例以明之：王锷于德宗贞元十一年(公元795年)至十七年(公元801年)为岭南节度使，“西南大海中诸国舶至，则尽没其利，由是(王)锷家财富于公藏”②。如果不是由节度使掌管市舶大权，王锷怎么可能“尽没其利”，以致富于公家呢？

由广州地方当局掌管市舶是南北朝以来的传统。梁天监年间王僧孺出为南海太守，“海舶每岁数至，外国贾人以通货易，旧时州郡以半价就市，又买而即卖，其利数倍，历政以为常”③。南海太守掌管市舶大权不自王僧孺始，而是“历政以为常”。唐代正是继承这一传统而由广州地方长官负责市舶管理的。

文宗《太和八年疾愈德音》有一段对东南沿海市舶管理的指示：“南海蕃舶，本以慕化而来，固在接以恩仁，使其感悦。如闻比年长吏，多务征求，怨嗟之声，达于殊俗……其岭南、福建、扬州蕃客，宜委节度观察使常加存问，除舶脚、收市、进奉外，任其来往通流，自为交易，不得重加率税。”④这个诏令表明市舶管理的大权在地方上集中于地方长官之手，他们负责对外商之“存问”、蕃舶的各项具体管理事务、蕃商之贸易管理等各个方面。

事实正是如此，地方长官对市舶的管理体现于市舶事务的各个方面和环节：

(一)奏报

蕃舶抵达之后，由地方政府负责及时向朝廷上报。李肇《唐国史补》卷

① 《新唐书》卷116《王綝传》，4223页。

② 《旧唐书》卷151《王锷传》，4060页。

③ 《梁书》卷33《王僧孺传》，470页，北京，中华书局，1973。

④ 《全唐文》卷75，785页。

下："南海舶，外国船也，每岁至安南、广州。师子国舶最大，梯而上下数丈，皆积宝货。至则本道奏报，郡邑为之喧阗。"①这种奏报制度还可以从《新唐书·南蛮传下》关于罗越国的记载中得到印证，"罗越者，北距海五千里，西南哥谷罗，商贾往来所凑集，俗与堕罗勃钵底同。岁乘舶至广州，州必以闻"②。罗越国在今马来半岛南部③。可见地方政府要将蕃舶到达之事及时向朝廷上报。

(二)检阅

蕃舶进港后，首先由地方长官对其进行检查。大历四年(公元 769 年)李勉为岭南节度使，当时"前后西域舶泛海至者岁才四五，(李)勉性廉洁，舶来都不检阅，故末年至者四十余"④。李勉因廉洁而不对蕃舶进行检查，这是特例，那么按照惯例节度使应对蕃舶负责检查。李勉之前蕃舶所以稀少，就是因为前任节度使"讥视苛谨"⑤。"讥"即稽查，"讥视"与"检阅"都是指对蕃舶的检查。

本来这种"检阅"是行使国家主权的正当方式，但是实际上不少节度使却以"检阅"之名而行敲诈勒索之实。开成元年(公元 836 年)卢钧为岭南节度使，"海道商舶始至，异时帅府争先往，贱售其珍，(卢)钧一不取，时称洁廉"⑥。大中三年(公元 849 年)韦正贯为岭南节度使，"南海舶贾始至，大帅必取象犀明珠，上珍而售以下直，(韦)正贯既至，无所取，吏咨其清"⑦。这些是节度使行使"检阅"职能时的不同做法和表现。大多数是利用这个机会压价强购，即前文所谓"上珍而售以下直"，"讥视苛谨"，像卢钧、韦正贯这样清廉的是少数，故"凡为南海者，靡不捆载而还"⑧，于是

---

① 《唐国史补》，63 页。

② 《新唐书》卷 222 下《南蛮传下》，6306 页。

③ 参见陈佳荣、谢方、陆峻岭：《古代南海地名汇释》，514 页，北京，中华书局，1986。

④ 《旧唐书》卷 131《李勉传》，3635 页。

⑤ 《新唐书》卷 131《宗室宰相·李勉传》，4507 页。

⑥ 《新唐书》卷 182《卢钧传》，5367 页。

⑦ 《新唐书》卷 158《韦皋传附正贯传》，4937 页。

⑧ 《旧唐书》卷 177《卢钧传》，4591 页。

造成外商“至者见欺，来者殆绝”的情况；而韦正贯到任后“悉变故态，一无取求，问其所安，交易其物，海客大至”①，表明节度使之贪廉与执行政策之好坏，直接影响蕃舶之多寡和对外贸易之发展。

(三)款待

蕃舶到达后，地方长官还要举行“阅货宴”加以款待，此即在“存问”范围内之职责。韩愈在述及孔戣为岭南节度使之事功时说：“始至有阅货之燕，犀珠磊落，贿及仆隶。”②可见这种“阅货宴”在“存问”外商之余，也是地方长官乃至下级人员勒索受贿的一个机会。元和八年(公元813年)马总为岭南节度使时，特修建“飨军堂”作为宴会和礼宾场所，新堂落成后，他“肃上宾，延群僚……胡夷蜑蛮，睢盱就列者千人以上”③，其中当包括蕃舶商人。

(四)舶脚

上引《太和八年疾愈德音》所称“舶脚、收市、进奉”三者，乃蕃舶管理之核心内容，广州地方长官对此三者均负有责任并参与其事。所谓“舶脚”即征收关税，这种关税又称“下碇税”，“蕃舶之至舶步，有下碇之税”④。大历二年(公元767年)徐浩出任岭南节度使时，刘长卿赠诗云：“当令输贡赋，不使外夷骄。”⑤所谓向“外夷”征收“贡赋”，当主要是指蕃舶。从此诗可知这是岭南节度使的重要使命之一。有的节度使利用负责征收关税之机，“多务征求”，“重加率税”⑥，贪赃枉法，如贞元中王锷为岭南节度使时，“诸蕃舶至，尽有其税，于是财蓄不赀”⑦。清廉之节度使则能守法而“不暴征”⑧。

① 萧邺：《岭南节度使韦公神道碑》，见《全唐文》卷764，7945页。

② 韩愈：《正议大夫尚书左丞孔公墓志铭》，见《全唐文》卷563，5703页。

③ 柳宗元：《岭南节度飨军堂记》，见《全唐文》卷580，5859页。

④ 韩愈：《正议大夫尚书左丞孔公墓志铭》，见《全唐文》卷563，5703页。

⑤ 《送徐大夫赴广州》，见《全唐诗》卷149，1529页。

⑥ 《太和八年疾愈德音》，785页。

⑦ 《新唐书》卷170《王锷传》，5169页。

⑧ 《新唐书》卷131《宗室宰相·李勉传》，4507页。

(五)收市

“收市”即政府优先垄断蕃舶珍贵商品的交易。高宗显庆六年(公元661年)二月十六日所发布《定夷舶市物例敕》规定：“本道长史，舶到十日内，依数交付价值，市了，任百姓交易。”[①]朝廷委托岭南道将蕃舶之货物先行收购，收购完毕再任其与民间交易，这就是“收市”。收市所得商品称为“官市物”，上交中央少府监以供皇室之需。德宗贞元八年(公元792年)岭南节度使李复向朝廷上报说：“近日舶船多往安南市易……臣今欲差判官就安南收市。”[②]由于广州蕃舶减少而安南蕃舶增多，影响岭南节度使完成“收市”任务，于是考虑派遣官员前往安南“收市”，可见包括广州、安南在内的岭南道的“收市”都是由岭南节度使负责的。

(六)进奉

“进奉”即蕃商向皇帝进贡珍异物品。岭南节度使在征收关税和进行收市之后，同时也要将所得商品向朝廷贡献，这是其进行蕃舶管理中最重要的一环。正如岭南节度使李复所说：“进奉事大，实惧阙供。”[③]王虔休《进岭南王馆市舶使院图表》说：“除供进备物之外，并任蕃商列肆而市。”徐申为岭南节度使时，“蕃国岁来互市，奇珠瑇瑁异香文犀，皆浮海舶以来，常贡是供，不敢有加，舶人安焉，商贾以饶”[④]。所谓“供进备物”、“常贡”，即是进奉。这些资料表明向朝廷进奉舶来品是岭南节度使的重要职责。有的节度使截留进奉，中饱私囊，上文已述王锷为岭南节度使时，曾尽没蕃舶之利，“家财富于公藏”，他还把截留之舶货转运境外交易牟利。

(七)作法

所谓“作法”，即制定某些有关蕃舶管理的政策法令，这是岭南地方长官市舶管理的重要职权之一。《旧唐书·卢钧传》在论及岭南节度使管理蕃

---

① 《唐会要》卷66《少府监》，1156页。

② 陆贽：《论岭南请于安南置市舶中使状》，见《全唐文》卷473，4828页。

③ 陆贽：《论岭南请于安南置市舶中使状》，见《全唐文》卷473，4828页。

④ 李翱：《徐公行状》，见《全唐文》卷639，6459页。

舶问题时说："旧帅作法兴利以致富"①，可见岭南节度使在蕃舶管理中可以自行"作法"。《新唐书·卢奂传》在述及其出长岭南时说："中人之市舶者亦不敢干其法"②，表明岭南地方长官在管理蕃舶中自有其"法"。贪赃者可以"作法"以牟利，廉洁者可以"作法"以除积弊。《新唐书》卷163《孔戣传》："旧制，海商死者，官籍其赀，满三月无妻子诣府，则没入。"③这是关于外商遗产继承的一项重要法令。孔戣为岭南节度使时，对这项法令作了修改，他说："海道以年计往复，何月之拘？苟有验者，悉推与之，无算远近。"④这是对外商遗产继承法所作的重要修改。此外他还废除了在"纳舶脚"和"阅货宴"中收受外商贿赂的陈规陋例，"蕃舶泊步有下碇税，始至有阅货宴，所饷犀琲，下及仆隶。(孔)戣禁绝，无所求索"⑤。为了杜绝此弊，他"厚守宰俸而严其法"⑥，采取增加官吏俸禄的措施以保证其"法"之得以严格贯彻执行。

由上所述可知，广州地方长官是唐代市舶事宜的主要管理者，从蕃舶管理之大政方针到各项具体事务均由其全面负责。

三、市舶使与地方长官的关系

一方面是朝廷向岭南派遣市舶使以司市舶事宜，另一方面岭南地方长官又掌管市舶管理之大权，那么这两者之间是什么关系呢？

第一，当朝廷派有市舶使时，则两者并存，共同管理。天宝初(公元742—756年)，卢奂为南海太守兼五府节度使时，"中人之市舶者亦不敢干其法"⑦，表明其时广州派有由宦官担任之市舶使，与节度使共同管理市

① 《旧唐书》卷177《卢钧传》，4591页。

② 《新唐书》卷126《卢奂传》，4418页。

③ 《新唐书》卷163《孔巢父传附戣传》，5009页。

④ 韩愈：《正议大夫尚书左丞孔公墓志铭》，见《全唐文》卷563，5703页。

⑤ 《新唐书》卷163《孔巢父传附戣传》，5009页。

⑥ 韩愈：《正议大夫尚书左丞孔公墓志铭》，见《全唐文》卷563，5703页。

⑦ 《新唐书》卷126《卢奂传》，4418页。

舶。而"中使"之到来，并没有动摇或取代卢奂对市舶的管理权力，卢奂照样对蕃舶实施其法，市舶使也并未干预其行法。宣宗大中四年(公元850年)李敬实以广州都监兼市舶使，如果任期三年，则他在大中四、五、六年间兼任市舶使，而大中四、五年时的岭南节度使是韦正贯，表明其时也是两者并存的。李敬实墓志记其担任市舶使之事迹曰："才及下车，得三军畏威，夷人安泰。不逾旬月，蕃商大至，宝货盈衢，贡献不愆。"①而萧邺《岭南节度使韦公神道碑》在叙述韦正贯管理蕃舶事功时也说："先是海外蕃贾赢象犀贝珠而至者，帅与监舶使必搂其伟异，而以比弊抑偿之，至者见欺，来者殆绝。公悉变故态，一无取求，问其所安，交易其物，海客大至。"②表明节度使韦正贯与市舶使均负责管理蕃商。前者称"蕃商大至"，后者称"海客大至"，两者虽都有溢美之嫌，但他们都负有市舶管理的职责则是符合事实的。此期间海上贸易的起色，应是他们共同努力的结果。相反，在此之前，蕃舶到来时，"帅与监舶使必搂其伟异"，导致"来者殆绝"，也是两者共同贪赃所致。正反两方面都表明"帅与监舶使"是共同进行市舶管理的。

第二，朝廷未派市舶使时，则完全由节度使负责市舶事宜。贞元八年(公元792年)岭南节度经略使李复向朝廷上奏说："近日舶船多往安南市易，进奉事大，实惧阙供。臣今欲差判官就安南收市，望定一中使，与臣使司同勾当，庶免欺隐。"③他要求朝廷派出市舶使，与他所派遣的判官共同到安南"收市"。可见这期间在广州是没有中央派来的"市舶使"的，这进一步证明市舶使并非经常有，只是朝廷根据需要而临时派遣的。没有朝廷所派市舶使时，由节度使掌管市舶管理之权。岭南节度使不仅负责在广州"收市"，而且可以根据情况派僚属到安南去"收市"。为了避免"欺隐"之嫌，他才向朝廷请求派"中使"同往。可见节度使负"市舶"之总责，而且经常性的市舶管理权是在节度使手中的。德宗准备同意李复的要求，但宰相

① 前引关双喜《西安东郊出土唐李敬实墓志》。

② 《全唐文》卷764，7945页。

③ 陆贽：《论岭南请于安南置市舶中使状》，见《全唐文》卷473，4828页。

陆贽不同意，他说："广州地当要会，俗号殷繁，交易之徒，素所奔凑，今忽舍近而趋远，弃中而就偏，若非侵刻过深，则必招怀失所。"认为蕃舶从广州转聚安南，责任在岭南节度使"侵刻过深"，"招怀失所"。陆贽又说："且岭南安南莫非王土，中使外使悉是王臣，若缘军国所须，皆有令式恒制，人思奉职，孰敢阙供，岂必信岭南而绝安南，重中使以轻外使。"①这番话表明朝廷把市舶管理大权交给了地方长官，并非必须派市舶使才能管理此事，不能"重中使轻外使"。

第三，市舶使与地方长官在市舶管理权能方面有一个消长变化过程。地方长官对市舶之管理是全面的、经常性的和一贯的，而市舶使乃自开元初新起之事物。市舶使产生初期，其使命主要是为皇室采购舶来珍异物品，因而其对市舶之管理只是"拱手监临大略而已"②。随着朝廷对于市舶收入需求的不断增长，以及市舶使制度之逐步发展完善和行施经验之积累，其权能也在逐渐增强扩展。德宗时期，随着市舶机构的建立，市舶使"奉宣皇化，临而存之，除供进备物之外，并任蕃商列肆而市，交通夷夏，富庶于人"③。除了完成贡献珍异这一主要任务之外，已扩及外商与外贸之综合管理。地方长官管理市舶之各项具体职能，市舶使也逐渐基本上具有了。据成书于穆宗朝的《唐国史补》记载："市舶使籍其名物，纳舶脚，禁珍异，蕃商有以欺诈入牢狱者。"④这些都是地方长官管理蕃舶之一贯职责，市舶使也同时具有了。但这并不表明市舶使已取代了节度使的市舶管理权，而是与之共同管理，主要权力还是在地方长官手中。

监军领市舶使的制度确立之后，市舶使的管理权力又有所加强。根据旅居中国的阿拉伯商人的亲身闻见、于公元9世纪中叶至10世纪初成书的《中国印度见闻录》有一则记载："如果到中国去旅行，要有两个证明：一个是城市王爷的，另一个是太监的。城市王爷的证明是在道路上使用的，

① 陆贽：《论岭南请于安南置市舶中使状》，见《全唐文》卷473，4828页。

② 王虔休：《进岭南王馆市舶使院图表》，见《全唐文》卷515，5235页。

③ 王虔休：《进岭南王馆市舶使院图表》，见《全唐文》卷515，5235页。

④ 《唐国史补》卷下，63页。

上面写明旅行者以及陪同人员的姓名、年龄，和他所属的宗族……而太监的证明上则注明旅行者随身携带的白银与货物，在路上，有关哨所要检查这两个证明。”对此，中译者注道：“这里所记载的正是唐代通行的‘过所’”①。这只说对了一半。所谓“城市王爷”即节度使，他所发的证明，无疑即是“过所”。而所谓“太监”及其所发之证明是什么呢？窃以为这里的“太监”应指“监军”，唐后期的方镇均派有以宦官担任之“监军”，他与节度使分庭抗礼，共同管理当地军政要务。而开成(公元836—840年)以后多以监军领市舶使，所以这里所称的“太监”，实即为市舶使。如果这个推断不谬，则所谓“太监的证明”，乃是监军兼市舶使发给外商到内地的贸易许可证明。从其所登记的内容来看，与节度使所颁发的“过所”是有区别的，“过所”着重登记旅行者的身份，“是在道路上使用的”；而后者登记的是其财产、货物。由此可见“太监”颁发的这个证明不是通常所谓的“过所”，而应是舶商在港口完成舶脚、收市、进奉等手续之后，进而与民间进行贸易的许可证明。关于“过所”，唐代史籍已多所记载，而后者则未见中国史籍之记载，这条记载补充了这方面重要之史实。这个记载表明监军领市舶使后，对地方长官的市舶管理权有所侵夺和取代。

许多著述从岭南节度使也兼任市舶使的这种认识出发，因而对于市舶使人选及其与岭南节度使的市舶管理权和两者相互关系的解释，就往往互相矛盾抵触，扞格难通。因此，岭南节度使是否兼任市舶使？他是以什么身份行使市舶管理权力的？辨明这个问题就成为认识唐代市舶使与市舶管理的一个关键。我认为唐代岭南地方长官并不兼任市舶使，理由有三：其一，唐代文献未见一例节度使担任市舶使的直接记载，尽管市舶由其全权管理。从已有资料看，市舶使是由中央所派特使担任的。前述贞元八年岭南节度使李复虽然派其僚属去安南收市，但并不加以“市舶使”头衔，而是请朝廷派宦官以“市舶使”名义监督其事。可见不论节度使还是其僚属虽然负责管理市舶事宜，但并不加以“市舶使”头衔。其二，市舶使常与节度使

① 《中国印度见闻录》卷1，43条，北京，中华书局，1983。

并存，朝廷派出市舶使时，节度使与其共同管理；未派市舶使之时，节度使对蕃舶的管理也照样进行，并未另加市舶使头衔。可见节度使并非必须兼任市舶使才能管理市舶事宜。其三，认为地方长官担任市舶使的原因之一，是以为“押蕃舶使”乃“市舶使”之异称，而节度使是兼任押蕃舶使的，亦即兼任市舶使。窃以为押蕃舶使与市舶使不是一回事，节度使担任的是押蕃舶使，而非市舶使。

多数学者认为“押蕃舶使”是“市舶使”的另一种称呼，两者是一回事。日本学者桑原骘藏说：“市舶使之称，唐人记录已有之，当时又称押蕃舶使。”①此说影响颇广，至今绝大多数学者均从此说，认为这是“史学界业已公认之事实”②。虽然已有少数学者对此提出怀疑，认为两者可能不是一回事③，但他们只是提出怀疑，并未进行深入论证，而且他们关于两者区别的说法也是含混而不确切的。我认为押蕃舶使与市舶使是不同性质的两种官职，押蕃舶使是节度使的兼官④，是作为全面负责对外管理的一种官职；市舶使是负责采购兼及外贸管理的专职官员。柳宗元《岭南节度飨军堂记》对此有详细的记述，他说：“唐制：岭南为五府，府部州以十数，其大小之戎，号令之用，则听于节度使焉；其外大海多蛮夷，由流求、诃陵，西抵大夏、康居，环水而国以百数，则统于押蕃舶使焉。内之幅员万里，以执秩拱稽，时听教命；外之羁属数万里，以译言贽宝，岁帅贡职。合二使之重，以治于广州。”可见节度使主内，押蕃舶使主外，而押蕃舶使的职权比市舶使广泛得多，是全面负责外交与外贸。他接着说：“今御史大夫、

① 《蒲寿庚考》，第1章注1，6页，北京，中华书局，1954。

② 王杰：《唐岭南市舶使人选补正》，载《中国史研究》，1993(4)。

③ 上引王冠倬、林萌文。

④ 拙稿于1996年年底草成送交编辑部后，又拜读到宁志新：《唐代市舶制度若干问题研究》，载《中国经济史研究》，1997(1)，也提出了岭南节度使兼任押蕃舶使的见解，与拙见不谋而合。同时拜读陈国灿、刘健明主编：《全唐文职官丛考》，313～314页，武汉，武汉大学出版社，1997。其中之“市舶使与押蕃舶使”条谓：“同在广州之地，同为职守番舶，一名市舶使，一作押番舶使。二者孰是，不详。”则仍对二者之性质与关系，持存疑态度。特予补记。

扶风公廉广州，且专二使，增德以来远人，申威以修戎政。”[①]此人即马总，他于元和八年(公元813年)至十一年为岭南节度使。这里明言节度使是一身而二任[②]。他当然也管理市舶之事，但他是以押蕃舶使身份，而不是以市舶使身份管理市舶事宜的，外贸只是其职权范围之一。飨军堂修竣后，“公与监军使肃上宾，延群僚……胡夷蜑蛮，睢盱就列者千人以上”[③]。这些“胡夷蜑蛮”当包括境内少数民族、外商与外交使节等，并非仅是外商。如果这位监军使也兼任市舶使的话，那并不妨碍节度使与他共同管理市舶事宜，因为这只是押蕃舶使的职责之一而已。

以岭南节度使兼任押蕃舶使与唐代的地方行政制度是符合的、一致的。唐代中后期于北方和内陆边境地区的方镇均设置押蕃使，或称押蕃落使。边镇节度使同时兼任押蕃使，以负责对外交与外贸进行全面管理。如卢龙节度使兼押奚、契丹两蕃使，平卢节度使兼押渤海、新罗两蕃使等。“押蕃使”与“押蕃舶使”的性质是相同的，只是北方和内陆地区所面对的是若干具体之蕃国，故以押某某等蕃使为称；而广州所面对的是“蕃舶”，而且“国以百数”，无法以具体之蕃国相称，故只能统称之为‘押蕃舶使’，此为其特点所决定。吴廷燮《唐方镇年表》序曰：边镇“接蕃国者则兼押蕃落、押蕃舶等使”[④]。他将两者并列，视为性质相同的边镇官员，颇有见地。其所叙诸方镇官职大体可分为两类，一类不接蕃国者，一般为“节度、观察处置等使”；另一类接蕃国者，岭南东道为“节度、观察处置、押蕃舶等

① 《全唐文》卷580，5859页。

② 柳宗元：《唐故岭南经略副使御史马君墓志》在叙述扶风马君之官历时说：“凡佐治，由巡官、判官、至押番舶使、经略副使，皆所谓右职。”见《全唐文》卷589，5958页。则节度使之僚属亦可能偶有担任押蕃舶使者。颇疑此文所记夺一“副”字或“舶”字下衍一“使”字，应为“押蕃舶副使”。“押蕃使”即有副使，懿宗咸通五年(公元864年)张建章由幽州节度判官而升为“押奚、契丹两蕃副使”。见周绍良、赵超：《唐代墓志汇编·唐幽州刺史兼御史大夫张府君墓志铭》，2511页，北京，中华书局，1992。其升迁次序亦由判官而副使。迄未发现由僚属兼任押蕃使者。姑志以存疑。

③ 《全唐文》卷580，5859页。

④ 吴廷燮：《唐方镇年表》，见《二十五史补编》，第6册第1页，总第7283页，北京，中华书局，1955。

使”，此外则一般为“节度、观察处置、押蕃落等使”。显然，岭南东道节度使所兼押蕃舶使，与其余节度使所兼其他使职之性质和地位是一致的。

而市舶使作为采购舶货这样一种特定商品的专使，与作为全面负责边境外交、外贸的押蕃使和押蕃舶使是不同性质的官职，它应是与“市珠玉使”、“市马使”等性质大体相同的一种使职。开元、天宝年间，有宦官刘元尚先被任为“大食市马使”，后又“复为骨利干市马”①。是为前往大食(阿拉伯)、骨利干(在今贝加尔湖北一带)等国之“市马使”，这种使职也是一种负责采购特定商品的专使。这种“市马使”与上文所述之“市珠玉使”等，与“市舶使”的性质大体是一致的。

总之，押蕃舶使与市舶使是两个不同序列、不同性质的使职。押蕃舶使是与押蕃使同一序列、同一性质的使职，是由边境地方长官兼任以负责外交、外贸管理的使职；市舶使是与市马使、市珠玉使等同一序列、同一性质的使职，是朝廷派往各地负责采购特定商品的一种专使。但由于市舶使到唐后期有了自己的机构并相对长驻岭南，又与纯属临时差遣的市马使、市珠玉使等有所不同，而与押蕃舶使则有所交叉、融通，此又其特点也。

通过以上论述可以得出如下结论：第一，唐代市舶使产生于开元初年；市舶使主要是派至海外贸易中心广州；市舶使在前期为临时派遣，后期转变为相对常驻的官员，并有了机构——市舶使院；市舶使偶有朝官担任，开元十年之后多由宦官担任，开成之后则由派驻广州之监军兼领，其权力亦有所增强。第二，唐代的市舶管理由广州地方长官全面负责，但朝廷为了需要也时派市舶使前来负责市舶事宜。有市舶使时两者共同管理，无市舶使时由地方长官单独管理。第三，岭南节度使虽然掌管市舶的全权，但并不兼任市舶使，而是兼任押蕃舶使，并以此身份全面负责外交与

① 《大唐故云麾将军左监门卫将军上柱国彭城县开国公刘府君墓志铭并序》，见王昶辑：《金石萃编》卷90，北京，中国书店，1985；周绍良、赵超：《唐代墓志汇编》，引自《金石萃编》卷90转录此铭，1708页，北京，中华书局，1992；《全唐文》卷403亦录载此铭，4118页。

外贸的管理。

原载《历史研究》，1998(3)，《人大复印资料·魏晋南北朝隋唐史》，1998(6)全文转载；《人大复印资料·经济史》，1998(5)全文转载。

唐代的押蕃使

押蕃使是唐代于缘边地区设置的管理外交与民族事务的使职。李肇《唐国史补》在叙述唐代的使职时，列举了内外使职四十种，其中“外任则有节度使、观察使、诸军使、押蕃使……”[①]等。押蕃使是外任使职中比较重要的一种。但是这个问题迄未引起学术界之注意，尚无专文论述这一问题，故试略述之。

一、押蕃使的设置

押蕃使一般称为“押蕃落使”,[②] 或“押诸蕃部落使”,[③] 有时简称“诸蕃使”、“诸蕃部落使”或“押使”;[④] 有的加上具体的蕃名，如“押渤海、新罗两蕃使”，“押奚、契丹两蕃使”等；也有个别称为“捍蕃使”等。[⑤] 押蕃使只在缘边地区设置，内地和东南沿海均不置，而在负责南海诸蕃舶管理的岭南道设置性质类似的押蕃舶使。[⑥] 内陆边境的押蕃使与掌管海外蕃客事宜的押蕃舶使为同一序列之边镇使职，此诚如吴廷燮在《唐方镇年表·序录》中所云：唐节度诸使“接蕃国者则兼押蕃落、押蕃舶等使”[⑦]。

押蕃使的始置年代，史籍未见明确记载。据《新唐书·方镇表四》，景

① (唐)李肇：《唐国史补》卷下，53页，上海，上海古籍出版社，1957。

② 《旧唐书》卷15下《宪宗纪下》，449页，北京，中华书局，1975；白居易：《除王似检校户部尚书充灵盐节度使制》，见《全唐文》卷660，6709页，北京，中华书局，1983。

③ 《唐会要》卷78《诸使中·节度使》，1425页。

④ 分见：《新唐书》卷66《方镇表三》，1833页；《旧唐书》卷11《代宗纪》，275页；《旧唐书》卷199下《北狄传·靺鞨传》，5359页。

⑤ 唐玄宗：《赐契丹衙官静析军副大使可突于书》，见《全唐文》卷40，440页。

⑥ 关于押蕃舶使，参见拙文《唐代的市舶使与市舶管理》，载《历史研究》，1998(3)。

⑦ 吴廷燮：《唐方镇年表》，见《二十五史补编》，第6册，1页，总第7283页。

云元年(公元710年)始置河西节度使时，即以其兼“督察九姓部落大使”①。由此可见边境节度使始置时，即以其兼管管内民族或外交事务，此为边镇不可分割的职责之一。不过其时尚未以“押蕃使”为称。次年(景云二年，公元711年)又有慕容明者充任“押浑副使”，是为首见以“押”某蕃使为称。这里的“浑”即为吐谷浑。据《大唐故代乐王上柱国慕容明墓志之铭》载，慕容明于景云二年三月卅日被“敕摄左屯卫将军借紫金鱼袋，仍充押浑副使”②。按慕容明为青海吐谷浑王族。据《新唐书·西域传上·吐谷浑传》及《通鉴》卷202唐高宗咸亨三年条，吐谷浑于咸亨三年(公元672年)由青海迁徙于灵州，置安乐州以居其部落，以吐谷浑可汗为其刺史③。据墓志铭载，慕容明于永隆元年(公元680年)生于“灵州之南衙”，五岁时“以本蕃号代乐王”。④ 这个材料表明：首先，押蕃使初置时，曾以本族酋长兼任押本蕃使。与此相类似的情况还有，据《契苾嵩墓志铭》载，大约开元初契苾嵩之父契苾明被授为“都督，检校部落”。后契苾嵩入朝侍奉，又“留子检校部落”。⑤ 这里的“部落”即指契苾部落，与上述慕容明之押浑部落性质相同。据《旧唐书·王君㚟传》载，“初，凉州界有回纥、契苾、思结、浑四部落，代为酋长”⑥。据《旧唐书·契苾何力传》及《契苾嵩墓志铭》，可知契苾嵩家族世兼贺兰都督，同时兼押本部落使，与慕容明之充押浑副使性质相同；其次，慕容明所任为押浑副使，应当还有正使，正使当由灵州长官担任；再次，景云二年敕称慕容明“仍充”押浑副使，那么他在此之前似已经担任此职。《慕容明墓志》称其于神龙二年(公元706年)被任命为“左屯卫□府左郎将员外置同正员”，如果此时他已同时被授予“押浑副使”之职，则

① 《新唐书》卷67《方镇表四》，1861页。

② 《大唐故代乐王上柱国慕容明墓志之铭》，见《唐代墓志汇编》，开元478，1485页，上海，上海古籍出版社，1992。

③ 《新唐书》卷221上《西域传上·吐谷浑传》，6227页；《资治通鉴》卷202，“唐高宗咸亨三年”条，6368页。

④ 周绍良、赵超：《唐代墓志汇编》，开元478，1485页。

⑤ 《大唐故特进凉国公行道州别驾契苾公墓志铭并序》，见《唐代墓志汇编》，开元314，1374页。

⑥ 《旧唐书》卷103《王君㚟传》，3192页。

押蕃使之始置年代可以上溯至中宗神龙二年，如果神龙二年未授此职，则至少在景云二年已经正式有了押蕃使的设置。

此后押蕃使日益频繁地出现于载籍。《唐会要》卷24《诸侯入朝》载，先天二年(公元713年)十月敕："诸蕃使、都府管羁縻州，其数极广，每州遣使朝集，颇成劳扰。"①于是限定每蕃每年一人入朝。这里的"诸蕃使"当为押蕃使之具称。开元七年(公元719年)升平卢军使为平卢军节度使时，即以平卢节度使兼管内"诸蕃使"，② 两者所称之"诸蕃使"均应为"押诸蕃部落使"之省称。

开元四年(公元716年)以亲王遥领节度使时，即同时令其兼任管内押蕃使。据玄宗开元四年正月《授郯王嗣直等都护制》称，郯王李嗣直"可安北大都护，仍充安抚河东、关内、陇右诸蕃部落大使"，陕王李嗣昇"可安西大都护，仍充河西、四镇诸蕃部落大使"③。郯王、陕王均以都护而兼"诸蕃部落大使"。④ 由于他们皆不出閤，故又分别以张知运为安北副大都护、安抚诸蕃副大使，郭虔瓘为安西副大都护、安抚诸蕃副大使，⑤ 实际掌管该镇押蕃使之职责。是为边镇节度使兼押蕃使之始。此后则陆续于缘边方镇增置押蕃使，其见于载籍者主要有：

1. 幽州、卢龙节度押奚、契丹两蕃使

据《新唐书·方镇表三》，开元五年(公元717年)，于营州置平卢军使，开元七年(公元719年)升平卢军使为平卢节度使、管内诸蕃使⑥。是为幽州境内置押蕃使之始。次年四月，除许钦琰平卢军节度使，又带管内诸蕃

---

① 《唐会要》卷24《诸侯入朝》，536页。

② 《新唐书》卷66《方镇表三》，1833页。

③ 《授郯王嗣直等都护制》，见《全唐文》卷21，249页。

④ 李嗣直所兼，《旧唐书》卷107《玄宗诸子·靖德太子琮传》(3258页)、《新唐书》卷82《玄宗诸子传》(3606页)均作"诸蕃大使"；李嗣昇所兼，《旧唐书》卷10《肃宗纪》(239页)作"诸蕃落大使"

⑤ 《全唐文》卷21，249页。《唐大诏令集》卷35亦以《郯王嗣直安北大都护等制》为题录载此诏(137～138页，北京，商务印书馆，1959)。《唐会要》卷78《亲王遥领节度使》(1435页)亦节录此诏之大意。

⑥ 《新唐书》卷66《方镇表三》，1832～1833页。

使。[①] 其后又有臧怀亮“充平卢节度、采访、两蕃使”。[②] 所谓“两蕃”即指奚与契丹，《唐会要》卷96《奚》谓“通天年中，契丹叛，奚亦臣属突厥，两国常为表里，号为‘两蕃’”[③]。开元二十八年(公元740年)，以“平卢军节度使兼押两蕃、渤海、黑水四府经略处置使”。[④] 于两蕃之外又增押渤海、黑水。开元二十九年(公元741年)以安禄山为营州都督，充平卢军使，两蕃、勃海、黑水四府经略使。[⑤] 天宝元年(公元742年)幽州节度使更名为范阳节度使，此后“常以范阳节度使为押奚、契丹两蕃使”[⑥]。天宝九载(公元750年)《封安禄山东平郡王制》即谓安禄山“持节充范阳节度、经略、支度、营田、陆运、押两蕃、渤海、黑水等四府节度处置”等使。[⑦] 上元二年(公元761年)平卢陷，平卢节度使侯希逸引兵南保青州，次年(宝应元年，公元762年)，范阳节度使复为幽州节度使，幽州节度使兼卢龙节度使，此后即以幽州、卢龙节度领押两蕃使。如《旧唐书·德宗纪上》载，贞元元年(公元785年)七月以刘怦为幽州卢龙节度副大使，兼押奚、契丹使。九月以其子刘济为“幽州卢龙节度观察、押奚契丹两蕃等使”[⑧]。刘济任是职二十六年，直至元和五年(公元810年)其子刘总代之。刘总担任此职至长庆元年(公元821年)，历时十二年。[⑨] 此后，太和五年(公元831年)以杨志诚“充幽州卢龙军节度副大使、知节度事、管内观察押奚契丹两蕃经略等

---

① 《唐会要》卷78《诸使中·节度使》，1430页。

② 颜真卿《东莞臧氏纠宗碑铭》，见《全唐文》卷339，3439页。据《全唐文》卷265，李邕《左羽林大将军臧公神道碑》，臧怀亮于开元十七年辞世前不久曾任平卢节度使。

③ 《唐会要》卷96《奚》，2036页。

④ 《新唐书》卷66《方镇表三》，1836页。

⑤ 《资治通鉴》卷214，“唐玄宗开元二十九年”条，6845页。

⑥ 《旧唐书》卷199下《北狄传·奚国传》，5356页。

⑦ 《全唐文》卷25，289页。《通鉴》系安禄山封东平郡王事于天宝九载(卷216)，玄宗此《制》当在是年。

⑧ 《旧唐书》卷12《德宗纪上》，351页。刘济兼押两蕃使事，亦见《册府元龟》卷176《帝王部·姑息一》，2122页。

⑨ 刘总兼任押两蕃使事，参见《旧唐书》卷16《穆宗纪》，487页；《册府元龟》卷177《帝王部·姑息二》，2127页。

使”。[①] 会昌二年(公元842年)以抚王李紘“充幽州卢龙军节度、观察、处置、押奚契丹两蕃、经略卢龙等军大使”[②]。乾符四年(公元877年)以寿王李杰为“幽州经略卢龙等军节度、观察、押奚契丹等使”[③]。乾宁二年(公元895年)以刘仁恭“充幽州卢龙节节度、押奚契丹等使”[④]。

2. 淄青、平卢节度押新罗、渤海两蕃使

上元二年(公元761年)平卢节度使侯希逸与史朝义连年争战失败后退保青州,二年废淄沂节度使,改称淄青平卢节度使,“由是青州节度有平卢之号”[⑤]。永泰元年(公元765年)“淄青平卢节度增领押新罗、渤海两蕃使”[⑥]。原属平卢节度使掌管的渤海转归淄青平卢节度使,加上新罗共为两蕃。此后淄青平卢节度使兼领押新罗、渤海两蕃使。永泰元年以郑王李邈为淄青、平卢节度大使,李正己权知留后事[⑦]。李正己旋即被授为“平卢淄青节度观察使、海运押新罗渤海两蕃使”[⑧]。此后李纳、李师古、李师道父子兄弟相继担任是职,直至元和十四年(公元819年)李师道被斩,历时半个多世纪。元和元年(公元806年)八月李师古卒后,以建王李审“充平卢军淄青等州节度营田观察处置、陆运海运、押新罗渤海两蕃等使,而以(李)师道为节度留后”[⑨]。同年十月即以李师道“充平卢军及淄青节度副大使,知节度事、管内支度营田观察处置、陆运海运押新罗渤海两蕃等使”[⑩]。元和十四年(公元819年),“及平李师道,朝廷以东平十二州析为三道,以淄、青、齐、登、莱五州为平卢军,以(薛)平为节度、观察等使,仍押新

① 《册府元龟》卷177《帝王部·姑息二》,2134～2135页,北京,中华书局,1960。

② 《唐会要》卷78《诸使中·亲王遥领节度使》,1698页。

③ 《旧唐书》卷19下《僖宗纪下》,700页。

④ 《旧唐书》卷20上《昭宗纪》,756页。

⑤ 《资治通鉴》卷222“肃宗宝应元年”条,7126页。

⑥ 《新唐书》卷65《方镇表二》,1805页。

⑦ 《资治通鉴》卷223“代宗永泰元年”条,7175页。

⑧ 《旧唐书》卷124《李正己传》,3535页。

⑨ 《旧唐书》卷175《宪宗二十子传》,4535页。

⑩ 《旧唐书》卷124《李正己传附李师道传》,3538页。

罗、渤海两蕃使”。[①]《旧唐书·敬宗纪》载，宝历元年(公元825年)以康志睦“兼青州刺史，平卢军节度使”[②]，但太和二年(公元828年)十一月壬辰诏称其职为“平卢军节度使、淄青登莱棣等州观察处置等使兼押新罗渤海两蕃等使”。[③] 龙纪元年(公元889年)以崔安潜为“平卢军节度观察、押新罗渤海两蕃等使”。大顺二年(公元891年)崔安潜归朝，以王师范“充平卢军节度观察、押新罗渤海两蕃等使”。[④]

但淄青平卢押两蕃使所管理者不仅限于新罗、渤海，还包括日本等国事务。据《入唐求法巡礼行记》卷2记载，开成(公元836－840年)年间日僧圆仁等人欲前往五台山等地求法巡礼，即由青州押两蕃使办理其“公验”审批事宜。这在下文还将较详细论及。当时青州节度使所辖之登州，属海东来唐诸国之出入口岸，故元和十五年(公元820年)敕称“淄青统押海蕃”[⑤]。“海蕃”即包括新罗、渤海、日本等从海道来唐之蕃国。《入唐求法巡礼行记》卷4载，会昌五年(公元845年)圆仁返国时，要求从楚州山阳县上船过海归国，县司不肯，说：“事须递到登州地极之处，方可上船归国者。”当时认为“登州是唐国东北地极”[⑥]。同上书卷2记载圆仁等人于开成五年(公元840年)三月在登州等候公验期同，于登州开元寺见到有日本遣唐使团成员供奉之佛像、愿文及愿主题名，“于佛像左右书着愿主名，尽是日本人”。上有八位使团成员及其官位姓名，“不知何年朝贡使到此州下”。据日本学者小野胜年考证，这是公元759年(肃宗乾元二年)日本所派遣以高原度为首的迎入唐使团成员。[⑦] 可见除了外国民间人士之外，外交使团亦常在登州出入境，此亦在青州押两蕃使的管理范围之内。

---

① 《旧唐书》卷124《薛嵩传附子平传》，3526页。

② 《旧唐书》卷17上《敬宗纪》，514页。

③ 《册府元龟》卷128《帝王部·明赏二》，1542页。又见《全唐文》卷71《封王智舆等诏》，749页。

④ 《旧唐书》卷20上《昭宗纪》，738，746页。

⑤ 《唐会要》卷24《诸侯入朝》，538页。

⑥ 《入唐求法巡礼行记校注》卷4，480页，石家庄，花山文艺出版社，1992。

⑦ 《入唐求法巡礼行记校注》卷2，230，232页。

3. 朔方灵武定远等城节度管内押诸蕃部落使

这一地区是文献记载中较早见到设置押蕃使的边镇，上文已论及至少在景云二年(公元711年)已有押蕃使的设置。据《新唐书·方镇表一》，开元十六年(公元728年)"朔方节度兼检校浑部落使"，开元二十年(公元732年)，"朔方节度增领押诸蕃部落使"①。此后朔方节度常兼领押诸蕃部落使。开元二十四年(公元736年)牛仙客为朔方节度使，次年孙逖草《授牛仙客殿中监制》称其为"朔方节度兼关内道度支、兼管营田盐池、押诸蕃部落副大使"。可见其接任朔方节度后同时兼押诸蕃部落副使。② 肃宗至德二载(公元757年)《收复两京大赦文》称郭子仪职为"朔方节度使、关内支度营田盐池、押诸蕃部落副大使"。③ 据《通鉴》卷222唐肃宗宝应元年(公元762年)十一月以仆固怀恩为朔方节度使④，《旧唐书·代宗纪》载广德二年(公元764年)六月诏称其职衔为"朔方节度、关内度支营田盐池押诸蕃部落副大使"⑤云云。可见仆固怀恩亦以朔方节度兼押诸蕃部落副大使。代宗广德二年(公元764年)正月，以郭子仪为朔方节度大使⑥，大历十四年(公元779年)德宗即位后，在加号尚父予郭子仪的制敕中，称其为"朔方节度、关内支度盐池六城水运大使、押诸蕃部落"等使⑦。可见他也是以朔方节度兼任押诸蕃部落使。建中二年(公元781年)至兴元元年(公元784年)间李怀光以邠宁节度使兼朔方节度使，贞元元年(公元785年)诏称其职衔为"朔方邠宁节度支度营田观察六城水运押诸蕃部落"等使。⑧《旧唐书·德宗纪下》贞元十一年(公元795年)五月，以李欒为"朔方灵盐丰夏四州受降定远

① 《新唐书》卷64《方镇表一》，1762，1763页。

② (北宋)李昉等编：《文苑英华》卷399《中书制诏》，2024页，北京，中华书局，1966。《唐会要》卷78《诸使中·节度使》，谓："开元二十年四月，除牛仙客，又加押诸蕃部落使。"(1425页)

③ 《全唐文》卷44，490页。

④ 《资治通鉴》卷222，"唐肃宗宝应元年"条，7136页。

⑤ 《旧唐书》卷11《代宗纪》，275页。《册府元龟》卷164《帝王部·招怀二》所载诏文较详，1984～1985页。

⑥ 《资治通鉴》卷223，"唐代宗广德二年"条，7161页。

⑦ 《旧唐书》卷12《德宗纪上》，320页。

⑧ 《册府元龟》卷176《帝王部·姑息一》，2119页。

城天德军节度副大使、知节度事、管内度支营田观察押蕃落等使”①。《册府元龟》载贞元十二年(公元796年)正月诏称其职衔为“朔方灵盐丰西受降定远城天德军节度营田观察使、押蕃落使”②云云。《旧唐书·宪宗纪上》载，元和四年(公元809年)六月以王佖“为灵州大都督府长史、灵盐节度使”③，白居易《除王佖检校户部尚书充灵盐节度使制》谓其“可检校户部尚书兼灵州大都督府长史、御史大夫、充朔方灵盐定远城节度副使、知节度事、管内支度营田观察处置押蕃落等使”。④

4. 盐州防御押蕃落使

《旧唐书·宣宗纪》载，大中十一年(公元857年)“以盐州防御押蕃落诸军防秋都知兵马使”陆耽代卢简求为泾原节度使⑤。可见盐州防御使亦兼押蕃落使。

5. 振武麟胜节度押蕃落使

据《新唐书·方镇表一》载，乾元元年(公元758年)“置振武节度押蕃落使”⑥。此后振武节度兼领押蕃落使。据《旧唐书·德宗纪上》，贞元二年(公元786年)七月以唐朝臣为“单于大都护、振武绥银节度使”⑦。次年陆贽《唐朝臣振武节度论惟明鄜坊观察使制》云，以唐朝臣“充振武绥银麟胜等州节度营田观察处置押蕃落等使”。⑧《旧唐书·德宗纪下》贞元六年(公元790年)五月，以范希朝“为单于大都护、麟胜节度使”⑨。贞元十二年(公元796年)二月诏称其职衔为“振武麟胜节度营田观察蕃落使”。⑩《旧唐书·宪宗纪上》载，元和五年(公元810年)十一月以阿跌光进为“单于大都

① 《旧唐书》卷13《德宗纪下》，381页。

② 《册府元龟》卷176《帝王部·姑息一》，2123页。

③ 《旧唐书》卷14《宪宗纪上》，428页。

④ 《全唐文》卷660，6709页。

⑤ 《旧唐书》卷18下《宣宗纪》，639页。

⑥ 《新唐书》卷64《方镇表一》，1766页。

⑦ 《旧唐书》卷12《德宗纪上》，353页。

⑧ 《全唐文》卷462，4721页。

⑨ 《旧唐书》卷13《德宗纪下》，369页。

⑩ 《册府元龟》卷176《帝王部·姑息一》，2122页。

护、振武麟胜节度度支营田观察押蕃落等使”①。

6. 天德军都防御押蕃落等使

《旧唐书·宪宗纪下》载，元和九年(公元814年)六月，以燕仲盱为“丰州刺史、天德军丰州西城中城都防御押蕃落等使”②。可见天德军都防御使兼任押蕃落使。《旧唐书·武宗纪》载，会昌三年(公元843年)二月，以天德行营副使石雄为丰州刺史、“充丰州西城中城都防御、本管押蕃落等使”③。《旧唐书·僖宗纪》载，乾符二年(公元875年)十月，以李瑫为“丰州刺史，充天德军丰州西城中城都防御使、本管押蕃落等使”④。

7. 夏绥银宥节度押蕃落使

据《新唐书·方镇表一》载，贞元三年(公元787年)“置夏州节度观察处置押蕃落使”⑤。此后夏绥节度兼领押蕃落使。据《旧唐书·德宗纪》，贞元三年(公元787年)韩潭为夏州刺史、夏绥银等州节度使，直至贞元十四年(公元798年)⑥。《册府元龟》卷176《帝王部·姑息一》所载贞元十二年(公元796年)诏，称其职衔为“夏绥银节度观察押蕃落使、夏州刺史兼御史大夫”⑦。可见韩潭在担任夏绥银节度使同时兼任押蕃落使。《旧唐书·德宗纪下》，贞元十四年闰月，以左神策行营节度韩全义为夏州刺史，兼夏绥银节度使，以代韩潭⑧。据《册府元龟》卷119《帝王部·选将一》，贞元十六年(公元800年)二月“以左神策军行营盐夏绥银州节度观察押蕃落使韩全义为蔡州行营招讨处置使”⑨。可见韩全义在担任夏州刺史，兼夏绥银节度使时亦兼任押蕃使。《册府元龟》卷177《帝王部·姑息二》载，文宗太和二年(公元828年)九月以沧州节度使李寰“为夏州刺史，充夏绥银宥等州节度

---

① 《旧唐书》卷14《宪宗纪上》，433页。

② 《旧唐书》卷15《宪宗纪下》，450页。

③ 《旧唐书》卷18上《武宗纪》，595页。

④ 《旧唐书》卷19下《僖宗纪》，695页。

⑤ 《新唐书》卷64《方镇表一》，1775页。

⑥ 《旧唐书》卷12《德宗纪上》，357页；《旧唐书》卷13《德宗纪下》，388页。

⑦ 《册府元龟》卷176《帝王部·姑息一》，2122页。

⑧ 《旧唐书》卷13《德宗纪下》，388页。

⑨ 《册府元龟》卷119《帝王部·选将一》，1432页。

观察押蕃等使”[①]。李寰在担任夏绥银宥等州节度使时，亦兼任押蕃使。《旧唐书·宣宗纪》载，大中八年(公元854年)以郑助兼夏州刺史，夏绥银宥等州节度营田观察处置押蕃落安抚平夏党项等使[②]。可见郑助在担任夏绥银宥等州节度使时，亦兼任押蕃落使。

8. 剑南西川押近界诸蛮及西山八国云南安抚使

据《新唐书·方镇表四》载，贞元十一年(公元795年)“西川节度增领统押近界诸蛮及西山八国云南安抚使”[③]。《旧唐书·德宗纪下》载，是年剑南西川节度使韦皋“加统押近界诸蛮及西山八国、云南安抚等使”[④]。此后剑南西川节度使常兼是职。所谓“近界诸蛮”，指分布于西川节度治所成都西南一带之蛮族。《通鉴》卷251唐懿宗咸通九年(公元868年)条载，是年从剑南西川道分置定边军，西川节度使“以有定边军之故，不领统押诸蛮安抚等使”[⑤]。胡注曰：“既分西川置定边军，则诸蛮皆在定边军巡内。”定边军所管邛、眉、蜀、雅、嘉、黎、嶲七州，在成都西南一带。所谓“西山八国”，乃分布于今四川岷山山脉之八个羌人部落，《新唐书·韦皋传》载，贞元九年(公元793年)“西山羌女、诃陵、南水、白狗、逋租、弱水、清远、咄霸八国酋长”曾通过西川节度使韦皋请求入朝[⑥]，此即所谓“西山八国”。由于西山八国地处唐与吐蕃交界处，《旧唐书》卷197《南蛮西南蛮传》谓其“亦潜通吐蕃，故谓之‘两面羌’”[⑦]。所谓“云南”即指南诏，《通鉴》卷235唐德宗贞元十一年(公元795年)九月条，“加韦皋云南安抚使”。胡注：“以安抚南诏为官名也。”[⑧]

韦皋之后，西川节度使常兼是职。顺宗永贞元年(公元805年)十二月

① 《册府元龟》卷177《帝王部·姑息二》，2133页。

② 《旧唐书》卷18下《宣宗纪》，632页。

③ 《新唐书》卷67《方镇表四》，1877页。

④ 《旧唐书》卷13《德宗纪下》，382页。“统押”，《唐会要》卷78《诸使中·节度使》作“统摄”，1431页。

⑤ 《资治通鉴》卷251，“唐懿宗咸通九年”条，8121～8122页。

⑥ 《新唐书》卷158《韦皋传》，4935页。

⑦ 《旧唐书》卷197《南蛮西南蛮传》，5279页。《新唐书》卷222下《南蛮传下》系此事于元和二，6319页。

⑧ 《资治通鉴》卷235，“唐德宗贞元十一年”条，7570页。

诏，以刘辟“充剑南西川节度副大使、知节度事、管内支度营田观察处置统押近界诸蛮及西山八国兼云南安抚等使”。[①]《旧唐书·宪宗纪上》载，元和元年(公元806年)九月，以高崇文“充剑南西川节度副大使、知节度事、管内度支营田观察使、处置统押近界诸蛮及西山八国兼云南安抚等使。”[②]《通鉴》卷249唐宣宗大中六年(公元852年)四月以白敏中为西川节度使[③]，《旧唐书·宣宗纪》载，大中十一年(公元857年)“以剑南西川节度副大使、知节度事、管内观察处置统押近界诸蛮及西山八国云南安抚等使”白敏中以本官充荆南节度等使[④]。夏侯孜于咸通元年(公元860年)至咸通三年(公元862年)为剑南西川节度使，咸通三年诏称其职衔为“剑南西川节度副大使、知节度事、管内观察处置统押近界诸蛮及西山八国云南安抚等使”。[⑤]据《通鉴》卷251唐懿宗咸通九年条，咸通九年(公元868年)以西川之嶲州置定边军，统押近界诸蛮[⑥]，西川节度使“以有定远军之故，不领统押诸蛮安抚等使”[⑦]。即将其原来统押诸蛮转归定边军掌管，但不久又恢复由其掌管，据《新唐书·方镇表四》，咸通十一年(公元870年)“西川节度复领统押近界诸蛮等使”[⑧]，仍为统押近界诸蛮及西山八国云南安抚使。王建自大顺二年(公元891年)至唐末为剑南西川节度使，《旧唐书·昭宗纪》载，光化三年(公元900年)七月诏称其职衔为“剑南西川节度副大使、知节度事、管内营田观察处置统押近界诸蛮兼西山八国云南安抚制置等使”[⑨]。

9. 黔南观察使

《旧唐书·南蛮西南蛮传·牂牁蛮传》载，元和三年(公元808年)五月敕：“自今以后，委黔南观察使差本道军将充押领牂牁、昆明等使。”[⑩]可见

① 《册府元龟》卷177《帝王部·姑息二》，2125页。
② 《旧唐书》卷14《宪宗纪上》，419页。
③ 《资治通鉴》卷249，“唐宣宗大中六年”条，8050页。
④ 《旧唐书》卷18下《宣宗纪》，636页。
⑤ 《唐大诏令集》卷50《夏侯孜平章事制》，232页。
⑥ 《资治通鉴》卷251，“唐懿宗咸通九年”条，8120页。
⑦ 《资治通鉴》卷251，“唐懿宗咸通九年”条，8121～8122页。
⑧ 《新唐书》卷67《方镇表四》，1887页。
⑨ 《旧唐书》卷20上《昭宗纪》，767页。
⑩ 《旧唐书》卷197《南蛮西南蛮传·牂牁蛮传》，5276页。

黔南观察使亦有押蕃使之设置。

10. 河东节度押北山诸蕃使

据《新唐书·方镇表二》，长庆元年(公元821年)，"河东节度使领押北山诸蕃使"①。《旧唐书·裴度传》载裴度于是年"兼充押北山诸蕃使"②。吴廷燮《唐方镇年表》卷4"河东"条引《承天题记》，裴度题衔为镇州四面行营都招讨、河东节度观察处置押北山诸蕃等使③。可知河东节度使领押北山诸蕃使。

11. 天雄节度押蕃落使

《新唐书·方镇表四》载，大中三年(公元849年)升秦州防御守捉使为秦、成两州经略天雄军使，大中六年(公元852年)以"秦成两州经略领押蕃落副使"。咸通五年(公元864年)，"升秦成两州经略、天雄军使为天雄军节度、观察、处置、营田、押蕃落等使"④。《通鉴》卷250唐懿宗咸通四年条载，是年二月以王晏实为天雄观察使⑤，次年玉堂遗范《授王安实天雄军节度使制》即以王晏实"充天雄军节度、秦城河渭等州营田观察处置押蕃落等使"。⑥

12. 泾原节度使(又号彰义军节度使)押蕃落使

昭宗后期，李茂贞为凤翔彰义节度使，据《旧唐书·昭宗纪》所载天复三年(公元903年)五月制，称其职衔为"凤翔陇右四镇北庭行军、彰义军节度、泾原渭武观察处置押蕃落等使"。⑦ 可知彰义军节度使亦兼任押蕃落使。

13. 定边节度统押近界诸蛮使

据《通鉴》251唐懿宗咸通九年条，咸通九年(公元868年)设定边军节

---

① 《新唐书》卷65《方镇表二》，1817页。

② 《旧唐书》卷170《裴度传》，4421页。

③ 《唐方镇年表》卷4"河东"，见《二十五史补编》，第6册，78页，总第7360页。

④ 《新唐书》卷67《方镇表四》，1884～1886页。

⑤ 《资治通鉴》卷250，"唐懿宗咸通四年"条，8104页。

⑥ 《文苑英华》卷453《翰林制诏·节镇二》，2301页。王安实，《通鉴》作"王晏实"(卷247，"武宗会昌四年"条，7998页；卷250，"唐懿宗咸通四年"条，8104页)。

⑦ 《旧唐书》卷20上《昭宗纪》，777页；《册府元龟》卷178《帝王部·姑息三》，2141页，两处所载此制略同，唯"处置"作"营田"。

度使，以李师望“为嶲州刺史，充定边军节度，眉、蜀、邛、雅、嘉、黎等州观察，统押诸蛮”等使①。《新唐书·方镇表四》系此事于咸通八年②。

14. 安西四镇押蕃使

前文已述及，早在开元四年(公元716年)即已以安西大都护领四镇蕃落大使。后置安西四镇节度使，至德二载(公元757年)改称镇西，《新唐书·方镇表四》谓，大历二年(公元767年)“镇西复为安西，其后增领五十七蕃使”③。

15. 归义军节度押蕃使

《旧唐书·宣宗纪》载，大中五年(公元851年)张义潮以河、湟之地十一州归唐，置归义军于沙州，以张义潮为节度使④。《旧唐书·昭宗纪》光化三年(公元900年)以张承奉“充归义节度、瓜沙伊西等州观察处置押蕃落等使”⑤。可见归义军节度使亦兼任押藩落使。

以上为唐代缘边地区设置押蕃使之大略。由上所述，可知押蕃使分布于从今山东半岛、东北起，沿长城一线经河套至西北、西南的整个边境地区。押蕃使多在边境道一级地方政权机构设置，为节度使所兼领。此外尚有其他边境行政、军事单位兼领押蕃使者。在不设节度使的边镇，则以防御使兼任押蕃使，如前述以盐州防御使、天德军都防御使等兼押蕃使。在边境节度使兼任押蕃使同时，其下尚有不同层次的边疆军政长官亦兼任押蕃使。边境都督兼押蕃使者，如开元十三年(公元725年)于黑水靺鞨置羁縻府州，开元十六年(公元728年)“其都督赐姓李氏，名献诚，授云麾将军兼黑水经略使，仍以幽州都督为其押使，自此朝贡不绝”⑥。这是以幽州都督为押黑水靺鞨使。唐玄宗《授白知节彭州刺史诏》，称白知节原来的官职为：“中大夫守灵州都督、关内道支度营田副使、检校浑部落使。”⑦这是以

① 《资治通鉴》卷251，“唐懿宗咸通九年”条，8120页。

② 《新唐书》卷67《方镇表四》，1887页。

③ 《新唐书》卷67《方镇表四》，1874页。

④ 《旧唐书》卷18下《宣宗纪》，629，630页。

⑤ 《旧唐书》卷20上《昭宗纪》，768页。

⑥ 《旧唐书》卷199下《北狄传·靺鞨传》，5359页。

⑦ 《全唐文》卷30，336页。

灵州都督为检校押浑部落使。州一级也有少量设置，据《新唐书·西域传上·党项传》载，代宗朝郭子仪表“将作少监梁进用为押党项部落使，置行庆州。且言：‘党项阴结吐蕃为变，可遣使者招慰，芟其反谋，因令(梁)进用为庆州刺史，严逻以绝吐蕃往来道。’代宗然之”①。这是以庆州刺史为押蕃使。《旧唐书·武宗纪》载，会昌三年(公元843年)正月，“敕新授银州刺史、本州押蕃落、银川监牧使何清朝可检校太子宾客”②云云。这是银州刺史兼本州押蕃落使。开元、天宝间又有王惟忠，曾为“银青光禄大夫登州刺史、河南河北租庸使兼新罗渤海蕃等使”。③ 这是以登州刺史兼押新罗渤海两蕃使。《通鉴》卷249唐宣宗大中五年条胡注引《宣宗实录》载，大中五年(公元851年)张义潮归唐时，“天德军奏沙州刺史张义潮、安景旻及部落使阎英达等差使上表，请以沙州降”④。这里的“部落使”亦当为押蕃使。

此外亦有以边将为押蕃使者，如前述开元四年(公元716年)以薛泰为押契丹等蕃落使时，他是以将军而督军镇抚该地，故《新唐书·北狄传》称“诏将军薛泰为押蕃落使”⑤。据《旧唐书》卷199下《北狄传·契丹传》，开元六年(公元718年)契丹可突于反，营州“都督许钦澹令薛泰帅骁勇五百人”⑥讨之。可见他是受营州都督领导的边将。元和初年曾“诏黔南观察使常以本道将为押牂牁、昆明等使”。⑦ 这是黔南道以将军为押蕃使。

二、押蕃使的机构

押蕃使虽由边境地方长官，亦即主要由本道节度使兼领，但如同节度

---

① 《新唐书》卷221上《西域传上·党项传》，6217页。

② 《旧唐书》卷18上《武宗纪》，593页。

③ 《唐故苏州司户参军王府君墓志铭并序》，见《唐代墓志汇编》，大和026，115页。关于王惟忠任登州刺史的时间，参见郁贤皓：《唐刺史考》，966页，南京，江苏古籍出版社，1987。

④ 《资治通鉴》卷249，“唐宣宗大中五年”条，8049页。

⑤ 《新唐书》卷219《北狄传·契丹传》，6170页。

⑥ 《旧唐书》卷199下《北狄传·契丹传》，5352页。

⑦ 《新唐书》卷222下《南蛮传下》，6319页。

使所兼领之观察使、营田使、支度使等使职均有自己的属官相类，押蕃使也有自己的属官，还有一套组织机构的设置。

(一)挥蕃使有专用印玺

押蕃使有自己的官印。据《旧唐书·穆宗纪》载，元和十五年(公元820年)七月，“平卢军新加押新罗、渤海两蕃使，赐印一面”①。《唐会要·诸使中》“节度使”条叙此事曰：“赐两蕃使印一面。”②由此可见押蕃使有自己专用的印玺。

(二)押蕃使有属官

押蕃使有自己的属官。

唐代使府幕职一般有副使、判官、巡官等，押蕃使亦有这些幕职：

1. 押蕃副使

早在押蕃使创设之初即有押蕃副使的设置，景云二年(公元711年)慕容明曾充押浑副使。③ 开元四年(公元716年)在任命郯王李嗣直为安抚河东、关内、陇右诸蕃部落大使的同时，即任命张知运为安抚诸蕃副大使；任命陕王李嗣昇为河西四镇诸蕃部落大使的同时，亦任命郭虔瓘为安抚诸蕃副大使。④ 不过这是在亲王遥领押蕃使时，以押蕃副使行使押蕃使职权，与一般使府幕职不同。广德二年(公元764年)五月癸未制，称仆固怀恩为“朔方节度、关内度支营田盐池押诸蕃部落副大使”，⑤ 亦属这种情况。据《故幽州大都督府兵曹参军陈府君墓志铭并序》，宣宗大中十一年(公元857年)幽州大都督府兵曹参军陈立行死，有“幽州押奚、契丹两番副使”李俭为其撰写墓志铭。⑥ 按张允伸于大中四年(公元850年)至咸通十三年(公元872年)间为幽州节度使，则押奚、契丹两蕃使常由其兼任，李俭当于此期间担任押蕃副使，为张允伸之僚佐，与上述张知运、郭虔瓘、仆固怀恩等

---

① 《旧唐书》卷16《穆宗纪》，479页。

② 《唐会要》卷78《诸使中》，1695页。

③ 《唐代墓志汇编》开元478，1485页。

④ 《唐大诏令集》卷35《郯王嗣直安北大都护等制》，137～138页；《全唐文》卷21《授郯王嗣直等都护制》，248页。

⑤ 《旧唐书》卷11《代宗纪》，275页。

⑥ 《唐代墓志汇编》，大中129，2352页。

人以副使之名行正使权力的情况有所不同。又据《唐蓟州刺史兼御史大夫张府君(建章)墓志铭》，张建章于宣宗朝为幽州节度判官，懿宗“咸通五年(公元864年)四月，奏升押奚、契丹两蕃副使”。[①] 由此观之幽州节度一直有押蕃副使之设置。又据《新唐书·房式传》载，韦皋曾表房式为“云南安抚副使”[②]。剑南西川节度使所兼押蕃使全称为“押近界诸蛮及西山八国云南安抚等使”，云南安抚副使当为其副职。这些都是边镇设置押蕃副使之证。

2. 判官

据《唐故朝散大夫使持节龙溪郡诸军事守龙溪郡太守上柱国梁君(令直)墓志铭并序》，天宝年间梁令直被“仆射安公奏充节度支度、陆运、营田、四蕃两府等判官”。[③] 这里的仆射安公即安禄山，因天宝十三载(公元754年)安禄山被拜为尚书左仆射，故称其为仆射安公。安禄山于天宝元年(公元742年)为平卢节度使，天宝三载(公元744年)兼范阳节度使，天宝十载(公元751年)又兼河东节度使，一身而兼三道节度。梁令直被安禄山辟署为“四蕃”使府之判官，开天时期范阳节度使领押奚、契丹两蕃使，平卢节度使镇抚室韦、靺鞨，四蕃殆指此四者。这是押蕃使设置判官之证。

3. 巡官

押蕃使设置巡官，据《旧唐书·穆宗纪》载，元和十五年(公元820年)七月，“平卢军新加押新罗、渤海两蕃使……许置巡官一人”[④]。这是明令押蕃使设置巡官一职。此外，《唐会要·诸使下》“诸使杂录下”条载，会昌五年(公元845年)九月中书门下奏“条流诸道判官员额”时，其中规定“淄青除向前职额外，留押新罗、渤海两蕃巡官”[⑤]。可知在平卢淄青道押蕃使一直设有巡官，这次调整机构时仍特加保留。又据《唐故宣德郎前守孟州司马乐安孙(景裕)府君墓志铭》，宣宗时有孙景裕者，“韦公博方伯青社，思

① 《唐代墓志汇编》，中和007，2511页。

② 《新唐书》卷139《房琯传》附《房式传》，4629页。

③ 《唐代墓志汇编》天宝267，1718页。

④ 《旧唐书》卷16《穆宗纪》，479～480页。

⑤ 《唐会要》卷79《诸使下》“诸使杂录下”条，1714～1715页。

报旧恩，奏充押蕃巡官”。[①] 据吴廷燮《唐方镇年表》卷3“平卢”条，韦博于大中六年(公元852年)至九年(公元855年)期间为平卢节度使[②]，孙景裕当于此期间曾被韦博辟为押蕃巡官。这证明会昌之后平卢淄青道确实继续保留押蕃巡官之编制。

(三)押蕃使也有自己的办事机关——押蕃使衙

据日僧圆仁《入唐求法巡礼行记》载，唐文宗开成四年(公元839年)圆仁等日本求法僧人随藤原常嗣所率遣唐使团来华。后来圆仁等四人随遣唐使团返国途中，靠岸时被海舶抛却于登州文登县清宁乡赤山村，他们在赤山院过冬后，拟前往五台山等地巡礼求法，于是向当地政府申请旅行“公验”。据是书卷2载，开成五年(公元840年)正月，日僧圆仁等开始申请“公验”，由文登县上报登州都督府，再由登州都督府上报青州押两蕃使，逐级上报申请。当圆仁等人持登州都督府牒文到达青州办理申请公验时，于三月廿二日朝衙时“到尚书押两蕃使衙门前，拟通入州牒”。这里明言圆仁等蕃客是到“押两蕃使衙门”办理申请公验事宜的。但因青州节度使兼两蕃使到球场去了，未能见到。于是当天“晚衙时入州，到使衙门。令刘都使通登州牒”[③]。这个“使衙门”仍然是圆仁等人上午所叩之“押两蕃使衙门”。由此可见圆仁是到青州押两蕃使衙门办理申请“公验”手续的。这表明青州押蕃使有自己的衙门。这个“押两蕃使衙门”未必就是单纯属押蕃使专设，也可能是与青州节度使共有之衙门，犹如现在习见一个单位悬挂两块或更多机关门牌相似。这个记载说明当时押蕃使确有自己的办公机关——押蕃使衙门。

三、押蕃使的职能

唐代于缘边诸道增设押蕃使，一方面是由于边境地区的外交与民族事

---

① 《唐代墓志汇编》，咸通084，2444页。

② 吴廷燮：《唐方镇年表》卷3，“平卢”条，见《二十五史补编》，第6册，64页，总第7346页。

③ 《入唐求法巡礼行记校注》卷2，242页。

务日繁，需要设置一专门之外交与民族事务管理机构，以负责日常外交、民族事务；另一方面也是边镇权力扩张的一个反映，表明边镇不仅总揽内政和军事，同时也掌握外交事务之大权。实际上押蕃使就是在边镇设置的专职外交与民族事务机构。押蕃使所负外交与民族职责与边镇节度使等地方行政、军事长官之外交与民族事务职责是一致的，因为押蕃使均由他们所兼领，可以说在设置押蕃使的边境地区，其行政与军事长官是以押蕃使的身份执行外交与民族事务的。虽然如此，在文献中明言押蕃使管理外交与民族事务的具体情况依然历历可见。关于边境地方行政与军事长官的外交职能，在拙著《汉唐外交制度史》中言之已详，① 兹不赘述，现仅就文献直接提到为押蕃使所负之外交与民族管理职能略述于后。

(一)管理羁縻府州

唐代于缘边及其以外地区广设羁縻府州，以加强和维系边族、蕃国与唐王朝的关系。据《新唐书·地理志七下》载，羁縻府、州原来“皆边州都督、都护所领”②。唐中期押蕃使产生后，在设置押蕃使的边境地区则由押蕃使负责管理羁縻府、州，《唐会要》卷24《诸侯入朝》载，先天二年(公元713年)十月敕：“诸蕃使、都府管羁縻州，其数极广。”③这个记载表明“诸蕃使”与都督府、都护府均有管理羁縻府州之责。开元四年(公元716年)契丹李失活、奚李大辅来降，于两蕃地置羁縻州，封李失活为松漠郡王，兼松漠都督④，李大辅为饶乐郡王，兼饶乐都督⑤。李失活“所统八部落，各因旧帅拜为刺史”⑥，此即所谓“羁縻州”。当时唐王朝“以将军薛泰督军以镇抚之”⑦。而据《新唐书·北狄传·契丹传》，“诏将军薛泰为押蕃落

① 关于唐代边境地方行政、军事长官所负外交职责，详见拙著《汉唐外交制度史》，第10章。

② 《新唐书》卷43下《地理志七下》，1119页。

③ 《唐会要》卷24《诸侯入朝》，536页。

④ 《旧唐书》卷199下《北狄·契丹传》，5351页。

⑤ 《旧唐书》卷199下《北狄·奚国传》，5355页。

⑥ 《旧唐书》卷199下《北狄·契丹传》，5351页。

⑦ 《旧唐书》卷199下《北狄·契丹传》，5351页。

使”①。由此可见薛泰在督军镇抚同时，兼任“押蕃落使”，以负责管理两蕃之羁縻州。管理羁縻府州是押蕃使管理外交与民族事务的重要内容之一。

(二)督军镇抚

押蕃使对于边境蕃国和少數民族，负有督军镇抚之责。开元四年(公元716年)契丹李失活、奚李大辅率部内附，立松漠都督府、饶乐州以安置之，同时诏将军薛泰为押蕃落使，“督军镇抚”。② 可见押蕃使对于边境蕃国与民族的管理是以武力为后盾的。不久契丹上层发生内争时，即以押蕃使薛泰督军征封。开元六年(公元718年)李失活死，其从父弟娑固继位，大臣可突于与娑固兵戎相见，于是营州都督许钦澹“令薛泰帅骁勇五百人，又征奚王李大辅者及娑固合众以讨可突于”③。薛泰不仅率领自己所统军队，而且征发契丹与奚的部众，联合征讨不臣。此即押蕃使“督军镇抚”之具体表现。同在幽州地区，天宝三载(公元744年)安禄山为范阳节度使兼押奚、契丹两蕃使后，亦曾不断出兵征讨奚与契丹。其在率军征讨时亦同样征发蕃国兵马参与其事，天宝十载(公元749年)安禄山率领幽州、平卢、河东三道兵六万讨契丹时，即“以奚骑二千为向导”。④ 天宝九载(公元750年)唐玄宗《封安禄山东平郡王制》称其“声威振于绝漠，捍御比于长城……顷者契丹负德，潜有祸心，乃能运彼深谋，累枭渠帅，风尘肃静，斥候无虞”。⑤ 强调了其以武力镇遏蕃国的作用和功勋，故封为东平郡王。当安禄山反状日彰，大臣请唐玄宗除之时，玄宗犹保之云：“东北二虏，藉其镇遏。”⑥二虏即指奚与契丹，以武力镇遏之，是范阳道押蕃使的首要职责。同时可知征发蕃国兵马亦为押蕃使之重要职权，除上述二例外，尚有如会昌三年(公元843年)为驱逐侵犯北边的回纥乌介可汗时，唐廷命令银州刺史兼本州押蕃落使何清朝“分领沙陀、吐浑、党项之众赴振武，取刘沔处

---

① 《新唐书》卷219《北狄·契丹传》，6170页。

② 《新唐书》卷219《北狄·契丹传》，6170页。

③ 《旧唐书》卷199下《北狄·契丹传》，5352页。

④ 《通鉴》卷216，“唐玄宗天宝十载八月”条，6908页。

⑤ 《全唐文》卷25，289页。

⑥ 《通鉴》卷217，“唐玄宗天宝十四载二月”条，6930页。

分”。[①] 当时刘沔负责统帅诸道兵马驱逐回纥，故银州调发本州所押之沙陀、吐浑、党项等族部众参与征讨。由此亦可知银州刺史所押“诸蕃”即为沙陀、吐浑、党项等族。

（三）怀柔安抚

押蕃使在以武力镇遏蕃国的同时，亦常运用和平的、外交的手段以怀柔安抚蕃国与边族。唐朝在任命王佖为朔方灵盐节度使兼管内押蕃落使的制书中称：“五原重镇，诸夏长城，修戎政莫先于威声，牧边民莫尚于惠实。师杂昆夷之悍，训在必和，地为玁虏之邻，抚宜以信。勉率是道，往分朕忧。”[②]强调在以武力为后盾的基础上，大力推行和平的、外交的手段，以达到守土安边之目的。因而押蕃使同时担负着大量和平的、外交的职责。

外交是押蕃使为削弱和分化瓦解对方而常用的手段之一。李邕《左羽林大将军臧公神道碑》谓，开元年间臧怀亮为平卢军节度使兼押两蕃使时，“往者奚、霫诸蕃之诡信也，西属匈奴，南寇幽蓟，乘间每钞，无虞亟和”。奚、霫等常为唐朝北疆之患，臧怀亮“以兵数实多，藉用尤费，轻举则外患不解，大举则内攻更深。是以传阴符，移间谍，飞言以误其使，重赏以卖其邻，既伐硕交，且断右臂，所渭以武辟武，以夷攻夷，虽贾谊计然，晁错策得，无以尚也”。[③] 臧怀亮认为利用军事手段不仅所费甚巨，而且成效并不佳，因而采取外交手段以分化瓦解之。在刺探对方情报的基础上运用了不同的外交手段，这里“飞言以误其使”一语，表明双方常互通使命，于是利用使命交通的机会散布“飞言”以误导对方。并利用收买的手段以破坏其联盟，从而达到以夷制夷的目的。

安禄山为范阳平卢节度使兼押奚、契丹两蕃使时，“屡诱奚、契丹，为设会，饮以莨菪酒，醉而坑之，动数千人，函其酋长之首以献，前后数四”。[④] 这虽然是安禄山所采用的奸计，但也表明押蕃使常接待宴请对方酋

---

① 《旧唐书》卷18上《武宗纪》，593页。

② 白居易：《除王佖检校户部尚书充灵盐节度使制》，见《全唐文》卷660，6709页。

③ 《全唐文》卷265，2693页。

④ 《资治通鉴》卷216，“唐玄宗天宝九载十月”条，6900页。

长及其他人员，其人数有时可多达数千，而且这种宴请活动是经常进行的，故安禄山得以利用这种机会以毒酒坑杀对方人员。

(四)朝贡管理

管理蕃国朝贡事务是押蕃使的重要职责之一。《旧唐书》卷199下《北狄·奚国传》诏："故事，常以范阳节度使为押奚、契丹两蕃使。自至德之后，藩臣多擅封壤，朝廷优容之，彼务自完，不生边事，故二蕃亦少为寇。其每岁朝贺，常各遣数百人至幽州，则选其酋渠三五十人赴阙，引见于麟德殿，锡以金帛遣还，余皆驻而馆之，率为常也。"[①]这就是幽州押两蕃使管理蕃国朝贡事务的具体情况。奚、契丹两蕃每年朝贡者先抵达幽州，由那里的押蕃使负责接待他们，从众多的朝贡者中选拔少数代表进京，其余人员留在当地，仍由押蕃使负责招待他们的食宿，等待进京代表完成使命后，再一同出境。押蕃使在选拔少数朝贡者进京时，还要选派官员陪同这些朝贡者进京。《唐会要》卷24《诸侯入朝》载，元和十五年(公元820年)二月敕："淄青统押海蕃，每年皆有朝事，比差部领，人数较多。今后差官，正试相兼，不得过五人。"[②]所谓"海蕃"，乃指淄青节度使所兼押的新罗、渤海两蕃等，他们每年均来唐朝贡，而由淄青道押蕃使负责派员护送进京，由于以往陪同人员过多，因而作出规定，今后不得超过五人。

押蕃使在朝贡管理中发挥了重要作用，这对于发展唐与周边蕃国的友好关系具有重要意义。据《旧唐书·北狄传·靺鞨传》载，开元年间黑水靺鞨内附后，"仍以幽州都督为其押使，自此朝贡不绝"[③]。强调押蕃使在促进黑水靺鞨朝贡方面起了重要作用。又据《新唐书·南蛮传下》载，元和二年(公元807年)"诏黔南观察使常以本道将为押领牂牁、昆明等使，自是数遣使，或朝正月，讫开成不绝"[④]。表明押领牂牁、昆明等使的设置，对于

---

① 《旧唐书》卷199下《北狄·奚国传》，5356页。《唐会要》卷96《奚》1720页，所载略同。

② 《唐会要》卷24《诸侯入朝》，538页。

③ 《旧唐书》卷199下《北狄传·靺鞨传》，5359页。

④ 《新唐书》卷222下《南蛮传下》，6319页。

促进二者的朝贡亦起了重要作用。

(五)转接贡献

蕃国之贡献，亦常通过押蕃使而接转。《唐会要·南蛮诸国乐》载："贞元十六年(公元800年)正月，南诏异牟寻作《奉圣乐舞》，因西川押云南八国使韦皋以进，特御麟德殿以阅之。"①韦皋时为剑南西川节度使兼统押近界诸蛮、西山八国、云南安抚使，南诏进献乐舞是通过韦皋进行，这里他是以押蕃使的身份接转蕃国贡献的。《新唐书·礼乐志十二》记此事曰："贞元中，南诏异牟寻遣使诣剑南西川节度使韦皋，言欲献夷中歌曲，且令骠国进乐。皋乃作《南诏奉圣乐》"②云云。这里说韦皋是以节度使的身份接转这次贡献的，可见节度使与押蕃使在管理外交事务方面完全是一回事。不过从《唐会要》的记载我们可以知道，实际上从管理蕃国事务而言，韦皋是以押蕃使的身份而不是以节度使的身份负责此事的。由此可见在设置押蕃使的边镇，文献每每记载边镇节度使之管理蕃国事务，与其说他是以节度使的身份，毋宁说是以押蕃使的身份而行使这一职权的。

(六)上报蕃情

押蕃使须密切注视蕃国动态，并将蕃情及时上报朝廷，以便中央做出相应之决策。开元六年(公元718年)契丹李失活死，突厥乘虚向奚发动进攻，于是负责统押奚与契丹事务的押蕃使薛泰将这一动态向朝廷做了报告。玄宗根据薛泰的报告而致书契丹可突于，要求他帮助奚抵御突厥。玄宗在《赐契丹衙官静析军副大使可突于书》中说："近得捍蕃使薛泰表云：突厥杀儿到大雒扬言，万众欲抄两蕃。左手有急，右手不助，既在一身，得其自勉力捍，时须觉察，审防奸诈"云云。③ 杀儿即突厥之毗伽可汗。由此可见押蕃使须及时向朝廷上报蕃情及其动态。《旧唐书·穆宗纪》载，长庆元年(公元821年)平卢军节度使、押新罗渤海两蕃使薛平上奏："海贼掠

① 《唐会要》卷33《南蛮诸国乐》，723页。

② 《新唐书》卷22《礼乐志十二》，480页。

③ 《全唐文》卷40，440页。

卖新罗人口于缘海郡县，请严加禁绝，俾异俗怀恩。”朝廷“从之”①。薛平作为主管新罗事务之押蕃使，发现海盗掠卖新罗人口，于是将此情况上报朝廷．并提出解决处置之意见，以维护两国及两国人民之友好关系。他的建议得到了穆宗的批准。

(七)过所公验管理

押蕃使也负责蕃客之“过所”、“公验”管理。唐代对于在其统治区域内通行之一切人员，包括各种外蕃人员，均需要有唐政府发给或签署的过所”或“公验”。所谓“过所”或“公验”，就是一种通行证件，颇似今日之签证或路条。《唐六典》卷6《尚书刑部》“司门郎中”条载，唐制规定：“凡度关者，先经本部本司请过所，在京，则省给之；在外，州给之。”②即如果从京城外出，由尚书省刑部司门司批给，在地方上则由地方政府批给。故各级地方政府均负有过所、公验管理之责，而外蕃人员的过所、公验，在边境地区则是由押蕃使负责管理的。圆仁的《入唐求法巡礼行记》卷2翔实而生动地记述了外国人在唐代地方政府申请过所和押蕃使批给过所的情形：

开成四年(公元89年)，日僧圆仁等人在登州文登县被返日使船抛却，滞留于文登县青宁乡赤山村之赤山院(佛寺)，在那里他们决心待过冬以后到五台山等地巡礼求法。于是圆仁等人开始了申请前往五台山等地的过所的行动。开成四年九月廿六日，圆仁等人向赤山院提出申请，具文“请寺帖报州县给与随缘头陀公验”③。文登县进行审查并上报登州。经过多方努力，开成五年(公元840年)正月廿四日，终于“得县公牒”，文登县出具了上报登州都督府的牒文④。圆仁等人持文登县牒文前往登州，于三月十一日得到了登州都督府出具的牒文。牒文首云：“登州都督府牒上押两蕃使。”⑤据《新唐书·方镇表》，永泰元年(公元765年)“淄青、平卢节度使增

---

① 《旧唐书》卷16《穆宗纪》，486～487页。《唐会要》卷86《奴婢》，1571页，所载薛平奏文较详。

② 《唐六典》卷6《尚书刑部》，“司门郎中”条，196页。

③ 《入唐求法巡礼行记校注》卷2，185页。

④ 《入唐求法巡礼行记校注》卷2，216页。

⑤ 《入唐求法巡礼行记校注》卷2，234页。

领押新罗、渤海两蕃使"[1]，故这里的"押两蕃使"即登州都督府之上级青州节度使所兼之押新罗、渤海两蕃使，本牒是登州向青州押两蕃使的上报文件。接着牒文转录了圆仁等人的申请和文登县的报告。最后牒称"州司先具事由，申使讫。谨具如前，不审给公验否者？刺史判：'州司无凭便给公验？付安录，申尚书取裁。仍遣僧人自赍状见尚书，取处分者'"云云[2]。意即州政府不能决定是否给予公验，着圆仁等人持州牒至道，请押蕃使处分决定。牒文中的"尚书"即指青州节度兼押两蕃使。唐制：节度使例兼尚书、仆射等为检校官，其时青州节度使亦兼此职称，故称其为尚书。据圆仁记述，当时的"青州节度使姓韦，时人唤韦尚书"[3]。据《旧唐书·文宗纪下》，开成四年(公元839年)七月"以河南尹韦长为平卢军节度使"[4]，据吴廷燮《唐方镇年表》卷3"平卢"条，韦长在开成四、五年为平卢节度使[5]，正值圆仁抵青州之时，那么这位韦尚书即韦长。

圆仁等人于三月廿一日到达淄青平卢节度使治所青州，廿二日"到尚书押两蕃使衙门前，拟通入州牒，缘迟来，尚书入毬场，不得参见……晚衙时入州，到使衙门……通登州牒"[6]。可见圆仁是直接去押两蕃使衙门递交登州府牒文并办理申请公验的。将登州牒上交之后，廿五日又"为请公验，更修状进尚书"[7]。圆仁又向韦长递交了一份申请公验的状文。廿七日，圆仁派遣其从行弟子惟正"入本典院探公验事。本案报云：'已有处分，给与公验。一头给公验，一头闻奏。待后日朝衙，尚书押名押印了，使送到'"[8]。得知青州节度使兼押两蕃使韦长已同意给予公验，但一边开具公验，一边上报朝廷；后天节度使兼两蕃使"朝衙"办公时即可署名盖

① 《新唐书》卷65《方镇表二》，1805页。

② 《入唐求法巡礼行记校注》卷2，234～235页。

③ 《入唐求法巡礼行记校注》卷2，193页。

④ 《旧唐书》卷17下《文宗纪下》，578页。

⑤ 吴廷燮：《唐方镇年表》卷3，"平卢"条，见《二十五史补编》，第6册，64页，总第7346页。

⑥ 《入唐求法巡礼行记校注》卷2，242页。

⑦ 《入唐求法巡礼行记校注》卷2，244页。

⑧ 《入唐求法巡礼行记校注》卷2，246页。

章。三十日那天圆仁得知“节度使录求法僧等来由，闻奏天子讫”①。即青州节度使兼两蕃使已将圆仁之事上奏了朝廷。四月一日终于得到了淄青节度使兼两蕃使批给的公验，这样圆仁才得以踏上前往五台山和长安的旅程。

从圆仁申请公验的经历，可以看到给予蕃客公验的审批过程相当繁复，由县而州而道，逐级上报，层层审批，而发给蕃客过所、公验的决定权，在地方上是属于道一级的押蕃使。故登州都督府是向押两蕃使上报，请求其批准园仁的申请的，最后还要上报朝廷，可知外交权力集中于皇帝。当时韦长为青州节度使兼押两蕃使，他不是以节度使身份，而是以押蕃使身份签发给圆仁过所的。青州押两蕃使是负责新罗、渤海事的，而圆仁是日本人，其公验也由押两蕃使负责，可见青州押两蕃使不仅主管新罗、渤海两蕃事务，此外之一切外交事务均由其管理，包括日本事务在内。

余论

唐代于边境设置押蕃使的制度也影响了周边一些政权。渤海就曾仿照唐制而设置押蕃使。德宗“贞元八年闰十二月，渤海押靺鞨使杨吉福等三十五人来朝贡”。② 可知渤海于是年派往唐朝的使臣杨吉福官“押靺鞨使”。贞元八年(公元792年)当渤海大钦茂大兴五十六年。靺鞨为渤海之边族，对靺鞨之争夺与控制几乎贯穿于渤海国之始终，“渤海大氏集团，从建国以来，便推行统一靺鞨的政策，积极地为把靺鞨各部统一在渤海大氏政权之下，展开了一系列的斗争”。③ 至大钦茂时更进一步“积极扩张，统一了拂涅靺鞨、铁利靺鞨、越喜靺鞨，于其地置东平府、铁利府、怀远府、安

---

① 《入唐求法巡礼行记校注》卷2，248页。

② 《唐会要》卷96《渤海》，1724页。

③ 王承礼：《渤海简史》，45页，哈尔滨，黑龙江人民出版社，1984。

边府”。[①] 史称“后渤海盛，靺鞨皆役属之”。[②] 渤海官制“大抵宪象中国制度”，其地方官制有“五京、十五府、六十二州”，[③] 亦大抵模仿唐代道、府、州、县制度。渤海的府大体相当于唐朝的道，府置都督以总之。渤海又仿照唐制，“于各冲要处之都督加以节度之名……唐之节度，多兼观察、营田、支度诸使，兼总民事。渤海亦必仿之”。[④] 渤海视靺鞨为“蕃”，犹如唐之视渤海为“蕃”，故它也仿照唐制，于边境地区设置押蕃使，其押靺鞨使大概就是由在冲要之府的边境地方长官兼任的、负责管理靺鞨事务的使职。[⑤]

原载《文史》，2002(2)(总第59辑)。

---

① 《渤海简史》，73页。

② 《新唐书》卷219《北狄传·黑水靺鞨传》，6179页。

③ 《新唐书》卷219《北狄传·渤海传》，6183、6182页。

④ 金毓黻：《渤海国志长编》下编，卷15《职官考》“节度使”条，《社会科学战线》杂志社重印，347页，吉林省社会科学院东北史研究所、吉林省文物工作队标点，1982。

⑤ 金毓黻：《渤海国志长编》，下编，卷15《职官考·杂职》释“押靺鞨使”有云：“诸靺鞨贡使，押领称之也。此盖黑水、越喜、虞娄、铁利诸部俱来，而以(杨)吉福为押使以领之。”(348页)此说似有未安。将押靺鞨使解释为仅负押领诸靺鞨朝唐之使，似不全面，即使有此项职责，亦只是其部分而已。贞元八年杨吉福使唐时不是以靺鞨诸部的代表，而是以渤海国的代表出使唐朝的；即使同时押领靺鞨诸部前来，其“押靺鞨使”身份虽有“押领”之的作用，但这并非“押靺鞨使”的全部职能，应是其职能中的一个具体方面而已。

唐代和亲公主的常驻使节作用

古代世界的外交中没有常驻使节只有临时使节，这是学术界的基本共识。一般认为常驻使节是“由13世纪意大利各城邦之间相互交换代表开始，后来逐渐普及，从17世纪后半叶起，常驻使节才成为普遍的制度。”①虽然由于古代国家之间外交事务相对来说比较寡少而且简单，加以受古代交通、通信条件和发展水平的限制，外交双方的联系、沟通并不频繁而且比较困难，故以临时性使节为双方交往之基本媒介，有其必然性。但是在这种情况下，某种替代性的常驻使节将能够在一定情况下弥补这一不足。我们不能够认为古代外交中绝对不存在常驻使节，事实上在汉唐时期的外交实践中，和亲公主和质子在某种意义上就起到了常驻使节的作用。和亲和纳质是汉唐时期外交体制中的两种重要方式，与此同时和亲公主和质子也在当时的外交中发挥了某种常驻使节的作用，对汉唐王朝而言，可以说和亲公主为己方派驻对方之“常驻使节”，质子则为对方派驻己方之“常驻使节”②。虽然无论和亲公主还是质子均没有被派遣方正式授予常驻使节的职衔，但是他们在实际上往往起到了这样的作用。一般来说和亲公主长期生活于和亲国，从时间方面来说其常驻性固然不存在问题，但是和亲公主之常驻使节作用，更重要的是在于其肩负的和亲使命，以及在和亲国所承担和进行的一系列维护国家利益，为发展双方友好关系以及调停双方矛盾冲突中所发挥的一系列不可代替的积极作用等方面。

汉代和亲公主的常驻使节作用问题，我们已经在《汉代和亲女的常驻使节作用》③中进行了讨论，本文所要讨论的是唐代和亲公主的常驻使节作用问题。

① 日本国际法学会编：《国际法辞典》，790页，北京，世界知识出版社，1985。

② 关于“质子”的常驻使节作用，详见拙著《汉代外交体制研究》，第四章《外交方式(下)》第五节“质侍”，552～556页，北京，商务印书馆，2014。

③ 载《江汉论坛》，2011(1)。

唐代和亲公主之常驻使节作用，体现于如下几个方面：

一、国家的代表

晚近出现于世界外交舞台上的常驻使节，其首要特征是其具有代表国家的资格。在中国古代所谓代表国家，就是代表皇帝。和亲公主不仅是皇帝所派遣，而且是皇帝的亲生女，或者是皇帝的亲属、重臣之女，而以皇帝的名义派遣的。因此，她们作为国家的代表的资格是十分充分而毫无疑义的。

1. 册封以明“公主”身份

和亲公主被选定之后，不论是否皇帝的亲生女，均首先需经皇帝册封，明确以“公主”的身份赴蕃和亲。

肃宗与回纥和亲，乾元元年(公元 758 年)“诏以幼女封为宁国公主出降”①，此以皇帝亲生女封为公主以和亲。回纥“自咸安公主殁后，屡归款请继前好，久未之许。”及至元和末，“其请弥切”，宪宗“遂许以妻之”。元和十五年(公元 820 年)“宪宗崩，穆宗即位，踰年乃封第十妹为太和公主。”②此以皇帝之妹封为公主以和亲。大历四年(公元 769 年)封仆固怀恩女为崇徽公主出降回鹘可汗，此以重臣之女为公主以和亲。《册崇徽公主文》曰：

“皇帝若曰：于戏！鲁邦外馆，有小君之仪；汉室和亲，从阏支之号。命公主而疏邑以封，焕于徽章，抑有前范。咨尔第十女：禀秀云汉，增华女宗，卓尔洵淑，迥然昭异。肃雍之道，能中其和，缛丽之功，自臻于妙，不资姆训，动会《礼》经。甫及初笄之年，眷求和凤之对，用开汤沐，方戒油軿。我有亲邻，称雄贵部，分救灾患，助平寇虞。固可申以婚姻，厚其宠渥，况有诚请，爰从归配。是用封曰崇

① 《旧唐书》卷 195《回纥传》，5200 页，北京，中华书局，1975。
② 《旧唐书》卷 195《回纥传》，5211 页。

徽公主，出降回纥可汗，册曰可敦。割爱公主，嫔于绝域，尔其式是阃则，以成妇顺。服兹嘉命，可不慎欤！”①

从册文可知，册封和亲公主是以皇帝的名义郑重发布的。这里，唐代宗视仆固怀恩女如同己出，以公主的荣誉和待遇对待之，对其下嫁回鹘可汗，发展唐、回关系同样寄予厚望。通过册封，就使和亲公主具有了国家——皇帝的代表的名分和资格，而不论其是否皇帝的亲生女。

由于经过册封之后，意味着和亲公主具有了唐王朝及其皇帝代表的身份，故和亲公主究竟是否皇帝的亲生女都能够获得对方的接受。突厥毗伽可汗多次求婚，唐王朝一直没有应许。开元十三年(公元725年)，唐遣使告请其参与玄宗东巡，毗伽可汗趁机再次向唐使提出求婚问题，其中说道：“闻入蕃公主，皆非天子之女，今之所求，岂问真假，频请不得，实亦羞见诸蕃。”②当时和亲国都知道唐王朝和亲公主并非均为皇帝的亲生女的内情，其中有真有假。那么，和亲国何以能够接受并非皇帝亲生女的和亲公主呢？就是因为这些经过皇帝正式册封的和亲公主，不论其是否皇帝的亲生女，都已经具有了“公主”的身份，都已取得了唐王朝代表的资格。可见和亲公主是否皇帝的亲生女虽然重要，但是更重要的是经过册封而有了公主的名号。

当然，如果和亲公主是皇帝的亲生女再经过正式册封，那么和亲国对此将更为满意。乾元元年(公元758年)宁国公主下嫁回纥毗伽阙可汗，七月，以肃宗堂弟李瑀、堂侄李巽为使护送，在交接仪式场合，双方进行了礼仪之争，“及(李)瑀至其牙帐，毗伽阙可汗衣赭黄袍，胡帽，坐于帐中榻上，仪卫甚盛，引瑀立于帐外，谓瑀曰：‘王是天可汗何亲?’瑀曰：‘是唐天子堂弟。’”时李瑀“不拜而立，可汗报曰：‘两国主君臣有礼，何得不拜?’瑀曰：‘唐天子以可汗有功，故将女嫁与可汗结姻好。比者中国与外蕃亲，皆宗室子女，名为公主。今宁国公主，天子真女，又有才貌，万里

① 《全唐文》卷415，4251页，北京，中华书局，1983。

② 《旧唐书》卷194上《突厥传上》，5176页。

嫁与可汗。可汗是唐家天子女婿，合有礼数，岂得坐于榻上受诏命耶！’可汗乃起奉诏，便受册命。翼日，册公主为可敦。”李瑀迫使毗伽阙可汗就范的法宝之一就是强调和亲公主为肃宗之亲生女，使毗伽阙可汗不得不起身受诏。由于这次唐王朝是以皇帝的亲生女为和亲公主，故“蕃酋欢欣曰：‘唐国天子贵重，将真女来！’”回纥方面倍感荣耀。于是同年八月，“回纥使王子骨啜特勤及宰相帝德等骁将三千人助国讨逆。”①对于促进双方的军事合作起到了立竿见影之效果。

不仅如此，前朝的、敌对王朝的和亲公主也可以经过册封而转身成为新王朝的和亲公主。在与突厥的和亲中，北周的千金公主转身为隋王朝的大义公主就是一个典型。北周宣帝大成元年(公元 579 年)，“策赵王(宇文)招女为千金公主以嫁”突厥他钵可汗，次年(北周静帝大象二年，公元 580 年)公主正式赴突厥。又次年(北周静帝大定元年，公元 581 年)周隋易代，北周禅让于杨坚，是为隋文帝，隋朝建立，改元开皇。是年底，突厥他钵可汗死，千金公主继为沙钵略可汗之妻。“沙钵略勇而得众，北夷皆归附之。隋文帝受禅，待之甚薄，北夷大怨。”②加以千金公主因“自伤宗祀绝灭”，“每怀复隋之志，日夜言之于沙钵略。由是悉众为寇，控弦之士四十万。”③沙钵略谓其臣曰：“我，周之亲也。今隋主自立而不能制，复何面目见可贺敦乎！”于是双方关系紧张，隋文帝患之，“敕缘边脩保障，峻长城。”④千金公主之所以“自伤”，不仅因为她所代表的周室被杨氏所篡，同时还因为其父被杨坚所杀。千金公主之父宇文招与杨坚同为周室重臣，双方矛盾尖锐，千金公主出嫁突厥不久，宇文招试图谋杀杨坚不成，反被杨坚所杀。故千金公主可谓集国恨家仇于一身。后来“沙钵略既为达头所困，又东畏契丹，遣使告急。”⑤随着隋王朝加大反击力度，“突厥沙钵略可汗数

---

① 《旧唐书》卷 195《回纥传》，5200～5201 页。

② 李延寿：《北史》卷 99《突厥传》，3290～3291 页，北京，中华书局，1974。

③ 魏征等：《隋书》卷 84《北狄传》，1865～1866 页，北京，中华书局，1973。

④ 《资治通鉴》卷 175《陈纪九》，“宣帝太建十三年”条(公元 581 年)，5450 页，北京，中华书局，1956。

⑤ 《隋书》卷 84《北狄传》，1869 页。

为隋所败，乃请和亲。”[①]开皇四年(公元584年)隋即趁机以“其妻可贺敦周千金公主，赐姓杨氏，编之属籍，改封大义公主。”[②]经过册封，于是北周的和亲公主千金公主遂摇身一变而为隋的和亲公主大义公主，她一身而为两朝和亲公主，隋王朝亦从而得以继续与突厥建立起和亲关系，“沙钵略大悦，于是岁时贡献不绝。”[③]

2. 赋予国家使命的重托。

和亲公主之出嫁蕃君，并非仅仅作为女性字人而尽妻妾之道，而是身负重大的政治使命，出嫁时均被赋予国家使命的重托。“军容旌节送，国命锦车传。”[④]不仅是和亲公主降蕃盛况的形容，也是对于和亲公主被委以重任、衔命出使的一种写照。

和亲公主的派遣完全是出于国家的外交目的。唐初，西突厥统叶护可汗“北并铁勒，西拒波斯，南接罽宾，悉归之，控弦数十万，霸有西域，据旧乌孙之地。”史称“西戎之盛，未之有也。”为唐王朝在西方的重要对手。武德三年(公元620年)，统叶护可汗遣使来请婚，唐高祖谓侍臣曰：“西突厥去我悬远，急疾不相得力，今请婚，其计安在?”封德彝对曰：“当今之务，莫若远交而近攻，正可权许其婚，以威北狄。待之数年后，中国盛全，徐思其宜。”高祖“遂许之婚”[⑤]。唐王朝君臣对于和亲的外交目的有着明确的认识。

维系和发展双方和平、友好关系，是和亲公主共同的使命，但是除此之外，根据双边关系的具体情况和不同的和亲对象，和亲公主的使命又有所差异。

金城公主是继文成公主之后和亲吐蕃的。文成公主和亲期间，唐、蕃之间“数十年间，一方清净。”自文成公主去世之后，唐、蕃关系有所倒退，双方边境地区冲突有所增加，但是维护和发展唐、蕃和平友好关系仍然是

---

① 《资治通鉴》卷176《陈纪十》，“长城公至德二年”条，5475页。

② 《隋书》卷84《北狄传》，1870页。

③ 《隋书》卷84《北狄传》，1870页。

④ 韦元旦：《奉和送金城公主适西蕃应制》，见《全唐诗》卷69，772页。

⑤ 《旧唐书》卷194下《突厥传下》，5181页。

双方的共同愿望，故吐蕃一直希望继续与唐和亲，“赞普及祖母可敦、酋长等，屡披诚款，积有岁时，思托旧亲，请崇新好。”①于是中宗以所养雍王李守礼女为金城公主许嫁之。景龙四年(公元710年)正月，制曰：“金城公主，朕之少女，岂不钟念，但为人父母，志息黎元，若允乃诚祈，更敦和好，则边土宁晏，兵役服息。遂割深慈，为国大计，筑兹外馆，聿膺嘉礼，降彼吐蕃赞普，即以今月进发，朕亲自送于郊外。”②这里明确指出金城公主下嫁吐蕃乃“为国大计”，具体来说，一方面是继承文成公主和亲所开辟的唐、蕃和平友好关系，进一步“更敦和好”，保持和发展双方和平友好关系；另一方面则强调要加强双方边境的安宁，期望金城公主的和亲，有利于“边土宁晏，兵役服息”，从而“志息黎元”，使得唐、蕃百姓得以休养生息，安居乐业。唐王朝还特意将公主和亲的目的向对方宣示，送别金城公主时，中宗“幸始平县以送公主，设帐殿于百顷泊侧，引王公宰相及吐蕃使入宴。中坐酒阑，命吐蕃使进前，谕以公主孩幼，割慈远嫁之旨，上悲泣歔欷久之。”③由此可见唐中宗将派遣爱女和亲吐蕃的目的意义，即“割慈远嫁之旨”，是在送别盛会上，当着唐王朝公卿百官和吐蕃迎亲使者的面前公开宣示的，其用心之切于此可见。

安史之乱时回纥出兵助唐平叛有功，但恃功骄横，诛求无已。这时两京虽然已经收复，但是仍需借其兵力以进一步平叛。乾元元年(公元758年)回纥可汗求婚，唐肃宗遂以宁国公主妻之。其所发布的《宁国公主下降制》对于这次和亲的目的、使命有深入的阐述：

“顷自凶渠作乱，宗社阽危，回纥特表忠诚，载怀奉国。所以兵踰绝漠，力徇中原，亟除青犊之妖，实赖乌孙之助。而先有情款，固求姻好。今两京底定，百度惟贞，奉皇舆而载宁，缵鸿业而攸重。斯言可复，厥德难忘。爰申降主之礼，用答勤王之志。且骨肉之爱，人情所钟，离远之怀，天属尤切。况将适异域，宁忘轸念。但上缘社

① 《旧唐书》卷196上《吐蕃传上》，5227页。

② 《旧唐书》卷196上《吐蕃传上》，5227页。

③ 《旧唐书》卷196上《吐蕃传上》，5227～5228页。

稷，下为黎元，遂抑深慈，为国大计。是用筑兹外馆，割爱中闱，将成万里之婚，翼定四方之业。以其诚信所立，家国攸宁，义以制名，式崇宠号。宜以幼女封为宁国公主，应缘礼会，所司准式。其降蕃日，仍令堂弟银青光禄大夫殿中监汉中郡王瑀充册命英武威远毗伽可汗使，以堂侄正议大夫行右司郎中上柱国上邽县公赐紫金鱼袋巽为副，特差重臣开府仪同三司尚书左仆射冀国公裴冕送至界首。凡百臣庶，宜悉朕怀。"①

这里也强调指出宁国公主之出嫁回纥乃"为国大计"，其意义重大，"上缘社稷，下为黎元"，攸关国家和人民福祉；值此社稷板荡之时、国运安危之秋，其使命更显非常，"翼定四方之业"、"家国攸宁"，身系天下安危，为国分忧，发展唐、回关系，以安定唐王朝的统治。宁国公主对此使命亦有强烈的认识，乾元元年(公元758年)宁国公主出嫁回纥时，"肃宗送宁国公主至咸阳磁门驿，公主泣而言曰：'国家事重，死且无恨。'上流涕而还。"②深知此行身负国家重任，抱定不避艰险以死报国的决心，大有"壮士一去"之慨，令人动容。

二、为维护国家利益而效力

和亲公主之所以在当时可以视为发挥了一定的常驻使节的作用，更主要的体现在她们在和亲国期间所采取的一系列效力于本国国家利益的行动。和亲公主之被册封不仅是在双方公开宣示其为国家代表的身份和资格，同时也是对于其得以行使国家代表的一种授权。故和亲公主在和亲国期间往往利用这一身份和授权，采取一系列行动以维护国家的利益。英国外交理论学者杰夫·贝里奇在介绍16世纪欧洲早期外交学先驱马基雅弗利的贡献时写道："通读马基雅弗利的著作，可以发现他认为常驻大使应当

① 《全唐文》卷42，459～460页。
② 《旧唐书》卷195《回纥传》，5200页。

有五项主要职责。大使必须鼓动驻在国君主采取符合本国君主利益的政策，防止敌对政策的酝酿，其中可能包括破坏外交对手活动的行为。外交官还必须向本国君主提交政策建议，并且不惜一切代价捍卫本国君主的名声。如果有必要，他还应该参与正式谈判，特别要注意努力获取情报并向国内报告。最困难的是，报告必须预测未来局势发展。"①我们不必拘泥于马基雅弗利所说的五项职责，他是根据他作为佛罗伦萨共和国外交官员的经验而总结出来的，何况常驻大使的职责在不同时代、不同国家也是有所变化的，要之，常驻大使为代表君主常驻于所在国，他们将利用一切机会和可能为维护本国之利益，为发展双方关系而尽力，获取情报或提交政策建议向本国君主报告。和亲公主根据自己所处的环境而开展多种多样政治活动，为双方关系的发展和维护本国的国家利益而效力，这是和亲公主具有常驻使节作用的核心体现。发挥双方关系的纽带作用，是和亲公主为国家利益效力的一种体现。这种作用不论和亲关系国的双方还是和亲公主本人在遇到各种不同情况时都会加以利用，在双方关系融洽、友好时固然如此，在双方关系僵硬、紧张时期也是双方互通使命的一个抓手，从而有助于恢复和改善双方关系。和亲公主在和亲国期间，与朝廷建立密切联系，是其发挥常驻使节作用的重要体现。直接向朝廷遣使、上表或贡献，是和亲公主与朝廷建立密切联系的体现。在这种使节和书疏往还之中，和亲公主对于双边关系的发展，双方经济文化交流，以及日常外交事务的交涉和沟通，无不尽其所能，做出了自己的努力。

唐代和亲公主在和亲国为国家利益的行动，体现于以下诸方面。

1. 置府设官以为活动平台

和亲公主为了在和亲国采取维护和服务于国家利益的行动，首先需要有相应的机构和官员才能进行，故和亲公主在和亲国一般均置府并设相应的官属，他们除了负责和亲公主的日常生活及其相关事务之外，也是其开展各种公务活动的依托和平台。

① [英]杰夫·贝里奇(G. R. Berridge)、莫里斯·基恩斯-索珀(Maurice Keens-Soper)、奥特(T. G. Otte)著，陆悦璘、高飞译：《外交理论——从马基雅弗利到基辛格》，16页，北京，北京大学出版社，2006。

唐代对于公主置府设官有一定的制度，神龙二年(公元706年)“敕置公主设官属。镇国太平公主，仪比亲王。长宁、安乐，唯不置长史，余并同亲王。宣城、新都、安定、金城等公主，非皇后生，官员减半。其金城公主，以出降吐蕃，特宜置司马。”公主府基本上比照亲王府而略有调整，其非皇后所生者，则官属减半。这里特别规定，由于金城公主和亲吐蕃，破例设置司马。长史、司马统领府僚、府务。可见唐王朝对于和亲公主之格外关照。至景龙四年(公元710年)六月二十二日，“停公主府，依旧置邑司。”①诸公主改置邑司，隶属于宗正寺，邑司的官属和职责：“公主邑司有令、丞、主簿、谒者、舍人、家吏，掌主家财出入、田园、徵封之事。”②这是一般公主的置府及其职能情况。

唐代和亲公主往往特批置府设官。贞元四年(公元788年)德宗以咸安公主和亲回纥，“尽建咸安公主官属，视王府。”③可见为和亲公主所建之府及其官属，是与王府等同的，所谓王府，即指亲王府，故《旧唐书》记此事曰：“诏咸安公主降回纥可汗，仍置府，官属视亲王例。”④长庆元年(公元821年)五月，穆宗以太和公主和亲回纥，其月敕：“太和公主出降回纥，宜特置府，其官属宜视亲王例。”⑤王府官属“有傅、咨议参军、友、文学、东·西阁祭酒、长史、司马、掾、属、主簿、史、记室、录事参军、录事、功·仓·户·兵·骑·法·士等七曹参军、参军事、行参军、典签。”⑥有的和亲公主在置府的同时还加公主邑司，如太和公主和亲回纥时，“公主置府，官属准亲王例。仍铸邑司印一面。”⑦在按照亲王府设置官属的同时，还授予“邑司”印。

和亲公主在和亲国又有相应的官府设置和官属配备。长庆元年(公元

① 以上见《唐会要》卷6《杂录》，79页。

② 《资治通鉴》卷190《唐纪六》，“高祖武德七年”条，胡注，5978页。

③ 《新唐书》卷217上《回鹘传上》，6124页。

④ 《旧唐书》卷195《回纥传》，5208页。

⑤ 《旧唐书》卷195《回纥传》，5211页。

⑥ 《资治通鉴》卷190《唐纪六》，“高祖武德七年”条，胡注，5978页。详见《旧唐书》卷44《职官志三》，1914页。

⑦ 《唐会要》卷6《杂录》，89页。

821年)太和公主下嫁回纥，“既至虏庭，乃择吉日，册公主为回鹘可敦。可汗先升楼东向坐，设氈幄于楼下以居公主，使群胡主教公主以胡法。公主始解唐服而衣胡服，以一妪侍，出楼前西向拜。可汗坐而视，公主再俯拜讫，复入氈幄中，解前所服而披可敦服，通裾大襦，皆茜色，金饰冠如角前指，后出楼俯拜可汗如初礼。虏先设大舆曲扆，前设小座，相者引公主升舆，回纥九姓相分负其舆，随日右转于庭者九，公主乃降舆升楼，与可汗俱东向坐。自此臣下朝谒，并拜可敦。可敦自有牙帐，命二相出入帐中。”①太和公主到了回纥后，被册封为回纥可敦，即可汗的正妻②。太和公主作为回纥可汗的正妻，一方面“自此臣下朝谒，并拜可敦。”另一方面“可敦自有牙帐，命二相出入帐中。”此牙帐即可敦府，并设有相应的官属。故《新唐书》记此事曰：“可敦亦自建牙，以二相出入帐中。”③护送太和公主入回纥的唐使胡证等人启程归唐前，“可敦宴之帐中，留连号啼者竟日。”④太和公主与唐使的告别宴会是在自己的牙帐内进行的，由此可知，太和公主有自己独立的府第、辅佐官属以及一定的独立的活动。其官属除了从唐朝带去的之外，还有和亲国所配备的。

文成公主以及金城公主和亲吐蕃时，吐蕃特为之另筑一城邑，其与回纥为和亲公主另设牙帐之意涵有相通相似之处。贞观十五年(公元641年)，太宗以文成公主妻之，吐蕃赞普亲迎于河源，“及与公主归国，谓所亲曰：‘我父祖未有通婚上国者，今我得尚大唐公主，为幸实多。当为公主筑一城，以夸示后代。’遂筑城邑，立栋宇以居处焉。”⑤此举虽然有“夸示后代”之意，但实际上也是为和亲公主另建立府第。后来金城公主和亲吐蕃时亦

① 《旧唐书》卷195《回纥传》，5212～5213页。

② 可敦或称可贺敦，为古代北方草原地区突厥、柔然、回纥、鲜卑等民族对于可汗正妻的称呼，汉译“皇后”之意，《通鉴》胡三省谓：“自突厥有国以来，可汗号其正室曰可贺敦。”(《资治通鉴》卷220《唐纪三十六》，“肃宗乾元元年”条，7059页。)又谓：“柔然之主曰可汗，其正室曰可贺敦。”(《资治通鉴》卷149《梁纪五》“武帝普通元年”条，4660页。)

③ 《新唐书》卷217下《回鹘传下》，6130页。

④ 《旧唐书》卷195《回纥传》，5212～5213页。

⑤ 《旧唐书》卷196上《吐蕃传上》，5221～5222页。

然，“公主既至吐蕃，别筑一城以居之。”①唐诗咏金城公主和亲吐蕃，有“羌庭遥筑馆”②之句，即指此云。

和亲公主在和亲国置府设官，不仅是其荣誉地位的标志和日常生活事务的管理者，同时也使其有了开展促进双方关系和维护国家利益等政治行动的依托和平台。和亲公主向朝廷和其他各方面派遣使者以及发出各种文书就是其依托置府设官这一平台而进行的公务活动的表现。白居易《阴山道》中有咏和亲回纥的咸安公主诗句，称“咸安公主号可敦，远为可汗频奏论。”③实际上是对于当时和亲公主在和亲国活动情形的一种概括。

金城公主秘密遣使个失密，是和亲公主有自己的官属并在其指挥下进行活动的一个反映。开元十一年(公元723年)五月金城公主“遣汉使二人偷道向个失密国传言曰：‘汝赤心向汉，我欲走出投汝，容受我否?’”个失密即今克什米尔，在吐蕃之南，“去吐蕃金城公主居处七日路程”。个失密当时与唐保持友好关系，故“个失密王闻其言，大喜报曰：‘公主但来；竭心以待。’”于是个失密王又遣使至谢飓，曰：“天子女欲走来投我国，必恐吐蕃兵马来逐，我力不敌，乞兵于我，即冀吐蕃破散，公主得达臣国。”谢飓王“闻之极欢，遣使许诺于个失密王”，并于次年遣使入唐，“面取进止。”唐玄宗“甚然之，赐帛百疋，放还蕃。”④这里值得注意的是金城公主派出的是“汉使二人”而非吐蕃官员，此二位汉人，应当就是金城公主从唐带去的其府中官员。此二位汉使是秘密出境的，并没有通过吐蕃当局，可见金城公主是有自己的官属并接受她的指示而行事。汉代和亲公主就已经有自己遣使出境的情形，和亲乌孙的解忧公主就曾经派遣其“侍者”冯嫽出使西域诸国。不过冯嫽之出使是公开的，金城公主的二位使者是秘密的。我们虽然不知道金城公主出于什么原因要离开吐蕃，以及此事为什么后来不了了之，但是我们可以看到金城公主通过秘密的、曲折的渠道，终于将信息传递到了唐王朝，从中可以窥见和亲公主及其官属的活动能量。

---

① 《旧唐书》卷196上《吐蕃传上》，5228页。

② 徐彦伯《奉和送金城公主诗》，见《初学记》卷10《帝戚部》，247页。

③ 白居易：《阴山道》，见《全唐诗》卷427，4705页。

④ 《册府元龟》卷979《外臣部·和亲》，11501页。

金城公主于中宗景龙四年(公元 710 年)赴吐蕃和亲，从上述神龙二年(公元 706 年)置公主设官属的敕中，我们知道金城公主在前往吐蕃之前已经置府，并特准设置司马以统府事，但是金城公主在吐蕃时，于开元二十年(公元 732 年)又向唐王朝提出“请置府”①的要求。其原因何在？一方面可能与公主置府制度的变化有关，恰巧景龙四年(公元 710 年)敕停公主府，诸公主改置邑司。此后和亲公主需经特批才能置府。睿宗景云二年(公元 711 年)册封金城公主为长女，册文云：“是用命朝散大夫试司宾少卿护军曹国公甘昭充使，试詹事丞摄太子赞善大夫沈皓仙为副，持节往册尔为朕长女，依旧封金城公主。率由嫔则，无替尔仪，载光本朝，俾乂蕃服，岂可不慎欤？”②这里提到对于金城公主的待遇“率由嫔则，无替尔仪”，只是笼统提出要按照公主待遇的规章制度加诸金城公主，故金城公主在吐蕃时可能仍然设置的是邑司而非公主府。另一方面可能与金城公主入蕃已经二十余年，其原有官属已经变化较大，减员比较严重，因此需要通过置府以补充官属。故开元二十年唐使崔琳回唐时，金城公主已经通过他上书请求置府，但是次年唐使李行祎来吐蕃时，此事并没有得到唐玄宗的回应，因此她再次上书提出请求，她说：“去年崔琳回日，请置府。李行祎至，及尚他辟回，其府事不蒙进止。望皇帝兄商量，矜奴所请。”③唐玄宗在《敕金城公主》中有云：“所请授官及内人品第，既久在彼，诚亦可矜，即当续有处分。”④当是对于金城公主这一请求的回复，答应尽快解决她提出的问题，满足她的要求。

2. 促进双方友好关系

促进双方关系和好，是和亲公主出嫁前即已领受的基本使命，出嫁后即尽一切可能为促进双方关系的和好而尽力。“远修好信，既申洽比之姻，殊俗保和，实赖肃雍之德。”⑤国家对于和亲公主促进双方关系的和好寄以

① 《册府元龟》卷 979《外臣部·和亲》，11503 页。
② 《全唐文》卷 235《册金城公主文》，2377 页。
③ 《册府元龟》卷 979《外臣部·和亲》，11503 页。
④ 《全唐文》卷 287，2907 页。
⑤ 白居易：《祭咸安公主文》，见《全唐文》卷 681，6961 页。

厚望。

金城公主下嫁吐蕃之后，唐、蕃之间在河陇一带的争夺并未休止，双方在边界地区兵戎相见，时有发生。开元四年(公元716年)二月，吐蕃围松州，松州都督孙仁献袭击吐蕃于城下，大破之。八月，吐蕃请和，唐玄宗从之，同时赏赐金城公主及赞普锦帛器物等。于是金城公主，上表谢恩曰：

> “金城公主奴奴言，仲夏盛热，伏惟皇帝兄起居万福，御膳胜常。奴奴奉见舅甥平章书，云还依旧日，重为和好。既奉如此进止，奴奴还同再生，下情不胜喜跃。伏蒙皇帝兄所赐信物，并依数奉领。谨献金盏、羚羊衫段青长毛毯各一，奉表以闻。”①

金城公主为雍王李守礼之女，于辈分为中宗、睿宗之侄孙女，玄宗之侄女，何以在其上玄宗书中以“皇帝兄”称呼玄宗？景云元年(公元710年)金城公主入蕃之后，次年睿宗又册金城公主为长女，册文云：“礼之隆杀，大系于情；情之厚薄，抑亦在我。今犹子属爱，何异所生？然叔父继恩，更思敦睦。是用命朝散大夫试司宾少卿护军曹国公甘昭充使，试詹事丞摄太子赞善大夫沈皓仙为副，持节往册尔为朕长女，依旧封金城公主。”②通过册封金城公主为长女，使“于骨肉而加等”，表示“更思敦睦”之情，以期“载光本朝，俾乂蕃服”之意。故这里金城公主与玄宗得以兄妹相称。当时把唐、蕃关系定位为“舅甥”关系，通过和亲，唐皇帝为吐蕃君主之舅，吐蕃赞普则为唐皇帝之甥。在金城公主的上书中，其核心精神是表示对于唐、蕃之间恢复和好关系表示十分赞成和高兴，从表文可知，她得以拜阅唐玄宗致吐蕃赞普的回信，看到唐玄宗在回信中申明“还依旧日，重为和好。”她感到“还同再生”，“不胜喜跃”。充分肯定了双方和解的愿望，表示衷心的拥护。她的上书所表达的对于唐、蕃和好的强烈意愿，对于处于紧

① 《册府元龟》卷979《外臣部·和亲》，11500页。

② 《全唐文》卷235《册金城公主文》，2377页。

张关系之中的双方来说都是有积极意义的一种促进。

开元中，吐蕃自恃国力强盛，一方面频繁犯塞，“连兵十余年，甘、凉、河、鄯，不胜其弊。”另一方面“致书用敌国礼，辞指悖慢”，玄宗“意常怒之”①。经过唐方的有力反击，吐蕃兵数败而惧，于是“频遣使请和”，但是唐玄宗拒绝其请，以致吐蕃方面曾经“数度使人入朝，皆被边将不许，所以不敢自奏。”在这种情况下，开元十七年(公元729年)冬金城公主“遣使人娄众失力将状专往”②，致书玄宗。这位使者显然是吐蕃官员，但他是受金城公主之命，专程入唐上书的。在吐蕃使者屡遭唐方拒绝的情况下，金城公主的专使得以入唐，这对于沟通双方关系，无疑是一种补偏救弊良方。史籍虽然没有留下金城公主这一上书的具体内容，但是从当时吐蕃方面的迫切要求可以推知，其必然是转达了吐蕃君臣的求和意愿，并希望唐方能够与吐蕃方面进行沟通，重归于好。开元十八年(公元730年)唐玄宗终于回心转意，遣使吐蕃，重建双方和好关系。唐玄宗态度的转变，忠王友皇甫惟明的力劝固然起了很大作用，而金城公主的上书，不能不说也在其中起了促进作用。而且皇甫惟明之劝说玄宗，也是拿金城公主说事的，一方面他指出：“开元之初，赞普幼稚，岂能如此。必是在边军将务邀一时之功，伪作此书，激怒陛下。两国既斗，兴师动众，因利乘便，公行隐盗，伪作功状，以希勋爵，所损钜万，何益国家。今河西、陇右，百姓疲竭，事皆由此。”另一方面则为玄宗通使吐蕃找到一个好主意：“若陛下遣使往视金城公主，因与赞普面约通和，令其稽颡称臣，永息边境，此永代安人之道也。”③和亲公主成为唐玄宗通使吐蕃的一个抓手和台阶，看望金城公主的借口给了唐玄宗一个妥协的机会。于是玄宗同意了皇甫惟明的意见，派遣皇甫惟明及内侍张元方充出使吐蕃，“以书赐公主”④。唐使于是打着看望金城公主的旗号出使吐蕃，以实现双方重启和谈，重归于好的目的。唐使至吐蕃，“既见赞普及公主，具宣上意。赞普等欣然请和，尽出

① 《资治通鉴》卷213，6776页。
② 《旧唐书》卷196上《吐蕃传上》，5231页。
③ 《旧唐书》卷196上《吐蕃传上》，5230页。
④ 《新唐书》卷216上《吐蕃传上》，6084页。

贞观以来前后敕书以示(皇甫)惟明等，令其重臣名悉猎随惟明等入朝。”吐蕃赞普通过使者上表曰：“外甥是先皇帝舅宿亲，又蒙降金城公主，遂和同为一家，天下百姓，普皆安乐。中间为张玄表、李知古等东西两处先动兵马，侵抄吐蕃，边将所以互相征讨，迄至今日，遂成衅隙。外甥以先代文成公主、今金城公主之故，深识尊卑，岂敢失礼。又缘年小，枉被边将谗构斗乱，令舅致怪。伏乞垂察追留，死将万足。前数度使人入朝，皆被边将不许，所以不敢自奏。去冬公主遣使人娄众失力将状专往，蒙降使看公主来，外甥不胜喜荷。谨遣论名悉猎及副使押衙将军浪些纥夜悉猎入朝，奏取进止。两国事意，悉猎所知。外甥蕃中已处分边将，不许抄掠，若有汉人来投，便令却送。伏望皇帝舅远察赤心，许依旧好，长令百姓快乐。如蒙圣恩，千年万岁，外甥终不敢先违盟誓。”①于是双方聘使往还，“自是吐蕃复款附”②。这次唐、蕃关系之由敌对向和好的转折，根本上当然是双方军事较量达到一个新的平衡阶段，双方都有了恢复和平、稳定关系的意愿，但是金城公主在其中发挥了积极的作用也是应当看到并加以肯定的。

3. 为双方交涉事务沟通斡旋

在双方交涉事务中，和亲公主亦以自己所处的特殊地位而在双方之间尽力进行沟通和斡旋。其事迹昭然者，略举数端以明之：

(1)亲署誓文问题

玄宗开元初期，唐、蕃之间曾为双方盟誓及署名问题展开了较长时段的争拗。开元二年(公元714年)，吐蕃相坌达延上书唐宰相，“请载盟文，定境于河源，丐左散骑常侍解琬莅盟。”③玄宗令姚崇等报书，命解琬持中宗神龙年间(公元705—707年)双方所立誓文前往。吐蕃方面也提出了自己的誓词，双方尚未达成一致，吐蕃即将兵十万寇边。此后吐蕃方面多次遣使人唐要求与唐皇帝“共署誓刻”，玄宗一直没有同意。开元五年(公元717年)三月吐蕃赞普又遣使奉表请和，金城公主也通过吐蕃使者上表玄宗，

---

① 《旧唐书》卷196上《吐蕃传上》，5230～5231页。

② 《资治通鉴》卷213，6791页。

③ 《新唐书》卷216上《吐蕃传上》，6081页。

表文曰：

> “金城公主奴奴言：季夏极热，伏惟皇帝兄御膳胜常。奴奴甚平安，愿皇帝兄勿忧。此间宰相向奴奴道，赞普甚欲得和好，亦宜亲署誓文。往者皇帝兄不许亲署誓文。奴奴降蕃，事缘和好。今乃骚动，实将不安和。矜怜奴奴远在他国，皇帝兄亲署誓文，亦非常事，即得两国久长安稳，伏惟念之。”①

这里值得注意的是，吐蕃方面是由其宰相通过金城公主向唐皇帝转达吐蕃赞普的意愿，和亲公主是双方君主沟通的纽带。在这个表文中，金城公主向唐玄宗传递了吐蕃统治集团对于双方关系“甚欲得和好”的信息，报告了目前“今乃骚动，实将不安和”的动态，据此她强烈希望玄宗能够“亲署誓文”，认为这对于“两国久长安稳”十分重要，这也是她和亲吐蕃目的“事缘和好”的体现，对于身处吐蕃的她来说也是有利的事情。但是唐玄宗仍然没有答应，至开元七年(公元719年)六月，吐蕃复遣使请玄宗亲署誓文，玄宗不许，曰：“昔岁誓约已定，苟信不由衷，亟誓何益!”②不过唐朝方面还是“礼其使而遣，且厚赐赞普。自是岁朝贡不犯边。”③

(2)划界树碑问题

经过开元前期的长期争竞角逐，唐、蕃双方终于同意划定疆界，以减少边境冲突。开元十九年(公元731年)吐蕃请“交马于赤岭，互市于甘松岭。宰相裴光庭曰：‘甘松中国阻，不如许赤岭。’乃听以赤岭为界，表以大碑，刻约其上。”这一建议得到了吐蕃方面积极的响应，于是吐蕃“遣使谢，且言：‘唐、吐蕃皆大国，今约和为久长计，恐边吏有妄意者，请以使人对相晓敕，令昭然具知。’”④二十一年，唐方派遣工部尚书李暠出使吐蕃，打的是慰问金城公主的旗号，玄宗制曰：“金城公主既在蕃中，汉庭

① 《册府元龟》卷979《外臣部·和亲》，11500页；《全唐文》卷100，1030页。

② 《资治通鉴》卷212，4736页。

③ 《新唐书》卷216上《吐蕃传上》，6083页。

④ 《新唐书》卷216上《吐蕃传上》，6085页。

公卿非无专对，有怀于远，夫岂能忘。宜持节充入吐蕃使，准式发遣。”并以国信物一万匹、私觌物二千匹，皆杂以五彩遣之，赏赐吐蕃赞普以及金城公主等人。及李暠还，“金城公主上言，请以今年九月一日树碑于赤岭，定蕃、汉界。”①提出了划界树碑的具体日程。时李暠使于蕃，“金城度其还期，当在暮秋，故有是请。”②金城公主这一请求得到了唐玄宗的准许，史称“金城公主请立碑于赤岭以分唐与吐蕃之境，许之。”③金城公主对于唐、蕃之间和好关系的这一重大进展，十分欣慰，于是同年七月，吐蕃遣宰相论纥野赞等来朝且通和好，金城公主献表曰：“妹奴奴言：李行祎至，奉皇帝兄正月敕书，伏承皇帝万福，奴惟加嘉跃。今得舅甥和好，永无改张，天下黔庶，并皆安乐。”吐蕃赞普亦同时上书，曰：“且汉与吐蕃俱是大国，又复先来宿亲，自合同和，天下苍生悉皆快活，赞扬盛德，当无尽期，及至久长亦无改变。恐彼此边界黎庶不委长和，虑有恶人妄生乱意，请彼此差使相监。”④玄宗接受了赞普这一建议，“令金吾将军李佺监赤岭树碑，诏张守珪与将军李行祎、吐蕃使者莽布支分谕剑南、河西州县曰：‘自今二国和好，无相侵暴。’”⑤金城公主为唐、蕃关系中的这一重大进展，尽心竭力，在双方之间进行沟通斡旋，做出了不可磨灭的贡献。双方树立于赤岭的《定蕃汉两界碑》中也肯定了和亲公主在中间的贡献，指出“往日贞观十年，初通和好，远降文成公主入蕃。已后景龙二年，重为婚媾，金城公主因兹降蕃。自此以来，万事休帖。”“昔先帝含宏，爰主从聘，所以一内外之礼，等华夷之观，通朝觐之往来，成舅甥之宴好。则我先帝之德，不可忘也。”但是，“间者边吏不谨，互有侵轶，越在遐荒，因之隔阂。”现在经过双方的努力，达成协议，“今遵永旧，咸与维新，帝式藏用，不违厥旨。因以示赤岭之外，其所定边界，一依旧定为封守，为罗斥候通关梁。”强调双方“不以兵强而害义，不以为利而弃言，则我无尔诈，尔无

① 《旧唐书》卷112《李暠传》，3336页。
② 《唐会要》卷97《吐蕃》，2054页。
③ 《资治通鉴》卷213，6800页。
④ 《册府元龟》卷979《外臣部·和亲》，11503页。
⑤ 《新唐书》卷216上《吐蕃传上》，6085页。

我虞，信也。”从此确立了“舅甥修其旧好，同为一家”①的关系。

4. 其他双边事务

(1)互市

互市是唐王朝与和亲国经常存在的一种交往形态。在双方边境地区开展互市时，有的和亲公主有可能参与并过问其事，此可以和亲突骑施之交河公主为代表。开元十年(公元722年)十二月唐玄宗以十姓可汗阿史那怀道女为交河公主，出降突骑施可汗苏禄。② 苏禄“颇善绥抚，十姓部落渐归附之，众二十万，遂雄西域之地。”开元十四年(公元726年)交河公主“遣牙官赍马千匹诣安西互市”。时杜暹为安西都护，突骑施“使者宣交河公主《教》与(杜)暹”。“教”为上致下文书，杜暹以交河公主非皇帝或宗室女，采取轻蔑态度，“怒曰：‘阿史那氏女，岂合宣《教》与吾节度耶!’杖其使者，留而不遣，其马经雪寒，死并尽。”杜暹这一错误做法，招致严重后果，“苏禄大怒，发兵分寇四镇。会杜暹入知政事，赵颐贞代为安西都护，城守久之，由是四镇贮积及人畜并为苏禄所掠，安西仅全。”后来“苏禄既闻杜暹入相，稍引退，俄又遣使入朝献方物。”③在这个事件中，虽然和亲公主主导的这次互市遭到边镇官员的破坏而失败，但是它表明一方面在双边互市时，和亲公主也是可以参与其事的，另一方面表明交河公主在突骑施亦置府设官，从而可以撰写并发出对外之公文。

(2)贡赐往还

贡赐是唐代外交诸方式之一，贡是四方国、族向唐王朝贡献，赐是唐王朝所给予的相应回馈。和亲公主至和亲国之后，亦经常向朝廷贡献，朝廷亦经常对其加以赏赐，通过这种方式，不仅密切了和亲公主与朝廷的联系，而且有助于发展和亲国与唐王朝的关系，对于双方经济文化交流亦有其积极意义。

长庆元年(公元821年)唐穆宗封其十妹为太和公主嫁回纥崇德可汗，不久崇德可汗死，其弟昭礼可汗继位，宝历元年(公元825年)，唐王朝“命

① 《全唐文》卷990，10251页。

② 《资治通鉴》卷212，6754页。交河公主或记作金河公主。

③ 《旧唐书》卷194下《突厥传下》，5191页。

使册立登罗骨没密施合毗伽昭礼可汗”的同时，又“遣品官田务丰领国信十二车使回鹘，赐可汗及太和公主。”在这里，唐王朝在进行赏赐时，赐予其君主的同时也赐予和亲公主本人，这有助于提高和亲公主在该国的地位。和亲公主亦经常利用和亲国使者入唐时进行贡献，太和九年(公元835年)六月，“入朝回鹘进太和公主所献马射女子七人，沙陀小儿二人。”①太和公主的这些贡品是通过回纥使者进行的。对于和亲公主的进贡，唐王朝是十分重视的，贞观中，“文成公主贡金，遇盗于岐州”，唐太宗亲自主持这次破案，他“召群御史至，目(李)义琛曰：‘是人神情爽拔，可使推捕。’”于是李义琛衔命破此案，“数日获贼。帝喜，为加七阶。”②对于破案有功之臣大为嘉奖。

和亲公主与和亲国君主的贡、赐往还，除了各自进行之外，更多的是结合进行的。开元十八年(公元730年)唐、蕃恢复使节往还，以促进和好关系，吐蕃派遣重臣名悉猎随唐使皇甫惟明使唐，吐蕃上表中有曰：“谨奉金胡瓶一、金盘一、金椀一、马脑杯一、零羊衫段一，谨充微国之礼。”同时“金城公主又别进金鹅盘盏杂器物等”③。这里吐蕃赞普的进贡与金城公主的进贡虽然是各自进行的，但他们都是同一遣使活动中的两个方面，互为有机的一体，这无疑有助于促进双方关系更好地改善。唐、蕃之间通过使节往还，双方进一步谈判恢复以往友好关系和边界安宁问题，于是唐方又遣使回报，玄宗在致吐蕃文书中说：“今故使御史大夫崔琳往申信约，所有陈请咸不相违，并所进器物并依数领得。今寄多少信物，至宜领取。”这是对于吐蕃进贡做出的回应和回馈。与此同时“又降书金城公主：远降殊方，底宁蕃落，载怀贞顺之道，深明去就之宜，能知其人而献其款，忠节克著叹美良深，所进物等并领得。今寄公主少多信物，至宜领取。”④这是对于金城公主贡献的回应和回馈。

还应当特别指出的是，和亲公主与主国之间的贡赐往还，并非单纯的

---

① 《旧唐书》卷195《回纥传》，5213页。

② 《新唐书》卷105《李义琛传》，4034页。

③ 《旧唐书》卷196上《吐蕃传上》，5231页。

④ 《册府元龟》卷979《外臣部·和亲》，11503页。

物资往还，而是通过这种贡赐往还，促进双边关系的发展。金城公主与唐王朝之间的贡赐往还中，一般均有相应的文书往还，而这种文书往还中，双方可以将对于和亲公主本人以及双边关系中的问题与期望加以表达和传递。略举金城公主与唐王朝的贡赐往还中的文书往还以观其情。

> 敕金城公主：岁月流易，忽复经年，言念远情，何能已已！比者通好，信使数来，知彼所宜，善足为慰。国家大计，以义断恩，离别婴心，固当自抑，仍善须和顺，使欢好如初。所请授官及内人品第，既久在彼，诚亦可矜，即当续有处分。宗元礼衰疾，近不能起，贾混之缘此未得独行，待其稍瘳，亦即遣去。今有少信物，至宜领取。春晚，公主已下并平安好，遣书指不多及。①

这是唐王朝对于金城公主一次贡献所做的回应，这封敕书包含如下一些内容：①对于和亲公主的问候；②肯定吐蕃及公主多次遣使来唐，有助于了解吐蕃方面的要求；③勉励金城公主在吐蕃不忘身负“国家大计”之使命，善自处理好与吐蕃相关人士的关系；④答复她关于授官及增品的请求；⑤告知唐使未能及时发遣的原因；⑥赐予金城公主信物。显然，一次贡赐往还中的牵涉面是相当广泛的。

在另一文书中曰：

> 敕金城公主：数有来使，闻彼安宁，差慰遥心，想所知也。柔顺之道，既以夙成，终始用心，贵于无失，惟此而已，余不足言。所附物并依领，具有还答，并更附少信物，别有委曲，至宜领取。秋冷，念比何似？遣书指不多及。②

在这个文书中，除了关于贡、赐物品的知会以及问候之外，又特别提示希

---

① 《全唐文》卷287，2907页。宗元礼当为窦元礼，他是唐王朝内常侍，曾多次出使吐蕃及看望金城公主。

② 《全唐文》卷287，2908页。

望金城公主能够在吐蕃兢兢业业，坚持不懈，尽力发挥自己的作用，所谓“终始用心，贵于无失”云云，是唐王朝对于她的叮咛和嘱托。通过这类文书，不仅使和亲公主与唐王朝保持密切的关系，而且有利于促进她在吐蕃为唐王朝的利益效力。

由此可见，唐王朝始终把和亲公主牢记使命，坚持不懈搞好与和亲国的关系作为自己关注的核心问题。

(3)引进汉文化

中华文化是古代世界上最为先进、发达的文化之一，在汉唐时期的东亚世界中更是无可望其项背者。因此，运用这一“软实力”以为外交利器，是汉唐时期外交中经常采用的手段①。尽可能发挥这一软实力的作用，是和亲公主在和亲国致力于维护唐王朝的利益并维护和发展双方友好关系的一项重要方式之一，而引进汉文化典籍则是和亲公主履行这一使命的具体行动。

文成公主降蕃之后，吐蕃方面“渐慕华风。仍遣酋豪子弟，请入国学以习诗、书。又请中国识文之人典其表疏。”②促进了学习和引进汉文化的高潮。金城公主则在这一基础上继续采取行动，开元十九年(公元 731 年)他通过吐蕃入唐使者，“请《毛诗》、《礼记》、《左传》、《文选》各一部。”对此唐王朝内部有不同意见，以正字于休烈为代表加以反对，认为“经籍，国之典也。”故不可以假人，何以然？他说：“臣闻吐蕃之性，慓悍果决，敏情持锐，善学不回。若达于书，必能知战。深于《诗》，则知武夫有师干之试；深于《礼》，则知月令有兴废之兵；深于《传》，则知用师多诡诈之计；深于《文》，则知往来有书檄之制。何异借寇兵而资盗粮也!”③但是唐玄宗不同意他的意见，“疏奏不省”④。侍中裴光庭等人也反对于休烈的这

① 在学术界本人首次提出中国古代外交中的“软实力”问题并做了论述，参见拙文《汉代外交与“软实力”》，载《文史哲》，2012(4)；《汉代外交体制研究》之《跋语》，北京，商务印书馆，2014。

② 《旧唐书》卷 196《吐蕃传上》，5222 页。

③ 《旧唐书》卷 196《吐蕃传上》，5232 页。

④ 《旧唐书》卷 196《吐蕃传上》，5233 页。

种片面的、错误的观点，支持金城公主的请求，他批驳于休烈的观点，说："西戎不识《礼经》，心昧德义，频负盟约，孤背国恩，今则计穷，求哀稽颡。圣慈含育，许其降和，所请书随事给与，庶使渐陶声教，混一车书，文轨大同，斯可致也。休烈虽见情伪变诈，于是乎生；而不知忠信节义，于是乎在。"[①]唐玄宗支持裴光庭等人的意见，荅曰："善。乃以经书赐与之。"于是"命有司写《毛诗》、《礼记》、《左传》、《文选》各一部，以赐金城公主，从其请也。"[②]和亲公主请求书籍这类行动，是其承担的"国之大计"的重托的具体体现之一，通过以先进的汉文化为"软实力"，"往化其国"，[③] 从而有助于加强唐王朝在外交上的影响力和亲和力。

(4)礼仪往还的沟通者

礼仪性往还是在外交上促进双方关系的一种有效手段和方式，是为和亲公主常加运用的方式之一。和亲公主是双方礼仪性往还的重要沟通者，为密切和发展双边关系而做出了贡献。

调露元年(公元679年)二月，吐蕃赞普卒，子器弩悉弄立，年仅八岁。当时唐蕃正对峙于羊同，"时器弩悉弄与其舅麴萨若诣羊同发兵"，高宗"闻赞普卒，命裴行俭乘间图之，行俭曰：'钦陵为政，大臣辑睦，未可图也。'乃止。"次年十月文成公主所遣使节到达唐，"吐蕃文成公主遣其大臣论塞调傍来告丧，请和亲，不许。遣郎将宋令文使吐蕃，会赞普之葬。"[④]文成公主遣"其大臣"为使节，报告赞普之丧，同时提出与唐和亲的请求。高宗虽然没有满足对方"和亲"的请求，因为当时唐朝正为与吐蕃和亲还是战争举棋不定之时，高宗"以吐蕃为忧，悉召侍臣谋之，或欲和亲以息民；或欲严设守备，俟公私富实而讨之；或欲亟发兵击之。议竟不决，赐食而遣之。"[⑤]但还是派出使者前往吐蕃吊唁赞普之丧，这有助于缓和双方已有的紧张关系。

---

① 《全唐文》卷299，3032页。

② 《唐会要》卷36，778、777页。

③ 《旧唐书》卷196上《吐蕃传上》，5227页。

④ 《旧唐书》卷5《高宗纪下》，105页。

⑤ 《资治通鉴》卷202，6386页。

玄宗先天二年(公元713年)七月金城公主“上言吐蕃赞普之母死”，唐王朝于是“乃命左清道率李瓛摄宗正卿持节使于吐蕃，会葬也。”①

与此相关的是，和亲公主去世时，对方也会遣使报丧，唐王朝即派遣使者前往吊唁。永隆元年(公元680年)，“文成公主薨，遣使者吊祠”。通过吊唁，双方又增加了一次接触的机会，有的双边关系中的遗留问题也可能得到解决。这次唐使吊唁文成公主，使团回国时，吐蕃方面“又归我陈行焉之丧”。原来陈行焉出使吐蕃时，吐蕃宰相论钦陵“欲拜己，临以兵，不为屈，留之十年。”扣留了唐使陈行焉。陈行焉“及是丧还，赠睦州刺史。”②

开元二十九年(公元741年)春，“金城公主薨，吐蕃遣使来告哀，仍请和，上不许之。使到数月后，始为公主举哀于光顺门外，辍朝三日。”③这次唐王朝没有向吐蕃派遣吊唁使者，而是在数月之后在唐举行吊唁仪式。其原因是当时唐蕃之间关系紧张，正在边境地区兵戎相见。

综上所述，我们可以看到，在古代外交中没有正式的常驻使节制度出现之前，和亲公主在相当程度上起到了常驻使节的作用。和亲公主肩负国家使命之重托，及其在和亲国所开展的从政治、军事、经济乃至文化等一系列的，全方位的亲善友好活动，为沟通双方关系，为调停双方矛盾冲突所作出的努力，在实际上起到了常驻使节的作用，因此，我们对于和亲公主的历史作用与地位的评价应当站在外交全局的高度去认识并予以肯定，对于“和亲”这一外交方式我们也有必要从这个新的视角赋予它新颖的内涵。

原载《中华历史与传统文化论丛》，第1辑(东北大学秦皇岛分校学术集刊)，北京，中国社会科学出版社，2015。

① 《册府元龟》卷979《外臣部·和亲》，11499页。

② 《新唐书》卷216上《吐蕃传上》，6078页。

③ 《旧唐书》卷196上《吐蕃传上》，5235页。

附录：我与周一良先生的“大百科”缘

历时13年、前后3万余人参加的重大文化与出版工程——《中国大百科全书(第2版)》终于面世了！

2009年8月26日，中共中央宣传部、新闻出版总署在北京人民大会堂召开“《中国大百科全书(第2版)》出版总结表彰大会”。我有幸躬逢其盛，不禁感慨《中国大百科全书》这一浩大工程于1978年启动后，从第一版至第二版之间历时30年、几代学人薪火相传的沧桑。作为接替《中国大百科全书》第一版《三国两晋南北朝史》分支主编周一良先生的工作而担任第二版的分支主编，我与周一良先生的“大百科”缘，自然也就时时浮现眼前……

在编撰《中国大百科全书》第一版时，我曾有幸应《中国历史·三国两晋南北朝史》分支主编周一良先生之邀撰写其中的两个条目。

20世纪八九十年代之交的一天，我接到中国大百科全书出版社编辑部的电话，说要找我谈谈为《中国大百科全书》撰稿的问题。几天后，编辑部的工作人员如约来到我家，是一位年轻的女编辑。她自我介绍叫孙晓林，毕业于武汉大学历史系，硕士研究生，研究方向魏晋南北朝史，导师是唐长孺先生，毕业后来到中国大百科全书出版社工作。寒暄之后，她转入正题说：“是周一良先生吩咐我来向您约稿，请您撰写《占田课田制》及《户调》这两个条目。”得知是周先生指定让我写这两个条目，颇感受宠若惊。不过，我心中立即就猜到了周先生何以命我撰写这两个条目的缘由，与此同时，十几年来与周先生接触、往还的情景也不禁呈现在脑海中。

“十年动乱”结束后，当时大家都有一种共同的迫切愿望，那就是把被耽误的时间尽快弥补回来，于是如饥似渴地学习、工作，我就是在这样的时代背景下去拜访周一良先生，向他请教如何学习魏晋南北朝史的。

虽然我对周一良先生心仪已久，但是一直无缘谋面，这是我第一次见到这位久已仰慕的学术大师。事先我心里有点忐忑不安，不知道他是否待见我这样一个名不见经传的人。不过，当我踏进北京大学东门外葱茏、幽静的“燕东园”中一座古朴的小洋楼一层周一良先生的府上时，紧张的心情很快就松弛下来，我所见到的是一位和蔼可亲、慈祥的长者。他给我留下最深刻的印象是：没有一点名人的架子和派头，那么真诚、平等地对待晚辈后学。后来一系列的事实证明我的第一印象是准确无误的。

拜访周先生大约一年之后，我突然收到周先生给我写的一封信，信中对我新近发表的《曹魏屯田始于何年》的论文加以赞许，说了鼓励的话：

黎虎同志：

奉到惠赐鄂伦春族简史，至为感谢！近读大作论曹魏屯田文，于军屯民屯之先后及地域之扩展均有所辨析；尤其结合当时年成及灾情、气候等论屯田之兴起，颇受启发也。匆匆奉谢，并致

敬礼！

周一良

八三，十一，一。（见附件1）

他在百忙之中亲笔给我写信，我心中的激动是无以言表的，表明他不仅没有忘记，而且还继续关注着这位只有一面之缘的后学，更表明他在接待我时所表现出来的亲切、关怀之情是真诚的，没有任何矫饰。此后我有一些论文发表后，也曾几次得到他的鼓励。1984 年我在《历史研究》发表《蜀汉“南中”政策二三事》一文后，周先生给我写来一封信如下：

黎虎同志：

收到大作两种，多谢多谢！南中政策一文结论，我完全同意，诸葛亮的“民族政策”决不可拔高。五十年代曾草论诸葛亮一文（不是“为帮服务”的那篇），其中亦谈及不留兵及南人不复反之为空话，唯所论远不及大作之详尽耳，敬佩敬佩。专此奉谢，并致

敬礼！

周一良

八四，十，三一。（见附件2）

后来我把我的这些感受与北京大学历史系的同人交流过，他们都有同感：周先生在北京大学也是这样，不仅对于年轻教师，哪怕是本科生，只要有些成绩他都给予鼓励，一视同仁，毫无架子。由此可见先生这种待人接物的品质是禀赋天成，发自内心的。

自从那次见面之后，先生出版的著作，学术著作如《魏晋南北朝史札记》、《魏晋南北朝史论集续编》、《周一良学术论著自选编》等，杂文集如《毕竟是书生》、《郊叟曝言》等，他都不忘赐我，而且工工整整地亲笔题赠。后来因为先生右手骨折，书写不便，才改用篆刻的"一良敬赠"图章。在我所收到的学者赠书中，以周先生所赐为最多。

先生不仅在学术上关怀后学，而且在工作方面也同样能施以援手，急人所难。1992年在西安召开中国魏晋南北朝史国际学术讨论会，这次会议有许多日本、韩国等国外的学者与会，其中大部分是日本学者，这是中外魏晋南北朝史学者的第一次盛会，因而中方急需一位德高望重的前辈学者与会。当时我负责筹备这次会议，于是想到了周先生，因为他不仅是中国魏晋南北朝史学界的泰斗，而且学贯中外，于日本史、中外关系史亦有深厚造诣和卓越建树。当我向他提出这一请求时，他稍微犹豫了一下，说手头有紧要的事情需完成，但沉吟片刻后，他断然地说："好吧。"我心中一块石头落地，感到这次会议的成功有把握了。果然不出所料，会议期间，周先生不仅作了多次精彩的学术报告、讲话，给予与会者丰富的学术营养，而且他还是我们这次会议中地道的"外交家"——他过去就和与会的多位日本学者有着密切的交往和友谊，在日本史学界享有盛誉；他的日语又非常流利，可以随意运用中日语言与日本学者进行交谈，翻译人员有些误译之处，也赖他予以指正。他成了中外学者环绕的一个核心，他为这次会议带来了光彩，给与会者留下了极其深刻的印象。会后有年轻同事跟我说："这次会议的一个重要收获是有幸一睹周一良先生的风采！"

所以，当孙晓林编辑说明来意之后，我就意识到先生注意到了我那篇关于西晋占田课田制的文章——《论西晋占田制的历史渊源》(载《中国史研究》，1985年第3期)，因而他觉得我可以承担撰写这两个条目的任务。

西安会议后不久，我得到消息：周先生在一次骑自行车时不慎摔倒，右手骨折。于是我便到“燕东园”去看望周先生，先生的手上打着石膏，用绷带挂着右肘。不过先生的精神还很好，对于康复充满信心。交谈中先生告诉我：他前些时候在《光明日报》发表了一篇总结《中国大百科全书·中国历史卷》的文章，里面有一处谈到如何正确处理众说纷纭的学术问题时，是以我所撰写的条目作为例证的。我事先不知道有这么回事，回去以后找来这篇文章，是在《光明日报》1992 年 8 月 23 日《史学》栏中登载的，题为《世界上第一部以百科体编撰的中国历史巨著》。文章说：“《中国历史》卷的特色亦即优点，可以归结为以下几方面”，其中之一是：“条目的释文，一般采取学术界所承认的通行的说法。如果众说纷纭，各有短长，则以一说为主，附带提供其他说法。如‘占田课田制’条(1483 页)末云：‘对于占田课田令文，学术界理解不一，其关键是对占田、课田的含义、性质及其相互关系的认识。’以下举出有关这几方面的各种不同意见。对于占田、课田制的产生，也列出四种不同说法。这样处理，有利于使用百科全书者扩大知识面，进一步探讨问题。”我只是给《中国大百科全书》撰写了区区这么两个条目，在浩如烟海的大百科全书中更是沧海一粟，实属无足挂齿。可这件小事却反映了周一良先生那博大的胸怀：后学稍有寸长片善，都能得到他的关注和鼓励。这是我平生未曾遇到过的奖掖后进如此不遗余力的长者！

又一个 10 年过去了，这时周先生早已作古，中国学术界失去了一位大师、一位可亲可敬的长者。有一天我又接到了中国大百科全书出版社的电话，说是要请我担任《中国大百科全书》的《三国两晋南北朝史》卷第 2 版的主编。而这一卷的主编原来就是周一良先生，我能为此作点工作，略尽绵薄，自然是莫大的荣幸。然而小子不敏，何以堪之，自愧并无能力和水平承担这一重任，好在周先生已为这一卷开创、构架起了完善的体系，后来者只需萧规曹随，在其基础上加以修订、调整而已。这次敲开我家门的除了中国大百科全书编辑部主任朱杰军博士之外，仍然有一位年轻的女编辑，不过这位女编辑不是孙晓林女士，而是换为杨晓燕女士了，朱杰军说以后主要就是她负责与我具体联系这项工作。交谈中得知杨晓燕女士是北大历史系硕士研究生毕业，研究方向也是魏晋南北朝史，导师是王小甫教授。晓燕女士工作认真，负责，细致，几年来，在她的具体帮助下，在诸位魏晋南北朝史专家的努力下，这一卷终于如期顺利完成，聊可告慰周先生在天之灵吧。

哲人已逝，风范犹存。谨以此小文寄托我对周一良先生永恒的思念！衷心祝愿《中国大百科全书》第3版、第4版……永续相承，后来居上，臻善臻美！

原载《博览群书》，2010(1)。

附件1：

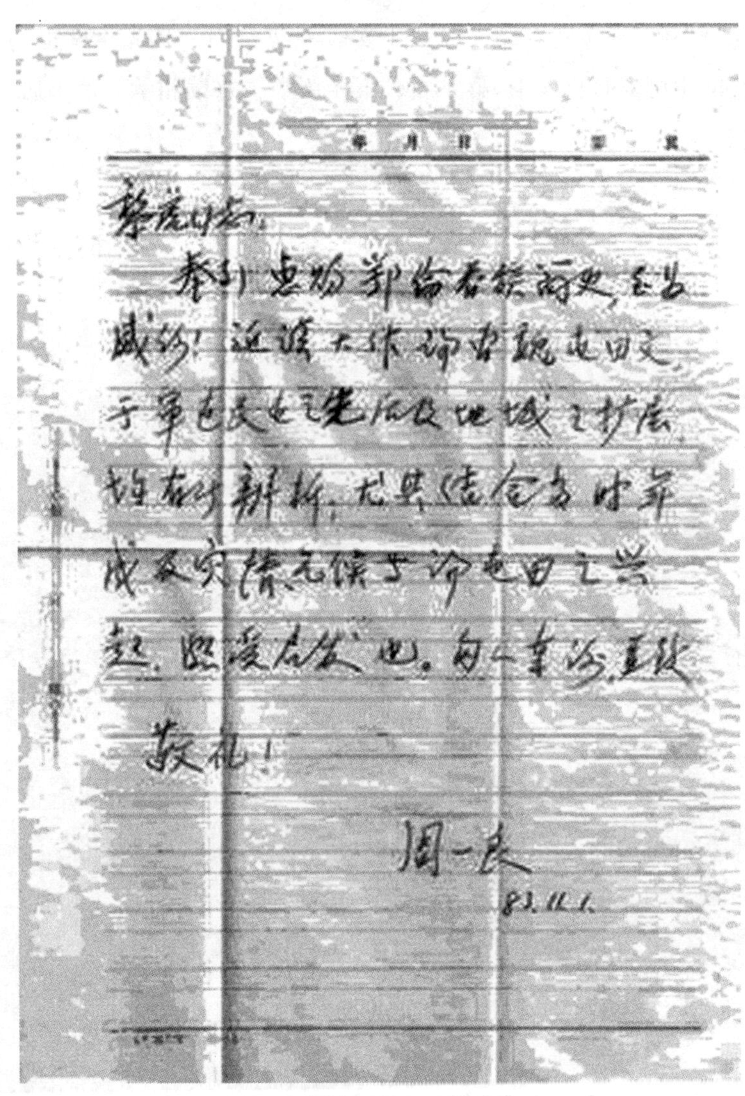

黎虎同志：

奉到惠赐鄂伦春族简史，至为感谢！适读大作论北魏畋猎之文，于草原民族之发展及地域之扩展皆有新解析，尤其结合当时鄂伦春族实情充分论北魏之兴起，深受启发也。匆匆专此，并致

敬礼！

周一良

83.11.1

附件 2：

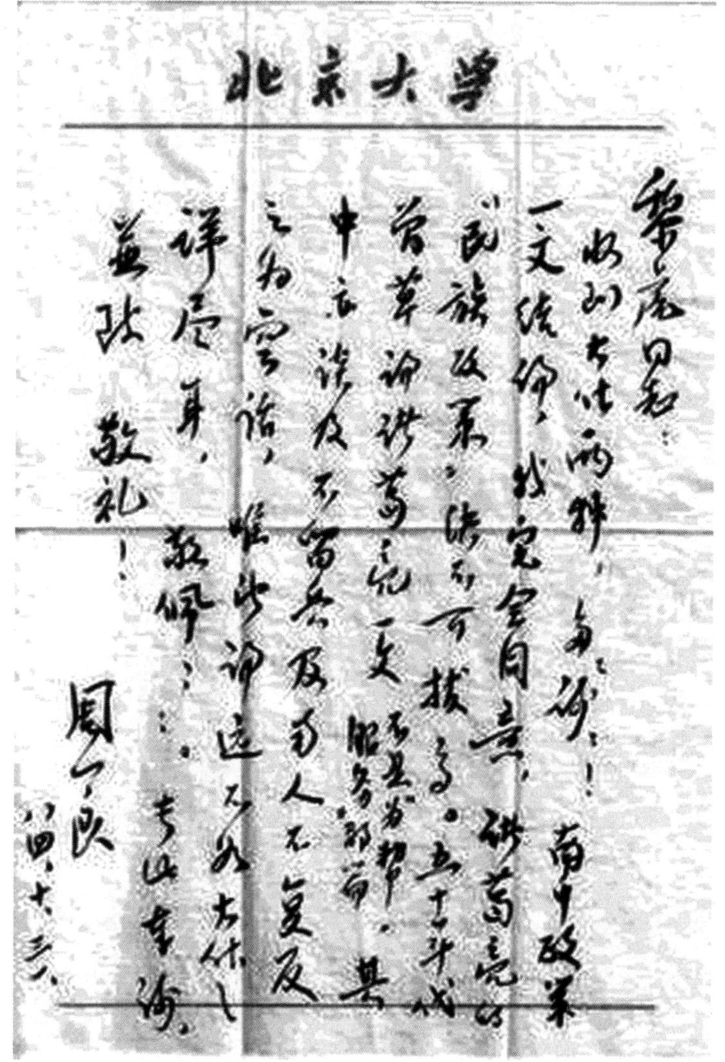

北京大学

黎虎同志：

收到大作两种，多谢多谢！曹魏政策一文读竟，我完全同意，所论曹魏的民族政策，读后可拔高。五十年代曾著论诸葛亮之死一文，亦是为帮服务部门，其中亦谈及，但当然及有人不宜反之为定论，唯此论述不如大作之详尽耳，敬佩敬佩。专此奉复，

并致

敬礼！

周一良

八四、十、二八

·北京师范大学史学探索丛书·

XianQin HanTang ShiLun

先秦汉唐史论（下）

黎 虎 著

北京师范大学出版集团
BEIJING NORMAL UNIVERSITY PUBLISHING GROUP
北京师范大学出版社

下册目录

下编 “吏民”卷

下编　“吏民”卷

“吏户”献疑

——从长沙走马楼吴简谈起

长沙走马楼吴简公布之后，在讨论“吏民田家莂”的过程中，论者多认为吴简中的“吏民”是“吏户”与“民户”或“吏籍”与“民籍”合称之意，也就是说吴简中的“吏”与普通编户不同而被另立户籍。① 而认为魏晋南北朝时期存在独立于民户之外的“吏户”是学术界的一个传统观点，几成定论。孙吴一向被认为是“吏户”形成的重要时期和典型。长沙走马楼吴简是反映孙吴时期社会状况的第一手资料，那么，吴简中是否存在“吏户”呢？辨析这个问题对于认识“吏户”问题是个关键，不仅有助于对吴简，也将有助于对魏晋南北朝社会的认识。本文以为不论吴简或文献资料都不能证明魏晋南北朝时期存在独立于民户之外的“吏户”。② 兹不揣简陋，略陈管见，就正于先进。

一、吴简中的“吏”与“民”同为基层编户

长沙走马楼吴简中的“吏”与秦汉时期一样，也是与“民”一起被编制于乡里基层之中的。《嘉禾吏民田家莂》所载主要为嘉禾四、五年长沙郡境“吏民”交纳赋税的明细簿籍，其基本登录格式为：“××丘(里)××(身份)××(姓名)，田(若干)……”“身份”栏中分别为“男子”、“大女”、“州

---

① 高敏：《〈吏民田家莂〉中所见“馀力田”、“常限”田等名称的涵义试析》，载《郑州大学学报》，2000(5)；蒋福亚：《〈嘉禾吏民田家莂〉中的诸吏》，载《文史哲》，2002(1)；王素、宋少华、罗新：《长沙走马楼简牍整理的新收获》，载《文物》，1999(5)，等等。

② 汪征鲁：《魏晋南北朝选官体制研究》首先从选官角度对“吏户”问题提出异议，并做了详细的论证。见氏著上编第2章第2节《若干观点之商榷》，101～113页，福州，福建人民出版社，1995。

吏”、“郡吏”、“县吏”、“州卒”、“郡卒”、“县卒”、“军吏”、“复民”、“士”等。①可见所谓“吏民”是包括普通农民(男子、大女)、吏(州吏、郡吏、县吏)、卒(州卒、郡卒、县卒)、军吏、复民、士六种身份的人民。“吏民”一词虽然从先秦以至明清都在应用，可谓与中国古代历史相始终，但其涵义并不太明确。吴简的发现，加深了我们对于“吏民”这一概念的认识，所谓“吏民”并非单纯指普通农民和政府机构中的吏员，实际上包含了乡里基层编户中的各种各类人员，就目前所见吴简而论，除了普通农民和州郡县吏之外，还有州郡县卒、军吏、复民、士等不同身份的人。可以说，凡编制于乡里基层之中的编户均属“吏民”的范畴。那么，吴简中的这些“州吏”、“郡吏”、“县吏”等是否为独立于“民户”之外的“吏户”呢？不是。这只是当时簿籍登记中必须注明的户主身份而已，犹如今日户口登记中注明某人为“工人”、“干部”、“教师”等身份一样，并非存在什么“工人户”、“干部户”、“教师户”等。《嘉禾吏民田家莂》全书涉及基层“丘”(里)约 324 个，其中户主为男子者 1388 人，为大女者 86 人，为州吏者 39 人，为郡吏者 58 人，为县吏者 70 人，为州卒者 10 人，为郡卒者 9 人，为县卒者 13 人，为军吏者 18 人，为复民者 13 人，为士者 9 人。合计 1713 人(简文残缺不清者不计入)，他们均被编制于各个“丘”之中。其中“吏”共计 167 人，分属于州、郡、县三级地方政府之中，其人数亦由低级行政单位向高级行政单位依次递减。全书所载 1713 人实际就是 1713 户，因为这些簿籍所登记的是每个家庭交纳赋税的情况，故每个人都代表一个家庭。如以一户五口计算，则共有 8565 人。其中“吏”167 人，则“吏”占全体人口中的 1.95%。天纪四年(公元 280 年)吴国有“吏三万二千”，“男女口二百三十万”②，其“吏”为全国“民”数的 1.39%。走马楼吴简中的“吏”“民”比率较吴亡时全国的“吏”“民”比率稍大。不过走马楼吴简的记载并不是完整的，而是残缺不全的，而且嘉禾四、五两年中当有重复者，因此这种差别是可

① 长沙市文物考古研究所、中国文物研究所、北京大学历史学系、走马楼简牍整理组编著：《长沙走马楼三国吴简・嘉禾吏民田家莂(上)》(简称《嘉禾吏民田家莂》)，北京，文物出版社，1999。

② 《三国志》卷 48《吴志・三嗣主传》注引《晋阳秋》，1177 页。

以理解的，应该说两者的“吏”“民”比率大体上是一致的。因此我们可以认为走马楼吴简的“吏”“民”结构状况，基本上是当时吴国“吏”“民”结构状况的反映。这些“吏”分布于324个“丘”中的84个“丘”中。这84个“丘”中都是既有一般的“民”，又有“吏”，其分布情况举例如下：

下伍丘：州吏1，郡吏3，县吏1，军吏1，州卒1，男子17，不详1。(简4.5—4.29)

弦丘：州吏1，郡吏3，县吏2，州卒2，郡卒1，县卒5，男子26，大女1，不详1。(简5.436—5.477)

梦丘：郡吏3，县吏2，州卒1，郡卒1，县卒1，男子18，大女3。(简5.761—5.789)

弹湊丘：州吏1，郡吏3，县吏1，州卒2，郡卒1，县卒2，男子26，大女3。(简5.921—5.959)①

由此可见，“吏”与“民”是错杂居处于同一“丘”之中的，一个基层“丘”中，既有“男子”、“大女”等“民”和“卒”、“军吏”等身份的人，又有州、郡、县的“吏”。这种基层编制情况可以得到文献记载的印证，左思《吴都赋》：“横塘查下，邑屋隆夸。长干延属，飞甍舛互。”注云：“建业南五里有山岗，其间平地，吏民杂居。”②也是“吏民”错杂居处于同一邑里之中。③

由于“吏”、“民”一起编制于乡里基层之中，故当时各乡、里政府在上报材料中，凡涉及户口数量时都是“吏民”一起进行统计和上报的：

平里新□□□□吏民合十三口□(简4126)

---

① 《嘉禾吏民田家莂》(上)，依次见于73～76、216～219、251～255、270～274页。

② (西晋)左思：《吴都赋》，见《文选》卷5，88页，北京，中华书局，1977。

③ 此类史例甚多，如曹魏明帝向青州刺史了解管宁的情况，刺史向魏明帝报告说：管宁“有族人管贡为州吏，与宁邻比，臣常使经营消息”。(《三国志》卷11《管宁传》，358页。)表明州吏与普通编户居住在同一乡里中。晋孝武帝时豫章太守范宁，“欲遣十五议曹下属城，采求风政，并吏假还，讯问官长得失”。徐邈与范宁书曰：“知足下遣十五议曹各之一县，又吏假归，白所闻见。诚是足下留意百姓，故广其视听。”认为这是“纵小吏为耳目也”。(《晋书》卷91《徐邈传》，2356～2357页，北京，中华书局，1974)小吏与百姓同居住于乡里，故能访得属县官长情况。

右小武陵乡领四年吏民一百九十四□民口九百五十一人吏口□□[筭]一千三百卅四钱(简4985)

□□阳里领吏民合五十八户口食三百(简5576)

□中里领吏民卅八户(简8162)

集凡乐乡领嘉禾四年吏民合一百七十三户口食七百九十五人(简8482)

[列][所]领吏民合廿七户口食七十四人(简8677)

迁里领吏民户二百五十五户口一千一百一十三人收□□口筭钱合六万二千一百一十八钱(简9407)

右小赤里领吏民户□□五口食一百廿二……(简9420)

右高迁里领吏民卅八户口食一百八十人(简10229)

右平阳里领吏民卅六户口食□百□□人(简10248)

右吉阳里领吏民卅六户口食一百七十三人(简10397)①

上列11简之表述形式主要有二:一是×乡(×里)领×年"吏民合××户,口食××人";二是×乡领×年"吏民××户,民口××人,吏口××人"。前一种形式的共同特点是将"吏"与"民"的户数和口数完全合在一起统计,并不分开统计的;后一种形式有1简(简4985),是将"吏民"户数合计而口数分别为"民口""吏口"统计的。由此可知大部分是将"吏民"户、口合计而不分的,少数情况下虽然口数分别"民口""吏口",但是户数还是合计在一起的。这表明当时"吏"与"民"的户籍是被编制在一起的,因而统计时是不分的,他们都是归地方基层政府所"领"属的编户。上述诸简,除简4126、4985、8162之外,其余8简所载户数、口数基本完整,共有628户,2855人,平均每户4.55人。天纪四年(公元280年)吴国有"户五十二万三千","男女口二百三十万"②,平均每户4.4人。两者户均人口数亦大

① 长沙市文物考古研究所、中国文物研究所、北京大学历史学系、走马楼简牍整理组编著:《长沙走马楼三国吴简·竹简》(壹)下《释文》,分见980、998、1011、1063、1070、1074、1088、1088、1105、1105、1108页,北京,文物出版社,2003。

② 《三国志》卷48《吴志·三嗣主传》注引《晋阳秋》,1177页。

体相符，这一方面表明当时基层政府所统计和上报的户口数是包括“吏”与“民”的，并不单独计算所谓“吏户”的；另一方面也可证明天纪四年孙吴全国户口统计中的“吏三万二千”，并非民户之外单独的“吏户”，其“男女口二百三十万”也是“吏”与“民”合并统计后的全国总户口数，进而表明当时孙吴从乡里基层政府到中央朝廷都是采取将“吏”与“民”合并统计的同一方式的。

由于“吏民”均被编制于同一基层乡里之中，因此当时上报户口《年纪簿》时也都是“吏民”一起而不分的，如：“南乡谨列嘉禾四年吏民户数(?)口食人名年纪簿”(简 9088)、“□小武陵乡□嘉禾四年吏民人名妻子年纪簿”(简 10153)。① 这种《年纪簿》就是对于本乡里编户民的统计报表。又由于“吏民”的户籍均被编制于同一基层乡里之中，因此征收赋税时是将“吏民”一起登记、造册、统计、上报的。《嘉禾吏民田家莂》所载“嘉禾四年吏民田家莂”开头四简曰：

> 南乡谨列嘉禾四年吏民田家别顷亩旱熟收米钱布付授吏姓名年月都莂(简 4.1)
>
> [环]乐二乡谨列嘉禾四年吏民田家别莂如牒(简 4.2)
>
> [东]乡谨列四年吏民田家别莂(简 4.3)
>
> □□谨嘉禾吏民田顷亩收钱布草如牒(简 4.4)②

这四简为征收赋税时各乡总结、上报明细簿籍前面的标题，其后便逐“丘”、逐户开列所佃田亩种类数量及其赋税数量等。这表明上述六种身份的人，都属于“吏民”的范畴，都属于基层编户民；没有证据表明存在独立于基层编户之外的“吏户”。

---

① 《长沙走马楼三国吴简·竹简》(壹)，《释文》，1082、1103 页。

② 《嘉禾吏民田家莂》，73 页。

二、吴简中的“吏”与“民”享有平等的权利和义务

吴简中的“吏”不仅与其他身份的“民”一起编户，而且其权利、义务与普通编户相同，甚至还稍优于普通编户。

第一，走马楼吴简中的“吏”在经济上都有与“民”同样的“名田”(“占田”)的权利。现已公布的第一批吴简主要为嘉禾四、五年长沙郡临湘侯国(县)田户曹署官吏制作的一种莂券，“记录了居住在当地的州郡县小吏与百姓佃租官家田地的块数、亩数，当年受旱与正常收获的田亩数”①。也就是说这些“吏民”都是国有土地的租佃者。租佃国有土地即所谓“假公田”，是汉魏时期农民获得土地的重要方式之一。《汉书·宣帝纪》载，宣帝地节元年(公元前69年)三月，“假郡国贫民田”②。颜师古注曰：“权以给之，不常与。”“假公田”乃当时“名田”制度的一种重要补充。“名田”与“假公田”的性质虽然不同，但由于私田日益发展，可供“名”的土地日益减少，“假公田”遂日益成为无地少地农民获得土地的重要方式之一。当大部分土地成为私田之后，无地少地的“贫弱之家”除了“或耕豪民之田”之外，即通过租佃国有土地而获得生业之本，以占著名籍。胶东相王成治理有方，宣帝地节三年(公元前67年)下诏表彰其政绩之一为“流民自占八万余口”③，颜师古注曰：“占者，谓自隐度其户口而著名籍也。”又注曰：“隐度名数而来附业也。”可知“流民自占”即登记户口并得以“附业”者。所谓“附业”当多为通过租佃国有土地而获得耕地。“假田”是当时国家招抚流民、驱民务本的重要措施，如地节三年(公元前67年)宣帝诏令全国各地“流民还归者，假公田”④、永光元年(公元前43年)元帝诏令天下“无田者皆假之”⑤，诸如此类诏令不绝如缕。

---

① 《嘉禾吏民田家莂》，《嘉禾四年吏民田家莂解题》，71页。

② 《汉书》卷8《宣帝纪》，246页。

③ 同见于《汉书》卷8《宣帝纪》，248页；《汉书》卷89《循吏传》，3627页。

④ 《汉书》卷8《宣帝纪》，249页。

⑤ 《汉书》卷9《元帝纪》，287页。

公田是否能够真正"假"予农民，一直是汉魏时期国家与官僚、豪强等大土地所有者在土地问题上一个斗争焦点。公田是官僚、豪强觊觎、争夺的目标，《汉书》卷77《孙宝传》载，西汉成帝时王立"占垦草田数百顷"不仅有国有荒地，还有大量农民耕种的公田就是一个著名的案例。"时帝舅红阳侯(王)立使客因南郡太守李尚占垦草田数百顷，颇有民所假少府陂泽，略皆开发，上书愿以入县官。有诏郡平田予直，钱有贵一万万以上。"①王立勾结地方长官将公田以及已经假予农民的土地占为己有，然后转手倒卖，以获取高额利润。在"贫者亡立锥之地"愈演愈烈的情况下，"假公田"无疑是农民经济权益实现的重要体现和主要标志。吴简中的"吏民"就是这样的"占田"者。现将《嘉禾吏民田家莂》一书中六种不同身份的吏民"佃田"(即"占田")的情况进行统计，得到如下的数据：

不同身份吏民"佃田"统计表

	人(户)数	总田亩数	人(户)均田亩数	人(户)均田亩数名次
普通农民(男子、大女)	1467	43453.02	29.620327	6
吏(州吏、郡吏、县吏)	161	8315.2916	51.647773	2
卒(州卒、郡卒、县卒)	32	961.875	30.058593	5
军吏	17	584	34.352941	4
复民	13	499	38.384615	3
士	9	713	79.222222	1
合计	1699	54526.186	32.093105	

此表的原始数据，见文后所附《〈嘉禾吏民田家莂〉(四年)吏民佃田数表》、《〈嘉禾吏民田家莂〉(五年)吏民佃田数表》、《〈嘉禾吏民田家莂〉无年份标识"吏民"佃田数表》以及表7。本文在《历史研究》刊登时由于篇幅所限而没有附此四表，今补上。这次本书出版时重新进行核查、统计，只有少许数字有微小变化，基本数字仍如《历史研究》文之旧。

从上表可以获得如下认识：①"吏"与"民"一样享有"占田"的权利。②当时长沙地区的人(户)均"占田"亩数为32.093105亩。③六种身份的"吏民"人(户)均田亩数多寡依次为士、吏、复民、军吏、卒、普通农民。

① 《汉书》卷77《孙宝传》，3258页。

④士、吏、复民、军吏的人(户)均田亩数高于平均田亩数；卒和普通农民的人(户)均田亩数低于平均田亩数。前四者为“吏民”中占田的相对优势群体，后二者为相对弱势群体。⑤“吏”居于六类社会群体之第二位，其占田数量为普通农民的1.74倍。

由此可见，“吏”是当时基层编户中经济地位高于普通农民而处于相对优势地位的群体，仅从这一点来说，把“吏”说成是社会地位比普通农民低下的群体也是有问题的。

此外，从吴简可知孙吴时期已经实行户品制度，现已公布的简牍中可以看到的有上品、中品、下品、下品之下等品级。户品是家赀状况的反映。其中身份标明为“男子”、“大男”的普通农民有“上品”户13，“中品”户9；身份标明为“吏”者，有“上品”户3，“中品”户4。① 简中亦多有“吏”为“下品”及“下品之下”者，但由于普通农民中的“下品”及“下品之下”户缺载，无法进行统计，故现在只能将“吏”及普通农民中的“上品”、“中品”户进行对比。

“吏民”占田总数统计表

	总户数	上品	上品占总户数百分比(%)	中品	中品占总户数百分比(%)
普通农民	1467	13	0.89	9	0.6
吏	161	3	1.86	4	2.48

如以《嘉禾吏民田家莂》中的“吏民”身份及占田数明确者户口统计总数为参照，则普通农民中的“上品”占总户口数的0.89%，“中品”占总户口数的0.6%；而“吏”的“上品”占总户口数的1.86%，“中品”占总户口数的2.48%。不论“上品”还是“中品”，“吏”均多于普通农民。这个统计当然不能说是十分确切的，但“吏”的上、中户品均高于普通农民似非偶然，这进

① 《长沙走马楼三国吴简·竹简》(壹)《释文》，身份标明为“男子”、“大男”的普通农民，“上品”见简170、171、172、177、291、377、396、420、430、433、468、1277、1278；“中品”见简378、379、466、1426、1518、1525、1542、1543、1552。身份标明为“吏”者，“上品”见简173、1226、1303；“中品”见简1519、1540、5472(此简曰：“其二户给库吏中品”，故以2户计)。

一步印证了上文统计所表明“吏”在六种“吏民”中占田数处于第二位的优势地位情况。

第二，走马楼吴简中的“吏”在经济上与“民”同样都有交纳赋税或被优复的权利和义务。《嘉禾吏民田家莂》记录了当时“吏民”向国家交纳赋税的详细情况，他们在假公田的同时需要交纳相应数量的米、布、钱等。“吏民”租佃的国有土地主要分两种以纳税，一为“二年常限田”，一为“余力田”，这两种田又按照旱、熟不同情况交纳不同标准的赋税。嘉禾四年的征收标准：“二年常限田”熟田每亩收税米一斛二斗、布二尺、钱七十钱；旱田税米免收，唯每亩收布六寸六分、钱三十七。“余力田”熟田每亩收租米四斗五升六合，旱田免收；布、钱与“二年常限田”同。嘉禾五年的征收标准有所调整：“余力田”中的熟田租米由四斗五升六合降为四斗，“二年常限田”与“余力田”中的旱田所征每亩布六寸六分、钱三十七悉免，熟田每亩收钱由七十钱增加为八十钱。其余与嘉禾四年同。“吏”与普通农民一样按照上述标准交纳赋税。但是“吏”中的“州吏”享有一定的优惠，嘉禾四年州吏所佃“二年常限田”中的熟田每亩征收租米五斗八升六合，而不是按一般民众每亩一斛二斗征收，优惠率为48.8%。嘉禾五年有所变动，除一部分州吏继续按照每亩五斗八升六合征收外，一部分州吏则按照每亩一斛二斗征收。后者虽较嘉禾四年负担有所加重，但也仍然与普通农民征收标准相同，而总体上则仍较普通农民优惠。①

上述六种"吏民"的占田数量的排名次序与他们在交纳赋税方面的优惠待遇基本上是成正比例的，与"吏"一样享受赋税优惠待遇者，尚有"士"、"复民"，此三者不仅占田数量依次高于普通农民，而且比普通农民依次享有赋税方面不同程度的优惠待遇。他们的社会地位的排列与上述经济地位的排列相当。

"士"是当时基层"吏民"中占田数量最高者，远远高于其他五类群体，为普通农民的2.67倍。其享受赋税方面的优惠亦大于其他群体。他们租佃的熟田"依书不收钱布"，政府明令给予免除。税米亦不见征收。只征收旱田每亩布六寸六分、钱三十七。那么，这些"士"是什么人呢？颇疑这里的"士"，即《续汉志》所载之"学士"。汉代基层，每"乡置有秩、三老、游徼。本注曰：……三老掌教化。凡有孝子顺孙，贞女义妇，让财救患，及学士为民法式者，皆扁表其门，以兴善行"②。这个记载说明了两个问题，一是

① 州吏较郡县吏享有赋税方面优惠可能有如下两方面原因：一与州吏、郡县吏供职地点的远近不同有关。孙吴时期长沙郡与临湘县的治所均在今长沙市区，而它们的上级单位荆州州治则远在今湖北江陵。长沙地区的"吏"到郡、县服役的距离是一致的，而到州服役则远得多，相应的开支大一些，因此给予州吏一定优惠当在情理之中。服役远近与服役者的开销负担是有关系的，汉文帝时贾谊上书曰："今淮南地远者或数千里，越两诸侯，而县属于汉。其吏民徭役往来长安者，自悉而补，中道衣敝，钱用诸费称此，其苦属汉而欲得王至甚，逋逃而归诸侯者已不少矣。"(《汉书》卷48《贾谊传》，2261页)淮南诸县属于汉的"吏民"到长安服徭役，中间经过两个诸侯属地，路途遥远，花费较大，故他们苦于属汉而纷纷投奔诸侯。二与州吏的地位高于郡县吏亦可能有关。西晋时熊远被"县召为功曹，不起，强与衣帻，扶之使谒。十余日荐于郡，由是辟为文学掾。远曰：'辞大不辞小也。'固请留县。"(《晋书》卷71《熊远传》，1884页)功曹为县廷纲纪右职，为属吏之最高职位；文学掾为不掌实权之学官。但是熊远认为功曹"小"，文学掾"大"，实则表明郡吏大于县吏。由此可推知地方政府之属吏依所属政府不同级别而有大小高下之分。秦汉魏晋地方官府制度一脉相承，故孙吴之制亦当如此。

② (西晋)司马彪：《续汉书·百官志五》，(南朝·宋)范晔撰，(唐)李贤等注：《后汉书》，3624页，北京，中华书局，1965。

乡里之中是存在“学士”这样一个群体的；[①] 二是他们是受到政府重视的一个群体。大概他们之中足以“为民法式者”较多，故特别提出对于其中“为民法式者”加以表彰。因其对于社会风气之改良起着重要表率作用，故得以与“孝”、“义”之人一样受到表彰。由于这一群体之特殊作用和地位，[②]从而得到一些优惠照顾似亦在情理之中。

“吏”除了享受上述赋税方面的优惠待遇之外，还可与“民”一样享有复除的权利。现已公布的吴简《竹简》(壹)中共有31简身份明确而得以复除者：

1. 富贵里户人公乘胡礼年五十四筭一肿两足复　　(简2957)
2. 妻大女訾年廿三筭一肿两足复　　(简2896)
3. 妻大女思年卅三筭一肿两足复　　(简3286)
4. 妻大女思年卅三筭一[尽](?)[肿][两]足复　　(简2938)
5. 子小女国年廿八筭一肿两足复　　(简2941)
6. 妻大女□年廿五筭一肿两足复　　(简3067)
8. 客小妻大女妾年卅筭一肿两足复　　(简10242)
9. 张妻大女姑年卌八踵两足[复]　　(简5480)
10. 民冯汉年七十二踵两足[复]　　(简8986)
11. [大]女贞年卅三筭一肿右足复　　(简3981)

① 两汉六朝乡里有“学士”之事实，如：东汉末，曹纯“承父业，富于财，僮仆人客以百数，纯纲纪督御，不失其理，乡里咸以为能。好学问，敬爱学士，学士多归焉，由是为远近所称。”(《三国志》卷9《曹纯传》注引《英雄记》，277页)此曹纯少年乡居时接纳学士之事实。刘宋人沈驎士“少好学，家贫，织帘诵书，口手不息。宋元嘉末，文帝令尚书仆射何尚之抄撰《五经》，访举学士，县以驎士应选。”(《南齐书》卷54《沈驎士传》，943页，北京，中华书局，1972)此乡居学士被县政府选拔向朝廷推荐之事实。梁人宗懔“少聪敏好学，昼夜不倦，乡里号为‘童子学士’”。(《梁书》卷41《王规传》附《宗懔传》，584页，北京，中华书局，1973)此乡里有学士之事实。

② 蔡邕在谈到明帝为光武帝起庙一事时说：“……自执事之吏，下至学士，莫能知其所以两庙之意。”(蔡邕：《表志》，司马彪：《续汉书·祭祀志下》，《后汉书》，3196页)表明“学士”虽与“执事之吏”有别，但国家遇有疑难问题时均备咨询，非以其官职而以其学识受到尊重。

12. 高平里户人公乘高郡年卌一筭一苦腹心病复 (简 3945)

13. 子公乘客廿八筭一苦腹心病复 (简 3075)

14. 公乘文礼年卅六筭一苦腹心病复 (简 10495)

15. 富贵里户人公乘李平年卌□筭一盲右目复 (简 3048)

16. 富贵里户人公乘廖湛年卅六筭一刑左手复 (简 3372)

17. 高平里户人公乘鲁开年卅二筭一刑左手复 (简 3017)

18. 常迁里户人公乘邓卿年卅三筭一[刑][左][手][复] (简 3071)

19. 妻大女哵年廿七筭一刑左手复 (简 3982)

20. 常迁里户人公乘何著年五十四筭一刑两足复 (简 2950)

21. 尾妻大女[汝]年十五筭一刑右足复 (简 3328)

22. 雷寡娌大女杷年卅三筭一刑右足复 (简 2880)

23. 妻大女汝年廿九筭一雀右足复 (简 10200)

24. 子公乘末年廿一筭一雀两足复 (简 10544)

25. 宗妻大女妾年卅二筭一八十一复 (简 2971)

26. 子公乘宗廿四筭一八十□复 (简 2993)

27. 素寡妇大女思年卅六筭一八十[可]复 (简 3322)

28. 谷阳里户人公乘张豫年廿三筭一□□□□复 (简 3978)

29. 小成里户人公乘五陵年卌六给县吏复 (简 9435)

30. 谷阳里户人公乘郑畚年卅六筭一给州吏复 (简 3323)

31. 子公乘生年廿三筭一真吏复 (简 3346)①

上引 31 简中，第 3、4 简当为一人，则实有 30 人。第 1 简至第 28 简所载 27 人均为普通农民，第 29 简至第 31 简所载 3 人均为吏。27 位普通农民得到复除的原因有三个方面，一是患有疾病。其中第 1 简至第 10 简十人均“肿两足”，第 11 简一人“肿右足”；第 12 简至第 14 简三人均“苦腹心病”；第 15 简一人“盲右目”。二是因受刑而致残。第 16 简至第 24 简均属

① 《长沙走马楼三国吴简·竹简》(壹)《释文》。依次见 95、977、957、965、964、1111、955、956、964、1089、964、964 页。

此类，其中第16简至第19简四人均“刑左手”，第20简至第22简三人分别“刑两足”或“刑右足”，第23、24简两人分别被“雀右足”或“雀两足”，即被截脚[①]。三是因家中有八十岁以上老人，第25、26、27简三人均属此类。第28简谷阳里户人公乘张豫复除之原因记载缺损，其原因大概不外上述三种，从前例观之，所缺损四字可能为“苦腹心病”。这些资料表明，普通农民在患病、残疾和受肉刑伤残之后，或家中有八十以上老人时，可以得到复除的待遇，最后3简为“吏”之复除，表明“吏”不必具备上述原因即可得到复除的待遇。这是孙吴“吏”的待遇优于普通农民的又一事实。孙吴这个制度是继承汉代的制度。《周礼》记载乡大夫之职，“以岁时登其夫家之众寡，辨其可任者。国中自七尺以及六十，野自六尺以及六十有五，皆征之。其舍者，国中贵者、贤者、能者、服公事者、老者、疾者，皆舍。以岁时入其书”。注：“郑司农云：‘征之者，给公上事也。舍者，谓有复除舍不收役事也。贵者，谓若今宗室及关内侯皆复也。服公事者，谓若今吏有复除也。老者，谓若今八十、九十复羡卒也。疾者，谓若今癃不可事者复之。’”[②]郑司农所谓“今”乃东汉，上述31例吴简包含了东汉时期对于“服公事者”、“老者”、“疾者”的复除。汉代“吏有复除”的制度为孙吴所继承，表明吴简中的“吏”与前代“吏”的待遇是有承袭关系的。

第三，走马楼吴简中的“吏”在政治上与“民”同样都有赐爵的平等权利。自商鞅变法确立军功赐爵制度之后，赐爵成为中国古代一项重要政治、经济制度，是功臣将相获取政治、经济权益的保证。在此基础上，秦汉时期又派生出一种赐民爵的制度，统治者在赐给“吏民”钱、谷、布帛、牛酒的同时，有时也赐予爵称。这种赐爵虽然实际的政治、经济权益不多，但也是编户齐民政治待遇的一种体现。魏晋南北朝继续实行这种赐爵制度。曹魏时期的赐民爵，如黄初元年（公元220年）“赐男子爵人一级”、黄初三年“赐天下男子爵人二级”、[③] 甘露五年（公元260年）陈留王奂即皇

① “雀”，当为“截”之简写，《说文》：“截，断也。从戈，雀声。”（汉）许慎撰，（清）段玉裁注：《说文解字注》，631页，上海，上海古籍出版社，1981。

② 《周礼注疏》卷12《乡大夫》，见《十三经注疏》，716页，北京，中华书局，1980。

③ 《三国志》卷2《文帝纪》，76、80页。

帝位，于是“大赦，改年，赐民爵及谷、帛各有差”①。等。那么，这个时期的赐民爵是否仍然包括“吏”呢？曹魏之外的孙吴是否也实行赐爵制度呢？因为《三国志》没有记载，过去我们并不清楚。现在通过走马楼吴简，这些问题可以得到答案。吴简记载显示，孙吴继续赐予“吏民”爵。《长沙走马楼三国吴简·竹简》(壹)所载有爵民户竹简共349例，其中明确为“吏”、“卒”而有爵者共53例。在这53例中，“给县吏”者6例，“给郡吏”者8例，“给州吏”者6例，“真吏”29例，“给军吏”者2例，“给县卒”者2例。除2例“给县卒”、2例“给军吏”者外，其余49例均为“吏”。除去53例为吏、卒的爵号之外，其余296例为普通农民所有。如果我们以《嘉禾吏民田家莂》一书所载户主身份明确者为参照数，比较一下普通农民与“吏”拥有爵号的比例，那里的普通农民有1467人，吏161人，则普通农民拥有爵号者占20%，吏拥有爵号者占30%。表明在孙吴时期各色“吏”人不仅与“民”同样有得到赐爵的权利，可能在这方面还优于普通农民。由此可见孙吴继承汉制，也是赐予“吏民”爵。目前所见吴简所记民爵全部为“公乘”。公乘为第八等爵，秦汉制度“吏民爵不得过公乘”，② 公乘为民爵最高一级。不过从吏民所赐爵称均为公乘，可以知道这种爵位是一种虚衔，已无多大实际意义。南北朝也实行赐予“吏民”爵的做法。宋孝武帝大明二年(公元458年)诏曰：“吏身可赐爵一级，军户免为平民。”③北魏太和十七年(公元493年)“以皇太子立，诏赐民为人后者爵一级，为公士；曾为吏属者爵二级，为上造；鳏寡孤独不能自存者，人粟五斛”④。可见“吏”与“民”一样仍然可以得到赐爵，有时还略优于普通农民。

由上所述可知，吴简中的“吏”与普通农民一样有着在经济、政治等方面的平等权利和义务，在某些方面还略优于普通农民，把他们说成比普通农民低贱的群体与历史实际并不相符。

---

① 《三国志》卷4《陈留王纪》，147页。

② (汉)刘劭：《爵制》，见《续汉书·百官志五》，引自《后汉书》，3632页。

③ 《宋书》卷6《孝武帝纪》，121页。

④ 《魏书》卷7下《高祖纪下》，172页。

三、“吏户”论若干文献资料依据之辨析

现有吴简资料既已不能证明“吏户”的存在，那么，文献资料是否能够证明呢？吴简的发现，使我们对于相关文献资料也有了新的认识。

认为魏晋南北朝时期存在独立于民户之外的“吏户”的主要根据有如下几项材料，试略加辨析。

第一项是《蜀记》和《晋阳秋》中关于吴、蜀亡国时所献的簿籍。王隐《蜀记》记载炎兴元年(公元263年)蜀亡，后主“遣尚书郎李虎送士民簿：领户二十八万，男女口九十四万，带甲将士十万二千，吏四万人，米四十余万斛，金银各二千斤，锦绮采绢各二十万匹，余物称此。”①《晋阳秋》记载天纪四年(公元280年)吴亡，王浚“收其图籍：领州四，郡四十三，县三百一十三。户五十二万三千，吏三万二千，兵二十三万，男女口二百三十万。米谷二百八十万斛，舟船五千余艘，后宫五千余人。”②论者据此认为吴、蜀两国都是民、吏、兵分籍的，“吏户”、“兵户”与“民户”分开，另立户籍，亦即上述统计数字中除了民户之外，分别还有蜀国“吏户”四万、吴国“吏户”三万二千。③ 这种解释是值得商榷的。那么，这两条史料中的户口统计及其性质究竟如何呢？

第一，我们来探讨一下这两则资料所由的问题。欲探求这两则资料的来源，需先从汉代的上计制度谈起。众所周知，汉代已经确立了严格的上计制度，地方政府每年“秋冬岁尽，各计县户口垦田，钱谷入出，盗贼多

---

① 《三国志》卷33《蜀志·后主传》注引，901页。

② 《三国志》卷48《孙皓传》注引，1177页。

③ 唐长孺：《三至六世纪江南大土地所有制的发展》，41页，上海，上海人民出版社，1957；张泽咸：《六朝的徭役制度》，见《中国古史论集》，224页，长春，吉林人民出版社，1981；高敏：《魏晋南北朝经济史》(下)，548～549页，上海，上海人民出版社，1996。其他论著中持此说者不胜枚举。笔者于1983年曾草关于魏晋徭役制度稿在当时的北京师范大学魏晋南北朝研究室内部宣读，后即捐弃箧笥。1999年编《魏晋南北朝史论》，捡出以《魏晋徭役制度三题》为题收入其中，一仍旧稿，未作任何修改。其中有关吏役问题即全部套用“吏户”论观点。见拙著：《魏晋南北朝史论》，279～284页，北京，学苑出版社，1999。

少，上其集簿”①。郡国汇总所属县、邑、道所呈资料之后再上报中央。现在这种地方政府的上计集簿的实例已经在尹湾汉墓简牍中发现，这件东海郡的《集簿》是成帝晚年之物，② 所记内容与上引胡广所说大体相符。由此我们可以知道汉代史籍所记各项统计资料实来源有自，许多资料就是来自地方政府的上计资料的，《汉书·地理志》所载全国的户、口数即来自这种上计《集簿》的户口数字的统计自不待言，其所载各郡国、县邑、侯国数，以及《汉书·百官公卿表》所载县、道、国、邑乃至乡、亭数，亦均来自这种上计《集簿》的统计数字，东海郡《集簿》中即有郡境县、邑、侯国直至乡、亭的统计数字。汉代国土资源资料③亦来自这种上计资料，《汉书》卷28下《地理志下》记载全国领土“提封田一万万四千五百一十三万六千四百五顷：其一万万二百五十二万八千八百八十九顷，邑居道路，山川林泽，群不可垦；其三千二百二十九万九百四十七顷，可垦不垦；定恳田八百二十七万五百三十六顷”④。在记载全国领土总面积之后，将它们分为“群不可垦”、“可垦不垦”、“定垦”三类，此亦来自各郡国之统计。东海郡《集簿》即有相应的“提封五十一万二千九十二顷八十五亩二□”、“□国邑居园田廿一万一千六百五十二□□十九万百卅二……”、“种宿麦十万七千三百□十□顷”⑤等项统计。这里的第一项与《地理志》所载完全相同，为东海郡的“提封”数；第二项中的头一个数字当为《地理志》所指“邑居道路，山川林泽，群不可垦”之面积，其次一个数字当为《地理志》所谓“可垦不垦”之面积；第三项的数字当为《地理志》所谓“定恳田”之面积。⑥ 现将《汉书·地理志》

① （西晋）司马彪：《续汉书·百官志五》注引胡广语，见《后汉书》，3623页。

② 连云港市博物馆、东海县博物馆、中国社会科学院简帛研究中心、中国文物研究所：《尹湾汉墓简牍·前言》，1页，北京，中华书局，1997。

③ 早在战国时期魏国的李悝在为魏文侯作尽地力之教中已提出“地方百里，提封九万顷，除山泽邑居参分去一，为田六百万亩”（《汉书》卷24上《食货志上》，1124页）的国土资源调查思想。

④ 《汉书》卷28下《地理志下》，1640页。案：中华书局标点本这段话是逗点到底，本文引用时作了如是改变。

⑤ 《尹湾汉墓简牍·集簿》，77～78页。

⑥ 准此，则《尹湾汉墓简牍·集簿》上引三项记载之中“人如前”、“卅五万九千六”两句，似均不属这里的统计内容，当另有所属，疑为错简。

与东海郡《集簿》国土资源统计(顷数以下略)列表对照于下：

《汉书·地理志》与东海郡《集簿》国土资源统计表

	提封	群不可垦	可垦不垦	定垦	后三项合计	提封与后三项差额	差额比率
《汉书·地理志》	145136405顷	102520000顷	32290947顷	8270536顷	143081483顷	2054922顷	1.4%
东海郡《集簿》	512092顷	211652顷	190132顷	107300顷	509084顷	3008顷	0.587%

从两者对照可见，汉志所载群不可垦、可垦不垦、定垦三项合计与提封数的差额比率较东海郡的相应统计差额比率稍大，但汉志所载为全国领土数，其差额比率略大于东海一郡领土数差额比率应属于正常范围内，故我们可以认为两者比率大体相当。也就是说汉志所载国土资源统计数字乃来源于各地方政府如东海郡《集簿》的这种上计资料。

与此相同，《汉书·百官公卿表》序末的一个统计数字："吏员自佐史至丞相，十二万二百八十五人。"①亦当来自各郡国之上计。这个记载表明汉代统计"吏员"的范围上自中央政府的最高长官丞相，下至各级政府的小吏。东海郡《集簿》也分别统计了郡府、都尉府和县廷、侯府的吏员数，而总计全郡"吏员二千二百三人"，这个数字包括了上自太守下至各部门的佐史，其统计范围与汉表所载相同。中央政府将各地的这种上计资料，加上中央政府各部门的吏员统计数字而得出了全国的吏员数字。② 我们还可以从汉代全国与东海郡"吏"、"民"的比例情况以证明其主要依据地方政府上计资料统计而成之推断不误。据尹湾出土的西汉《集簿》记载，东海郡有"吏"2203，"民"1396290，"吏"为"民"的0.158%。汉表所载全国吏员数为

---

① 《通典》卷19《职官一·官数》谓此为"哀帝时数，兼诸府州郡胥吏。"唯其所载吏员数与汉表有异，为"十三万二百八十五员"。

② 对吏员进行统计为国家要务之一，先秦已然，《商君书·去强第五》谓："强国知十三数：境内仓口之数，壮男壮女之数，老弱之数，官士之数，以言说取食者之数，利民之数，马牛刍藁之数。欲强国，不知国十三数，地虽利，民虽众，国愈弱至削。"(《诸子集成》，第5册，10页，北京，中华书局，1954)这些统计项目大多已见于日后上计之内容，其中"官士之数"与汉魏统计资料中吏员之数相似。

120285，《汉书·地理志》所载全国人口数为59594978，“吏”为“民”的0.202%。西汉全国的“吏”“民”比率略大于东海郡，因《汉书》所载吏员除了地方政府之外，还包括中央政府吏员，故比一个郡的吏员数稍大应属正常。所以我们可以认为《汉书》所记载的全国吏民比例关系与东海郡的吏民比例关系基本上是吻合的。显然，汉表所载全国吏员总数就是来自包括东海郡《集簿》这样一些地方政府上报材料的统计数字而成的。[①] 也就是说汉代从基层至中央政府都只统计吏员个人人数，而并没有另外有“吏户”之统计数字，故汉表与东海郡《集簿》所载吏员数均为吏员的人数而非户数。

魏晋继承汉代的上计制度，担任“上计掾”、“上计吏”[②]者史不绝书就是明证。从上面引述的蜀、吴两国簿籍资料可以看到它们的统计项目中也有户口、州郡县、吏员、钱谷等数字，与汉代的上计内容大体相同，因而它们也应当是根据上计资料编制的。[③] 故蜀、吴两国“吏四万人”、“吏三万二千”这两项统计数字应与汉代一样也是根据各地上计资料加上中央各部门的吏员数字而总计的。蜀、吴两国的吏员统计数字与《汉书·百官公卿表》中的吏员统计数字的来源和性质是一致的，一脉相承的，是对现任中央直至地方各级长吏与下吏人员数的统计。

第二，我们再来探讨一下这些吏员数是在蜀、吴两国户口总数之外还是之内的呢？按照“吏户”论的说法，《蜀记》和《晋阳秋》中所载吴、蜀两国的“吏”数是在两国总户口数之外的、单独的“吏户”。从尹湾所出东海郡《集簿》来看，其吏员2203人中，属于“长吏”者有：郡府为“太守一人、丞一人”，都尉府为“都尉一人、丞一人”，县廷为“令七人、长十五人、相十

① 论者或疑东海郡《集簿》所统计之有些项目不见于胡广所言集簿内容中，因而怀疑东海郡《集簿》不一定是上计资料，可能是郡府自己保存的资料。实则胡广所言为举其大略，并非包括集簿中的全部内容，何况注家引用前人说法时有所简略亦属常事。东海郡《集簿》为上计资料应无疑义。

② 参见《三国志》卷23《裴潜传》，卷28《邓艾传》，卷44《姜维传》；《晋书》卷34《羊祜传》，卷37《义阳成王望传》等。

③ 曹魏与蜀、吴两国一样实行上计制度，也应当有这些统计资料，但是三国之中独未见曹魏的统计资料，这是因为蜀、吴两国是在被敌国战败之后被迫交出国家档案，故得以公之于世。而曹魏与上述两国不同，它是被其政权内部权臣司马氏逐步篡权而亡，故国家档案没有被公布。

八人、丞卅四人、尉卅三人”(黎案：含盐官、铁官长吏)，侯府为“侯家丞十八人”。以上合计为149人。据《东海郡下辖长吏名籍》，这149人均为东海郡之外的人。① 汉代地方官吏之任用有严格的籍贯限制，自武帝之后“凡中央任命之地方官，上自郡国守相，下迄县令、长、丞、尉、边候、司马均用非本郡人”②。而地方政府之掾属则皆为本地人，“盖其时惟守相命于朝廷，而自曹掾以下无非本郡之人”③。则其余2054人皆为本郡人，外郡人只占7.25％。由此可知东海郡吏员2203人绝大多数为本郡人，亦即东海郡之编户齐民——“吏民”。他们是东海郡总户口数之内的人员，并非在这个总户口数之外的人员。而那149位外郡人，亦分属于各自所在不同郡县的编户齐民——“吏民”，亦同样汇总在国家总户口数之内。这样我们可以知道汉表所统计之全国吏员人数，即为全国总户口数之内的人员，并非在总户口数之外的人员。魏晋南北朝时期的地方行政制度对于汉代制度多所继承，其中地方官吏籍贯限制制度方面，“至此时或保存或废弃……废弃者，长官不能用本籍人……而汉制属吏必用本籍人，此乃地方豪族之特权，故不致放弃，是以此制亦终南朝不改”④。则不仅地方政府属吏为本地人，地方政府长官也日渐可由本地人担任了。亦即各地方政府吏员绝大多数为本地编户民——“吏民”。而继承汉代上计制度的三国，其地方政府吏员亦大多数为本地编户民无疑，证之于吴简中的州、郡、县吏均纳入基层编户的户口数之内进行上报，故上述蜀、吴两国吏员统计数字亦必然是在当时全国户口总数之内的数字，而非另外之“吏户”。也就是说我们在统计吴、蜀两国的户口总数时，如果把“男女口”总数与“吏”若干之数相加视为当时吴、蜀两国的总口数，则属于重复计算，这样得出的户口总数不能认为是真实的。

---

① 《尹湾汉墓简牍》，85～95页。

② 严耕望：《中国地方行政制度史·甲部　秦汉地方行政制度》，347页，台北，“中研院历史语言研究”所专刊之四十五A，1997年影印四版。

③ （明）顾炎武著，黄汝成集释：《日知录集释》卷8《掾属》，630页，上海，上海古籍出版社，1985。

④ 严耕望：《魏晋南北朝地方行政制度史》，384页，台北，“中研院历史语言研究所”专刊之四十五，1963。

第三，这些吏员数是“人”还是“户”？持“吏户”论的著述，往往将他们说成是“户”。① 如果蜀、吴之“吏四万人”、“吏三万二千”是在两国户口总数之外独立的“吏户”数，则上引蜀、吴两国的户口总数就不是原来的数字，而都应在原有“民”户口数基础上加上“吏户”的数字而发生了变动，蜀国的“户二十八万”，加上“吏户”四万，就成了三十二万户；如以每个家庭五口计算，则蜀国“吏户”四万，合二十万人，加上“男女口九十四万”，就成了一百一十万人。吴国亦然，“户五十二万三千”加上“吏三万二千”户，总户数就成了五十五万五千；“男女口二百三十万”加上吏十六万人，就成了二百四十六万人。如果蜀、吴两国的“兵户”也作如是论，则其总户口数将发生更大的变动。故我们认为上述蜀、吴“吏”的统计数字都是指“人”而非指“户”。蜀国之“吏四万人”，《蜀记》明言为人数，已不待言，由此亦可以推知吴国之“吏三万二千”亦当为“人”而不是“户”。

由上所述可知，《蜀记》和《晋阳秋》中关于吴、蜀两国的户口统计资料并不能证明当时有编户之外单独的所谓“吏户”的存在。

第二项是孙休永安元年诏。这也是论者经常征引以证明“吏户”存在的一项重要根据。孙休永安元年(公元258年)诏曰：“诸吏家有五人，三人兼重为役，父兄在都，子弟给郡县吏，既出限米，军出又从，至于家事无经护者。朕甚愍之。其有五人，三人为役，听其父兄所欲留，为留一人，除其米限，军出不从。”②这个材料也是不能证明“吏户”存在的。

第一，我们看一下永安元年诏书发布的背景。这是孙休即位伊始所下的诏书，太平三年(公元258年)九月权臣孙綝废吴主孙亮，改立孙亮兄孙休为帝，十月己卯孙休即位，改元永安，十一月壬子颁发了这个诏书，亦即即位次月所颁诏书。一般新主继位多以革前朝弊政自诩，而孙休的帝位为意外所得，更需收揽人心。时孙休“方欲自显于天下”；而孙休本人又

① 王永兴：《读敦煌吐鲁番文书札记》：“据此，魏常道乡公景元四年灭蜀时，蜀有吏户四万。晋武帝太康元年灭吴时，吴有吏户三万”，载《北京大学学报》，1994(1)。又见氏著：《王永兴学述·我国中古时期的户籍及其反映的社会特点》，231页，杭州，浙江人民出版社，1999。持此说法之论著甚多，不烦赘举。

② 《三国志》卷48《孙休传》，1157页。

"素好善慕名"。[①] 因而这个诏书未免有夸张前朝弊政以示革故鼎新之意，以收揽人心之嫌，故对其中所述问题应作客观分析。诏书所指"诸吏家"所受赋役之累虽然存在，但也不能认为当时所有"吏家"均如此遭遇，对其普遍性和程度究竟如何应有恰当估计。在这个诏书颁布后次月，孙休还有一份针对"吏民"的诏书："古者建国，教学为先。所以道世治性，为时养器也。自建兴以来，时事多故。吏民颇以目前趋务，去本就末，不循古道。夫所尚不淳，则伤化败俗。其案古置学官，立五经博士，核取应选，加其宠禄。科见吏之中，及将吏子弟有志好者，各令就业。一岁课试，差其品第，加以位赏。使见之者乐其荣，闻之者羡其誉。以敦王化，以隆风俗。"[②]建兴(公元252—253年)为孙亮即位初的年号。诏书认为目前存在的诸社会问题是从"建兴以来"的五六年间导致的，亦即为孙亮朝所造成的问题，因而他要革除前朝弊政，重整学校，特别要从"见吏之中"和"将吏子弟"中选拔人才入学培养，以便加以职位。如果按照"吏户"论的说法，这时的"吏"被另立户籍，是比普通民户命运更为悲惨的依附民，而且世代为吏，不得改变云云。这不仅不能解释我们在上文中所揭示吴简中的种种事实，即以永安元年的两件诏书亦难于自圆其说。"吏户"及其子弟何以能够被选拔入学并"加以位赏"？而且孙休诏中还说到当时"吏民颇以目前趋务，去本就末，不循古道。"其中的"吏"可以"去本就末"的情况又当如何解释？

第二，永安元年诏书中的"吏家"并非指"吏户"。论者或将这里的"吏家"一词径直认为即是"吏籍"或"吏户"，是值得商榷的。"吏家"一词秦汉时代已经出现，并非三国时期才产生的新词。汉文帝时晁错对策曰："秦始乱之时，吏之所先侵者，贫人贱民也；至其中节，所侵者富人吏家也；及其末涂，所侵者宗室大臣也。"[③]汉元帝时太原太守张敞病故，其"所诛杀太原吏吏家怨(张)敞"而刺杀了其子[④]。耿纯对光武帝说："臣本吏家子

① 《三国志》卷48《孙休传》注引《襄阳记》，1156页。

② 《三国志》卷48《孙休传》，1158页。

③ 《汉书》卷49《晁错传》，2296页。

④ 《汉书》卷76《张敞传》，2326页。

孙”，因其父耿艾曾“为王莽济平尹”①，即济平太守。可见“吏家”即官吏人员之家，并包括太守这样的中高级官员以及属于“富家”层级的官员，并非都是低贱的下吏，更非特指“吏户”。魏晋时期亦然。“魏，景初中，阳城县吏家有怪，无故闻拍手相呼。”②吴主孙皓曾经“使黄门备行州郡，科取将吏家女。其二千石大臣子女，皆当岁岁言名，年十五六一简阅，简阅不中，乃得出嫁。后宫千数，而采择无已”③。晋武帝亦曾以“司、冀、兖、豫四州二千石将吏家，补良人以下”④。这些“吏家”的词义与汉代是相同的，凡有家人为吏者均可称为“吏家”，为将吏者则称为“将吏家”。这些“吏家”上自二千石高官，下至县吏之类小吏，并非特指身份地位“十分卑贱”的“吏户”。汉代的“吏家”并非“吏户”，魏晋时期的“吏家”也没有证据证明已经变化为“吏户”了。

第三，永安元年诏书原义辨析。唐长孺先生对于永安元年诏书有这么一段解：“这种‘家有五人，三人兼重为役’，似是五丁抽三，也即征发兵士时常见的‘三五发卒’。但下文又说‘家事无经护者’，显然一家丁男(可能五人中包括次丁男)全被征发。诏书说‘朕甚悯之’，要改变这种情况，却是‘听留一人’，家有五人，三人从役，家中应有二人，只留下一人，还有一人怎样呢？诏书很不明白。总之，原先是那些吏家空户从役，经过‘宽恤’，准许留下一人。”⑤这种解释是否符合诏书原意呢？似有商榷之余地。这里首先需辨明诏书中的“五人”是指“吏家”全部家庭人口，还是五个服役的男丁(即所谓“五人中包括次丁男”)？窃以为这里的“五人”是指“吏家”全部家庭人口，而不是指“吏家”中有五个服役者。这个诏书是由前后相关的两段话组成，以“朕甚悯之”一句为其分界。第一段是指出存在的问

① 《后汉书》卷21《耿纯传》，764页。

② (东晋)干宝：《搜神记》，见《太平广记》卷368，2926页，北京，中华书局，1961。此条或引作：“魏景初中，咸阳县吏王臣家有怪，无故闻拍手相呼。”又见干宝撰，汪绍楹校注：《搜神记》卷18，215页，北京，中华书局，1979。则此“吏家”乃指县吏王臣之家。

③ 《三国志》卷50《妃嫔传》注引《江表传》，1203页。

④ 《晋书》卷31《后妃传上》，953页。

⑤ 唐长孺：《魏晋南北朝时期的吏役》，载《江汉论坛》，1988(8)。

题。其所指出的问题有二：一是诸吏中的五口之家有三人从役(即“父兄在都，子弟给郡县吏”)的情况；二是“既出限米，军出又从”。以上二者导致的结果是“家事无经护者”(因为丁男或半丁男都已征发，只剩下妇孺二人在家)。后一段是针对以上存在问题提出的纠正措施。其措施亦有二：一是如果五口之家有三人从役，则三人中听留一人，改为二人从役；二是改为“除其米限，军出不从”。通过这样两项措施才能改变“家事无经护者”的状况(由吏家自主选择，则可将三人中最为有利于“经护”“家事”之人丁留下)。并非在继续坚持三人从役的前提下，只是将家中二人留下一人。按照唐先生那样的解释，自然就会产生“还有一人怎样呢？诏书很不明白”的情况，而且那样也是不可能改变原来“家事无经护者”状况的。所以“空户从役”之说似并不符合诏书原意及当时的实际情况。而且从诏书全文观之，并非全部“吏家”皆然，第一段说“诸吏家有”如此如此“者”，第二段便说“其有”这种情况存在者应当如何如何。可见永安元年诏书中关于“诸吏家”境遇的情况虽然存在，但这只是一部分人、一个时期的遭遇，并非全体吏人的遭遇均如此，不可将这一材料过分夸大、扩展。从诏书原意观之，认为此乃非正常情况，属于弊政，应当予以纠正。

第四，永安元年诏书中的“吏家”与吴简中的“吏”乃一脉相承。《嘉禾吏民田家莂》所载为孙权嘉禾四、五年(公元 235 年、公元 236 年)事，下距永安元年(公元 258 年)约 22 年左右。永安元年诏书所反映出来的吏家境况，在嘉禾年间都已经不同程度存在：吴简中的“吏”须交纳“限米”，永安诏中的“吏家”亦然；吴简中“吏”的“父兄子弟”需承担吏役，永安诏中的“吏家”亦然，不过是更加繁重而已。

吴简资料显示孙权时政府经常对于“吏”的“父兄子弟”进行核查，如：

> 东乡劝农掾殷连被书条列州吏父兄人名、年纪为簿，辄科核乡界，州吏三人，父兄二人刑踵叛走，以下户民自代。谨列年纪以审实，无有遗脱。若有他官所觉，连自坐。嘉[禾]四年八月廿六日破莂保据。

> 广成乡劝农掾区光言：被书条列州吏父兄子弟伙处人名年纪为

簿。辄隐核乡界，州吏七人，父兄子弟合廿三人。其四人刑踵聋颐病，一人夜病物故，四人真身已逸及随本主在官，十二人细小，一人限田，一人先出给县吏。隐核人名年纪相应，无有遗脱。若后为他官所觉，光自坐。嘉禾四年八月廿六日，破莂保据。①

[诸]乡[谨][列]郡县吏兄弟叛走人名簿(简 7849)

[右]□乡郡县吏兄弟合十五人前后各叛走□趣刘阳吴昌醴陵(简 7454)

县吏毛章弟颀年十五　以嘉禾三年十二月[十]七日叛走(简 7865)

县吏毛车世父青年卌九　以嘉禾三年十二月十七日叛走(简 7868)

[郡][故]吏史僦弟政年十五　嘉禾四年四月十日叛走(简 7882)

郡吏黄□弟□年十三　嘉禾二年十月十八日叛走(简 7893)

[郡]吏谷汉兄子□年廿九　嘉禾三年二月十九日叛走(简 7905)

郡吏监训兄帛年卅[八]　嘉禾四年四月十五日叛走(简 7975)

县吏五训兄[瞻]年卅　嘉禾三年十一月九日叛走(简 7980)②

① 以上两简引自《长沙走马楼二十二号井发掘报告》第 3 章《简牍》第 2 节《关于户口簿籍内容的简牍》，《嘉禾吏民田家莂》(上)，32 页。

② 《长沙走马楼三国吴简·竹简》(壹)《释文》，依次见于 1057、1048、1057、1057、1058、1058、1058、1060、1060 页。

根据上级政府指令，地方基层政府须对于本地州郡县吏家的“父兄子弟”情况进行核查，并将核查情况造册上报。所谓“父兄子弟”，不仅指其直系的父亲、兄弟和儿子，而且包括旁系的叔伯子侄。不过他们应为“伙处”者，亦即尚未分家析产之人。简 7868 县吏姓名如作“毛车”，则叛走者为其“世父”。目前所见吴简人名均为单名，故此条之县吏当为毛车。简 7905 表明郡吏谷汉之“兄子”也在核查范围。不仅现职吏，而且故吏的父兄子弟也在核查之列。可见政府不仅要控制吏人本身，还要控制吏人的“父兄子弟”。为什么政府需要调查吏家的“父兄子弟”情况呢？就是因为吏家“父兄子弟”中的丁男、半丁男都有可能被征召服吏役，因此孙吴政权需要及时掌握吏家“父兄子弟”的情况。这一方面是国家需要掌握吏家“父兄子弟”情况，以便赋役。另一方面则是国家为了保持“吏”这个队伍的稳定性，以保证吏役的需求，防止其脱离编户的一种努力。在汉末、魏晋编户大量流失，劳动力争夺激烈的时代背景下，这样的指令是不足为奇的。

永安诏中吏家的状况是吴简吏家的进一步发展形态。上引区光简所载广成乡之州吏 7 人，共计有“父兄子弟”23 人，平均每户 3.28 人，除去 12 人“细小”不在服役范围之内，其余 11 人当属服役范围内的丁男、半丁男。这 11 位服役范围内的丁男、半丁男，存在四类情况：一类因病残在家，有 5 人；二类逃亡，简文所记“真身已逸及随本主在官”为 4 人，姑且各以 2 人计，则“真身已逸”者为 2 人；三类“随本主在官”，从上述简文中析出为 2 人，他们是自行随州吏到荆州任所，故不属于服吏役者；四类在服吏役，其中 1 人“出给县吏”，属于服吏役者无疑，还有 1 人耕种“限田”，也属于吏役，因为吏及其“父兄子弟”是需要交纳“限米”的。① 是则服吏役者共为 2 人。据此，则广成乡 7 位州吏的 23 位“父兄子弟”中只有 2 人在服吏役，约占 8.7%，平均每户 0.29 人；11 位役龄范围内的丁男、半丁男只有 18%的人在服吏役。广成乡资料所见州吏家庭服役的情况是：7 位州吏自己在服吏役，加上“父兄子弟”0.29 人服吏役，则每户有 1.29 人服吏役。

① 看来孙吴时吏家交纳的“限米”不是在所假公田中支付，而是通过耕种“限田”来交纳。

以上情况表明吴简中的“吏”除了自己服役之外，家属也是需要服役的，孙亮时“父兄在都，子弟给郡县吏”那样的情况已经不同程度存在。有的吏家有“父兄子弟”叛走之后，还“以下户民自代”就是这种情况的反映。但是另一方面又表明嘉禾年间的吏役并没有孙亮时期那么严重。嘉禾年间的吏家约有1.29人服吏役，到了孙亮时期已发展到3人服吏役，加重了一倍以上。

从孙权时期到孙休时期的二十多年间，吏家境况之发展变化大体经历了三个阶段：孙权时期(嘉禾年间)吏家之“父兄子弟”被征发的情况已经出现，这时大约每户1.29人服吏役，而且可能“军出不从”；孙亮时期发展到有些五口之家3人从役的严重状况，而且“军出又从”；孙休时期则加以纠正，规定五口之家从役者不得超过2人，恢复“军出不从”。孙休时期吏家状况优于孙亮时期而逊于孙权时期。

那么，上述状况能否说明“吏户”的存在呢？不能。

上述状况之一是吏家除了自己服役之外，其“父兄子弟”也是需要服役的。论者往往据此认为吏人“全家服役”，“空户从役”，以此作为“吏户”之重要标志。一方面我们可以指出，吏家之服役状况往往被过分夸大，实际上嘉禾年间和孙休诏中经纠正之后的规定应为其常态，亦即五口之家有1.29～2人服役。而孙亮时期3人服役那种状况乃非正常状态，属于弊政、暴政之表现。另一方面我们还可以指出，户主自己服役之外，其“父兄子弟”也需要服役的情况并非只是吏家如此，而是除了少数享有免役特权者之外的各种基层民众均如此。如所周知，中国古代社会历代均规定了民众徭役之年龄起止，根据年龄不同而区分为“老”、“小”、“中”、“丁”等，不论其役龄如何变化和调整，一般来说前二者不服役，后二者均需服役则是各个朝代一致的，因而家有1人以上服役的情况是普遍的现象，“吏”“民”皆然。汉代徭役号称宽简，但仍然存在“今五十已上至六十，与子孙服挽输，并给徭役”①的情况，家中“老”者尚与“小”者同时服役，则“中”与“丁”同时服役更不足为奇。孙吴亦然。孙权时由于“征役繁数，重以疫疠，民

① (汉)桓宽：《盐铁论·未通第十五》，见《诸子集成》，第7册，18页，北京，中华书局，1954。

户损耗”，骆统上疏曰：“今强敌未殄，海内未乂，三军有无已之役，江境有不释之备，徵赋调数，由来积纪，加以殃疫死丧之灾，郡县荒虚，田畴芜旷，听闻属城，民户浸寡，又多残老，少有丁夫。”①华覈上疏揭露孙皓徭役繁重时说：“今帑藏不实，民劳役猥”，“今事多而役繁，民贫而俗奢”。其具体情况是：“都下诸官，所掌别异，各自下调，不计民力，辄与近期。长吏畏罪，昼夜催民，委舍佃事，遑赴会日，定送到都，或蕴积不用，而徒使百姓消力失时。到秋收月，督其限入，夺其播殖之时，而责其今年之税，如有逋悬，则籍没财物，故家户贫困，衣食不足。宜暂息众役，专心农桑……军兴以来，已向百载，农人废南亩之务，女工停机杼之业。”②由于家中丁男、半丁男乃至妇女被征发，所剩多为病残和老人，同吏家一样也出现了“家事无经护者”的状况，以致农桑失修，耕织俱废。陆凯为孙权以来的老臣，他在孙皓时多次上书揭露其时徭役的情况，指出农民“耕种既废，所在无复输入，而分一家父子异役”③。也是父兄子弟同时服役。据传为他的上书中有一段揭露当时有的妇女被皇室征为乳母之后，其家之徭役并不能得到减免的情况，云：“先帝在时，亦养诸王太子，若取乳母，其夫复役，赐与钱财，给其资粮，时遣归来，视其弱息。今则不然，夫妇生离，夫故作役，儿从后死，家为空户，是不遵先帝十二也。”④说是在孙权时征召民妇为乳母之后，其家庭可以得到丈夫免役等优惠，到了孙皓时则其丈夫以及儿子均照样服役，以致“家为空户”。这些都是普通民户服役者为1人以上之反映。

上述状况之二是吏家的“父兄子弟”叛走的情况比较普遍和严重。这显然是孙吴时期赋税徭役苛重的结果。从上引简9435、3323、3346可以知道，吏在“给吏”期间是可以得到复除的。大概这种复除还不足以平衡吏家沉重的负担，故逃亡现象仍然是严重的。但是，叛走的情况并非吏家独然，民户亦然。以三国时期而论，虽然百姓不堪赋税徭役的繁重而逃亡的

① 《三国志》卷57《骆统传》，1335页。

② 《三国志》卷65《华覈传》，1468页。

③ 《三国志》卷61《陆凯传》，1402页。

④ 《三国志》卷61《陆凯传》，1406页。

现象都很普遍，但是孙吴政权较魏、蜀更有过之而无不及。孙吴以江南一隅之地而与天下争衡，故百姓赋役格外沉重，陆逊曾向孙权建议“宽赋息调”，孙权辩解道：“至于发调者，徒以天下未定，事以众济。若徒守江东，修崇宽政，兵自足用，复用多为？顾坐自守可陋耳！若不豫调，恐临时未可便用也。”①后来他又对大臣说：“自孤兴军五十年，所役赋凡百皆出于民。天下未定，孽类犹存，士民勤苦，诚所贯知。然劳百姓，事不得已耳。”②赋役之苛重可以说贯穿于孙吴政权之始终，以致百姓逃亡现象一直十分严重。建安五年(公元200年)孙策死，其弟孙权为将军，时陆逊年二十一，“始仕幕府，历东西曹令史，出为海昌屯田都尉，并领县事。县连年亢旱，(陆)逊开仓谷以赈贫民，劝督农桑，百姓蒙赖。时吴、会稽、丹杨多有伏匿，逊陈便宜，乞与募焉”③。“伏匿”意即逃亡④。黄武二年(公元223年)吴郡太守朱治“徙封故鄣”，屯此以“镇抚山越”。岁余而卒，时在黄武三年(公元224年)。史称“是时丹杨深地，频有奸叛”⑤。贺邵上疏指出孙皓时期由于“征发赋调，烟至云集”，“是以父子相弃，叛者成行”⑥。可见百姓叛走情况之严重。凤凰三年(公元274年)“秋七月，遣使者二十五人分至州郡，科出亡叛”⑦。就是百姓逃亡情况严重的反映。孙吴统治区叛走情况严重，还与其民族构成和地理特点有关。这里广泛分布着许多被称为山越的少数民族，一方面山越所受赋役之累更加苛重，因而他们的叛逃现象就更为严重，史称“山越好为叛乱，难安易动”⑧。另一方面，山越地区又为其他地区百姓逃避赋役提供了条件，山越比较集中的丹杨“地势险

① 《三国志》卷47《吴主传》，1133页。

② 《三国志》卷47《吴主传》，1142页。

③ 《三国志》卷58《陆逊传》，1343页。

④ 《韩非子·诡使》：“悉租税、专民力所以备难充仓府也，而士卒之逃事状匿附托有威之门以避傜赋、而上不得者万数。”这里的“状匿”即“伏匿”，《集解》引王先谦曰：“‘状’即‘伏’字，形近而误。”(《诸子集成》第5册，王先慎：《韩非子集解》，316页，北京，中华书局，1954)。《史记》卷79《范雎列传》：战国时魏人范雎遭须贾陷害，“魏人郑安平闻之，乃遂操范雎亡，伏匿，更名姓曰张禄”，而逃亡于秦(2401页)。

⑤ 《三国志》卷56《朱治传》，1304～1305页。

⑥ 《三国志》卷65《贺邵传》，1458页。

⑦ 《三国志》卷48《三嗣主传》，1170页。

⑧ 《三国志》卷60《贺全吕周钟离传》评曰，1395页。

阳，与吴郡、会稽、新都、鄱阳四郡邻接，周旋数千里，山谷万重……逋亡宿恶，咸共逃窜。”[①]岭南的交州地区也是“百姓怨叛，山贼并出”[②]。其“合浦以北，民皆摇动，因连避役，多有离叛”[③]。广义而言，吴简出土的长沙郡也属于山越地区，孙权曾以张承“为长沙西部都尉。讨平山寇，得精兵万五千人”[④]。黄盖为武陵太守，“后长沙益阳县为山贼所攻，(黄)盖又平讨”[⑤]。故吴简中的吏民叛走现象比较严重，与此也有一定关系。所以，孙吴时期不论普通农民还是“吏”，叛走情况都是严重的，其性质是一致的，不能据此而断定“吏”是比普通农民低贱的“吏户”。

从孙权至孙亮、孙休时期，吏家之状况发生了量而非质的变化，吴简中并无“吏户”，则孙亮、孙休时期也不存在“吏户”。

“吏”一方面较一般编户民处于一定的优势地位，另一方面又受到政府严格的管束和繁重的役使。这是他们作为国家机器的必要组成部分(包括下层小吏)的地位所决定的。他们因为是“吏”而不因为是“吏户”而处于这种境况。国家编户民中存在不同的社会群体，他们之间有着这样那样一些差异不足为奇。普通农民通过一般的徭役为国家承担义务，“吏”则通过“吏役”而为国家承担义务，从这个角度而言，后者可以说具有“特殊户口”的性质。但作为国家赋役之承担者，则两者又是一致的。吴简资料表明核查吏家亲属的情况是通过他们户籍所在乡里基层组织进行的，进一步证明当时并无另外独立的“吏户”。从吴简存在的嘉禾年间至孙亮、孙休时期大约二十余年，吴简中的吏并非“吏户”，二十余年间这些吏何以变成“吏户”了呢？这么重大的户籍制度演变有什么资料得以证明呢？似乎没有。因此，孙亮、孙休时期也不存在独立于编户之外的“吏户”。

原载《历史研究》，2005(3)，《人大复印资料·魏晋南北朝隋唐史》，2005(5)全文转载。

---

① 《三国志》卷64《诸葛恪传》，1170页。

② 《三国志》卷53《薛综传》，1252页。

③ 《三国志》卷65《华覈传》，1465页。

④ 《三国志》卷52《张昭传》，1224页。

⑤ 《三国志》卷55《黄盖传》，1285页。

《嘉禾吏民田家莂》(四年)“吏民”佃田数表

简号	身份 田亩数 丘名	普通民户		吏			军吏	卒			复民	士
		男	女	州吏	郡吏	县吏		州卒	郡卒	县卒		
四.五	下伍	12(12,0)										
四.六		3(3,0)										
四.七		30(30,0)										
四.八		8(8,0)										
四.九					164(96,68)							
四.一〇		21(10,11)										
四.一二		61(0,61)										
四.一四		24(19,5)										
四.一五		8(8,0)										
四.一六					20(20,0)							
四.一七		34(14,20)										
四.一八		30(7,23)										
四.一九							21(21,0)					
四.二〇								51(28,23)				
四.二一						87(66,21)						
四.二二		14(10,4)										
四.二三		25(25,0)										
四.二四					46(41,5)							
四.二五		22(10,12)										
四.二七		67(55,12)										
四.二八				10(10,0)								
四.二九		20(20,0)										
四.三〇	下和	17(17,0)										

续表

简号	田亩数 身份 丘名	普通民户		吏			军吏	卒			复民	士
		男	女	州吏	郡吏	县吏		州卒	郡卒	县卒		
四.三一	上和				33(33,0)							
四.三二		55(10,45)										
四.三三	上扶	40(40,0)										
四.三四		30(30,0)										
四.三五		40(40,0)										
四.三六		36(36,0)										
四.三七		71(71,0)										
四.三八		25(25,0)										
四.三九			30(30,0)									
四.四〇		47(47,0)										
四.四一	上□	43(43,0)										
四.四二	己酉										29(29,0)	
四.四三											23(23,0)	
四.四四											38(38,0)	
四.四五											41(41,0)	
四.四六											45(45,0)	
四.四七											30(30,0)	
四.四八											47(47,0)	
四.四九											47(47,0)	
四.五〇											35(35,0)	
四.五一											49(49,0)	
四.五二											29(29,0)	

续表

简号	田亩数/身份/丘名	普通民户		吏			军吏	卒			复民	士
		男	女	州吏	郡吏	县吏		州卒	郡卒	县卒		
四.五三	小赤	73(73,0)										
四.五四			85(85,0)									
四.五五		30(30,0)										
四.五六		28(28,0)										
四.五七		66(66,0)										
四.五八		60(60,0)										
四.五九		60(60,0)										
四.六〇		7(7,0)										
四.六一		54(54,0)										
四.六二		15(15,0)										
四.六三		27(27,0)										
四.六四		20(20,0)										
四.六五		59(59,0)										
四.六六		76(76,0)										
四.六七		29(29,0)										
四.六八		63(63,0)										
四.六九		30(30,0)										
四.七〇		39(39,0)										
四.七一		25(25,0)										
四.七二		67(67,0)										
四.七三		51(51,0)										
四.七四		58(58,0)										
四.七五		29(29,0)										
四.七六		13(13,0)										

续表

简号	田亩数/身份/丘名	普通民户		吏			军吏	卒			复民	士
		男	女	州吏	郡吏	县吏		州卒	郡卒	县卒		
四.七七	夫	62(62,0)										
四.七八		70(70,0)										
四.七九		50(50,0)										
四.八〇		41(41,0)										
四.八一		49(49,0)										
四.八二		60(60,0)										
四.八三		57(57,0)										
四.八四			10(10,0)									
四.八五		23(23,0)										
四.八六		50(50,0)										
四.八七		50(50,0)										
四.八八		52(52,0)										
四.八九		93(93,0)										
四.九〇		73(73,0)										
四.九一	五唐	28(28,0)										
四.九二		30(30,0)										
四.九三		25(25,0)										
四.九四			23(23,0)									
四.九五		33(33,0)										
四.九六		39(39,0)										
四.九七						39(39,0)						
四.九八		33(33,0)										

续表

简号	身份 田亩数 丘名	普通民户		吏			军吏	卒			复民	士
		男	女	州吏	郡吏	县吏		州卒	郡卒	县卒		
四.九九		21(21,0)										
四.一〇〇		30(30,0)										
四.一〇一		20(20,0)										
四.一〇二		18(18,0)										
四.一〇三		25(25,0)										
四.一〇四		38(38,0)										
四.一〇五	五唐	52(52,0)										
四.一〇六		4(4,0)										
四.一〇七			30(30,0)									
四.一〇八		6(6,0)										
四.一〇九		14(14,0)										
四.一一〇					35(35,0)							
四.一一一		42(20,22)										
四.一一三		27(27,0)										
四.一一四					120(80,40)							
四.一一五				40(40,0)								
四.一一六	中𫫇	25(25,0)										
四.一一七		19(19,0)										
四.一一八		85(85,0)										
四.一一九		27(27,0)										
四.一二〇		54(30,24)										

续表

简号	田亩数 身份 丘名	普通民户		吏			军吏	卒			复民	士
		男	女	州吏	郡吏	县吏		州卒	郡卒	县卒		
四.一二一	中啶	90(70,20)										
四.一二二		20(20,0)										
四.一二三		20(20,0)										
四.一二四		138(88,50)										
四.一二五		30(30,0)										
四.一二六		25(25,0)										
四.一二七		25(25,0)										
四.一二八		50(50,0)										
四.一二九		20(20,0)										
四.一三一	公田	10(10,0)										
四.一三三		19(19,0)										
四.一三四		13(13,0)										
四.一三五			12(12,0)									
四.一三六		29(29,0)										
四.一三七		11(11,0)										
四.一三八		49(49,0)										
四.一三九		7(7,0)										
四.一四〇	平支	10(10,0)										
四.一四一		13(13,0)										
四.一四二		34(34,0)										
四.一四三		10(10,0)										

续表

简号	身份/亩数/丘名	普通民户		吏			军吏	卒			复民	士
		男	女	州吏	郡吏	县吏		州卒	郡卒	县卒		
四.一四五	平支	40(40,0)										
四.一四七		24(24,0)										
四.一四八		26(26,0)										
四.一四九		20(20,0)										
四.一五一		5(5,0)										
四.一五二		16(16,0)										
四.一五三		85(85,0)										
四.一五七	平畂	11(11,0)										
四.一五八		13(13,0)										
四.一五九		14(14,0)										
四.一六〇		19(19,0)										
四.一六一		20(20,0)										
四.一六二		23(23,0)										
四.一六三		30(30,0)										
四.一六四		3(3,0)										
四.一六五		32(32,0)										
四.一六六		23(23,0)										
四.一六七		24(24,0)										
四.一六八		50(50,0)										
四.一六九		20(20,0)										
四.一七〇		12(12,0)										
四.一七一		29(29,0)										

续表

简号	身份 田亩数 丘名	普通民户		吏			军吏	卒			复民	士
		男	女	州吏	郡吏	县吏		州卒	郡卒	县卒		
四.一七二	平畋	95(35,60)										
四.一七三		51(11,40)										
四.一七四		33(33,0)										
四.一七五		42(42,0)										
四.一七六		29(29,0)										
四.一七七		25(25,0)										
四.一七八		43(43,0)										
四.一七九		77(27,50)										
四.一八〇		76(76,0)										
四.一八一	平眠	16(16,0)										
四.一八二		68(68,0)										
四.一八三		33(33,0)										
四.一八四		21(21,0)										
四.一八五	平湮			40(40,0)								
四.一八六		40(40,0)										
四.一八七	平阳	3(3,0)										
四.一八八	石下丘	30(30,0)										
四.一八九		55(55,0)										
四.一九〇							24(24,0)					
四.一九一		90(0,90)										
四.一九二		50(50,0)										
四.一九三		87(67,20)										

续表

简号	田亩数 / 身份 / 丘名	普通民户		吏			军吏	卒			复民	士
		男	女	州吏	郡吏	县吏		州卒	郡卒	县卒		
四.一九四	石下丘	34(15,19)										
四.一九五		80(80,0)										
四.一九六		10(10,0)										
四.一九七		11(11,0)										
四.一九八				40(40,0)								
四.一九九		13(13,0)										
四.二〇〇				34(34,0)								
四.二〇一		60(60,0)										
四.二〇二		39(39,0)										
四.二〇三			16(16,0)									
四.二〇四		24(24,0)										
四.二〇五		79(44,35)										
四.二〇六		8(8,0)										
四.二〇七		12(12,0)										
四.二〇八		25(25,0)										
四.二〇九		88(88,0)										
四.二一〇			36(36,0)									
四.二一二	合	8(8,0)										
四.二一三		115(12,103)										
四.二一四	李溲	9(9,0)										
四.二一五	杋倚	11(11,0)										

续表

简号	身份 田亩数 丘名	普通民户		吏			军吏	卒			复民	士
		男	女	州吏	郡吏	县吏		州卒	郡卒	县卒		
四.二一六	利		33(33,0)									
四.二一七		92(92,0)										
四.二一八		30(30,0)										
四.二一九		45(45,0)										
四.二二〇		37(37,0)										
四.二二一		113.90 (113.90,0)										
四.二二二		62(62,0)										
四.二二三		87(87,0)										
四.二二四		87(87,0)										
四.二二五		110(90,20)										
四.二二六				40(40,0)								
四.二二七		49(49,0)										
四.二二八		20(20,0)										
四.二二九		34(34,0)										
四.二三〇				40(40,0)								
四.二三一		79(79,0)										
四.二三二		62(62,0)										
四.二三三		65(59,6)										
四.二三四		32(32,0)										
四.二三五		67(67,0)										
四.二三六		60(60,0)										

续表

简号	田亩数 身份 / 丘名	普通民户		吏			军吏	卒			复民	士
		男	女	州吏	郡吏	县吏		州卒	郡卒	县卒		
四.二三七	何	40(40,0)										
四.二三八		90(50,40)										
四.二三九		30(30,0)										
四.二四〇		100(100,0)										
四.二四一		30(30,0)										
四.二四二		134(110,24)										
四.二四三		50(0,50)										
四.二四四		58(58,0)										
四.二四五		40(40,0)										
四.二四六	伻	20(20,0)										
四.二四七		29(29,0)										
四.二四八		19(19,0)										
四.二四九		15(15,0)										
四.二五〇						140(100,40)						
四.二五一		17(17,0)										
四.二五二		80(80,0)										
四.二五三		13(13,0)										
四.二五四		12(12,0)										
四.二五五		12(12,0)										
四.二五六		25(19,6)										
四.二五七		46(40,6)										
四.二五八		35(35,0)										
四.二五九		18(18,0)										

续表

简号	田亩数 身份 / 丘名	普通民户		吏			军吏	卒			复民	士
		男	女	州吏	郡吏	县吏		州卒	郡卒	县卒		
四.二六〇	伻	9(9,0)										
四.二六一	伻		25(25,0)									
四.二六二	伻					130(109,21)						
四.二六三	伻				110(95,15)							
四.二六四	伻	7(7,0)										
四.二六五	伻	22(22,0)										
四.二六六	伻					89(60,29)						
四.二六七	伻	10(10,0)										
四.二六八	伻	21(21,0)										
四.二六九	伻	89(69,20)										
四.二七〇	伻				108(93,15)							
四.二七一	伻下	5(5,0)										
四.二七二	伻上	10(10,0)										
四.二七三	伻上				72(72,0)							
四.二七四	伻上	37(37,0)										
四.二七五	伻上	5(5,0)										
四.二七七	阿田	50(50,0)										

续表

简号	田亩数 身份 丘名	普通民户		吏			军吏	卒			复民	士
		男	女	州吏	郡吏	县吏		州卒	郡卒	县卒		
四.二七八	东扶	34(34,0)										
四.二七九		33(33,0)										
四.二八〇		12(12,0)										
四.二八一		8(8,0)										
四.二八二		36(36,0)										
四.二八三				56(40,16)								
四.二八四		12(12,0)										
四.二八五		17(17,0)										
四.二八六		26(26,0)										
四.二八七		54(54,0)										
四.二八八		2(2,0)										
四.二八九		34(34,0)										
四.二九〇		45(45,0)										
四.二九一		23(23,0)										
四.二九二		40(40,0)										
四.二九三	东溪	7(7,0)										
四.二九四		27(27,0)										
四.二九五		3(3,0)										
四.二九六	弦			20(20,0)								
四.二九七	函	10(10,0)										

续表

简号	身份/田亩数/丘名	普通民户		吏			军吏	卒			复民	士
		男	女	州吏	郡吏	县吏		州卒	郡卒	县卒		
四.二九八	昭	10(10,0)										
四.二九九	昭	10(10,0)										
四.三〇〇	昭	25(25,0)										
四.三〇一	昭	25(25,0)										
四.三〇二	昭	4(4,0)										
四.三〇三	前龙	40(40,0)										
四.三〇五	桐山	10(10,0)										
四.三〇六	桐山	4(4,0)										
四.三〇七	桐山	30(30,0)										
四.三〇八	桐山	19(19,0)										
四.三〇九	桐山	6(6,0)										
四.三一〇	桐佃				17(17,0)							
四.三一一	桐唐	17(17,0)										
四.三一二	桐唐	19(19,0)										
四.三一三	桐唐	20(20,0)										
四.三一四	桐唐			36(36,0)								
四.三一五	桐唐	27(27,0)										
四.三一六	桐唐					9(9,0)						
四.三一七	桐唐	16(16,0)										
四.三一八	桐唐	10(10,0)										

续表

简号	田亩数/身份/丘名	普通民户		吏			军吏	卒			复民	士
		男	女	州吏	郡吏	县吏		州卒	郡卒	县卒		
四.三一九	郭渚	24(24,0)										
四.三二〇		58(58,0)										
四.三二一		50(50,0)										
四.三二二		44(44,0)										
四.三二三		21(21,0)										
四.三二四		14(14,0)										
四.三二五		18(18,0)										
四.三二六		36(36,0)										
四.三二七		27(27,0)										
四.三二八		21(21,0)										
四.三二九		28(28,0)										
四.三三〇		40(40,0)										
四.三三一		27(27,0)										
四.三三二		38(38,0)										
四.三三三		10(10,0)										
四.三三四		15(15,0)										
四.三三五		19(19,0)										
四.三三六		22(22,0)										
四.三三七		24(24,0)										
四.三三八		19(19,0)										
四.三三九		17(17,0)										
四.三四〇		30(30,0)										
四.三四一		21(21,0)										
四.三四二		23(23,0)										

续表

简号	田亩数 身份 丘名	普通民户		吏			军吏	卒			复民	士
		男	女	州吏	郡吏	县吏		州卒	郡卒	县卒		
四.三四三	郭渚	80(80,0)										
四.三四四		57(57,0)										
四.三四五		31(31,0)										
四.三四六			26(26,0)									
四.三四七		31(31,0)										
四.三四八		36(36,0)										
四.三四九		21(21,0)										
四.三五〇		50(50,0)										
四.三五一	浸顷	132(53,79)										
四.三五二	顷	29(29,0)										
四.三五三			80(80,0)									
四.三五四		52(52,0)										
四.三五五		10(10,0)										
四.三五六		20(20,0)										
四.三五七		7(7,0)										
四.三五八		40(40,0)										
四.三五九		20(20,0)										
四.三六〇			30(30,0)									

续表

简号	田亩数/身份/丘名	普通民户		吏			军吏	卒			复民	士
		男	女	州吏	郡吏	县吏		州卒	郡卒	县卒		
四.三六一	区		40(40,0)									
四.三六二		100(100,0)										
四.三六三		50(50,0)										
四.三六四						36.120 (36.120,0)						
四.三六五			60(60,0)									
四.三六六		35(35,0)										
四.三六七		58(58,0)										
四.三六九		31(31,0)										
四.三七〇	略	4(4,0)										
四.三七一		10(10,0)										
四.三七二	梨下	17(17,0)										
四.三七三		26(26,0)										
四.三七四		18(18,0)										
四.三七五		16(16,0)										
四.三七六		22(22,0)										
四.三七七		18(18,0)										
四.三七八		51(51,0)										
四.三七九		105(105,0)										
四.三八〇		29(29,0)										
四.三八一		36(36,0)										
四.三八二		19(19,0)										
四.三八三		21(21,0)										

续表

简号	身份 / 田亩数 / 丘名	普通民户		吏			军吏	卒			复民	士
		男	女	州吏	郡吏	县吏		州卒	郡卒	县卒		
四.三八四	进渚	10(10,0)										
四.三八五	进渚	10(10,0)										
四.三八六	淦			40(40,0)								
四.三八七	淦	20(20,0)										
四.三八八	寇	5(5,0)										
四.三八九	湛上	52(52,0)										
四.三九〇	湛上	135(135,0)										
四.三九一	湛上	86(11,75)										
四.三九二	湛上	33(33,0)										
四.三九三	湛上	16(16,0)										
四.三九四	湛上	67(67,0)										
四.三九五	湛上	36(36,0)										
四.三九六	湛龙	29(29,0)										
四.三九七	湛龙			60(40,20)								
四.三九八	湛龙	20(20,0)										
四.三九九	湛龙	13(13,0)										
四.四〇〇	湛龙	48(48,0)										
四.四〇一	湛龙	14(14,0)										
四.四〇二	湛龙	16(16,0)										
四.四〇三	湛龙					29(29,0)						
四.四〇四	湛龙	8(8,0)										
四.四〇五	湛龙	84(84,0)										
四.四〇六	新吪			49(40,9)								

续表

简号	田亩数 / 身份 / 丘名	普通民户		吏			军吏	卒			复民	士
		男	女	州吏	郡吏	县吏		州卒	郡卒	县卒		
四.四〇七	新暱	29(29,0)										
四.四〇八	新唐	20(20,0)										
四.四〇九		17(17,0)										
四.四一〇	莿	10(10,0)										
四.四一一		134(114,20)										
四.四一二		112(93,19)										
四.四一三			23(23,0)									
四.四一四		66(66,0)										
四.四一五		92(92,0)										
四.四一六		124(104,20)										
四.四一七		132(102,30)										
四.四一八		97(60,37)										
四.四一九		80(80,0)										
四.四二〇		50(50,0)										
四.四二一		94(72,22)										
四.四二二	厌下	22(22,0)										
四.四二三	僕				40(40,0)							
四.四二四					10(10,0)							
四.四二五	语	13(13,0)										
四.四二六		42(42,0)										
四.四二七		10(10,0)										
四.四二八		25(25,0)										
四.四二九		14(14,0)										
四.四三〇	绪下	16(16,0)										
四.四三一		24(24,0)										

续表

简号	身份/田亩数/丘名	普通民户		吏			军吏	卒			复民	士
		男	女	州吏	郡吏	县吏		州卒	郡卒	县卒		
四.四三二	绪中	15(15,0)										
四.四三三	绪中	35(35,0)										
四.四三四	绪中	70(70,0)										
四.四三五	绪中	33(33,0)										
四.四三六	绪中		16(16,0)									
四.四三七	绪中	23(23,0)										
四.四三八	绪中	43(43,0)										
四.四三九	绪中		73(73,0)									
四.四四〇	绪中	21(21,0)										
四.四四一	绪中	37(37,0)										
四.四四二	绪中				45(45,0)							
四.四四三	绪中	40(40,0)										
四.四四四	绪中	41(41,0)										
四.四四五	绪中	3(3,0)										
四.四四六	绪中	6(6,0)										
四.四四七	绪中	30(30,0)										
四.四四八	绪中	35(35,0)										
四.四四九	绪中	37(37,0)										
四.四五〇	绪中	32(32,0)										
四.四五一	绪中	13(13,0)										
四.四五二	绪中	31(31,0)										
四.四五三	绪中	46(46,0)										
四.四五四	绪中	18(18,0)										
四.四五五	绪中	9(9,0)										

续表

简号	田亩数 身份 丘名	普通民户		吏			军吏	卒			复民	士
		男	女	州吏	郡吏	县吏		州卒	郡卒	县卒		
四.四五六		13(13,0)										
四.四五七		6(6,0)										
四.四五八		10(10,0)										
四.四五九		7(7,0)										
四.四六〇	横浭	19(19,0)										
四.四六一				79(79,0)								
四.四六二	横溪	1(1,0)										
四.四六三	縠								119(26,93)			
四.四六四	虑	12(12,0)										
四.四六五		10(10,0)										
四.四六六		53(47,6)										
四.四六七		51(51,0)										
四.四六八		45(40,5)										
四.四六九		90(90,0)										
四.四七〇		27(27,0)										
四.四七一		64(52,12)										
四.四七二	刘里	47(42,5)										
四.四七三		49(43,6)										
四.四七四		62(59,3)										
四.四七五		59(57,2)										
四.四七六		69(69,0)										
四.四七七			90(90,0)									
四.四七八		65(55,10)										
四.四七九		81(81,0)										

续表

简号	田亩数 身份 丘名	普通民户		吏			军吏	卒			复民	士
		男	女	州吏	郡吏	县吏		州卒	郡卒	县卒		
四.四八〇	刘里	98(98,0)										
四.四八一		74(64,10)										
四.四八二		49(39,10)										
四.四八三		40(40,0)										
四.四八四		62(62,0)										
四.四八五		38(27,11)										
四.四八六	潏	46(46,0)										
四.四八七		25(25,0)										
四.四八八		9(9,0)										
四.四八九		24(24,0)										
四.四九〇	楼											75(75,0)
四.四九一												53(53,0)
四.四九二												94(94,0)
四.四九三												79(79,0)
四.四九四		16(16,0)										
四.四九五												87(87,0)
四.四九六												101(101,0)
四.四九七	霖	47(47,0)										
四.四九八		7(7,0)										
四.四九九		10(10,0)										
四.五〇〇		29(29,0)										

续表

简号	田亩数 身份 丘名	普通民户		吏			军吏	卒			复民	士
		男	女	州吏	郡吏	县吏		州卒	郡卒	县卒		
四.五〇一	让何	13(13,0)										
四.五〇二		14(14,0)										
四.五〇三		12(12,0)										
四.五〇四	断𨻶	30(30,0)										
四.五〇五		15(15,0)										
四.五〇六	夫中	20(20,0)										
四.五〇七	□中	29(29,0)										
四.五〇九	□			65(65,0)								
四.五一〇	栗	5(5,0)										
四.五一一	?			20(20,0)								
四.五一二					21(21,0)							
四.五一三				60(60,0)								
四.五一四				40(40,0)								
四.五一五	□□	17(17,0)										
四.五一六		30(30,0)										
四.五一七		30(17,13)										
四.五一八		19(19,0)										
四.五二〇	□□	69(36,33)										
四.五二一		43(43,0)										
四.五二三	□	68(68,0)										

续表

简号	田亩数 身份 丘名	普通民户		吏			军吏	卒			复民	士
		男	女	州吏	郡吏	县吏		州卒	郡卒	县卒		
四.五二五	□□	21(21,0)										
四.五二六		17(12,5)										
四.五二七		61(61,0)										
四.五二九		7(7,0)										
四.五三○	□	10(10,0)										
四.五三一	□□	33(33,0)										
四.五三五	□下	9(9,0)										
四.五三七	□□										37(37,0)	
四.五三八		9(9,0)										
四.五三九		20(20,0)										
四.五四○	□	15(15,0)										
四.五四一		20(20,0)										
四.五四二	□□				25(25,0)							
四.五四三		13(13,0)										
四.五四四	□	70(70,0)										
四.五四五	□□	22(22,0)										
四.五四六		5(5,0)										
四.五四七		86(49,37)										
四.五四八	?											79(79,0)

续表

简号	田亩数 身份 丘名	普通民户		吏			军吏	卒			复民	士
		男	女	州吏	郡吏	县吏		州卒	郡卒	县卒		
四.五四九	□	4(4,0)										
四.五五〇												76(76,0)
四.五五二		90(90,0)										
四.五五三		34(34,0)										
四.五五四	□□	27(22,5)										
四.五五五		31(31,0)										
四.五五六	□田	6(6,0)										
四.五五七	▨□□	35(15,20)										
四.五五八	□	126(98,28)										
四.五五九	□□	9(9,0)										
四.五六〇	□	30(30,0)										
四.五六一	□□	28(28,0)										
四.五六二		5(5,0)										
四.五六三		93(93,0)										
四.五六五	□	29(29,0)										
四.五六六	□□	33(33,0)										
四.五六七		42(42,0)										
四.五六八		10(10,0)										
四.五六九					57(57,0)							
四.五七〇	□	30(30,0)										
四.五七一	□□	47(47,0)										
四.五七二		38(38,0)										

续表

简号	田亩数 / 身份 / 丘名	普通民户		吏			军吏	卒			复民	士
		男	女	州吏	郡吏	县吏		州卒	郡卒	县卒		
四.五七三	□	54(54,0)										
四.五七五				158(108,50)								
四.五七八		17(17,0)										
四.五七九		6(6,0)										
四.五八〇	□□	19(19,0)										
四.五八一	□	10(10,0)										
四.五八二		12(12,0)										
四.五八三		94(94,0)										
四.五八四		57(57,0)										
四.五八五	□□	38(38,0)										
四.五八六	□	123(93,30)										
四.五八七		92(34,58)										
四.五八八		7(7,0)										
四.五八九	□□										49(49,0)	
四.五九一	□	7(7,0)										
四.五九二	□□	44(44,0)										
四.五九三	□	50(50,0)										
四.五九四		54(54,0)										
四.五九七	□□	13(13,0)										
四.五九八	□	35(35,0)										
四.五九九		5(5,0)										
四.六〇〇		40(40,0)										

续表

简号	田亩数 身份 丘名	普通民户		吏			军吏	卒			复民	士
		男	女	州吏	郡吏	县吏		州卒	郡卒	县卒		
四.六〇二		3(3,0)										
四.六〇三		105(105,0)										
四.六〇四	□	36(36,0)										
四.六〇五		53(53,0)										
四.六〇六		40(40,0)										
四.六〇八	□□	30(7,23)										
四.六〇九	□中	8(8,0)										
四.六一二	□□	47(47,0)										
四.六一七		62(62,0)										
四.六二一	□	93(93,0)										
四.六二二		80(80,0)										
四.六三〇	□□	45(45,0)										
四.六三一	□											69(69,0)
四.六三五	□□	50(50,0)										
四.六三九		36(36,0)										
四.六四〇		34(34,0)										
四.六四三		65(65,0)										
四.六四六	□	40(40,0)										
四.六四七		33(33,0)										
四.六五二					55(55,0)							
四.六五九		32(32,0)										

续表

简号	田亩数/身份/丘名	普通民户		吏			军吏	卒			复民	士
		男	女	州吏	郡吏	县吏		州卒	郡卒	县卒		
四.六六五	□□	20(20,0)										
四.六七三	?				10(10,0)							
四.六八二						41(41,0)						
四.六九三	□	23(23,0)										
四.六九八	?	4(4,0)										
四.七二八		4(4,0)										
四.七六一	□	5(5,0)										

《嘉禾吏民田家莂》(五年)"吏民"佃田数表

简号	田亩数/身份/丘名	普通民户		吏			军吏	卒			复民	士
		男	女	州吏	郡吏	县吏		州卒	郡卒	县卒		
五.一	三州	23.7(28.7,0)										
五.二	三州	20(20,0)										
五.三	三州							5.120 (5.120,0)				
五.四	三州	21.120(21.120,0)										
五.五	三州	34(34,0)										
五.六	三州	18(18,0)										
五.七	三州	19(19,0)										
五.八	三州	28(28,0)										
五.九	三州	43(43,0)										
五.一〇	三州		10(10,0)									
五.一一	下伍	23.230(23.230,0)										
五.一二	下伍	20.220(20.220,0)										
五.一三	下伍	20.190(20.190,0)										
五.一四	下伍	23.170(23.170,0)										
五.一五	下伍	7.70(7.70,0)										
五.一六	下伍	21.140(21.140,0)										
五.一七	下伍	12.220(12.220,0)										
五.一八	下伍	31.70(31.70,0)										

续表

简号	田亩数 身份 丘名	普通民户		吏			军吏	卒			复民	士
		男	女	州吏	郡吏	县吏		州卒	郡卒	县卒		
五.一九	下和	27.120(27.120,0)										
五.二〇		77.120(77.120,0)										
五.二一		16(16,0)										
五.二二		13.120(13.120,0)										
五.二三									65(65,0)			
五.二四		30(30,0)										
五.二五	下俗	38(31,7)										
五.二六		43(38,5)										
五.二七		10(10,0)										
五.二八		20(20,0)										
五.二九		7(7,0)										
五.三〇		48(48,0)										
五.三一			60(60,0)									
五.三二		40(35,5)										
五.三三		11(11,0)										
五.三四		20(13,7)										
五.三五		16(16,0)										
五.三六	大田		5(5,0)									
五.三八	上利			46(46,0)								
五.三九				20(20,0)								
五.四〇		7(7,0)										
五.四一	上伻	23(23,0)										
五.四二		5(5,0)										

续表

简号	田亩数/身份/丘名	普通民户		吏			军吏	卒			复民	士
		男	女	州吏	郡吏	县吏		州卒	郡卒	县卒		
五.四三					23.120 (23.120,0)							
五.四四						31(31,0)						
五.四五		5.120(5.120,0)										
五.四六	上和	26.120(26.120,0)										
五.四七							75(32,5)					
五.四八		20(20,0)										
五.四九							47(47,0)					
五.五〇		32(32,0)										
五.五一	上扶	9.120(9.120,0)										
五.五二		24(24,0)										
五.五三		7(7,0)										
五.五四		8(8,0)										
五.五五		20(20,0)										
五.五六		25(?,?)										
五.五七		40(40,0)										
五.五八		11(11,0)										
五.五九	上莎	28(28,0)										
五.六一		12(12,0)										
五.六二		28(21,7)										
五.六三		31(26,5)										
五.六四		6(6,0)										
五.六五		29(22,7)										
五.六六		5(5,0)										

续表

简号	田亩数 身份 / 丘名	普通民户		吏			军吏	卒			复民	士
		男	女	州吏	郡吏	县吏		州卒	郡卒	县卒		
五.六七	上莅	18(13,5)										
五.六八	上莅	28(20,8)										
五.六九	上莅	34(34,0)										
五.七〇	上莅	80(80,0)										
五.七一	上莅				35(30,5)							
五.七二	上莅	18(15,3)										
五.七三	上莅		9(1,8)									
五.七四	上莅	7(7,0)										
五.七五	上俗		30(30,0)									
五.七六	上俗	50(42,8)										
五.七七	上俗	39(39,0)										
五.七八	上俗	19(19,0)										
五.七九	上俗	31(31,0)										
五.八〇	上俗	18(18,0)										
五.八一	上俗	24(24,0)										
五.八二	上俗	27(23,4)										
五.八三	上俗	123(103,20)										
五.八四	上俗	70(70,0)										
五.八五	上俗	5(5,0)										
五.八六	上俗	36(31,5)										
五.八七	上俗	46(41,5)										
五.八八	上俗	37(37,0)										

续表

简号	田亩数 身份 丘名	普通民户		吏			军吏	卒			复民	士
		男	女	州吏	郡吏	县吏		州卒	郡卒	县卒		
五.八九	上俗	23(23,5)										
五.九〇		8(8,0)										
五.九一		10(10,0)										
五.九二		25(17,8)										
五.九三		40(40,0)										
五.九四		17(11,6)										
五.九五		52(47,5)										
五.九六		72(72,0)										
五.九七		5(5,0)										
五.九八		43(38,5)										
五.九九		33(33,0)										
五.一〇〇		42(37,5)										
五.一〇一		12(12,0)										
五.一〇二		2(2,0)										
五.一〇三		31(26,5)										
五.一〇四			25(20,5)									
五.一〇五		139(139,0)										
五.一〇六	小赤	10(10,0)										

续表

简号	田亩数/身份/丘名	普通民户		吏			军吏	卒			复民	士
		男	女	州吏	郡吏	县吏		州卒	郡卒	县卒		
五.一〇七	夫	20(20,0)										
五.一〇八	夫	46(46,0)										
五.一〇九	夫	50(50,0)										
五.一一〇	夫	18(18,0)										
五.一一一	夫	2(2,0)										
五.一一二	夫	36(36,0)										
五.一一三	夫	8(8,0)										
五.一一四	夫				6(6,0)							
五.一一五	夫		111.120(111.120,0)									
五.一一六	夫	42(42,0)										
五.一一七	夫	18(18,0)										
五.一一八	巴	5.60(5.60,0)										
五.一一九	芀	31.160(31.160,0)										
五.一二〇	芀	15.220(15.220,0)										
五.一二一	芀	52.170(52.170,0)										
五.一二二	平						14(14,0)					
五.一二三	平支	13.120(13.120,0)										
五.一二四	平支	25.210(25.210,0)										
五.一二五	平支	19.70(19.70,0)										
五.一二六	平支	29.220(29.220,0)										
五.一二七	平支	18.210(18.210,0)										
五.一二八	平支	22.210(22.210,0)										

续表

简号	田亩数 / 丘名 / 身份	普通民户		吏			军吏	卒			复民	士
		男	女	州吏	郡吏	县吏		州卒	郡卒	县卒		
五.一二九	平支	32.70(32.70,0)										
五.一三〇	平支	27.180(27.180,0)										
五.一三一	平支		20.170 (20.170,0)									
五.一三二	平支	9.10(9.10,0)										
五.一三三	平支	28.140(28.140,0)										
五.一三四	平支		25.70 (25.70,0)									
五一三五	平畍	48(48,0)										
五.一三六	平阳	7(7,0)										
五.一三七	平阳	11.120(11.120,0)										
五.一三八	平阳	4(4,0)										
五.一三九	平阳	5(5,0)										
五.一四〇	平阳		5(5,0)									
五.一四一	平阳	13(13,0)										
五.一四二	平阳	18(18,0)										
五.一四三	平阳	38(38,0)										
五.一四四	平乐		8.120 (8.120,0)									
五.一四五	平乐		37(37,0)									
五.一四六	平乐	27(27,0)										
五.一四七	平乐	10(10,0)										
五.一四八	平乐	16(16,0)										
五.一四九	平乐	10(10,0)										

续表

简号	身份/田亩数/丘名	普通民户		吏			军吏	卒			复民	士
		男	女	州吏	郡吏	县吏		州卒	郡卒	县卒		
五.一五〇	平乐	34(34,0)										
五.一五一		37(37,0)										
五.一五二		33(33,0)										
五.一五三						23(23,0)						
五.一五四		15(15,0)										
五.一五五					81(81,0)							
五.一五六		9(9,0)										
五.一五七		6(6,0)										
五.一五八		18(18,0)										
五.一五九							36(36,0)					
五.一六〇		30(30,0)										
五.一六一		21(20,1)										
五.一六二		30(30,0)										
五.一六三		33(33,0)										
五.一六五		21(20,1)										
五.一六六		15.120(15.120,0)										
五.一六七					90(90,0)							
五.一六八		18(18,0)										
五.一六九		33(33,0)										
五.一七〇			47(47,0)									
五.一七一		18(18,0)										
五.一七二		30(30,0)										
五.一七三		28(28,0)										
五.一七四		45(45,0)										

续表

简号	田亩数 / 身份 / 丘名	普通民户		吏			军吏	卒			复民	士
		男	女	州吏	郡吏	县吏		州卒	郡卒	县卒		
五.一七五	平乐	20(20,0)										
五.一七六		27(27,0)										
五.一七七		33(33,0)										
五.一七八		25(25,0)										
五.一七九		28(28,0)										
五.一八〇		43(43,0)										
五.一八一		18(18,0)										
五.一八二		16(16,0)										
五.一八三		37(37,0)										
五.一八四	石下	7.50(7.50,0)										
五.一八五		11.60(11.60,0)										
五.一八六		10.140(10.140,0)										
五.一八七		1.200(1.200,0)										
五.一八八		51.210(51.210,0)										
五.一八九		20.20(20.20,0)										
五.一九〇		5.80(5.80,0)										
五.一九一		27.40(27.40,0)										
五.一九二		27(27,0)										
五.一九三		18.200(18.200,0)										
五.一九四		42.110(32.110,10)										
五.一九五		19.10(19.10,0)										
五.一九六		17.150(17.150,0)										
五.一九八		22.120(22.120,0)										

续表

简号	田亩数 身份 丘名	普通民户		吏			军吏	卒			复民	士
		男	女	州吏	郡吏	县吏		州卒	郡卒	县卒		
五.一九九		5.150(5.150,0)										
五.二〇〇		30.80(30.80,0)										
五.二〇一		32.10(32.10,0)										
五.二〇二		12.150(12.150,0)										
五.二〇三		5.170(5.170,0)										
五.二〇四		20.30(20.30,0)										
五.二〇五		20.150(20.150,0)										
五.二〇六		11.10(11.10,0)										
五.二〇七		16.40(16.40,0)										
五.二〇八		25.110(25.110,0)										
五.二〇九		8.100(8.100,0)										
五.二一〇	石下	17(17,0)										
五.二一一		22.220(22.220,0)										
五.二一二		6.20(6.20,0)										
五.二一三		72(72,0)										
五.二一四		31.90(31.90,0)										
五.二一五		7.10(7.10,0)										
五.二一六		12.190(12.190,0)										
五.二一七		17.30(17.30,0)										
五.二一八		15.180(15.180,0)										
五.二一九		23.220(23.220,0)										
五.二二一		8.230(8.230,0)										
五.二二二		35.180(35.180,0)										

续表

简号	田亩数 身份 丘名	普通民户		吏			军吏	卒			复民	士
		男	女	州吏	郡吏	县吏		州卒	郡卒	县卒		
五.二二三		18.10(18.10,0)										
五.二二四		62.70(62.70,0)										
五.二二五		74.160(74.160,0)										
五.二二六		76.180(76.180,0)										
五.二二七		9.180(9.180,0)										
五.二二八		22.10(22.10,0)										
五.二二九		5.220(5.220,0)										
五.二三〇		7.190(7.190,0)										
五.二三一						12.140 (12.140,0)						
五.二三二		13.60(13.60,0)										
五.二三三		20.160(20.160,0)										
五.二三四	石羊	59(59,0)										
五.二三五		66(66,0)										
五.二三六		21(21,0)										
五.二三七		48(48,0)										
五.二三八			35(35,0)									
五.二三九		3(3,0)										
五.二四〇	伍社	20(20,0)										
五.二四一		30(30,0)										
五.二四二		35(35,0)										
五.二四三			41(41,0)									
五.二四四		12(12,0)										
五.二四五		27(27,0)										

续表

简号	田亩数 身份 丘名	普通民户		吏			军吏	卒			复民	士
		男	女	州吏	郡吏	县吏		州卒	郡卒	县卒		
五.二四六	杁	18.220(18.220,0)										
五.二四七		78(78,0)										
五.二四八	杁伻	27(27,0)										
五.二四九		73(73,0)										
五.二五〇		9(9,0)										
五.二五一		4(4,0)										
五.二五二		22(22,0)										
五.二五三		16(16,0)										
五.二五四		33(33,0)										
五.二五五		25(25,0)										
五.二五六		19(19,0)										
五.二五七		8(8,0)										
五.二五八		18(18,0)										
五.二五九		5(5,0)										
五.二六〇		29(29,0)										
五.二六一	旱	25(20,5)										
五.二六二		9(9,0)										
五.二六三		12(12,0)										
五.二六四		12(12,0)										
五.二六五		53(53,0)										
五.二六六		43(43,0)										
五.二六七		72(72,0)										
五.二六八		21(21,0)										

续表

简号	田亩数/身份/丘名	普通民户		吏			军吏	卒			复民	士
		男	女	州吏	郡吏	县吏		州卒	郡卒	县卒		
五.二六九	旱	18(18,0)										
五.二七〇		36(29,7)										
五.二七一		42(42,0)										
五.二七二		22(22,0)										
五.二七三		23.120(23.120,0)										
五.二七四		24(24,0)										
五.二七五		19(19,0)										
五.二七六		9(9.0)										
五.二七七		47(47,0)										
五.二七八	旱中	2(2.0)										
五.二七九		30(30,0)										
五.二八〇		21(21,0)										
五.二八二	里中	7(7.0)										
五.二八三							13(13,0)					
五.二八四			3(3,0)									
五.二八五		8(7.1)										
五.二八六		13(13,0)										
五.二八七		17(17,0)										
五.二八八						2(2,0)						
五.二八九			16(16,0)									
五.二九〇						9(9,0)						
五.二九一		3(3,0)										
五.二九二	吴	49(49,0)										

续表

简号	田亩数 身份 丘名	普通民户		吏			军吏	卒			复民	士
		男	女	州吏	郡吏	县吏		州卒	郡卒	县卒		
五.二九三	利	20(20,0)										
五.二九四		12.120(12.120,0)										
五.二九五		17(17,0)										
五.二九六		10(10,0)										
五.二九七		58(58,0)										
五.二九八		18.120(18.120,0)										
五.二九九		46(46,0)										
五.三〇〇		50(40,10)										
五.三〇一		127(117,10)										
五.三〇二			17(17,0)									
五.三〇三		10(10,0)										
五.三〇四		57(57,0)										
五.三〇五						37(37,0)						
五.三〇六		58(58,0)										
五.三〇七		12(12,0)										
五.三〇八		77(77,0)										
五.三〇九						185(185,0)						
五.三一一		82(62,10)										
五.三一二		11(11,0)										
五.三一三		22(22,0)										
五.三一四						19(19,0)						
五.三一五		40(30,10)										
五.三一六		13(13,0)										

续表

简号	田亩数／身份／丘名	普通民户		吏			军吏	卒			复民	士
		男	女	州吏	郡吏	县吏		州卒	郡卒	县卒		
五.三一七	利	49(49,0)										
五.三一八	利	29(29,0)										
五.三一九	利					97(97,0)						
五.三二〇	利					195(195,0)						
五.三二一	利	20(20,0)										
五.三二二	利	15(15,0)										
五.三二三	利	24(24,0)										
五.三二四	利				20(20,0)							
五.三二五	何	59(59,0)										
五.三二六	何	25(25,0)										
五.三二七	何	52(52,0)										
五.三二八	何		25(25,0)									
五.三二九	何	19(19,0)										
五.三三〇	何	29(29,0)										
五.三三一	何	25(25,0)										
五.三三三	何	50(50,0)										
五.三三四	何	16(16,0)										
五.三三五	伻					109.150 (89.150,20)						
五.三三六	伻						18.60 (18.60,0)					
五.三三七	伻					40.50 (40.50,0)						
五.三三八	伻		30.80 (30.80,0)									
五.三三九	伻	18(17,1)										

续表

简号	身份/田亩数/丘名	普通民户		吏			军吏	卒			复民	士
		男	女	州吏	郡吏	县吏		州卒	郡卒	县卒		
五.三四〇	伯				61(61,0)							
五.三四一		24(24,0)										
五.三四二						20(20,0)						
五.三四三	武龙	70.150(70.150,0)										
五.三四四		14.120(14.120,0)										
五.三四五						133.220(133.220,0)						
五.三四六		12.120(12.120,0)										
五.三四七		4.10(4.10,0)										
五.三四八			19.110(19.110,0)									
五.三四九		34.120(34.120,0)										
五.三五〇	林溲	8(8,0)										
五.三五一		16(16,0)										
五.三五二		35(35,0)										
五.三五三						79(79,0)						
五.三五四		17(17,0)										
五.三五五		25(25,0)										
五.三五六		61(61,0)										
五.三五七		18(18,0)										
五.三五八		119(119,0)										
五.三五九		107(107,0)										
五.三六〇					73(73,0)							

续表

简号	田亩数 身份 丘名	普通民户		吏			军吏	卒			复民	士
		男	女	州吏	郡吏	县吏		州卒	郡卒	县卒		
五.三六一		42(42,0)										
五.三六二		43(43,0)										
五.三六三		38(38,0)										
五.三六四		40(40,0)										
五.三六五		18(18,0)										
五.三六六		11(11,0)										
五.三六七			38.200 (38.200,0)									
五.三六八	林湮		23(23,0)									
五.三六九		36(36,0)										
五.三七〇		27(27,0)										
五.三七一		32(32,0)										
五.三七二		10(10,0)										
五.三七三		18(18,0)										
五.三七四		27(27,0)										
五.三七五		19(19,0)										
五.三七六		23(23,0)										
五.三七七	英		57(57,0)									
五.三七八		8(8,0)										
五.三七九		9(9,0)										
五.三八〇	松田	20(17,3)										
五.三八一		50(50,0)										
五.三八二		12(12,0)										

续表

简号	田亩数/身份/丘名	普通民户		吏			军吏	卒			复民	士
		男	女	州吏	郡吏	县吏		州卒	郡卒	县卒		
五.三八三	松田	5(5,0)										
五.三八四			8(8,0)									
五.三八五		14(14,0)										
五.三八六		12(12,0)										
五.三八七		15(10,5)										
五.三八八		24(19,5)										
五.三八九		10(10,0)										
五.三九〇		3(3,0)										
五.三九一		25(25,0)										
五.三九二		2(2,0)										
五.三九三		26(20,6)										
五.三九四		76(76,0)										
五.三九五		25(20,5)										
五.三九六		14(14,0)										
五.三九七		15(15,0)										
五.三九八		33(23,10)										
五.三九九		70(60,10)										
五.四〇〇		33(33,0)										
五.四〇一		31(26,5)										
五.四〇二		46(36,10)										
五.四〇三		4(4,0)										

续表

简号	田亩数 身份 丘名	普通民户		吏			军吏	卒			复民	士
		男	女	州吏	郡吏	县吏		州卒	郡卒	县卒		
五.四〇四			10(10,0)									
五.四〇五						8.100 (8.100,0)						
五.四〇六		7(7,0)										
五.四〇七						75(75,0)						
五.四〇八		23(23,0)										
五.四〇九	杷	20.120(20.120,0)										
五.四一〇					24(24,0)							
五.四一一						49(49,0)						
五.四一二		15.120(15.120,0)										
五.四一三		15(15,0)										
五.四一四		28(28,0)										
五.四一五		8(8.0)										
五.四一六						39.120 (39.120,0)						
五.四一七	东		2(2,0)									
五.四一八						62.120 (4.120,5)						
五.四一九		34(34,0)										
五.四二〇	东薄					30.120 (30.120,0)						
五.四二一								32.120 (32.120,0)				

续表

简号	田亩数/身份/丘名	普通民户		吏			军吏	卒			复民	士
		男	女	州吏	郡吏	县吏		州卒	郡卒	县卒		
五.四二二	东薄					34.120(34.120,0)						
五.四二三	和	38.120(38.120,0)										
五.四二四	周陵									10(10,0)		
五.四二五	於	42.120(12,3)										
五.四二六	於上		26.120(26.120,0)									
五.四二七		20.120(20.120,0)										
五.四二八		17(17,0)										
五.四二九		19(19,0)										
五.四三〇		22(22,0)										
五.四三一		30(30,0)										
五.四三二									19.120(19.120,0)			
五.四三三	泊	46(46,0)										
五.四三四				14(14,0)								
五.四三五	波	40(40,0)										
五.四三六	弦	3(3,0)										
五.四三七								38(38,0)				
五.四三八										17(17,0)		
五.四三九		18(18,0)										
五.四四〇		38(38,0)										
五.四四一		20(20,0)										

续表

简号	田亩数 身份 丘名	普通民户		吏			军吏	卒			复民	士
		男	女	州吏	郡吏	县吏		州卒	郡卒	县卒		
五.四四二		14(14,0)										
五.四四三								28(28,0)				
五.四四四		25(25,0)										
五.四四五		8(3,0)										
五.四四七		20.120(20.120,0)										
五.四四八		24(24,0)										
五.四四九										4(4,0)		
五.四五〇					58(58,0)							
五.四五一		24(24,0)										
五.四五二						4(4,0)						
五.四五三		38(38,0)										
五.四五四	弦	11(11,0)										
五.四五五		10(10,0)										
五.四五六		10(10,0)										
五.四五七		10(10,0)										
五.四五八										9(9,0)		
五.四五九		6(6,0)										
五.四六〇					76(76,0)							
五.四六一		12(12,0)										
五.四六二					63(63,0)							
五.四六三		11(11,0)										
五.四六四		27(27,0)										
五.四六五		16(16,0)										

续表

简号	田亩数 / 身份 / 丘名	普通民户		吏			军吏	卒			复民	士
		男	女	州吏	郡吏	县吏		州卒	郡卒	县卒		
五.四六六	弦			53(53,0)								
五.四六七	弦		14(14,0)									
五.四六八	弦	24.99(24.99,0)										
五.四六九	弦	13(13,0)										
五.四七〇	弦									6(6,0)		
五.四七一	弦								30(30,0)			
五.四七二	弦	38(38,0)										
五.四七三	弦					32(32,0)						
五.四七四	弦									9(9,0)		
五.四七五	弦	8(7,1)										
五.四七六	弦	33(33,0)										
五.四七七	弦	20(20,0)										
五.四七八	函	16(16,0)										
五.四七九	函	9(9,0)										
五.四八〇	函	3(3,0)										
五.四八一	函	29(29,0)										
五.四八二	函						125(125,0)					
五.四八三	函	24(24,0)										
五.四八四	函	8(8,0)										
五.四八五	函	10(10,0)										

续表

简号	田亩数 身份 丘名	普通民户		吏			军吏	卒			复民	士
		男	女	州吏	郡吏	县吏		州卒	郡卒	县卒		
五.四八六	胡衰						29(29,0)					
五.四八七		27(27,0)										
五.四八八		5.100(5.100,0)										
五.四八九		182(182,0)										
五.四九〇		8(8,0)										
五.四九一	南彊	4(4,0)										
五.四九二		8.100(8.100,0)										
五.四九三		35(30,5)										
五.四九四		30(23,7)										
五.四九五		12(12,0)										
五.四九六		31(25,6)										
五.四九七		10(10,0)										
五.四九八		5(5,0)										
五.四九九		4(4,0)										
五.五〇〇		38(33,5)										
五.五〇一	莈	10(10,0)										
五.五〇二		15(15,0)										
五.五〇三		31(31,0)										
五.五〇四		36(31,5)										
五.五〇五		16(6,10)										
五.五〇六		11(11,0)										
五.五〇七		32(25,7)										
五.五〇八		7(7,0)										

续表

简号	身份／田亩数／丘名	普通民户		吏			军吏	卒			复民	士
		男	女	州吏	郡吏	县吏		州卒	郡卒	县卒		
五.五〇九	莎	49(39,10)										
五.五一〇		56(56,0)										
五.五一一		57(57,0)										
五.五一二		32(27,5)										
五.五一三		52(42,10)										
五.五一四		22(22,0)										
五.五一五	侠					50(50,0)						
五.五一六					71.110 (71.110,0)							
五.五一七		17.164(17.164,0)										
五.五一八		20.230(20.230,0)										
五.五一九		10.20(10.20,0)										
五.五二〇		20(20,0)										
五.五二一		8.40(8.40,0)										
五.五二二		7.10(7.10,0)										
五.五二三		1.160(1.160,0)										
五.五二四	度					100.120 (100.120,0)						
五.五二五		6(6,0)										
五.五二六			8(8,0)									
五.五二七							42(42,0)					
五.五二八					30(30,0)							
五.五二九		12(12,0)										

续表

简号	田亩数 身份 丘名	普通民户		吏			军吏	卒			复民	士
		男	女	州吏	郡吏	县吏		州卒	郡卒	县卒		
五.五三〇		12(12,0)										
五.五三一		8(8,0)										
五.五三二		10(10,0)										
五.五三三				160(160,0)								
五.五三四		70(70,0)										
五.五三五		16(16,0)										
五.五三六			40(40,0)									
五.五三七		1(1,0)										
五.五三八		15(15,0)										
五.五三九		8(8,0)										
五.五四〇	度	9(9,0)										
五.五四一		5(5,0)										
五.五四二						37(37,0)						
五.五四三		6(6,0)										
五.五四四		5(5,0)										
五.五四五					125(125,0)							
五.五四六		42(42,0)										
五.五四七		10(10,0)										
五.五四八		49(49,0)										
五.五四九		55.120(55.120,0)										

续表

简号	田亩数/身份/丘名	普通民户		吏			军吏	卒			复民	士
		男	女	州吏	郡吏	县吏		州卒	郡卒	县卒		
五.五五〇	桐	15(15,0)										
五.五五一	桐	30(30,0)										
五.五五二	桐	27(27,0)										
五.五五三	桐	8(8,0)										
五.五五四	桐	6(6,0)										
五.五五五	桐	25(25,0)										
五.五五六	桐					89(89,0)						
五.五五七	桐	23(23,0)										
五.五五八	桐	35(35,0)										
五.五五九	桐	10(10,0)										
五.五六〇	栗	18(18,0)										
五.五六一	栗	70(70,0)										
五.五六二	栗	10(10,0)										
五.五六三	栗	18(18,0)										
五.五六四	栗	14(14,0)										
五.五六五	栗	20(20,0)										
五.五六六	栗	40(40,0)										
五.五六七	栗	29(29,0)										
五.五六八	栗				40(40,0)							
五.五六九	栗	4(4,0)										
五.五七〇	莫	61.10(41.10,20)										
五.五七一	莫	25.170(25.170,0)										
五.五七二	莫		34.230 (34.230,0)									

续表

简号	身份 / 田亩数 / 丘名	普通民户		吏			军吏	卒			复民	士
		男	女	州吏	郡吏	县吏		州卒	郡卒	县卒		
五.五七三	租下	7(7,0)										
五.五七四		37(37,0)										
五.五七五		12(12,0)										
五.五七六		5(5,0)										
五.五七七		2(2,0)										
五.五七八		34(34,0)										
五.五七九		76(76,0)										
五.五八〇						13(13,0)						
五.五八一		14(14,0)										
五.五八二	倉	40(40,0)										
五.五八三		15(15,0)										
五.五八四		26(26,0)										
五.五八五		70(70,0)										
五.五八六		23(23,0)										
五.五八七	逢唐	26(26,0)										
五.五八八		23(23,0)										
五.五八九		23(23,0)										
五.五九〇		29(29,0)										
五.五九一					96(64,32)							
五.五九二		22(22,0)										
五.五九三		12(12,0)										
五.五九四		15(15,0)										
五.五九五	旁	26(26,0)										

续表

简号	田亩数 身份 丘名	普通民户		吏			军吏	卒			复民	士
		男	女	州吏	郡吏	县吏		州卒	郡卒	县卒		
五.五九六	唐中	22(22,0)										
五.五九七	唐中	16(16,0)										
五.五九八	浸	16(16,0)										
五.五九九	浸顷	34(34,0)										
五.六〇〇	浸顷	13(13,0)										
五.六〇一	浸顷									23.120 (23.120,0)		
五.六〇二	专	8(8,0)										
五.六〇三	专	23(23,0)										
五.六〇四	专					44(44,0)						
五.六〇五	专	3(3,0)										
五.六〇六	专	18(18,0)										
五.六〇七	区		25(25,0)									
五.六〇八	区	10.120(10.120,0)										
五.六〇九	区	14.120(14.120,0)										
五.六一〇	区	35(35,0)										
五.六一一	区	39(39,0)										
五.六一二	区	62(62,0)										
五.六一三	区	11(11,0)										
五.六一五	区	3.120(3.120,0)										
五.六一六	区				8(8,0)							
五.六一七	区					79(79,0)						

续表

简号	田亩数 身份 丘名	普通民户		吏			军吏	卒			复民	士
		男	女	州吏	郡吏	县吏		州卒	郡卒	县卒		
五.六一八	区					10.120 (10.120,0)						
五.六一九					100(100,0)							
五.六二〇		12(12,0)										
五.六二一		23(23,0)										
五.六二二		42.100(42.100,0)										
五.六二三			61.120 (61.120,0)									
五.六二六		62.120(62.120,0)										
五.六二七		25(25,0)										
五.六二八		15(15,0)										
五.六二九		101(101,0)										
五.六三〇		30(30,0)										
五.六三二		5(5,0)										
五.六三三	常略	57(57,0)										
五.六三四									23.120 (23.120,0)			
五.六三五		30.120(30.120,0)										
五.六三六		8(8.0)										
五.六三七		65(65,0)										
五.六三八		8.120(8.120,0)										
五.六三九									37(37,0)			
五.六四〇		29.120(29.120,0)										

续表

简号	田亩数 身份 丘名	普通民户		吏			军吏	卒			复民	士
		男	女	州吏	郡吏	县吏		州卒	郡卒	县卒		
五.六四二		33.120(33.120,0)										
五.六四三									37.120 (37.120,0)			
五.六四四	略	2(2,0)										
五.六四五		28(28,0)										
五.六四六		8(8,0)										
五.六四七		3(3,0)										
五.六四八		16(16,0)										
五.六四九		10(10,0)										
五.六五〇							8(8,0)					
五.六五一		7.100(7.100,0)										
五.六五二			21.100 (21.100,0)									
五.六五三		21.120(21.120,0)										
五.六五四		31.160(31.160,0)										
五.六五五		14(14,0)										
五.六五六		34(34,0)										
五.六五七		28(28,0)										
五.六五八		165(160,5)										
五.六五九	唫	1.130(1.130,0)										
五.六六〇		7.120(7.120,0)										
五.六六一				71.20 (71.20,0)								

续表

简号	田亩数 身份 丘名	普通民户		吏			军吏	卒			复民	士
		男	女	州吏	郡吏	县吏		州卒	郡卒	县卒		
五.六六二	唫	42.130(42.130,0)										
五.六六三	唫	35.50(35.50,0)										
五.六六四	唫					58.80 (58.80,0)						
五.六六五	唫			51.70 (51.70,0)								
五.六六六	唫	78.120(78.120,0)										
五.六六七	唫	11.120(11.120,0)										
五.六六八	唫	7.50(7.50,0)										
五.六六九	梨下	3(2,1)										
五.六七〇	淦	2.200(2.200,0)										
五.六七一	淦	47.160(47.160,0)										
五.六七二	淦	11.70(11.70,0)										
五.六七三	淦	6.220(6.220,0)										
五.六七四	淦	30.10(30.10,0)										
五.六七五	淦	15.180(15.180,0)										
五.六七六	淦			82.60 (82.60,0)								
五.六七七	淦	15.190(15.190,0)										
五.六七九	淦	10.70(10.70,0)										
五.六八〇	淦	4.70(4.70,0)										
五.六八一	渚	102(102,0)										

续表

简号	田亩数＼身份／丘名	普通民户		吏			军吏	卒			复民	士
		男	女	州吏	郡吏	县吏		州卒	郡卒	县卒		
五.六八二	寇	4.120(4.120,0)										
五.六八三		10.120(10.120,0)										
五.六八四		27.120(27.120,0)										
五.六八五		6(6,0)										
五.六八六		30(30,0)										
五.六八七		7.120(7.120,0)										
五.六八八		34(34,0)										
五.六九〇		15.120(15.120,0)										
五.六九一		10.41(10.41,0)										
五.六九二	楮		39(39,0)									
五.六九三	楮下	8.170(8.170,0)										
五.六九四		38.90(38.90,0)										
五.六九五				85.80(85.80,0)								
五.六九六		71.140(71.140,0)										
五.六九七		5.10(5.10,0)										
五.六九八		33.20(33.20,0)										
五.六九九								34.10(34.10,0)				
五.七〇〇		24.70(24.70,0)										
五.七〇一		13.140(13.140,0)										
五.七〇二	湛			40(40,0)								

续表

简号	田亩数 身份 丘名	普通民户		吏			军吏	卒			复民	士
		男	女	州吏	郡吏	县吏		州卒	郡卒	县卒		
五.七〇三	湖田	27.60(27.60,0)										
五.七〇四	湖田	12.10(12.10,0)										
五.七〇五	湖田			67.210 (67.210,0)								
五.七〇六	湖田	7.100(7.100,0)										
五.七〇七	湖田	7.140,(7.140,0)										
五.七〇八	湖田	8.120(8.120,0)										
五.七〇九	湖田	33.180(33.180,0)										
五.七一〇	湖田	21.20(21.20,0)										
五.七一一	湖田	17.110(17.110,0)										
五.七一二	湖田	73.180(73.180,0)										
五.七一三	湖田	7.120(7.120,0)										
五.七一四	温		8(8,0)									
五.七一五	温	7(7,0)										
五.七一六	温	21.120(21.120,0)										
五.七一七	温	24(24,0)										
五.七一八	温	13(13,0)										
五.七一九	温	7(7,0)										
五.七二〇	温	4(4,0)										
五.七二一	温	6(6,0)										
五.七二二	温	12(7,5)										
五.七二三	温		6(6,0)									
五.七二四	温	7(7,0)										

续表

简号	田亩数 / 身份 / 丘名	普通民户		吏			军吏	卒			复民	士
		男	女	州吏	郡吏	县吏		州卒	郡卒	县卒		
五.七二五	温	13(13,0)										
五.七二六	温	37(37,0)										
五.七二七	温	15(15,0)										
五.七二八	温	8(8,0)										
五.七二九	温	22(22,0)										
五.七三〇	温	46(36,10)										
五.七三一	温	22(14,8)										
五.七三二	温	6(6,0)										
五.七三三	贺			40(40,0)								
五.七三四	杨	21(21,0)										
五.七三五	杨溲	55(50,5)										
五.七三六	杨溲	34(23,11)										
五.七三七	杨溲	11(6,5)										
五.七三八	杨溲	37(37,0)										
五.七三九	杨溲					34(34,0)						
五.七四〇	杨溲	1(1,0)										
五.七四一	杨溲	10(10,0)										
五.七四二	杨溲	7(7,0)										
五.七四三	杨溲	11(11,0)										
五.七四四	杨溲	2(2,0)										
五.七四五	杨溲	19(16,3)										
五.七四六	杨溲	15(15,0)										
五.七四七	杨溲	71(71,0)										

续表

简号	田亩数 身份 / 丘名	普通民户		吏			军吏	卒			复民	士
		男	女	州吏	郡吏	县吏		州卒	郡卒	县卒		
五.七四八		45(40,5)										
五.七四九						25(25,0)						
五.七五〇		5(5,0)										
五.七五一		25(21,4)										
五.七五二		86(86,0)										
五.七五三		29(15,14)										
五.七五四	杨浉	8(8,0)										
五.七五五		12(11,1)										
五.七五六						21(21,0)						
五.七五七		38(33,5)										
五.七五八			10(10,0)									
五.七五九		15(15,0)										
五.七六〇		1(1,0)										
五.七六一										21(21,0)		
五.七六二					27(27,0)							
五.七六三		13(13,0)										
五.七六四		10(10,0)										
五.七六五	梦	11(11,0)										
五.七六六									14(14,0)			
五.七六七						19(19,0)						
五.七六八			5(5,0)									
五.七六九		21(21,0)										
五.七七〇						33(33,0)						

续表

简号	身份/田亩数/丘名	普通民户		吏			军吏	卒			复民	士
		男	女	州吏	郡吏	县吏		州卒	郡卒	县卒		
五.七七一	梦	3(3,0)										
五.七七二			16(16,0)									
五.七七三					28(28,0)							
五.七七四		24(24,0)										
五.七七五		13(13,0)										
五.七七六		25(25,0)										
五.七七七					37(37,0)							
五.七七八			3(3,0)									
五.七七九		9(9,0)										
五.七八〇		20(19,1)										
五.七八一		9(9,0)										
五.七八二		9(9,0)										
五.七八三		6(6,0)										
五.七八四								44(44,0)				
五.七八五		4(4,0)										
五.七八六		12(12,0)										
五.七八七		10(10,0)										
五.七八八		24(24,0)										
五.七八九		6(6,0)										
五.七九〇	新成				19(19,0)							
五.七九一				40(40,0)								
五.七九二		3(3,0)										

续表

简号	田亩数／身份／丘名	普通民户		吏			军吏	卒			复民	士
		男	女	州吏	郡吏	县吏		州卒	郡卒	县卒		
五.七九三	新成	8(8,0)										
五.七九四						91(91,0)						
五.七九五		9(9,0)										
五.七九六		163(153,10)										
五.七九七	新唐	34.210(34.210,0)										
五.七九八		12.120(12.120,0)										
五.七九九		1.220(1.220,0)										
五.八〇〇						58.160 (58.160,0)						
五.八〇一					45.230 (45.230,0)							
五.八〇二	廉	40.120(40.120,0)										
五.八〇三		17.100(17.100,0)										
五.八〇四		48.10(48.10,0)										
五.八〇五		36.10(36.10,0)										
五.八〇六			31.140 (31.140,0)									
五.八〇七		105.140(105.140,0)										
五.八〇八		16.130(16.130,0)										
五.八〇九		5.230(5.230,0)										
五.八一〇		50.40(50.40,0)										
五.八一一		35.50(35.50,0)										
五.八一二		30.110(30.110,0)										

续表

简号	身份 田亩数 丘名	普通民户		吏			军吏	卒			复民	士
		男	女	州吏	郡吏	县吏		州卒	郡卒	县卒		
五.八一三	廉	49.230(49.230,0)										
五.八一四		21.100(21.100,0)										
五.八一五		52.30(52.30,0)										
五.八一六	廉下	35.50(35.50,0)										
五.八一七	资	53(53,0)										
五.八一八		18(18,0)										
五.八一九	監沱	4.120(4.120,0)										
五.八二〇		20.120(20.120,0)										
五.八二二	僕	23(23,0)										
五.八二三		17.10(17.10,0)										
五.八二四						23(23,0)						
五.八二五		21(21,0)										
五.八二六		22(22,0)										
五.八二七		19(19,0)										
五.八二八		4(4,0)										
五.八二九		17.140(17.140,0)										
五.八三〇		5.120(5.120,0)										
五.八三一		18(18,0)										
五.八三二		4(4,0)										
五.八三三			22(22,0)									
五.八三四						44(44,0)						
五.八三五		42(42,0)										
五.八三六		59(59,0)										

续表

简号	田亩数 身份 丘名	普通民户		吏			军吏	卒			复民	士
		男	女	州吏	郡吏	县吏		州卒	郡卒	县卒		
五.八三七	僕				53(53,0)							
五.八三八	僕				13(13,0)							
五.八三九	僕				31(31,0)							
五.八四〇	僕	11(11,0)										
五.八四一	僕	63(63,0)										
五.八四二	僕	17(17,0)										
五.八四三	尽	11(11,0)										
五.八四四	尽	6(6,0)										
五.八四五	尽	28.120(28.120,0)										
五.八四六	尽	10(10,0)										
五.八四七	尽		9(9,0)									
五.八四八	尽					50(50,0)						
五.八四九	尽	14(14,0)										
五.八五〇	尽									24(24,0)		
五.八五一	尽	17(17,0)										
五.八五二	尽				92(92,0)							
五.八五三	绪	15.220(15.220,0)										
五.八五四	绪	31(31,0)										
五.八五五	绪下		13.100 (13.100,0)									
五.八五六	绪中	23(12,1)										

续表

简号	身份/田亩数/丘名	普通民户		吏			军吏	卒			复民	士
		男	女	州吏	郡吏	县吏		州卒	郡卒	县卒		
五.八五七	捞	5(5,0)										
五.八五八		51(51,0)										
五.八五九					60(60,0)							
五.八六〇						20(20,0)						
五.八六一		8(8,0)										
五.八六二		38(38,0)										
五.八六三		6(5,1)										
五.八六四		6(5,1)										
五.八六五		20(20,0)										
五.八六六		5(3,1)										
五.八六七	虑	42(42,0)										
五.八六八		52(7,2)										
五.八六九		33(33,0)										
五.八七〇		31(31,0)										
五.八七一	暹	31.90(31.90,0)										
五.八七二							28.180 (28.180,0)					
五.八七三		17.130(17.130,0)										
五.八七四		17.150(17.150,0)										
五.八七五		51.220(31.220,20)										
五.八七六	刘里	50(50,0)										
五.八七七		24(24,0)										
五.八七八		64(64,0)										

续表

简号	田亩数/身份/丘名	普通民户		吏			军吏	卒			复民	士
		男	女	州吏	郡吏	县吏		州卒	郡卒	县卒		
五.八七九	刘里	19(19,0)										
五.八八〇	刘里	37(37,0)										
五.八八一	刘里	41(41,0)										
五.八八二	刘里	27(27,0)										
五.八八三	刘里	22(22,0)										
五.八八四	刘里	38(38,0)										
五.八八五	刘里	13(13,0)										
五.八八六	刘里	3(3,0)										
五.八八七	刘里	5(5,0)										
五.八八八	刘里	17(17,0)										
五.八八九	刘里		2(2,0)									
五.八九〇	刘里	68(68,0)										
五.八九一	刘里	29(29,0)										
五.八九二	刘里	13(13,0)										
五.八九三	刘里	97(97,0)										
五.八九四	刘里						7(7,0)					
五.八九五	刘里	10(10,0)										
五.八九六	刘里	4(4,0)										
五.八九七	刘里	84(84,0)										
五.八九八	刘里	37(37,0)										
五.八九九	刘里	5(5,0)										
五.九〇〇	刘里	122(122,0)										
五.九〇一	刘里		181(181,0)									

续表

简号	田亩数 身份 / 丘名	普通民户		吏			军吏	卒			复民	士
		男	女	州吏	郡吏	县吏		州卒	郡卒	县卒		
五.九〇二	刘里	15(15,0)										
五.九〇三		12(12,0)										
五.九〇四				29(29,0)								
五.九〇五			34(34,0)									
五.九〇六		42(42,0)										
五.九〇七							21(21,0)					
五.九〇八			4(4,0)									
五.九〇九		23(23,0)										
五.九一一			50(50,0)									
五.九一二					68(68,0)							
五.九一三	溃	12(12,0)										
五.九一四						28(28,0)						
五.九一五					96(96,0)							
五.九一六		42(42,0)										
五.九一七		6(6,0)										
五.九一八					51(51,0)							
五.九一九		6(6,0)										
五.九二〇					90(90,0)							
五.九二一	弹溲	11(10,1)										
五.九二二		6(5,1)										
五.九二三			12(12,0)									
五.九二四				50(50,0)								
五.九二五		18(18,0)										

续表

简号	田亩数 身份 / 丘名	普通民户		吏			军吏	卒			复民	士
		男	女	州吏	郡吏	县吏		州卒	郡卒	县卒		
五.九二六	弹浭	11(11,0)										
五.九二七										17.80 (17.80,0)		
五.九二八		7(6,1)										
五.九二九		23(23,0)										
五.九三〇		10(10,0)										
五.九三一		4(4,0)										
五.九三二			15(15,0)									
五.九三三			5(5,0)									
五.九三四		7(7,0)										
五.九三五		16(16,0)										
五.九三六		31(31,0)										
五.九三七		11(11,0)										
五.九三八		51(51,0)										
五.九三九									20(20,0)			
五.九四〇								51(51,0)				
五.九四一						30(30,0)						
五.九四二					24(24,0)							
五.九四三		12.164(12.164,0)										
五.九四四		26(26,0)										
五.九四五					29(29,0)							
五.九四六		18(18,0)										
五.九四七		26(26,0)										

续表

简号	身份/田亩数/丘名	普通民户		吏			军吏	卒			复民	士
		男	女	州吏	郡吏	县吏		州卒	郡卒	县卒		
五.九四八	弹溲	20(20,0)										
五.九四九	弹溲				5(5,0)							
五.九五〇	弹溲	12(12,0)										
五.九五一	弹溲	21(21,0)										
五.九五二	弹溲									27(27,0)		
五.九五三	弹溲	5(5,0)										
五.九五四	弹溲	10(10,0)										
五.九五五	弹溲							20(20,0)				
五.九五六	弹溲	5(5,0)										
五.九五七	弹溲	5(5,0)										
五.九五八	弹溲	29(29,0)										
五.九五九	弹溲	20(20,0)										
五.九六〇	龙	21(21,0)										
五.九六一	龙	54(54,0)										
五.九六二	龙	30.100(30.100,0)										
五.九六三	龙	142(132,10)										
五.九六四	龙	29(29,0)										
五.九六五	龙	12.220(12.220,0)										
五.九六六	龙		33(33,0)									
五.九六七	龙	9(9,0)										
五.九六八	龙	56(51,5)										
五.九六九	龙	10(10,0)										
五.九七〇	龙		8(8,0)									

续表

简号	田亩数 身份 丘名	普通民户		吏			军吏	卒			复民	士
		男	女	州吏	郡吏	县吏		州卒	郡卒	县卒		
五.九七一	龙	38(38,0)										
五.九七二		30(30,0)										
五.九七三	钖	8(8,0)										
五.九七四		34(34,0)										
五.九七五	灪	19(19,0)										
五.九七六						20.120 (20.120,0)						
五.九七七						48(48,0)						
五.九七八		11(11,0)										
五.九七九		8(8.0)										
五.九八〇		4(3.1)										
五.九八一						49.120 (49.120,0)						
五.九八二						46.120 (46.120,0)						
五.九八四		2(2,0)										
五.九八五		6(6,0)										
五.九八六		2(2,0)										
五.九八七		35.120(35.120,0)										
五.九八八			4(4,0)									
五.九八九	鹝	120(120,0)										
五.九九〇		12(12,0)										

续表

简号	身份/田亩数/丘名	普通民户		吏			军吏	卒			复民	士
		男	女	州吏	郡吏	县吏		州卒	郡卒	县卒		
五.九九一	鹳	46(46,0)										
五.九九二	鹳	10(10,0)										
五.九九三	鹳	30(23,7)										
五.九九四	鹳	3(3,0)										
五.九九五	鹳	31(24,7)										
五.九九六	鹳	16(16,0)										
五.九九七	鹳	11(11,0)										
五.九九八	鹳	11(11,0)										
五.一〇〇〇	鹳	31(31,0)										
五.一〇〇一	?						33(33,0)					
五.一〇〇二	?				152(152,0)							
五.一〇〇三	?			53.220 (53.220,0)								
五.一〇〇四	……			36.120 (36.120,0)								
五.一〇〇五	□□	15(15,0)										
五.一〇〇六	……					41(41,0)						
五.一〇〇七	□□	18(18,0)										
五.一〇〇八	□□	60.50(60.50,0)										
五.一〇〇九	□□	6(6,0)										
五.一〇一〇	□□				83.90 (83.90,0)							

续表

简号	身份 田亩数 丘名	普通民户		吏			军吏	卒			复民	士
		男	女	州吏	郡吏	县吏		州卒	郡卒	县卒		
五.一〇一一	▨□	105(100,5)										
五.一〇一二	□姑					11(11,0)						
五.一〇一三			36(36,0)									
五.一〇一四	□	4(4,0)										
五.一〇一五		72.120(72.120,0)										
五.一〇一六	□□□	46(46,0)										
五.一〇一八	□下	29.20 (29.20,0)										
五.一〇一九	□						42(42,0)					
五.一〇二〇		87(87,0)										
五.一〇二一			6(6,0)									
五.一〇二二		18(13,5)										
五.一〇二三	□□	51(51,0)										
五.一〇二四	□	120(120,0)										
五.一〇二五	□涄					33(33,0)						
五.一〇二六	□	18.30(18.30,0)										
五.一〇二七	□□	13(13,0)										
五.一〇二八	□中	10(10,0)										
五.一〇二九	□□	17(17,0)										
五.一〇三〇	□		68(68,0)									
五.一〇三一		41(36,5)										

续表

简号	田亩数 身份 丘名	普通民户		吏			军吏	卒			复民	士
		男	女	州吏	郡吏	县吏		州卒	郡卒	县卒		
五.一〇三二	……					16(16,0)						
五.一〇三三	□□	17(17,0)										
五.一〇三四		57(57,0)										
五.一〇三五		80(80,0)										
五.一〇三六		92.120(92.120,0)										
五.一〇三七	□			32(32,0)								
五.一〇三八		14(14,0)										
五.一〇三九			20(20,0)									
五.一〇四〇		39(39,0)										
五.一〇四一	□中	8(8,0)										
五.一〇四二	□□	12(12,0)										
五.一〇四四	□中	16(16,0)										
五.一〇四五	□龙									39.120 (39.120,0)		
五.一〇四六	☑	26.10(26.10,0)										
五.一〇四七	□	19(19,0)										
五.一〇四八	□汤	20(20,0)										
五.一〇四九	□□	58.20(58.20,0)										
五.一〇五〇		28(27,1)										
五.一〇五一	□	34(34,0)										
五.一〇五二		5(5,0)										

续表

简号	田亩数/身份/丘名	普通民户		吏			军吏	卒			复民	士
		男	女	州吏	郡吏	县吏		州卒	郡卒	县卒		
五.一〇五四	□□		7(7,0)									
五.一〇五五		39(39,0)										
五.一〇五六	□下	6(6,0)										
五.一〇五七	□□	8(8,0)										
五.一〇五八		14(14,0)										
五.一〇五九	□	36(36,0)										
五.一〇六〇		33(33,0)										
五.一〇六一								37(37,0)				
五.一〇六二		32(27,5)										
五.一〇六三	□□									48(48,0)		
五.一〇六四	□	29(29,0)										
五.一〇六五		63(58,5)										
五.一〇六六	□□	20(20,0)										
五.一〇六七		30(30,0)										
五.一〇六八	□	8(8,0)										
五.一〇七〇		23(23,0)										
五.一〇七一		35(35,0)										
五.一〇七二		36(36,0)										
五.一〇七三		33(33,0)										
五.一〇七四	□中	218(218,0)										
五.一〇七五	□□	21(21,0)										

续表

简号	田亩数/身份/丘名	普通民户		吏			军吏	卒			复民	士
		男	女	州吏	郡吏	县吏		州卒	郡卒	县卒		
五.一〇七六	□	20(20,0)										
五.一〇七七		38(38,0)										
五.一〇七八		29(29,0)										
五.一〇七九	□□	5(5,0)										
五.一〇八〇	□	34(34,0)										
五.一〇八二	□					54(54,0)						
五.一〇八四	□	21(17,4)										
五.一〇八五	□□	29(29,0)										
五.一〇八六	□浭					31(31,0)						
五.一〇八八	□	7(7,0)										
五.一〇八九		34(34,0)										
五.一〇九〇		11(10,1)										
五.一〇九一		21.40(21.40,0)										
五.一〇九二			25.150 (25.150,0)									
五.一〇九三	……	17(17,0)										
五.一〇九四	……	31(31,0)										
五.一〇九五	□□	11(11,0)										
五.一〇九六	□	5(5,0)										
五.一〇九七	□□	17(17,0)										

续表

简号	田亩数 / 丘名 \ 身份	普通民户		吏			军吏	卒			复民	士
		男	女	州吏	郡吏	县吏		州卒	郡卒	县卒		
五.一〇九八	□					23(23,0)						
五.一〇九九		14(14,0)										
五.一一〇〇		80(80,0)										
五.一一〇一		52(42,10)										
五.一一〇三	□□	71.170(49.170,22)										
五.一一〇六	□□	5(5,0)										
五.一一三一	□	64(19,2)										
五.一一三二	……	46(46,0)										
五.一一三三		33.130(33.130,0)										
五.一一三四	□				50(50,0)							
五.一一四〇	……	21.120(21.120,0)										
五.一一四二	……	10(10,0)										
五.一一四四	□□	27(27,0)										
五.一一四五	□	30.120(30.120,0)										
五.一一五五	……	37.120(37.120,0)										
五.一一五八	□□		12(12,0)									

表 6 《嘉禾吏民田家莂》无年份标识“吏民”佃田数表

简号	田亩数 身份 丘名	普通民户		吏			军吏	卒			复民	士
		男	女	州吏	郡吏	县吏		州卒	郡卒	县卒		
〇.二	上莈	36(□,□)										
〇.三	平支	75(44,31)										
〇.四	平支	28(28,0)										
〇.六	平支	16(□,□)										
〇.九	平乐	7(7,0)										
〇.一〇	平乐	37(37,0)										
〇.一一	石下	8(□,□)										
〇.一二	石下					32(32,0)						
〇.一三	伻	12(12,0)										
〇.一四	伻	17(17,0)										
〇.一五	何	35(35,0)										
〇.一六	东溪	5(5,0)										
〇.一七	采中	10(10,0)										
〇.一八	弦	7(7,0)										
〇.一九	南疆	6(6,0)										
〇.二一	顷		40(40,0)									
〇.二三	梦	10(10,0)										
〇.二四	梦	13(□,□)										
〇.二七	暹	24.100(□,□)										

续表

简号	田亩数\身份 丘名	普通民户		吏			军吏	卒			复民	士
		男	女	州吏	郡吏	县吏		州卒	郡卒	县卒		
○.二八	□	24.30(□,□)										
○.二九		20(□,□)										
○.三一	□□	7(7,0)										

注：(1)统计限于户主身份、占田亩数明确者。凡户主身份不明或占田亩数不明、不完整者均不计入。
(2)原简登记有误、缺者，一般依编者校改数补入。
(3)有些田亩数缺载而编者未校补者，则笔者据该简下文之二年常限田、余力田亩数或缴纳米、布、钱数推算而补入。
(4)田亩数后括号内的数据，前者表示二年常限田，后者表示余力田。田亩数据，“.”号前为亩，“.”号后为步。

总数据统计表

类别 \ 身份		普通农民		吏			卒			军吏	复民	士	合计
		男	女	州	郡	县	州	郡	县				
人(户)数		1383	84	37	57	67	10	9	13	17	13	9	1699
		1467		161			32						
田亩数	总田亩	40941 亩 23375 步	2407 亩 1830 步	1896 亩 780 步	3121 亩 550 步	3284 亩 2100 步	340 亩 250 步	364 亩 360 步	254 亩 320 步	583 亩 240 步	499 亩	713 亩	
		43348 亩 25205 步		8301 亩 3430 步			958 亩 930 步			583 亩 240 步	499 亩	713 亩	
	折算后	43453.02 亩		8315.2916 亩			961.875 亩			584 亩	499 亩	713 亩	54526.186 亩
	常限田	38502 亩 23255 步	2394 亩 1830 步	1801 亩 780 步	2941 亩 550 步	3095 亩 2100 步	317 亩 250 步	271 亩 360 步	254 亩 320 步	540 亩 240 步	499 亩	713 亩	
		40896 亩 25085 步		7837 亩 3430 步			842 亩 930 步						
	折算后	41000.52 亩		7851.2916 亩			845.875 亩			541 亩	499 亩	713 亩	51450.686 亩
	余力亩	2139 亩	13 亩	95 亩	180 亩	136 亩	23 亩	93 亩	0	5 亩	0	0	
		2152 亩		411 亩			116 亩						
	折算后	2152 亩		411 亩			116 亩			5 亩	0	0	2684 亩
人(户)均田亩数		29.620327 亩		51.647773 亩			30.058593 亩			34.352941 亩	38.384615 亩	79.222222 亩	32.093105 亩

注：以 240 步为亩折算。

魏晋南北朝“吏户”问题再献疑

——“吏”与“军吏”辨析

“吏户”论是20世纪五六十年代以来中国魏晋南北朝史学界的主流观点之一，被学术界广泛接受和应用，几乎成为定论。这个观点认为魏晋南北朝时期存在“吏户”，他们是由秦汉时期的低级官吏演变而来的特殊服役者，他们有特殊的户籍——“吏籍”，其身份地位是较一般平民低贱的依附民。这种“吏户”形成于三国，发展于两晋南朝。20世纪90年代长沙走马楼吴简出土之后，论者继续以“吏户”论的观点去解释吴简资料及相关问题。三国时期孙吴的基层田赋、簿籍档案中记载了民户男女，州、郡、县吏卒及其他身份的人员，直接将他们概括称之为“吏民”①，论者认为这是“吏户”与“民户”或“吏籍”与“民籍”合称之意。拙文《“吏户”献疑——从长沙走马楼吴简谈起》②对此提出质疑，认为吴简中的“吏”与“民”同为基层编户，并无另外之“吏籍”或“吏户”；“吏”与“民”享有平等的权利和义务。“吏”在经济、政治等方面的权益和地位与普通农民相同，甚至在某些方面还高于普通农民，他们的地位并非是普通农民之下的依附民。“吏户”论的观点既与出土文献——“长沙走马楼吴简”相悖，于传世文献亦不足徵。“吏户”论所指的“吏”是行政系统的“吏”，但是在具体论证时，苦于无有力的论据，遂常常以军事系统的“军吏”的有关资料作为证据，不仅将行政系统之“吏”与军事系统之“吏”混为一谈，甚至将行政系统之“吏”与军事系统之士卒混为一谈。因此，根据这些未加甄别的资料所作出的论断就很难说是符合历史实际的。兹就其比较经常援引的“将吏”、“吏士”、“吏兵”、

---

① 见长沙市文物考古研究所、中国文物研究所、北京大学历史学系、走马楼简牍整理组编著：《嘉禾吏民田家莂》，北京，文物出版社，1999；长沙市文物考古研究所、中国文物研究所、北京大学历史学系、走马楼简牍整理组编著：《长沙走马楼三国吴简·竹简》(壹)，北京，文物出版社，2003。

② 载《历史研究》，2005(3)。

“武射吏”、“武吏”、“文武吏”等“军吏”方面的资料辨析于下，以就正于方家。

一、关于“将吏”与“吏”

有关“将吏”的记载是经常被用于论证“吏户”问题的资料群之一。为了证明魏晋南北朝时期吏役繁重，论者征引南朝萧齐文惠太子以“将吏”建筑宫苑之事作为根据，用于证明“吏”被征发进行土木营建，或用于证明“吏役”有番假，如此等等。这条材料的原文是：“(萧齐)永明中，二宫兵力全实，(文惠)太子使宫中将吏更番役筑，宫城苑巷，制度之盛，观者倾京师。”①这里明言当时文惠太子宫中“兵力全实”，故他得以令“宫中将吏更番役筑”。这些参与建筑宫苑的“将吏”显然是其“兵力”中的成员。史称文惠太子“性颇奢丽”，其所居“宫内殿堂，皆雕饰精绮，过于上宫”。因而有此修建之举。他大事修建宫苑是背着其父齐武帝的，因“虑上宫望见”，故而采取了诸多掩饰的手法。后来他的举动还是被齐武帝发现，齐武帝“见其弥亘华远，壮丽极目，于是大怒，收监作主帅。太子惧，皆藏匿之，由是见责”。② 可见这个工程监作者也是他所辖“兵力”中的成员。此事纯属皇太子骄奢淫逸的胡作非为，所役使者乃其所掌握之军队成员，并非所谓“吏”。

为了论证“吏”被征发服兵役，论者举齐明帝时王敬则谋反、张瓌“遣将吏三千人迎拒”③之事以为论据之一。这里的“将吏”是什么人呢？王敬则谋反前，明帝即“以张瓌为平东将军、吴郡太守，置兵佐，密防(王)敬则”④。文中明指齐明帝特为张瓌“置兵佐”以防备王敬则，可知其所遣“将吏三千人”即这些“兵佐”成员。故《南史》记此事曰：“及敬则反，(张)瓌遣

① 《南齐书》卷21《文惠太子传》，401页，北京，中华书局，1972。

② 《南齐书》卷21《文惠太子传》，401页。

③ 《南齐书》卷24《张瓌传》，455页。

④ 《南齐书》卷26《王敬则传》，465页。

兵迎拒”[①]；《通鉴》亦记作：“张瓌遣兵三千拒（王）敬则”[②]。可见这些“将吏”是泛指“兵”（即军队）而非“吏”。虽然有个别论者也引用了《南史》这则记载，但却解释说这是六朝时期“兵吏混称”的表现，认为这个材料还是说明“六朝时期经常用吏从事战斗”[③]。事实上，上述史籍中“将吏”的概念是明确的，均以之指“兵”（即军队），并没有用于指“吏”，也并不存在什么“兵吏混称”的问题。

那么，“将吏”是军事系统中的何等成员？其具体含义又是什么？《尉缭子》曰：“将吏弃卒独北者，尽斩之。”军法规定“将吏”不可抛弃所部之“卒”而径自逃跑，可知“将吏”是士卒之统率者。同书又曰：“卒后将吏而至大将所一日，父母妻子尽同罪。”[④]可见“将吏”是居于“大将”之下、士“卒”之上的中下级将佐吏员。西汉武帝时贰师将军伐大宛，“而将吏贪，多不爱士卒，侵牟之，以此物故众”[⑤]。此“将吏”为行军统帅李广利与“士卒”之间的一个群体，他们有权力“侵牟”士卒，可见他们是士卒之“顶头上司”。晁错对汉文帝说：“陛下幸忧边境，遣将吏发卒以治塞，甚大惠也。”[⑥]这里亦以“将吏”居“士卒”之上而为其统率者。东汉建武五年（公元29年）耿弇与吴汉大破富平、获索起义军后，光武帝“诏（耿）弇进讨张步。（耿）弇悉收集降卒，结部曲，置将吏”[⑦]。耿弇以建威大将军身份组建征讨张步之军队，在收集富平、获索降卒为“部曲”的同时即“置将吏”，从而能够成军以东征。上述材料表明军队是由统军将领、将吏、士卒这样三个层级而构成的；而“将吏”是士卒之上、统军将领之下的一个群体。

魏晋南北朝时期亦是如此。黄初元年（公元220年）张辽以前将军统军

① 《南史》卷31《张裕传》附《张瓌传》，814页，北京，中华书局，1975。

② 《资治通鉴》卷141《齐纪7》，“明帝永泰元年”条，4427页。

③ 张泽咸：《六朝的徭役制度》，见《中国古史论集》，223页，长春，吉林人民出版社，1981。

④ 钟兆华校注：《尉缭子校注》卷4《兵令下第二十四》，77页，郑州，中州书画社，1982。

⑤ 《史记》卷123《大宛列传》，3178页，北京，中华书局，1959。

⑥ 《汉书》卷49《晁错传》，2286页，北京，中华书局，1962。

⑦ 《后汉书》卷19《耿弇传》，708页，北京，中华书局，1965。

屯合肥以御吴，曹丕“给(张)辽母舆车及兵马，送辽家诣屯，敕辽母至，导从出迎。所督诸军将吏皆罗拜道侧，观者荣之”①。这些参与迎接张辽母亲、家属的“将吏”就是统帅张辽所辖之部属。景初二年(公元238年)司马懿征辽东，“时有兵士寒冻”，司马懿“乃奏军人年六十以上者罢，遣千余人；将吏从军死亡者致丧还家”②。“将吏”战亡者可以归葬故里，而“军人”则无此优待，两者处置和待遇的不同反映了他们地位之差别。齐东昏侯永元二年(公元500年)萧颖胄于江陵奉南康王萧宝融为主，萧宝融下令：“所领内系囚见徒，罪无轻重，殊死已下，皆原遣。先有位署，即复本职。将吏转一阶。从征身有家口停镇，给廪食。凡诸杂役见在诸军带甲之身，克定之后，悉免为民。”③其中“将吏”可以获得“转一阶”的奖赏，而作为“带甲之身”的士卒只获得“悉免为民”的待遇，两者待遇、地位之差异也是很明显的。

地方军府亦然。西晋建兴三年(公元315年)“王敦左迁陶侃，使(王)廙代为荆州。将吏马俊、郑攀等上书请留侃，敦不许”④。陶侃时为使持节、宁远将军、南蛮校尉、荆州刺史。马俊、郑攀为陶侃荆州军府之“将吏”。萧齐永明六年(公元488年)房法乘被任命为交州刺史，“(房)法乘至镇，属疾不理事，专好读书。长史伏登之因此擅权，改易将吏，不令法乘知。录事房季文白之，法乘大怒，系(伏)登之于狱。十余日，登之厚赂法乘妹夫崔景叔得出，将部曲袭州执法乘，谓之曰：‘使君既有疾，不宜劳。’囚之别室”⑤。此事在永明八年(公元490年)。是交州军府亦置“将吏”，而长史、录事为军府僚佐，属“将吏”中重要成员；“将吏”之下则有“部曲”。

“将吏”不仅在军事系统的级别中居于士卒之上，而且在行政系统亦占有相当之地位。高堂隆上疏魏明帝，指陈时政弊端之一曰：“将吏俸禄，

① 《三国志》卷17，见《张辽传》，520页，北京，中华书局，1988。

② 《晋书》卷1《宣帝纪》，12页，北京，中华书局，1974。

③ 《南齐书》卷8《和帝纪》，111页。

④ 《晋书》卷76《王廙传》，2004页。

⑤ 《南齐书》卷58《东南夷传》，1018页。

稍见折减，方之于昔，五分居一；诸受休者又绝廪赐……”[①]可见“将吏”日常食国家“俸禄”，在休假期间还能享受国家的“廪赐”。孙晧为了采择后宫，“使黄门备行州郡，科取将吏家女。其二千石大臣子女，皆当岁岁言名。年十五六，一简阅，简阅不中，乃得出嫁。后宫千数，而采择无已”[②]。其采择后宫的主要对象就是“将吏”家女，“将吏”之上焉者包括“二千石大臣”。泰始(公元265—274年)中，晋武帝“博选良家以充后宫”，“司徒李胤、镇军大将军胡奋、廷尉诸葛冲、太仆臧权、侍中冯荪、秘书郎左思及世族子女并充三夫人，九嫔之列。司、冀、兖、豫四州二千石将吏家，补良人以下”[③]。“将吏”家女仍为采择对象之一，这里“将吏”与“二千石”并列，而位次于朝廷公卿。晋武帝泰始元年(公元265年)诏：“诸将吏二千石已下遭三年丧者，听归终宁。庶人复除徭役。”[④]西晋平吴之后，下令“孙氏将吏渡江者复十年，百姓复二十年”[⑤]。可知“将吏”在“庶民”“百姓”之上。“将吏”还有参与朝廷决策的机会，黄龙元年(公元229年)孙权“欲还都建业，而虑水道溯流两千里，一旦有警，不相赴及，以此怀疑。及至夏口，于坞中大会百官议之，诏曰：‘诸将吏勿拘位任，其有计者，为国言之。’诸将或陈宜立栅栅夏口，或言宜重设铁锁者，权皆以为非计。时(张)梁为小将，未有知名，乃越席而进曰……(孙)权以(张)梁计为最得，即超增梁位。后稍以功，进至沔中督”[⑥]。可知“将吏”包括在“百官”之中，有时有机会参与朝廷的百官决策大会。

“将吏”是一个宽泛的概念，如果进一步加以区分，则有“将”有“吏”，“将吏”是由这两个词素而组成的复合词。刘宋泰始二年(公元466年)，晋安王刘子勋于寻阳称帝，反抗明帝，湘州从事何慧文依附于刘子勋。同年九月平定刘子勋后，宋明帝“以何慧文才兼将吏……使吴喜宣旨赦之”[⑦]。

① 《三国志》卷25《高堂隆传》，715页。

② 《三国志》卷50《妃嫔传》注引《江表传》，1203页。

③ 《晋书》卷31《武元杨皇后传》，953页。

④ 《通典》卷80《礼四十·总论丧期》，429页，北京，中华书局，1984。

⑤ 《资治通鉴》卷81《晋纪3》，“太康元年”条，2569页。

⑥ 《三国志》卷51《孙奂传》注引《江表传》，1209页。

⑦ 《资治通鉴》卷131《宋纪》，“泰始二年”条，4122页。

胡三省注曰："有将才，又有吏才也"，释"将吏"为"将"与"吏"。上述黄龙元年孙权在夏口召开百官会议的记载表明其中"将"的高下层级相去悬远，包括从无名"小将"到统帅之左右的高级将领在内。前举王敦以王廙代陶侃为荆州刺史时，陶侃"将吏马俊、郑攀等上书请留侃"，同书另处记此事曰："(陶)侃故将郑攀、马儁等乞侃于(王)敦。"①可知马、郑二人实为陶侃之"将"，泛称则谓之"将吏"。"将吏"一词的另一内涵则为"吏"。刘宋永初二年(公元421年)，刘裕"初限荆州府置将不得过二千人，吏不得过一万人；州置将不得过五百人，吏不得过五千人。兵士不在此限"②。这个记载中前者"荆州府"为荆州都督府，即荆州都督区首州——荆州军府，后者所称之"州"则为荆州都督区所统诸州军府。两类军府均由"将"、"吏"两部分成员组成。此二者合称则所谓"将吏"。《宋书·百官志》记公府佐吏曰："长史、从事中郎主吏，司马主将。"③由其上佐长史、司马等分别主管府中之"将"与"吏"。而"宋齐以下，诸州之置军府者，其组织略如公府，惟视军号大小而递损其规制"④。是则地方军府亦由长史、司马分别主管其"将"与"吏"，而在"将吏"之下则为兵士。"永初二年"之令除了规定荆州军府及所统诸州军府之"将"、"吏"编制限额之外，还规定"将吏"之下的"兵士"员额不受限制。据此，则不论行军或军府之编制，粗分则由统帅、将吏、士兵三部分成员组成；细分则由统帅、将、吏、士兵四部分成员组成。

那么，"将吏"中的"吏"具体是些什么人呢？他们即史籍中常见的"军吏"⑤。在魏晋南北朝时期，狭义的"军吏"是指居于"军将"和"士兵"之间的一个群体；广义的"军吏"也可包括"军将"在内，与"将吏"的涵义基本上相同。上述刘裕规定的荆州都督府及其所统诸州军府中的"吏"就是指狭义的"军吏"，而与"将"有着层级高下和员额多少的区别。"军吏"有时可径称为

① 《晋书》卷81《朱伺传》，2121页。同书卷66《陶侃传》，1772页，亦记此二人为"将"。

② 《宋书》卷3《武帝纪下》，57页。

③ 《宋书》卷39《百官志上》，1223页。

④ 严耕望：《中国地方行政制度史》上编《魏晋南北朝地方行政制度》上册，176页，台北，"中央研究院历史语言研究所"专刊之四十五。

⑤ 参见拙文《说'军吏'——从长沙走马楼吴简谈起》，载《文史哲》，2005(2)。

"吏"，如："贺拔岳营于河曲，有军吏独行，忽见一老翁，须眉皓素，谓之曰：'贺拔岳虽复据有此众，然终无所成。当有一宇文家从东北来，后必大盛。'言讫不见。此吏恒与所亲言之，至是方验。"[①]这里即先称"军吏"，后称为"吏"，此"吏"实际上是"军吏"。"军吏"是与士兵相结合而存在，而形成为一个不可分割的整体——军队，两者同属军事系统而有上下层级之别。晋元帝以戴若思"出为征西将军、都督兖、豫、幽、冀、雍、并六州诸军事、假节，加散骑常侍。发投刺王官千人为军吏，调扬州百姓家奴万人为兵配之"[②]。"军吏"发"投刺王官"为之，"兵"则调"百姓家奴"为之；前者千人，后者万人。两者的区分是显而易见的。这种区分与永初二年的规定是一致的。

上述永初二年关于荆州及其所统诸州军府"将"、"吏"限额的记载是"吏户"论经常加以征引的资料，用以证明魏晋南北朝时期"吏"的数量庞大，将两者相加而谓荆州有"吏"一万五千人云云。这是将军事系统的"军吏"与行政系统的"吏"混为一谈。永初二年之前的义熙八年(公元412年)，刘裕同样有一个针对荆州地区的命令，他在平定刘毅之后下令曰："州郡县吏，皆依尚书定制实户置。"[③]这个命令是关于荆州行政系统置"吏"限额的规定，故需依尚书省的规定，根据户口多少而确定置"吏"数额，与此后九年即永初二年针对荆州军府置"吏"的规定在对象和性质上均不相同，一个是关于州郡县行政系统"吏"员数额的规定，一个是关于荆州军府"军吏"数额的规定，而"吏户"论却将两者混为一谈。在长沙走马楼吴简的基层编户中，州郡县"吏"与"军吏"是两个不同的群体[④]，进一步印证这两种"吏"是有区别的。

---

① 《周书》卷1《文帝纪上》，6页。

② 《晋书》卷69《戴若思传》，1847页。

③ 《宋书》卷2《武帝纪中》，29页。

④ 参见《长沙走马楼三国吴简·嘉禾吏民田家莂》。

二、关于“吏士”、“吏兵”与“吏”

与上述情况相同，论者还将有关“吏士”、“吏兵”等方面的资料群作为论述“吏户”问题的证据。

为了强调魏晋南北朝时期吏役的繁重，论者征引曹魏王朗奏议中“吏士小大，并勤稼穑”一语，以证明这个时期吏的地位低落，要为州郡耕种公田云云。此语出《魏名臣奏》所载王朗《节省奏》，这句话的前后文是这样的：“当今诸夏已安，而巴、蜀在画外。虽未得偃武而弢甲，放马而戢兵，宜因年之大丰，遂寄军政于农事。吏士小大，并勤稼穑，止则成井里于广野，动则成校队于六军，省其暴徭，赡其衣食。”①这是曹丕称帝后司空王朗针对当时存在“或乃兵既久屯，而不务营佃”的情况提出的建议，其目的是“寄军政于农事”，因此要求“吏士小大，并勤稼穑”，其主要意图是用军队中的“吏士”以事农耕。这样他们平时则可“成井里于广野”，战时则可“成校队于六军”②，实行亦兵亦农。这里的“吏士”分明是指军队中的成员——军吏与士卒。

论者又以《三国志·徐盛传》所载“吏士”参战一事以证明“吏”常被驱使作战。事实上这里的“吏士”也不是行政系统之“吏”而是“兵”。《徐盛传》曰：“孙权统事，以(徐盛)为别部司马，授兵五百人，守柴桑长，拒黄祖。(黄)祖子(黄)射，尝率数千人下攻(徐)盛。(徐)盛时吏士不满二百，与相拒击，伤(黄)射吏士千余人。已乃开门出战，大破之。(黄)射遂绝迹，不复为寇。”③这里明言孙权授予徐盛五百“兵”，他在抗拒黄射时所用的“吏士”二百人，即五百“兵”中的一部分，黄射被徐盛击伤的“吏士”一千余人也同样是士兵，而作战是“吏士”的本分。

那么，“吏士”的含义究竟是什么呢？战国时期军事家在论及军队的训

① 《三国志》卷13《王朗传》注引，410页。

② 《三国志》卷13《王朗传》注引，410页。

③ 《三国志》卷55《徐盛传》，1298页。

练和指挥时强调："将必明告吏士，申之以三令。"①可知"吏士"是在"将"指挥之下的军队成员。汉宣帝时赵充国奉命伐羌，他的上疏中有云："步兵九校，吏士万人。"②其中步兵九部共有"吏士"万人。建安十三年(公元 208 年)曹操"至赤壁，与(刘)备战，不利。于是大疫，吏士多死者，乃引军还"。次年，曹操"军合肥"，令曰："自顷已来，军数征行，或遇疫气，吏士死亡不归。"③前者是参与赤壁之战的"军"中成员，后者是指出征阵亡的"军"中成员。曹魏时颜斐为京兆太守，青龙年间(公元 233－237 年)"司马宣王在长安立军市，而军中吏士多侵侮县民，(颜)斐以白宣王。宣王乃发怒召军市候，便于斐前杖一百……宣王遂严持吏士。自是之后，军营、郡县各得其分"④。这里明确将"吏士"指为"军中"成员，是与地方行政系统——"郡县"之"吏"不同的另一系统成员。

"吏士"也是一个比较宽泛的词，它是"军吏士卒"或"将吏士卒"的合称。西汉元帝永光二年(公元前 42 年)冯奉世率兵六万讨西羌，复派韩安国率募士万人支援，"未进，闻羌破而还。诏罢吏士，颇留屯田，备要害处"⑤。此谓解散征羌军队，留下其中部分"吏士"进行屯田。胡注："吏，军吏；士，卒也。"将"吏士"视为"军吏"与"士卒"之合称。汉王元年(公元前 206 年)刘邦就国，"至南郑，诸将及士卒多道亡归，士卒皆歌思东归。韩信说汉王曰：'项羽王诸将之有功者，而王独居南郑，是迁也。军吏士卒皆山东之人也，日夜跂而望归……'"⑥前面的"诸将及士卒"与后面的"军吏士卒"所指相同。而班固记此事曰："吏卒皆山东之人，日夜企而望归。"⑦他将"军吏士卒"简称为"吏卒"。可知"吏卒"与"吏士"的含义也是相同的。司马迁记张骞通西域事曰："自博望侯开外国道以尊贵，其后从吏

① 曹胜男、安娜译注：《六韬》第六《犬韬》，215 页，北京，中华书局，2007。

② 《汉书》卷 69《赵充国传》，2987 页。

③ 《三国志》卷 1《武帝纪》，31、32 页。

④ 《三国志》卷 16《仓慈传》注引《魏略》，513～514 页。

⑤ 《资治通鉴》卷 28《汉纪 20》，"永光二年"条，921 页。

⑥ 《史记》卷 8《高祖本纪》，367 页。

⑦ 《汉书》卷 1 上《高祖纪上》，30 页。

卒皆争上书言外国奇怪利害，求使。”[1]而班固则记作：“自(张)骞开外国道以尊贵，其吏士争上书言外国奇怪利害，求使。”[2]总之，“吏士”或“吏卒”，就是“将吏士卒”或“军吏士卒”的简称[3]，包含了军队中的“军将”、“军吏”和士兵等成员，他们相互依存，缺一不可，从而构成完整的军队体制。

“吏兵”也同样被用于作为论证“吏户”问题的论据。论者或引用《晋书·石季龙载记》中的下面这则记载以作为十六国与魏晋一样实行“吏户”制度的证据。这个记载的全文是：“右仆射张离领五兵尚书，专总兵要，而欲求媚于石宣，因说之曰：‘今诸公侯吏兵过限，宜渐削弱，以盛储威。’宣素疾石韬之宠，甚说其言，乃使离奏夺诸公府吏，秦、燕、义阳、乐平四公听置吏一百九十七人，帐下兵二百人，自此已下，三分置一，余兵五万，悉配东宫。”[4]这里的“吏兵”是些什么人呢？这个记载很清楚地表明“吏兵”包括“府吏”和“兵”两种人员，而他们均由“五兵尚书”管辖调度。“五兵尚书”是魏晋时期列曹尚书之一，其职责正如这段引文所说是“专总兵要”的。由此可知“吏兵”是属于“五兵尚书”管辖调度范围内的军事系统人员。“吏兵”中的“府吏”即“将吏”、“军吏”。显然，“吏兵”与上述“吏士”的涵义是一致的。《灵帝纪》曰：“中平五年，征(董)卓为少府，敕以营吏士属左将军皇甫嵩，诣行在所。卓上言：‘凉州扰乱，鲸鲵未灭，此臣奋发效命之秋。吏士踊跃，恋恩念报，各遮臣车，辞声恳恻，未得即路也。辄且行前将军事，尽心慰恤，效力行阵。’六年，以卓为并州牧，又敕以吏

① 《史记》卷123《大宛列传》，3171页。

② 《汉书》卷61《张骞传》，2695页。

③ “吏卒”又可用于行政系统，则其含义变为“吏”(州吏、郡吏、县吏)、“卒”(州卒、郡卒、县卒)的合称，而与军事系统的“吏卒”含义有别。如：东汉安帝纪延光三年(124年)“济南上言，凤凰集台县丞霍收舍树上。赐台长帛五十匹，丞二十匹，尉半之，吏卒人三匹”。(《后汉书》卷5《安帝纪》，238页)此“吏卒”为县长、县丞、县尉之下的县吏、县卒。曹魏嘉平元年(公元249年)高平陵事变后，曹爽被软禁在家，司马懿“发洛阳吏卒围守之”(《资治通鉴》卷75《魏纪7》嘉平元，2378页)，此“吏卒”胡注曰：“洛阳令所主吏卒也。”北魏太延元年(公元435年)十二月下诏整顿吏治，其中有云：“州、郡、县不得妄遣吏卒，烦扰民庶。”参见《魏书》卷4上《世祖纪上》，86页，北京，中华书局，1974。这些都是指地方政府所辖之“吏”和“卒”。

④ 《晋书》卷106《石季龙载记上》，2773页。

兵属皇甫嵩。卓复上言：'臣掌戎十年，士卒大小，相狎弥久，恋臣畜养之恩，乐为国家奋一旦之命，乞将之州，效力边陲。'"[①]这里董卓所辖军队，先被称为"吏士"，后称为"吏兵"。可见"吏士"、"吏兵"是相通的，他们都是董卓"掌戎十年"的部下，他们都是"兵"而不是行政系统之"吏"。

以"吏兵"指军事系统人员的情况在魏晋时期的史籍中是普遍的。孙权爱将潘璋"所领兵马不过数千，而其所在常如万人。征伐止顿，便立军市，他军所无，皆仰取足。然性奢泰，末年弥甚，服物僭拟。吏兵富者，或杀取其财物，数不奉法。监司举奏，权惜其功，而辄原不问"[②]。这里的"吏兵"即潘璋所统率的"兵马"中的成员，大概由于潘璋经常设置"军市"，故其"吏兵"中有因此致富者，而他们又为性情奢侈的潘璋所垂涎而遭劫杀。东晋孝武帝时范宁上书说："方镇去官，皆割精兵器仗以为送故……送兵多者至有千余家，少者数十户。既力入私门，复资官廪布。兵役既竭，枉服良人，牵引无端，以相充补。若是功勋之臣，则已享裂土之祚，岂应封外复置吏兵乎！"[③]这里的"吏兵"也是指军队中的军吏和士卒。而这条材料也是经常被用于论证"吏户"问题的。

论者又引用《晋书·姚苌载记》中的下述记载以证明十六国时期也存在"吏户"制度：后秦"(姚)苌下书，兵吏从征伐，户在大营者，世世复其家，无所豫。"[④]何谓"大营"？本载记曰："初，关西雄杰以苻氏既终，(姚)苌雄略命世，天下之事可一旦而定。(姚)苌既与苻登相持积年，数为(苻)登所败，远近咸怀去就之计，惟征虏齐难、冠军徐洛生、辅国刘郭单、冠威弥姐婆触、龙骧赵恶地、镇北梁国儿等守忠不贰，并留子弟守营，供继军粮，身将精卒，随(姚)苌征伐。时诸营既多，故号(姚)苌军为大营，大营之号自此始也。"[⑤]由此可见所谓"营"即兵营，"大营"特指姚苌所部兵营。这里的"兵吏"与上述"吏兵"同，只是颠倒使用而已。这些享受复除的"兵

① 《三国志》卷6《董卓传》注引，172页。

② 《三国志》卷55《潘璋传》，1300页。

③ 《晋书》卷75《范宁传》，1987页。

④ 《晋书》卷116《姚苌载记》，2972页。

⑤ 《晋书》卷116《姚苌载记》，2968页。

吏”是姚苌大营中的军吏、士卒。这个材料仅表明姚秦实行“营户”(即“军户”“兵户”)制度，而与“吏户”无涉。

三、关于“武射吏”、“武吏”、“文武吏”与“吏”

与上述情况相同，“武射吏”、“武吏”与“文武吏”等方面的资料群也被“吏户”论者用于作为其重要的论据。

“武射吏”是论者经常作为“吏户”的证据而加以运用的资料之一，或用以证明“吏”被驱使作战，或用以证明三国时期吏员膨胀，等等。事实上“武射吏”是汉末和三国孙吴地区的一个兵种名称，他们是“兵”而不是“吏”。孙吴的军队，常冠以各种名号。马端临总结道：“吴多舟师，而兵有解烦、敢死两部，又有车下虎士，丹阳青巾，交州义士，及健儿、武射之名”①。“武射吏”即为其中孙吴诸兵名号之一。孙权为了与刘表争夺岭南地区，建安十五年(公元210年)派遣步骘为“交州刺史、立武中郎将，领武射吏千人，便道南行。”②这是步骘赴任时作为中郎将所率领的部队。孙权还曾以骆统“出为建忠中郎将，领武射吏三千人”③。这也是骆统作为中郎将所统率的战士。用这些资料去证明“吏役”繁重，“吏”被用于农业生产之外还用于作战云云，并不符合历史的实际。“武射吏”来源有自，西汉时已有以“武射”为称之战士，卫青部将张次公的父亲张隆即“轻车武射也。以善射，景帝幸近之也”。④ 西汉建立后，“高祖命天下郡国选能引关蹶张、材力武猛者，以为轻车、骑士、材官、楼船”⑤。“轻车”即其诸兵种之一。“轻车，古之战车也。”⑥可见“武射”为汉代“轻车”兵种中的射手。孙吴时期

---

① (元)马端临：《文献通考》卷151《兵考三·兵制》，1317页。

② 《三国志》卷52《步骘传》，1237页。

③ 《三国志》卷57《骆统传》，1335页。

④ 《史记》卷111《卫将军骠骑列传》，2943页。

⑤ (清)孙星衍等辑，周天游点校：《汉官六种·汉官仪卷上》，152页，北京，中华书局，1990。

⑥ (晋)司马彪撰，(梁)刘昭注补：《续汉书·舆服志上》，见《后汉书·志》，3650页，北京，中华书局，1965。

的“武射吏”当为承此演变而来的兵种。

有关“武吏”的记载也是论者在论述“吏户”问题时经常加以应用的资料，尤以《宋书·徐豁传》关于“大田武吏”的记载最为重要。刘宋元嘉初“遣大使巡行四方，并使郡县各言损益”时，始兴太守徐豁所陈三事之一曰：“郡大田，武吏年满十六，便课米六十斛，十五以下至十三，皆课米三十斛，一户内随丁多少，悉皆输米。且十三岁儿，未堪田作，或是单迥，无相兼通，年及应输，便自逃逸，既遏接蛮、俚，去就益易。或乃断截支体，产子不养，户口岁减，实此之由。谓宜更量课限，使得存立。今若减其米课，虽有交损，考之将来，理有深益。”①

“武吏”究竟是些什么人呢？秦汉时期行政部门的吏员根据其分工的不同，而有“文吏”与“武吏”之别，“文吏者，习文法之事，若功曹五官掾史等。武吏者，劾捕之事，若督盗贼游击等”②。这种武吏大概类似于现在的警察。魏晋时期“武吏”的性质与此不同。西晋太康元年(公元280年)“吴平之后，帝诏天下罢军役，示海内大安，州郡悉去兵，大郡置武吏百人，小郡五十人”③。这种“武吏”是用以代替原来州郡兵的地方武装，与原来作为地方行政部门吏员之“武吏”具有不同的性质，这种武吏是“兵”而非“吏”。这种地方武装性质的“武吏”早在太康元年之前已经出现。西晋为了灭吴，于咸宁三年(公元277年)诏益州刺史王濬罢屯田兵以建造船只，“(别驾何攀)进曰：‘今见佃兵但六百人，计作船六七年财可胜万人。后者未成，前者已腐，无以辅成国意。宜辄召回守休兵，及诸武吏，并万余人造作，岁终可辨。’(王)濬及纲纪疑辄召万兵，欲先上须报。攀曰：‘官家虽欲伐吴，疑者尚多，卒闻召万兵，必不见听；以佃兵作船，船不时成。当辄召，以速为机。设当见却，功夫已成，势不得止。’濬善之……任(何)攀典舟船器

① 《宋书》卷92《良吏·徐豁传》，2266页。

② (东汉)王充，黄晖校释：《论衡校释》卷16《商虫篇》注引沈钦韩《左传补注》，714页，北京，中华书局，1990。

③ 《晋书》卷43《山涛传》，1227页。

仗"①。其中"宜辄召回守休兵，及诸武吏"一句，在同书卷8《大同志》中作"宜召诸休兵，借诸郡武吏"②。这里将屯田兵与何攀建议召集之休假士兵、诸郡武吏，统称为"兵"。可见这时地方行政部门已经有了士兵性质的"武吏"。而这时尚在晋武帝罢州郡兵之前三年，由此还可推知咸宁之前的泰始年间这种性质的"武吏"也可能已经出现。

马隆，东平平陆人，"少而智勇，好立名节。魏兖州刺史令狐愚坐事伏诛，举州无敢收者。隆以武吏托称愚客，以私财殡葬，服丧三年，列植松柏，礼毕乃还，一州以为美谈。署武猛从事"③。是则早在曹魏时期地方政府中已经有了武吏。"泰始中，将兴伐吴之役，下诏曰：'吴会未平，宜得猛士以济武功。虽旧有荐举之法，未足以尽殊才。其普告州郡，有壮勇秀异才力杰出者，皆以名闻，将简其尤异，擢而用之。苟有其人，勿限所取。'兖州举隆才堪良将。稍迁司马督。"④马隆正是在伐吴这个时代背景下从"武吏"中被拔擢为"将"的，他之所以被选中，是因为他具有"壮勇秀异"，"才堪良将"的条件，足以成为伐吴之战的"猛士"。马隆这样的"武吏"当是何攀建议召集以造伐吴战船的州郡"武吏"。看来太康元年于诸郡设置士兵性质的"武吏"并非突然，是根据已有成例而做出的决定，然后推向全国。

上述孙吴时期步骘为交州刺史时领"武射吏"千人赴任，《水经注》引王氏《交广春秋》曰："建安十六年吴遣临淮步骘为交州刺史，将武吏四百人之交州，道路不通，苍梧太守长沙吴巨拥众五千……骘以兵少，恐不存立……阴使人请(吴)巨……乃于厅事前中庭俱斩，以首徇众。"⑤将步骘所率"武射吏"称为"武吏"，则"武射吏"亦属"武吏"范围之内。这里将步骘所

① (晋)常璩撰，任乃强校注：《华阳国志校补图注》卷11《后贤志·何攀》，649～650页，上海，上海古籍出版社，1987。

② 《华阳国志校补图注》卷8《大同志》，440页。

③ 《晋书》卷57《马隆传》，1554页。

④ 《晋书》卷57《马隆传》，1554页。关于马隆的出身，干宝《晋纪》亦谓"兖州武吏东平马隆"。见《三国志》卷28《王凌传》注引，761页。

⑤ (北魏)郦道元撰，王先谦校：《水经注》卷37《泿水注》，574页。《交广春秋》，据虞喜《志林》，太康八年(公元287年)，广州大中正王范上《交广二州春秋》。

统“武吏”亦径称为“兵”，那么地方武装性质的“武吏”可能早在汉魏之际就已经出现了。

西晋末年，置州郡兵的政策虽然可能被破坏，但这种地方武装性质的“武吏”却继续存在。西晋末年张昌之乱时，雍州刺史刘沈“将州兵万人征西府五千人，自蓝田关以讨之”。其部众被司马颙逼夺，于是“长沙王乂命(刘)沈将武吏四百人还州”①。可见这时“州兵”与“武吏”同时存在。王如，“京兆新丰人也。初为州武吏，遇乱流移至宛”②。他即雍州之“武吏”。萧齐时，“中书舍人纪僧真幸于武帝，稍历军校，容表有士风。谓帝曰：‘臣小人，出自本县武吏，邀逢圣时，阶荣至此……唯就陛下乞作士大夫’”③。其为“武吏”是在刘宋时期。他由“武吏”而“稍历军校”的经历，也从一个侧面反映了“武吏”的“兵”的性质。

始兴郡的大田“武吏”也应当是这样的“兵”而非“吏”。以“兵”从事农业是魏晋以来的传统，西晋泰始四年(公元268年)傅玄指出：“自顷以来，日增田顷亩之课，而田兵益甚。”④咸宁元年(公元275年)晋武帝诏曰：“今以邺奚官奴婢著新城，代田兵种稻。”⑤可证西晋有“田兵”。宣武帝正始三年(公元506年)“发河北数州田兵二万五千人，通缘淮戍兵合五万余人，广开屯田”⑥。这是北魏有“田兵”。“田兵”又称“佃兵”⑦，实为专业屯田兵⑧。西晋初年傅玄说：“旧兵持官牛者，官得六分，士得四分；自持私牛者，与官中分，施行来久，众心安之。今一朝减持官牛者，官得八分，士得二分；持私牛及无牛者，官得七分，士得三分，人失其所，必不欢乐。臣愚以为，宜佃兵持官牛者与四分，持私牛与官中分，则天下兵作欢然悦乐，

---

① 《晋书》卷89《刘沈传》，2360页。

② 《晋书》卷100《王如传》，2618页。

③ 《南史》卷36《江夷传》，943页。

④ 《晋书》卷47《傅玄传》，1321页。

⑤ 《晋书》卷26《食货志》，787页。

⑥ 《魏书》卷79《范绍传》，1756页。《北史》卷46《范绍传》略同。

⑦ 见《晋书》卷38《司马骏传》，1125页；卷47《傅玄传》，1321页。

⑧ (东晋)干宝：《晋纪》，见《太平御览》卷337《兵部68》引，1548页，北京，中华书局，1960(据上海涵芬楼影印宋本复制重印)。

爱惜成谷，无有损弃之忧。”①对于田兵的剥削量高达十分之六乃至十分之八，可知统治者对于“兵”的课赋繁重远高于其他人群是一贯的政策。故刘宋时期始兴郡以“武吏”从事农耕，是不足为奇的事情；始兴郡的“武吏”虽然不是屯田兵，但是他们作为“兵”的一种而遭受的正是魏晋以来对于“兵”的一贯的苛重课赋。

有关“文武吏”的资料也是“吏户”论者的主要根据之一。《晋书·应詹传》以“文武吏”进行“课佃”的记载，即为论者所经常征引的重要资料。在晋明帝时王敦之乱后，应詹出任江州刺史前建议：“都督可课佃二十顷，州十顷，郡五顷，县三顷。皆取文武吏医卜，不得扰乱百姓。三台九府，中外诸军，有可减损，皆令附农。市息末伎，道无游人，不过一熟，丰穰可必。然后重居职之俸，使禄足以代耕。”②

“文武吏”是些什么人呢？“文武吏”或亦可简称“文武”。“文武”在汉代是指从中央到地方的文武百官和吏员。如：“正月旦，百官朝贺，光禄勋刘嘉、廷尉赵世各辞不能朝，高赐举奏：‘皆以被病笃困，空文武之位……’”③这里的“文武”是泛指“百官”。东汉顺帝永和(公元136—141年)年间任峻为洛阳令，“擢用文武吏，皆尽其能”④。这是指地方政府中的文、武吏员。魏晋南北朝时期在承袭汉代这一传统的基础上，称谓之实有了较大的变化。除了以“文武”是指从中央到地方行政系统的百官吏员之外，还指军事系统中的“将吏”、“军吏”，有时甚至也包括士兵在内。这种情况到了东晋南朝时期愈加显著。东晋太元十年(公元385年)卫将军谢安死，晋孝武帝以司马道子“领扬州刺史、录尚书、假节、都督中外诸军事。卫府文武，一以配骠骑府”⑤。“卫府”为谢安卫将军府，“骠骑府”为司马道子骠骑将军府。这里的“文武”即指军府之将吏、军吏等成员。司马道子后来又被“拜侍中、太傅，置左右长史、司马、从事中郎四人，崇异之仪，备尽

① 《晋书》卷47《傅玄传》，1321页。

② 《晋书》卷70《应詹传》，1870页。

③ 《汉官六种·汉官典职仪式选用》1卷，203页。

④ 《后汉书》卷76《循吏传》，2470页。

⑤ 《晋书》卷64《简文三子·司马道子传》，1732页。

盛典。其骠骑将军僚佐文武，即配太傅府。”①这里的“文武”即指其军府之“僚佐”。西晋建兴三年(315年)，熊远反对司马睿亲征杜弢，说：“今公亲征，文武将吏、度支筹量、舟舆器械所出若足用者，然后可征。”②这里的“文武”指其“将吏”。东晋末年刘毅在上表中说：“况乃地在无虞，而犹置军府文武将佐，资费非要，岂所谓经国大情，扬汤去火者哉!”③这里以“文武”指军府之“将佐”。上述事例均以“文武”来指军府之将吏、军吏等成员。

史载西晋齐王司马攸“虽未之国，文武官属，下至士卒，分租赋以给之，疾病死丧赐与之”。④ 可知“文武”是在“士卒”之上的群体。但是“文武”有时也包括士卒在内，东晋隆安二年(公元398年)杨佺期等攻建康时，朝廷以左卫将军桓修“为龙骧将军、荆州刺史、假节，权领左卫文武之镇”。⑤胡三省注此事曰：“左卫文武，左卫将军府之僚属及部曲也。”⑥东晋义熙六年(公元410年)，荆州刺史刘道规抵御谯纵部属桓谦，“乃会将士，告之曰：‘桓谦今在近畿，闻者颇有去就之计。吾东来文武，足以济事。若欲去者，本不相禁’”⑦。胡三省注此事曰：“东来文武，谓(刘)道规从行将佐兵士也。”⑧这里的“文武”都是包括士卒在内的，故有时径称“文武部曲”⑨，有时称“部曲文武”⑩。

上述应詹建议在都督、州、郡、县以“文武吏”课佃，是包括军事系统和行政系统的“文武吏”在内的。那么“文武吏”的具体内涵是什么呢？萧齐永明十一年(公元493年)“立南郡王(萧)昭业为皇太孙，东宫文武悉改为太孙官属”⑪。胡注曰：“东宫官属，文则太傅、少傅、詹事、率更令、家令、

① 《晋书》卷64《简文三子·司马道子传》，1739页。
② 《晋书》卷71《熊远传》，1886页。
③ 《晋书》卷85《刘毅传》，2208～2209页。
④ 《晋书》卷38《齐王攸传》，1131页。
⑤ 《晋书》卷74《桓修传》，1955页。
⑥ 《资治通鉴》卷110《晋纪32》，“隆安二年”条，3479页。
⑦ 《宋书》卷51《刘道规传》，1473页。
⑧ 《资治通鉴》卷115《晋纪37》，“义熙六年”条，3637页。
⑨ 《资治通鉴》卷162《梁纪18》，“太清三年”条，5014页。
⑩ 《晋书》卷63《邵续传》，1704页。
⑪ 《资治通鉴》卷138《齐纪4》，“永明十一年”条，4328页。

仆、门大夫、中庶子、中舍人、庶子、洗马、舍人，武则左右卫率、翊军·步兵·屯骑三校尉、旅贲中郎将、左右积弩将军、殿中将军、员外殿中将军、常从虎贲督。”所谓“文武”是对文职人员和武职人员而言的。

同理，地方军事系统、行政系统之“文武”也是指其所担任职务之“文”“武”性质而区分的。刘宋《宁州刺史爨龙颜碑并阴》载，爨龙颜于刘宋元嘉年间为龙骧将军、护镇蛮校尉、宁州刺史，死后其故吏等人于大明二年(公元458年)为之刊石树碑。碑阴所刻故吏分为三个部分，一为龙骧将军府僚佐，有：长史、司马、录事参军、功曹参军、仓曹参军、户曹参军、中兵参军、府功曹、主簿等；二为镇蛮校尉府僚佐，有：长史、司马、录事参军、功曹参军、仓曹参军、户曹参军、中兵参军、蛮府功曹、主簿等；三为州僚佐，有：别驾、治中、主簿、西曹、门下、录事、户曹、记室、省事、朝直、麾下都督、书佐、干等。① 他们就是宁州刺史爨龙颜的“文武吏”。其中第一、二部分为军事系统僚佐，第三部分为行政系统僚佐。其中军府、蛮府上佐中的长史为文职，司马为武职；诸曹参军中的录事参军、功曹参军、仓曹参军、户曹参军等为文职，中兵参军等为武职；府功曹、府主簿等亦为文职。州佐吏中虽然大部分为文职，然而亦有武职，如这里的麾下都督即是。由此可见不论是军府还是州(郡县亦然)的机构均由“文武吏”两部分成员所组成。两个系统的“文武吏”的具体涵义也是有区别的，行政系统的“文武吏”，即文献中通常所见的“州吏”、“郡吏”、“县吏”等人员；军事系统的“文武吏”，即文献中通常所见的“将吏”、“军吏”等人员。他们虽然笼统都称为“文武吏”，但其实际内涵是不同的，而且“文武吏”中的“武吏”的涵义与上述孙吴之“武射吏”、刘宋始兴郡之大田“武吏”等亦非等同。大体说来，前者属于“吏”，后二者属于“兵”，两者也是有区别的。应詹所说的“文武吏”就是指地方各级军事系统中的“将吏”、“军吏”乃至士卒，以及行政系统中的“州吏”、“郡吏”、“县吏”等僚佐吏员。

---

① (清)陆增祥撰：《八琼室金石补正》卷10，55～56页，北京，文物出版社，1985。

应詹建议的中心精神是从中央“三台九府，中外诸军”到地方各级军事系统、行政系统诸部门，凡“有可减损，皆令附农”，“不得挠乱百姓”，即是从“百姓”之外的军事和政府机构中精简、抽调现有人员参加农业生产，以解决百官的俸禄问题。因而他所建议使用的“医卜”也当为这些机构中的人员。秦汉时期中央政府各部门均有“医卜”等吏员设置①，魏晋南北朝亦然。西晋时“太医令史”统于宗正，东晋时“太医以给门下省”②。此外还有殿中太医校尉、都尉，殿中太医司马等员③，显然为军事系统人员。晋武帝杨皇后死后，“于是有司卜吉，窀穸有期，乃命史臣作哀策叙怀”。④ 晋孝武帝因后宫无孕，于是“令卜者扈谦筮之，曰：‘后房中有一女，当育二贵男，其一终盛晋室’”⑤。这表明朝廷中仍有管理占卜的机构和人员。前秦苻坚时，“高陆人穿井得龟，大三尺，背有八卦文，（苻）坚命太卜池养之，食以粟，及此而死，藏其骨于太庙”⑥。是十六国少数民族政权亦设有“太卜”。王桥“解天文卜筮”，其子王叡“少传父业”，“兴安初，擢为太卜中散，稍迁为令，领太史”。⑦ 是北魏亦有太卜设置。地方政府中也有“医卜”人员。东汉末，有“督邮徐毅得病，（华）佗往省之。毅谓佗曰：‘昨使医曹吏刘租针胃管讫，便苦咳嗽，欲卧不安’”⑧。督邮为郡属吏，则郡设有医曹及相关吏员。魏晋亦然，晋武帝时陈留范粲同郡人孙和向晋武帝推荐范粲，“称其操行高洁，久婴疾病，可使郡县舆致京师，加以圣恩，赐其医药，若遂瘳除，必有益于政。乃诏郡县给医药，又以二千石禄养病，岁以为常”⑨。东晋人魏咏之“生而兔缺”，后“闻荆州刺史殷仲堪帐下有名

---

① 秦汉时期中央设置太医、太卜等员，参见《史记》之《龟策列传》、《日者列传》和《汉书·百官公卿表》、《续汉书·百官志》等。

② 《晋书》卷24《职官志》，737页。

③ 《宋书》卷18《礼志》，514～515页。

④ 《晋书》卷31《后妃传上》，954页。

⑤ 《晋书》卷32《后妃传下》，981页。

⑥ 《晋书》卷113《苻坚载记上》，2904页。

⑦ 《魏书》卷93《王叡传》，1988页。

⑧ 《三国志》卷29《华佗传》，800页。

⑨ 《晋书》卷94《隐逸传》，2431～2432页。

医能疗之”，乃前往求治，殷仲堪“令医善疗之”①。南朝时地方政府吏员亦有“医”。萧齐武帝时谢瀹为吴兴太守，“使典药吏煮汤，失火，烧郡外斋南厢屋五间”。② 梁、陈时期“郡县吏”中有“医”等吏员的设置③，而古代一般“医”与“卜”并称并用，故“医”亦可兼“卜”④。隋文帝“采汉、晋旧仪，置六尚、六司、六典，递相统摄，以掌宫掖之政。”其“四曰尚食，掌进膳先尝。管司医三人，掌方药卜筮。”⑤其“司医”即兼掌“方药”和“卜筮”。

东晋南朝时期地方军事系统中的“文武吏”不论其重要性还是数量都超过了行政系统，因为这个时期是在魏晋的基础上行政军事化进一步加强的时代，不仅以军事目的而设置的都督设置军府，州郡县地方长官亦普遍加军号而设军府，置军吏，在辖区内有少数民族的地方还加设蛮府，从而使军事系统空前膨胀。因此，应詹建议参与课佃的“文武吏”虽然包括行政系统和军事系统两者，但以军事系统为主。

结语

上述“将吏”、“吏士”、“吏兵”、“武射吏”、“武吏”等均属于军事系统，亦即文献所谓之“军吏”，唯“文武吏”或为军事系统，或为行政系统，需视具体情况而加以区分，但一般以军事系统者为多。然而“吏户”论者却将军事系统的资料通通作为论证“吏户”问题的依据，对于军事系统的“军吏”与行政系统的“吏”不加区分。两者虽有相似、相通之处，但是并非等同。我们从长沙走马楼吴简中可以看到，户主栏所登记的身份，地方行政系统的“吏”(州吏、郡吏、县吏)、“卒”(州卒、郡卒、县卒)与军事系统的“军吏”是较然有别的⑥。魏晋南北朝虽然是一个军事化的时代，然而军事

① 《晋书》卷85《魏咏之传》，2217～2218页。

② 《南齐书》卷43《谢瀹传》，763页。

③ 《隋书》卷26《百官志上》，729页。

④ 王充：“孝子之养亲病也，未死之时，求卜迎医，冀祸消、药有益也。”《论衡·薄葬篇》，见《诸子集成》，第7册，226页，北京，中华书局，1954。

⑤ 《北史》卷13《后妃传上》，488～489页。

⑥ 参见《嘉禾吏民田家莂》。

系统成员，尤其是中下级军吏和广大士卒的身份、地位却是比较低贱的，他们往往被编制于“军户”(或称“兵户”、“营户”等)之中，除了作战之外，还要从事繁重的生产及其他役使。他们的种种境遇均被论者移植到了所谓“吏户”身上。可以说“吏户”论基本上是将“军吏”、“士卒”与州郡县“吏”相糅合基础上而塑造出来的。如果撇去这些军事系统方面的资料，则所谓“吏户”的证据还剩几许？魏晋南北朝史籍中关于“军户”(“兵户”、“营户”)的记载比比皆是，相当明确，唯不见“吏户”的明确记载，这不会是一种偶然的现象。所谓“吏户”究竟是一个客观存在的历史真实还是一个虚构的命题呢？本文在这里提出此问题似乎不是没有意义的。

原载《史学月刊》，2007(3)。

魏晋南北朝"吏户"问题三献疑

——"吏户"论若干说法辨析

关于魏晋南北朝时期的"吏户"问题，笔者曾在《"吏户"献疑——从长沙走马楼吴简谈起》、《魏晋南北朝"吏户"问题再献疑——"吏"与"军吏"辨析》①两文中进行了讨论，本文拟从另一侧面作进一步的讨论：在论证魏晋南北朝时期"吏户"问题时，论者提出了一系列相关说法，例如一经为吏，便"世代为吏"，因而"吏户"具有"世袭性"；"吏户"必须解除"吏名"或"吏籍"才能获得解脱而上升成为"民户"(平民地位)；"吏"经常遭受长官的鞭打、虐待，表明"吏"的身份十分卑贱(平民之下的"吏户")；"吏户"的数量非常多，如东晋时仅"司徒吏"就有二十余万，等等。那么，这些说法是否符合历史的实际呢？本文拟就此略陈管见，以就正于方家。

一、关于"世代为吏"

"吏户"论认为魏晋南北朝时期吏的身份十分卑贱，其重要表现之一就是一经为"吏"，便"世代为吏"，具有"世袭性"。那么，实际情况究竟是怎样的呢？事实上"吏"这个群体兼具相对稳定性和相对变动性的特点。这在魏晋南北朝时期基本上是与汉代一脉相承的。

自战国时期官僚政治确立之后，官吏作为一种职业而逐步具有一定的相对稳定性，不仅长吏具有一定的世袭性，下层小吏亦然。西汉"孝文时，吏居官者或长子孙，以官为氏，仓氏、库氏则仓库吏之后也。其二千石长吏亦安官乐职，然后上下相望，莫有苟且之意"②。班固总结西汉前期盛世的诸多表现之一是"为吏者长子孙；居官者以为姓号"③。注引如淳曰："时

① 前文发表于《历史研究》，2005(3)，后文发表于《史学月刊》，2007(7)。

② 《汉书》卷86《王嘉传》，3490页。

③ 《汉书》卷24上《食货志上》，1135～1136页。

无事，吏不数转，至于生长子孙而不转职也。”“《货殖传》仓氏、庾氏是也。”东汉人朱浮上书说：“大汉之兴，亦累功效，吏皆积久，养老于官，至名子孙，因为氏姓。”[①]注引《音义》曰：“今仓氏、库氏因以为姓，即仓库吏之后也。”由此可知仓库吏等小吏因“世代为吏”，故能积久而成姓氏。在这种时代氛围下，于是出现了许多“世吏”之家。西汉宣帝时，赵广汉为京兆尹，“所居好用世吏子孙新进年少者”[②]。颜师古注曰：“言旧吏家子孙而其人后出求进，又年少也。”可见其时“世吏”之家是比较普遍的现象。东汉人孟尝，会稽上虞人，“其先三世为郡吏，并伏节死难。尝少修操行，仕郡为户曹史”，[③] 至其为四世郡吏。耿纯对光武帝说：“臣本吏家子孙”，因其父耿艾曾“为王莽济平尹”[④]。由于长吏世代相袭是比较普遍的现象，以致形成一种“世吏二千石”之家。两汉之际的邓晨即出于“世吏二千石”之家。注引《东观记》曰：“晨曾祖父隆，扬州刺史；祖父勋，交阯刺史。”而其父邓宏，曾为豫章都尉。[⑤] 东汉鲁恭[⑥]、章帝申贵人家[⑦]、曹节[⑧]等均为“世吏二千石”出身。魏晋南北朝时期亦然，如魏文帝甄皇后家[⑨]、羊祜[⑩]、祖逖[⑪]等皆为“世吏二千石”出身，其中羊祜家族从汉代至西晋已历九世为二千石。不独长吏为然，小吏亦然。梁、陈时期官僚华皎家“世为小吏”，其本人复“起自下吏”[⑫]。施文庆，“不知何许人也。家本吏门，至文庆好学，颇涉书史。陈后主之在东宫，文庆事焉。及即位，擢为中书舍人……

① 《后汉书》卷33《朱浮传》，1142页，北京，中华书局，1965。
② 《汉书》卷76《赵广汉传》，3204页。
③ 《后汉书》卷76《孟尝传》，2472页。
④ 《后汉书》卷21《耿纯传》，764、761页。
⑤ 《后汉书》卷15《邓晨传》，582页。
⑥ 《后汉书》卷25《鲁恭传》，873页。
⑦ 《后汉书》卷55《章帝八王传》，1806页。
⑧ 《后汉书》卷78《宦者列传》，2524页。
⑨ 《三国志》卷5《后妃传·文昭甄皇后》，159页，北京，中华书局，1988。
⑩ 《晋书》卷34《羊祜传》，1013页。
⑪ 《晋书》卷62《祖逖传》，1693页。
⑫ 《陈书》卷20《华皎传》，270、271页。

聪敏强记，明闲吏职，心算口占，应时条理，由是大被亲幸”。[①] 所谓“吏门”，亦当属世代为吏之人家。沈客卿用事时，以阳惠朗为太市令，暨慧景为尚书金、仓都令史，而“二人家本小吏”[②]。也是“世为小吏”的事实的反映。由此可见两汉六朝时期无论长吏或小吏均具有相对稳定性之特点。

但是，这只是问题的一个方面。另一方面，“吏”又具有变动性的特点。不独高官、长吏为然，小吏亦然。由于所谓“吏户”问题主要是关于下层小吏的问题，故这里主要谈谈小吏的变动性问题。这种变动性可以从两个方面体现出来，一方面是由“民”而为“吏”，另一方面是由“吏”而转化为其他身份。后者又有两种情况，一是由“吏”而“民”，二是由“吏”而“官”。质言之，“吏”是在“官”与“民”之间流动，下则来自于“民”，或复归于“民”，上则由“吏”升迁为“官”。

（一）由“民”而“吏”

由“民”转化为“吏”，是吏之主要来源。三国蜀人张嶷，是巴郡南充国人，“出自孤微”[③]，而“弱冠为县功曹”[④]。曹魏王基，东莱曲城人，“年十七，郡召为吏”[⑤]。西晋石苞，渤海南皮人，“县召为吏，给农司马”[⑥]。北魏道武帝天兴四年(公元401年)春，新兴太守上言：“晋昌民贾相，昔年二十二，为雁门郡吏……(贾)相今七十”云云[⑦]，明言此郡吏乃由“民”而来。魏明帝时高堂隆为陈留太守，“犊民酉牧，年七十余，有至行，举为计曹掾”[⑧]。此由编户中的牧民被举为吏。以牧民为吏，在这个时期是一种比较多见的现象。邓艾，“少孤，太祖破荆州，徙汝南，为农民养犊。年十二，随母至颍川……为都尉学士，以口吃，不得作干佐。为稻田守丛草吏。同

① 《南史》卷77《恩倖传》，1938～1939页。

② 《南史》卷77《恩倖传》，1940页。

③ 《三国志》卷43《张嶷传》注引《益部耆旧传》，1052页。

④ 《三国志》卷43《张嶷传》，1051页。

⑤ 《三国志》卷27《王基传》，750页。

⑥ 《晋书》卷33《石苞传》，1000页。

⑦ 《魏书》卷112下《灵征志》下，2954页。

⑧ 《三国志》卷25《高堂隆传》，708页。

郡吏父怜其家贫，资给甚厚”[1]。邓艾乃由牧童而为吏。孙吴乌程县小吏吾粲出身于“牧竖”[2]。西晋大臣张华“少自牧羊，而笃志好学。初为县吏，卢钦奇其才，数称荐之”[3]。也是由牧童而为县吏。以上是由编户民而为郡、县吏之事实。

由于魏晋南北朝时期战乱频繁，国家长期处于分裂割据状态，导致人口之频繁迁徙，因而流寓人口为吏者亦为相当常见的现象。胡综，汝南固始人，“少孤，母将避难江东。孙策领会稽太守，(胡)综年十四，为门下循行”[4]。魏浚，东郡东阿人，“寓居关中。初为雍州小吏”[5]。鲁芝，扶风郿人，“世有名德，为西州豪族。父为郭汜所害，(鲁)芝襁褓流离，年十七，乃移居雍。耽思坟籍。郡举上计吏”[6]。东魏樊逊，河东北猗氏人，“祖琰，父衡，并无官宦”，可知为一介平民，“属本州沦陷，寓居邺中，为临漳小史”[7]。北魏茹皓，“旧吴人也……南土饥乱，遂寓居淮阳上党。皓年十五六，为县金曹吏”[8]。他们均在迁居之处分别为州、郡、县吏。上述邓艾本籍义阳棘阳，后迁汝南，再迁颍川，为该郡襄城典农部民[9]，亦在迁居之地而为吏。这些流离他乡之人在侨寓之地为吏是魏晋南北朝战乱时代的特点之一。这种脱离本贯而流徙他乡之民一般来说不大可能是因为“世袭”前辈而为吏。

兵家子也有转化为吏者。西晋刘卞，东平须昌人。“本兵家子，质直少言。少为县小吏，功曹夜醉如厕，使(刘)卞执烛，不从，功曹衔之，以他事补亭子。有祖秀才者，于亭中与刺史笺，久不成，(刘)卞教之数言，卓荦有大致。秀才谓县令曰：‘(刘)卞，公府掾之精者，卿云何以为亭

---

① 《三国志》卷28《邓艾传》，775页。

② 《三国志》卷52《步骘传》，1241页。

③ 《太平御览》卷631引，2828页，北京，中华书局，1960(据上海涵芬楼影印宋本复制重印)。

④ 《三国志》卷62《胡综传》，1413页。

⑤ 《晋书》卷63《魏浚传》，1712页。

⑥ 《晋书》卷90《鲁芝传》，2328页。

⑦ 《北齐书》卷45《樊逊传》，607～608页，北京，中华书局，1972。

⑧ 《魏书》卷93《茹皓传》，2000页。

⑨ 《三国志》卷28《邓艾传》注引《世语》，775页。

子?’令即召为门下史。”①西晋赵至，代郡人，寓居洛阳。其母曾谓之曰：“汝先世本非微贱，世乱流离，遂为士伍耳。”其家因战乱流离而沦落为“士伍”，即“兵家”。后乃占户辽西，“辽西举郡计吏”②。赵至亦由兵家子而为吏。

虽然“吏”多出身于贫贱，如孙吴时仅豫章太守顾邵所提拔之“小吏”即有“钱唐丁谞出于役伍，阳羡张秉生于庶民，乌程吴粲、云阳殷礼起乎微贱”③等人。然而也有出身官员、世族之家者。程季然，巴西阆中人，刘璋时为汉昌长。时其子程郁为巴西本郡郡吏。父子二人在服此公职期间还曾经有过公务上的纠结互动：巴西太守庞羲“颇招合部曲”，有人向刘璋告发他“欲叛”，庞羲甚惧，遂派遣程季然之子程郁前往汉昌县向其父“宣旨，索兵自助”。程季然一方面向太守庞羲报告不同意这种做法，另一方面则训诫其子曰：“我受州恩，当为州牧尽节。汝为郡吏，当为太守效力，不得以吾故有异志也。”表示父子均需各为其主，不以父子关系而影响公事。刘璋得知程季然这一事迹后，即升迁其为江阳太守④。刘巴，零陵烝阳人，其祖父刘曜曾为苍梧太守，其父刘祥曾为江夏太守，荡寇将军，“年十八，郡署户曹史主记主簿”⑤。蜀汉时益州太守张裔为蜀郡人，杨洪为蜀郡太守，“临(张)裔郡，裔子(张)郁给郡吏，微过受罚，不特原假”⑥。孙吴贺齐之父贺辅，为永宁长，贺齐“少为郡吏”⑦。吴郡顾雍族人顾悌，“以孝悌廉正闻于乡党。年十五为郡吏”。其父顾向历任四县令。⑧ 汉末孙吴时期，“公族子弟及吴四姓多出仕郡，郡吏常以千数”⑨。西晋刘超，琅邪临沂人，汉城阳景王刘章之后也。刘章七世孙封临沂县慈乡侯，子孙因家焉。父刘

① 《晋书》卷36《张华传》附《刘卞传》，1077～1078页。
② 《晋书》卷92《赵至传》，2378页。
③ 《三国志》卷52《顾邵传》，1229页。
④ 《三国志》卷45《杨戏传》，1089页。
⑤ 《三国志》卷39《刘巴传》注引《零陵先贤传》，980页。
⑥ 《三国志》卷41《杨洪传》，1014页。
⑦ 《三国志》卷60《贺齐传》，1377页。
⑧ 《三国志》卷52《顾雍传》注引《吴书》，1228页。
⑨ 《三国志》卷56《朱治传》，1305页。

和，为琅邪国上军将军。刘超“少有志尚，为县小吏，稍迁琅邪国记室掾”①。西晋左思，“家世儒学”，其父左雍，“起小吏，以能擢授殿中侍御史”。左思“少学钟、胡书及鼓琴，并不成”。其父左雍谓友人曰：“(左)思所晓解，不及我少时。”②可见这是一个文化世家。上述北魏茹皓，其父原为刘宋之将军，本人流寓北朝之后而为县吏③。

低级士族沉沦者也可转化为吏。宗越，“本河南人，晋乱，徙南阳宛县，又土断属叶。本为南阳次门，安北将军赵伦之镇襄阳，襄阳多杂姓，伦之使长史范觊之条次氏族，辨其高卑，觊之点(宗)越为役门，出身补郡吏”④。宗越由低级士族“次门”沦为“役门”，从而为吏。

虽然“吏户”论者并不否认小吏是由民间而来的历史事实，但依旧认为他们是被强迫征召的。当然，在魏晋南北朝数百年间，存在强迫征召的情况应不足为奇，但其制度主流并非强迫征召。两汉魏晋南北朝时期从民间征召“吏”是一种普遍的做法，如“召除为丞相史”⑤、“召以为吏”⑥、“召为吏部尚书”⑦等，凡此皆属“辟召”之“召”。那么这种“召”是否强迫呢？

东汉鲁恭，扶风平陵人。他怜惜其弟鲁丕年纪尚小，故“欲先就其名，托疾不仕。郡数以礼请，谢不肯应，母强遣之，(鲁)恭不得已而西，因留新丰教授。建初初，(鲁)丕举方正，恭始为郡吏”⑧。鲁恭多次推辞当地政府的召请以及其母的强迫，直到自己的心愿得遂——其弟出仕之后，方才应命为郡吏。梁鸿“初与京邑萧友善，约不为陪臣，及(萧)友为郡吏，(梁)鸿以书责之而去”⑨。他们可以事先约定不担任地方政府属吏之类的“陪臣”，表明这种事情是可以由自己决定的，并非地方政府可以强迫的；

---

① 《晋书》卷70《刘超传》，1875页。
② 《晋书》卷92《左思传》，2375～2376页。
③ 《魏书》卷93《茹皓传》，2000页。
④ 《宋书》卷83《宗越传》，2109页。
⑤ 《史记》卷54《曹相国世家》，2029页。
⑥ 《后汉书》卷29《鲍永传》，1017页。
⑦ 《宋书》卷59《张畅传》附《张悦传》，1607页。
⑧ 《后汉书》卷25《鲁恭传》，873～874页。
⑨ 《东观汉纪》，见《太平御览》卷410《人事部五一·绝交》引，1893页。

梁鸿之所以责备原来的好友并与之断交，说明萧友之出任郡吏是由于自己不守承诺而非被迫的。汉末曹魏时人王基，年十七“郡召为吏，非其好也，遂去，入琅邪界游学”①。王基不愿为“吏”而推辞了郡的辟召，外出游学。两晋时人熊远，“县召为功曹，不起，强与衣帻，扶之使谒。十余日荐于郡，由是辟为文学掾。远曰：‘辞大不辞小也。’固请留县”②。他之被县“强与衣帻，扶之使谒”并非一般意义上的强迫，而是器重其才干之意。十几天后他又被郡辟为吏，他根据“辞大不辞小”③的原则而推辞了郡吏之辟而执意留为县吏。表明了他具有选择的权利。南朝时人龚祈，武陵汉寿人，“从祖玄之，父黎民，并不应征辟。祈年十四，乡党举为州迎西曹，不行。谢晦临州，命为主簿，彭城王义康举秀才，除奉朝请，临川王义庆平西参军，皆不就”④。刘凝之，南郡枝江人，“父期公，衡阳太守，兄盛公，高尚不仕。凝之慕老莱、严子陵为人，推家财与弟及兄子，立屋于野外，非其力不食，州里重其德行。州三礼辟西曹主簿，举秀才，不就”⑤。沈道虔，吴兴武康人，“少仁爱，好老、易，居县北石山下……郡州府凡十二命，皆不就”⑥。王素字休业，琅邪临沂人也。高祖翘之，晋光禄大夫。“素少有志行，家贫母老……大明中，太宰江夏王义恭开府辟召，辟(王)素为仓曹属，太宗泰始六年，又召为太子中舍人，并不就”⑦。冯道根，广平酂人，“少失父，家贫，佣赁以养母。行得甘肥，不敢先食，必遽还以进母。年十三，以孝闻于乡里。郡召为主簿，辞不就”⑧。由此可见编户民在被辟召为“吏”时是有一定的选择自由的。

(二)由“吏”而“民”

人民不仅有一定的自由选择是否为“吏”，而且在为“吏”之后，仍然有

---

① 《三国志》卷27《王基传》，750页。

② 《晋书》卷71《熊远传》，1884页。

③ 此以郡、县上下之序以定其大、小。

④ 《宋书》卷93《隐逸传》，2285页。

⑤ 《宋书》卷93《隐逸传》，2284页。

⑥ 《宋书》卷93《隐逸传》，2291页。

⑦ 《宋书》卷93《隐逸传》，2296页。

⑧ 《梁书》卷18《冯道根传》，286～287页。

一定的选择自由，因而由“吏”而“民”的情况也是经常发生的。东汉被认为是“吏户”开始出现的时期，然而在这个时期由“吏”而“民”的情况沿袭西汉而继续存在。冯良，南阳人，“出于孤微，少作县吏。年三十，为尉从佐。奉檄迎督邮，即路慨然，耻在厮役，因坏车杀马，毁裂衣冠，乃遁至犍为，从杜抚学。妻子求索，踪迹断绝，后乃见草中有败车死马，衣裳腐朽，谓为虎狼盗贼所害，发丧制服。积十许年，乃还乡里。志行高整，非礼不动，遇妻子如君臣，乡党以为仪表”①。李贤注曰：“从佐谓随从而已，不主案牍也。”“厮，贱也。”县吏冯良担任的具体职位是不在办公室从事文书工作，而是长官的随从，故被他视为贱役。赵烨，会稽山阴人，“少尝为县吏，奉檄迎督邮，烨耻于厮役，遂弃车马去。到犍为资中，诣杜抚受《韩诗》，究竟其术。积二十年，绝问不还，家为发丧制服。烨卒业乃归。州召补从事，不就。举有道”②。范丹，字史云，陈留外黄人，“少为尉从佐，使檄谒督邮，丹有志节，自恚为厮役小吏，乃於陈留大泽中，杀所乘马，捐弃官帻，诈逢劫者。有神下其家曰：‘我史云也。为劫人所杀。疾取我衣於陈留大泽中。’家取得一帻。丹遂之南郡，转入三辅，从英贤游学十三年，乃归。家人不复识焉。陈留人高其志行，及没，号曰贞节先生”③。此数人事迹相类，疑有记述相窜混者。然而这也反映了这种弃官、弃吏为民的现象在当时具有一定的普遍性，从他们弃官、弃吏之后受到赞扬、肯定来看，他们的行为在当时是并不违法的。

还有一些人在为吏之后，一度离职，然后再为吏。陈寔，颍川许人，“出于单微……少作县吏，常给事厮役，后为都亭佐。而有志好学，坐立诵读。县令邓邵试与语，奇之，听受业太学。后令复召为吏，乃避隐阳城山中”。后又为郡督邮④。公孙瓒，辽西令支人，“为郡门下书佐。有姿仪，

① 《后汉书》卷53《冯良传》，1743页。

② 《后汉书》卷79下《儒林传下》，2575页。

③ （晋）干宝撰，汪绍楹校注：《搜神记》卷17，208页，北京，中华书局，1979。引者对个别标点有所改变。

④ 《后汉书》卷62《陈寔传》，2065页。

大音声，侯太守器之，以女妻焉，遣诣涿郡卢植读经。后复为郡吏”①。他们也都经历了由吏而民，又由民而吏的过程。

魏晋南北朝时期亦然。西晋易雄，长沙浏阳人，“少为县吏，自念卑贱，无由自达，乃脱帻挂县门而去。因习律令及施行故事，交结豪右，州里稍称之”。此由“吏”而“民”。后来他又“仕郡，为主簿。”后又被“举孝廉，为州主簿，迁别驾。自以门寒，不宜久处上纲，谢职还家”②。再度由“吏”而“民”。从他的行动被州里称许，表明他并没有逃离家乡，可见他的行动是不违法的，是被认可的。他第二次由“吏”而“民”后，又被提拔为县令。他的反复辞职、升迁，直至仕为长吏，表明下层小吏具有一定的自由选择权及吏的变动性特点。顺便提及，易雄在作县吏期间“自念卑贱”常被“吏户”论引以证明“吏”之社会地位卑贱，实际上所谓“卑贱”与否，是每个人从不同角度而发生的不同感受，易雄之感觉“卑贱”是从求“达”的抱负引发的，故他不辞而别后便去学习“律令及施行故事”，并且去“结交豪右”，显然是为了升迁长吏而创造条件，达到出人头地的目的。无独有偶，西晋褚䂮“尝为县吏，事有不合，令欲鞭之，䂮曰：‘物各有所施，榱椽之材，不合以为藩落也，愿明府垂察。’乃舍之。家贫，辞吏”③。褚䂮也是自以为大材小用以及因“家贫”而辞去县吏之职，亦由“吏”而“民”。十六国时人李曾，“少治《郑氏礼》、《左氏春秋》，以教授为业。郡三辟功曹，不就。门人劝之，曾曰：‘功曹之职，虽曰乡选高第，犹是郡吏耳。北面事人，亦何容易。’州辟主簿。到官月余，乃叹曰：‘梁叔敬有云：州郡之职，徒劳人耳。道之不行，身之忧也。’遂还家讲授”④。李曾先是三次推辞郡吏之辟，后虽应州吏之辟，但因志趣不合仅就职月余即辞还。亦有因政见不合而辞吏的，西晋人任旭，临海章安人，“幼孤弱，儿童时勤于学。及长，立操清修，不染流俗，乡曲推而爱之。郡将蒋秀嘉其名，请为功曹。秀居

① 《三国志》卷8《公孙瓒传》，239页。

② 《晋书》卷89《易雄传》，2314页。

③ 《晋书》卷93《褚裒传》，2415页。

④ 《魏书》卷53《李孝伯传》，1167页。

官贪秽，每不奉法，旭正色苦谏。秀既不纳，旭谢去，闭门讲习，养志而已”①。任旭因不满郡守之不改贪赃枉法而辞职。尽管他们推却、辞职的原因各不相同，但他们享有一定的选择自由，可以由“吏”而“民”或由“官”而“民”则是一致的。天监七年(公元508年)，梁荆州刺史萧秀“使长史萧琛简府州贫老单丁吏，一日散遣五百余人，百姓甚悦”②。这些“吏”是由官府遣散而集体复归于“民”的。

(三)由“吏”而“官”

“吏”还有另外一个变迁方向，那就是由“吏”升迁为“官”。魏晋南北朝时期由小吏转化为“官”者不胜枚举。孙吴时顾邵为豫章太守，“小吏资质佳者，辄令就学，择其先进，擢置右职，举善以教，风化大行。初，钱唐丁谞出于役伍，阳羡张秉生于庶民，乌程吴粲、云阳殷礼起乎微贱，邵皆拔而友之，为立声誉……谞至典军中郎，秉云阳太守，礼零陵太守，粲太子少傅”③。这里所列举的小吏，分别由“役伍”、“庶民”、“微贱”等不同身份转化而为小吏④，然后再经过不同途径由“吏”而转化为“官”。魏晋南北朝时期这种转化的途径是多种多样的。

一是由长吏荐举、拔擢而为“官”。上述顾邵的事迹就是一个典型。其所拔擢的小吏之一殷礼，据本《传》引《通语》曰，他“少为郡吏，年十九，守吴县丞。孙权为王，召除郎中”。后官至零陵太守⑤。他十九岁就由郡小吏而代理县丞，应当就是顾邵“擢置右职”的具体体现。顾邵所拔擢的另一个小吏吾粲，后来又得到另外一位长吏的提携，史称“孙河为县长，(吾)粲为小吏，河深奇之。河后为将军，得自选长吏，表粲为曲阿丞。迁为长吏，治有名迹。虽起孤微，与同郡陆逊、卜静等比肩齐声矣。孙权为车骑将军，召为主簿，出为山阴令，还为参军校尉”⑥。此外，孙吴时人聂友，

---

① 《晋书》卷94《隐逸传·任旭传》，2438～2439页。

② 《梁书》卷22《安成王秀传》，344页。

③ 《三国志》卷52《顾邵传》，1229页。

④ 据《三国志》卷52《步骘传》，1214页，称：“丁谞出于孤家，吾粲由于牧竖。”

⑤ 《三国志》卷52《顾邵传》，1229页。

⑥ 《三国志》卷57《吾粲传》，1339页。

“少为县吏。虞翻徙交州，县令使(聂)友送之，翻与语，而奇焉。为书与豫章太守谢斐，令以为功曹。郡时见有功曹，斐见之，问曰：‘县吏聂友，可堪何职？’对曰：‘此人县间小吏耳，犹可堪曹佐。’斐曰：‘论者以为宜作功曹，君其避之。’乃用为功曹……后为将，讨儋耳，还拜丹杨太守”①。孙铄，河内怀人，“少乐为县吏，太守吴奋转以为主簿。铄自微贱登纲纪，时僚大姓犹不与铄同坐。奋大怒，遂荐铄为司隶都官从事。司隶校尉刘讷甚知赏之。时奋又荐铄于大司马石苞，苞辟为掾”。后迁尚书郎。② 陶侃，本鄱阳人，吴平，徙家庐江之寻阳，“早孤贫，为县吏。鄱阳孝廉范逵尝过侃，时仓卒无以待宾，其母乃截发得双髲，以易酒肴，乐饮极欢，虽仆从亦过所望。及逵去，侃追送百余里。逵曰：‘卿欲仕郡乎？’侃曰：‘欲之，困于无津耳！’逵过庐江太守张夔，称美之。夔召为督邮，领枞阳令。有能名，迁主簿”③。这些都是郡县小吏由于长吏的荐举、拔擢而为“官”的事实。

二是通过察举、辟召制度而为官。中国古代从汉代开始兴起以察举、征辟为主的选官制度，这一制度到魏晋南北朝时期继续在实行。东汉末朱治，丹杨故鄣人，“初为县吏，后察孝廉，州辟从事”④。逐步升迁为太守、将军等高官。刘虞，“东海恭王之后也。遭世衰乱，又与时主疏远，仕县为户曹吏。以能治身奉职，召为郡吏，以孝廉为郎，累迁至幽州刺史，转甘陵相”⑤。西晋人光逸，“初为博昌小吏”，“后举孝廉，为州从事，弃官投(胡毋)辅之，(胡毋)辅之时为太傅(司马)越从事中郎，荐(光)逸于(司马)越，(司马)越以门寒而不召。(司马)越后因闲宴，责(胡毋)辅之无所举荐。(胡毋)辅之曰：‘前举光逸，公以非世家不召，非不举也。’(司马)越即辟焉。书到郡县，皆以为误，审知是(光)逸，乃备礼遣之”。后官至

① 《三国志》卷64《诸葛恪传》注引《吴录》，1443页。

② 《晋书》卷33《石苞传》附《孙铄传》，1009页。《传》文“少乐为县吏”，北京，中华书局标点本《校勘记》谓：“‘乐’疑当作‘录’”。似不然。疑“乐”字为衍文，抄写时将“铄”字中的“乐”羼入。

③ 《晋书》卷66《陶侃传》，1768页。

④ 《三国志》卷56《朱治传》，1303页。

⑤ 《三国志》卷8《公孙瓒传》注引《吴书》，240页。

给事中①。西晋人陈颙，陈国苦县人，“仕为郡督邮……太守刘享拔为主簿，州辟部从事，乘马车还家，宗党荣之……元康中，举孝廉”②。后逐步升迁为太守、刺史等职，此由“郡吏”、“州吏”经察举而步入仕途。何桢为弘农郡守，“有扬嚣生为县吏，（何）桢一见便待以不臣之礼，遂贡之天朝”③。

三是通过乡议品第而为官。虽然汉代传统的察举、征辟制度在魏晋南北朝时期继续施行，但是由于当时社会发展变化也导致选官方式发生了一些变化，如九品官人法就是这一时期兴起的新的选举方式。在九品中正制的风靡下，乡议品第成为仕进的重要途径，因而这也成为“吏”所追逐的目标，有的“吏”也通过这个途径而转化为“官”。王戎“有人伦鉴识，……孙秀为琅邪郡吏，求品于乡议。（王）戎从弟（王）衍将不许，戎劝品之。及（孙）秀得志，朝士有宿怨者皆被诛，而戎、衍获济焉”④。表明“吏”也是可以通过品第而进入仕途的。

四是以个人能力、心计而转化为官。张既，“年十六，为郡小吏。后历右职”⑤，逐渐升迁为令长、刺史。他的转化，最初得力于他的工于心计，史称他“世单家，为人有容仪。少小工书疏，为郡门下小吏，而家富。自惟门寒，念无以自达，乃常蓄好刀笔及版奏，伺诸大吏有乏者，辄给予，以是见识焉”⑥。左思之父左雍，“起小吏，以能擢授殿中侍御史”⑦。东魏北齐人樊逊，河东北猗氏人，“貌丑陋，有才气。属本州沦陷，寓居邺中，为临漳小吏。县令裴鉴莅官清苦，致白雀等瑞。逊上《清德颂》十首，（裴）鉴大加赏重，擢为主簿。仍荐之于右仆射崔暹，与辽东李广、勃

① 《晋书》卷49《光逸传》，1384～1385页。

② 《晋书》卷71《陈頵传》，1892～1893页。

③ 《初学记》卷20《荐举第四》引，478页，北京，中华书局，1962。

④ 《晋书》卷43《王戎传》，1235页。据《晋书》卷55《潘岳传》：潘岳之父潘芘为琅邪内史时，“孙秀为小吏”，殆即其为“郡吏”之事。王隐《晋书》：“（潘）岳父文德为琅邪太守，孙秀为小吏给使。”又《晋诸公赞》曰：“初，赵王伦封琅邪，（孙）秀给为近职小吏。”

⑤ 《三国志》卷15《张既传》，471页。

⑥ 《三国志》卷15《张既传》注引《魏略》，473页。

⑦ 《晋书》卷92《左思传》，2376页。

海封孝琰等为(崔)暹宾客”，北齐“河清初，为主书，参典诏策。天统元年，加员外郎”①。北魏叱罗协，“少寒微，尝为州小吏，以恭谨见知。恒州刺史杨钧擢为从事”，后“事汾州刺史尔朱兆，颇被亲遇，补录事参军”②。

此外，还有许多转化原因不明者，如曹魏时殄虏护军爰邵，“起自干吏，位至卫尉”③。但不知从何途径由小吏而为官的。

从当时人们的观念中可以看到，由小吏而为官是不足为奇的。曹魏时石苞为县吏，“会谒者阳翟郭玄信奉使，求人为御，司马以苞及邓艾给之。行十余里，玄信谓二人曰：‘子后并当至卿相。’苞曰：‘御隶也，何卿相乎?’既而又被使到邺，事久未决，乃贩铁于邺市。市长沛国赵元儒，名知人，见苞，异之，因与结交。叹苞远量，当至公辅，由是知名。见吏部郎许允，求为小县。允谓苞曰：‘卿是我辈人，当相引在朝廷，何欲小县乎?’……稍迁景帝中护军司马”④。从郭玄信认为石苞、邓艾这两位小吏日后“当至卿相”，邺城市长认为石苞日后“当至公辅”，吏部郎许允认为石苞可以“引在朝廷”来看，当时人们的观念中，小吏是可以为“官”的，甚至为高官也是不足为奇的。尤其是专门掌管人事权力的吏部官员也持这种观念，不仅表明这是当时社会的普遍观念，而且表明这是国家政治制度中的正常现象。刘宋人王敬则，临淮射阳人，侨居晋陵南沙县。其为南沙县吏时，“尝与暨阳县吏斗，谓曰：‘我若得暨阳县，当鞭汝小吏背。’吏唾其面曰：‘汝得暨阳县，我亦得司徒公矣’”⑤。南沙、暨阳均为晋陵郡属县，二人均属“小吏”之列。从王敬则自许将来可以当暨阳县令、那位暨阳县吏自夸可以当司徒公来看，在当时人的意识中小吏也是可以进入仕途乃至高官显贵的。王敬则后来不仅做了暨阳县令，而且累官以至贵为“三公”。

① 《北史》卷83《樊逊传》，2788、2790页。

② 《周书》卷11《叱罗协传》，177页，北京，中华书局，1971。

③ 《三国志》卷28《邓艾传》注引荀绰《冀州记》，781页。

④ 《晋书》卷33《石苞传》，1000～1001页。

⑤ 《南史》卷45《王敬则传》，1127页。王敬则为“三公”之后曾欣然述及早年出身，曰：“我南沙县吏。”他与暨阳县吏斗时当为南沙县吏。

二、关于“解吏名”

“吏户”论认为魏晋南北朝时期的吏不属编户而另有单独的户籍，故需“解吏名”之后方能成为普通编户，可见“吏”是另有户籍的，是父死子继的，其地位是低于编户民的。刘宋时期杨运长事，就为论者所经常征引：“杨运长，宣城怀安人。初为宣城郡吏，太守范晔解吏名。”①那么，杨运长之被“解吏名”究竟是怎么一回事，说明了什么问题呢？

从先秦以来官吏在官府中就有名籍，《周礼》谓：“司士掌群臣之版”，郑司农云：“版，名籍。”②所谓“名籍”即官吏在官府中登记的名册。后世继承这一传统，不仅“官吏”中的上层——“官”有名籍，其下层——“吏”亦然。“吏”不仅在官府中有名籍，在边境屯戍时亦有名籍。“将吏为吏卒出入者名籍，伍人阅具，上籍副县廷。”③故免除官职就称为“除名”，汉景帝时有对官员实行“夺爵为士伍，免之”的处罚规定。颜师古解释道：“谓夺其爵，令为士伍，又免其官职，即今律所谓除名也。”④所以，“除名”就成为官吏免职的一个名词。北齐官吏祖珽犯罪，于是被“除名为民”⑤。“除吏名”就是从这个意义上传承下来的一个词。曹魏时人胡质为荆州刺史，其子胡威自京都前往探视；回程时，胡质赐其“绢一匹，为道路粮”。胡质帐下有一位都督，“素不相识，先其将归，请假还家，阴资装百余里要之，因与为伴，每事佐助经营之，又少进饮食，行数百里。(胡)威疑之，密诱问，乃知其都督也，因取向所赐绢答谢而遣之。后因他信，具以白(胡)质。质杖其都督一百，除吏名”⑥。胡质以其属吏——“帐下都督”之谄媚举

① 《宋书》卷94《杨运长传》，2317页。

② 《周礼注疏》卷31《夏官司马下》，见《十三经注疏》，848页，北京，中华书局，1980。

③ 《张家山汉墓竹简(二四七号墓)》，见《二年律令释文注释·津关令》，206页，北京，文物出版社，2001。

④ 《汉书》卷5《景帝纪》，140～141页。

⑤ 《三国典略》，见《太平御览》卷234引，1111页。

⑥ 《三国志》卷27《胡质传》注引《晋阳秋》，743页。

动而惩罚之，杖责之外并除其吏名。张翰，吴郡吴人，西晋“齐王(司马)冏辟为大司马东曹掾……(张)翰因见秋风起，乃思吴中菰菜、莼羹、鲈鱼脍，曰：‘人生贵得适志，何能羁宦数千里以要名爵乎!’遂命驾而归……府以其辄去，除吏名”①。张翰因不辞而别被司马冏之大司马府除名。东晋末年庾登之为太尉府主簿，义熙十二年(公元416年)刘裕北伐，“(庾)登之击节驱驰，退告刘穆之，以母老求郡。于时士庶咸惮远役，而登之二三其心，高祖(刘裕)大怒，除吏名”②。这些都是以“除吏名”作为处罚官吏的做法。

另外一类“解吏名”与上述情况不同，不是惩罚而是解脱。刘宋大明三年(公元459年)，“建康民”陈文绍上书曰：“私门有幸，亡大姑元嘉中蒙入台六宫，薄命早亡，先朝赐赠美人，又听大姑二女出入问讯。父饶，司空诞取为府史，恒使入山图画道路，勤剧备至，不敢有辞，不复听归，消息断绝。姑二女去年冒启归诉，蒙陛下圣恩，赐敕解饶吏名。诞见符至，大怒，唤饶入交问：‘汝欲死邪？诉台求解。’饶即答：‘官比不听通家信，消息断绝。若是姊为启闻，所不知。’诞因问饶：‘汝那得入台?’饶被问，依实启答。既出，诞主衣庄庆、画师王强语饶：‘汝今年败，汝姊误汝。官云小人辈敢持台家逼我。’饶因叛走归，诞即遣王强将数人逐，突入家内缚录，将还广陵。至京口客舍，乃防死井中，托云‘饶惧罪自杀’。抱痛怀冤，冒死归诉。”③陈文绍之父陈饶被竟陵王刘诞“取为府史”，受到他苛重的役使，而且“不复听归”，于是陈饶的两个侄女上诉到宋孝武帝那里，孝武帝下令解除陈饶的“吏名”。陈饶的侄女怎么能够直接向皇帝申诉呢？因为她们的母亲是宋文帝时的宫女——“美人”，她去世后被特许其二女出入宫廷。陈饶之所以能够得到皇帝特批而解除吏名，是一个特例。不能因此认为“解吏名”需得到皇帝批准才行。但是，宋孝武帝的命令不仅没有解救了陈饶，反而招来了祸患，刘诞因陈饶告了御状而大怒，陈饶吓得“叛走”回家，又被刘诞派人抓回害死。孝武帝是宋文帝的三子，刘诞是其六子，

① 《晋书》卷92《张翰传》，2384页。
② 《宋书》卷53《庾登之传》，1515页。
③ 《宋书》卷79《竟陵王刘诞传》，2027页。

本来兄弟之间这个时候的矛盾已经很尖锐，加以刘诞生性凶残，出现这种结局是不奇怪的。

范晔作为宣城太守，为其所属郡吏杨运长解除吏名，究竟由于什么原因，史未明言，不可妄断。可能是太守对其不满而解之，也可能是因杨运长不满而请求太守解之。如果其与陈饶的解吏名相同，是其请求太守帮助他脱离“吏”的处境而复归于民亦不足为奇，因为下层小吏的职务被视为“厮役”，为不少人所不乐为，上文列举的许多不乐为吏、辞吏的事例就是明证。但是从杨运长、陈饶事我们可以知道，“吏”是可以被除名的，并非“一经为吏，世代为吏”；而且一般来说该“吏”之主管长官即有权为其解除“吏名”，因为从秦汉以来直至魏晋南北朝，“吏”都是由各层级长官亲自任用的。他们有权任用，也有权解除。宣城郡吏杨运长即由宣城太守范晔为其“解吏名”。陈饶“解吏名”的权力本来也在司空刘诞手中，但他残暴无忌，禁锢吏人，“不复听归”，故陈饶的亲属不得不利用自己的特殊关系而上告皇帝，这是一桩特例，并无代表性。从陈饶这个个案我们还可以看到他们一家并非世代为吏，父死子继。陈饶之为“吏”是刘诞强“取”所致；其子陈文绍被称为“建康民”，表明他并没有继承其父而为“吏”。陈饶的家族原来是“民”，虽然他本人曾一度为“吏”，但是他的家族成员仍然是“民”，并未因其本人曾为“吏”导致其后人“世代为吏”，并未导致其家族身份地位降低于平民之下的境况。陈饶家族的情况同样表明“吏”与“民”之间的流动性的事实。

三、关于“虐吏”

“吏户”论认为“吏”经常遭到长官鞭打，备受虐待，证明“吏”的地位十分低下。例如，刘类“嘉平中，为弘农太守。吏二百余人，不与休假，专使为不急。过无轻重，辄捽其头，又乱杖挝之，牵出复入，如是数四”①。这类材料就被论者所经常征引以为重要证据。那么，我们应当如何理解这

① 《三国志》卷15《梁习传》注引《魏略·苛吏传》，471页。

类现象呢？

中国古代鞭打官吏的制度和风气可谓源远流长。“鞭扑”为先秦时期的“五刑”之一①，以“鞭作官刑，扑作教刑”②。所谓“鞭作官刑”，乃“以作为治官事之刑”；所谓“扑作教刑”，乃“不勤道业则挞之”。③ 当然并非如此严格区分，“其实官刑亦当用扑，盖重者鞭之，轻者挞之”④。这种轻重的划分也往往只是停留在字面上的。故鞭扑除了作为对待人民的刑罚之外，也在官府中被经常使用，上自宫廷，下至基层行政部门，莫不如斯。这种制度和风气一直被后世所继承、采用。东汉建武二十年(公元44年)光武帝东巡，行经陈留郡祭拜高帝母陵，召见陈留督邮虞延，“帝善之，敕(虞)延从驾到鲁。还经封丘城门，门下小，不容羽盖，帝怒，使挞侍御史，(虞)延因下见引咎，以为罪在督邮。言辞激扬，有感帝意，乃制诰曰：‘以陈留督邮虞延故，贳御史罪’”⑤。因为所经城门矮小光武帝就要鞭打其侍御史，而且这是堂而皇之的制度。东汉明帝“时诏赐降胡子缣。尚书案事，误以十为百，上大怒，诏郎欲鞭之。(钟离)意曰：‘过误者，人所有也。若以懈慢为罪，臣居大官，皆在臣，臣请先受坐。’解衣就挞。上意解，皆原之”⑥。不仅尚书郎起草文书发生笔误，要加以鞭打，钟离意作为尚书仆射承担责任，也要鞭打，这次虽然最后都没有执行，但是当时以鞭打处罚各级官吏的制度却是存在的。明帝鞭打官员的事情并非个别，史称“明帝时，政严事峻，九卿皆鞭杖”⑦。“明帝勤于吏事，苛察逾甚，或于殿前鞭杀尚书郎。”⑧可见宫廷中鞭扑之用是一种比较经常的、普遍的现象。

魏晋南北朝亦然。曹魏青龙二年(公元234年)曾经下诏曰：“鞭作官

① 徐元诰撰，王树民、沈长云点校：《国语集解》，《鲁语上》，151～152页，北京，中华书局，2002。

② 《尚书注疏》卷3《舜典》，见《十三经注疏》，128页，北京，中华书局，1980。

③ 《尚书注疏》卷3《舜典》伪孔传，见《十三经注疏》，128页。

④ 《尚书注疏》卷2《舜典》孔疏，见《十三经注疏》，129页。

⑤ 《后汉书》卷33《虞延传》，1151页。

⑥ (晋)袁宏撰，张烈点校：《两汉纪》下册，《后汉纪·孝明皇帝纪上卷第九》，170页，北京，中华书局，2002。《后汉书》卷41《钟离意传》所记此事略同，见1409页。

⑦ 《两汉纪》下册，《后汉纪·孝顺皇帝纪上卷第十八》，353页。

⑧ 《汉晋春秋》，见《太平御览》卷649引，2903页。

刑，所以纠慢怠也，而顷多以无辜死。其减鞭杖之制，著于令。”①可见当时鞭扑之用有愈演愈烈之势，这里虽然加以抑制，但并不禁止施用，事实上也并未停止使用过。曹魏大臣、司空王基之子王冲为“尚书郎中，虽在清途，犹未免楚挞”②。西晋“罗尚为右丞。是时左丞处事失武帝意，大怒，欲案入重罪。事连(罗)尚，于是(罗)尚为坐授杖一百，时论美之”③。诸葛亮事必躬亲，据称“诸葛武侯杖十以上亲决”④。东晋穆帝升平二年(公元358年)，“佽飞督王饶献鸩鸟，帝怒，鞭之二百，使殿中御史焚其鸟于四达之衢”⑤。前秦苻坚信用汉人王猛，遭到氐族贵族的反对，“诸氐纷纭，竞陈(王)猛短，(苻)坚恚甚，谩骂，或有鞭挞于殿庭者”⑥。宋孝武帝“宠一昆仑奴子，名白主。常在左右，令以杖击群臣，自柳元景以下，皆罹其毒”⑦。柳元景时任尚书令、侍中、开府仪同三司等职，为朝廷宰辅。朝廷大臣尚且难免遭受鞭打，更无论下吏了。北周宣帝“自公卿已下，皆被楚挞，其间诛戮黜免者，不可胜言。每笞捶人，皆以百二十为度，名曰天杖。宫人内职亦如之。后妃嫔御，虽被宠嬖，亦多被杖背。于是内外恐惧，人不自安，皆求苟免，莫有固志，重足累息，以逮于终”⑧。可以说鞭打公卿百官之风几乎弥漫于这个时代。

朝廷如此，各级政府亦无不如此。东汉时，陈球为繁阳县令，“时魏郡太守讽县求纳货贿，(陈)球不与之，太守怒而挝督邮，欲令逐(陈)球”⑨。戴宏，济北刚县人，“年二十二，为郡督邮，曾以职事见诘，府君欲挞之”⑩。可见地方长官鞭打属吏也是一种普遍现象。虽然长官有权鞭打属吏，但是由于长官个人性格、修养不同而有所不同。曹魏时，常林为少

① 《三国志》卷3《明帝纪》，101页。

② 《晋泰康起居注》，见《太平御览》卷215引，1027页。

③ 《襄阳耆旧记》，见《太平御览》卷650引，2907页。

④ 《晋阳秋》，见《太平御览》卷650引，2906页。

⑤ 《晋书》卷8《穆帝纪》，203页。

⑥ 《晋书》卷113《苻坚载记上》，2886页。

⑦ 《宋书》卷76《王玄谟传》，1975页。

⑧ 《周书》卷7《宣帝纪》，125～126页，北京，中华书局，1971。

⑨ 《后汉书》卷56《陈球传》，1831页。

⑩ 《后汉书》卷64《吴祐传》注引《济北先贤传》，2102页。

府，“（常）林性既清白，当官又严。少府寺与鸿胪对门，时崔林为鸿胪。崔性阔达，不与（常）林同，数数闻（常）林挝吏声，不以为可。（常）林夜挝吏，不胜痛，叫呼敖敖彻曙。明日，崔出门，与（常）林车相遇，乃啁（常）林曰：‘闻卿为廷尉，尔邪？’（常）林不觉答曰：‘不也。’崔曰：‘卿不为廷尉，昨夜何故考囚乎？’（常）林大惭，然不能自止”①。同为九卿，少府常林挝吏成性，鸿胪崔林则不以为然，故讽刺常林如同执法部门——廷尉拷打囚犯那样对待属吏。孙吴时黄盖为石城县守长，“石城县吏，特难检御”，黄盖到任后“乃署两掾，分主诸曹。教曰：‘令长不德，徒以武功为官，不以文吏为称。今贼寇未平，有军旅之务，一以文书委付两掾，当检摄诸曹，纠擿谬误。两掾所署，事入诺出，若有奸欺，终不加以鞭杖，宜各尽心，无为众先’”。黄盖将文书事务托付两掾，并以不加鞭杖相许，“初皆布威，夙夜恭职；久之，吏以（黄）盖不视文书，渐容人事”。于是黄盖抓住“两掾不奉法数事”加以惩治，“乃悉请诸掾吏，赐酒食，因出事诘问。两掾辞屈，皆叩头谢罪。盖曰：‘前已相敕，终不以鞭杖相加，非相欺也。’遂杀之。县中震栗”。从中可见地方长官对于属吏有很大的处置权力，鞭打尚属一般性处罚手段，极端者可加以杀戮。从黄盖“后转春谷长，寻阳令。凡守九县，所在平定”②观之，他的这些政绩之取得当与其严厉对待属吏有关。可见是否以鞭杖对待属吏乃长吏可以自主决定。于是有的官员利用这一特权肆意鞭打下属，北魏宣武帝时“汝南王悦为太尉，选举多非其人，又轻肆挝挞”③。更有甚者如北朝末年燕荣历任刺史、总管等地方军政长官，“鞭笞左右，动至千数，流血盈前，饮啖自若。尝按部，道次见丛荆，堪为笞棰，命取之，辄以试人。人或自陈无咎，荣曰：‘后有罪，当免。’及后犯细过，将挝之，人曰：‘前日被杖，许有罪宥之。’荣曰：‘无过尚尔，况有过邪！’榜捶如旧”④。诸如此类，史不绝书。

综上所述我们可以知道，皇帝鞭打大臣，长吏鞭打属吏，乃汉魏以来

① 《三国志》卷23《常林传》注引《魏略》，660页。

② 《三国志》卷55《黄盖传》，1284～1285页。

③ 《北史》卷47《阳固传》，1723页。

④ 《北史》卷87《燕荣传》，2901～2902页。

的传统，官员尚且可能遭到鞭打，何况其下之小吏？上文提到的刘类鞭打属吏的情况，实在是当时的普遍现象，不能以此来证明“吏”的地位卑下和“吏户”的存在。那些肆意鞭打官员、小吏的皇帝或各级长官，一般来说都被舆论所贬责，故这种官吏往往被视为“酷吏”“苛吏”一流。

四、关于“司徒吏二十余万”

“吏户”论在论证魏晋南北朝时期“吏”的数量非常庞大这一问题时，一方面混淆军事系统与行政系统的“吏”，将大量军吏或士兵的资料与行政部门的“吏”混为一谈①，另一方面又曲解一些资料以夸张其事。关于“司徒吏二十余万”的说法就是其表现之一。论者谓魏晋南北朝“吏”的数量十分庞大，东晋初年仅司徒吏就有二十余万云云。其根据是《晋书·熊远传》上的一条记载：“及中兴建，帝欲赐诸吏投刺劝进者加位一等，百姓投刺者赐司徒吏，凡二十余万。(熊)远以为‘秦汉因赦赐爵，非长制也。今案投刺者不独近者情重，远者情轻，可依汉法例，赐天下爵，于恩为普，无偏颇之失。可以息检覆之烦，塞巧伪之端。’帝不从。”②“吏户”论即截取其中“司徒吏凡二十余万”以为论据的。那么，这个材料能够作为“吏户”论的根据吗？我们应当如何理解这个记载呢？

第一，这个记载中的“司徒吏”是缔造东晋政权的有功受奖励人员。这是大兴元年(公元318年)司马睿在建康即帝位时，为了报答那些递“名片”(“投刺”)拥护他当皇帝(“劝进”)的人而采取的奖励措施。这项措施规定：原来是“吏”者，“加位一等”；原来是老百姓的，赏赐为“司徒吏”。司马睿的幕僚熊远认为这项奖励措施有所不足，一则不能令天下人普遍得到奖励，有失偏颇，二则检查核实比较麻烦，施行比较困难。因此建议仿照汉代的办法赐天下民爵。但是司马睿不同意，还是按照自己的意旨实行。可见这里的二十余万人是得到奖励的人，包括“司徒吏”在内的这些“吏”都是

① 拙文《魏晋南北朝“吏户”问题再献疑》已有详述，兹不赘。

② 《晋书》卷71《熊远传》，1886～1887页。

缔造东晋政权的有功人员。

第二，这个记载中的“二十余万”并非仅指“司徒吏”。这些受奖励人员有两部分，一部分是“加位一等”的“诸吏”，他们是现在正在担任“吏”职的人员；另一部分是“赐司徒吏”的“百姓”，亦即并未担任“吏”职的普通民众。这两者相加“凡二十余万”。虽然两者各占多少我们并不清楚，也许后者会多于前者，但是这二十余万并非仅指“司徒吏”则是毫无疑问的。

第三，从这个记载我们可以看到，“吏”是身份地位高于“百姓”的一个群体，并非身份地位低于平民的所谓“吏户”。这个记载中涉及“诸吏”和“司徒吏”两部分“吏”，那么，他们与“吏户”有什么关系吗？没有。我们先看“诸吏”，这个记载中的奖励待遇分为两个等次，“诸吏”享受“加位一等”的待遇，“百姓”享受“赐司徒吏”的待遇。显然“诸吏”的待遇在“百姓”之上。《资治通鉴》记载此事曰：“三月丙辰……王即皇帝位，百官皆陪列……大赦，改元，文武增位二等。帝欲赐诸吏投刺劝进者加位一等，民投刺者皆除吏，凡二十余万人”云云①。从这个记载我们进一步知道当时的奖励待遇实际上有三个等次，这里所列举受到奖励的人员为“文武”、“诸吏”、“百姓”三部分，他们分别享受三种待遇，头一等为“文武”，即朝廷文武官员，享受“增位二等”的待遇，高于“加位一等”的“诸吏”。由此可见“诸吏”是在“文武”官员和“百姓”之间的一个群体，他们显然与所谓身份地位在平民之下的“吏户”不符。

我们再来看“司徒吏”，他们虽然属于这次奖励人员中的最下一等，但他们是从“百姓”中被甄拔出来的一部分人员，其地位已在普通的“百姓”之上，更不必说也高于所谓身份地位在平民之下的“吏户”(如果有这样的“吏户”的话)。这里所反映出来的“司徒吏”的身份地位与其他史料所记载的“司徒吏”的情况也是相符的。曹魏“正始中，有诏议圜丘，普延学士。时郎官及司徒领吏二万余人”②，均被诏参与此次讨论。这里“司徒吏”与郎官并列，均有资格参与朝廷大议。西晋太康元年(公元280年)为了庆祝平吴

---

① 《资治通鉴》卷90《晋纪12》，“元帝大兴元年”条，2854页。

② 《三国志》卷13《王肃传》注引《魏略》，421页。

统一全国，“五月庚寅，御临轩，大会於太极殿前，四方贺使国子太学生司徒吏副将以上，及吴降将吏，皆与会，诏引归命侯孙皓上殿，稽颡陈恩谢罪，称万岁”①。这里“司徒吏”与国子太学生等并列，均有资格出席这次开国大典。由此可见“司徒吏”已跻身朝廷吏员之列，已属于“王官”。史称：“王官司徒吏，皆先由州郡之贡，而后升在王廷，策名委质，列为帝臣。”他们与州郡之吏不同，“州郡之吏，未与王官同体”。他们被储备于司徒府，有比较优越的机会等待出仕，“今诸王官司徒吏未尝在职者，其高足成，有一举便登黄散，其次中尚书郎”②。所谓黄散，“谓黄门侍郎及散骑常侍”③。东晋初年所甄拔的这批“司徒吏”也是享有一定的政治、经济方面的优惠待遇的。司马睿建国后，王敦反叛朝廷的野心日益明显，于是大兴四年(公元321年)司马睿以讨胡为名，令刘隗为镇北将军，戴若思为征西将军同时出镇，实际是为了防范王敦。为此，“发投刺王官千人为军吏，调扬州百姓家奴万人为兵配之”④，这里以“投刺王官”(即上述“司徒吏”)为军吏，以“百姓家奴”为兵，两者之高下区别是显然的。次年(永昌元年，公元322年)，王敦以讨刘隗为名，兴兵向阙，上疏历数刘隗罪过，其中有云：“当陛下践阼之始，投刺王官，本以非常之庆使豫蒙荣分。而更充征役，复依旧名，普取出客，从来久远，经涉年载，或死亡灭绝，或自赎得免，或见放遣，或父兄时事身所不及，有所不得，辄罪本主，百姓哀愤，怨声盈路。”⑤可知王敦所谓发投刺王官以充征役，就是指刘隗、戴若思为了整军而以王官为军吏之事。这里提到的“投刺王官”应当包括“司徒吏”在内，这个记载反证这些“司徒吏”原来可以享受不充征役的待遇，但被刘隗等人所破坏，招致怨声载道。不过，这是政敌之间的攻击之辞，未免有所夸张。而且这些“充征役”的“王官”，是以“军吏”，即中下级军官⑥而从征，

① (唐)欧阳询撰，汪绍楹校.《艺文类聚》卷39《礼部中》引晋《起居注》，711页，上海，上海古籍出版社，1965。

② 《通典》卷101《礼六十一·凶二十三》，《周丧察举议(晋)》，583页。

③ 《通典》卷21《职官三》散骑常侍条注引《山公启事》，123页。

④ 《晋书》卷69《戴若思传》，1847页。

⑤ 《晋书》卷98《王敦传》，2558页。

⑥ 参见拙文《说“军吏”——从长沙走马楼吴简谈起》，载《文史哲》，2005(2)。

与士兵之被征发在性质上是有区别的。“司徒吏”在“百姓”之上，与所谓在“百姓”之下的“吏户”无涉是没有疑义的。

这里还可以顺便提及，按照“吏户”论的说法，“吏户”的身份地位是低于编户民的，那么《晋书·熊远传》所载这些身份地位已经高于“吏户”的“百姓”何以又自投罗网而屈身为“吏”呢？司马睿以低于原来身份地位的“司徒吏”去赏赐“百姓”中的有功人员，合乎逻辑吗？还有，司马睿以“百姓投刺者赐司徒吏”，而且数量如此巨大，这不是又从另一个侧面说明“吏”是从“百姓”中来的吗？这也与“吏户”论所谓“世代为吏”云云不相符合。

以上我们就“吏户”论的若干说法提出讨论，凡此种种，在“吏户”论中几乎俯拾皆是，限于篇幅，不烦一一列举。从上述几个问题中我们已经可以看到，用“吏户”论的观点是难以解释魏晋南北朝时期的相关文献记载的，它几乎与这个时期的相关史料均扞格难通，相互矛盾，无法自圆其说。原因无他，就在于“吏户”论并非客观存在的历史实际的真实反映。

原载《史学集刊》，2006(4)。

原"吏民"

——从长沙走马楼吴简谈起

"吏民"一词在中国古代史籍中虽然长期而频繁使用，但是对其涵义并没有具体的、明确的表述，故过去学术界对此并未予以重视；尽管研究者寥寥，但歧异却颇大。或谓"吏民"中的"吏"是编户齐民之外的特定群体——"吏户"，其身份地位是低于编户齐民的依附民。或谓"吏民"是编户齐民中有爵位的、富裕的特定群体，其身份地位高于一般编户齐民。形成两个极端而对立的看法。那么，"吏民"究竟是些什么人？上述两种看法是否符合历史的实际呢？因此有必要对于"吏民"的涵义与性质进一步加以探讨。

长沙走马楼吴简中含有大量关于"吏民"的资料，这为我们进一步探讨"吏民"的涵义与性质提供了珍贵的第一手资料，在这些地方政府的田赋、簿籍等档案中记载了民户男女以及州、郡、县吏等各种身份的人员，并直接将他们概括称之为"吏民"，如："南乡谨列嘉禾四年吏民田家别顷亩旱熟收米钱布付授吏姓名年月都莂"(简四·一)、"[环]乐二乡谨列嘉禾四年吏民田家别莂如牒"(简四·二)、"[东]乡谨列四年吏民田家别莂"(简四·三)①，等。整理者遂将所出版的第一册简牍名之为《嘉禾吏民田家莂》。尽管出土了如此丰富的关于"吏民"的第一手资料，但是研究者对于"吏民"的涵义及其性质的认识基本上仍然承袭吴简出土之前对于"吏民"的上述认识，多认为"吏民"是"吏户"与"民户"或"吏籍"与"民籍"合称之意，如有的学者认为"吏民"是"'吏户'与'民户'的综称"②，"'吏'户是当时的一种特殊

① 长沙市文物考古研究所、中国文物研究所、北京大学历史学系、走马楼简牍整理组编著：《长沙走马楼三国吴简·嘉禾吏民田家莂·释文注释》上《嘉禾四年吏民田家莂》，73页，北京，文物出版社，1999。

② 高敏《〈吏民田家莂〉中所见"余力田"、"常限田"等名称的含义浅析——读长沙走马楼简牍札记之三》，原载《郑州大学学报》，2000(5)，收入氏著《长沙走马楼简牍研究》，5、18页，桂林，广西师范大学出版社，2008。

服役者，他们被另立户籍，谓之‘吏’籍。”①“吏户有单独的户籍，不和编户齐民的户籍混杂。”②吴简部分整理者亦将吴简中的户口簿籍分为“吏籍”与“民籍”等类型③，等等；也有少数意见认为“吏民”是“占有爵位”、“具有中家以上的资产数额”者，“是一个生活相对富裕的阶层”④。前者将“吏民”中的“吏”视为身份地位低于编户齐民的特定群体，后者则将“吏民”视为一般编户齐民之上的特定群体。这种情况表明，吴简的发现虽然为我们认识“吏民”问题提供了有价值的资料，但是欲达致对于“吏民”的含义及其性质大体符合历史实际的认识，还有很大的空间存在和探讨的余地。而欲明“吏民”的涵义与性质，不能仅就吴简而论，而应将吴简与历史文献相结合，将这个问题置于历史发展过程的大背景中去认识和把握。王国维先生所倡“地下之新材料”与“纸上之材料”相互印证的“二重证据法”⑤，仍然是我们今天研究吴简问题的不二法门。职是之故，探究“吏民”之涵义及其性质不仅将有助于对于吴简的认识，而且对于深化中国古代社会的认识也是有所裨益的。

“吏民”一词早在战国时期就已经流行，《商君书》、《战国策》、《墨子》等书中⑥以及出土文书如睡虎地秦墓竹简《语书》⑦中已经多所使用，此外

① 高敏：《读长沙走马楼简牍札记之一》，载于氏著《长沙走马楼简牍研究》，7页。

② 蒋福亚：《〈嘉禾吏民田家莂〉中的诸吏》，载《文史哲》，2002(1)。

③ 参见王素、宋少华、罗新：《长沙走马楼简牍整理的新收获》，载《文物》，1999(5)。

④ 刘敏：《秦汉时期“吏民”的一体性和等级特点》，载《中国史研究》，2008(3)。

⑤ 王国维：《古史新证》，2页，长沙，湖南人民出版社，2010。

⑥ 分见《商君书》之《慎法》第二十五、《定分》第二十六(《诸子集成》第五册，40～42页，北京，中华书局，1954)等章，《战国策》卷8《齐策一》、卷18《赵策一》(缪文远：《战国策新校注》卷8《齐一》，319、620页，长沙，巴蜀书社，1987,)，《墨子》卷14《备城门》、卷15《迎敌祠》《号令》，参见孙诒让：《墨子间诂》，见《诸子集成》，第4册，299、340、351页，北京，中华书局，1954，等篇。

⑦ 见睡虎地秦墓竹简整理小组编：《睡虎地秦墓竹简·语书》，13页，北京，文物出版社，1990。

《管子》、《吴子》等书中也有所记载[①]。表明战国时期，特别是战国后期这个词汇已经广泛流行了。到了汉代使用就更为频繁，不胜枚举，不仅传世文献频繁使用，汉简中亦经常出现[②]，历魏晋南北朝而不衰。隋唐以后直至明清仍然在继续使用。可以说这个词汇的使用几乎与中国古代历史相始终。

殷周时期尚无独立的“吏”字，其时“史”、“吏”、“事”三字通用，均由“史”字而派生[③]。“其后三者各需专字，于是史、吏、事三字于小篆中截然有别。”[④]春秋时期文献始见独立的“吏”字，《左传》成公二年(公元前589年)“王使委于三吏”，注曰“三吏，三公也。”而“三公者，天子之吏也。”[⑤]可见“吏”在最初是包括高级官员在内的，故曰：“吏，治人者也。”[⑥]其后层级逐步下移。而将“吏”与“民”紧密地联系在一起则是在战国时期。当时的政治家、思想家主要是这样将“吏”与“民”联系起来的：君主通过“吏”而治“民”。“夫德法者，御民之具，犹御马之有衔勒也。君者，人也，吏者，辔也，刑者，策也，夫人君之政，执其辔策而已。”[⑦]“吏”是君主治“民”之

---

① 分见《管子》卷17《七臣七主》，见《诸子集成》，第5册，288页，北京，中华书局，1954；《吴子·国图一》，见《诸子集成》，第6册，2页，北京，中华书局，1954，等。

② 汉简所载“吏民”，分见谢桂华等编：《居延汉简释文合校》，26、44、423页，北京，文物出版社，1987；甘肃省文物考古研究所、甘肃省博物馆、文化部古文献研究室、中国社会科学院历史研究所编：《居延新简》，478、479、480、498页，北京，文物出版社，1990；林梅村、李均明编：《疏勒河流域出土汉简》(文物出版社，1984，42页)，甘肃武威磨咀子汉墓《王杖诏书令》册(李均明、何双泉编：《秦汉魏晋出土文献散见简牍合辑》，文物出版社，1990，16、17页)，甘肃省文物考古研究所：《敦煌悬泉汉简释文选》，载《文物》，2000(5)，张家山247号汉墓竹简整理小组《张家山汉墓竹简》(北京文物出版社2001，154、167页)，等。

③ 愚见以为“史”字之本义为“使”，其余均属引申之义。《说文》：“使，令也。”段注：“令者，发号也。”(《说文解字注》，376页)说详拙文《殷代外交制度初探》，载《历史研究》，1988(1)。

④ 王国维：《观堂集林》卷6《释史》，见《王国维遗书》(一)，上海，上海古籍出版社，1983。

⑤ 《春秋左传正义》卷25，“成公二年”条，见《十三经注疏》，1898页，北京，中华书局，1980。

⑥ 《说文解字注》，1页，上海，上海古籍出版社，1981。

⑦ 《孔子家语》卷6，66页，上海，上海古籍出版社，1990。

工具。故“吏者，民之本纲者也，故圣人治吏不治民。”“明主治吏不治民。”①抓住“吏”这根缰绳就可以达到驾驭“民”之目的。“吏”的主要职能是为国家执法治“民”，“吏者，平法者也；治国者，不可失平也”②。“故明主之国，无书简之文，以法为教；无先王之语，以吏为师。”③统治者的政策法令通过“吏”去贯彻执行。故“据法而治者，吏习而民安”④。因而“吏”与“民”都是国家统治的基础。“吏”是君主治“民”之基本依靠，“吏者治也”，治国“其本在吏”。如果“吏”贪赃枉法、刻剥人民，“则国乱而民愁”，甚者“则民流亡而君失其国”。故治国之道在于“为君守成，为吏守职，为民守事。如此，各居其道则国治，国治则都治，都治则里治，里治则家治，家治则善恶分明，善恶分明则国无事，国无事则吏民外不怀怨，内不徼事”⑤。“吏”与“民”是个统一体，两者和谐则国治，反之则国危，“吏者，民之所悬命也；故明主之治也，当於法者赏之，违於法者诛之，故以法诛罪，则民就死而不怨”⑥。如果“臣不亲其主，百姓不信其吏，上下离而不和，故虽自安，必且危之，故曰：‘上下不和，虽安必危。’”⑦从而将“吏”与“民”结合而形成一个新的词汇——“吏民”，这不仅具有语言发展史上的意义，更重要的是标志着中国古代历史发展的新阶段的来临，从此之后中国历史由古代而进入中世，这种“吏民”一体的社会结构遂成为此后长期的皇权统治的基础。汉惠帝诏曰：“吏所以治民也，能尽其治则民赖之，故重其禄，所以为民也。”⑧正是这一新的社会结构在政治观念上的集中反映。

“吏”与“民”紧密地联系在一起而成为一个新的词汇何以发生于战国时期？这绝非偶然，其原因主要有二：一是与这个时期郡县制度下的编户制

---

① 《韩非子·外储说右下第三十五》，见《诸子集成》，第5册，258、250页，北京，中华书局，1954。

② 《韩非子·外储说左下第三十三》，见《诸子集成》，第5册，220页。

③ 《韩非子·五蠹第四十九》，见《诸子集成》，第5册，347页。

④ 《商君书·更法第一》，见《诸子集成》，第5册，1页。

⑤ 《续汉书·百官志五》注引《太公阴符》，（点校本《后汉书·志》），3625～3626页，北京，中华书局，1965。

⑥ 《管子·明法解第六十七》，见《诸子集成》，第5册，346页。

⑦ 《管子·形势解第六十四》，见《诸子集成》，第5册，332页。

⑧ 《汉书》卷2《惠帝纪》，85页，北京，中华书局，1962。

度的发展密切相关。春秋战国时期一个重要的社会变化是随着分封制的式微，诸侯“各君其土，各役其民”①的血缘性地方统治体制被郡县制的地缘性地方统治体制所取代。在郡县体制下的基层逐步建立了地缘关系的户籍管理制度②。郡县长吏通过乡里小吏而管治编户齐民。所谓“土地博大，野不可以无吏，百姓殷众，官不可以无长。”③在财政经济上则“天子使吏治其国，而纳其贡税焉”④，“命吏计公廪之粟，藉长幼贫氓之数”⑤。政治上“诸侯郡县皆各为置一法官及吏……故天下之吏民无不知法者”⑥。实行“以吏为师”的管治办法。这些“吏”均来自于“民”而用之于“民”，“吏”“民”成为中国古代国家赖以统治的不可分割的整体和基础。二是与这个时期官僚政治的发展密切相关。春秋战国之际是中国古代贵族政治向官僚政治转变时期，统治者对于人民的管治亦由公卿贵族转而运用官吏，因而这个时期出现了“士、吏分途”的进程，“吏”阶层应时兴起⑦。在这样的政治变动中遂确立了“天子使吏治其国”⑧的政治格局，故明主必须“张官任吏治民”⑨。于是“吏民”这个复合词就在这样的时代条件下自然而然地产生了。

“吏民”是由“吏”与“民”构成的一个复合词。秦孝公问商鞅如何能够“使天下之吏民”对于国家政策法令“用之如一”？商鞅所提供的办法之一是：“诸官吏及民有问法令之所谓也，於主法令之吏，皆各以其故所欲问

---

① 王夫之：《读通鉴论》卷15《孝武帝》，514页，北京，中华书局，1975。

② 参见杜正胜：《编户齐民——传统政治社会结构之形成》，32～33页，台北，台北经联出版事业公司，1990。关于中国古代户籍制度，有的学者认为在春秋中晚期已经产生，《左传》成公二年(公元前589年)所记楚国的“大户”、哀公十五年(公元前480年)所载“书社”为户籍之滥觞(杜正胜：《户籍制度起源及其历史意义》，《食货》月刊第十卷第三、四期，1988年8月)。但是文献确切记载的户籍制度应是在秦献公十年(公元前375年)“为户籍相伍”，见《史记》卷6《秦始皇本纪》附《秦纪》，289页，北京，中华书局，1959。

③ 《管子·权修第三》，见《诸子集成》，第5册，6页。

④ 《孟子》卷九《万章章句上》，见《诸子集成》，第1册，372页。

⑤ 《晏子春秋校注》卷4《内篇问下第四》，见《诸子集成》，第4册，100页。

⑥ 《商君书·定分第二十六》，见《诸子集成》，第5册，42页。

⑦ 参见阎步克：《品位与职位》第二章，95页，北京，中华书局，2002。

⑧ 《孟子》卷九《万章章句上》，见《诸子集成》，第1册，372页。

⑨ 《管子·明法解第六十七》，见《诸子集成》，第5册，350页。

之法令明告之。各为尺六寸之符，明书年月日时，所问法令之名，以告吏民。”[①]这里明确地将“吏民”表述为“官吏及民”。这种用法至汉代依然，朱晖为临淮太守，“吏民畏爱，谓(为)之歌曰：‘强直自遂，南阳朱季。吏畏其威，民怀其惠’”[②]。梁统于光武帝时上书谏“刑罚不苟务轻”时，追述西汉元帝、哀帝相继采取“轻殊死之刑”，于是“自是以后，人轻犯法，吏易杀人，吏民俱失，至于不羁”[③]。卓茂为密县令，有县民告发亭长曾接受他送的米肉，卓茂问他为什么送了又告发？“民曰：‘窃闻贤明之君，使民不畏吏，吏不取民。今我畏吏，是以遗之。’茂曰：‘凡人所以贵於禽兽者，以有仁爱，知相敬事也。今邻里尚致馈，此乃相亲，况吏民乎？’”[④]成帝时，朱博为冀州刺史，“吏民数百人遮道自言”，朱博“使从事明敕告吏民：‘……其民为吏所冤，及言盗贼辞讼事，各使属其部从事。’博驻车决遣，四五百人皆罢去，如神。吏民大惊，不意博应事变乃至于此”[⑤]。这些都是以“吏民”一词指“吏”与“民”，不过，这种场合的“吏民”中的“吏”已经主要是指地方长吏所辟召之“少吏”了。成帝时“长安中奸猾浸多，闾里少年群辈杀吏，受赇报仇”，治安恶化，于是以酷吏尹赏守长安令。尹赏“乃部户曹掾史，与乡吏、亭长、里正、父老、伍人，杂举长安中轻薄少年恶子……得数百人”[⑥]。此事《汉纪》记作：“乃令吏民，举籍长安中轻侠少年恶子弟……得数百人。”[⑦]《汉纪》中的“吏民”，具体说来就是《汉书·尹赏传》中的“户曹掾史，与乡吏、亭长、里正、父老、伍人”等人，其中的“户曹掾史”为县廷属吏；乡吏、亭长、里正等为乡里之吏；父老、伍人等为乡里平民。前二者为“吏”，后者为“民”，他们就是“吏民”的具体内容。

---

① 《商君书·定分第二十六》，见《诸子集成》，第5册，41～42页。

② （宋）李昉等：《太平御览》卷260引《东观汉纪》，1219页，北京，中华书局，1960，2。

③ 《晋书》卷30《刑法志》引，918页，北京，中华书局，1974。

④ 吴树平：《东观汉纪校注》卷13《卓茂传》，461～462页，郑州，中州古籍出版社，1987。

⑤ 《汉书》卷83《朱博传》，3399页，北京，中华书局，1962。

⑥ 《汉书》卷90《尹赏传》，3673页。

⑦ 《两汉纪·汉纪》卷26《成帝纪》，463页，北京，中华书局，2002。

由于"吏民"是"吏"与"民"的复合词，故有时也将"吏民"一词颠倒使用，谓为"民吏"。张家山汉简《二年律令》在使用"吏民"一词的同时也使用"民吏"一词，《具律》："吏民有罪当笞"，《亡律》："吏民亡，盈卒岁，耐。"均用"吏民"为称，而《田律》则以"民吏"为称，曰："禁诸民吏、徒隶，春夏毋敢伐材木山林。"①另据《太公阴符》，武王问曰："绝吏之罪，塞民之大，奈何?"太公答曰："察民之暴吏，明其赏，审其诛，则吏不敢犯罪，民不敢大也。"武王曰："是民吏相伺，上下不和而结其仇。"②又据谢承《后汉书》记载，"盖勋迁颍川太守，民吏叹咏，不容於口"。又有"孟尝迁合浦太守，民吏攀车请之"③。魏晋南北朝时期亦然，习凿齿《汉晋春秋》曰：正始七年(公元246年)，"吴将朱然入柤中，斩获数千。柤中民吏万馀家渡沔"④。东晋苏峻之乱时，"诸庾逃散。庾冰时为吴郡，单身奔亡，民吏皆去"⑤。《水经注》记西汉王尊为东郡太守时，"河水盛溢，泛浸瓠子，金堤决坏。(王)尊躬率民吏投沈白马祈水神河伯，亲执圭璧，请身填堤，庐居其上。民吏皆走，尊立不动，而水波齐足而止，公私壮其勇节"⑥。而《汉书·王尊传》记载此事时，两处"民吏"均作"吏民"。北魏人陆隽，先后任定州刺史、相州刺史。史称其"政尚宽惠，民吏安定"⑦。此处"民吏"即史籍常用之"吏民"。《魏书·食货志》记天兴元年(公元398年)北魏"分徙吏民及徒何种人、工伎巧十万余家以充京都，各给耕牛，计口授田"⑧。《魏书·太祖纪》记此事曰："徙山东六州民吏及徒何、高丽杂夷三十六万，百工伎巧十万余口，以充京师。"⑨将"吏民"记为"民吏"。这些都证明"吏民"一词中的"吏"与"民"是可以颠倒使用的。

① 《张家山汉墓竹简》，146、154、167页，北京，文物出版社，2001。

② 《续汉书·百官志五》注引《太公阴符》，3626页。

③ 《北堂书钞》卷76引，12，310、311页，天津，天津古籍出版社，1988。

④ 《三国志》卷4《魏志·三少帝纪》注引，122页，北京，中华书局，1959。

⑤ 余嘉锡：《世说新语笺疏·任诞》，745页，北京，中华书局，1983。

⑥ 《水经注》卷5《河水注》，132页，成都，巴蜀书社，1985。

⑦ 《魏书》卷40《陆俟传》附《陆隽传》，917页，北京，中华书局，1974。

⑧ 《魏书》卷110《食货志》，2849～2850页。

⑨ 《魏书》卷2《太祖纪》，32页。

“吏民”一词在多数情况下是兼指“吏”与“民”，不过在某些场合也可以专指或主要指“吏”。刘向《新序》记载，师旷指晋平公有“五默默”，其第五为：“至道不明，法令不行，吏民不正，百姓不安，而君不悟，此五默默也。”①这里以“吏民”指官吏，而与后面的“百姓”相对应。东汉桓帝永寿元年(公元 155 年)“敕州郡赈给贫弱。若王侯、吏民有积谷者，一切贳十分之三，以助稟贷。其百姓吏民者，以见钱雇直；王侯须新租乃偿”②。这里将“吏民”一词析为“百姓”与“吏民”，而以“吏民”指“吏”，“百姓”指“民”。魏晋时期也有这种用法，张茂谏魏明帝曰：“陛下，天之子也，百姓吏民，亦陛下之子也。”③这里的“吏民”与“百姓”并列而指“吏”。

但是，“吏民”在许多情况下是或主要是指“民”、“百姓”。赵孝成王四年(公元前 262 年)秦拔韩野王，从而断绝了上党与韩都新郑的道路，于是韩国上党守冯亭“阴使人请赵王曰：‘韩不能守上党，且以与秦，其民皆不欲为秦，而愿为赵。今有城市之邑七十，愿拜内之于王，唯王才之。’赵王喜，召平原君而告之曰：‘韩不能守上党，且以与秦，其吏民不欲为秦，而皆愿为赵。今冯亭令使者以与寡人，何如?’”④赵王所称之“吏民”即冯亭使者所称之“民”，故《通鉴》在记载这一事件时说：“上党守冯亭与其民谋曰”云云⑤。可见这里的“吏民”是指“民”。汉代亦然。《续汉志》记建武十五年(公元 39 年)“吴汉、马武又徙雁门、代郡、上谷、关西县吏民六万余口，置常关、居庸关以东，以避胡寇”⑥。袁宏《后汉纪》记此事曰：“十五年春二月，大司马吴汉将马武等徙雁门、代郡、上谷民迁中山以避胡寇。”⑦吴祐为胶东侯相，“吏民有以罪过相告诉者，祐辄闭阁自责，良久然后问之。

---

① 《太平御览》卷 428 引，1972 页。

② 《后汉书》卷 7《桓帝纪》，300 页。

③ 《三国志》卷 3《明帝纪》注引《魏略》，105 页。

④ 《战国策》卷 18《赵一》，918 页，上海，上海古籍出版社，1998。

⑤ 《资治通鉴》卷 5，“周赧王五十三年”条，166 页，北京，中华书局，1956。而《史记·赵世家》记此事时则两处皆作“吏民”。

⑥ 《后汉书志第十·天文志上》，3221 页。

⑦ 周天游：《后汉纪校注·光武皇帝纪卷第七》，180～181 页，天津，天津古籍出版社，1987。

民有词讼，先命三老、孝悌喻解之；不解，祐身至闾里自和之，自是之後，吏民不忍欺"[①]。都是将"吏民"与"民"通用，而用以指"民"。因此，"吏民"与"百姓"两个词每每相互通用。韩延寿曾先后为东郡太守和左冯翊，而被萧望之所陷害，"延寿竟坐弃市。吏民数千人送至渭城，老小扶持车毂，争奏酒炙。延寿不忍距逆，人人为饮，计饮酒石余。使掾史分谢送者：'远苦吏民，延寿死无所恨。'百姓莫不流涕"[②]。匡衡上书元帝曰："陛下躬圣德，开太平之路，闵愚吏民触法抵禁，比年大赦，使百姓得改行自新，天下幸甚。"[③]甘肃武威磨咀子汉墓出土的《王杖诏书令》有云："王杖上有鸠，使百姓望见之，比于节，吏民有敢骂詈殴辱者，逆不道。"[④]种暠为梁州刺史，"甚得百姓欢心。欲迁，吏民诣阙请留。太后叹曰：'未闻刺史得人民心如此！'复留一年"[⑤]。都是将"吏民"与"百姓"通用。魏晋南北朝时期亦然。宋文帝时裴松之"出为永嘉太守，勤恤百姓，吏民便之"[⑥]。北齐阳休之"在中山及治西兖，俱有惠政，为吏民所怀。去官之后，百姓树碑颂德"[⑦]。也是"百姓"与"吏民"通用。因而在许多场合"吏民百姓"或"百姓吏民"这样的词语又可泛指人民。建始三年(公元前 30 年)关中大雨水，"京师人无故相惊。言大水至。百姓奔走号呼。长安中大乱"。大将军王凤建议"令吏民百姓上长安城"。王商反对，认为"不宜令民上城重惊百姓"。[⑧] 这里"吏民百姓"、"百姓"、"民"三者通用。

"吏民"这个概念具有一定的相对性。从最高统治者皇帝而言，天下的臣民都是"吏民"；从地方统治者而言，则其所管治的人民都是"吏民"，刺史等长吏以州境内人民为"吏民"，太守等长吏以郡境内人民为"吏民"，县

---

① 《后汉纪校注·孝桓皇帝纪上卷第二十一》，564 页。

② 《汉书》卷 76《韩延寿传》，3216 页。

③ 《汉书》卷 81《匡衡传》，333 页。

④ 李均明、何双全编：《秦汉魏晋出土文献散见简牍合辑》，16 页，北京，文物出版社，1990。

⑤ 《北堂书钞》卷 72，注引司马彪《续汉书》，295 页。

⑥ 《宋书》卷 64《裴松之传》，1701 页，北京，中华书局，1996。

⑦ 《北齐书》卷 42《阳休之传》，562～563 页，北京，中华书局，1972。

⑧ 张烈点校，《两汉纪·汉纪》卷 24《成帝纪》，419 页，北京，中华书局，2002。

令、长等长吏以县境内人民为“吏民”，在这种情况下公卿百官则不属于“吏民”。前者如汉文帝临终遗诏曰：“其令天下吏民，令到出临三日，皆释服。”①这里的“吏民”就是包括公卿百官在内的天下臣民②。在汉代“吏民”中的“吏”，一般指小吏，如上述《汉书·尹赏传》所载即是；但有时也包括长吏，汉高帝十二年(公元前195年)燕王卢绾谋反，高帝派樊哙、周勃将兵击卢绾。诏曰：“燕吏民非有罪也，赐其吏六百石以上爵各一级。与绾居，去来归者，赦之，加爵亦一级。”③这里的“吏民”即包括六百石以上长吏。苏武被禁锢于匈奴时汉武帝去世，李陵告诉苏武：“区脱捕得云中生口，言太守以下吏民皆白服，曰上崩。”④这里将太守亦包含于“吏民”之中。西汉后期绥和二年(公元前7年)哀帝提出制定限制田宅的措施。于是有司条奏：“诸王、列侯得名田国中，列侯在长安及公主名田县道，关内侯、吏民名田，皆无得过三十顷。诸侯王奴婢二百人，列侯、公主百人，关内侯、吏民三十人。”⑤这里将诸侯王、列侯、公主作为一个群体，将“吏民”与关内侯作为一个群体，分别规定了他们占田、占奴婢的办法和限额，而没有另外区分关内侯与“吏民”之间的官员的占田、占奴婢数量，意味着长吏与下吏等官员同样视为“吏民”群体。东汉末年东郡太守臧洪被

---

① 《史记》卷10《孝文本纪》，434页，北京，中华书局，1959。

② 不过对汉文帝遗诏中的“吏民”历来有不同的理解，或谓此“吏民”指公卿百官与百姓，或谓指下吏与百姓，而不包括公卿百官在内。唐代宗死后，群臣对于如何理解“三日释服”遗诏中的“吏民”的争论就相当典型，中书舍人崔祐甫认为“遗诏无朝臣、庶人之别……凡百执事，谁非吏职?”宰相常衮根据东晋人贺循的注义(据《隋书·经籍志一》贺循撰有《丧服要》六卷、《丧服谱》一卷、《丧服要记》十卷等)，认为“吏者，谓官长所署，则今胥吏耳，非公卿百僚之例”。(《旧唐书》卷119《崔祐甫传》)清人王夫之的看法倾向于前者，说：“抑文帝之诏，统吏民而壹之，则无差等也。”(《读通鉴论》卷2)顾炎武则同于后者，认为“考之于史，但行于吏民，而未尝概之臣子也”。(《日知录》卷之14《君丧》)赵翼同于顾氏(见《廿二史札记》卷3《两汉丧服无定制》)，所以他在评论崔祐甫与常衮的辩论时说：“常衮之议，自是正论”，但是“当时又无不是祐甫而非常衮者”。(《廿二史札记》卷20《六等定罪三日除服之论》)其实这两种对立意见是不矛盾的，一般而论，“吏民”之“吏”多指下级吏员，即所谓胥吏。但是从最高统治者天子而言，所谓“吏民”有时是指公卿百官在内的所有臣民的。

③ 《汉书》卷1下《高帝纪下》，77页。

④ 《汉书》卷54《苏武传》，2465页。

⑤ 《汉书》卷11《哀帝纪》，336页。

袁绍围困，“将吏士民皆垂泣曰：‘明府与袁氏本无怨隙，今为本朝郡将之故，自致残困，吏民何忍当舍明府去也！’”[①]这里“将吏士民”均自称为“吏民”。魏晋时期亦然。曹魏正始年间，夏侯玄论时事有云：“今之长吏，皆君吏民，横重以郡守，累以刺史。”[②]这里亦以“吏民”包括郡守、刺史等长吏。故“吏民”中的“吏”有时包括从公卿百官至基层小吏，但是一般情况下是指“长吏”所辟除之“少吏”。由此可见“吏民”并非凝固的、绝对的概念，由于场合的不同而有所变化。

长沙走马楼吴简的发现，印证并丰富了我们对于“吏民”的认识和了解。《嘉禾吏民田家莂》一书所载主要为嘉禾四、五两年长沙郡境“吏民”交纳赋税的明细簿籍，其基本登录格式为：“××丘(里)××(身份)××(姓名)，田(若干)……”“身份”栏中分别为“男子”、“大女”、“州吏”、“郡吏”、“县吏”、“州卒”、“郡卒”、“县卒”、“军吏”、“复民”、“士”等。从中我们可以看到，乡里基层的“吏民”主要包括普通农民(男子、大女)、州郡县吏、军吏、州郡县卒、复民、士六种身份的人民。吴简的发现，深化了我们对于“吏民”这一概念的认识，所谓“吏民”并非单纯指普通农民和各级政权机构中的吏员，实际上它包含了乡里基层编户中的各种各类人员，在这里“吏民”除了普通农民和州郡县吏之外，还有军吏、州郡县卒、复民、士等不同身份的人群。可以说，凡编制于乡里基层之中的编户均属“吏民”的范畴。吴简中上述六种身份的人均被编制于乡里基层编户之中，因此他们都是当时的国家编户齐民。

而关于“吏民”的社会属性，“吏民”与编户齐民的关系，“吏民”的内部关系，以及“吏民”中的“吏”的含义与社会属性等问题，由于篇幅所限，容另文论述。

原载《祝贺朱绍侯先生八十华诞史学新论》，郑州，河南大学出版社，2005(9)；转载于《历史文献研究》总27辑，2008(9)。

---

① 《三国志》卷7《臧洪传》，236页。

② 《三国志》卷9《夏侯玄传》，297页。

“吏民”的社会属性

——原“吏民”之二

“吏民”是在中国古代史籍中使用十分广泛、久远的一个词语，上起先秦，下迄明清，可谓与中国古代历史相始终。但是史籍对于“吏民”的涵义并没有十分明确的表述，相当模糊；从而研究者对此亦措意无多，论者寥寥；偶有论及者，见解亦颇纷纭。贺昌群先生较早注意及此，在20世纪五六十年代曾提出“所谓‘吏民’就是庶民之有爵者，这个词语的阶级含义，一直到唐前期都还未大变，魏、晋、南北朝九品中六品以下和唐九等户中的八九等户，都称为‘吏民’，他们的经济、政治地位的上升与下降，是研究这个时期阶级关系变化的关键，应当重视”①。但贺先生只是点到此为止，并没有将其观点展开论述。直到20世纪90年代，冯尔康先生在此基础上作了进一步的研究，认为“吏民”“有些类似周朝的国人阶层”，是“编户民或庶人中有爵者，爵级在八级公乘以下，一级公士以上，主要是五级大夫以上至八级公乘的人”。他们是“可以为吏之民”，“拥有一定的资财，生活富裕”者②。稍后，长沙走马楼吴简发现了大量关于“吏民”的简牍③，论者将其中的“吏民”解释为“吏籍”与“民籍”或“吏户”与“民户”合称之意。到了21世纪初，虽然有了《关于两汉史籍中的“吏民(人)”问题》的专题论文④，但其主要论述“吏民”中的“吏”——地方事务性官吏与皇权和地方社会豪强族姓的关系，而且仅限于秦汉时期，没有利用长沙走马楼吴简的资

---

① 贺昌群：《汉唐间封建土地所有制形式研究》，121页，上海，上海人民出版社，1964。

② 冯尔康：《中国社会结构的演变》，333～335页，郑州，河南人民出版社，1994。

③ 已整理出版了《嘉禾吏民田家莂》，北京，文物出版社，1999；《长沙走马楼三国吴简·竹简》(一)，北京，文物出版社，2003。

④ 邱立波：《关于两汉史籍中的“吏民(人)”问题》，载《史林》，2003(5)。

料。日本学者葭森健介撰有《汉唐间基层社会の变迁试论——“吏民”と“士庶”》①，认为汉代的“吏民”到两晋南朝演变为“士庶”。我在《原“吏民”——从长沙走马楼吴简谈起》②一文中对于“吏民”的含义从先秦至魏晋南北朝时期的发展变化作了初步的论述，认为“吏”虽然早在商周时期已经出现，但是将“吏”与“民”紧密地联系在一起则在战国时期，从而产生了“吏民”一词，他们是由下层小吏与普通民众组成的基层社会编户民群体，这种“吏民”一体性结构遂成为此后长期的中国古代皇权统治的基础。从战国秦汉直至魏晋南北朝时期，基本上是一脉相承的。现在拟在此基础上进一步具体论述秦汉魏晋南北朝时期“吏民”究竟是怎样的一个群体，其社会属性究竟如何？窃以为，“吏民”并非庶民之中有爵位的一个特定群体，他们就是庶民，或者说“庶民”就是由“吏”与“民”组成的；“吏民”也并非分析为“吏户”与“民户”，他们是一个整体，这里的“吏”来自于“民”，又复归于“民”，他们是“民”的组成部分，或者说他们是广义的“民”。秦汉魏晋南北朝时期的历史资料以及长沙走马楼吴简等地下发现之简牍资料显示，从社会结构而言，这种“吏民”是社会金字塔的底层；从国家政治统治来说，“吏民”是地方政府管治的基本民众。

一、“吏民”是社会金字塔结构的底层

“吏民”是中国古代社会金字塔结构中的底层。东汉明帝时颍川太守葛兴病重，功曹韩棱私自代行郡事二年，后事发被禁锢③。应劭评论此事时认为韩棱的行为是“上欺天子，中诬方伯，下诳吏民！”④何谓“方伯”？《盐

---

① 葭森健介：《汉唐间基层社会の变迁试论——“吏民”と“士庶”》，“四国东洋史研究者会议”(2005，10，30)打印稿，笔者于2005年11月访日期间，承蒙葭森健介教授惠赠。

② 见《祝贺朱绍侯先生八十华诞史学新论》，郑州，河南大学出版社，2005。

③ 见《后汉书》卷45《韩棱传》，1534页。应劭《风俗通义·过誉第四》谓韩棱时为郡主簿。

④ 《风俗通义校注》卷4《过誉》，178页。

铁论·除狭篇》："今守、相亲剖符赞拜，莅一郡之众，古方伯之位也。"①这里以"方伯"指称地方政府长官。在其所概述的三个社会层级中，"吏民"被置于"天子"、"方伯"之下的底层，是社会金字塔结构中的基础。景帝后元三年(公元前141年)"帝崩于未央宫。遗诏赐诸侯王列侯马二驷，吏二千石黄金二斤，吏民户百钱"②。这里以"诸侯王列侯"为一个层次；"吏二千石"为一个层次；"吏民"为一个层次。由此可见"吏民"属于同一层次，而处于社会结构的底层。这里的"吏二千石"可视为"诸侯王列侯"与"吏民"之间的百官。献帝初平三年(公元192年)董卓"部曲将郭汜、李傕旋兵攻长安，公卿百官吏民战死者且万人"③。这里"吏民"之上为"公卿百官"。"公卿百官"大体为"中二千石"至"吏民"之间的各级官僚。昭帝始元五年(公元前82年)诏"赐中二千石以下至吏民爵各有差"④。这里"中二千石以下"指各级官员，"吏民"指百姓。汉制："自太常至执金吾，秩皆中二千石。"⑤故曰："中二千石，九卿秩也。"⑥史籍常见之"中二千石以下"，多指从九卿以下至"吏民"之上的各级官员，其下则为"吏民"，亦即百姓。西汉官员品级"自中二千石至百石凡十六等"，东汉"自中二千石至斗食凡十三等"⑦。故汉代常以中二千石作为百官最高点，如元凤四年(公元前77年)帝加元服，于是"赐中二千石以下及天下民爵"⑧。元帝永光二年(公元前42年)赐"中二千石以下至中都官长吏各有差"⑨。昭帝元凤四年诏中这个"民"实即通常所谓的"吏民"。兴平二年(公元195年)十二月，汉献帝受到李傕等追击，夜渡黄河，只有少数亲近得渡，"余大官及吏民不得渡甚众"⑩，"大官"在"吏民"之上，而"吏民"中的"吏"则在"大官"之下。从以上所述可见不论从

① 《盐铁论·除狭篇》，见《诸子集成》，第7册，37页。
② 《汉书》卷5《景帝纪》，153页。
③ 《续汉书·天文志下》，见《后汉书·志》，3259页，北京，中华书局，1965。
④ 《汉书》卷7《昭帝纪》，223页。
⑤ 《汉书》卷19上《百官公卿表上》，733页。
⑥ 《汉书》卷8《宣帝纪》注引如淳曰，264页。
⑦ 《通典》卷19《职官一·官品》，109页。
⑧ 《汉书》卷7《昭帝纪》，229页。
⑨ 《汉书》卷9《元帝纪》，288页。
⑩ 《两汉纪·后汉纪》卷28《孝献皇帝纪上》，545页，北京，中华书局，2002。

何种角度而言，“吏民”均被置于底层。

职是之故，汉代的载籍均将“吏民”视为最基层的一个群体，如：昭帝元凤四年(公元前77年)“赐诸侯王、丞相、大将军、列侯、宗室下至吏民金帛牛酒各有差”[①]。昭帝元平元年(公元前74年)“赐诸侯王以下金钱，至吏民鳏寡孤独各有差”[②]。类似这种赏赐中以“吏民”为最下一层的受赐对象的诏令颇多。王莽上书曰：“自诸侯王已下至于吏民，咸知臣莽上与陛下有葭莩之故。”太后答诏亦称：“是以诸侯王、公、列侯、宗室、诸生、吏民翕然同辞”云云[③]。此类以“吏民”为最下层级的表述亦举不胜举。因此当时人们的观念中是将“吏民”视为社会最基层的广大民众，光武帝建武十二年(公元36年)正月己未，“小星流百枚以上，或西北，或正北，或东北”；六月戊戌晨，“小流星百枚以上，四面行。”史称：“小星者，庶民之类。流行者，移徙之象也。或西北，或东北，或四面行，皆小民流移之征……后三年，吴汉、马武又徙雁门、代郡、上谷、关西县吏民六万余口，置常关、居庸关以东，以避胡寇。是小民流移之应。”[④]可见“吏民”即“庶民”、“小民”。东汉刘陶为顺阳县长，惩治奸宄有方，后“以病免，吏民思而歌之曰：‘邑然不乐，思我刘君。何时复来，安此下民’”[⑤]。“吏民”亦自视为“下民”。

那么，公卿百官与“吏民”之间的分界线在哪里呢？下至哪一级官吏为止才属于“吏民”呢？据刘劭《爵制》，秦代“吏民爵不得过公乘”[⑥]，则在秦代公乘之下为“吏民”，公乘以上为“官”。公乘为秦二十等爵的第八级，而公乘之上的第九级爵为五大夫。据此，则公乘与五大夫为“官”与“吏民”的分界，五大夫及其以上为“官”，公乘以下为“吏民”，即下吏与民。五大夫、公乘相对应的官吏秩等，据汉元帝时规定后宫“长使视六百石，比五

① 《汉书》卷7《昭帝纪》，229页。

② 《汉书》卷8《宣帝纪》，239页。

③ 《汉书》卷99上《王莽传》上，4071页。

④ 《续汉书・天文志上》，见《后汉书・志》，3221页，北京，中华书局，1965。

⑤ 《后汉书》卷57《刘陶传》，1848页。

⑥ 《续汉书・百官志五》注引，见《后汉书・志》，3632页。

大夫。少使视四百石，比公乘”①。是则五大夫与六百石相当。这种官、爵对应关系当渊源于秦，秦制“六百石以上皆为显大夫”②。秦王政十一年(公元前236年)吕不韦自杀，其舍人窃葬之，秦王下令：参与哭临者“秦人六百石以上夺爵，迁；五百石以下不临，迁，勿夺爵”③。六百石以上和五百石以下是官员等级的一条大界线。汉承秦制，仍以六百石作为与一般官吏区别的起点，景帝中元六年(公元前144年)诏称“吏六百石以上皆长吏也”，其下则为“下吏”④。颜师古注引张晏曰：“长，大也。六百石，位大夫。”而五大夫以上“次年德者，为官长将率”⑤。故钱大昭谓：“自公士至公乘，民之爵也……自五大夫至彻侯，则官之爵也。”⑥因此爵五大夫、吏六百石以上享有种种特权，高帝十二年(公元前195年)汉惠帝继位后进行赏赐，“赐给丧事者，二千石钱二万，六百石以上万，五百石、二百石以下至佐史五千。视作斥上者，将军四十金，二千石二十金，六百石以上六金，五百石以下至佐史二金”⑦。二千石以下、六百石以上属于高官的范畴，他们得到万钱或六金以上的赏赐。五百石以下属于下吏的范畴，他们所赐为五千钱或二金。二千石以下、六百石以上在经济上也享有特权，“今吏六百石以上父母妻子与同居，及故吏尝佩将军都尉印将兵及佩二千石官印者，家唯给军赋，他无有所与”⑧。六百石以上还可以享有法律上的宽贷，汉惠帝即位后又下令“爵五大夫、吏六百石以上及宦皇帝而知名者，有罪当盗械者，皆颂系”⑨。在犯罪须戴枷锁时可以减免。六百石以上还可以享有政治上的

---

① 《汉书》卷97上《外戚传上》，3935页。

② 《睡虎地秦墓竹简·法律答问》，233页，北京，文物出版社，1978。

③ 《史记》卷6《秦始皇本纪》，231页。

④ 《汉书》卷5《景帝纪》，149页。

⑤ 《汉旧仪》卷下，见《汉官六种》，84页，北京，中华书局，1990。

⑥ 王先谦：《汉书补注·百官公卿表上》引钱大昭曰，306页，北京，中华书局，1983。

⑦ 《汉书》卷2《惠帝纪》，85页。

⑧ 《汉书》卷2《惠帝纪》，85～86页。

⑨ 《汉书》卷2《惠帝纪》，85页。

优遇，汉代在拜授三公时，“凡拜，天子临轩，六百石以上悉会”[①]。这个级别以上可以参加拜授三公的隆重典礼。赐爵亦往往在六百石以上官员之中加以优惠，如宣帝本始元年(公元前73年)“赐吏二千石、诸侯相、下至中都官、宦吏、六百石爵，各有差，自左更至五大夫”[②]。二千石官员赐予十二等爵左更，六百石官员赐予第九等爵五大夫。元康元年(公元前65年)“赐勤事吏中二千石以下至六百石爵”[③]，其标准与本始元年同，以十三等爵中更赐中二千石，十二等爵左更赐二千石，以第九等爵五大夫赐六百石[④]。表明六百石以上属于高级官员范畴。在六百石与五百石之间划出一道界线。五百石以下的“下吏”属于“吏民”之列。

到了西汉后期，“官”与“吏”，或者说“长吏”与“下吏”的分界线有所下移。成帝建始元年(公元前32年)“赐诸侯王、丞相、将军、列侯、王太后、公主、王主、吏二千石黄金；宗室、诸官吏千石以下至二百石及宗室子有属籍者、三老、孝弟力田、鳏寡孤独钱帛，各有差；吏民五十户牛酒”[⑤]。这里将“官吏”的下线定在二百石，言外之意其下的百石则属于“吏民”之中的“吏”。《汉书·百官公卿表》曰：“县令、长，皆秦官，掌治其县。万户以上为令，秩千石至六百石。减万户为长，秩五百石至三百石。皆有丞、尉，秩四百石至二百石，是为长吏。百石以下有斗食、佐史之秩，是为少吏。”[⑥]这里将二百石以上视为“长吏”，其下则为“少吏”。文颖曰：“少吏，小吏也。”[⑦]《汉书·百官公卿表》所反映的当为西汉后期制度，此后这个分界线被继续沿用。东汉“明帝诏书不得僇辱黄绶，以别小人吏也”[⑧]。《东观

① 《汉官仪》，见《北堂书钞》卷50《设官部二》引，178页，天津，天津古籍出版社，1988。

② 《汉书》卷8《宣帝纪》，242页。

③ 《汉书》卷8《宣帝纪》，254页。

④ 说参王先谦《汉书补注·宣帝纪》引刘敞曰，113页，北京，中华书局，1983。

⑤ 《汉书》卷10《成帝纪》，303页。标点与中华书局标点本不同处为笔者所改。

⑥ 《汉书》卷19上《百官公卿表上》，742页。

⑦ 《汉书》卷6《武帝纪》注引，166页。

⑧ 《续汉书·百官志五》注引胡广语，见《后汉书》，3623页，北京，中华书局，1965。

汉纪》谓“四百、三百、二百石黄绶”①。二百石以上不属于“小人吏”，而属于“长吏”范畴。可见二百石与百石是“长吏”与“小吏”的分界线。东汉建武中元二年(公元57年)明帝即位后诏曰：“中二千石下至黄绶，贬秩赎论者，悉皆复秩还赎。”②其优待政策限定于中二千石至二百石之内。安帝永初六年(公元112年)五月“丙寅，诏令中二千石下至黄绶，一切复秩还赎，赐爵各有差”③。这是继续前朝故事。而百石以下的“小吏”和广大编户民则共同构成“吏民”这样一个群体。

魏晋南北朝承袭秦汉馀绪，仍然将“长吏”与一般“吏民”相区别。咸熙元年(公元264年)曹魏诏书指责孙吴“政刑暴虐，赋敛无极”：“孙休遣使邓句，敕交址太守锁送其民，发以为兵。”于是吴将吕兴发动反抗，“驱逐太守、长吏，抚和吏民，以待国命”④。将太守、长吏与一般“吏民”作了区分。孙吴时左将军朱据被典校吕壹所诬陷，蒙受不白之冤，后来孙权了解了事实真相，乃“大感寤，曰：‘朱据见枉，况吏民乎！’”⑤于是追究了吕壹的罪状。视朱据与一般“吏民”有别。沈约在《宋书·索虏传》史臣曰中论述北魏对南方的战争时说：“小则囚虏吏民，大则俘执长守。”⑥这里亦将“长守”置于“吏民”之上。所以在大多数情况下“吏民”都是指下层小吏和民众。北魏孝文帝承明元年(公元476年)诏中有云：“自今以后，群官卿士下及吏民，各听上书，直言极谏，勿有所隐。”⑦太和八年(公元484年)诏曰：“今制：百辟卿士，工商吏民，各上便宜。”⑧太和九年(公元485年)诏曰：“百司卿士及工商吏民，其各上书极谏，靡有所隐。”⑨都是将“吏民”视为最下层民众。

---

① 《太平御览》卷682引《东观汉纪》，3046页。

② 《后汉书》卷2《明帝纪》，96页。

③ 《后汉书》卷5《安帝纪》，218页。

④ 《三国志》卷4《陈留王纪》，151页。

⑤ 《三国志》卷57《朱据传》，1340页。

⑥ 《宋书》卷95《索虏传》，2358页。

⑦ 《魏书》卷7上《高祖纪上》，143页。《校勘记》谓“群官卿士”当为“群公卿士”。

⑧ 《魏书》卷7上《高祖纪上》，154页。

⑨ 《魏书》卷7上《高祖纪上》，155页。

由于“吏民”是社会金字塔结构中的底层，因而统治者视其为国家统治安危之所系。成帝起昌陵，鸿嘉二年(公元前19年)“徙郡国吏民五千余户以奉陵邑”①。五年而不成，永始元年(公元前16年)成帝下诏：“其罢昌陵，及故陵勿徙吏民，令天下毋有动摇之心。”②如果“吏民”之心动摇则天下根基不稳。

二、“吏民”是地方政府管治的基本民众

从国家政治统治的角度而言，“吏民”则是古代国家统治的基层民众，具体来说就是各级地方政府管治的基本民众。魏明帝时太子舍人张茂上书中有云：“陛下，天之子也，百姓吏民，亦陛下之子也。”③“吏民”是君主的子民，那么，“天子”如何统御“吏民”呢？这主要是通过各级地方政权来实施的。秦、西汉地方政府为郡、县二级，东汉以后至魏晋南北朝逐渐演变为州、郡、县三级。皇帝和中央政府通过这些地方政府以管治全国人民。前引应劭谓韩棱：“上欺天子，中诬方伯，下诳吏民。”④就是这一统治与被统治关系的概括，中国古代的统治体制基本上就是“天子”通过“方伯”以统治“吏民”。地方政府长官即所谓“方伯”，其所统“一郡之众”即“吏民”。汉宣帝深知“方伯”之重要性，认为“与我共此者，其唯良二千石乎!”因而“及拜刺史守相，辄亲见问，观其所繇，退而考察所行以质其言”。他如此重视刺史、守相的人选，出于他对地方长官与“吏民”关系的深刻认识，“以为太守，吏民之本也”⑤。地方长官是“吏民”的根本，他们的优劣贪廉直接关系“吏民”的境遇祸福，从而影响国家的治乱兴衰。朱博奏言：“汉家至德溥大，宇内万里，立置郡县。部刺史奉使典州，督察郡国，吏民安

① 《汉书》卷27上《五行志上》，1341页。

② 《汉书》卷10《成帝纪》，320页。

③ 《三国志》卷3《明帝纪》注引《魏略》，105页。

④ 《风俗通义校注》卷4《过誉》，178页。

⑤ 《汉书》卷89《循吏传》，3624页。

宁。"[①]中央皇权通过各级地方政府以抚御广大"吏民"，从而达到大治的目的。由于"吏民"是地方政府管治的基本民众，故凡言及地方政府所管辖的民众时则谓之某地"吏民"，悬泉置汉简有五凤二年(公元前56年)爰书，调查戍卒有无贳卖财物与"敦煌吏民"[②]的情况，此"吏民"即敦煌郡所辖之民众。董仲舒向汉武帝建议："使诸列侯、郡守、二千石各择其吏民之贤者，岁贡各二人以给宿卫。"[③]除了郡守、二千石等地方行政长官需择其管治下"吏民"之贤者"岁贡"之外，"列侯"亦同样有这样的职责和义务。这是因为汉代的列侯"得臣其所食吏民"[④]。汉代实行郡、国并行的地方统治制度，故"吏民"亦为诸侯国所辖的基本民众。

地方政府以"吏民"为其所管治的基本民众的情况，早在先秦时期郡县制确立之后已然。睡虎地秦墓发现的竹简《语书》，是秦王政二十年(公元前227年)南郡守腾发布的文告，主要针对国家法令存在着郡境之内"吏民莫用"的问题，于是他重新颁布，命令所辖县、道官员贯彻执行，"令吏民皆明智(知)之"[⑤]。可见"吏民"为其管治之基本民众。

汉承秦制。有关这方面的记载更是不胜枚举。地方长官管治人民有方，则受到"吏民"的欢迎和拥戴。汉武帝时儿宽为左内史，管辖京师东半部地区[⑥]。"(儿)宽既治民，劝农业，缓刑罚，理狱讼，卑体下士，务在于得人心；择用仁厚士，推情与下，不求名声，吏民大信爱之。"[⑦]儿宽的仁政得到"吏民"的拥戴，表明"吏民"为左内史管治之基本民众。汉宣帝时赵广汉为京兆尹，"京兆政清，吏民称之不容口"[⑧]。赵广汉的德政也得到当

---

① 《汉书》卷83《朱博传》，3406页。

② 甘肃省文物考古研究所：《敦煌悬泉汉简释文选》，Ⅱ90T0314②：302，载《文物》，2000(5)。

③ 《汉书》卷56《董仲舒传》，2513页。

④ 《汉官解诂》，见《艺文类聚》卷51《封爵部·总载封爵》引，916页。又见《续汉书·百官志五》，见《后汉书·志》，3630页，北京，中华书局，1965。

⑤ 《睡虎地秦墓竹简·语书》，15页，北京，文物出版社，1978。

⑥ 《汉书》卷19上《百官公卿表上》：内史，"掌治京师。景帝二年分置左右内史"。(736页)

⑦ 《汉书》卷58《儿宽传》，2630页。

⑧ 《汉书》卷76《赵广汉传》，3203页。

地"吏民"的称赞，可见"吏民"为京兆尹所管治之基本民众。尹翁归为东海太守，"明察，郡中吏民贤不肖，及奸邪罪名尽知之，县县各有记籍。自听其政，有急名则少缓之，吏民小解，辄披籍。县县收取黠吏豪民，案致其罪，高至于死。收取人必于秋冬课吏大会中，及出行县，不以无事时。其有所取也，以一儆百，吏民皆服，恐惧改行自新"①。尹翁归治郡有方，着重惩办"吏民"中的"黠吏豪民"，使郡中"吏民"服从，可见"吏民"为郡守管治之基本民众。元帝时杨兴"为长安令，吏民敬乡，道路皆称能"②。长安县长的干能得到"吏民"的称赞，表明"吏民"为县令管治之基本民众。昭、宣时庐江郡舒县人朱邑，"少时为舒桐乡啬夫，廉平不苛，以爱利为行，未尝笞辱人，存问耆老孤寡，遇之有恩，所部吏民爱敬焉"③。乡啬夫朱邑善待所部"吏民"，从而得到大家的爱敬，可见"吏民"为基层乡里所管治之基本民众。地方各级政府直至乡里基层所管治之基本民众都是"吏民"，国家的政治统治就是建立在对于"吏民"的逐级管治基础之上的。地方政府长吏是否称职，主要视其管治之"吏民"是否安宁、稳定，从而决定对于他们的奖惩、陟黜，故东汉章帝时韦彪建议："其二千石视事虽久，而为吏民所便安者，宜增秩重赏，勿妄迁徙。"④得到了章帝的首肯，就是这种情况的反映。

反之，地方长官治理人民无方或贪残，则为"吏民"所不欢迎乃至反对。西汉酷吏王温舒等以严刑峻法治理人民，于是"自(王)温舒等以恶为治，而郡守、都尉、诸侯二千石欲为治者，其治大抵尽放温舒，而吏民益轻犯法，盗贼滋起"⑤。政府长官的严刑峻法反而激起了所辖"吏民"的反抗。汉成帝时陈咸历任数郡太守，翟方进为丞相时，奏："(陈)咸前为郡守，所在残酷，毒螫加于吏民……不宜处位。"⑥郡守陈咸之虐政，使郡内

① 《汉书》卷76《尹翁归传》，3207～3208页。

② 《汉书》卷64下《贾捐之传》，2836页。

③ 《汉书》卷89《朱邑传》，3635页。

④ 《后汉书》卷26《韦彪传》，919页。

⑤ 《史记》卷122《酷吏传》，3152页。

⑥ 《汉书》卷66《陈咸传》，2902页。

"吏民"遭殃，于是他的任命被丞相否决。这些事实从另一方面表明"吏民"为地方政府管治之基本民众。

魏晋南北朝时期亦然，有关这方面的记载亦史不绝书。曹魏时贾逵为豫州刺史，死后"豫州吏民追思之，为刻石立祠"①。可知"吏民"是刺史管治之基本民众。游楚"历位宰守，所在以恩德为治，不好刑杀。太和中，诸葛亮出陇右，吏民骚动。天水、南安太守各弃郡东下，楚独据陇西，召会吏民，谓之曰：'太守无恩德。今蜀兵至，诸郡吏民皆已应之，此亦诸卿富贵之秋也。太守本为国家守郡，义在必死，卿诸人便可取太守头持往。'吏民皆涕泪，言'死生当与明府同，无有二心'"②。可见郡守以"吏民"为其管治的基本民众。建安四年(公元199年)刘备攻据徐州，与曹操决裂，"东南多变"，于是曹操"以陈群为酂令，(何)夔为城父令，诸县皆用名士以镇抚之，其后吏民稍定"③。仓慈，曹魏"黄初末，为长安令，清约有方，吏民畏而爱之"④。可见县令所管治之民众为"吏民"。孙吴黄龙年间受到临湘侯步骘表彰的荆州境内的官员之一李肃"为桂阳太守，吏民悦服"⑤。其所管治之民众为"吏民"。而长沙走马楼吴简即发现于孙吴荆州长沙郡临湘县内，它"很可能就是临湘侯的或更高级别行政机构的官府档案"⑥，其所载"吏民"即荆州长沙郡或临湘侯国所辖之民众，为辖境乡里"吏民"于嘉禾四、五年交纳赋税，经诸乡上报之后，由田户曹署相关吏员汇总而成的"都莂"。

地方政府长吏为政清廉者往往得到"吏民"的爱戴。东晋人罗友，"累迁广、益二州刺史。在藩举其弘纲，不存小察，甚为吏民所安说"⑦。袁湛

① 《三国志》卷15《贾逵传》，484页。

② 《三国志》卷15《张既传》注引《魏略》，473页。

③ 《三国志》卷12《何夔传》注引《魏书》，380页。

④ 《三国志》卷16《仓慈传》，512页。

⑤ 《三国志》卷52《步骘传》注引《吴书》，1238页。

⑥ 《嘉禾吏民田家莂·前言》，北京，文物出版社，1999。

⑦ 孙盛：《晋阳秋》，见余嘉锡：《世说新语笺疏·任诞第二三》注引，754页，北京，中华书局，1983。

“出为吴兴太守，秩中二千石，莅政和理，为吏民所称”①。刘宋时杜骥任青、冀二州刺史八年，沈约评价道：“自义熙至于宋末，刺史唯羊穆之及(杜)骥，为吏民所称咏。”②北魏洛州刺史元绪于正始四年二月“薨于州之中堂……迁柩于东都。吏民感恋，扶榇执绋号咷如送于京师者二千人”③。辛子馥为平原相，“父子并为此郡，吏民怀安之”④。潘永基两度出任东徐州刺史，“前后在州，为吏民所乐”⑤。东魏武定年间，邢邵“除骠骑、西兖州刺史。在州有善政……吏民为立生祠，并勒碑颂德。及代，吏人父老及媪妪皆远相攀追，号泣不绝。”⑥或谓其“为政清静，吏民安之”⑦。北齐人石信为郑州刺史，“以皇建二年六月廿一日薨于郑州府内。吏民等莫不泣涕，行哭罢市”⑧。段韶于北齐天保三年(公元552年)，“为冀州刺史、六州大都督，有惠政，得吏民之心”⑨。韦瑱于魏恭帝三年(公元556年)“除瓜州诸军事、瓜州刺史。州通西域，蕃夷往来，前后刺史，多受赂遗。胡寇犯边，又莫能御。(韦)瑱雅性清俭，兼有武略。蕃夷赠遗，一无所受。胡人畏威，不敢为寇。公私安静，夷夏怀之”。北周建立后，“秩满还京，吏民恋慕，老幼追送，留连十数日，方得出境”⑩。此类记载举不胜举。地方长官离任或去世后“吏民”感戴，为之树碑立祠之类的记载更是不胜枚举。葛洪总结道：“今世君长迁转，吏民思恋，而树德颂之碑者，往往有焉。”⑪反

---

① 《宋书》卷52《袁湛传》，1497页。

② 《宋书》卷65《杜骥传》，1722页。

③ 《元绪墓志铭》，见《汉魏南北朝墓志汇编》，53页，天津，天津古籍出版社，1992。

④ 《魏书》卷45《辛绍先传》附《辛子馥传》，1028页。

⑤ 《魏书》卷72《潘永基传》，1624页。

⑥ 《北史》卷43《邢峦传》附《邢邵传》，1591～1592页。

⑦ 范祥雍：《洛阳伽蓝记校注》卷3《城南》，134页，上海，上海古籍出版社，1978。

⑧ 《石信墓志铭》，见《汉魏南北朝墓志汇编》，413页，天津，天津古籍出版社，1992。

⑨ 《北齐书》卷16《段韶传》，210页。

⑩ 《周书》卷39《韦瑱传》，694页。

⑪ 《抱朴子·内篇》卷13《极言》，见《诸子集成》，第8册，58页，北京，中华书局，1954。

之，则遭到“吏民”的不满或反抗。北魏人王椿历任本郡太原太守及诸州刺史，生活豪奢，“性严察，下不容奸，所在吏民，畏之重足”①。梁朝人臧厥出为晋安太守，“为政严酷少恩，吏民小事必加杖罚，百姓谓之‘臧虎’”②。曹魏甘露二年(公元257年)“玄菟郡高显县吏民反叛”，县长“郑熙为贼所杀”③。以上从正反两个方面表明“吏民”为各级地方政府管治之基本民众。

三、结语

以上所述表明，由下层小吏与广大民众所组成的“吏民”是中国古代从战国以来至魏晋南北朝社会金字塔结构中的底层民众，是国家政治统治的基本对象——基层民众。他们并非由“吏户”与“民户”所组成，他们是一个整体——皇权统治的编户齐民。从长沙走马楼吴简中可以看到，所谓“吏民”包括普通农民、军吏、士、复民，以及州、郡、县的吏和卒等④，凡乡里基层民众均属“吏民”。他们也并非仅指庶民之中的有爵位的、生活富裕的一个特定群体。他们就是庶民。《长沙走马楼三国吴简·竹简》(壹)⑤所载“户人”约有387人，其中有爵之“户人”361，占全体“户人”之93.2%；无爵之“户人”22，占5.7%；因简牍残缺而不明是否有爵者4，占1%。在22位无爵之“户人”中，有11户是“大女”，1户是“老女”⑥，她们占无爵“户人”的54.5%。可见绝大多数“户人”都有爵，只有少数没有爵。这与文献记载赐民爵的情况大体相符。三国时期继承汉代的做法，普赐天下“吏民”爵，如曹魏黄初元年(公元220年)“赐男子爵人一级”、黄初三年(公元

① 《魏书》卷93《王椿传》，1993页。

② 《梁书》卷42《臧盾传》附《臧厥传》，601页。

③ 《三国志》卷4《高贵乡公纪》，139页。

④ 《嘉禾吏民田家莂》，北京，文物出版社，1999。

⑤ 《长沙走马楼三国吴简·竹简》(壹)，北京，文物出版社，2003。

⑥ 《长沙走马楼三国吴简·竹简》(壹)简3271、3318、3405、5021、5249、5508、7804、8399、8430、9006、9785为“大女”，简10111为“老女”。

222年)“赐天下男子爵人二级”①、甘露五年(公元260年)陈留王奂即皇帝位，于是“大赦，改年，赐民爵及谷、帛各有差”②。《三国志·吴书》虽然没有这方面的记载，但从长沙走马楼吴简可知孙吴也实行这样的赐民爵制度，所以我们看到吴简中的“户人”绝大多数都有爵，少量无爵者主要为妇女，就是这种情况的反映。而上述“户人”正是“吏民”中的重要组成部分。从已经公布的吴简资料可知“吏民”所得爵称均为“公乘”，表明这种爵位只是一种虚衔，并无实际意义，他们不可能因拥有这种爵位而与普通民众有了等级、财富和身份上的差异。吴简中的“吏民”赐爵情况，表明“吏民”就是当时国家政治统治的广大基层民众，并非高于民众中的一个特殊阶层或群体。

原载《文史哲》，2007(2)。

① 《三国志》卷2《文帝纪》，76、80页。

② 《三国志》卷4《陈留王纪》，147页。

“吏民”即编户齐民

——原“吏民”之三

“吏民”一词虽然在中国传统史料或出土简牍、碑刻中频见，但是迄今为止学术界对其并未引起足够的重视，而且总体上认识还相当模糊，偶有论及者，见解亦颇为纷纭，或谓“吏民”是庶民中有爵位者、富有者，[①] 或谓“吏民”是“吏籍”与“民籍”或“吏户”与“民户”的合称[②]，等等。我在《“吏户”献疑——从长沙走马楼吴简谈起》[③]、《原“吏民”——从长沙走马楼吴简谈起》[④]、《论“吏民”的社会属性——原“吏民”之二》[⑤]等文中认为，秦汉魏晋南北朝时期的“吏民”并非庶民之中特定的有爵位之人或富有者，也不是“吏籍”与“民籍”或“吏户”与“民户”合称之意，他们是各级政权之“下吏”与普通农民为主体构成的一个整体，他们就是庶民。所谓“下吏”，就地方政权而言主要是各级长吏在当地所辟用的属吏。“吏民”之社会属性，从社会结构而言，是社会金字塔的底层；从国家政治统治来说，是地方政府管治的基本民众。在此基础上进一步讲，从户籍制度而言，他们是国家的编户齐民。

“吏民”是秦汉魏晋南北朝时期皇权统治的基础，亦即国家赖以存在的编户齐民。我们通常所谓的“编户齐民”，其内涵实际上主要就是指“吏民”。

---

① 参见贺昌群：《汉唐间封建土地所有制形式研究》，121 页，上海，上海人民出版社，1964；冯尔康：《中国社会结构的演变》，333～335 页，郑州，河南人民出版社，1994。

② 参见高敏：《〈吏民田家莂〉中所见“余力田”、“常限”田等名称的涵义试析》，载《郑州大学学报》，2000(5)；蒋福亚：《〈嘉禾吏民田家莂〉中的诸吏》，载《文史哲》，2002(1)；王素、宋少华、罗新：《长沙走马楼简牍整理的新收获》，载《文物》，1999(5)，等等。

③ 载《历史研究》，2005(4)。

④ 见《祝贺朱绍侯先生八十华诞史学新论》，郑州，河南大学出版社，2005。

⑤ 载《文史哲》，2007(2)。

一、"吏民"同为国家编户

"吏民"均被编制于乡里基层之中而成为国家的编户。汉王元年(公元前206年)十月刘邦西入咸阳，萧何"收秦丞相御史律令图书"，于是"汉王所以具知天下厄塞，户口多少，强弱之处，民所疾苦者"①。可知秦所藏"图书"中有反映"户口多少"的簿籍，即户籍。而秦朝是将"吏"、"民"一起编入户籍的。睡虎地秦墓竹简《编年记》的主人公喜的身份是"吏"，他先后担任过"史"、"御史"②、"令史"、"治狱"等吏职，后又从军。他十七岁那年按照规定而"傅"③。《汉书·高帝纪上》："萧何发关中老弱未傅者悉诣军"④，颜师古注曰："傅，著也。言著名籍，给公家徭役也。"同书卷下记"吕后与审食其谋曰：'诸将故与帝为编户民，北面为臣，心常鞅鞅……'"⑤颜师古注曰："编户者，言列次名籍也。"由此可见"傅"即"著名籍"、"列次名籍"，亦即履行编户登记的手续。可知《编年记》中的喜既是"吏"，又是编户"民"，表明"吏民"是一体的。秦王政十六年(公元前231年)"初令男子书年"⑥，整顿全国编户，喜及其家人又按照规定履行了"自占年"的手续⑦，作为"吏"的喜是与"民"一起纳入编户的。由此可见秦朝的"吏"与"民"同为国家编户。

汉承秦制，也是将"吏民"一起编入户籍的。汉王元年十二月，项羽左尹项伯夜探刘邦军营，刘邦请项伯转告项羽曰："吾入关，秋豪不敢有所

---

① 《史记》卷53《萧相国世家》，2014页，北京，中华书局，1959。

② 陈直：《略论云梦秦简》，载《西北大学学报》，1977(1)，认为应为"驭吏"。

③ 《睡虎地秦墓竹简》，6、7页，北京，文物出版社，1978。

④ 《汉书》卷1上《高帝纪上》，37页，北京，中华书局，1962。

⑤ 《汉书》卷1下《高帝纪下》，79页。

⑥ 《史记》卷6《秦始皇本纪》，232页。

⑦ 《睡虎地秦墓竹简》，7页。张家山247号汉墓竹简整理小组，《张家山汉墓竹简(二四七号墓)》之《二年律令释文注释·户律》："民皆自占年"，177页，北京，文物出版社，2001。可见汉代户籍制度继承秦制而令编户自行申报年龄。

近，籍吏民，封府库而待将军。”[①]颜师古注“籍吏民”曰：“籍，谓为簿籍。”[②]表明刘邦是按照秦朝的惯例将“吏民”一起编入簿籍的。汉皇朝建立后继续实行“籍吏民”的编户政策。任安原籍荥阳，“为人将车之长安，留，求事为小吏，未有因缘也，因占著名数”[③]于武功，“名数”亦即户籍。司马贞《索隐》曰：“言卜占而自占著家口名数，隶于武功，犹今附籍然也。”任安到长安之后，即将户籍落在了武功。在这里他从“亭长”而“三老”而出为“三百石长”，以“吏”之身份而与“邑中人民”同一编户，[④] 可知汉代也是将“吏民”一起编入户籍的。由于“吏民”一起编入国家户籍，于是管理“吏民”户籍便成为中央政府重要的职能之一。汉代所设“尚书郎”四人，其中有一人专门“主吏民户口”[⑤]。

于是，依据这种编户制度而进行的“籍吏民”措施在汉代遂时有所见。这些“籍吏民”的措施不必都是编造户籍，但都是在户籍基础上采取的相关措施。武帝太初二年(公元前103年)“籍吏民马，补车骑马”，颜师古注曰：“籍者，总入籍录而取之。”[⑥]据《汉官旧仪》卷下：“算民，年七岁以至十四岁出口钱，人二十三，以食天子。”[⑦]将原来二十钱的“口钱”增为二十三钱，“其三钱者，武帝加口钱，以补车骑马”[⑧]，此即指太初二年“籍吏民马，补车骑马”一事。由此可知这项“补车骑马”钱是向编户征收的“口钱”，为此而需“籍吏民”，表明“吏民”是一起被纳入国家编户的。成帝时尹赏为长安令，整顿治安，“乃令吏民，举籍长安中轻侠少年恶子弟，无市籍商贩，

① 《史记》卷7《项羽本纪》，312页。

② 《汉书》卷1上《高帝纪上》，25页，北京，中华书局，2002。

③ 《史记》卷104《田叔列传》附《褚先生曰》，2779页。

④ 《史记》卷104《田叔列传》附《褚先生曰》，2779页。

⑤ 《通典》卷21《职官四·历代郎官》，603页，北京，中华书局，1984。而《北堂书钞·设官部》及《太平御览·职官部》引《汉官仪》所载汉尚书郎均作：“尚书郎四人：一主匈奴单于营部，一主羌夷吏民，一主天下户口、土田垦作，一主钱帛、贡献、委输。”孙星衍校集《汉官仪》从《通典》所记，谓“吏民”二字当在下一个“一主”之下，见《丛书集成初编》，《汉官仪(及其他二种)》，21页，北京，中华书局，1985年。

⑥ 《汉书》卷6《武帝纪》，201页。

⑦ 《汉官六种·汉官旧仪卷下》，50页，北京，中华书局，1990。

⑧ 《汉书》卷7《昭帝纪》注引《汉仪注》，230页。

不作业而鲜衣盛服者，得数百人”[①]，加以惩办。尹赏所令之“吏民”中有“户曹掾史”等[②]，其重要职掌之一为“主民户”[③]，可知其籍录“少年恶子弟”时，是根据户籍而进行的。从尹赏所假贷之人中有“故吏善家子”[④]，可知其所籍录之人除了“民”之外还有“吏”，表明“吏民”均纳入同一户籍。平帝元始元年(公元1年)“遣谏大夫行三辅，举籍吏民，以元寿二年仓卒时横赋敛者，偿其直”[⑤]。注引张晏曰：“举录赋敛之籍而偿之。”意即根据元寿二年(公元前1年)所载吏民被“横赋敛”者之籍，而“偿还之”。表明“吏民”同籍并均曾遭横赋敛，而今一起偿还之。献帝初平二年(公元191年)董卓入长安后，“使司隶校尉刘嚣籍吏民有为子不孝、为臣不忠、为吏不清、为弟不顺者，皆身诛，财物没官。于是更相诬引，冤死者以千数。百姓嚣嚣，道路以目”[⑥]。其所“籍”者除“民”之外还有“为吏不清”者，可见也是“吏”与“民”一并而“籍”，这也是在“吏民”编户基础上进行的“籍吏民”措施。

“吏民”也是诸侯封邑中的编户。汉代的列侯“功大者食县，小者食乡、亭，得臣其所食吏民”[⑦]，表明这些县、乡、亭的“吏民”均为列侯所“食”，他们都是这些县、乡、亭的编户。长沙走马楼吴简所载“吏民”有不少即是临湘侯步骘所食之“吏民”。[⑧]

这种“吏民”一体化的编户制度，到了魏晋南北朝时期依然如此，并没有被打破。左思《吴都赋》：“横塘查下，邑屋隆夸。长干延属，飞甍舛互。”注云：“建业南五里有山岗，其间平地，吏民杂居。”[⑨]反映了“吏民”同

---

① 张烈点校：《两汉纪·汉纪》卷26《成帝纪》，463页，北京，中华书局，2002。

② 《汉书》卷90《尹赏传》，3673页。

③ 司马彪：《续汉书·百官志一》，见《后汉书》，3559页，北京，中华书局，1965。

④ 张烈点校：《两汉纪·汉纪》卷26《成帝纪》，463页，北京，中华书局，2002。

⑤ 《汉书》卷12《平帝纪》，359页。

⑥ 《资治通鉴》卷60《汉纪52》，“献帝初平二年”条，1921页，北京，中华书局，1956。

⑦ 《续汉书·百官志五》，见《后汉书》，3630页。

⑧ 《长沙走马楼三国吴简·嘉禾吏民田家莂·前言》，北京，文物出版社，1999。

⑨ 《文选》卷5《吴都赋》，88页，北京，中华书局，1977。

一邑里居住的情况。长沙走马楼吴简的资料印证了这种“吏民”一体的编户制度。已经出版的《嘉禾吏民田家莂》一书所载主要为孙吴嘉禾四、五两年长沙郡境“吏民”交纳赋税的明细簿籍，从中我们可以看到，当时的“吏民”主要包括普通农民(男子、大女)、州郡县吏、州郡县卒、军吏、复民、士六种身份的人民。他们均被一起编制于基层乡里之中，错杂居处。① 据《长沙走马楼三国吴简·竹简》②所载，其时州郡县吏与普通农民一样，在地方政府的簿籍中都被称为“户人”，如：

平乐里户人公乘万章年六十五苦腹心病　(简 9307)
吉阳里户人公乘胡秃年卅五筭一踵两足　(简 10230)
东阳里户人公乘谢高年卅六筭一盲左目　(简 10263)
义成里户人公乘黄硕年六十三刑右足　(简 2899)
宜阳里户人公乘信化年卌五真吏盲左目　(简 2872)
小成里户人公乘五陵年卌六给县吏复　(简 9435)
吉阳里户人公乘胡恕年卅四筭一给郡吏　(简 10042)
东阳里户人公乘烝谓年廿二筭一给州吏　(简 8646)

前四位普通农民与后四位“吏”均被称为“户人”即编户之人，这一称呼表明他们都是国家的编户齐民。他们交纳赋税后的完税凭证也完全按照相同的格式出具，如：

都乡男子修[故][故]户上品出钱一万二千[侯][相]　(简 171 正
入钱毕民自送牒还县不得持还　171 背)
都乡男子朱敬故户上品出钱一万二千[侯][相]　(简 172 正
入钱毕民自送牒还县不得持还　172 背)

① 详参黎虎：《“吏户”献疑——从长沙走马楼吴简谈起》，载《历史研究》，2005(4)。

② 长沙市文物考古研究所、中国文物研究所、北京大学历史学系、走马楼简牍整理组编著：《长沙走马楼三国吴简·竹简》(壹)，北京，文物出版社，2003。

都乡县吏郑郎故户上品出钱一万[二][千][侯][相]　　（简 173 正
入钱毕民自送牒还县不得持还　　　　　　　　　　173 背）

前两位普通农民与第三位县吏在交纳赋税后，均被称为“民”而要求他们“自送牒还县”，并没有不同的称谓和要求，并没有为“吏”另外制作有别于民户的完税凭证。可见吴简中的“吏”与“民”均为国家的编户齐民，并无“民籍”“吏籍”或“民户”“吏户”之别。

吴简所反映的这种情况与文献记载是相符的。南朝建元二年(公元 480 年)，齐高帝“以西豫吏民寡刻，分置两州，损费甚多，省南豫”。左仆射王俭反对，启曰：“愚意政以江西连接汝、颍，土旷民希……所以江左屡分南豫，意亦可求。如闻西豫力役尚复粗可，今得南谯等郡，民户益薄，于其实益，复何足云。”①二豫分合的主要原因在于如何解决户口稀少的问题，由于西豫州“吏民寡刻”，故省南豫州以充实之。反对者认为这一带本来就是“土旷民希”地区，南豫州之南谯等郡“民户益薄”，合并之后并没有多少“实益”。这里以“吏民寡刻”、“土旷民希”、“民户益薄”表述一个相同的意思——户口稀少问题。可知“吏民”多少即“民户”多少之意，这是因为“吏民”均编入户籍，而为州郡户口之基础。

由于“吏民”均为编户，故“吏民”之去就直接影响国家的编户数量。据传孙息谏晋灵公曰：“九层之台，三年不成，男不得耕，女不得织，国用空虚，户口减少，吏民叛亡，邻国谋议将兴兵，社稷一灭，君何所望?”②这里将“吏民叛亡”与“户口减少”联系在一起，表明“吏民”是构成国家“户口”的主要成分，故“吏民叛亡”则导致“户口减少”，反之则户口增加。汉宣帝时黄霸为颍川太守，“以外宽内明得吏民心，户口岁增，治为天下第一”③，地方官吏的政绩影响“吏民”向背，而“吏民”的向背又直接影响户口的增减。魏晋南北朝时期亦复如是。苏则为金城太守，“是时丧乱之后，

① 《南齐书》卷 14《州郡志上》，253 页，北京，中华书局，1972。

② (唐)欧阳询：《艺文类聚》卷 24《人部》引《说苑》，436 页，上海，上海古籍出版社，1982。

③ 《汉书》卷 89《黄霸传》，3631 页。

吏民流散饥穷，户口损耗，(苏)则抚循之甚谨……旬月之间，流民皆归，得数千家。”①这里也是将“户口损耗”与“吏民流散”联系在一起。法正致刘璋书中有云：“计益州所仰惟蜀，蜀亦破坏，三分亡二，吏民疲困，思为乱者十户而八”②，认为蜀郡户口减少三分之二是由于“吏民”思乱所致。宋文帝时，羊玄保为宣城太守，“先是，刘式之为宣城，立吏民亡叛制，一人不禽，符伍里吏送州作部，若获者赏位二阶”③。这是宣城太守为了防止本郡吏民逃亡、保障编户而制定的奖惩措施，表明“吏民”同为当时编户之构成。

由于“吏民”编制于同一乡里户籍之中，故编户之迁徙就与“吏民”联系在一起，而称之为迁徙“吏民”。汉制常迁徙天下编户于诸陵，为邑以奉陵。太始元年(公元前96年)汉武帝“徙郡国吏民豪桀于茂陵、云陵”④。鸿嘉二年(公元前19年)汉成帝起昌陵，“徙郡国吏民五千余户以奉陵邑。作治五年不成，乃罢昌陵，还徙家”⑤。这些从其他郡国迁徙而来的编户都是“吏民”同时迁徙的。迁徙编户实边亦然。元狩五年(公元前118年)汉武帝“徙天下奸猾吏民于边”⑥。边境内迁亦然。由于匈奴侵边，“米谷荒贵，民或流散”，建武十五年(公元39年)“吴汉、马武又徙雁门、代郡、上谷、关西县吏民六万余口，置常山关、居庸关以东，以避胡寇”⑦。永和二年(公元137年)，“日南、象林徼外蛮夷区怜等数千人攻象林县……讨之，不利，遂为所攻”。明年，顺帝问其方略，李固建议中有云：“今日南兵单无谷，守既不足，战又不能。可一切徙其吏民北依交趾，事静之后，又命归本”⑧，都是迁徙边境地区的“吏民”。这种情况到了魏晋南北朝时期亦然。

---

① 《三国志》卷16《苏则传》，491页，北京，中华书局，1971。

② 《三国志》卷37《法正传》，959页。

③ 《宋书》卷54《羊玄保传》，1535页，北京，中华书局，1996。

④ 《汉书》卷6《武帝纪》。云陵，颜师古注曰：“此当言云阳，而转写者误为陵耳。茂陵，帝自所起，而云阳甘泉所居，故总使徙豪杰也。钩弋赵婕妤死，葬云阳，至昭帝即位始尊为皇太后而起云陵。武帝时未有云陵。”205～206页。

⑤ 《汉书》卷27上《五行志上》，1341页。

⑥ 《汉书》卷6《武帝纪》，179页。

⑦ 《后汉书·天文志上》，3221页。

⑧ 《后汉书》卷86《南蛮西南夷列传》，2838页。

建安二十四年(公元219年)，“及刘备取汉中以逼下辩，太祖以武都孤远，欲移之，恐吏民恋土”。而武都太守杨阜，“威信素着，前后徙民、氐，使居京兆、扶风、天水界者万余户，徙郡小槐里，百姓襁负而随之”①。前文所称之“吏民”，即后文所谓之“百姓”。魏明帝景初三年(公元239年)，“以辽东东沓县吏民渡海居齐郡界，以故纵城为新沓县以居徙民”②，后述之“徙民”即前述之“吏民”。皇始二年(公元397年)冬十月北魏攻陷中山，缴获后燕“所传皇帝玺绶、图书、府库、珍宝，簿列数万”③。次年正月，“分徙吏民及徒何种人、工伎巧十万余家以充京都，各给耕牛，计口授田”④。所徙十万余家除了“徒何种人、工伎巧”之外，主要就是编户“吏民”。北魏所缴获的“图书”当有户籍，故得以在短时间内进行如此大规模徙户，并迅速在新迁地区实行“计口授田”。同年十二月又“徙六州二十二郡守宰、豪杰、吏民二千家于代都”⑤。所迁者也主要是州郡编户“吏民”。太延五年(公元439年)，北魏太武帝攻克姑臧，灭北凉后，“东还，留乐平王丕及征西将军贺多罗镇凉州，徙沮渠牧犍宗族及吏民三万户于平城”⑥，也是将“吏民”一起迁徙的。

二、“吏民”权利义务的平等

“吏民”作为国家编户，在理论上其身份地位是平等的。故中国古代将“编户”称为“编户齐民”⑦。关于“齐民”，《史记》裴骃《集解》释汉初“齐民无藏盖”一事时，引如淳曰：“齐等无有贵贱，故谓之齐民。若今言‘平民’

① 《三国志》卷25《杨阜传》，704页。

② 《三国志》卷4《齐王芳纪》，118页。

③ 《魏书》卷2《太祖纪》，31页，北京，中华书局，1974。

④ 《魏书》卷110《食货志》，2849～2850页。《魏书·太祖纪》记此事曰：“徙山东六州民吏及徒何、高丽杂夷三十六万，百工伎巧十万余口，以充京师。”(32页)将“吏民”记为“民吏”。又，《校勘记》谓“三十六万”当为“三十六署”(47页)。

⑤ 《魏书》卷2《太祖纪》，34页。

⑥ 《资治通鉴》卷123《宋纪5》，“文帝元嘉十六年”条，3876页。

⑦ 见《汉书》卷24下《食货志下》、《汉书》卷91《货殖传》、《后汉书》卷49《仲长统传》、《淮南子》卷11《齐俗训》等。

矣。"晋灼曰："中国被教齐整之民也。"①编户齐民的这种平等表现在经济、政治、文化等各个方面，在这些方面他们在理论上享有同等的权利和义务。

(一)经济上权利与义务的平等

"吏民"在经济地位上的平等，表现在以下几个方面：

1."吏民"均有"名田"的权利

土地是中国古代社会财富赖以所出的主要资源，"夫土地者，天下之本也"②，而土地与编户齐民的结合则是创造社会财富以及保证国家财政的主要途径和方式。因而作为国家的编户齐民首先必须占有一定数量的土地——"名田"。所谓"名田"，《史记·平准书》司马贞《索隐》曰："以名占田也。"③颜师古更直截了当说："名田，占田也。"④可见"名田"即编户民按照户口名籍而占有一定数量的田亩。编户的重要标志之一是名田。早在商鞅进行废井田、开阡陌的变法时已经确立了"名田"政策，"明尊卑爵秩等级，各以差次名田宅，臣妾衣服以家次"⑤。汉承秦制，继续实行编户齐民名田制度。绥和二年(公元前7年)汉哀帝即位，师丹辅政，建言：古代"未有并兼之害，故不为民田及奴婢为限。今累世承平，豪富吏民訾数巨万，而贫弱俞困……宜略为限"⑥。哀帝接受了这个建议，下诏"其议限列"。于是"有司条奏：'诸王、列侯得名田国中，列侯在长安及公主名田县道，关内侯、吏民名田，皆无得过三十顷。诸侯王奴婢二百人，列侯、公主百人，关内侯、吏民三十人。年六十以上，十岁以下，不在数中。贾人皆不得名田、为吏，犯者以律论。诸名田畜奴婢过品，皆没入县官'"⑦。从这个限田制中我们可以看到，其时将天下人及其"名田""畜奴婢"的权利分为

---

① 《史记》卷30《平准书》，1417页。《汉书》卷24下《食货志下》注引如淳曰："齐，等也。无有贵贱，谓之齐民，若今言平民矣。"(1171页)

② 《两汉纪·汉纪》卷8《文帝纪下》，114页。

③ 《史记》卷30《平准书》，1431页。

④ 《汉书》卷24上《食货志上》，1137页。

⑤ 《史记》卷68《商君列传》，2231页。

⑥ 《汉书》卷24上《食货志上》，1142页。

⑦ 《汉书》卷11《哀帝纪》，336页。

三等，诸侯王、列侯、公主为一等，除所食租税之外，还可以名田三十顷，占有奴婢一百至二百人；关内侯、吏民为次等，名田不得超过三十顷，奴婢不得过三十人；贾人为另一等，皆不得名田。“吏民”有别于“不得名田”的贾人，而与关内侯及其以上的王侯等人一样有“名田”、畜奴婢的权利，而且这里将“吏”与“民”作为同一类项，享有平等的“名田”、“畜奴婢”的权利。由此我们可以认识到：“吏”、“民”在“名田”方面是享有平等的权利的。从这个意义上说，当时把这种“名田”制度称为“均田”，此后不久，丞相王嘉上书指责哀帝以大量土地赐给宠臣董贤时说：“诏书罢苑，而以赐(董)贤二千顷，均田之制从此堕坏。”[①]颜师古注引孟康曰：“自公卿以下至于吏民名曰均田，皆有顷数，于品制中令均等。”所谓“均等”，是指在不同等级内部的均等。元始三年(公元3年)夏，安汉公王莽又向平帝“奏车服制度，吏民养生、送终、嫁娶、奴婢、田宅、器械之品”[②]。其中又对“吏民”占有奴婢、田宅的等级数量做了规定。我们虽然不知道王莽新制对于“吏民”占有奴婢、田宅的具体数量，但他将“吏民”置于一起，表明应是继承前代而对于“吏民”一视同仁的。元始二年(公元2年)“郡国大旱，蝗，青州尤甚，民流亡。安汉公、四辅、三公、卿大夫、吏民为百姓困乏献其田宅者二百三十人，以口赋贫民”[③]。颜师古释“以口赋贫民”曰：“计口而给其田宅。”“吏民”之中有以“田宅”贡献者，表明他们是占有田宅并且其中还有有能力捐献者。由于“吏民”均可“名田”，因此中央政府特设专官管理，尚书郎四人其中“一人主吏民户口垦田”[④]，吏民“垦田”为其职掌之一。

“吏民”一体的“名田”制度到了魏晋南北朝时期依然如此。西晋平吴之后颁布了占田令，规定“男子一人占田七十亩，女子三十亩。”这里没有说明是否“吏民”同样占田。但是这道占田令同时规定“其官品第一至于第九，各以贵贱占田”。从“品第一者占五十顷”至“第九品十顷”[⑤]不等。西晋继承

① 《汉书》卷86《王嘉传》，3496页。

② 《汉书》卷12《平帝纪》，355页。

③ 《汉书》卷12《平帝纪》，353页。

④ 《通典》卷21《职官四·历代郎官》，603页。

⑤ 《晋书》卷26《食货志》，790页，北京，中华书局，1991。

魏制将官员秩次置为九品，以地方行政体系而言，九品为“诸县署令长相之丞尉”①。这就意味着县丞、县尉以上的品官即“长吏”有特殊规定，他们有权占有十顷至五十顷的土地，此外则按照“男子一人占田七十亩，女子三十亩”的标准占田，此即通常所谓的“吏民”。由此可知九品官员之外的“下吏”是与“民”同样可以占田七十亩，西晋占田法实际上仍然是“吏民”均享有占田的权利，只是下吏与长吏占田差别较大而已。北魏天兴元年（公元398年）道武帝“既定中山，分徙吏民及徒何种人、工伎巧十万余家以充京都，各给耕牛，计口授田”②。表明这些“吏民”迁徙到平城之后均能享受“各给耕牛，计口授田”的同等权利。后来北魏实行均田制，“均给天下民田”，规定“诸男夫十五以上，受露田四十亩，妇人二十亩，奴婢依良。”这里的“天下民”也应包括“吏民”在内的，此令同时规定“诸宰民之官，各随地给公田，刺史十五顷，太守十顷，治中别驾各八顷，县令、郡丞六顷”③。“宰民之官”即“长吏”除了另授的公田之外，也与“吏民”同样按照均田法授田。

2.“吏民”均有从“本”去“末”的义务

土地必须与生产者结合才能产生财富，作为“名田”的基本人口——编户亦即“吏民”与土地的结合是中国古代财富创造的基本方式和途径，因此，“吏民”是中国古代基本的农业劳动者。《管子·君臣下》云：“齐民食于力，作本，作本者众，农以听命，是以明君立世。”④从战国时期确立起来的编户齐民从“本”去“末”的方针，贯彻于中国古代社会历史中，因此作为编户齐民主体的“吏民”都必须履行从“本”去“末”这一根本义务。汉代继承秦代开凿沟渠以发展农业的传统，汉武帝为此而诏曰：“农，天下之本也。泉流灌浸，所以育五谷也……令吏民勉农，尽地利，平繇行水，勿使失时。”⑤强调农为“天下之本”，而“农”者具体来说就是“吏民”，“吏”与

① 《通典》卷37《职官十九·晋官品》，1006页。

② 《魏书》卷110《食货志》，2850页。

③ 《魏书》卷110《食货志》，2853页。

④ 黎翔凤撰：《管子校注·君臣下》第三十一，584页，北京，中华书局，2004。

⑤ 《汉书》卷29《沟洫志》，1685页。

“民”均需“勉农”以“尽地利”。这是汉代对于编户齐民的基本政策，故地方长吏均大力督促“吏民”从“本”去“末”。召信臣历任县长、郡太守等职，“好为民兴利，务在富之。躬劝耕农，出入阡陌……府县吏家子弟好游敖，不以田作为事，辄斥罢之，甚者案其不法，以视好恶”。如果“吏家子弟”有“不以田作为事”者则加以惩处，可见“吏家”是与“民”一样需以农耕为事的。于是“其化大行，郡中莫不耕稼力田，百姓归之，户口增倍，盗贼狱讼衰止。吏民亲爱信臣，号之曰召父”①。神爵元年(公元前61年)“西羌反，汉遣后将军征之。京兆尹张敞上书言：‘国兵在外，军以夏发，陇西以北，安定以西，吏民并给转输，田事颇废，素无余积，虽羌虏以破，来春民食必乏……务益致谷以豫备百姓之急’”②。张敞指出由于“吏民”外出运输军用物资，以致“田事颇废”，可见“吏民”均以“田事”为本。宣帝时，“渤海左右数郡岁饥，盗贼并起，二千石不能禁”。于是以龚遂为渤海太守，“未至郡，郡界遣兵以迎遂。遂于是移书，罢追捕盗贼。吏民诸持鉏钩田器，皆为良民，吏无得问。持兵者乃为盗贼。悉遣迎兵还，单车至府，郡中翕然，盗亦皆罢。又多劫掠，闻教令实时解散，皆持鉏钩。于是郡内悉平。民安土乐业”③。颜师古注《汉书·龚遂传》曰：“钩，镰也。”龚遂以务农来带动社会秩序的整顿，在他看来，凡是持锄头、镰刀务农的“吏民”均属“良民”。在整顿社会治安的基础上，龚遂进一步引导“吏民”务“本”去“末”，他“见齐俗奢侈，好末技，不田作，乃躬率以俭约，劝民务农桑”。于是“郡中皆有畜积，吏民皆富实，狱讼止息”④。劝农除末的结果是“吏民皆富实”，表明“吏民”均为农业生产者。东汉章帝元和三年(公元86年)张禹迁下邳相，修复蒲阳陂，“通引灌溉，遂成熟田数百顷。劝率吏民，假与种粮，亲自勉劳，遂大收谷实……民用温给”⑤。张禹课农的对象是“吏民”，其效果是“民用温给”，此“民”即“吏民”。章帝建初八年(公元

① 《汉书》卷89《召信臣传》，3642页。
② 《汉书》卷78《萧望之传》，3275页。
③ 《前汉纪·孝宣皇帝纪》卷18，315页。
④ 《汉书》卷89《龚遂传》，3639页。
⑤ 《后汉书》卷44《张禹传》，1498页。

83 年)，王景迁庐江太守，“先是百姓不知牛耕，致地力有余而食常不足。郡界有楚相孙叔敖所起芍陂稻田。景乃驱率吏民，修起芜废，教用犁耕，由是垦辟倍多，境内丰给”①。王景课农的对象也是“吏民”，此“吏民”亦被称为“百姓”。由此可见“吏民”均为郡国守相劝农之对象。职是之故，汉代所置尚书郎四人中，其中有“一人主吏民户口垦田”②，专门负责管理“吏民”的“垦田”事宜，亦即农业生产方面的政务。

魏晋南北朝继承汉代的传统，亦以“吏民”为基本的农业生产者，他们需尽务“本”去“末”的义务。魏文帝时，郑浑任阳平、沛郡二太守。“郡界下湿，患水涝，百姓饥乏。浑于萧、相二县界，兴陂遏，开稻田……躬率吏民，兴立功夫，一冬间皆成。比年大收，顷亩岁增，租入倍常，民赖其利，刻石颂之，号曰郑陂。”③太守率领“吏民”兴修水利，开稻田，正是劝农务本、尽地利的具体表现；此“吏民”亦与“百姓”、“民”等词义相通。曹魏齐王芳时，夏侯玄向司马懿建议精简地方政权机构，撤郡而留州，“宜省郡守，但任刺史；刺史职存则监察不废，郡吏万数，还亲农业，以省烦费，丰财殖谷”④。虽然郡吏的家庭在农村，他们的家人是不脱离农业的，但是在供职期间必然影响了他们本人的务农，精简机构之后“万数”的郡吏就可以回到家乡，全力以赴务农了。孙吴永安元年(公元 258 年)孙休诏曰：“自建兴以来，时事多故，吏民颇以目前趋务，去本就末，不循古道。”这里指出建兴(公元 252—253 年)以来“吏民”不循古道而“去本就末”的问题，表明务“本”去“末”乃“吏民”应当遵循的传统。次年孙休再次下诏强调这个问题，说：“夫一夫不耕，有受其饥，一妇不织，有受其寒；饥寒并至而民不为非者，未之有也。自顷年以来，州郡吏民及诸营兵，多违此业，皆浮船长江，贾作上下，良田渐废，见谷日少，欲求大定，岂可得哉?”⑤进一步指出“州郡吏民”中存在的“去本就末”的情况，因而采取措施整饬此

① 《后汉书》卷 76《王景传》，2466 页。
② 《通典》卷 22《职官四・历代郎官》，603 页。
③ 《三国志》卷 16《郑浑传》，511 页。
④ 《三国志》卷 9《夏侯玄传》，297 页。
⑤ 《三国志》卷 48《孙休传》，1158 页。

风，以贯彻"吏民"从"本"去"末"的传统政策。

3."吏民"均有承担或被减免赋税、徭役的义务和权利

中国古代国家令"吏民"名田和"务本"的根本目的在于取得他们的赋税、徭役，因此"吏民"是国家赋税、徭役的主要承担者，他们都有向国家交纳赋税和服役的义务。汉武帝时，倪宽"迁左内史，民甚信重之。后有军发，左内史粟负租课殿，当免。吏民闻之，输租襁负不绝，课更以最"①。此事表明"吏民"均需输租。王莽时"匈奴侵寇甚"，于是"大募天下囚徒、人奴，名曰猪突豨勇，壹切税吏民，訾三十而取一"②。这虽然是王莽的苛政，但也表明"吏民"均有向国家交纳赋税的义务。

"吏民"既然有向国家交纳赋税的义务，那么当国家减免租赋时，"吏民"也同样可以享受这个权利。汉宣帝本始元年(公元前73年)"五月，凤凰集胶东、千乘，赦天下。赐吏民爵。勿收田租赋"③。永始四年(公元前13年)春正月，汉成帝"行幸甘泉，郊泰畤，神光降集紫殿。大赦天下。赐云阳吏民爵，女子百户牛酒，鳏寡孤独高年帛。三月，行幸河东，祠后土，赐吏民如云阳，行所过无出田租"④。建武十九年(公元43年)，东汉光武帝"幸南阳、汝南，至南顿止令舍，大置酒赐吏民，复南顿田租一岁，吏民叩头言：'皇考居此日久，陛下识知寺舍，每来辄加厚恩，但复一岁少薄，愿复十岁。'上曰：'天下重宝大器，常恐不任，日慎一日，安敢自远期十岁。'复增一岁"⑤。东汉桓帝时，由于"羌胡寇边"，于是拜陈龟为度辽将军。陈龟临行上疏提出了许多建议，其中有曰："……又宜更选匈奴、乌桓、护羌中郎将、校尉，简练文武，授之法令，除并、凉二州今年租更"云云，"帝觉悟，乃更选幽、并刺史，自营郡太守都尉以下，多所革易，下诏'为陈将军除并、凉一年租赋，以赐吏民。'"⑥这些都是"吏民"一

① 《两汉纪·汉纪》卷14《孝武皇帝纪》，243页。

② 《汉书》卷24下《食货志下》，1184～1185页。

③ 《两汉纪·汉纪》卷17《孝宣皇帝纪》，296页。

④ 《汉书》卷10《成帝纪》，324页。

⑤ 《太平御览》卷90引《东观汉纪》，432页。

⑥ 《后汉书》卷51《陈龟传》，1693页。

起得到减免租赋的事实。这从另一方面证明“吏民”都是一样承担租赋的。此外，贪官污吏分外赋敛时同样也是以“吏民”为对象的，如东汉权臣窦宪“既立大功，威名益盛，以耿夔、任尚等为爪牙，邓叠、郭璜为心腹，班固、傅毅之徒典文章，刺史、守、令，多出其门，竞赋敛吏民，共为赂遗”①。

魏晋南北朝时期亦然。长沙走马楼吴简中的“吏民”均需按照标准交纳田租②。宋文帝时，刘道锡为巴西梓潼二郡太守，“初，氐寇至，城内众寡，道锡募吏民守城，复租布二十年。及贼退，朝议：‘贼虽攻城，一战便走，听依本要，于事为优。’右卫将军沈演之、丹阳尹羊玄保、后军长史范晔并谓：‘宜随功劳裁量，不可全用本誓，多者不得过十年。’从之”③。虽然朝廷将免除巴西、梓潼二郡吏民二十年租布的许诺打了折扣，最多者不得超过十年，但也证明了“吏民”都有负担或被减免租布的义务和权利的。永定三年(公元559年)陈武帝死，陈文帝即位后的诏令中有曰：“逋租宿债，吏民愆负，可勿复收。”④“吏民”一并免除积欠租税。宋明帝时，孙谦为巴东、建平二郡太守，“至郡，布恩惠之化……俸秩出吏民者，悉原除之。郡境翕然，威信大著”⑤。表明当时“吏民”均有负担或被减免官员“俸秩”的义务和权利。此外各种横征暴敛也出自“吏民”。孙吴于嘉禾五年(公元236年)春，“铸大钱，一当五百。诏使吏民输铜，计铜畀直，设盗铸之科”⑥。表明国家的临时征敛也是以“吏民”为对象的。北齐武平年间(公元570—576年)，石曜为黎阳郡守，兖州刺史斛律武都性甚贪暴，出巡时郡县长吏均需聚敛财物孝敬他，“及至黎阳，令左右讽动(石)曜及郡治下县官。曜手持一缣而谓武都曰：‘此是老石机杼，聊以奉赠。自此来并须出于吏民，吏民之物，一毫不敢辄犯’”⑦。石曜为官清廉，不向“吏民”敛

① 《资治通鉴》卷47《汉纪三十九》和帝永元三，1527页。

② 参见《嘉禾吏民田家莂》，《嘉禾四年吏民田家莂解题》。

③ 《宋书》卷65《刘道产传》附弟《刘道锡传》，1720页。

④ 《陈书》卷3《世祖纪》，47页，北京，中华书局，1997。

⑤ 《梁书》卷53《孙谦传》，772页，北京，中华书局，1997。

⑥ 《太平御览》卷835《资产部15》引《吴书》，3730页。

⑦ 《北齐书》卷44《石曜传》，597页，北京，中华书局，1972。

财以奉承上级长官，表明地方长官聚敛财物也以所辖“吏民”为对象。

徭役也是中国古代由“吏民”承担的一项重要义务。汉文帝时贾谊上书曰：“今淮南地远者或数千里，越两诸侯，而县属于汉。其吏民徭役往来长安者，自悉而补，中道衣敝，钱用诸费称此，其苦属汉而欲得王至甚，逋逃而归诸侯者已不少矣。”①淮南诸县“吏民”到长安服徭役，中间经过两个诸侯属地，路途遥远，花费甚大，故他们苦于属汉而纷纷投奔诸侯。这表明当时“吏民”均有服徭役的义务。神爵元年(公元前61年)西羌反，汉遣后将军征之；京兆尹张敞上书言：“国兵在外，军以夏发，陇西以北，安定以西，吏民并给转输，田事颇废。”②表明“吏民”均需负担“转输”军用物资的徭役。永平中(公元58—75年)，“治滹沱石臼河，从都卢至羊肠仓，欲令通漕。太原吏民苦转运，所经三百八十九隘，前后没溺死者不可胜算”③。这是太原“吏民”同被征发从事“转运”的苦役。天凤三年(公元16年)冬，王莽“遣宁始将军廉丹与庸部牧史熊大发天水、陇西骑士，广汉、巴、蜀、犍为吏民十万人，转输者合二十万人”④以击钩町。这是大规模调发“吏民”参与战争中的徭役。

魏晋南北朝时期亦然。建安二十三年(公元218年)宛守将侯音等反，执南阳太守，于次年被曹操所镇压。这次起义之所以爆发，因“是时南阳间苦繇役，(侯)音于是执太守东里衮，与吏民共反，与关羽连和”⑤。这是“吏民”因徭役负担过重而被迫一起起义。同年曹操颁令曰：“去冬天降疫疠，民有雕伤，军兴于外，垦田损少，吾甚忧之。其令吏民男女：女年七十已上无夫子，若年十二已下无父母兄弟，及目无所见，手不能作，足不能行，而无妻子父兄产业者，廪食终身。幼者至十二止，贫穷不能自赡

① 《汉书》卷48《贾谊传》，2261页。

② 《汉书》卷78《萧望之传》，3275页。

③ 《太平御览》卷396引《东观汉记》，1828页。都卢：《后汉书·邓训传》记作“都虑”。“太原吏民苦转运，所经三百八十九隘，前后没溺死者不可胜算。”《后汉书·邓训传》记作“太原吏人苦役，连年无成，转运所经三百八十九隘，前后没溺死者不可胜算”。608页。

④ 《汉书》卷95《西南夷两粤朝鲜传》，3846页。

⑤ 《三国志》卷1《武帝纪》注引《曹瞒传》，51页。

者，随口给贷。老耄须待养者，年九十已上，复不事，家一人。"[①]这个命令规定了"吏民"服役以及免役、廪贷等方面的年龄限制，成为这个时代征发"吏民"徭役的共同法令。何充于东晋康帝建元元年（公元343年）至穆帝永和二年（公元346年）为扬州刺史，"久在扬州征役吏民，功赏万计，是以为遐迩所讥"[②]。"吏民"均属其"征役"对象。两晋时有一人假冒吴时人李宽，声称能祝水治病，颇愈，"于是避役之吏民，依（李）宽为弟子者恒近千人"[③]。"吏民"为了"避役"而投奔李宽门下为徒，表明他们都是需要服役的。萧齐延兴元年（公元494年）冬十月，海陵王萧昭文在减轻徭役等问题的诏书中指出：当时"正厨诸役，旧出州郡，征吏民以应其数，公获二旬，私累数朔"[④]。可见"吏民"均需负担州郡厨役。北朝亦然。北齐武成帝"骄奢淫逸，役繁赋重，吏民苦之"[⑤]。表明"吏民"均遭受苛重的役赋。

（二）政治上享有平等的权利和义务

"吏民"作为国家编户齐民，不仅在经济上享有各种平等的权利和义务，而且在政治上也同样享有平等的权利和义务。

1."吏民"均有上书言事的权利

上书言事是中国古代统治者借以了解下情、征求民意，以为决策参考的一种重要方式。战国时期齐威王曾下令："群臣吏民，能面刺寡人之过者，受上赏；上书谏寡人者，受中赏；能谤议于市朝，闻寡人之耳者，受下赏。"[⑥]鼓励"吏民"上书进谏。刘勰总结古代的上书制度曰："秦初定制，改书曰奏。汉定礼仪，则有四品：一曰章，二曰奏，三曰表，四曰议。章以谢恩，奏以按劾，表以陈请，议以执异。"[⑦]上书言事是臣民政治权利的

① 《三国志》卷1《武帝纪》注引《魏书》，51页。

② （南朝·宋）刘义庆：《世说新语·排调第二五》注引《晋阳秋》，817页，北京，中华书局，2003，张万起、刘慈尚译注。

③ （东晋）葛洪：《抱朴子·内篇》卷9《道意》，66页，上海，上海古籍出版社，1990。

④ 《南齐书》卷5《海陵王纪》，79页。

⑤ 《资治通鉴》卷170《陈纪四》，"临海王元大二年"条，5277页。

⑥ 缪文远校注：《战国策新校注》卷8《齐一》，620页，成都，巴蜀书社，1987。

⑦ 刘勰著：《文心雕龙译注》卷5《章表第二十二》，王运熙等撰，199页，上海，上海古籍出版社，1998。

一种体现，不仅公卿百官有这样的权利，广大“吏民”也享有其中的某些权利。

到了汉代“吏民”上书已成为一种经常性的制度，故在中央政府特设官署以专司其事。汉代诸卿之一的卫尉负责皇宫的保卫，其属官公车司马“掌殿司马门，夜徼宫中，天下上事及阙下凡所征召皆总领之”①。其职掌之一“天下上事”，即《续汉书·百官志》本注所言公车司马令掌“凡吏民上章”②。第五伦为会稽太守，明帝永平五年(公元62年)“坐法征，老小攀车叩马，嗁呼相随……及诣廷尉，吏民上书守阙者千余人。是时显宗方案梁松事，亦多为松讼者。帝患之，诏公车诸为梁氏及会稽太守上书者勿复受”③。明言公车司马负责接受“吏民”上书。东汉末，东莱郡与青州因事相争，郡“奏曹史”太史慈代表东莱郡上书朝廷，“到洛阳，诣公车门，见州吏始欲求通”④。与青州上书之吏不期而遇于公车门。由此可见公车是负责接受“吏民”上书的部门。以公车司马令掌管“吏民”上书事，殆因其负责守卫宫门，便于随时接待前来上书之“吏民”。

尚书系统中亦有相关部门负责“吏民”上书之事。尚书为汉承秦制而设立，汉成帝时初置尚书五人，一人为仆射，另四人分为四曹，其中的民曹，“主吏民上书”⑤事。“凡吏民上书，悉经此曹理之。”⑥尚书的左丞亦“主吏民章报”⑦。上书程式据蔡邕《独断》：“公卿使谒者将大夫以下，至吏民，尚书左丞奏闻报可，表文报已奏如书。”⑧从中可见尚书左丞在掌管“吏民”上书事中的作用。尚书接到“吏民”上书后需进行审查。王莽为了巩固

---

① 《汉书》卷19上《百官公卿表上》注引《汉官仪》，729页。

② 《续汉书·百官志二》，见《后汉书》，3579页。

③ 《后汉书》卷41《第五伦传》，1397页。

④ 《三国志》卷49《太史慈传》，1186页。

⑤ 《晋书》卷24《职官志》，730页；《通典》卷22《职官四》，601页。《续汉书·百官志》谓“民曹尚书主凡吏上书事”，见《后汉书》，3597页。段玉裁注：《说文解字序》引作“主凡吏民上书事”，并谓：“今本夺民字。”其说可从。见(汉)许慎撰，(清)段玉裁注：《说文解字注》，759页，上海，上海古籍出版社，1981。

⑥ 《通典》卷23《职官五·户部尚书》，136页。

⑦ 《续汉书·百官志三》，见《后汉书》，3597页。

⑧ 《文心雕龙义证》卷5《章表第二十二》注引，826、827页。

政权，亲自统揽众事，信任宦官、左右，如《通鉴》所言，于是“吏民上封事，宦官、左右开发，尚书不得知，其畏备臣下如此”①。胡三省注曰：“旧上封事者，先由尚书，乃奏御；莽恐尚书壅蔽，令宦官左右发其封，自省之。”按照制度，“吏民”上书应该由尚书审查之后上交，王莽使宦官、左右代替尚书这个职务，是破坏制度的做法。具体来说，主管“吏民”上书的尚书部门是民曹尚书。《汉书·艺文志》载萧何所草律文云：“吏民上书，字或不正，辄举劾。”②是为《尉律》之文。许慎《说文解字》第十五上曰：“书或不正，辄举劾之。今虽有《尉律》，不课小学，不修莫达。”段注：此乃“民曹尚书事”③。可见民曹尚书在接到“吏民”上书之后需进行审查。公车司马令与尚书在管理“吏民”上书时大概是这样分工的，由守卫宫门的公车司马令收取“吏民”上书后，转交给尚书具体进行审查。其上之“三公”亦与“吏民”上书有关。东汉明帝时第五伦为司空，“每上事，自为草，不复示掾史。吏民或奏记，辄便封上之，曰：‘臣任重忧深，不能出奇策异谋，吏民责让臣者多谨，并封上。’其无私若此”④。

此外，中书也管理“吏民”上书。杜延年原为大将军霍光吏，因功擢为太仆、右曹、给事中，“吏民上书言便宜，有异，辄下延年平处复奏。”⑤。颜师古注曰：“先平处其可否，然后奏言。”右曹即中书，“左右曹受尚书事，前世文士以中书在右，因谓中书为右曹”⑥。由此可知，在尚书审查之后，再上交中书，由中书“平处”之后再上报皇帝。不仅如此，中书还曾直接收受“吏民”上书。权臣霍光死后，其兄孙霍山以奉车都尉领尚书事，汉宣帝欲抑制霍氏权力，于是“令吏民得奏封事，不关尚书”⑦。王先谦《汉书

① 《资治通鉴》卷38，“王莽天凤二年”条，1206页。

② 《汉书》卷30《艺文志》，1721页。

③ 《说文解字》，315页上，北京，中华书局，1963；《说文解字注》卷15上，759页。

④ 《两汉纪·后汉纪》卷11《孝章皇帝纪上》，215、216页。

⑤ 《汉书》卷60《杜周传》，2664页。

⑥ （东汉）应劭：《汉官仪》卷上，21页，北京，中华书局，1985。

⑦ 《汉书》卷68《霍光传》，2951页。

补注》引何焯曰："上下之情通，则权复归王室。"[1]这个材料表明尽管宣帝令"吏民"撇开尚书而用密封直接上书，尚书仍然是这一事务"法定"的主管部门。汉宣帝这一措施是事出有因的，霍山自白他曾利用主管上书事务的权力，对于揭发其家族黑幕的上奏，"屏不奏其书"。可见尚书在接到"吏民"上书之后是要先进行检查的。如今宣帝令上书者绕过尚书，霍山于是抱怨"上书者益黠，尽奏封事，辄下中书令出取之，不关尚书，益不信人"[2]。上书者改用密封上奏，皇帝改派中书令直接收取，而不通过尚书，下情可较为直接上达。可见"封事"是直接交中书处理的。到了魏晋南北朝时期，上书事已变为主要由中书省负责。这个时期中书省置中书舍人，或曰中书通事舍人，魏晋时负责"掌呈奏案章"；刘宋时"凡有陈奏，皆舍人持入参决于中"；萧梁时"兼呈奏之事"[3]；北魏、北齐时亦"掌宣奏"[4]。此外，南朝集书省也负责"省诸奏闻文书"[5]。北朝门下省设门下通事令史[6]，以"掌奏文案"[7]。

"吏民"上书既是民众的政治权利，也是统治阶级的需要。"夫星者，乃人民凡物之精光。故一人不得通于帝王，一星亦不得通也。故天气辄为乖错，地气为其逆也。故教其吏民大小，俱共上书，以通天气，以安星历，以除天病，以解帝王承负之责。"[8]"吏民"上书就像通天气、安星历、除天病一样，以解除帝王的"承负之责"。这是从灾异的角度来论证"吏民"上书对于统治阶级的需要。"吏民"上书是舆论、民情的具体反映，对于中国古代的政治具有一定的作用。和帝永元八年(公元96年)"九月，京师蝗。吏民言事者，多归责有司"。"吏民"利用蝗灾而指摘政府吏治存在的问题，

---

① 王先谦：《汉书补注·霍光传》引，1308页，北京，中华书局，1983。

② 《汉书》卷68《霍光传》，2954页。

③ 《通典》卷21《职官三》，564页，北京，中华书局，1988。

④ (唐)徐坚等：《初学记》卷11《中书舍人第十一》，276页，北京，中华书局。

⑤ 《隋书》卷26《百官志上》，722页，北京，中华书局，1973。

⑥ 《隋书》卷27《百官志中》，753页。

⑦ 《魏书》卷79《范绍传》，1755页。

⑧ 王明编：《太平经合校》卷102《经文部数所应诀第一百六十七》，466、467页，北京，中华书局，1960。

和帝虽然把责任揽下，说是“在予一人”，但同时也不得不告诫臣僚：“百僚师尹，勉修厥职，刺史、二千石详刑辟，理冤虐，恤鳏寡，矜孤弱，思惟致灾兴蝗之咎。”①汉成帝时丞相张禹退休之后，“虽家居，以特进为天子师，国家每有大政，必与定议。永始、元延之间，日蚀、地震尤数，吏民多上书言灾异之应，讥切王氏专政所致。上惧变异数见，意颇然之，未有以明见，乃车驾至禹弟，辟左右，亲问禹以天变，因用吏民所言王氏事示禹”。“吏民”利用自然灾害而抨击王氏专政的问题，虽然张禹出于私心没有挺身而出顺应民意以揭露、抨击王氏，以致成帝“由此不疑王氏”。② 但毕竟通过“吏民”上书而暴露了王氏专权的事实，从而引起了最高统治者的重视。同样的，篡逆者也常利用“吏民”上书以达到他们的政治目的。王莽在篡汉过程中就多次利用“吏民”上书为其野心制造舆论。如元始五年(公元 5 年)“吏民以(王)莽不受新野田而上书者前后四十八万七千五百七十二人”，要求“宜亟加赏于安汉公”，而王莽则借此上书平帝，宣扬“自诸侯王已下至于吏民”对于自己的拥戴，从而一步步达到加九锡的目的③。

魏晋南北朝时期亦然。史称魏明帝“含垢藏疾，容受直言，听受吏民士庶上书，一月之中至数十百封，虽文辞鄙陋，犹览省究竟，意无厌倦”④。魏明帝所接到的上书中有“文辞鄙陋”者，表明上书者有的文化水平不高，其中有下层“吏民”而无疑。一个月能够收到数十百封上书，其数量亦不为少。北魏承明元年(公元 476 年)冬十月诏曰：“自今以后，群官卿士下及吏民，各听上书，直言极谏，勿有所隐。诸有便宜，益治利民，可以正风俗者，有司以闻。朕将亲览，与三事大夫论其可否，裁而用之。”⑤从这个诏书可知，当时对于公卿百官及“吏民”的上书，先通过“有司”审查、挑选，再上报皇帝，皇帝“亲览”之后召集中央决策核心讨论施行。太和八

① 《后汉书》卷 4《和帝纪》，182 页。

② 《汉书》卷 81《张禹传》，3351 页。

③ 《汉书》卷 99 上《王莽传上》，4071 页。

④ 《三国志》卷 3《明帝纪》注引《魏书》，115 页。

⑤ 《魏书》卷 7 上《高祖纪上》，143 页。中华书局标点本《校勘记》：《册府》卷 102“群官”作“群公”，“官”字当讹。

年(公元484年)八月魏孝文帝重申此制，诏曰："承明之初，班下内外，听人各尽规以补其阙……今制：百辟卿士，工商吏民，各上便宜；利民益治，损化伤政，直言极谏，勿有所隐，矜令辞无烦华，理从简实。朕将亲览，以知世事之要，使言之者无罪，闻之者足以为戒。"次年再次重申此制，诏曰："百司卿士及工商吏民，其各上书极谏，靡有所隐。"①

检举揭发地方长官的吏治问题，也是"吏民"的政治权利之一。西晋建兴四年(公元316年)凉州刺史张实下令："所部吏民有能举其过者，赏以布帛羊米。"②太延三年(公元437年)北魏太武帝诏曰："其令天下吏民得举告守令不如法者。"③这些都是统治者号召"吏民"进行检举揭发的事实。

"吏民"也经常通过上表或请求等方式以表达对于地方官吏治绩优劣的评价，对于官吏的去留陟黜有时产生一定的影响。西汉成帝时京兆尹王尊被御史中丞奏劾免官，"吏民多称惜之"。京兆所辖湖县的"三老公乘兴等上书讼(王)尊治京兆功效日著"，《汉书》详细录载了上书内容：列举了王尊治理京兆的诸多政绩，申诉其所受诬枉，抨击了此案中奸邪的人和事。"书奏，天子复以(王)尊为徐州刺史"④。这位领头上书叫做兴的人，是一位地方基层"乡官"——"三老"，其爵称"公乘"为当时乡里民众所普遍拥有。东汉明帝永平元年(公元58年)宋均迁东海相，"在郡五年，坐法免官，客授颍川。而东海吏民思(宋)均恩化，为之作歌，诣阙乞还者数千人。显宗以其能，七年，征拜尚书令"⑤。建初年间(公元76—84年)，寒朗"迁济阳令，以母丧去官，百姓追思之。章和元年，上行东巡狩，过济阳，三老吏人上书陈(寒)朗前政治状。帝至梁，召见朗，诏三府为辟首，由是辟司徒府"⑥。东汉桓帝时种暠为凉州刺史，"甚得百姓欢心。被征当迁，吏人诣阙请留之，太后叹曰：'未闻刺史得人心若是。'乃许之。暠复留一年"⑦。

① 《魏书》卷7上《高祖纪上》，154～155页。

② 《资治通鉴》卷89《晋纪十一》，"愍帝建兴四年"条，2831页。

③ 《魏书》卷4上《世祖纪上》，88页。

④ 《汉书》卷76《王尊传》，3233～3236页。

⑤ 《后汉书》卷41《宋均传》，1413页。

⑥ 《后汉书》卷41《寒朗传》，1418页。

⑦ 《后汉书》卷56《种暠传》，1828页。

东汉顺帝时庞参为太尉、录尚书事，其夫人杀害了前妻之子。洛阳令祝良得知其事后，“率吏卒入太尉府案实其事，乃上(庞)参罪，遂因灾异策免。有司以(祝)良不先闻奏，辄折辱宰相，坐系诏狱。(祝)良能得百姓心，洛阳吏人守阙请代其罪者，日有数千万人，诏乃原刑”①。上述官员之升迁、去留乃至刑罚宥贷均与“吏民”的上书求请有关。

魏晋南北朝时期亦然。普通六年(公元525年)谢举“出为仁威将军、晋陵太守。在郡清静，百姓化其德，境内肃然。罢郡还，吏民诣阙请立碑，诏许之”②。何敬容于天监年间(公元502—519年)“出为建安内史，清公有美绩，民吏称之。还除黄门郎”。普通四年(公元523年)“出为招远将军、吴郡太守，为政勤恤民隐，辨讼如神。视事四年，治为天下第一，吏民诣阙请树碑，诏许之”③。梁武帝时，褚翔“出为义兴太守。翔在政洁己，省繁苛，去浮费，百姓安之……及秩满，吏民诣阙请之，敕许焉”④。陈后主至德年间(公元583—586年)，郑万顷“拜散骑常侍、昭武将军、丰州刺史。在州甚有惠政，吏民表请立碑，诏许焉”⑤。陈宣帝时，巴州刺史鲁广达“为政简要，推诚任下，吏民便之。及秩满，皆诣阙表请，于是诏留二年”⑥。北魏孝文帝时，韦崇“出为乡郡太守，更满应代，吏民诣阙乞留，复延三年”⑦。西魏大统年间(公元535—551年)，长孙俭为荆州刺史，“清正率下，兼怀仁恕，有窃盗者，原情得实，诲而放之。荆蛮旧俗，少不敬长。俭殷勤劝导，风俗大革。务广耕桑，兼习武事，故边境无虞，人安其业。吏人表请为俭构清德楼，树碑刻颂，朝议许之。吏人又以俭秩满，恐有代至，诣阙乞留俭，朝廷嘉而许之，在州遂历七载”⑧。诸如此类，不胜

① 《后汉书》卷51《庞参传》，1691页。注引《谢承书》曰：祝良“聪明博学有才干，以廉平见称。”

② 《梁书》卷37《谢举传》，530页。

③ 《梁书》卷37《何敬容传》，531页。

④ 《梁书》卷41《褚翔传》，586页。

⑤ 《陈书》卷14《南康愍王昙朗传》附，214页。

⑥ 《陈书》卷31《鲁广达传》，419页。

⑦ 《魏书》卷45《韦阆传》附《韦崇传》，1012页。

⑧ 《北史》卷22《长孙嵩传》附《长孙俭传》，808页，北京，中华书局，1983。“吏人”，《周书》本传作“吏民”。

枚举。但是，毕竟统治者对于人事调动权并不轻于假人，故“吏民”的上书所起的作用也是有一定限度的。中大通二年(公元530年)王规“出为贞威将军、骠骑晋安王长史。其年，王立为皇太子，仍为吴郡太守……俄征为左民尚书，郡吏民千余人诣阙请留，表三奏，上不许”①。但是，“求于郡树碑，许之。”②梁武帝只接受了树碑的请求，而不接受留任的请求。北周孝闵帝时，杨敷被授使持节、蒙州诸军事、蒙州刺史，“推诚布信，随方慰抚，蛮左等感之，相率归附……州境获宁……保定中，征为司水中大夫。夷夏吏民，及荆州总管长孙俭并表请留之。时议欲东讨，将委(杨)敷以舟舰转输之事，故弗许焉”③。这是由于战事的需要而没有被接受。

“吏民”有时也可以其他方式直接向地方长吏表达自己的意见。曹魏嘉平(公元249—254年)中，刘类为弘农太守，“苛慝”“无礼”，吏民不满。弘农“旧俗，民谤官长者有三不肯，谓迁、免与死也。(刘)类在弘农，吏民患之，乃题其门曰：‘刘府君有三不肯。’类虽闻之，犹不能自改。其后，安东将军司马文王西征，路经弘农，弘农人告类荒耄不任宰郡，乃召入为五官中郎将”④。刘类的被调离，“吏民”的反映起了一定的作用。刘宋时，建平王刘景素为南徐州刺史，以乐蔼为龙阳相。后乐蔼“以父忧去职，吏民诣州请之，葬讫起焉”⑤。“吏民”到州刺史那里请求乐蔼复职，得到了允许。北魏孝文帝时，穆罴为汾州刺史。“前吐京太守刘升，在郡甚有威惠，限满还都，胡民八百余人诣罴请之。前定阳令吴平仁亦有恩信，户增数倍。(穆)罴以吏民怀之，并为表请。高祖皆从焉。”⑥这是“吏民”向刺史提出请求，得到刺史的支持，再由刺史上书皇帝而得到批准。虽然这类事情在历史上并不多见，但毕竟表明“吏民”享有这样的表达意见的权利。

2.“吏民”均有被察举征辟的权利

中国古代的选官制度从汉代兴起以察举、征辟为主，这是当时国家选

---

① 《梁书》卷41《王规传》，582页。

② 《南史》卷22《王昙首传》附《王规传》，598页，北京，中华书局，1987。

③ 《周书》卷34《杨敷传》，600页，北京，中华书局，1997。

④ 《三国志》卷15《梁习传》注引《魏略·苛吏传》，471页。

⑤ 《梁书》卷19《乐蔼传》，302页。

⑥ 《魏书》卷27《穆崇传》附《穆罴传》，666页。

拔官吏的重要方式和途径。因此，被察举、征辟遂成为公民的一项重要政治权利。在这方面，“吏民”在理论上均享有平等的权利。汉武帝时董仲舒以贤良对策，在他所提出的一系列治国方案中，有关于选拔官吏方面的论述，他说：“臣愚以为使诸列侯、郡守、二千石各择其吏民之贤者，岁贡各二人以给宿卫，且以观大臣之能；所贡贤者有赏，所贡不肖者有罚。夫如是，诸侯、吏二千石皆尽心于求贤，天下之士可得而官使也。”①在董仲舒的方案中，是以“吏民”作为选拔对象的。史称“州郡举茂材孝廉，皆自仲舒发之”②。这种由下而上的选拔即为“察举”。此后这一建议得到了实施，“吏民”一直是中国古代国家选拔人材的基本对象。元封五年(公元前106年)汉武帝诏：“其令州郡察吏民有茂材异等，可为将相及使绝国者。”③其察举的项目相当广泛，均以“吏民”作为察举的对象。元康元年(公元前65年)汉宣帝诏曰：“其博举吏民，厥身修正，通文学，明于先王之术，宣究其意者，各二人，中二千石各一人。”④重申在“吏民”中察举有关人才。始建国三年(公元11年)，王莽下令曰：“令公卿大夫诸侯二千石举吏民有德行、通政事、能言语、明文学者各一人，诣王路四门。”⑤即使事事改作的王莽也仍然继续汉法，以“吏民”为察举对象，并作为百官的一项义务。汉代规定刺史的任务之一是“考殿最”，其具体内容据胡广说是：“课第长吏不称职者为殿，举免之。其有治能者为最。察上尤异州，又状州中吏民茂才异等，岁举一人。”⑥其中包括察举“吏民”一项。统治者有时也根据国家的特定需要而察举特殊人才。汉代黄河经常决口泛滥，哀帝初，使平当负责治河，他建议“博求能浚川疏河者”，于是丞相孔光、大司空何武向哀帝“奏请部刺史、三辅、三河、弘农太守举吏民能者”⑦。物色这些地区的“吏民”中的治河能手。中平元年(公元184年)黄巾起义爆发，

① 《汉书》卷56《董仲舒传》，2513页。

② 《汉书》卷56《董仲舒传》，2525页。

③ 《汉书》卷6《武帝纪》，197页。

④ 《汉书》卷8《宣帝纪》，255页。

⑤ 《汉书》卷99中《王莽传中》，4125页。

⑥ 《续汉书·百官志五》注引，见《后汉书》，3618页。

⑦ 《汉书》卷29《沟洫志》，1692页。

于是汉灵帝“诏公卿出马、弩，举列将子孙及吏民有明战阵之略者，诣公车”①。从“吏民”中物色“明战阵之略者”作为军事指挥人员，以加强军力讨伐黄巾军。

在由下而上察举人才的同时，汉代又实行由上而下的“征辟”制度，即由皇帝或地方长官直接物色人才。这种方式也以“吏民”为对象。元光六年(公元前129年)汉武帝下令“征吏民有明当时之务、习先圣之术者，县次续食，令与计偕”②。这些被皇帝征召的“吏民”由该地方政府的上计吏护送至京，沿途郡县负责招待事宜。

“募”也是汉代选拔人才的方式之一。为了某种特定的需要，有时采取招募的方式从天下“吏民”中物色具有特殊素质的人才。汉武帝时由于对外关系的发展，急需大量的外交使节，于是“天子为其绝远，非人所乐，听其言，予节，募吏民无问所从来，为具备人众遣之，以广其道。”③“吏民”均为其招募的对象。

在这样的选官制度下，“吏民”均享有为官从政的可能，从而使国家政权构筑在广泛的社会基础之上，调动了广大吏民的积极性，所谓“吏民有信者，帝王仕之不负焉，故吏民乐为也”④。与此同时也就出现了“吏民”在正常选官方式之外的不正当求官的情况。东汉桓帝时梁冀专权，于是梁冀之门“吏人赍货求官、请罪者，道路相望”⑤。表明“吏民”均有通过不正当手段以求得官职的情况。

魏晋南北朝时期虽然由于社会发展变化而导致选官方式发生了一些变化，如九品官人法的兴起，因而仕途特别是清流之官被一些世族门阀家族所把持，但是“吏民”仍有通过这个途径步入仕途的机会。魏晋时期在九品中正制的风靡下，乡议品第成为仕进的重要途径，因而这也成为“吏民”所

---

① 《后汉书》卷8《灵帝纪》，348页。

② 《汉书》卷6《武帝纪》，164页。

③ 《汉书》卷61《张骞传》，2695页。

④ 《太平经·太平经钞》第6卷《己部》，65页。

⑤ 《后汉书》卷34《梁统传》附《梁冀传》，1181页。“吏人”，《资治通鉴》卷54《汉纪四十六》，“桓帝延熹二年”条，作“吏民”。

追逐的目标。王戎“有人伦鉴识……孙秀为琅邪郡吏，求品于乡议。戎从弟衍将不许，戎劝品之。及秀得志，朝士有宿怨者皆被诛，而戎、衍获济焉”①。表明小“吏”也有通过品第而进入仕途的机会。与此同时汉代的察举制度也还在继续实行，以“吏民”为选官对象的情况基本上仍然存在。黄初三年(公元222年)魏文帝下诏曰：“今之计、孝，古之贡士也。十室之邑，必有忠信……其令郡国所选，勿拘老幼，儒通经术，吏达文法，到皆试用。有司纠故不以实者。”②明确规定“吏”符合条件者即应与“民”一样加以察举。王基，东莱曲城人，“年十七，郡召为吏，非其好也，遂去，入琅邪界游学。黄初中，察孝廉，除郎中。是时青土初定，刺史王凌特表请基为别驾，后召为秘书郎，凌复请还。顷之，司徒王朗辟基”③。由此可知“吏”乃由“民”中产生，王基不愿为“吏”而外出游学，他是以“民”的身份而被“察举”，从而步入仕途。李含，陇西狄道人，侨居始平，“门寒微”。“少有才干，两郡并举孝廉。”后被州刺史郭奕擢为别驾，“遂处群僚之右。寻举秀才，荐之公府，自太保掾转秦国郎中令”④。此由“民”经过察举而为“州吏”，再经察举而为“官”。熊远，豫章南昌人，“有志尚，县召为功曹，不起，强与衣帻，扶之使谒。十余日荐于郡，由是辟为文学掾。远曰：‘辞大不辞小也。’固请留县。太守察远孝廉……后太守会稽夏静辟为功曹。及静去职，远送至会稽以归。州辟主簿、别驾，举秀才，除监军华轶司马、领武昌太守、宁远护军”⑤。此亦由“民”而“县吏”，再由“县吏”察孝廉而为“郡吏”、“州吏”，复被举秀才而为“官”。陈頵，陈国苦县人，“仕为郡督邮……太守刘享拔为主簿，州辟部从事……元康中，举孝廉”⑥。此由“郡吏”、“州吏”经察举从而步入仕途。光逸，乐安人。家世“门寒”，“初

---

① 《晋书》卷43《王戎传》，1235页。据《晋书》卷55《潘岳传》：潘岳之父潘芘为琅邪内史时，“孙秀为小史”，殆即其所为之“郡吏”。王隐《晋书》：“(潘)岳父文德为琅邪太守，孙秀为小吏给使。”又《晋诸公赞》曰：“初，赵王伦封琅邪，秀给为近职小吏。”

② 《三国志》卷2《文帝纪》，79页。

③ 《三国志》卷27《王基传》，750页。

④ 《晋书》卷60《李含传》，1641页。

⑤ 《晋书》卷71《熊远传》，1884页。

⑥ 《晋书》卷71《陈頵传》，1892页。

为博昌小吏”，“后为门亭长”，“后举孝廉，为州从事”。后官至给事中。[①]此由“县吏”被举孝廉而为“州吏”，从而步入仕途。易雄，长沙浏阳人。“少为县吏，自念卑贱，无由自达，乃脱帻挂县门而去。因习律令及施行故事，交结豪右，州里稍称之。仕郡，为主簿。”后“举孝廉，为州主簿，迁别驾。自以门寒，不宜久处上纲，谢职还家。后为春陵令”[②]。此由“县吏”、“郡吏”被举孝廉，再经“州吏”而为“官”。何桢为弘农郡守，“有扬嚣生为县吏，桢一见便待以不臣之礼，遂贡之天朝”[③]。此由“县吏”而被荐举为“官”。袁粲于大明三年(公元459年)“坐纳山阴人丁象文货，举为会稽郡孝廉，免官”[④]。丁象文当属“民”，通过贿赂而得举孝廉。上述史例的共同特点是：他们或由“民”而为“吏”，再由“吏”而被察举，经察举而为“官”；或由“吏”而经察举，再步入仕途。他们都是州郡县的“吏民”，亦即编户齐民，他们都享有经察举而步入仕途的平等权利。

还有一类“吏民”的仕途是没有经过察举，直接由“吏”或“民”而被辟召为“官”或“吏”。吾粲，吴郡乌程人，“孙河为县长，粲为小吏，河深奇之。河后为将军，得自选长吏，表粲为曲阿丞。迁为长吏，治有名迹。虽起孤微，与同郡陆逊、卜静等，比肩齐声矣。孙权为车骑将军，召为主簿，出为山阴令，还为参军校尉”[⑤]。此由“县吏”而被辟召为“官”。聂友，豫章人，“少为县吏。虞翻徙交州，县令使(聂)友送之，翻与语，而奇焉。为书与豫章太守谢斐，令以为功曹。郡时见有功曹，斐见之，问曰：‘县吏聂友，可堪何职?’对曰：‘此人县间小吏耳，犹可堪曹佐。’斐曰：‘论者以为宜作功曹，君其避之。’乃用为功曹……后为将，讨儋耳，还拜丹杨太守”[⑥]。此由“县吏”—“郡吏”—进而为“官”。顾邵为豫章太守，“小吏资质佳者，辄令就学，择其先进，擢置右职，举善以教，风化大行。初，钱唐

① 《晋书》卷49《光逸传》，1384页。

② 《晋书》卷89《易雄传》，2314页。

③ 虞预：《晋书》，见《初学记》卷20《荐举第四》引，478页，北京，中华书局，2004。

④ 《宋书》卷89《袁粲传》，2230页；《南史》卷26《袁粲传》作丁承文。

⑤ 《三国志》卷57《吾粲传》，1339页。

⑥ 《三国志》卷64《诸葛恪传》注引《吴录》，1443页。

丁谞出于役伍，阳羡张秉生于庶民，乌程吴粲、云阳殷礼起乎微贱，邵皆拔而友之，为立声誉……谞至典军中郎，秉云阳太守，礼零陵太守，粲太子少傅”①。其中的丁谞由“役伍”—“吏”—为“官”；张秉由“民”—“吏”—为“官”；其中的吴粲即上文所述之吾粲；殷礼，据《顾邵传》注引《通语》曰：“少为郡吏，年十九，守吴县丞。孙权为王，召除郎中。”亦由“郡吏”而拔擢为“官”。魏明帝时高堂隆为陈留太守，“犊民酉牧，年七十余，有至行，举为计曹掾；帝加之，特除郎中以显焉”②。此由“民”而“吏”而辟召为“官”。石苞，渤海南皮人，“县召为吏，给农司马。会谒者阳翟郭玄信奉使，求人为御，司马以苞及邓艾给之。行十余里，玄信谓二人曰：‘子后并当至卿相。’苞曰：‘御隶也，何卿相乎？’既而又被使到邺，事久未决，乃贩铁于邺市。市长沛国赵元儒，名知人，见苞，异之，因与结交。叹苞远量，当至公辅，由是知名。见吏部郎许允，求为小县。允谓苞曰：‘卿是我辈人，当相引在朝廷，何欲小县乎？’……稍迁景帝中护军司马”③。此由“吏”而“官”。从郭玄信对石苞、邓艾两位“县吏”说他们“后并当至卿相”，赵元儒谓他们“当至公辅”，许允谓他们“当相引在朝廷”，可见在当时人的意识中，“吏”是有可能为“官”乃至高官的。尤其是许允作为管理官吏的“吏部郎”有这样的观念，更说明这不仅是民间的普遍观念，而且是国家用人政策所认可的。赵至，代郡人，寓居洛阳，后乃占户辽西，“辽西举郡计吏”④。此由“民”而“官”。陈頵，陈国苦县人，为豫州部从事，元康中，被举孝廉，而州将留之。于是陈頵“荐同县焦保曰：‘保出自寒素，禀质清冲，若得参嘉命，必能光赞大猷，允清朝望……’州乃辟保”⑤。此由“民”而“官”。刘卞，东平须昌人，“本兵家子，质直少言。少为县小吏”，因得罪功曹，功曹将他贬为“亭子”。“有祖秀才者，于亭中与刺史笺，久不成，卞教之数言，卓荦有大致。秀才谓县令曰：‘卞，公府掾之精者，

① 《三国志》卷52《顾邵传》，1229页。

② 《三国志》卷25《高堂隆传》，708页。

③ 《晋书》卷33《石苞传》，1001页。

④ 《晋书》卷92《赵至传》，2379页。

⑤ 《晋书》卷71《陈頵传》，1893页。

卿云何以为亭子?'令即召为门下史"①，后逐步升迁，官至并州刺史、左卫率等职。此由"兵家子"而"县吏"而辟召为"官"。刘超，琅邪临沂人，"为县小吏，稍迁琅邪国记室掾。"官至左、右卫将军，歷事东晋元、明、成三帝，"恒在机密"②。此由"县吏"而迁"官"。孙铄，河内怀人，"少乐为县吏，太守吴奋转以为主簿。铄自微贱登纲纪，时僚大姓犹不与铄同坐。奋大怒，遂荐铄为司隶都官从事。司隶校尉刘讷甚知赏之。时奋又荐铄于大司马石苞，苞辟为掾"。后迁尚书郎。③ 此由"县吏"—"郡吏"而为"官"。陶侃，本鄱阳人，吴平，徙家庐江之寻阳，"早孤贫，为县吏。鄱阳孝廉范逵尝过侃，时仓卒无以待宾，其母乃截发得双髲，以易酒肴，乐饮极欢，虽仆从亦过所望。及逵去，侃追送百余里。逵曰：'卿欲仕郡乎?'侃曰：'欲之，困于无津耳!'逵过庐江太守张夔，称美之。夔召为督邮，领枞阳令。有能名，迁主簿"④。此由"县吏"—"郡吏"而为"官"。褚裒，"尝为县吏……家贫，辞吏。年垂五十，镇南将军羊祜与(褚)䂓有旧，言于武帝，始被升用，官至安东将军"⑤。此由"县吏"而辟召为"官"。王敬则，临淮射阳人，侨居晋陵郡南沙县，"性倜傥不羁，好刀剑，尝与暨阳县吏斗，谓曰：'我若得暨阳县，当鞭汝小吏背.'吏唾其面曰：'汝得暨阳县，我亦得

---

① 《晋书》卷36《张华传》附《刘卞传》，1077～1078页。

② 《晋书》卷70《刘超传》，1875页。

③ 《晋书》卷33《石苞传》附《孙铄传》，1009页。《传》文"少乐为县吏"，北京，中华书局标点本《校勘记》谓："'乐'疑当作'录'"。似不然。两汉魏晋南北朝拔擢官吏一般作"召"为某官某吏，少用"录"者，如"召除为丞相史"(《史记》卷54《萧相国世家》，2029页)，"召以为吏"(《后汉书》卷29《鲍永传》，1017页)，"郡召为吏"(《三国志》卷27《王基传》)，"县召为吏"(《晋书》卷33《石苞传》)，"召为吏部尚书"(《宋书》卷59《张悦传》)等，凡此皆"辟召"之"召"；或径言"为"某吏，如"少为县吏"(《后汉书》卷22《马成传》、《三国志》卷12《毛玠传》、《晋书》卷89《易雄传》)，"少为郡吏"(《三国志》卷17《张辽传》、《三国志》卷43《黄权传》、《晋书》卷57《张光传》)等，不胜枚举。窃意《孙铄传》当亦如后者用法，即孙铄"少为县吏"，"乐"为衍文，此句上下左右数"铄"字，疑传抄中误将左边"乐"字羼入。

④ 《晋书》卷66《陶侃传》，1768页。

⑤ 《晋书》卷93《褚裒传》，2415页。

司徒公矣'"①。南沙、暨阳均为晋陵郡属县，当时王敬则为南沙县吏，二人均属"小吏"之列。从王敬则自许将来可以当暨阳县令、那位暨阳县吏自夸可以当司徒公来看，在当时人的意识中小吏也是可以进入仕途乃至高官显贵的。后来王敬则果然补暨阳县令，表明这种意识并非异想天开，而是当时社会现实的反映。阳惠朗、暨慧景"二人家本小吏"，陈后主时，中书舍人沈客卿荐举"阳惠朗为太市令，暨慧景为尚书金、仓都令史"。由于二人征收关市之税"过于常格数十倍，后主大悦"。于是阳惠朗、暨惠景并加奉朝请。② 此由"小吏"而为"官"。北魏元继先后任青州、恒州刺史，"歷内外显任"，性"贪婪，聚敛无已……至乃郡县微吏，亦不得平心选举"③。可见在正常情况下郡县"微吏"是可以得到"选举"的。茹皓，"旧吴人也……南土饥乱，遂寓居淮阳上党。皓年十五六，为县金曹吏，有姿貌，谨惠。南徐州刺史沉陵见而善之，自随入洛阳，举充高祖白衣左右"④。此由"县吏"而步入仕途。孟业，巨鹿安国人，"家本寒微，少为州吏"，"魏彭城王韶拜定州，除典签。长史刘仁之谓业曰：'我处其外，君居其内，同心戮力，庶有济乎。'未几仁之征入为中书令，临路启韶云：'殿下左右可信任者唯有孟业，愿专任之。余人不可信也'……后高祖书与韶云：'典签姓孟者极能用心，何不置之目前。'韶，高祖之婿也。仁之后为兖州，临别谓吏部崔暹曰：'贵州人士，唯有孟业，宜铨举之，他人不可信也'"⑤。此以"州吏"而被除官。

(三)文化上的平等权利

两汉魏晋南北朝时期"吏民"均享有入学受教育的平等权利，这既是文化上的权利，也是政治上平等权利的一种体现，因为入学受教育就意味着有步入仕途的可能。

---

① 《南史》卷45《王敬则传》，1127页。王敬则为"三公"之后曾欣然述及早年出身，曰："我南沙县吏"。他与暨阳县吏斗时当为南沙县吏。

② 《南史》卷77《沈客卿传》，1940页。

③ 《魏书》卷16《元继传》，403页。

④ 《魏书》卷93《茹皓传》，2000页。

⑤ 《北齐书》卷46《孟业传》，641页。

西汉景帝末年，文翁为蜀郡守，“修起学官于成都市中，招下县子弟以为学官弟子，为除更徭，高者以补郡县吏，次为孝弟力田。常选学官僮子，使在便坐受事。每出行县，益从学官诸生明经饬行者与俱，使传教令，出入闺阁。县邑吏民见而荣之，数年，争欲为学官弟子，富人至出钱以求之。由是大化，蜀地学于京师者比齐鲁焉”。文翁从“民”中选拔子弟入学，其中优秀者被拔擢为“吏”，于是“吏民”皆争先恐后入学。“至武帝时，乃令天下郡国皆立学校官”，将蜀郡的做法推广于全国，史称这一教育制度“自文翁为之始云”①。元始三年(公元3年)王莽在上奏有关“吏民”的“养生、送终、嫁娶、奴婢、田宅、器械之品”的同时，又对地方的学校制度作了一些修改调整，规定“郡国曰学，县、道、邑、侯国曰校。校、学置经师一人。乡曰庠，聚曰序。序、庠置《孝经》师一人。”②“吏民”均有进入这种学校接受教育的权利。元帝时梁人焦赣，“贫贱，以好学得幸梁王。梁王共其资用，令极意学。既成，为郡史，察举补小黄令”③。此平民由“学”而“吏”而“官”。西汉人翟方进，“初为府小吏，相于同郡蔡文父。父曰：‘小吏有封侯骨，当以经术进。’乃辞后母，至京师学。后母怜其幼，随至长安，织履以给之。对策甲科，迁议郎，诸儒称之”④。此由“吏”而“学”而“官”。东汉人冯良，“少作县吏，年三十为尉佐史。迎督邮，自耻无志，乃毁车杀牛，裂败衣帻，去，从师受《诗》、《传》、《礼》、《易》，复学道术占候，游十五年乃还。州郡礼辟不就，诏特举贤良高弟”⑤。此由“吏”而“学”而被“特举”。由此可见作为“吏”，他们有辞“吏”入学读书的自主权。即使东汉末年这样的战乱中，有的地方官吏还为“吏民”兴学，孔融为北海相，“稍复鸠集吏民为黄巾所误者男女四万余人，更置城邑，立学校，表显儒术，荐举贤良郑玄、彭璆、邴原等”⑥。

① 《汉书》卷89《文翁传》，3626页。

② 《汉书》卷12《平帝纪》，355页。

③ 《汉书》卷75《京房传》，3160页。

④ 《两汉纪·汉纪》卷26《孝成皇帝纪》，459页。

⑤ 《太平御览》卷666《道部八》引《抱朴子》，2972页。

⑥ 《后汉书》卷70《孔融传》，2263页。

魏晋南北朝时期亦然。曹魏时，颜斐为京兆太守，“起文学，听吏民欲读书者，复其小徭……又课民当输租时，车牛各因便致薪两束，为冬寒冰炙笔砚。于是风化大行，吏不烦民，民不求吏”①。“吏民”均可以自愿入学，入学者给予免除“小徭”的优待，甚至冬天烤笔砚所用的柴禾也作了周到的安排。如前引《三国志·顾邵传》，孙吴人顾邵为豫章太守时，“小吏资质佳者，辄令就学，择其先进，擢置右职，举善以教，风化大行”②。可知“小吏”亦有入学受教育的权利。孙休于永安元年(公元 258 年)下诏曰：“古者建国，教学为先，所以道世治性，为时养器也。自建兴以来，时事多故，吏民颇以目前趋务，去本就末，不循古道。夫所尚不惇，则伤化败俗。其案古置学官，立五经博士，核取应选，加其宠禄；科见吏之中及将吏子弟有志好者，各令就业。一岁课试，差其品第，加以位赏。使见之者乐其荣，闻之者羡其誉。以敦王化，以隆风俗。”③指出自建兴(公元 252—253 年)以来的五六年间学校教育有所废弛，是为吏民“去本就末”表现之一，统治者把“吏民”入学接受教育视为“务本”的一种体现。为此，孙休下令必须遵循“古道”，即恢复汉代以来的学校教育传统，特别要求从正在任职的“吏”和“将吏”的子弟中选拔优秀分子入学，可见同汉代一样“吏”是与“民”同样享有入学受教育的权利的。西晋人刘卞，“本兵家子，质直少言。少为县小吏”。有一次县令“问(刘)卞：‘能学不?’答曰：‘愿之。’即使就学……卞后从令至洛，得入太学，试《经》为台四品吏”④。“兵家子”可以为“吏”，“吏”可以为学。赵至亦兵家子，自感身世“微贱”，遂“诣师受业”。“年十四，诣洛阳，游太学”，后又“远学”⑤。兵家子不为“吏”亦可学，遑论地位在其上之“吏民”。十六国时期后秦主姚兴重视发展学校教育，而且“立律学于长安，召郡县散吏以授之。其通明者还之郡县，论决刑狱”⑥。

---

① 《三国志》卷 16《仓慈传》注引《魏略》，513 页。

② 《三国志》卷 52《顾邵传》，1229 页。

③ 《三国志》卷 48《嗣主休传》，1158 页。

④ 《晋书》卷 36《张华传》附《刘卞传》，1078 页。

⑤ 《晋书》卷 92《赵至传》，2377 页。

⑥ 《晋书》卷 117《姚兴载记上》，2980 页。

这是以“散吏”为对象进行法律专业培训，进而从中选拔执法人员。北魏赵郡人李曾，“少治《郑氏礼》、《左氏春秋》，以教授为业。郡三辟功曹，不就。门人劝之，曾曰：‘功曹之职，虽曰乡选高第，犹是郡吏耳。北面事人，亦何容易。’州辟主簿。到官月余，乃叹曰：‘梁叔敬有云：州郡之职，徒劳人耳。道之不行，身之忧也。’遂还家讲授”①。自己有权选择作州郡吏或从事教学。北魏道武帝时，张恂为常山太守。“开建学校，优显儒士。吏民歌咏之。”②太守兴学受到“吏民”的称赞，表明“吏民”均有从中受惠的机会。

三、结语

由上所述，可见“吏民”是在经济上、政治上、文化上均享有同等权利和义务的国家编户齐民。学术界对于“吏民”的看法存在两种极端，一种意见是认为“吏民”中存在“吏户”，他们是魏晋南北朝时期身份地位低于普通编户齐民的依附民。从上面的论述我们可以知道在魏晋南北朝时期“吏民”中并不存在“吏户”这样一种依附民，“吏民”不仅在汉代同为国家编户齐民，在魏晋南北朝时期仍然同为国家编户齐民，尽管在这个时期部分“吏”的身份有所下降，但是他们作为编户齐民的组成部分的基本性质并没有改变。另一种意见则认为：“吏民”是庶民中有爵位者，或指一般官吏和百姓中的富有者，也就是说“吏民”是在编户齐民之上的一个群体。事实上，两汉魏晋南北朝统治者实行的普赐民爵，是基本上覆盖全体“吏民”的，并非只赐予其中的富有者或少数人。“吏民”中也确实有少数富有者。汉哀帝时师丹指出：“今累世承平，豪富吏民訾数巨万，而贫弱俞困。”③可见“吏民”中有豪富者，亦有贫弱者。元帝时贡禹揭露当时的侈靡之风，其中之一是：“豪富吏民畜歌者至数十人，是以内多怨女，外多旷夫。”④由于“吏民”

---

① 《魏书》卷53《李孝伯传》，1167页。

② 《魏书》卷88《张恂传》，1900页。

③ 《汉书》卷24上《食货志上》，1142页。

④ 《汉书》卷72《贡禹传》，3071页。

中存在富有者，因而统治者有时向他们征敛财物以满足某些需要，如：元狩三年(公元前120年)“遣谒者劝有水灾郡种宿麦。举吏民能假贷贫民者以名闻”①。能够向贫民假贷者当然是富有者。元始二年(公元2年)“郡国大旱，蝗，青州尤甚，民流亡。安汉公、四辅、三公、卿大夫、吏民为百姓困乏献其田宅者二百三十人，以口赋贫民”②。“吏民”中有条件献田宅者亦必为富有者。这些资料表明“吏民”中存在着豪富者与贫民两个等级。汉简资料也印证了文献所载这一事实。居延汉简：“犁田以铁器为本，北边郡毋铁官，卬器内郡，令郡以时博卖予细民，毋令豪富吏民得多取贩卖细民。”③表明“吏民”中有“豪富”者与“细民”。此外，成帝鸿嘉三年(公元前18年)“令吏民得买爵，贾级千钱”④。买爵之“吏民”中亦当有富有者。王莽为了修建宗庙，“吏民以义入钱、谷助作者，骆驿道路”⑤。虽然其中不少是迫于无奈者，但亦可能有相当数量富有者。东汉桓帝时梁冀专权，“吏人赍货求官请罪者，道路相望”⑥。有条件买官者当亦为吏民之富有者。“吏民”之中虽然有富有者，但是并不妨碍他们为编户齐民。作为编户齐民的“吏民”存在贫富区别是普遍的、正常的现象，古人对此早有认识，司马迁说：“凡编户之民，富相什则卑下之，伯则畏惮之，千则役，万则仆，物之理也。”⑦班固说：“陵夷至乎桓、文之后……富者木土被文锦，犬马余肉粟，而贫者裋褐不完，唅菽饮水。其为编户齐民，同列而以财力相君，虽为仆虏，犹亡愠色。”⑧认为从春秋之后编户齐民中的贫富分化即日益剧烈。汉代尤甚，仲长统说：“汉兴以来，相与同为编户齐民，而以财力相君长者，世无数焉。”⑨《淮南子》论述汉代贫富现象时说：“且富人则车舆衣

---

① 《汉书》卷6《武帝纪》，177页。

② 《汉书》卷12《平帝纪》，353页。

③ 《居延新简·甲渠候官与第四燧》，228页，北京，文物出版社，1990。

④ 《汉书》卷10《成帝纪》，318页。

⑤ 《汉书》卷99下《王莽传下》，4161～4162页。

⑥ 《后汉书》卷34《梁冀传》，1181页。“吏人”，《通鉴》卷54，记作“吏民”。

⑦ 《史记》卷129《货殖列传》，3274页。

⑧ 《汉书》卷81《货殖传》，3682页。

⑨ 《后汉书》49《仲长统传》，1648页。

纂锦，马饰傅旄象，帷幕茵席，绮绣绦组，青黄相错，不可为象；贫人则夏被褐带索，含菽饮水以充肠，以支暑热，冬则羊裘解札，短褐不掩形，而炀灶口；故其为编户齐民无以异，然贫富之相去也，犹人君与仆虏，不足以论之。"①他们都指出同为编户齐民，但其为贫富则悬邈。"吏民"作为国家编户齐民在法理上其经济、政治、文化地位是平等的，所谓"齐等无有贵贱"，但是实际上他们之间经济上的贫富悬殊、政治上的地位高低以及由此决定的文化上的差异都是普遍的现象，但这并不妨碍他们之为编户齐民。由此可知编户齐民并非以贫富和阶级为区分的，凡是编入国家基层乡里户籍，按照规定有权占有一定数量田宅，承担相应的赋税徭役的人民，并由此享有平等的政治、经济、文化权利的，都是国家的编户齐民。我国古代的"吏民"就是这样的国家编户齐民，并非在编户齐民之外的一个特定群体。

原载《中华文史论丛》，2007(2)，总第86辑。

① 刘文典，《淮南鸿烈集解》卷11《齐俗训》，375页，北京，中华书局，1989。

"吏民"的一体性

——原"吏民"之四

"吏民"是在中国古代历史上使用时间长、频率高、范围广的一个词，从文献到碑刻、简牍，从先秦至明清均不同程度存在并使用着，然而学术界对"吏民"问题并未引起足够的重视，研究成果寥寥就是其表现之一。即使偶有涉及者，亦说法各异，莫衷一是。尽管20世纪90年代出土的长沙走马楼吴简中含有大量关于"吏民"的第一手资料，这种状况仍然没有改变，在论述吴简问题时虽偶有涉及者，亦基本上沿袭吴简发现之前的说法，或谓"吏民"为庶民之有爵者、富有者①；或谓"吏民"是"吏籍"与"民籍"、"吏户"与"民户"合称之意②等。

我在《"吏户"献疑——从长沙走马楼吴简谈起》③、《原"吏民"——从长沙走马楼吴简谈起》④、《论"吏民"的社会属性——原"吏民"之二》⑤、《论"吏民"即编户齐民——原"吏民"之三》⑥等文中认为：秦汉魏晋南北朝时期"吏民"的基本涵义是下层小吏(下吏)与普通农民的合称⑦。"吏民"中的"吏"并非独立于民户之外的"吏户"，他们来自于"民"，复归于"民"，循环

---

① 贺昌群：《汉唐间封建土地所有制形式研究》，121页，上海，上海人民出版社，1964；冯尔康：《中国社会结构的演变》，333～335页，郑州，河南人民出版社，1994；高敏：《〈吏民田家莂〉中所见"馀力田"、"常限田"等名称的涵义试析》，载《郑州大学学报》，2000(5)，等等。

② 参见高敏：《〈吏民田家莂〉中所见"馀力田"、"常限田"等名称的涵义试析》；蒋福亚：《〈嘉禾吏民田家莂〉中的诸吏》，载《文史哲》，2002(1)；王素、宋少华、罗新：《长沙走马楼简牍整理的新收获》，载《文物》，1999(5)，等等。

③ 载《历史研究》，2005(4)。

④ 《祝贺朱绍侯先生八十华诞史学新论》，郑州，河南大学出版社，2005。

⑤ 载《文史哲》，2007(2)。

⑥ 见《中华文史论丛》，第二辑(总第八十六辑)，2007。

⑦ 从《嘉禾吏民田家莂》可知当时所谓"吏民"，除了普通农民和州、郡、县吏两者为主之外，尚有州、郡、县卒，军吏，复民，士等。

往复，生生不息。他们是“民”的组成部分，也可以说是广义的“民”，他们与“民”共同构成中国古代社会的基层民众——编户齐民。“吏民”中“吏”的范畴在不同时代有所变化，从战国秦汉以降呈逐步下移的趋势，到了两汉魏晋南北朝时期，其主体或基本形态，大体为地方基层政权之下吏，具体来说，主要是地方各级长吏在当地所辟用的属吏。“吏民”是一个不可分割的整体，从社会结构来说，他们是社会金字塔的底层，从国家政治统治来说，他们是各级地方政权管治的基本民众，从户籍制度来说，他们是国家的编户齐民。“吏民”问题之重要性，一定意义上可以说，是认识和研究中国古代社会基础的关键。

由“下吏”与普通农民为主构成的“吏民”是一个不可分割的整体。“吏民”一体的社会基层结构在中国古代长期存在不变，从经济方面而言，是由于中国古代的农业经济形态不仅要求普通农民，而且也要求管理和服务于他们的地方政府属吏和乡里吏员也实行“务本去末”和“地著”，亦“吏”亦农；从政治方面而言，是中国古代政治制度适应这种经济形态的特色之一，君主赖以统治广土众民的“吏”被分为施政性的“官”与事务性、劳役性的“吏”两个部分和层次，前者脱离本乡本土，在全国范围内流动，后者固着于本乡本土，他们来自于民，复归于民，循环往复，生生不息；从社会方面而言，中国古代社会的特点是长期保持地缘关系与血缘宗族关系的结合及相互为用，而地缘性的编户制度是“吏民”一体的政治保障，血缘性的宗族关系则是“吏民”一体的社会温床。这些经济的、政治的、社会的特点没有改变，则这种“吏民”一体性结构也不可能根本改变。

“吏民”一方面在其内部构成一个矛盾统一体，另一方面又在外部与国家、皇权构成一个矛盾统一体。《太公阴符》的一段话，大体反映了“吏”、“民”两者之间及其与国家、皇权之间的关系：“武王问太公：‘愿闻治乱之要。’太公曰：‘其本在吏。’武王曰：‘吏者治也，所以为治，其乱者何?’太公曰：‘故吏重罪有十.’武王问‘吏之重罪’。太公曰；‘一、吏苛刻；二、吏不平；三、吏贪污；四、吏以威力迫胁于民；五、吏与史合奸；六、吏与人亡情；七、吏作盗贼，使人为耳目；八、吏贱买卖贵于民；九、吏增易于民；十、吏振惧于民。夫治者有三罪，则国乱而民愁；尽有之，则民流亡而君失其国。'武王曰：'民亦有罪乎?'太公曰：'民有十大于此，除者则国治而民安。'武王曰：'十大何如?'太公曰：'民胜吏，厚大臣，一大也。民宗强，侵陵群下，二大也。民甚富，倾国家，三大也。民尊亲其君，天下归慕，四大也。众暴寡，五大也。民有百里之誉，千里之交，六大也。民以吏威为权，七大也。恩行于吏，八大也。民服信，以少为多，夺人田宅，赘人妻子，九大也。民之基业畜产为人所苦，十大也。所谓一家害一里，一里害诸侯，诸侯害天下。'武王曰：'绝吏之罪，塞民之大，奈何?'太公曰：'察民之暴吏，明其赏，审其诛，则吏不敢犯罪，民不敢大也。'武王曰：'是民吏相伺，上下不和而结其雠。'太公曰：'为君守成，为吏守职，为民守事。如此，各居其道则国治，国治则都治，都治则里治，里治则家治，家治则善恶分明，善恶分明则国无事，国无事则吏民外不怀怨，内不徼事。'"①这里论述了"君"、"吏"、"民"三者的关系。这里的"吏"与我们所认为"吏民"中的"吏"并不完全一致，包含着"官"与"吏"或"长吏"与"下吏"在内。但我们通常所谓的"吏民"中的"吏"(下吏)无疑也包含在其中。"君"依靠并通过"吏"以管治"民"，故曰"其本在吏"。"吏"作为国家统治民众的执行者，其与"民"的矛盾对立是必然的，这种矛盾对立保持在一定限度之内则为"治"，超过了一定限度则导致"乱"。所谓"吏"之"十罪"，一言以蔽之，就是对"民"的非法行为，即超出了保持"吏民"对立统一的限度；所谓"民"之"十大"，主要是指"民"中的豪强、宗族势力的膨胀，及其与"吏"的相互矛盾与勾结导致的对于国家、皇权的危害，同样也是超越了那一定的限度。这里强调了"吏"与"民"和谐统一的重要性。同理，"吏民"与"君"的矛盾对立保持在一定限度之内则谓之"治世"，超过了一定限度则导致"乱世"乃至亡国。皇权政治的理想境界就是实现"君"、"吏"、"民"三者的和谐统一，而"吏"、"民"之间的和谐统一则是皇权统治得以稳定的基础。汉武帝元狩五年(公元前 118 年)"更五铢钱，民多盗铸钱，楚地尤甚"。汉武帝以为淮阳郡乃楚地之冲要，"乃召拜(汲)黯为淮阳

① (西晋)司马彪：《续汉书·百官志五》注引，见《后汉书》，3625～3626 页，北京，中华书局，1965。

太守。黯伏谢不受印，诏数强予，然后奉诏”。武帝召见汲黯，曰：“君薄淮阳邪？吾今召君矣。顾淮阳吏民不相得，吾徒得君之重，卧而治之。”①颜师古释此数语曰：“顾，思念也。言吏民不相安而失其所也。重，威重也。”②“吏民”不相得、不相安则可能打破其和谐和统一，危及国家统治，故武帝用此重臣以治理之。秦朝末年之所以爆发农民起义并推翻了秦王朝，《淮南子》认为就是“上下不相宁，吏民不相憀”③所致。高诱注曰：“憀，赖。”意即“吏民”之间的相互依赖、依存关系遭到了破坏，同时“吏民”与皇权、国家之间的相互依存的统一体也被破坏。《淮南子》这两句话不仅揭示了秦末农民起义和秦王朝灭亡的根本原因，而且相当深刻地揭示了中国中古时代以“吏民”为核心和主体的社会统一体结构中的相互关系问题，一方面是上下是否相安，另一方面则是“吏”、“民”是否相赖，这两个方面如果相安、相赖，则这个统一体是稳定的，反之则是不稳定的，乃至会遭到破坏。国家政策之过与不及，均有可能破坏这种和谐统一。汉自王莽篡位之后，旧章不存，两汉之际，法网弛纵，罪名既轻，无以惩肃。梁统上疏指出：“自是以后，人轻犯法，吏易杀人，吏民俱失，至于不羁。”④他认为这种情况下“吏民”统一体内部关系失控，其中一个重要原因和表现就是刑法废弛导致“吏民俱失”，进而导致“君”权丧失，国家统治崩溃。反之，到了东汉明帝时则“刑法严峻，人怀忧惧”，钟离意趁日食上书谏曰：“天气未和，日月不明，水泉涌溢，漂杀人民。咎在群臣不能宣化理职，人怀恐急。故百官不亲，吏民不和，至于骨肉相残，以逆和气，虽加杀罚，犹不能止。故百姓可以德胜，不可以刑服。愿陛下缓刑罚，顺时气，

① 《史记》卷120《汲黯列传》，3110页，北京，中华书局，1959。

② 《资治通鉴》卷20《汉纪十二》，“元狩五年”条注引，649页，北京，中华书局，1956。

③ 《淮南子》卷15《兵略训》，见《诸子集成》，第7册，257页，北京，中华书局，1954。

④ 《晋书》卷30《刑法志》，917～918页，北京，中华书局，1974。

以调阴阳，垂之无极。”①刑法过于严峻，也破坏了“吏民”的和谐及统一体内部平衡，激化其与皇权、国家的矛盾，从而可能导致统一体的不稳定。前者不及而后者过之，均导致“吏民”之间及其与皇权、国家之间和谐、平衡统一体的动荡或破坏。故君主为治之道，在于调控并实现这种和谐统一。

中国古代社会的基层结构就是这种“吏民”一体的相互依存，从战国以来，历两汉魏晋南北朝而牢固地、长期地存在着，成为中国古代皇权统治的社会基础。那么，“吏民”一体的社会基层结构何以在中国古代长期存在不替呢？这是中国古代的经济形态、政治制度、社会形态等特点所决定的，这种特点没有改变，则这种“吏民”结构也不可能根本改变。

农业是中国古代社会赖以生存发展的经济基础，中国号称“以农立国”。这种经济形态有别于工商经济、游牧等经济形态的特点之一，是它要求生产者与土地间存在牢固的、稳定的结合。因为在古代生产力水平和农业生产本身的特点以及天时、季节的制约下，这种经济形态需要众多的劳动力和大量的时间投入。贾谊说：“古之人曰：‘一夫不耕，或受之饥；一女不织，或受之寒’……粟米布帛生于地，长于时，聚于力，非可一日成也。”②这种经济形态下的生产者“春耕夏耘，秋获冬臧，伐薪樵，治官府，给繇役；春不得避风尘，夏不得避暑热，秋不得避阴雨，冬不得避寒冻，四时之间亡日休息”。③ 然而“农夫终岁之作，不足以自食也”。④ 东汉人王符也说：“一夫不耕，天下受其饥；一妇不织，天下受其寒。”李贤注引《文子》曰：“神农之法曰‘丈夫丁壮不耕，天下有受其饥者；妇人当年不织，天下有受其寒者。故其耕不强者，无以养生；其织不力者，无以衣

① 《两汉纪》下册，《后汉纪·孝明皇帝纪上卷第九》，172页，北京，中华书局，2002。《资治通鉴》卷44引作：“百官无相亲之心，吏民无雍雍之志。”注引《尔雅》曰：“雍雍，和也。”

② 《汉书》卷24上《食货志上》，1128、1131～1132页。

③ 《汉书》卷24上《食货志上》，1132页。

④ 《管子》卷15《治国》，见《诸子集成》，第5册，261页，北京，中华书局，1954。

形。'"[①]由此可见，农业经济形态的这些特点自古皆然。在这种经济形态下，只有绝大多数民众的全年高强度投入方能保证获得最大限度的经济回报。这种经济形态决定了在中国古代一直实行的所谓"上农除末"、"务本去末"的方针政策。"凡为天下，治国家，必务本而后末。"[②]这种方针政策要求并且促进了生产者的"地著"，因为"民农则其产复，其产复则重徙，重徙则死其处而无二虑……民舍本而事末则其产约，其产约则轻迁徙，轻迁徙，则国家有患，皆有远志，无有居心"。[③] 农业经济决定了"地著"政策的可行性。故"理民之道，地著为本"。[④] "敺民而归之农，皆著於本，则天下各食於力，末技游食之民，转而缘南亩，则民安性劝业"。[⑤] 这种以农为本、以地著为本的经济形态及与此相适应的方针政策，造就了以"吏民"为一体的编制基本生产者的编户制度。在这种经济形态下，不仅普通农民被编制于乡里基层实行"地著"，管理和服务于广大编户齐民的地方政府属吏和乡里吏员也实行"地著"，他们不脱离农村和农业，亦"吏"亦农；他们来自于本土，服务于本土，来自于编户齐民又服务于编户齐民。故中国中古时代的"地著"不仅指普通农民不得随意迁徙，还包括地方政府属吏和乡里吏员的"地著"性。这种编户制度将基本生产者——"吏民"固定、限制于狭小的空间范围内，世代相承以繁殖作物、繁殖人口，周而复始，生生不息。这就是中古时代东方专制皇权赖以生存发展、国祚绵延的社会经济基础。

这种经济形态决定了古代中国政治制度的特色之一，是君主赖以统治广土众民的"吏"被分别为施政性的"吏"(或谓之"官"，或谓之"长吏")与事务性、劳役性的"吏"(或谓之"属吏"，或谓之"下吏"、"小吏")两个层次。前者脱离本乡本土，在全国范围内流动；后者固着于本乡本土。从人口数

① 《后汉书》卷49《王符传》，1633页。

② 《吕氏春秋》卷14《孝行览第二》，见《诸子集成》，第6册，137页，北京，中华书局，1954。

③ 《吕氏春秋》卷26《务大》，见《诸子集成》，条6册，332页。

④ 《汉书》卷24上《食货志上》，1119页，北京，中华书局，1962。

⑤ (汉)贾谊撰，阎镇益、钟夏校注：《新书》卷3《瑰玮》，103页，北京，中华书局，2000。

量来说，后者多于前者。前者的这种特点，便于君主的直接控制，使他们直接对君主负责，而防止他们与地方和宗族势力勾结而威胁君权统治；后者的这种特点，则使流动性的长吏便于在不同地区实施有效的管治，又使大量政府属吏和乡里吏员“地著”，避免过多地减少农业人口。汉代地方政权“长官监察官必避本籍，属吏必用本籍”①。就是这一政治制度特点的突出体现。于是，与这种社会经济基础相适应的政治制度也具有了某些相应的特点：尽管皇权可以转移，上层官员可以流动，但是管理和服务于编户齐民的各级地方政府属吏和乡里吏员则是固定的。魏晋南北朝时期基本上继承汉代地方官吏籍贯限制之制度，其中有保存亦有废弃者。“汉制属吏必用本籍人，此乃地方豪族之特权，故不致放弃，是以此制亦终南朝不改。”“废弃者，长官不能用本籍人。”②即不仅地方政府属吏仍然为本地人，地方政府长官也日渐突破禁止由本地人担任的限制了，地方政府以本地人为吏的做法较汉代有过之而无不及。顾炎武说：汉代用人之法“惟守相命于朝廷，而自曹掾以下无非本郡之人，故能知一方之人情而为之兴利除害”③。这只是问题的表面，实际上，这种良法美意乃由当时以农为本、以地著为本的经济形态和“吏民”一体性的稳定的社会基层结构决定和要求的。在这种政治体制下，作为地方基层民众的“吏民”中的“吏”，这个有可能脱离农村和农业生产的群体，就被固定于农村和农业生产之中，而不致成为脱离农村和农业生产的流动人口，不致成为“去本从末”的“游食”者，从而最大限度地实现全社会“务本去末”的“地著”目的。这种政治制度，是与当时生产力发展水平和条件下的农业经济形态最为适应的体制，它投入最少而回报最大，保证了皇权统治的有效性和长期性。虽然这些吏员本人在供职期间会程度不等地脱离农业生产，但是他们的家庭仍然在农村，家

① 严耕望：《中国地方行政制度史甲部——秦汉地方行政制度》，358页，台北，台湾史语所专刊四十五A，1997年影印四版。

② 严耕望：《魏晋南北朝地方行政制度史》，384页，史语所专刊之四十五，1963。

③ （清）顾炎武著，（清）黄汝成集释：《日知录集释》卷8《掾属》，上海，上海古籍出版社，1985。据清道光十四年黄氏西谿草庐重刊本影印。

庭成员仍然从事农业生产。魏文帝时，王观为涿郡太守，此地“北接鲜卑，数有寇盗”，于是王观“令边民十家已上，屯居，筑京候”。但是对于王观推行的这项措施，“时或有不愿者，(王)观乃假遣朝吏，使归助子弟，不与期会，但敕事讫各还。于是吏民相率不督自劝，旬日之中，一时俱成。守御有备，寇钞以息”①。王观通过属吏回家带头推行他的命令，从而带动其他百姓仿效，得以很快实现了预定的目标。这个事例表明，这种“吏民”一体的强固结合，一方面，有利于国家统治政策的推动和贯彻执行；另一方面表明，尽管这些属吏在官府供职，但他们的家属都是居住在原籍的。这些家属需要与其他百姓一样完成郡府的徭役及屯居的命令，那么不言而喻的是，他们与其他民众一样也从事农业生产和承担赋役，因此可以说他们是基本上不脱离农村和农业生产的“地著”者。

从长沙走马楼吴简我们还可以知道，这些州、郡、县属吏所耕种的人均土地还超过了普通农民②，这样就最大限度地减少了“食禄”，即“吃皇粮”的人口和城市人口，亦即所谓“浮食”之人中的一部分。总体而言，也就减少了“去本从末”之人，从而使政府吏员以及吏员冗滥与社会经济的矛盾降到最低的程度，最大限度地保障了“务本”的社会总人口数。《嘉禾吏民田家莂》一书所载孙吴时期长沙地区户主身份及占田数量清楚的“吏民”总户数为1699户，如以每户5人计，总人口为8495人，而该地区户主身份及占田数量清楚的州、郡、县“吏”共有161户，如以每户5人计，共有805人，“吏”及其家属约占总人口的9.5%。该地区户主身份及占田数量清楚的“吏民”总田亩数为54526.186亩，其中“吏”占田8315.2916亩③，则“吏”所占田亩数约为当地编户总田亩数的15.25%。这就意味着，实行这种地方政府属吏“地著”政策将使9.5%左右的人口不脱离农村和农业生产，不致成为“去本从末”之人，而成为国家编户齐民和纳税人；15.25%左右的土地得以耕种而不致荒废。这在“一夫不耕，或受之饥”的古代具有重要

① 《三国志》卷24《王观传》，693页。

② 参见拙文《“吏户”献疑——从长沙走马楼吴简谈起》，载《历史研究》，2005(4)。

③ 参见本书所附《嘉禾吏民田家莂(四年)“吏民”佃田数表》、《嘉禾吏民田家莂(五年)》及表7。

的意义。由长沙地区推及孙吴全国，孙吴亡时全国人口二百三十万，如以9.5％计算，则全国“地著”之“吏”及其家属为218500人。如果将与“吏”身份相近的“军吏”和“卒”加上，则全国“地著”之吏、军吏、卒约为284280人①。二十八万以上有可能脱离农村和农业生产的人口，被有效地控制在农村和农业生产领域，其社会经济的乃至政治的意义是不言而喻的。由此可见，“吏民”一体的社会基层结构不仅是中国古代社会经济形态的要求，也是与其相适应的政治制度所决定和要求的。

“吏民”一体的社会基层结构得以牢固、持久地存在，与中国中古时代社会长期保持的地缘关系与血缘宗族关系相结合的社会特点也有密切关系。地缘性的编户制度是“吏民”一体的政治保障，血缘性的宗族关系是“吏民”一体的社会温床。中国古代编户制度虽然是血缘性的地方基层编制被地缘性的官僚政治和地方基层人口编制制度所取代的产物，但是血缘宗族关系并没有也不可能完全退出社会生活领域，它仍然在社会生活中起着重要作用，地缘性的乡里关系与血缘性的宗族关系的结合，成为中国古代社会基层结构的特点之一。地缘性的乡党关系与血缘性的宗族关系的结合和相互为用，既是“吏民”一体的社会基层结构的一个显著特点，也是“吏民”一体的社会结构得以长期保存的原因之一。它既是在血缘性的地方基层编制被地缘性的编户制度取代之后所必需的，也是统治者利用血缘性以弥补地缘性之不足与缺陷，并使二者相互为用的政治措施。东汉末年人仇香，“年四十，召为县吏，以科选为蒲亭长。劝耕桑，合嫁娶，农事毕，令子弟群居。同学丧不办者，躬自助之；其孤寡贫穷，令宗人相赡之；其剽轻无业者，宗人亦处业之；不从科者，罚之以谷；代公赋多少，有次行

① 如果将与“吏”身份相近的“军吏”和“卒”加上，则该地区户主身份及占田数量清楚的吏、军吏、卒三者共有210户，如以每户5人计，共有1050人，吏、军吏、卒三者约占总人口的12.36％。该地区户主身份及占田数量清楚的编户总田亩数为54526.186亩，其中吏占田8315.2916亩，军吏占田584亩，卒占田961.875亩，三者共有9861.1666亩，是则吏、军吏、卒三者所占田亩数约为当地编户总田亩数的18.09％。孙吴亡时全国人口二百三十万，如以12.36％计算，则全国“地著”之吏、军吏、卒约为284280人。

之，期月里无盗窃”①。这位地方长官正是利用乡党与宗族关系两者的结合以推行“教化”，达到了“里无盗窃”的效果。曹魏时青州高士管宁累征不至，于是魏文帝“诏书问青州刺史程喜：‘(管)宁为守节高乎，审老疾尫顿邪?’(程)喜上言：‘(管)宁有族人管贡为州吏，与(管)宁邻比，臣常使经营消息’”。这位刺史利用其属吏管贡与管宁的宗族关系去进行探察，管贡将其了解到的管宁的详细情况向刺史做了报告，刺史得以知道管宁“志行所欲必全，不为守高”的真情，从而向魏文帝做了报告。② 这表明宗族关系具有乡党关系和行政措施所不能达致的效果。北魏太平真君六年(公元445年)“酒泉公郝温反于杏城，杀守将王幡。县吏盖鲜率宗族讨温，温弃城走，自杀，家属伏诛”③。也是这种宗族关系在政治上所起特殊作用的一个反映。

反过来，这种“吏民”一体的社会基层结构，对血缘性的宗族关系的保持乃至地方豪家世族势力的发展起了一定的维护、催生作用。中国中古时代乡里社会中血缘宗族关系得以长期保持，与此不无关系；而地方豪家世族势力的发展亦随着时间的推移而日益强大。除此之外，在两汉魏晋南北朝时期官僚、世家、名族子孙通过担任地方属吏而步入仕途，更是一种常见的现象。这些都表明宗族血缘关系在“吏民”一体的社会基层结构中，对地方豪族、大姓势力发展起维护、催生作用。地方势族、大姓把持“吏”职的现象早在西汉就已经出现，何武“兄弟五人，皆为郡吏，郡县敬惮之”④。就透露了这方面的讯息。东汉末年，贺齐为剡县长，“县吏斯从轻侠为奸，(贺)齐欲治之。主簿谏曰：‘(斯)从，县大族，山越所附。今日治之，明日寇至。’(贺)齐闻大怒，便立斩(斯)从。(斯)从族党遂相纠合，众千余人，举兵攻县”⑤。这表明这个时期已经出现了地方政府属吏为当地“大族”

① 《两汉纪》下册，《后汉纪·孝灵皇帝纪上卷第二三》，453页，北京，中华书局，2002。

② 《三国志》卷11《管宁传》，358页。

③ 《魏书》卷4下《世祖纪下》，98页，北京，中华书局，1974。

④ 《汉书》卷86《何武传》，3482页。

⑤ 《三国志》卷60《贺齐传》，1377页。

所把持的情况，甚者胆敢对抗朝廷命官。孙吴时期更出现了"公族子弟，及吴四姓多出仕郡，郡吏常以千数"①的情况。曹魏正始十年(公元249年)曹爽被诛后，傅嘏为河南尹，此地"其民异方杂居，多豪门大族，商贾胡貊，天下四会，利之所聚，而奸之所生。前尹司马芝，举其纲而太简。次尹刘静，综其目而太密。后尹李胜，毁常法以收一时之声。(傅)嘏立司马氏之纲统，裁刘氏之纲目以经纬之，李氏所毁以渐补之。郡有七百吏，半非旧也。河南俗党五官掾功曹典选职，皆授其本国人，无用异邦人者，嘏各举其良而对用之，官曹分职，而后以次考核之"②。七百位郡吏中有一半已经不复任职，他们除了少数可能升"官"之外，绝大多数应当复归于"民"；有一半已换为新人，这些新人必来自于河南尹所部之"民"。按照"吏户"论的说法，"吏民"中的"吏"是独立于民户之外的所谓"吏户"，他们一经为吏，则世代为吏，不得解脱。而这个记载表明了"吏"所具有的相对稳定性与相对流动性的特点。这个资料还显示，郡吏之去留变动，操之于郡吏中"典选职"之人手中，因他们"皆授其本国人，无用异邦人"，导致郡吏"半非旧"。这些能够"典选职"之郡吏后面必然是那些地方"豪门大族"。萧梁时沈瑀为余姚令，"县大姓虞氏千余家，请谒如市，前后令长莫能绝……县南又有豪族数百家，子弟纵横，递相庇荫，厚自封植，百姓甚患之"。大姓、豪族势力上干皇权，下祸百姓。沈瑀到任之初，"富吏皆鲜衣美服，以自彰别。瑀怒曰：'汝等下县吏，何自拟贵人耶?'悉使著芒屩粗布，侍立终日，足有蹉跌，辄加榜棰"③。豪族、大姓、富吏成为余姚强大的地方势力，三者之间相互为用，构成对于皇权统治的威胁，因此沈瑀对他们一并实施严厉的打击。"吏户"论经常征引这条材料，以证明"吏"的地位低下云云，似未得其要。陈宣帝太建年间(公元569—582年)"山阴县多豪猾，前后令皆以赃污免，高宗患之"，于是以"廉俭有干用"的褚玠为山阴令。"县民张次的、王休达等，与诸猾吏贿赂通奸，全丁大户，类多隐没。(褚)玠乃锁次的等，具状启台，高宗手敕慰劳，并遣使助玠搜括，所

---

① 《三国志》卷56《朱治传》，1305页。

② 《三国志》卷21《傅嘏传》注引《傅子》，624页。

③ 《梁书》卷53《沈瑀传》，768～769页，北京，中华书局，1973。

出军民八百余户。时舍人曹义达为高宗所宠，县民陈信家富于财，谄事义达，信父显文恃势横暴。玠乃遣使执显文，鞭之一百，于是吏民股栗，莫敢犯者”①。山阴县“吏”中的“猾吏”与“民”中的豪强大户互相勾结，狼狈为奸，隐匿户口，逃避国家赋役，横行乡里，甚至在朝廷都有他们的代理人。这不仅危及了“吏民”之间的和谐、平衡，进而危及“吏民”与国家、皇权之间的和谐、平衡。但是，褚玠的雷厉风行并没有也不可能根本铲除这种豪强大族势力及其与“猾吏”的勾结，山阴豪强大族陈信“后因(曹)义达谮(褚)玠，竟坐免官”②，代表皇权出镇地方的长官，败在了地方豪强大户与下层“猾吏”共同构筑的“土围子”之下。大体在“吏民”统一体相对和谐、平衡的时期，国家可以以所谓“循吏”管治之，当这个统一体的和谐、平衡受到威胁、遭到破坏时，则不得不以所谓“酷吏”治之。如此不断调控，循环往复，以期保持这种和谐、平衡之延续。但是这种和谐、平衡之不断被破坏，从而一再建立新的和谐、平衡，却是从未中断过的规律。

“吏民”一体的社会基层结构根源于农业经济形态、宗族血缘关系及其政治制度中广大下层吏员的“地著”性，而这三者又强化了这种“吏民”一体的社会基层结构，使这样的社会基层结构牢固持久，在经受强大的外力冲击之下仍然得以不断复苏，顽强生存。虽然历经政治的、军事的、民族的风暴，中国古代的社会曾经一次次遭受了严重的摧毁，但是这种“吏民”一体的社会基层结构却不断在废墟上得以复苏重构，顽强地存在并恢复发展。这种顽强的生命力和再生能力，正说明了它存在的合理性植根于深厚、肥沃的社会土壤。

2003年6月～2004年6月完稿

2006.10.15改定

原载《中国经济史研究》，2007(3)。

① 《陈书》卷34《褚玠传》，460页，北京，中华书局，1972。

② 《陈书》卷34《褚玠传》，460页。

关于“吏民”的界定问题

——原“吏民”之五

“吏民”一词在中国古代史籍中虽然长期而频繁使用，但是史籍对于“吏民”的涵义并没有十分明确的表述，其内涵与外延均相当模糊；研究者对此亦措意无多，可谓论者寥寥；偶有论及者，见解亦颇为分歧。迄今为止主要有两种代表性的、相互对立而又互为极端的说法，一种认为“吏民”中的“吏”是编户齐民之下的特定群体——“吏户”，其身份地位是低于编户齐民的依附民。另一种说法认为“吏民”是编户齐民中拥有“中家以上”财产的“生活富裕”的特定群体，其身份地位高于一般编户齐民。前一种说法我们已经讨论过，认为它是不符合历史事实的①。后一种说法发端于贺昌群先生的论述，他在20世纪五六十年代曾提出“所谓‘吏民’就是庶民之有爵者，这个词语的阶级含义，一直到唐前期都还未大变，魏、晋、南北朝九品中六品以下和唐九等户中的八九等户，都称为‘吏民’，他们的经济、政治地位的上升与下降，是研究这个时期阶级关系变化的关键，应当重视”②。但贺先生只是点到此为止，并没有将其观点展开论述。直到20世纪90年代，刘敏先生才在此基础上做了进一步的发挥，认为“吏民”一方面是“编户民或庶人中有爵者，爵级在八级公乘以下，一级公士以上”。他们“与无爵之庶民有比较明显的差别，他们不与无爵、低爵的庶民为伍”。另

① 讨论“吏户”问题的拙作已发表者有：《“吏户”献疑——从长沙走马楼吴简谈起》，载《历史研究》，2005(3)、《魏晋南北朝“吏户”问题再献疑——“吏”与“军吏”辨析》，载《史学月刊》，2007(3)、《魏晋南北朝“吏户”问题三献疑》，载《史学集刊》，2006(4)。

② 贺昌群：《汉唐间封建土地所有制形式研究》，121页，上海，上海人民出版社，1964。

一方面"吏民"是"富于资财"的"生活富裕"者，"拥有中家以上的财产"①云云，而刘先生最近在《中国史研究》发表的文章仍然坚持其15年前的基本观点，认为"吏民"是"占有爵位"、"具有中家以上的资产数额"者云云②。与"吏户"论将"吏民"中的"吏"视为编户齐民之下的依附民一样，将"吏民"视为一般编户齐民之上的特定群体，也是不符合历史实际的。兹拟在个人已经发表的关于"吏民"问题的拙文③基础上进一步商讨秦汉魏晋南北朝时期"吏民"的界定问题，具体来说就是"吏民"是否由拥有爵位及中家以上财产的富裕者这样两个条件所决定的问题。

个人对这个问题的基本认识是：

认为"吏民"是在普通编户齐民之上具有"中家以上"财产的"富裕者"，如同认为"吏民"中的"吏"是在编户齐民之下的依附民——"吏户"一样，都是与历史实际不相符合的。虽然"吏民"在一定历史时期中一般均有民爵称号，但是"吏民"在普赐民爵产生之前已经出现，在普赐民爵衰亡之后依然存在，两者并非同步产生或退出历史舞台，故"吏民"并非由是否拥有爵称而决定的。"吏民"中存在贫富差别是普遍的、正常的现象，故"吏民"也不是由是否具有"中家以上"财产和"生活富裕"而决定的。历史事实是"吏民"中的"中家以上"和"富裕者"是少数，"中家以下"和贫穷者是大多数。因此，既说"吏民"是"中家以上"者，又说"吏民"是"有爵者"，这就等于把普赐民爵视为只赐予"中家以上"的少数人；既把实际上占多数的"中家以下"排除于"吏民"之外，又说"吏民"是社会结构"中间大肚"的多数人，这是相互牴牾的；既说"吏民"是生活"富裕者"，又说社会结构"中间大肚"是由

① 刘敏：《秦汉时期的社会等级结构》，见冯尔康主编：《中国社会等级结构的演变》，333～335页，郑州，河南人民出版社，1994。前些年研究生彭丰文得知我在研究"吏民"问题时，承蒙其主动复制了该书中的《秦汉时期的社会等级结构》一节中的"(三)吏民"见赐，未见到全书，故不了解此中分工情况。我在以往论述"吏民"问题时曾经附带提及该书的某些观点，笼统用了冯先生的大名，谨此说明并致歉。

② 刘敏：《秦汉时期'吏民'的一体性和等级特点》，载《中国史研究》，2008(3)。

③ 黎虎：《原"吏民"——从长沙走马楼吴简谈起》，见《祝贺朱绍侯先生八十华诞史学新论》，开封，河南大学出版社，2005；《论"吏民"的社会属性——原"吏民"之二》，载《文史哲》，2007(2)；《论"吏民"即编户齐民——原"吏民"之三》，载《中华文史论丛》，2007(2)；《原"吏民"之四——略论"吏民"的一体性》，载《中国经济史研究》，2007(3)。

"吏民"构成的，这在实际上把古代社会视为多数人是生活"富裕者"。这些不论在逻辑上还是史事上都是谬误的。

一、"吏民"是否由拥有爵位而决定的？

贺先生提出"吏民"是"庶民之有爵者"，一般来说并无大错，因为在一定的历史阶段，例如在汉代乃至三国时期，"吏民"中的多数人都是拥有爵位——"民爵"的。但是，当刘敏先生将这个问题进一步发挥为"吏民"是具有"中家以上"财产的"富裕者"，将两者联系在一起，视为界定"吏民"的两项基本条件时，问题就走得很远了。

兹请先论"吏民"是否由拥有爵位而决定的问题。虽然"吏民"中的多数人在一定的历史时期都得到了赐爵，从而拥有低级的爵称，即所谓"民爵"，但是这并不等于说"吏民"是由是否拥有爵位而决定的。这是两个不同的问题。也就是说，一个人是否属于"吏民"范畴中的成员，并非由这个条件而决定的。何以然？

(一)"吏民"的产生早于普赐"民爵"的产生

"吏民"这个概念和群体，产生于战国时期，上起先秦，下迄明清，可谓与中国古代历史相始终，而授予"吏民"以爵位，即赐予"民爵"则是一定历史阶段的现象，其存在的历史要短于"吏民"存在的历史，两者并非同步产生和消亡的，也就是说"吏民"是先于赐"民爵"而出现在历史舞台上的，同时"吏民"在赐民爵淡出历史舞台之后仍然继续存在。

如所周知，我国中古时期的赐爵制度是在春秋战国时期产生和逐步盛行起来的，而比较完备的赐爵制度是在商鞅变法时期所确立并大规模推行的。这个时期的赐爵制度主要是赐予"官爵"而非"民爵"。而这个时期"吏民"已经出现在历史舞台上了。也就是说"吏民"产生之时赐"民爵"之制尚未产生。

商鞅创立赐爵制度的初衷，或者说其根本宗旨是"赏功"，在他看来

"爵"的功能主要是"劝功"："官爵者，所以劝功也。"①何谓"功"？概括而言一曰军功，二曰事功。以这两者作为"功"的主要内容，是与秦国当时的战略目标和基本国策密切相关的，"凡人主之所以劝民者，官爵也；国之所以兴者，农战也"②。秦国为了战败山东六国而实现统一的战略目标，采取"农"、"战"为其基本国策，赐爵制度作为一种激励机制就是为这个战略目标和基本国策服务的，在"农"、"战"两个方面立有军功或事功者就可以获得爵位。统治者以"爵"作为调动人们积极性的利器，"凡民之所疾战不避死者，以求爵禄也。明君之治国也，士有斩首捕虏之功，必其爵足荣也，禄足食也。农不离廛者，足以养二亲，给军事。故军士死节，而农民不偷也"③。这种"爵"位是与"官"和"禄"紧密联系在一起的，是不可分的。通过赐予爵位而鼓励人们建立军功与事功，其中尤以军功为最，"有军功者，各以率受上爵；为私斗者，各以轻重被刑大小。僇力本业，耕织致粟帛多者复其身。事末利及怠而贫者，举以为收孥。宗室非有军功论，不得为属籍。明尊卑爵秩等级，各以差次名田宅，臣妾衣服以家次。有功者显荣，无功者虽富无所芬华"④。这种新的赐爵制度是对传统的赐爵制度的否定。如果说周代的爵位是根据血缘关系而取予，从而使爵位限定于贵族成员之中，那么从春秋后期开始逐渐突破这一古老的阃域，到了战国时期遂被据"功"而授的新制度所取代，高贵的血统和富裕的财产均不能作为获得爵位的依据，唯一的依据就是个人的军功或事功。由此可知，这个时期"吏民"中只有部分立功者才拥有爵位——"官爵"，其他多数无功的"吏民"是没有爵位的。

到了战国末年，在上述赏功赐爵制度的基础上，逐渐又派生出了纳粟拜爵的制度。"民有余粮，使民以粟出官爵。官爵必以其力，则农不怠。"⑤

① 《商君书·算地第六》，见《诸子集成》，第5册，15页，北京，中华书局，1954。

② 《商君书·农战第三》，见《诸子集成》，第5册，5页，北京，中华书局，1954。

③ 《商君书·君臣第二十三》，见《诸子集成》，第5册，38页，北京，中华书局，1954。

④ 《史记》卷68《商君列传》，2230页，北京，中华书局，1959。

⑤ 《商君书·靳令第十二》，见《诸子集成》，第5册，23页。

这实际上还是在“农战”方针下面以爵赏功的赐爵制度的一种体现或其变异。《墨子》也有类似的思想：“收粟米、布帛、钱金，出内畜产，皆为平直其贾，与主券人书之。事已，皆各以其贾倍偿之；又用其贾贵贱、多少赐爵，欲为吏者许之，其不欲为吏而欲以受赐赏爵禄，若赎出亲戚、所知罪人者，以令许之。”①秦王政四年(公元前243年)“十月庚寅，蝗虫从东方来，蔽天。天下疫。百姓内粟千石，拜爵一级”②。在中国古代王朝中首次正式实施纳粟赐爵措施。汉代继承这个政策，西汉初期晁错向汉文帝建言：“方今之务，莫若使民务农而已矣。欲民务农，在于贵粟；贵粟之道，在于使民以粟为赏罚。今募天下入粟县官，得以拜爵，得以除罪。如此，富人有爵，农民有钱，粟有所渫。夫能入粟以受爵，皆有余者也；取于有余，以供上用，则贫民之赋可损，所谓损有余补不足，令出而民利者也。顺于民心，所补者三：一曰主用足，二曰民赋少，三曰劝农功。”③认为纳粟拜爵制度可以大大促进农业生产，从而增加国家收入、减轻农民负担。汉文帝接受了晁错的意见，推行纳粟拜爵制度。此后纳粟拜爵遂成为赏功赐爵制度中的一种补充形式。这种赐爵制度实际上是以功赐爵制度的变异，在这种赐爵制度下虽然有部分富裕的“吏民”可以获得爵位，但是仍然只有部分成员拥有爵位，而非全体“吏民”。

赐“民爵”虽然在战国后期已经有了不同程度的萌芽，但是大规模普赐天下“民爵”则是汉代出现的一个新的赐爵制度④。汉高帝十二年(公元前195年)4月刘邦去世，5月惠帝继位，“尊皇后曰皇太后。赐民爵一级”⑤。这是历史上首次全国性普赐“民爵”。此后普赐“民爵”遂成为赐爵制度中的一项正式制度，“赐民爵，户一级”、“赐民爵”、“赐男子爵”、“赐吏民爵”

① 《墨子间诂》卷15《号令第七十》，见《诸子集成》，第4册，359～360页，北京，中华书局，1954。

② 《史记》卷6《秦始皇本纪》，224页。

③ 《汉书》卷24上《食货志上》，1133页，北京，中华书局，1962。

④ 高敏，《论两汉赐爵制度的历史演变》，载《文史哲》，1978(1)。

⑤ 《汉书》卷2《惠帝纪》，85页。

之类诏书不绝如缕，通两汉420年中共计90次[①]。这类赐爵诏令主要是对于编户齐民中的男性户主赐予爵位[②]。在此基础上又进一步推广赐爵面，文帝元年(公元前179年)“赐天下民当为父后者爵一级”[③]。颜师古注曰：“虽非己生正嫡，但为后者即得赐爵。”则在户主得到赐爵的基础上，非户主的男子也有可能得到爵位。此后可以说天下“吏民”已经比较普遍拥有爵位——“民爵”了。

如果以秦孝公六年(公元前356年)商鞅为左庶长、定变法之令为赐爵制度的开始，到高帝十二年(公元前195年)普赐民爵，已历时160余年，此期间“吏民”中只有立功者或少量有条件纳粟者才拥有爵位——“官爵”，此外的众多“吏民”是没有爵位的。只是到了汉初高帝十二年开始，则天下“吏民”均在“理论上”可以得到爵位——“民爵”了。由此可见从战国到西汉初的160余年中的“吏民”中的多数人是没有爵位的。

(二)普赐民爵制度产生之后“吏民”中仍然有无爵者

在普赐民爵的汉代，虽然从“理论上”说，“吏民”基本上都有爵位了。但是，就是在这种情况下仍然有一些“吏民”是没有爵位的。当时的制度规定：“男子赐爵一级以上，有罪以减，年五十六免。无爵为士伍，年六十乃免者，有罪，各尽其刑。”[④]由此可知，从制度上就可能有无爵者的存在。这除了有爵之人或因为触犯法纪而被夺爵，成为无爵者之外，主要还有以下几个方面原因而造成：

1. 普赐民爵的受爵者主要是作为户主的男子

这种普赐民爵的制度造成两种结果，一是女子为户主的家庭没有爵

---

① [日]西嶋定生著，武尚清译，《中国古代帝国的形成与结构——二十等爵制研究》，150～183页，北京，中华书局，2004。

② 西嶋定生先生虽然承认“赐民爵，户一级”的赐爵对象为男性户主，但认为“赐民爵”、“赐男子爵”均为没有官职的编户民中的所有男子。见氏著《中国古代帝国的形成与结构——二十等爵制研究》，235～250页。

③ 《汉书》卷4《文帝纪》，111页。

④ (汉)卫宏撰，(清)纪昀等辑：《汉官旧仪》卷下，见《汉官六种》，53页，北京，中华书局，1990。

位。汉文帝即位后“赐民爵一级，女子百户牛酒”①。《索隐》引乐产云“妇人无夫或无子不沾爵，故赐之也”。因此，在赐民爵的同时连带赐女子牛酒若干，几乎成为惯例。《后汉书》李贤注对此作了进一步的解释：“此谓女户头，即今之女户也。”②可见社会上是存在“女户”的，而如果女子为户主，则没有爵位，因而赐以牛酒。《长沙走马楼三国吴简·竹简(壹)》一书所载“户人”中有22户无爵者，其中11户是“大女”，1户是“老女”③，她们占无爵“户人”的54.5%，应当是这种赐爵制度的反映。二是户主之外的其他男性也并非均有爵位。虽然通过爵位的继承、转让、买卖和对于“为父后”者赐爵等方式可以一定程度上缓解这一矛盾，但是这些措施仍然不能保证无爵户的存在。尤其是多丁家庭，随着时间的推移，人口的滋生，相继分家析产，无爵户势必随之日益增加。

吴简④中有不少无爵者“仕伍”的记载：

十月廿三日廉丘士伍潘特關邸閣李嵩 （一·3416）

☑月廿七日下俗丘士伍胡元關邸閣李嵩付倉[吏] （一·3539）

蘇次公乘逻年卅給冢[種]客　逻子仕伍□年□歲 （二·2525）⑤

民男子楊秃年六十　秃妻大女姑年卌九筭一 （二·1795）

□妻事年卅八筭一　秃母大女妾年八十四 （二·1796）

秃子仕伍白年四歲　秃弟公乘期年五十腹心病 （二·1799）

郡吏黄蔦年廿五　蔦父公乘署年五十七 （二·1720）

[署]妻大女客年五十三　署子公乘解年十三刑目 （二·1719）

---

① 《史记》卷10《孝文本纪》，417页。

② 《后汉书》卷3《章帝纪》，152页，北京，中华书局，1965。

③ 简3271、3318、3405、5021、5249、5508、7804、8399、8430、9006、9785为“大女”，简10111为“老女”。长沙市文物考古研究所、中国文物研究所、北京大学历史学系　走马楼简牍整理组，《长沙走马楼三国吴简·竹简(壹)》，北京，文物出版社，2003(以下简称《竹简(壹)》)。

④ 引用吴简时，前一数字表示竹简卷次，后一数字表示简号。

⑤ 整理者注：依文例，「公乘」上应有一表示亲属关系的词。

解妻大女頊年十五踵(腫)　解弟士伍致(?)年八歲腹心病（二·1718）

縣吏鄧橎年廿七　璠(?)妻大女金年廿一筭①　　　（二·1729）

璠(?)弟公乘橋年十八盲左目　橋妻大女連年十九筭一（二·1727）

橋弟仕伍□年四歲　　　　　　　　　　　　　　（二·1726）②

从上述诸简可见，一是吏民中存在无爵者，如第 1、2 简之潘特、胡元；二是吏民一户之内同时存在有爵者与无爵者，如第 3 简之名逻者为公乘，而其子名某者则为无爵之仕伍；第 4、5、6 简杨秃家，其弟杨期为公乘，而其子杨白则为仕伍；三是郡县吏家庭与普通民户一样，也有一户人中同时存在有爵者与无爵者，如第 7、8、9 简郡吏黄莺，其父黄署、其一弟黄解均为公乘，而另一弟黄致则为仕伍。第 10、11、12 简县吏邓播家，其一弟邓桥为公乘，另一弟邓□则为仕伍。

2. 从赐爵的时间间隔来说，时断时续，并不能保证及时进行

一般来说普赐民爵是统治者为了政治需要而进行的，而且这需要在相对稳定的政治环境中进行，如果遇到重大的社会变故或政治动乱，就不可能及时进行。东汉末年的灵帝建宁元年(公元 168 年)曾经进行过一次普赐民爵，直到献帝建安二十年(公元 215 年)才进行另一次普赐民爵，中间间隔已经 47 年。这当与东汉末年政治动乱以及政权移转于曹操手中有关。献帝建安二十年赐爵是因为庆祝立贵人曹氏为皇后，而曹氏为曹操之女。到了魏晋时期更有过之，整个两晋时期只有两次普赐民爵的历史记载。一次是在晋武帝泰始元年(公元 265 年)十二月，为了庆祝魏晋禅让成功。第二次是在东晋安帝元兴二年(公元 403 年)，桓玄为了庆祝篡晋成功。其间隔长达 138 年。也可以说整个两晋时期的近两个世纪中，出于晋朝统治者主动进行的赐民爵，只有在建国初年进行了一次。这主要是因为西晋建国不久即陷入大动乱，八工之乱、五胡乱华、南迁江左等一系列事件的影响；同时也与赐民爵的作用和意义在日益削弱有关。在这种情况下，无爵者必

① 整理者注：上段县吏名「橎」，下段作「璠」，二字未知孰正孰误。

② 第 4～12 简三户为侯旭东所复原，见氏著《长沙走马楼吴简〈竹简贰〉“吏民人名年纪口食簿”复原的初步研究》，载《中华文史论丛》，2009(1)。

然越来越多。

3. 从赐爵对象的变化来看，赐爵面也在逐渐收缩

赐爵的对象，在普赐民爵的基础上，逐步增加了针对部分人的、专项的、奖励性的赐爵。这主要是对于孝悌、力田等乡里楷模人物的赐爵。

对于孝悌、力田等赐爵最初是与普赐民爵结合进行的，早在宣帝本始元年(公元前73年)就已出现了对于“孝者”的赐爵①，神爵四年(公元前58年)出现了对于“行义者”和“力田”的赐爵②，东汉中元二年(公元57年)4月有了对于“三老、孝悌、力田”的赐爵③。这是一些什么人物呢？汉文帝十二年(公元前168年)诏曰：“孝悌，天下之大顺也。力田，为生之本也。三老，众民之师也。”④《后汉书·明帝纪》注曰：“三老、孝悌、力田，三者皆乡官之名。三老，高帝置，孝悌、力田，高后置，所以劝导乡里，助成风化也。”⑤设立这种专项赐爵制度的目的意义是显然的，是统治者为了在乡里基层中树立良风淳俗的楷模，以引导民众效法。而这种乡官的名额并不多，汉高帝二年(公元前205年)二月癸未下令：“举民年五十以上，有脩行，能帅众为善，置以为三老，乡一人。择乡三老一人为县三老。”⑥据尹湾六号汉墓出土《集簿》，西汉末东海郡有县邑侯国38个，乡170个，有“县三老卅八人，乡三老百七十人，孝、弟、力田各百廿人。凡五百六十八人”⑦。县、乡三老各1人，与高帝二年令相合；170乡共有孝、弟、力田各120人，每乡不足1人。

而排除普通民众赐爵，单独赐予上述楷模人物的专项赐爵，则是在西汉成帝建始三年(公元前30年)开始出现的，当时首次实行对于“孝弟力田”

---

① 《汉书》卷8《宣帝纪》，242页，北京，中华书局，1962。

② 《汉书》卷8《宣帝纪》，264页。

③ 《后汉书》卷2《明帝纪》，96页，北京，中华书局，1962。

④ 《汉书》卷4《文帝纪》，124页。

⑤ 《后汉书》卷2《明帝纪》注，97页。

⑥ 《汉书》卷1上《高帝纪上》，33～34页。

⑦ 连云港市博物馆、东海县博物馆、中国社会科学院简帛研究中心、中国文物研究所：《尹湾汉墓简牍》，77页，北京，中华书局，1997。

赐爵二级的专项赐爵[①]。这种赐爵不包括普通民众，只是赐予国家需要表彰的这种乡里楷模人物。两汉时期这种不包括普通民众在内的赐予"孝弟力田"的专项赐爵只此一次，而此后这种专项赐爵逐渐增加。魏晋南朝(公元364年)中，曾经进行过62次赐爵[②]，其中排除一般"吏民"的对于孝悌、力田等的专项的、奖励性的赐爵有18次，分别是："孝悌义顺"[③]，"孝子、顺孙、义夫、悌弟"[④]，"孝悌力田及州闾乡党称为善人者"[⑤]，"孝悌力田殊行异等"[⑥]，"孝子义孙"[⑦]等各1次，"力田"2次[⑧]，"孝悌力田"10次[⑨]。此外还有"吏"1次[⑩]。也就是说整个魏晋南朝的赐民爵中，约有29%是排除普通吏民，专门针对吏民中少数人的专项的、奖励性赐爵。

由于上述种种原因，在普赐民爵的历史阶段内，必然存在相当的无爵户人，而且随着时间的推移，这种无爵户人是在日益增加的。《晋书·舆服志》在论述"帽"制时说："帽名犹冠也……自乘舆宴居，下至庶人无爵者皆服之。"[⑪]其中特别提到"庶人之无爵者"，应当是这种客观现实在礼俗中的反映。

(三)"吏民"并不因普赐民爵之衰亡而同时退出历史舞台

如上所述，普赐民爵经历了发生、发展、收缩、衰亡的过程。如果说两汉是普赐民爵的黄金时期的话，那么魏晋南北朝及其后，则日益收缩乃至逐渐衰亡。但是，"吏民"并不是随之而衰亡或消失，而是继续存在，并

---

① 《汉书》卷10《成帝纪》，306页。

② [日]户川贵行：《魏晋南朝の民爵赐与について》附表《魏晋南朝の民爵赐与一览》，日本九州大学《东洋史论集》第30号，平成十四年四月。

③ 《宋书》卷6《孝武帝纪》，125页。

④ 《宋书》卷6《孝武帝纪》，129页。

⑤ 《梁书》卷3《武帝纪下》，83页。

⑥ 《陈书》卷3《文帝纪》，48页。

⑦ 《梁书》卷5《元帝纪》，131页。

⑧ 分见《宋书》卷8《明帝纪》，164页；《宋书》卷9《后废帝纪》，184页。

⑨ 分见《南齐书》卷3《武帝纪》，52页；《梁书》卷2《武帝纪中》，54页；《梁书》卷3《武帝纪下》，63、66、71、72、74、77、78、81、91页；《梁书》卷6《敬帝纪》，147页；《陈书》卷4《废帝纪》，66页。

⑩ 《宋书》卷6《孝武帝纪》，121页。

⑪ 《晋书》卷25《舆服志》，771页。

不因赐爵制度的变化而消失。早在东汉末年，赐民爵制度已经显露其衰亡之迹象。王粲(公元177—217年)的《爵论》说："依律有夺爵之法。此谓古者爵行之时，民赐爵则喜，夺爵则惧，故可以夺赐而法也。今爵事废矣，民不知爵者何也。夺之民亦不惧，赐之民亦不喜。是空设文书而无用也。"①王粲所谓"古者"，当指秦汉时期，他所谓"今"是指东汉末年。在他看来，到了东汉末年赐民爵制度已经废弛，人民已经不知道"爵"为何物了，赐爵制度不过是没有实际价值的一纸空文。何以如此？这一方面是由于长期没有进行赐爵；另一方面则因爵的价值贬损，赐爵的政治、经济待遇已经削弱，日益成为没有实际意义的空洞名号。在这种情况下，不仅老百姓对于赐爵已经没有什么兴趣，连最高统治者皇帝也有的没有兴趣了。《晋书·熊远传》记载："及中兴建，帝欲赐诸吏投刺劝进者加位一等，百姓投刺者赐司徒吏，凡二十余万。(熊)远以为'秦汉因赦赐爵，非长制也。今案投刺者不独近者情重，远者情轻，可依汉法例，赐天下爵，于恩为普，无偏颇之失。可以息检覆之烦，塞巧伪之端。'帝不从。"②这是大兴元年(公元318年)司马睿在建康即帝位时，为了报答那些"投刺劝进"者而采取的奖励措施，规定：原来是"吏"者，"加位一等"；原来是老百姓的，赏赐为"司徒吏"。司马睿的幕僚熊远认为这种奖励措施有所不足，一则不能令天下人普遍得到奖励，有失偏颇，二则检查核实比较麻烦，施行比较困难。因此建议仿照汉代的办法普赐天下民爵。但是司马睿不同意，还是按照自己的意旨实行。司马睿不同意用普赐民爵的办法奖励那些把他推上皇帝宝座的"吏民"，表明他认为这种方法已经不足以报偿那些有功人员了，由此可以窥知普赐民爵的价值在这个时期的贬损情况。2006年在吐鲁番洋海赵货墓发现的《前秦建元二十年(公元384年)三月高昌郡高宁县都乡安邑里籍》③，是迄今为止敦煌吐鲁番文书中最早的平民户籍，涉及5户人家，

① (唐)欧阳询：《艺文类聚》卷51《封爵部》，916页，上海，上海古籍出版社，1965。

② 《晋书》卷71《熊远传》，1886～1887页。

③ 荣新江、李肖、孟宪实：《新获吐鲁番出土文献》，177～179页，北京，中华书局，2008。

记载了他们的人口和财产等方面的基本情况，但是户主或家庭成员中均无关于爵位的记载，当是这个时期民爵已经淡出“吏民”之中的一个反映。

普赐民爵制度到唐代已濒于衰亡。唐初在南北朝历史惯性下曾经于武德元年(公元618年)普赐民爵一次，后来可能为避李世民讳改行授予民众“古爵”。高宗乾封元年(公元666年)正月戊辰，封于泰山，民年“七十以上至八十，赐古爵一级。”①此后，武则天永昌元年(公元689年)改元载初，“天下百姓年二十一，身为户头者，各赐古爵之级。”②中宗神龙元年(公元705年)9月赐“民为父后者古爵一级”③；玄宗天宝八载(公元749年)赐“民为户者古爵”④；德宗继位后，于大历十四年(公元779年)6月，赐“民为户者古爵一级”⑤。何谓“古爵”？当仍为传统之民爵，清代康、乾时期学者韩菼在《民爵论》中说：“夫鬻爵非古，而赐爵则已旧矣，唐时谓之古爵，自乾封、神龙、天宝、大历，屡以赐民。”⑥实际上也是将唐代古爵视为汉魏以来民爵的继续。不过，唐代的赐民爵与汉代赐民爵之盛况已不可同日而语了。

二、“吏民”是否“中家以上”的“富裕者”?

在《秦汉时期的社会等级结构》中，刘敏先生提出“吏民”是“富于资财”的“生活富裕”者，一般是“拥有中家以上的财产”的人，而在《中国史研究》发表的这篇文章中坚持其15年前的这个观点，仍然认为“吏民是一个生活相对富裕的阶层”，“应该具有中家以上的资产数额”云云。这种说法是否符合历史实际呢？答案是否定的。“吏民”并非均为“中家以上”的“富裕

① 《新唐书》卷3《高宗本纪》，65页，北京，中华书局，1975。

② (宋)李昉等编：《文苑英华》卷463《诏敕五》，《改正朔制》，2359页，北京，中华书局，1966。

③ 《新唐书》卷4《中宗本纪》，107页。

④ 《新唐书》卷5《玄宗本纪》，147页。

⑤ 《新唐书》卷7《德宗本纪》，184页。北京：中华书局，1975年标点本。

⑥ 贺长龄、魏源《皇朝经世文编》卷17《吏政》3《铨选》，《魏源全集》第14册，96—97页，长沙：岳麓书社2004，12。

者”，也并不以此作为其先决条件。

事实上“吏民”作为中国古代基层民众和编户齐民[①]，其经济地位是十分复杂的，其贫富现象是普遍存在的，古人对此早有认识，司马迁说：“凡编户之民，富相什则卑下之，伯则畏惮之，千则役，万则仆，物之理也。”[②]班固说：“陵夷至乎桓、文之后……富者木土被文锦，犬马余肉粟，而贫者裋褐不完，唅菽饮水。其为编户齐民，同列而以财力相君，虽为仆虏，犹亡愠色。”[③]认为从春秋之后编户齐民中的贫富分化即日益剧烈。及至汉代尤甚，仲长统说：“汉兴以来，相与同为编户齐民，而以财力相君长者，世无数焉。”[④]《淮南子》论述汉代贫富现象时说：“且富人则车舆衣纂锦，马饰傅旄象，帷幕茵席，绮绣绦组，青黄相错，不可为象；贫人则夏被褐带索，含菽饮水以充肠，以支暑热，冬则羊裘解札，短褐不掩形，而炀灶口；故其为编户齐民无以异，然贫富之相去也，犹人君与仆虏，不足以论之。”[⑤]他们都指出同为编户齐民，但其为贫富则相去甚远。“吏民”作为国家编户齐民在法理上其经济、政治、文化地位是平等的，所谓“齐等无有贵贱”，但是实际上他们之间经济上的贫富悬殊、政治上的地位高低以及由此决定的文化上的差异都是普遍的现象，但这并不妨碍他们成为编户齐民。由此可知编户齐民并非以贫富和阶级为区分的，凡是编入国家基层乡里户籍，按照规定有权占有一定数量田宅，承担相应的赋税徭役的人民，并由此享有相同的政治、经济、文化权利的，都是国家的编户齐民。我国古代的“吏民”就是这样的国家编户齐民，并非在编户齐民之上的一个特定群体。

古人对于编户齐民即“吏民”中存在贫富区分的认识是否符合历史实际呢？答案是肯定的。

---

① 说详拙文《论“吏民”即编户齐民——原“吏民”之三》，载《中华文史论丛》，2007(2)。

② 《史记》卷129《货殖列传》，3274页。

③ 《汉书》卷91《货殖传》，3682页。

④ 《后汉书》卷49《仲长统传》，1648页。

⑤ 《淮南子》卷11《齐俗训》，见《诸子集成》，第7册，186页，北京，中华书局，1954。

长沙走马楼吴简表明孙吴时期已经实行户品制度，户品是家赀状况的反映。从现已公布的简牍中可以看到的有“上品”、“中品”、“下品”以及“下品之下”等品级。从这些残存的资料看，吏民中既有“上品”、“中品”户，亦有“下品”及“下品之下”户。长沙走马楼吴简现在已经出版 4 部，第 1 部《嘉禾吏民田家莂》中未见关于户品的记载，其余 3 部《竹简》[①]均有关于户品的记载。《竹简壹》、《竹简叁》均有上、中、下及下品之下户；《竹简贰》有上、中、下户，而无下品之下户。《竹简》3 书所涉户品资料主要有两类，一类为个体性资料，如“都鄉縣吏鄭郎故戶上品出錢一萬二千侯相☒”(一·173 正)、“模鄉郡吏何奇故戶上品出錢一萬二千臨湘侯相　見　嘉禾五年十二月十八日模鄉典田掾烝若白”(二·8259)等个体资料中涉及户品；一类为群体性资料，如“□集凡小武陵西二鄉新住限佃客卅四戶口食卌一人故戶中□”(二·35)、“☒□　　其/四[戶上品]/七戶[中品]/十一戶下品/　　☒”(二·2897)等，为册书开头之总述或结尾处小结简，涉及该乡里各类户等的数量。因前一类资料在当时有计入后一类统计中的可能性，故我们只将后一类加以统计，以窥其时的户品状况。按照这个统计要求，《竹简叁》只有下及下品之下户，而无上、中品户之相关资料。故现在我们只统计《竹简壹》、《竹简贰》中的上、中、下三品户，而《竹简壹》的下品之下户以及《竹简叁》资料均不计入。

《竹简》户品统计表

	上品	中品	下品	
竹简壹	5	17	154	
竹简贰	31	134	478	
合计	36	151	632	819
百分比	4.4%	18.4%	77.2%	100%

资料来源：《竹简壹》、《竹简贰》，详见文末所附明细表。

上述 2 部《竹简》的户品资料涉及 819 户。这 819 户分别为：上品 36

① 即《竹简壹》、《竹简贰》、《竹简叁》。

户，约占4.4%；中品151户，约占18.4%；下品632户，约占77.2%。由此可见当时这个地区吏民的户品数量分布，从上品而中品而下品，其户数是逐级递增的，呈上小底大之金字塔形状。虽然这个统计不能说是十分确切的，因为毕竟这些出土简牍是残缺不全的。但是，从2书所反映的户品的户数分布状况和趋势大体一致，均由上而中而下逐级递增，表明其所包含的户品资料，大体能够反映当时的实际情况。从上表可见，在上述819户中，上、中品合计187户，约占22.8%；下品632户，约占77.2%。如果加上下品之下户，则"中家以下"的民众将超过80%①。也就是说中品以上户在吏民中是少数，大约在20%，而多数是中品以下户，大约占80%。这是符合人们关于中国古代基层社会贫富状况的常识的。虽然孙吴时期的户品与汉代的家赀等级之间的继承关系我们现在还不十分清楚，但是两者具有延续性和基本的共性，应当是没有问题的。上述《竹简》不仅有孙吴黄武(公元222—229年)、黄龙(公元229—231年)、嘉禾(公元232—238年)等年号，还有东汉末建安廿六年(公元221年)、廿七年(公元222年)等纪年，其与汉代的衔接是十分紧密的。刘文不是也说孙权的嘉禾年间"去东汉很近，其社会状况直接继承汉代"的吗?

而如果按照刘文所订的标准——拥有"中家以上"资产的"富裕的阶层"才有资格成为"吏民"，那么在中国古代基层社会中就只有20%左右的人才配称为"吏民"，而80%左右的民众是被排除在"吏民"之外的。也就是说上述吴简中的民众只有22.8%左右的中、上品户才属于"吏民"，而77.2%左右的下品户，或80%左右的下品和下品之下户是不属于"吏民"等级的"贫贱民"。

刘文"不赞成把秦汉社会结构状态比作金字塔，更不认为吏民处于金字塔底层"，而"应近似橄榄球，上下两端偏小，人数较少，中间大肚，人数较多，构成中间大肚的人员主要就是吏民"。如果"吏民"只是20%左右

① 如果将《竹简壹》之下品之下及《竹简叁》之下品、下品之下资料一并纳入统计，则3书合计涉及户品1061户，其中上品36户，约占3.4%；中品151户，约占14.2%；下品654户，约占61.6%；下品之下220户，约占20.8%。上、中品合计187户，约占17.6%；下品、下品之下合计874户，约占82.4%。详参文末所附明细表。

的“中家以上”户，而把80%左右的“中家以下”户排除在外，试问如何能够构成那“人数较多”的“中间大肚”呢？此其一。其二，按照刘文的标准，吏民是拥有“中家以上”资产的生活“富裕”者，而由这些人构成了秦汉社会结构的“中间大肚”，也就是说在秦汉时期社会的大多数人是拥有“中家以上”资产的生活“富裕”者，试问中国历史自古以来，哪朝哪代出现过这样的“超级盛世”？

刘文所订标准不仅不能解释它所指的“中间大肚”的问题，同样地，用这个标准也难于对“吏民”中的“吏”与“民”以及他们之间的相互关系等一系列问题作出符合客观实际的解释，而是处处扞格难通。如果按照“中家以上”才属于“吏民”和“中家以上”才有资格任“吏”的标准，则“吏”都应当出自中、上品户中。事实上“吏”并非如刘文想象的那样仅仅出自于“中家以上”户，而是同样出自于“中家以下”户的。且看吴简的有关资料。上述3部《竹简》关于“吏”与户品的资料也同样有两种类型，一类是群体性资料，一类是个体性资料。在个体性资料中，“吏”与户品关系明确者，共有12条，分别为上品6人①，中品2人②，下品4人③。在群体性资料中，“吏”④或“给吏”⑤与户品关系明确者共有75户，其中“吏”18户，分别为中品6户⑥，下品12户⑦；“给吏”57户，分别为中品2户⑧，下品54户⑨，下

① 一·1303、一·173、一·1226、二·8257、二·8259、二·8378。

② 一·1519、一·1540。

③ 二·6706、二·3618、二·7012、三·3336。

④ “吏”包括州郡县吏和“军吏”，关于“军吏”参见拙文《说“军吏”——从长沙走马楼吴简谈起》，载《文史哲》，2005(2)；《汉唐时期的“军吏”》，原载日本唐代史研究会主编《唐代史研究》第9号，2006(7)；转载于《阴山学刊》，2006(6)，中国人民大学复印资料《魏晋南北朝隋唐史》，2007(3)。

⑤ 关于“给吏”性质问题参见拙文《说“给吏”——从长沙走马楼吴简谈起》，载《社会科学战线》，2008(11)。

⑥ 二·4490(6)。园括弧内的数字为户数，下同。

⑦ 二·1086(1)、二·4804(6)、二·1138(2)、二·3307(2)、二·2375(1)。

⑧ 一·5472(2)。

⑨ 一·5452(1)、一·5447(7)、一·5677(12)、一·5467(12)、一·5648(13)、二·2338(5)、三·3977(1)、三·4303(1)、三·6479(2)。

品之下1户①。按照刘文的标准，“中家以下”户连当个“吏民”中的“民”都是没有资格的，更遑论充当“吏民”中的“吏”了。现在吴简中无论“吏”或“给吏”均同样出自“中家以下”户中，应当如何解释呢？

与吴简资料表明“吏”出自上、中、下品全体“吏民”一样，文献资料也表明“吏”并非仅仅出自富裕者，也同样出自贫穷者，亦即全体“吏民”之中。西汉人朱博，杜陵人，“家贫，少时给事县为亭长……稍迁为功曹”②。逢萌，北海都昌人，西汉末“家贫，给事县为亭长”③。吴汉，南阳宛人，西汉末年“家贫，给事县为亭长。”④东汉人许荆，“少丧父，养母孝顺。家贫为吏，无有船车，休假，常单步荷担上下”⑤。郭太，太原界休人，“家世贫贱。早孤，母欲使给事县廷。林宗(郭太字)曰：‘大丈夫焉能处斗筲之役乎？’遂辞”⑥。郑玄北海郡高密县人，“少给县为吏，得休不归家，常诣校官读经。家贫无资，县中嘉之”⑦。他晚年以书戒子亦曰：“吾家旧贫，不为父母群弟所容，去厮役之吏。”⑧这些都是家庭贫穷而任郡县小吏者。更始元年(公元23年)，任延“拜会稽都尉……及到，静泊无为……掾吏贫者，辄分俸禄以赈给之”⑨。这些贫穷的“掾吏”即会稽都尉府的小吏。诸如此类，不烦枚举。

刘文在征引汉景帝诏中关于赀十万、四万得宦的说法之后说：“据这段史料，汉初为吏的财产标准是十万，汉景帝时调整为四万。没有如是家资就不能为吏，即便是佐史斗食小吏也不例外。秦与东汉的情况也应类似。”对于这个诏书似不可作如此刻板的、一成不变的理解。事实上，随着国家政务之日益繁多，政府对于“吏”的需求也随之日益增加，加以文化教

① 一·5602(1)。

② 《汉书》卷83《朱博传》，3398页。

③ 《后汉书》卷83《逢萌传》，2759页。

④ 《后汉书》卷18《吴汉传》，675页。

⑤ 《后汉书》卷5《循吏传》，见《八家后汉书辑注》上，151页，上海，上海古籍出版社，1986。

⑥ 《后汉书》卷68《郭太传》，2225页。

⑦ 《续汉书》，见《北堂书钞》卷77引，317页，天津，天津古籍出版社，1988。

⑧ 《后汉书》卷35《郑玄传》，1209页。

⑨ 《后汉书》卷76《任延传》，2460～2461页。

育逐渐有所发展，民众学习文化、掌握为吏技能的条件和空间亦相应有所改进，家庭贫穷者任吏的现象必然逐渐增加，这是历史发展的必然趋势。上述吴简资料中许多下品户为吏和文献资料从西汉至东汉均有诸多“家贫为吏”的事实，证明了这一点。为了证明自己的观点，刘文引用了两条史料，一是韩信的材料，二是《后汉书·贾复传》的材料。而这两条材料，尤其是后一条材料，并不能证明刘文的观点。先看第二条材料，刘文掐头去尾只截取了中间的一段：“旧内郡徙人在边者，率多贫弱，为居人所仆役，不得为吏。”这样就使人误解这个记载表明“贫弱”者是“不得为吏”的。事实上，这个材料的原文是这样的：东汉人贾宗，“少有操行，多智略。初拜郎中，稍迁，建初中为朔方太守。旧内郡徙人在边者，率多贫弱，为居人所仆役，不得为吏。(贾)宗擢用其任职者，与边吏参选，转相监司，以擿发其奸，或以功次补长吏，故各愿尽死”①。这个记载的原意是：当时从内地迁徙到边地朔方郡的人民多为“贫弱”者，他们到了当地之后受到当地人的奴役，被排挤而不得为“吏”。此亦司马迁所谓：“凡编户之民，富相什则卑下之，伯则畏惮之，千则役，万则仆”之表现。这是特定情况下的不正常现象。而贾宗却反其道而行之，任用他们之中比较有能力的人为吏，让他们与当地人出身的吏相互监督和制约，其中突出者还被擢升为长吏。由此可见这些“贫弱”者中不仅可以被辟召为小吏，而且其中突出者还被任用为长吏。贾宗不论贫富而任吏，是正常的做法。至于第一条材料，也不是简单的因为家訾不足十万以上而不得为吏。韩信“始为布衣时，贫无行，不得推择为吏”②。此事发生于秦末。他之所以没有被“推择为吏”，不完全是因为家庭贫穷，而与他的品行不端有关，故《集解》引李奇曰：“无善行可推举选择。”

刘文在把“吏民”中的“吏”定位为中家以上者的同时，把“吏民”中的“民”也定位为中家以上者，而把中家以下的民众视为“吏民”之外的“贫贱民”，这部分人不仅不能为“吏”，也没有资格成为“吏民”中的“民”，说：

① 《后汉书》卷17《贾复传》附《贾宗传》，667页。

② 《史记》卷92《淮阴侯列传》，2069页。

"资产不达中家的也称'细民'、'小民'、'贫民'或'下民'、'下户'等……细民小家由于太穷，资产不达为吏标准，是官府救济和借贷的对象，不属于吏民等级，是更低一等的贫贱民等级。"这里把"细民"、"小民"、"贫民"、"下民"、"下户"等通通排除于"吏民"之外也是不妥的。事实上这些概念或泛指与高层群体相对应之下层民众，或径指"吏民"或"吏民"中的贫穷弱势群体。例如"下民"，荀悦曰："先王之制禄也，下足以代耕，上足以克祀。故食禄之家，不与下民争利。"①此"下民"乃与"食禄之家"相对应的普通民众；或径指"吏民"，刘陶为枞阳长，"以病免，吏民思而歌之，曰：'悒然不乐，思我刘君，何时复来，安此下民'"②。此"下民"乃枞阳"吏民"自谓。李膺补蜀郡太守，"修庠序，申典礼，明法令，下民悦之"③。此"下民"为蜀郡所管治"吏民"之谓。又如"小民"，除了泛指下层民众之外，也可以指"吏民"，赵广汉为京兆尹，颇得民心，后被治罪，"吏民守阙号泣者数万人，或言'臣生无益县官，愿代赵京兆死，使得牧养小民'"④。此"小民"即指"吏民"。《续汉书·天文志》："小星者，庶民之类。流行者，移徙之象也。或西北，或东北，或四面行，皆小民流移之征……后三年，吴汉、马武又徙雁门、代郡、上谷、关西县吏民六万余口，置常关、居庸关以东，以避胡寇。是小民流移之应。"⑤这里"小民"与"庶民"、"吏民"之含义是一致的。再如"贫民"，文帝后六年(公元前 158 年)"天下旱，蝗。帝加惠：……发仓庾以振贫民，民得卖爵"⑥。解决贫民困苦之措施有二：一方面政府开仓赈济，另一方面开放爵位买卖。《索隐》引崔浩云："富人欲爵，贫人欲钱，故听买卖。"贫民通过卖爵可以得到钱，以度

① (东汉)荀悦：《汉纪》卷 5《孝惠皇帝纪》，见《两汉纪》上册，73～74 页，北京，中华书局，2002。

② (三国·吴)谢承：《后汉书·刘陶传》，见《艺文类聚》卷 19《讴谣》引，350 页。《后汉书》卷 57《刘陶传》作顺阳，1848 页。

③ (三国·吴)谢承，《后汉书·李膺传》，306 页，见《北堂书钞》卷 75《太守中》引。

④ 《汉书》卷 76《赵广汉传》，3205 页。

⑤ 《续汉书·天文志上》，见《后汉书》，3221 页。

⑥ 《史记》卷 10《孝文帝本纪》，432 页。

灾荒。这里的“贫民”即有爵可卖的“吏民”中的贫穷者。此从一个侧面表明刘文所定标准——贫民是不属于“吏民”的、没有爵位的，都是不符合历史实际的。诸如此类，不烦一一。

刘文按照自己所订这个标准，于是把凤凰山汉墓出土的西汉时期“郑里廪簿”中的25户人家统统排除于“吏民”之外，说：“像1973年湖北江陵凤凰山十号汉墓出土的‘郑里廪簿’简，所录二十五户人家基本上不属于吏民。”理由是他们是向官府贷种食的贫民，他们的户均田地24.7亩，“大大低于张家山汉简《二年律令》所规定的私家占田数”，“说明他们社会地位的低下和经济状况的恶劣，属于低于吏民的贫贱民等级”。这两个理由站得住脚吗？

第一，《郑里廪簿》所载为25户人之实际占田亩数，而张家山汉简《二年律令》所规定乃不同等级占田之最高限额，与哀帝时规定“关内侯、吏民名田，皆无得过三十顷”[①]的意涵是一致的。两者是不能混为一谈的。《嘉禾吏民田家莂》所载“吏民”共有1699户，佃田总亩数54526.186，户均耕地32亩；而1699户“吏民”中的普通农民（“男子”、“大女”）为1467户，约占“吏民”的86%，佃田总亩数为43453.02，户均耕地为29.6亩[②]。他们的耕地比郑里这25户人家的平均耕地面积也多不了多少，能够据此认为他们的耕地不达标而将这86%的普通农民排除于“吏民”之外吗？

第二，《郑里廪簿》所载25户人中有两户具有“公士”爵位，此虽然是民爵之最低爵位，但那是汉代实行普赐民爵初期阶段、赐民爵制度最为兴旺时期的事情，其时的爵位还不像后来那样贬值。如果按照刘文的标准，从拥有爵位而论，这两户人应当是“吏民”；而从贫富的标准而论，则这两户人不属于“吏民”。出现这种矛盾的原因无他，就在于刘文所订标准是不符合历史实际的。

第三，把“官府救济和借贷的对象”排除于“吏民”之外也是不符合历史实际的。汉代经常进行的假贷或救济，其土要对象即为吏民中的贫民。据考证，凤凰山汉墓简牍当为景帝初年物[③]，此前20余年文帝即位后曾诏令

① 《汉书》卷11《哀帝纪》，336页。

② 见拙文《“吏户”献疑——从长沙走马楼吴简谈起》，载《历史研究》，2005(3)。

③ 裘锡圭：《湖北江陵凤凰山十号汉墓出土简牍考释》，载《文物》，1974(7)。

群臣议振贷贫民，曰：“方春和时，草木群生之物皆有以自乐，而吾百姓鳏寡孤独穷困之人或阽于死亡，而莫之省忧。为民父母将何如？其议所以振贷之。”①其振贷对象就是百姓中的“鳏寡孤独穷困之人”，亦即“吏民”中的“贫民”。此后关于向吏民中的贫民振贷的记载史不绝书，不烦枚举。《郑里廪簿》就是记载对于这25户贫民假贷种粮，按照每亩1斗标准而廪之。这是春耕课农之意。在假贷种粮的同时，统治者有时还给予贫民物质上的资助或救济。例如，元狩元年(公元前122年)四月丁卯，立皇太子。在赐中二千石爵右庶长，民为父后者一级的同时，诏曰：“盖君者心也，民犹支体，支体伤则心憯怛……朕嘉孝弟力田，哀夫老眊孤寡鳏独或匮于衣食，甚怜愍焉。其遣谒者巡行天下，存问致赐。曰‘皇帝使谒者赐县三老、孝者帛，人五匹；乡三老、弟者、力田帛，人三匹；年九十以上及鳏寡孤独帛，人二匹，絮三斤；八十以上米，人三石……’”②在赐予天下“吏民”官爵、民爵的同时，特别关注“吏民”中的“老眊孤寡鳏独”群体之“匮于衣食”问题，将他们与三老、孝悌、力田等乡官一并给予物质资助。地节三年(公元前67年)宣帝诏曰：“鳏寡孤独高年贫困之民，朕所怜也。前下诏假公田，贷种、食。其加赐鳏寡孤独高年帛。二千石严教吏谨视遇，毋令失职。”③对于贫困“吏民”假公田、贷种食的同时，给予物质资助。桓帝建和元年(公元147年)春正月戊午，大赦天下，“赐吏更劳一岁；男子爵，人二级；为父后及三老、孝悌、力田，人三级；鳏、寡、孤、独、笃癃、贫不能自存者粟，人五斛；贞妇帛，人三匹。灾害所伤什四以上，勿收田租；其不满者，以实除之”④。除了对于“吏民”减免赋税徭役、赐爵、表彰贞妇之外，还对于“吏民”中的鳏、寡、孤、独、笃癃、贫不能自存者给以每人五斛粟的资助。可见吏民中是存在这样一些“贫不能自存者”群体的。统治者何以特别关注贫困“吏民”的振贷、救济呢？就在于中家以下“吏民”是人口的大多数，他们既是主要的生产者和赋役承担者，从而也是社会稳

① 《汉书》卷4《文帝纪》，113页。

② 《汉书》卷6《武帝纪》，174页。

③ 《汉书》卷8《宣帝纪》，248页。

④ 《后汉书》卷7《桓帝帝纪》，289页。

定的重要因素，武帝诏所谓“支体伤则心憯怛”，道出了其中的原因，故格外予以关注就是很自然的事情。

长沙走马楼吴简中也有许多对于“吏民”进行假贷的记载。例如：

贷种、食予贫民：

其九百八斛七斗給貸黃龍三年貧民佃種粻已列 （二·4481）

其十一斛給貸貧民嘉禾二年米(?)田(?)粻(?)收還簿別列 ⧄(二·4641)

·右十二月入貧民所貸食元二三年雜米五十七斛六斗 ⧄(二·4170)

黃龍三□贫民貸食……四百……(二·4483)

·右模鄉入三年貧民貸食米一斛 □(二·8898)

贷种、食予一般民众：

其四斛给付嘉禾二年贷民佃種米粻 （一·3109）

右樂鄉入民所貸三年新吏限米十二斛 （一·6098）

大男鄭覲一夫貸一斛 ⧄ （三·21）

大男黃緷一夫貸一斛 ⧄ （三·65）

贷种、食予吏：

入廣成鄉領州吏田仁貸米一百卌 （一·1439）

入廣成鄉嘉禾二年所貸吏栂線所貸黃龍三年縣吏（一·6097）

入吏烝縣龍元毛蔡□□□□等還所貸三州倉黃龍三年稅米卅二斛四斗 （一·6593）

入吏文水鄧鐵所貸價人李綬米十九斛八斗 （一·9539）

入郡吏烝勉所貸連道縣米五斛五斗　　　　（一·9636）

已入八十九斛□□□鄉縣吏貸食……　（二·723）

[其]……斛郡掾利焉還所貸黄龍三年限米（二·3837）

入廣成鄉郡吏蔡恪還所貸⧄　　　　　　　（二·6949）

入州吏張晶貸黄龍⧄　　　　　　　　　　（三·6079）

由上可见，假贷对象除了贫民之外，还有普通民众以及吏，而吏则有州吏、郡吏、县吏等各色吏员。《郑里廪簿》25户假贷种食者，与吴简中假贷种食之贫民基本上是一致的，属于“吏民”中的下品或下品之下户。

我们再来看看长沙走马楼吴简中的“下品”和“下品之下”户是否属于“吏民”的问题。除了上文已经谈到下品户同样有任吏者，足以证明他们与上、中品户同为“吏民”之外，我们还可以从吴简中看到，上、中、下品户均属于政府管辖的“吏民”：

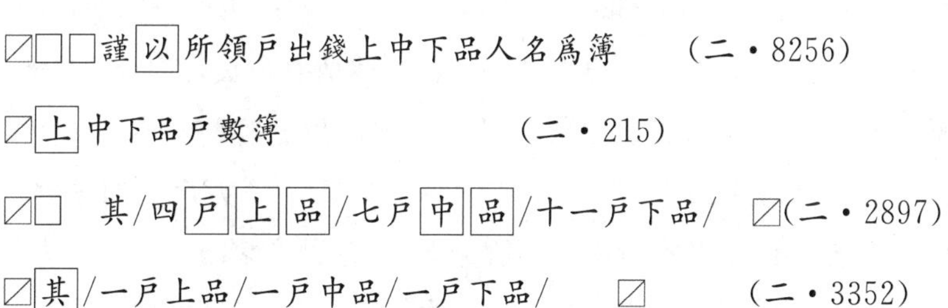

⧄□□謹以所領戶出錢上中下品人名爲簿　　（二·8256）

⧄上中下品戶數簿　　　　　　（二·215）

⧄□　其/四戶上品/七戶中品/十一戶下品/　⧄（二·2897）

⧄其/一戶上品/一戶中品/一戶下品/　　⧄　　　（二·3352）

上引前2简当为基层政府对于所管辖“吏民”有关户品情况而制作的向上级单位上报的人名簿之标题或引言，明言上、中、下三品户均在其“所领”之中。后2简当为基层乡里根据某项需要而总结该地各品级户数之簿籍，同样将上、中、下三品户均一并纳入其中。这里并没有将“下品”户排除于“吏民”之外。吴简的其他记载亦表明上、中、下品户均被视为政府管辖之“吏民”，不见将下品户排除于“吏民”之外的证据。历史事实是，“吏民”并不以贫富为标准，上、中、下品户均属于“吏民”范畴。

不仅“下品”户属于“吏民”，“下品之下”戶亦属于“吏民”。在吴简中他们也一并被纳入基层政府“吏民”管理范畴之内。

〼□女户下品之下不任调 〼 (一·4233)

其七户□□女户不任调 下品之下 (三·4301)

〼 其卅四户各窮老及刑踵女户下品之下不任调役 (三·6327)

其卌户各窮老及刑踵女户下品之下不任调役(三·6375)

其七户□□女户不任调 下品之下 (三·4301)

·其五戶尪羸老頓貧窮女戶(二·1705)

□六戶尪羸老頓貧窮女戶(二·1861)

·其七戶尪羸老頓貧窮女戶 〼(二·2036)

其七戶尪羸老頓貧窮女戶(二·2307)

上述诸简表明“下品之下”户以“女户”为多，此外为鳏寡孤独病残者。何谓“女户”？章帝元和二年(公元 85 年)，因祥瑞现，乃下诏：“其赐天下吏爵，人三级；高年、鳏、寡、孤、独帛，人一匹……加赐河南女子百户牛酒。”①李贤注“女子百户牛酒”时云：“此谓女户头，即今之女户也。”从吴简可知“女户”一称非独唐代，汉末三国已然。“女户”即女子为户主之家庭。在《嘉禾吏民田家莂》一书中有许多以“大女”为户主的家庭，是即“女户”。《嘉禾吏民田家莂》全书所载户主为男子者 1383 人，为大女者 84 人②，他们共同构成“吏民”中的普通农民。这些家庭均为当时“吏民”之组成部分。因此，上述“下品之下”的“女户”，也属于“吏民”。而同为“下品之下”户的鳏寡孤独病残者，也与“女户”同样属于“吏民”而无疑。例如，《竹简贰》所载广成里所领吏民簿：

右廣成里領吏民五十戶口食二百九十□人(二·1671)

其五戶尪羸老頓貧窮女戶(二·1705)

---

① 《后汉书》卷 3《章帝纪》，152 页。

② 见拙文《“吏户”献疑——从长沙走马楼吴简谈起》。

☐　　·定應役民廿戶(二·1704)

其一戶給朝丞(二·1702)

其二戶給郡園父　　▼(二·1701)

……①

这个资料表明，在广成里所领50户吏民中，有5户为“尪羸老頓貧窮女戶”，他们即属于史书所经常记载的“鳏、寡、孤、独、笃癃、贫不能自存者”以及“女子百户牛酒”中的“女户”，他们多属于“下品之下”户。他们都是作为基层政府管治、统领的“吏民”。

由此可见，两汉三国时期“吏民”中贫富差别是普遍的、正常的客观存在，上、中、下品和下品之下户均属于“吏民”范畴，是否具有“中家以上”资产和“生活富裕”，并非“吏民”的一个先决的、必要的条件。刘文声称它的认识“可喜地得到了长沙走马楼三国吴简的有力佐证”，吴简中似乎没有资料能够为其提供“有力佐证”。

三、余论

综上所述，刘文问题的要害是将“吏民”界定为具有“中家以上”财产的“生活富裕”者，由这一常识性、根本性错误而导致一系列逻辑上的混乱和史事上的乖误。除了上文已经指出的那些表现和问题之外，还可以指出：刘文所定的两个标准是相互抵牾的，如果“吏民”只是“中家以上”者，而“吏民”同时又必须是“有爵”者，则两汉时期赐民爵诏令屡屡强调的“赐民爵，户一级”②、“赐民爵”③、“赐民为父后者爵”④等，或赐“天下

① 此为侯旭东所复原，见氏著《长沙走马楼吴简〈竹简贰〉“吏民人名年纪口食簿”复原的初步研究》，载《中华文史论丛》，2009(1)。

② 《汉书》卷2《惠帝纪》，91页。

③ 《汉书》卷4《文帝纪》，108页。

④ 《汉书》卷5《景帝纪》，144页。

民爵”[①]、“天下男子爵”[②]、“天下民当为父后者爵”[③]等，这些泛指性词语所表述的涵义就成为具有限制性的“中家以上”户或人，也就是说汉代的赐民爵不是普赐天下编户齐民，而是仅仅赐予编户齐民中的“中家以上”户或人。这不论在逻辑上还是在史实上都是谬误的。

如同认为“吏民”中的“吏”是在编户齐民之下的依附民——“吏户”一样，认为“吏民”是在普通编户齐民之上具有“中家以上”财产的“富裕者”，也同样是与历史实际不相符合的一种说法。那么，何以对于“吏民”会形成这样两种偏离历史实际的、互为极端的认识呢？我们注意到，这两种说法均渊源于20世纪的五六十年代，这似乎不是一种偶然的巧合。那个时期学术界正在积极学习并运用马克思主义来解释中国的历史问题，其中关于阶级、阶级分析、阶级斗争的理论就是被广泛运用于中国历史问题研究中的一个重要问题。那个时期的学习和运用，其历史功绩是首要而且应当肯定的，对于认识中国历史上的许多问题起了十分重要的作用，做出了许多新的解释，大大推动了历史研究的前进。但是，与此同时也不免存在一些不足和问题，在当时“左”的政治氛围影响下，其中特别是将阶级、阶级分析、阶级斗争理论加以过度应用，极力将许多历史现象和问题上升为阶级的对立与斗争问题，从而进行刻意解释，深文周纳，“上纲上线”，这样就有可能对一些历史资料做出并不符合历史实际的解读，背离了历史的真实。而20世纪五六十年代提出的某些问题，其后有的还在不同程度地延续甚至愈演愈烈，表明我们在坚持以马克思主义指导史学研究方面还有许多工作要做。以马克思主义指导历史研究是我们现在仍然必须坚持的正确的方向，但是这应当是在符合历史事实的前提下进行，即我们通常所说的实事求是，而这个问题本身就是马克思主义的重要原则之一。

① 《汉书》卷6《武帝纪》，191页；《汉书》卷7《昭帝纪》，229页。

② 《汉书》卷11《哀帝纪》，342页；《后汉书》卷1下《光武帝纪下》，80页。

③ 《汉书》卷4《文帝纪》，111页。

附：长沙走马楼吴简户品统计明细表①

《竹简壹》：

上品5户

1365(1)、5324(2)、5492(2)。

中品17户

5426(6)、5433(9)、5472(2)。

下品154户

1238(36)、1241(13)、1290(26)、5327(1)、5447(7)、5452(1)、5467(12)、5474(1)、5499(32)、5648(13)、5677(12)。

下品之下139户

5319(84)、5429(1)、5435(1)、5440(1)、5445(50)、5490(1)、5602(1)。

《竹简贰》：

上品31户

562(2)、571(1)、591(2)、593(1)、594(4)、612(1)、631(2)、811(7)、1108(1)、1154(1)、3452(1)、3504(1)、3526(1)、6587(1)、2897(4)、3352(1)。

中品134户

35(34)、547(1)、553(2)、573(3)、590(7)、600(3)、624(10)、780(2)、837(2)、873(3)、986(25)、1924(1)、1304(17)、3242(10)、2897(7)、3352(1)、4490(6)。

下品478户

43(1)、318(64)、521(28)、529(119)、539(3)、557(6)、570(5)、580(5)、588(21)、597(2)、604(8)、618(2)、622(17)、626(24)、634(16)、629(1)、726(6)、781(2)、799(8)、803(1)、

① 1. 本表所统计为《竹简壹》、《竹简贰》、《竹简叁》中的群体性户品资料。只统计户品及户数明确者；2. 简号后、园括弧内的数字为该简之户数。

828(4)、1086(1)、1114(37)、1163(4)、1705(5)、1861(6)、2036(7)、2307(7)、2897(11)、3153(4)、3352(1)、3462(9)、4804(6)、1138(2)、2338(5)、3307(2)、2375(1)、614(2)、2339(11)、3304(1)、802(1)、2311(6)、836(1)、2296(5)。

《竹简叁》:

下品22户

4302(5)、3977(1)、3999(11)、4303(1)、6479(2)、6482(2)。

下品之下81户

4301(7)、6327(34)、6375(40)。

原载《中国史研究》,2009(2)。

说"真吏"

——从长沙走马楼吴简谈起

《长沙走马楼三国吴简·竹简(壹)》①一书公布了长沙走马楼所发现的三国吴简中关于"真吏"的一些资料，试整理如下：

宜陽里户人公乘信化年卌五真吏盲左目	(一·2872)
男弟倉年廿七真吏	(一·3007)
子公乘生年廿三筭一真吏復	(一·3346)
宜陽里户人公乘利豫年卅四真吏	(一·5387)
宜陽里户人公乘劉桓年卅九真吏	(一·8928)
宜陽里户人公乘區規年廿二真吏	(一·8962)
熙男弟賨年卅五真吏	(一·8964)
宜陽里户人公乘番霸年廿二真吏	(一·9007)
厲子男政年廿九真吏	(一·9053)
宜陽里户人公乘劉艷年廿四真□吏	(一·9065)
顔子男格年卅一真吏	(一·9084)
宜陽里户人公乘徐熙年卌四真吏	(一·9085)
宜陽里户人公乘夏隆年卌一真吏	(一·9090)
□子男□年廿二真吏	(一·9105)
☑……年廿二真吏	(一·9111)
宜陽里户人公乘許紹年卅五真吏	(一·9129)
宜陽里户人公乘劉溫年卅三真吏	(一·9142)

① 长沙市文物考古研究所、中国文物研究所、北京大学历史学系走马楼简牍整理组编著：《长沙走马楼三国吴简·竹简》(壹)，北京，文物出版社，2003。

宜陽里户人公乘桓[彝]年卅五真吏	(一・9143)
宜陽里户人公乘黄高年廿五真吏	(一・9146)
宜陽里户人公乘陳顔年五十六真吏	(一・9156)
宜陽里户人公乘靳佑年廿四真吏	(一・9207)
宜陽里户人公乘徐營年廿三真吏	(一・9219)
宜陽里户人公乘徐朝年廿一真吏	(一・9289)
宜陽里户人公乘文慎年卅三真吏	(一・9309)
宜陽里户人公乘郭像年廿九真吏	(一・9323)
宜陽里户人公乘莫先年廿五真吏	(一・9341)
宜陽里户人公乘吕詔年廿一真吏	(一・9345)
□陽里户人公乘何統年六十一真吏	(一・9356)
宜陽里户人公乘黄阿年八十一真吏	(一・9360)
宜陽里户人公乘文□年廿□真吏	(一・9384)
宜陽里户人公乘□禮年卅四真吏苦腹心病	(一・9396)
宜陽里户人公乘文胤年卌五真吏	(一・9495)
宜陽里户人公乘□□年廿五真吏	(一・9716)
宜陽里户人公乘□□年廿八真吏	(三・6173)①

“真吏”问题从未引起学术界的注意，从吴简披露“真吏”的资料至今亦已五年，尚不见有关论著涉及这个问题。“真吏”的含义如何？他们究竟是些什么人？走马楼吴简虽号称十万馀片，但所公布者不过十之一二，其中关于“真吏”的资料更极其有限，不足以窥全豹，加以传世文献亦鲜见有关记载，因而解读颇费思量。此稿草成奄忽四载，冀望后续刊布之吴简中有关“真吏”的新资料，故踌躇至今，惜未见相关考古新资料公布；兹不揣刍荛，勉为刊布，以期抛砖引玉。

从现已发表的长沙走马楼吴简资料看，其所载“真吏”的含义及其身份

① 此简于拙文发稿前夕迻自《长沙走马楼三国吴简・竹简(叁)》，北京，文物出版社，2008。当为上引《竹简(壹)》这批真吏简所窜。

不明。根据传世文献考察，“真吏”是相对于非“真吏”而言的。“真吏”与非“真吏”的区分，存在于从中央到地方，从行政系统至军事系统，从高级官员至下层小吏。“真吏”为真除实授的官员和吏员，此外非真除实授的官员和吏员则属于非“真吏”。非“真吏”又有两种类型，一类是冗散无职事者，只有名义上的官称吏名；一类是有具体职事，但尚未真除实授者。对“真吏”其他问题的研究，还有待于更多考古资料的面世。

一、从唐代的“真吏”与非“真吏”谈起

唐柳宗元《韦使君黄溪祈雨见召从行至祠下口号》诗中有“俟罪非真吏”句，有注云：“贾谊谪长沙王太傅，为赋吊屈原，其词曰：恭承嘉惠兮，竢罪长沙。公为永州员外司马，故曰‘非真吏’。”①这是柳宗元因永贞元年(公元805年)王叔文事件被贬为永州“员外司马”期间所作。这里实际上提出了“真吏”与非“真吏”这样两个相互对立而又相互依存的概念，即以“司马”为真吏，而以“员外司马”为非“真吏”。唐制州府设“司马”以为上佐，但“员外司马”并非真除实授，而是正员之外的名义上的官称。这种挂名的“员外”官大约始于曹魏末年②，以后逐渐泛滥，东晋桓温建议精简机构的上疏中说：“其诸员外散官，及军府参佐，职无所掌者，皆并。若车驾郊庙藉田之属，凡诸大事，于礼宜置者，临事权兼，事讫则罢。”③指出“员外”官没有具体职掌，不过临时有事权兼，任务完成则解除。“员外”官至唐代而日益泛滥，史称神龙二年(公元706年)“大置员外官，自京诸司及诸州佐凡二千余人，超授阉官七品已上及员外者千余人”④。后来又明确这种“员外”官“不得厘务”⑤，没有实际的职务，是个挂名的官称，到了唐后期

① 《柳宗元集》卷43《古今诗二》，622页，北京，中国书店出版，2000。

② 《晋书》卷24《职官志》，733页，北京，中华书局，1974。

③ 《桓温集略表》，见《太平御览》卷203引，978页，北京，中华书局，1960。

④ 《旧唐书》卷7《中宗纪》，142页，北京，中华书局，1975。

⑤ 《旧唐书》卷11《代宗纪》，273页。

“则贬责者，然后以员外官处之”①。成为处置被贬谪官员的常用官号，因而像柳宗元这样因政治等原因被贬远州“员外司马”的情况在唐代是很普遍的。在这里是以正员之内、真除实授、有实际职务的“司马”为“真吏”，而以非正员、非真除实授、无实际职务的“员外司马”为非“真吏”。

唐代类似“员外”的这种非“真吏”不限于此。神龙元年(公元705年)五月三日敕：“内外员外官，及检校、试官，宜令本司长官，量闲剧取资历，请与旧人分判曹事。自外并不在判事之限。”②与“员外”官相提并论的还有“检校”、“试官”等。武德三年(公元620年)李仲文留镇并州，“诏(李)仲文检校并州总管”，胡三省注曰：“检校官未为真。”③检校官并非真除实授，因而也属于非“真吏”。开元年间杨执一被“进检校右金吾大将军，寻而即真”④。杨执一“即真”之后，才是正式的右金吾大将军，从而转变为“真吏”。“试官”亦然。天授二年(公元691年)，“凡举人，无贤不肖，咸加擢拜，大置试官以处之。试官盖起於此也。”⑤注曰：“试者，未为正命。”试官经过试用考核，方才转正。有位叫乐璘的人，先“试补郡守，以观其能”，后“连帅上闻，果副所举”。因“才既试可，官宜即真”。于是“就加宪职。可朔州刺史兼御史中丞”⑥。这才成为“真吏”。除上述之外还有，如“权知”，文宗时，舒元舆“权知御史中丞。会帝录囚，元舆奏辨明审，不三月即真，兼刑部侍郎”⑦。奚陟“授权知吏部侍郎，又一年即真”⑧。如“兼

① 《唐会要》卷67《员外官》，1390页，北京，中华书局，1991。

② 《唐会要》卷67《员外官》，1390页。

③ 《资治通鉴》卷188《唐纪四》，“高祖武德三年”条，5883页，北京，中华书局，1956。

④ 张说：《赠户部尚书河东公杨君神道碑》，见《全唐文》卷229引，2312页，北京，中华书局，1983。

⑤ 《通典》卷19《职官一》，106页，北京，中华书局，1984。

⑥ 白居易：《权知朔州刺史乐璘正授兼御史中丞制》，见《全唐文》卷659引，6706页。

⑦ 《新唐书》卷179《舒元舆传》，5322页，北京，中华书局，1975。

⑧ 刘禹锡：《唐故朝议郎守尚书吏部侍郎上柱国赐紫金鱼袋赠司空奚公神道碑》，见《全唐文》卷609引，6150页。

摄”，崔庭玉“兼摄监察御史，军还即真，自殿中三命至侍御史”①。高元裕“摄监察御史，入拜真御史”②。如“假”，“去年夏，圣人戒师于东方。宣武军守臣刘公，虑以军兴势危，赋重人困，易置官属，纪纲事法。遂假参佐范阳卢士宣字伯通为兹邑长。伯通勤劳于民，旋即真命，锡以朱服，示王命也”③。如“守”，李皋以戴叔伦“试守抚州刺史。民岁争溉灌，为作均水法，俗便利之。耕饷岁广，狱无系囚。俄即真”④。如“行”，白居易说：“故事内史缺未补间，亚尹得行大京兆事，试可而即真者，往往有之。”⑤由此可见，各种各样的非“真吏”，需待“即真”、“为真”、“拜真”之后方才成为“真吏”。

综上所述，凡真除实授的正员之外，或为编制之外，或为权兼假摄，或有名无实等吏员，均可视为非“真吏”。

二、秦汉魏晋南北朝的“真吏”与非“真吏”

唐代这种“真吏”与非“真吏”的区分，实渊源有自，早在秦汉时期已经出现，它们是秦汉魏晋南北朝发展的结果。尽管从秦汉至唐代职官制度多所变化，但是官吏之“真”与非“真”的区分则一直存在。

“真吏”与“真官”的含义相同。居延汉简：“□真官到视事有代罢”、“兼行都尉事真官到若有代罢如律”⑥。两简文意基本相同，第二简更为清楚，意即某人被派“兼行”都尉职责，但是如果有“真”都尉到任，则根据有关律条而罢职。可知“兼行”为暂时代理职务，并非“真官”。这在文献中亦有迹可循，西汉人胡建“河东人也。孝武天汉中，守军正丞”。颜师古注

① 武平一：《东门颂并序》，见《全唐文》卷268引，2721页。

② 萧邺，《大唐故吏部尚书赠尚书右仆射渤海高公神道碑》，见《全唐文》卷764引，7942页。

③ 孙公辅：《新修夏邑县城门楼记》，见《全唐文》卷901引，9400页。

④ 《新唐书》卷143《戴叔伦传》，4690页。

⑤ 白居易：《张平叔可京兆少尹知府事制》，见《全唐文》卷662引，6732页。

⑥ 谢桂华、李均明、朱国炤：《居延汉简释文合校》(264·35；509·11A，513·1A)，441、615页，北京，文物出版社，1987。

曰："南北军各有正，正又置丞，而(胡)建未得真官，兼守之。"①胡建为"守"丞，故并非"真官"。南朝沈邵于宋文帝时"入为通直郎……时车驾祀南郊，特诏(沈)邵兼侍中负玺，代真官陪乘"②。沈邵虽经特诏而"兼"侍中，但仍然不是"真官"，只是代行"真官"之职务，而属于非"真官"。由此可见"真官"与"真吏"的含义是一致的。

秦汉魏晋南北朝时期的非"真吏"、非"真官"已经有不少名目：

如"试守"，据《汉官旧仪》记载，汉代"丞相、刺史常以秋分行部"以选拔官员，"刺史举民有茂材，移名丞相；丞相考召，取明经一科，明律令一科，能治剧一科，各一人。诏选谏大夫、议郎、博士、诸侯王傅、仆射、郎中令，取明经。选廷尉正、监、平，案章取明律令。选能治剧长安、三辅令，取治剧。"所选并经过考试合格的这三类人员，"皆试守，小冠，满岁为真，以次迁，奉引则大冠"③。经过一年的"试守"期，如果合格，方为"真吏"或"真官"。光武帝诏曰："自今以后，慎四科辟召……务授试以职。"④《前书音义》曰："试守者，试守一岁，乃为真，食其全俸。"⑤这种"试守"制度在汉代已经广泛施行。西汉时，张敞"守太原太守，满岁为真"⑥。河平年间(公元前28—前25年)，匈奴单于来朝，成帝使班伯持节迎于塞下，"会定襄大姓石、李群辈报怨，杀追捕吏，(班)伯上状，因自请愿试守期月。上遣侍中中郎将王舜驰传代(班)伯护单于，并奉玺书印绶，即拜(班)伯为定襄太守"⑦。班伯请求"试守"定襄太守的年限也是一周年，此时他还不是真太守，待得到皇帝颁发的"玺书印绶"之后，才算正式拜为真太守。此为外郡太守由"试守"而"即真"。三辅地区则更为常见，如

---

① 《汉书》卷67《胡建传》，2910页。

② 《宋书》卷100《自序》，2460页。

③ 《汉官旧仪》卷上，见《汉官六种》，36～37页，北京，中华书局，1990。

④ 《续汉书·百官志一》注引应劭《汉官仪》，见《后汉书》，3559页，北京，中华书局，1965。

⑤ 《后汉书》卷24《马援传》注引，850页。

⑥ 《汉书》卷76《张敞传》，3225页。

⑦ 《汉书》卷100上《叙传上》，4199页。

尹翁归“以高第入守右扶风，满岁为真”①。韩延寿“入守左冯翊，满岁，称职为真”②。赵广汉“从军还，复用守京兆尹，满岁为真”③。王尊“守京兆尹，后为真，凡三岁”④。其中尤以京兆尹为甚，史称“京兆典京师，长安中浩穰，于三辅尤为剧。郡国二千石以高弟入守，及为真，久者不过二三年，近者数月一岁，辄毁伤失名，以罪过罢。唯(赵)广汉及(张)敞为久任职”⑤。京兆情况复杂，职务繁重，故京兆尹多经“试守”方能“即真”，但是多不能久任，可见成为真京兆尹并非易事。郡丞尉亦然。敦煌汉简：“始建国天凤三年十二月壬辰敦德玉门行大尉事试守千人辅试守丞况谓大前都尹西曹聊掾行塞蓬。”⑥王莽改敦煌为敦德、都尉为太尉，敦煌郡“有阳关、玉门关，皆都尉治”。⑦“千人”为边郡部都尉之下武官，丞为都尉之副。这里，名辅者“行”太尉事并“试守”千人，名况者“试守”丞。“试守”为非“真吏”、非“真官”，“行”为暂时代理职事，对于真太尉来说，亦可视为非“真吏”、非“真官”。

郡守、丞、尉如此，县令、长、丞、尉亦然。王莽时茂陵游侠原涉的家奴杀人，“是时，茂陵守令尹公新视事，(原)涉未谒也，闻之大怒”。故欲借机惩办原涉的家奴。颜师古注曰：“守茂陵令，未真为之。”⑧茂陵县新任“守令”尹公与原涉因这件事情而生芥蒂，于是县门下掾王游公趁机对尹公说：“君以守令辱原涉如是，一旦真令至，君复单车归为府吏。”给他出主意：原涉为其父所建造的坟墓奢僭踰制，主上知之，“今为君计，莫若堕坏(原)涉冢舍，条奏其旧恶，君必得真令。如此，(原)涉亦不敢怨矣。尹公如其计，(王)莽果以为真令”。⑨ 这里出现了“守令”和“真令”这样两个

① 《汉书》卷76《尹翁归传》，3208页。
② 《汉书》卷76《韩延寿传》，3213页。
③ 《汉书》卷76《赵广汉传》，3201页。
④ 《汉书》卷76《王尊传》，3233页。
⑤ 《汉书》卷76《张敞传》，3222页。
⑥ 吴礽骧，《敦煌汉简释文》卷193，18页，兰州，甘肃人民出版社，1991。
⑦ 《汉书》卷28下《地理志》下，1614页。
⑧ 《汉书》卷92《原涉传》，3717页。
⑨ 《汉书》卷92《原涉传》，3718页。

相对应的概念，“守令”即“试守”的县令，“真令”即正式的县令。他还不是“真令”，需经过一定期限的考核合格之后才能成为“真令”。史称王莽当政时期尚空谈，“议论连年不决，不暇省狱讼冤结民之急务”，以至“县宰缺者，数年守兼”。何谓“守兼”？颜师古注曰：“不拜正官，权令人守兼。”可知王莽时期县官“守兼”现象是很普遍的。县官因长期不能“即真”，导致“一切贪残日甚”①，吏治大坏。东汉光武帝因感其长兄刘缜功业不就，故抚育其遗孤恩爱甚笃，以刘缜子刘章“少贵，欲令亲吏事，故使试守平阴令”②。安排他“试守”平阴县令，以历练他的从政能力。注曰：“试守者，称职满岁为真。”

县丞亦然，汉元帝时，“琅邪贡禹为御史大夫，而华阴守丞嘉上封事”云云，颜师古注曰：“守华阴县丞者，其人名嘉。”③试守县令、长、丞、尉的情况，在悬泉置汉简中多所记载，如：汉元帝建昭二年(公元前37年)有“效穀守长建”④，名建者为敦煌郡效穀县“守”县长；元帝永光五年(公元前39年)有“效穀守长合宗，守丞、敦煌左尉忠”⑤，名合宗者为效穀县“守”县长，名忠者为效穀县“守”丞兼敦煌左尉；成帝阳朔元年(公元前24年)有“效穀守丞何”、“守长定、守尉封”⑥，名何者为效穀县“守”丞，名定者为“守”县长，名封者为“守”县尉；成帝永始四年(公元前13年)有“效穀守长、敦煌左尉护”⑦，名护者为效穀县“守”县长兼敦煌左尉，等。《杜陵壶》载成帝永始元年(公元前16年)杜陵县“守左丞博、守令并”⑧，名博者为“守”县

---

① 《汉书》卷99中《王莽传中》，4140页。

② 《后汉书》卷14《刘缜传》，553页。

③ 《汉书》卷67《朱云传》，2912～2913页。

④ 悬泉汉简Ⅱ0216②：241～244；胡平生、张德芳：《敦煌悬泉汉简释粹》，编号七六，69页，上海，上海古籍出版社，2001。以下引自此书者均不另注书名，只注编号和页码

⑤ 悬泉汉简Ⅱ0216②：877～883；编号一五五，118页。

⑥ 悬泉汉简Ⅱ0112②：112；编号一二八，99页。

⑦ 悬泉汉简Ⅱ0215②：422；编号一二〇，96页。

⑧ 阮元：《积古斋钟鼎彝器款识》卷九《杜陵壶》，见《丛书集成初编》，502页，北京，商务印书馆，1937。

左丞，名并者为“守”县令。“其官吏试职者则曰守”①，是为非“真吏”、非“真官”。

不仅地方官吏有“真吏”、“真官”或非“真吏”、非“真官”之分，中央政府官吏亦然。如御史大夫属官侍御史以“公法府掾属高第补之。初称守，满岁拜真”。② 悬泉置汉简记载：汉元帝永光五年(公元前 39 年)有“守御史李忠”、“守御史任昌年”③，两人均未“拜真”，属于非“真吏”、非“真官”。其中李忠是以“丞相少史”而“守”御史。“丞相少史，秩四百石，次三百石、百石”④，侍御史六百石⑤。李忠即由丞相府掾属而补御史府掾属。《汉书·张汤传》载丞相有三长史，颜师古注曰：“《百官表》丞相有两长史，今此云三者，盖以守者，非正员也。”⑥其中一位守长史即为非“真吏”、非“真官”。东汉顺帝阳嘉二年(公元 133 年)，李固上疏分析时政，其中有云：“窃闻长水司马武宣、开阳城门候羊迪等，无它功德，初拜便真。此虽小失，而渐坏旧章。先圣法度，所宜坚守，政教一跌，百年不复。”⑦“长水司马”为掌宿卫兵的北军五营之一“长水校尉”的佐官，秩千石；“开阳城门候”为洛阳十二城门之一“开阳门”的“门候”，秩六百石⑧。按照制度应该先“守”后“真”。李固本传注引《续汉书》曰：“中都官，千石、六百石，故事：先守一岁，然后补真。”⑨《资治通鉴》记此事时，胡三省注曰：“汉制，初拜官称守，满岁为真。”⑩故李固将“长水司马”和“开阳城门候”这些官吏“初拜便真”视为破坏“旧章”和“先圣法度”的失误。

汉代这种制度，魏晋南北朝时期继续实行，西晋人高光于“晋武帝

---

① (清)赵翼：《陔余丛考》卷 26“假守”条，546 页，北京，中华书局，1963。

② 《续汉书·百官志三》注引蔡质《汉仪》，见《后汉书》，3600 页。

③ 悬泉汉简Ⅱ0216②：866～869；编号二六，29 页。

④ 《汉官六种·汉官旧仪》卷上，37 页，北京，中华书局，1990。

⑤ 《续汉书·百官志三》注引，见《后汉书》，3699 页。

⑥ 《汉书》卷 59《张汤传》，2644 页。

⑦ 《后汉书》卷 63《李固传》，2076 页。

⑧ 《续汉书·百官志四》注引，见《后汉书》，3612、3610 页。

⑨ 《后汉书》卷 63《李固传》，2076 页。

⑩ 《资治通鉴》卷 51《汉纪四十三》，“顺帝阳嘉二年”条，1667 页。

世……迁守廷尉，后即真”。[①] 北魏贾思同“迁镇远将军、中散大夫、试守荥阳太守。寻即真”[②]。袁枢于陈文帝天嘉元年(公元560年)“守吏部尚书。三年，即真”[③]。总之，“试守”期间还属于非“真吏”、非“真官”，经过一定时间考核之后方才“为真”、“即真”，从而成为“真吏”、“真官”，这是汉唐时期通行的制度。

除了“试守”这种形式之外，还有其他一些形式。如“行”，东汉安帝元初六年(公元119年)，敦煌太守曹宗以北匈奴联合西域诸国犯边，“患之，乃上遣行长史索班将千余人屯伊吾以招抚之”。胡三省注曰：“行长史者，行长史事，未为真也。”[④]“行”即暂时代理，尚未即真。这种形式早在西汉已经广泛存在，汉简中多所记载，如：甘露二年(公元前52年)“二月甲戌，敦煌骑司马充行太守事，库令贺兼行丞事，谓敦煌以次为，当舍传舍，如律令”[⑤]。骑司马名充者“行”敦煌太守事，库令名贺者“兼行”敦煌郡丞事。另简：“三月丙午张掖长史延行太守事肩水仓长汤兼行丞事下属国农都尉小府县官……”[⑥]张掖长史名延者“行”张掖太守事，肩水仓长名汤者“兼行”张掖郡丞事。上述四人分别代表敦煌、张掖郡政府下发文书，行使太守和郡丞的职务，但他们四人均为非“真吏”、非“真官”。汉元帝永光五年(公元前39年)在敦煌郡的下移文书中具名的除了太守、长史之外，还有“守部候脩仁行丞事”[⑦]，名脩仁者一身之二任均属非“真吏”、非“真官”。东汉安帝元初元年(公元114年)“以乌桓校尉邓遵为度辽将军。(邓)遵，皇太后之从弟，故始为真将军焉”。胡三省注曰：“自置度辽将军以来，皆权行其事，今始以邓遵为正度辽将军，此后更无行者也。”[⑧]意即度辽将军从创设以来都是“权行其事”，并非真除实授，而这次以邓太后的从弟邓遵为度辽

① 《三国志》卷24《高柔传》注引《晋诸公赞》，690页。

② 《魏书》卷72《贾思伯传》附《贾思同传》，1615页。

③ 《陈书》卷17《袁枢传》，241页，北京，中华书局，1972。

④ 《资治通鉴》卷50《汉纪四十二》，“安帝元初六年”条，1602页。

⑤ 悬泉汉简Ⅴ1311③：315；编号二〇一，142页。

⑥ 谢桂华、李均明、朱国炤：《居延汉简释文合校》10·32，17页。

⑦ 悬泉汉简Ⅱ0216②：866～869；编号二六，29页。

⑧ 《资治通鉴》卷50《汉纪四十二》，“安帝元初六年”条，1596～1597页。

将军，就取消了“权行”，直接真除实授他为“真将军”了。度辽将军一职虽然由于特殊的原因而今后不再有“权行”这一环节，但是对于其他官职来说，“权行”这种方式并未就此取消，历魏晋南北朝而不辍。曹魏太和四年(公元230年)，以董昭“行司徒事，六年，拜真”①。北魏宣武帝时吕苟儿反于秦州，李韶“除抚军将军、西道都督、行秦州事。与右卫将军元丽率众讨之。事平，即真”②。太和二十年(公元496年)魏孝文帝得知穆泰等人作乱的阴谋后，“行吏部尚书任城王(元)澄有疾，帝召见于凝闲堂”以商议对策。胡三省注曰：“行吏部尚书者，行吏部尚书事，未为真也。”③次年孝文帝亲率大军从洛阳出发攻齐，“使吏部尚书任城王(元)澄居守”。胡三省注曰：“任城王(元)澄至是始为真吏部尚书。”④北魏末年元瞻“复换平南将军持节行兖州事……就拜平东将军即真刺史”⑤。这表明“行刺史”需经真除实授方才成为“真刺史”。

再如“领”，建安十一年(公元206年)曹操平定高干之后，命梁习“以别部司马领并州刺史”，政绩显著，“太祖嘉之，赐爵关内侯，更拜为真”⑥。黄初元年(公元220年)，郭淮被“擢领雍州刺史，封射阳亭侯，五年为真”⑦。刘备调蜀郡太守法正随同攻打汉中，诸葛亮“于是表(杨)洪领蜀郡太守，众事皆办，遂使即真”⑧。

再如“监”，南朝宋人沈庆之“兄敞之，为赵伦之征虏参军、监南阳郡，击蛮有功，遂即真”⑨。萧梁大同年间(公元535—546年)，王冲“出监吴

① 《三国志》卷14《董昭传》，442页。

② 《魏书》卷39《李宝传》，877页。

③ 《资治通鉴》卷140《齐纪六》，“明帝建武三年”条，4402页。

④ 《资治通鉴》卷141《齐纪七》，“明帝建武四年”条，4411～4412页。

⑤ 《魏故散骑常侍抚军将军金紫光禄大夫仪同三司车骑大将军司空公光兖雍三州刺史元(瞻)公墓志铭》，赵超：《汉魏南北朝墓志汇编》，228页，天津，天津古籍出版社，1992。

⑥ 《三国志》卷15《梁习传》，469页。

⑦ 《三国志》卷26《郭淮传》，734页。

⑧ 《三国志》卷41《杨洪传》，1013页。

⑨ 《宋书》卷77《沈庆之》，1996页，北京，中华书局，1974。

郡，满岁即真”①。

又如“兼”，亦汉魏以来皆行之，居延汉简有“兼劝农掾”②。曹魏时张华“迁长史，兼中书郎。朝议表奏，多见施用，遂即真”③。西晋刘暾“兼御史中丞，奏免尚书仆射……十余人。朝廷嘉之，遂即真”④。南朝萧齐庾杲之“美容质，善言笑”，因而“尝兼侍中夹侍”。柳世隆“在御坐，谓齐武帝曰：‘庾杲之为蝉冕所映，弥有华采，陛下故当与其即真。’上甚悦。王俭仍曰：‘国家以杲之清美，所以许其假职。若以其即真，当在胡谐之后’”⑤。可见这里的“兼”是“假职”的意思，并非真除实授。钱大昕《廿二史考异》云：“此‘兼’字当读去声，盖假职未真授之称，与一人兼两职之兼有别。”⑥

“假职”之制早在秦汉已经施行，此后历代相承。秦王政十六年（公元前231年）九月，“发卒受地韩南阳假守腾”⑦。秦二世元年（公元前209年），“陈胜起。九月，会稽假守（殷）通素贤（项）梁，乃召与计事”⑧。颜师古注引张晏曰：“假守，兼守也。”《史记·项羽本纪·正义》按：“言‘假’者，兼摄之也。”⑨上述腾、殷通二人均为“假”职，即代理郡守，并非“真”郡守。赵翼谓：“秦、汉时，官吏摄事者皆曰假，盖言借也。”⑩不仅行政系统有“假”职者，军事系统亦然。秦二世三年（公元前207年）十一月项羽杀上将军宋义后，诸将“乃相与共立（项）羽为假上将军”。《正义》曰：“未得（楚）怀王命也。假，摄也。”⑪尚未得到楚怀王的正式任命，故为“假上将

① 《陈书》卷17《王冲传》，235页。

② 《居延汉简释文合校》16·10，26页。

③ 《晋书》卷36《张华传》，1070页。

④ 《晋书》卷45《刘暾传》，1281页。

⑤ 《南史》卷49《庾杲之传》，1210页，北京，中华书局，1975。

⑥ （清）钱大昕：《廿二史考异》卷36《南史二》，690页，北京，商务印书馆，1958。

⑦ 《史记》卷6《秦始皇本纪》，232页，北京，中华书局，1959。

⑧ 《汉书》卷31《陈胜项籍传》，1796页。

⑨ 《史记》卷7《项羽本纪》，297页。

⑩ （清）赵翼，《陔余丛考》卷26“假守”条，546页，北京，中华书局，1963。

⑪ 《史记》卷7《项羽本纪》，305页。

军”。东汉永平十六年(公元73年)“奉车都尉窦固出击匈奴，以(班)超为假司马，将兵别击伊吾，战于蒲类海，多斩首虏而还”①。此“假司马”亦为“假”职而非“真”职。孙坚，吴郡富春人，少为县吏。因杀“海贼”表现英勇，“由是显闻，府召署假尉”②。赵翼曰：“凡此皆言摄也，非真假之假也。”③北魏献文帝“使殿中尚书胡莫寒简西部敕勒为殿中武士……莫寒大纳货赂，众怒，杀莫寒及高平假镇将奚陵。”胡三省注曰：“假镇将者，未得为真。”④不过，北魏还有另一种“假”官则完全为虚拟，并不能即真的。太和二十年(公元496年)“宴群臣及国老、庶老于华林园。诏曰：‘国老黄耇以上，假中散大夫、郡守；耆年以上，假给事中、县令；庶老，直假郡县。各赐鸠杖、衣裳。’丁丑，诏诸州中正各举其乡之民望，年五十以上守素衡门者，授以令长”⑤。这类“假”官为非“真吏”、非“真官”更无疑义。

上述“即真”、“为真”、“拜真”又或称为“即正”。如上文提到的庾杲之，就曾“迁黄门郎，兼御史中丞，寻即正”⑥。北魏宣武帝时，卢昶曾“转侍中，又兼吏部尚书，寻即正，仍侍中”⑦。即卢昶既为真侍中又为真吏部尚书。北周王纮“兼侍中，聘於周。使还即正，未几而卒”⑧。梁武帝天监十七年(公元518年)“夏六月乙酉，中军将军、中书监临川王(萧)宏以本号行司徒”。“冬十月乙亥，以行司徒临川王宏即正。”⑨唐贞观年间，罗君副“授壮武将车，守左骁卫将军，寻便即正。”⑩他们都是在经过“兼”、“行”、“守”等程序之后方才“即正”，成为正式的官员，可见“即正”与“即真”、“为真”的含义是相同的。

---

① 《后汉书》卷47《班梁列传》，1572页。

② 《三国志》卷46《孙破虏讨逆传》，1093页。

③ (清)赵翼：《陔余丛考》卷26“假守”条，546页，北京，中华书局，1963。

④ 《资治通鉴》卷133《宋纪十五》，“明帝泰始七年”条，4158页。

⑤ 《魏书》卷7下《高祖纪》，179页。

⑥ 《南齐书》卷34《庾杲之传》，615页，北京，中华书局，1972。

⑦ 《魏书》卷47《卢玄传》附《卢昶传》，1057页。

⑧ 《北齐书》卷25《王纮传》，367页，北京，中华书局，1972。

⑨ 《南史》卷6《梁本纪上》，196～197页。

⑩ 《大唐故左骁卫将军上柱国安山县侯罗君副墓志铭并序》，见《唐代墓志汇编》上册，贞观058，46页，上海，上海古籍出版社，1992。

总之，各种权假兼摄等在“即真”、“为真”、“拜真”、“即正”之前均可视为非“真吏”、非“真官”，只有在“即真”、“为真”、“拜真”、“即正”之后才成为“真吏”、“真官”。

在上述汉唐时期所见“即真”、“为真”、“拜真”、“即正”的情况中，我们可以看到他们基本上属于“长吏”以上官员范围之内，而少见“少吏”方面的情况。元寿二年(公元前1年)西汉哀帝崩，平帝即位，次年正月(元始元年，公元1年)“赐天下民爵一级，吏在位二百石以上，一切满秩如真”①。规定二百石以上的官员，如有未“即真”者，一律即真，给予全俸；而将百石及其以下的员吏排除在外。为什么这里指定二百石为起点呢？汉制：县“万户以上为令，秩千石至六百石。减万户为长，秩五百石至三百石。皆有丞、尉，秩四百石至二百石，是为长吏。百石以下有斗食、佐史之秩，是为少吏”②。二百石与百石是一条界线，二百石以上为“长吏”，百石及其以下为“少吏”。东汉明帝“诏书不得僇辱黄绶，以别小人吏也”③。黄绶即二百石以上长吏。汉代官吏印绶制度：“凡吏秩比二千石以上，皆银印青绶……秩比六百石以上，皆铜印黑绶……比二百石以上，皆铜印黄绶。”④则“黄绶”已进入二百石“长吏”的范围，而与百石以下的“小人吏”——“少吏”有所区别。与此相应，汉代的任官制度规定，二百石以上官吏由中央除授，百石以下吏员则由长官自辟署。汉代这种制度亦渊源有自，《周礼·大宗伯》：“以九仪之命，正邦国之位：一命受职……九命作伯。”郑玄注“一命”谓：“始见命为正吏，谓列国之士，於子男为大夫，王之下士亦一命。”贾公彦对此做了进一步的解释：“‘始见命为正吏’者，对府史胥徒非正吏。以其府史胥徒皆官长所自辟除，未得王之命，故以士得王命者为正吏也。”⑤认为由天子任命的官吏属于“正吏”，而由官长所自辟除的“府史

① 《汉书》卷12《平帝纪》，349页。

② 《汉书》卷19上《百官公卿表》上，742页。为了简便，本文将二百石以上统称为“长吏”，百石以下的“少吏”统称为“小吏”。

③ 《续汉书·百官志五》注引胡广曰，见《后汉书》，3623页。

④ 《汉书》卷19上《百官公卿表》上，743页。

⑤ 《周礼注疏》卷18《大宗伯》，见《十三经注疏》，761页，北京，中华书局，1980。

胥徒”则为非“正吏”。汉代这种二百石以上由中央除授的官吏——“长吏”属于《周礼》所谓“正吏”，而百石及其以下由官长除授的“府史胥徒”——“少吏”则属于非“正吏”。上述“真吏”、“真官”与非“真吏”、非“真官”基本上是在二百石以上由中央除授的“长吏”，即“正吏”的范围内。

三、“小吏”中的“真吏”与非“真吏”

那么，“真吏”与非“真吏”是否仅仅是在“长吏”以上这个范围之内才存在呢？百石以下的“小吏”中是否也存在这种“真吏”与非“真吏”的区分呢？

中央政府任命“长吏”的这种任官制度不可能对任命“小吏”的任吏制度不产生影响，“长吏”以上这种“真吏”与非“真吏”的区分不可能在“小吏”范围内不受影响。秦汉地方行政单位郡县的官吏由三部分人员组成，一为长官(守相、令长)，二为佐官(丞、长史、尉)，三为属吏[①]。前二者为二百石以上“长吏”范围之内由中央除授之官员，我们前述“真吏”与非“真吏”基本上是在这个范围之内人员；第三者为百石以下由州郡县长官自辟之“小吏”。现在的问题是，这第三者之中是否也存在“真吏”与非“真吏”的区分？从长沙走马楼吴简所见“真吏”，其爵位均属民爵之“公乘”，故其地位不会高，可能就是在这些“小吏”范围之内的人员(详见下文)。既然在这个范围之内的吏员中存在“真吏”，那么也应当有非“真吏”的存在。

现在我们就来看看秦汉魏晋南北朝时期“小吏”中的“真吏”与非“真吏”的情况。

1.“假吏”与“假佐”

前述二百石以上“长吏”有“假”或“权假”某职为非“真吏”者，而由长官所辟除的百石以下的“小吏”中亦有“假吏”、“假佐”等吏员，他们也应属于非“真吏”。《仪礼》记古代举行“士冠礼”时，谓“有司如主人服，即位于西方，东面，北上”。郑玄注曰：“有司，群吏有事者，谓主人之吏，所自辟

---

① 严耕望：《中国地方行政制度史》甲部《秦汉地方行政制度》，“中研院历史语言研究所”专刊之45A，1990.5.

除，府史以下，今时卒吏及假吏是也。”[①]所谓“今时”即东汉，这是以东汉制度解释古制。从中可知东汉长官所自辟除的“府史”以下属吏由“卒吏”与“假吏”两部分人员组成，其中的“假吏”为非“真吏”。《说文》：“假，非真也。”段玉裁谓“假与叚义略同”，《说文》：“叚，借也。”[②]故官吏非真除实授或从其他部门暂时借调的称“假”，这在前述二百石以上“长吏”问题时已经谈到。那么，百石以下“小吏”中是否存在“假吏”呢？汉代太守、都尉属吏有百石“卒史”，《史记·汲黯列传·集解》引如淳曰：“《律》，太守、都尉、诸侯内史，史各一人，卒史、书佐各十人。”[③]而居延汉简中有“假卒史”[④]。可知“卒史”有“真”有“假”，“假卒史”即暂时兼摄、借调之非“真吏”。汉武帝时由苏武率领出使匈奴的使团成员，除了大使苏武与副使中郎将张胜之外，还有“假吏常惠等募士斥候百余人”。颜师古注曰：“假吏犹言兼吏也。时权为使之吏，若今之差人充使典矣。”[⑤]这里的“兼”与前引钱大昕所说“盖假职未真授之称，与一人兼两职之兼有别”相同。建武七年(公元 31 年)光武帝诏曰：“今国有众军，并多精勇，宜且罢轻车、骑士、材官、楼船士及军假吏，令还复民伍。”[⑥]注曰：“军假吏谓军中权置吏也。”是军中亦有“假吏”，其性质与苏武使团中的“假吏”相同。晋惠帝元康元年(公元 291 年)太傅杨骏专权，时潘岳为太傅主簿，楚王司马玮引兵入朝杀太傅杨骏后，大杀杨骏的僚佐属吏，时杨骏的“纲纪皆当从坐，同署主簿朱振已就戮。”潘岳的老朋友公孙宏当时任司马玮的长史，负责具体办理这件事情，他“言之(司马)玮，谓之假吏，故得免”[⑦]。因“假吏”为非真除实授之吏，故潘岳得以免死，可见“假吏”较“真吏”与府主的关系要疏远得多；同时表明太傅府属吏之中亦有“真吏”与非“真吏”两类吏员。由上所述可见不论行政还是军事部门的“小吏”中均有“真吏”与非“真吏”之分。

---

① 《仪礼注疏》卷 1《士冠礼》，见《十三经注疏》，946 页，北京，中华书局，1980。

② 《说文解字注》，分见 374、116 页，北京，中华书局，1981。

③ 《史记》卷 120《汲黯列传》，3106 页。

④ 《居延汉简释文合校》90·68，159 页。

⑤ 《汉书》卷 54《苏武传》，2460 页。

⑥ 《后汉书》卷 1 下《光武帝纪下》，51 页。

⑦ 《晋书》卷 55《潘岳传》，1503～1504 页。

“假吏”之外还有“假佐”。“假佐”在睡虎地秦墓竹简中已经出现[①]，为代理性质的“佐”吏，其与“假吏”、“假官”的含义基本上是一致的。据《汉官》记载，汉代太常员吏中有“十五人佐，五人假佐”；太仆员吏中有“七人佐……三人假佐”；廷尉员吏中有“二十七人佐……三十人假佐”。[②] 这里既有“佐”又有“假佐”，两者同时设置于一府之中，前者为“真吏”，后者为非“真吏”。此外，司隶校尉有假佐二十五人[③]，刺史亦有假佐[④]。关于司隶校尉的假佐，《汉书·王尊传》注引“苏林曰：‘胡公《汉官》假佐，取内郡善史书佐给诸府也’”[⑤]。可知司隶校尉的属吏“假佐”是从其所辖诸郡借调来的“善史书”者，即擅长书写官府通用文字——隶书[⑥]的“佐”以“给”之的。这种“假佐”犹如今日之“借调干部”、“借调人员”。他们“以郡吏补，岁满一更”[⑦]。他们的身份原来是“郡吏”——“佐”，是为“真吏”；但是在借调至司隶校尉的一年期间，他们是“假佐”，亦即“权为”之“佐”，是为非“真吏”。不仅内郡有“假佐”，外郡亦然，居延汉简：“凡入假佐十六人”[⑧]。不仅州郡有“假佐”，其下级单位亦同样有之，悬泉汉简记甘露元年(公元前53年)悬泉置有“假佐开”[⑨]，名开者为“假佐”，“置”为郡县所辖之邮置。居延汉简“□□□□置假佐宜旦里孙良年廿八”[⑩]，宜旦里人孙良为某置之“假佐”。而另有阳朔三年(公元前22年)“正月丁卯朔乙亥置佐博敢言之……”[⑪]，名博者为“置佐”。前者为“置假佐”，后者为“置佐”，是一为非

① 睡虎地秦墓竹简整理小组编：《睡虎地秦墓竹简》，《秦律杂抄·除吏律》，79页，北京，文物出版社，1990。

② 《汉官》(一卷)，见《汉官六种》，1、4、5页，北京，中华书局，1990。

③ 《续汉书·百官志四》，见《后汉书》，3614页。

④ 《续汉书·百官志四》，见《后汉书》，3619页。

⑤ 《汉书》卷76《王尊传》，3234页。

⑥ 段玉裁云：“汉人谓隶书为史书……苏林引胡公云，汉官假佐取内郡善史书者给佐诸府也。是可以知史书之必为隶书。”(《说文解字注》卷15上，上海古籍出版社，1981，759页。)

⑦ 《续汉书·百官志四》，《后汉书》，3614页。

⑧ 《居延汉简释文合校》290·1，488页。

⑨ 悬泉汉简Ⅱ0216③：137；编号一四一，107页。

⑩ 《居延汉简释文合校》171·7，272页。

⑪ 《居延汉简释文合校》269·1，452页。

"真吏"，一为"真吏"。基层的"乡"也有"假佐"，如居延汉简：

建平五年八月戊□□□□广明乡啬夫宏假佐玄敢言之

善居里男子丘张自言与家买客田居

延都亭部欲取检谨案张等更赋皆给当得取检谒移居延

如律令敢言之(A)

□放行　　　　(B)①

建平五年(公元前2年)实为哀帝元寿元年。这是张掖郡居延县广明乡政府为辖下善居里男子丘张所开具的出行证明，由"假佐"名玄者与"乡啬夫"名宏者共同开具。可见乡政府也有"假佐"。或谓"疑假佐与乡佐二者名异实同"②，似有未安。而洛阳令的员吏中单有一种称为"假"的"吏"，据《汉官》记载其"小吏"中有"斗食、令史、啬夫、假五十人"③。这里的"假"与"斗食、令史、啬夫"并列，"斗食、令史、啬夫"为"真吏"，"假"为非"真吏"。

2."试守"

前述二百石以上"长吏"中有"守"或"试守"某职为非"真吏"者，而由长官所辟除的百石以下的"小吏"中亦有"守"或"试守"某职者，即暂时代理某项职事，他们也属于非"真吏"。睡虎地秦墓竹简中有"守啬夫"④，是与"啬夫"相对应的非"真吏"。汉代亦然。悬泉汉简所载书写文书的吏员，有"守啬夫富昌"⑤，另二简有"啬夫辅"⑥，两者职责相同，唯前者为"守"，后者为"真"。属吏"卒史"亦然，汉简所载，既有"卒史山"⑦，名山者为"卒史"；

① 《居延汉简释文合校》505·37，607页。

② 陈直：《居延汉简研究·居延简所见官名通考》，115页，天津，天津古籍出版社，1986。

③ 《续汉书·百官志五》，《后汉书》，3624页。

④ 《睡虎地秦墓竹简》，《秦律杂抄·除吏律》，79页，北京，文物出版社，1990。

⑤ 悬泉汉简Ⅱ0114③：468；编号一四七，112页。

⑥ 悬泉汉简Ⅱ0216②：877—883，编号一五五，119页；Ⅴ1812②：120；编号一六八，127页。

⑦ 《敦煌汉简释文》1741，182页，兰州，甘肃人民出版社，1991。

又有“守卒史义”①，名义者为“守卒史”，“守卒史安国”②，名安国者为“守卒史”，他们均出现于官府文书末之署名中，两者职守相同，唯前者为“真”，后者为非“真”。汉代县令之属吏有“令史”，而汉简中既有“令史”，又有“守令史”，悬泉置简有建始二年(公元前31年)氐池县长延寿所发过所末尾具名之“令史临”③，又有阳朔元年(公元前24年)效穀县所发文书末尾具名之“守令史常利”④。两者职责相同，唯一“真”一“守”。居延汉简所载“守令史”更多⑤，不烦枚举。

汉代从地方到中央政府的属吏中均有“属”，“正曰掾，副曰属”⑥。然而在汉简中我们可以看到既有“属”又有“守属”。悬泉汉简甘露三年(公元前51年)有“丞相属王彭”⑦，名王彭者为丞相府之“属”。而元凤元年(公元前80年)有“御史守属太原王凤”⑧，太原人王凤为御史府之“守属”。是中央政府的属吏有“属”或“守属”。元康四年(公元前62年)长安县有“属禹”⑨，名禹者为“属”；永光五年(公元前39年)敦煌郡有“属建”⑩，名建者为“属”。而五凤元年(公元前57年)有“太守守属光”⑪，名光者为敦煌郡“守属”；甘露三年(公元前51年)有上郡“守属赵称”⑫，姓名赵称者为上郡“守属”；甘露二年(公元前52年)有张掖肩水都尉“守属弘”⑬；建武三年(公元27年)有

① 《居延汉简释文合校》10·29，16页。

② 甘肃省文物考古研究所：《居延新简释粹·甘露二年御史书》，100页，兰州，兰州大学出版社，1988。

③ 悬泉汉简Ⅰ0210①：63；编号三七，42页。

④ 悬泉汉简Ⅱ0112②：112；编号一二八，99页。

⑤ 《居延汉简释文合校》7·7B、15·2、15·3、34·8B、84·18、87·15、132·24、170·3A、183·14、243·2、246·48、269.11，等

⑥ 《续汉书·百官志一》注引《汉书音义》，《后汉书》，3559页。

⑦ 悬泉汉简Ⅴ1412③：100；编号一九五，138页。

⑧ 悬泉汉简Ⅰ0112①：1；编号三〇，35页。

⑨ 悬泉汉简Ⅱ0111④：3；编号一八，21页。

⑩ 悬泉汉简Ⅱ0216②：866—869；编号二六，29页。

⑪ 悬泉汉简Ⅰ0309③：92；编号七三，67页。

⑫ 悬泉汉简Ⅱ0115③：99；编号二一六，153页。

⑬ 《居延新简释粹·甘露二年御史书》，100页，兰州，兰州大学出版社，1988。

张掖居延都尉“守属恭”①。是地方政府属吏亦有“属”或“守属”。

无论中央或地方政府之属吏，其“属”为“真吏”，“守属”为非“真吏”。王国维谓“守属则摄行属事者也”②，而陈直则谓“守属之纯为官名，与属且分为二官名，极为明显”。认为王国维的说法是“淆混属与守属为一官之名”③。窃意王是而陈非。汉代太常的员吏中，有“九人学事，十六人守学事”；太祝的员吏中有“二人学事，四人守学事”；太宰的员吏中有“二人学事，四人守学事”；太予乐令的员吏中有“十人学事，四人守学事”；光禄勋的员吏中有“八人学事，十三人守学事”；大行的员吏中有“六人学事，十二人守学事”；廪牺的员吏中有“七人学事，五人守学事”④。同为“学事”一职，有“守”与非“守”之分，殆亦一为“真吏”，一为非“真吏”。

此外还有“试吏”，刘邦“及壮，试吏，为泗水亭长”⑤。注引应劭曰：“试用补吏。”夏侯婴，沛人，“为沛厩司御……已而试补县吏”。⑥ 王温舒“少时椎埋为奸。已而试县亭长，数废”⑦。这些“试”某吏与长吏之“试守”某官的意思虽不能完全等同，但亦应有相同、相通之处。故王温舒试亭长期间曾经被多次废除就可以理解了。这种“试吏”亦当为非“真吏”。上述长吏有“兼”职者，小吏亦然。居延汉简有“兼掾丹”⑧，悬泉汉简有“兼掾恽”⑨，两者均为书写文书之非“真吏”。

3.“散吏”

二百石以上的“长吏”范围内有“职事官”与“散官”之分，百石及其以下则有“职吏”与“散吏”之分，两者的这种区分性质是一致的。上引桓温关于精简机构的上书中将“员外”官与“散官”相提并论，魏晋“散官”是在汉代基

---

① 《居延新简释粹·建武三年居延都尉吏奉册》，119页。

② 《敦煌汉简跋》，第5册，见《王国维遗书》卷17，15页，上海，上海古籍书店，1983。

③ 陈直：《居延汉简研究·居延汉简解要》，185页，天津，天津古籍出版社，1986。

④ 《汉官》(一卷)，见《汉官六种》，1、2、5、6页，北京，中华书局，1990。

⑤ 《汉书》卷1《高帝纪》，2～3页。《史记》卷8《高祖本纪》作“试为吏”。

⑥ 《汉书》卷41《夏侯婴传》，2076页。

⑦ 《汉书》卷90《王温舒传》，3655页。

⑧ 《居延汉简释文合校》16·10，26页。

⑨ 胡平生、张德芳：《敦煌悬泉汉简释粹》，198页，上海，上海古籍出版社，2001，编号二七二。

础上的发展，汉代的“散官”如大夫、博士、御史、谒者、郎官等既无印绶①，亦无具体的职掌，属于非真除实授的非“真吏”。“散官”为非“真吏”，则“散吏”亦为非“真吏”。郡县属吏中有“职吏”与“散吏”两部分人员。据《晋书·职官志》，根据郡县的大小，郡国分别设置职吏五十人至六十九人不等，散吏十三人至三十九人不等；县分别设置职吏十八人至八十八人不等，散吏四人至二十六人不等②。所谓“散吏”即没有具体职事的冗散吏员，而与“职吏”之有具体职事之正式吏员相对应。《周礼》有槁人，负责“掌共外内朝冗食者之食。”贾公彦疏云：“冗食者，冗，散也，外内朝上直诸吏，谓之冗吏，亦曰散吏。”③

汉代郡县散吏有祭酒、从掾位、从史位、待事掾、待事史等，此外还有冗从、冗吏等。其中祭酒有东阁祭酒、议曹祭酒、师友祭酒等，均无冠行政职曹为称者④。卓茂在王莽居摄时，“以病免归郡，常为门下掾祭酒，不肯作职吏”⑤。此“门下掾祭酒”即为与“职吏”不同的“散吏”，故以其安置那些体弱多病或喜好闲暇而不喜烦剧者。兒宽以“功次补廷尉文学卒史”，但因兒宽“为人温良……懦于武，口弗能发明”，即性格温和，不善言语，廷尉张汤接见之后，认为他“不习事”，于是“不署曹，除为从史，之北地视畜数年”⑥。“卒史”为“职吏”，“从史”为“散吏”。张汤认为他不宜担任“职吏”而改为“散吏”。

关于“不署曹”，注引张晏曰：“不署为列曹也。”颜师古曰：“署，表也，置也。凡言署官，表其秩位，置立为之也。”这就是说“职吏”是要署曹的，而“散吏”是不署曹的。官府以列曹分管众务，不署曹就意味着没有具体的职责，故兒宽被派到北地去牧畜数年。由此可见，署曹的“职吏”为“真除实授”的“真吏”，而不署曹的“散吏”，则为未“真除实授”的非“真

① 《汉书》卷19上《百官公卿表上》，743页。

② 《晋书》卷24《职官志》，746页。

③ 《周礼注疏》卷16《槁人》，见《十三经注疏》，750页，北京，中华书局，1980。

④ 严耕望：《中国地方行政制度史》甲部《秦汉地方行政制度》，中研院历史语言研究所专刊之45A，1990.5，115、116、222页。

⑤ 《后汉书》卷25《卓茂传》，871页。

⑥ 《汉书》卷58《兒宽传》，2628～2629页。

吏”。经署曹之后方才成为“职吏”，从而成为“真除实授”的“真吏”；未署曹者则为“散吏”，亦即为未“真除实授”的非“真吏”。兒宽事表明，“散吏”是不署曹的，亦即并非真除实授，故为非“真吏”；而“职吏”是署曹的，亦即真除实授，故为“真吏”。

既然“真吏”、非“真吏”的区分是包括二百石以上长官和百石以下小吏在内的，而上文我们曾提到“真吏”与“真官”的含义基本上是一致的，然而两者又有所区别，“真吏”的范畴要大于“真官”，“真吏”包括上层官员与下层小吏，而“真官”则指小吏以上的官员。

目前所见吴简中的“真吏”基本上是在“小吏”范围内的人员。上引宜阳里“真吏”中，有“□陽里戶人公乘何統年六十一真吏”(一·9356)，而在《竹简叁》有“州吏何統年六十”(三·2951)这两位何统年龄相近，盖为前后年代登记之簿籍，当为一人。果如是，则从身份而言，他是州吏；从任用角度而言，他是“真吏”，即真除实授的州吏。这种情况在文献中亦有所印证。吴简所载“宜陽里戶人公乘夏隆年卌一真吏”(一·9090)，盖即《长沙耆旧传》中的郡吏夏隆[①]。《长沙耆旧传》所载夏隆事迹曰：“夏隆仕郡时，潘濬为南征，太守遣隆修书致礼。濬飞帆中流，力所不及。隆乃于岸边拔刀大呼，指濬为贼，因此被收。濬奇其以权变自通，解缚，赐以酒食。”[②]潘濬为步骘向孙登条列的“事业在荆州界者”[③]十一位重要人物之一。黄龙三年(公元231年)至嘉禾三年(公元234年)，潘濬率军讨武陵蛮[④]，“潘濬为南征”当指此。武陵蛮主要分布于湘西沅江上游一带，武陵郡在今湖南常德，与长沙郡相邻。宜阳里“真吏”简，从其前后纪年简推测，大约为嘉禾四年(公元235年)物。吴简“真吏”夏隆与《长沙耆旧传》中的夏隆，其活动时间、地点相符，故两处夏隆当为同一人。被太守派遣向潘濬致书之夏隆

---

① 这个问题为何元庆先生所发现。拙稿投寄编辑部后偶然在网上看到氏著《走马楼吴简所见真吏试探》(该文为复旦大学2004年硕士论文《走马楼吴简所见孙吴初期临湘社会》一部分)，何元庆先生的这一发现为拙文之观点提供了有力的佐证。

② 《太平御览》卷771引，3419页。

③ 《三国志》卷52《步骘传》，1238页。

④ 《三国志》卷47《吴主传》，1136、1140页。

仕于郡，故为“郡吏”，同时在吴简中他又登记为“真吏”，盖因其为真除实授之吏。准此，则夏隆之身份或职务为“郡吏”，其任用性质则为“真吏”。

与此相类者还有：“宜陽里戶人公乘徐熙年卌四真吏”(一·9085)，而在《嘉禾吏民田家莂》中有“桐唐丘州吏徐熙”(4·314)；“宜陽里戶人公乘黄阿年八十一真吏”(一·9360)，而在《嘉禾吏民田家莂》中有“横溲丘州吏黄阿”(4·461)；“宜陽里戶人公乘桓彝年卅五真吏”(一·9143)，而在《嘉禾吏民田家莂》中有“□丘州吏桓彝”(4·509)；“宜陽里戶人公乘陳顏年五十六真吏”(一·9156)，而在《嘉禾吏民田家莂》中有“新成丘州吏陈颜”(5·791)；“宜陽里戶人公乘劉溫年卅三真吏”(一·9142)，而在《嘉禾吏民田家莂》中有“逢唐丘郡吏刘温”(5·591)；“宜陽里戶人公乘黄高年廿五真吏”(一·9146)，而在《嘉禾吏民田家莂》中有“□□丘郡吏黄高”(4·569)。上述徐熙、黄阿、桓彝、陳顏、劉溫、黄高六双对应者未必均为同一人，但也不大可能均非同一人。是则其中当有与上述何统、夏隆的情况相同者，即从职务或身份而言是州吏或郡吏，而从任用角度而言则是真吏。其中的黄阿，尚有《竹简叁》之“軍吏黄阿”(三·1873)。那么，“真吏”黄阿，可能其具体身份或为“州吏”，或为“军吏”。其中的黄高，在《竹简壹》中有“入吏黄高二年鹽米八斛嘉禾元年十月廿二”(一·6538)。如果此“吏”与“真吏”黄高、“郡吏”黄高为同一人，则此黄高从身份而言为“郡吏”，从是否真除实授而言，他是“真吏”，泛称则谓之“吏”，三者为同一个体在不同场合之称谓。

准上所述，“真吏”与“州郡县吏”、“军吏”等的关系是：“州郡县吏”、“军吏”等乃指其身份或职务，“真吏”则是指其任用性质，即真除实授还是非真除实授。其相互关系层级大体可作如下表述：“吏”(总称)——“州郡县吏”、“军吏”(具体职务)——“真吏”、非“真吏”(任用性质)。

四、余论

综上所述，关于“真吏”问题我们大体可以获得如下一些初步的认识：

1.“真吏”与非“真吏”的区分

从秦汉至隋唐，从中央到地方，从行政系统至军事系统，从高级官员到下层小吏均存在“真吏”与“非真吏”。“真吏”为真除实授的官员和吏员，此外非真除实授的官员和吏员属于非“真吏”。不过，非“真吏”的情况较“真吏”要复杂一些，大略而言主要有两种类型，一类是冗散无职事者，只有名义上的官称吏名；一类是有具体职事，但尚未真除实授者。后者之中的长吏由非“真吏”转变为“真吏”，从时间来说，一般为一年至三年不等，但是，由于统治者的好恶、特殊需要、个人才干、政绩是否突出等原因也常不受上述时间限制，“寻即真”、“俄即真”，甚至直接为真者往往有之。二百石以上长吏较百石以下“小吏”的“真吏”与非“真吏”的区分、类别以及由非“真吏”转化为“真吏”的制度和规定要细致而明确，关于长吏范围内的“真吏”与非“真吏”的资料亦相对比较丰富，而“小吏”方面的资料和情况则相对贫乏。这一方面是中国古代皇朝重官轻吏的政治现实的反映，由中央除授官员的相关制度较地方长官辟召小吏的制度要细密得多，中央政府在官吏管理上，长吏重于小吏；另一方面与此互为因果关系的是与中国古代史籍，尤其是正史在记载中着重帝王将相、高官长吏的活动事迹，而疏于下层吏员的活动和事迹。长沙走马楼吴简的重要性之一是第一次披露了下层吏员方面的诸样相，其中关于“真吏”的记载为首见于出土资料，因而弥足珍贵。目前所见吴简中的“真吏”可能基本上是在“小吏”范围内的人员，但也不排除有二百石“长吏”范围之内的下层官员的可能性。

2. 关于“真吏”与“州郡县吏”、“军吏”等的关系问题

长沙走马楼三国吴简中，除了有关于“真吏”的记载之外，还有大量“州吏”、“郡吏”、“县吏”以及“军吏”等的记载。他们之间是什么关系呢？从以上对于“真吏”与非“真吏”的叙述可以看到，“州吏”、“郡吏”、“县吏”或“军吏”等称谓的外延要大于“真吏”，也就是说在“州吏”、“郡吏”、“县吏”或“军吏”中是区分为“真吏”与非“真吏”两类成员的。

3. 关于“真吏”中有高龄者问题

虽然吴简所见“真吏”简中人员多为21～61岁，但是9360号简记载宜陽里有位叫黄阿的“真吏”，却年已81岁。如何解释这种现象呢？一方面当

时以高龄为官为吏者并非鲜见，从“长吏”到“小吏”均有之。与长沙关系非常密切，就在走马楼吴简所在的这段时期先后在长沙地区为官镇守的吕岱，于赤乌二年(公元 239 年)潘濬卒后不久，被孙权拜为交州牧，率兵征讨一年，荡平了廖式之乱，“复还武昌。时年已八十，然体素精勤，躬亲王事”①。他直至孙亮即位后被拜为大司马，至太平元年(公元 256 年)卒，年九十六。张皓于东汉顺帝阳嘉元年(公元 132 年)“复为廷尉。其年卒官，时年八十三”②。夏方，会稽永兴人，孙吴时期曾拜仁义都尉，累迁五官中郎将，“吴平，除高山令……在官三年，州举秀才，还家，卒，年八十七”③。汉魏时期举秀才意味着有了进一步升迁官位的可能，这位两朝元老当以高龄被举为颇有政治发展前景的秀才。魏明帝时高堂隆为陈留太守，“犊民酉牧，年七十余，有至行，举为计曹掾；帝加之，特除郎中以显焉”④。这位牧民不仅以七十余岁高龄被郡太守举为上计吏，而且得到皇帝的青睐，破格除为郎中，而郎中较举秀才更有升迁为内外长吏的机会。所以，黄阿以八十一岁仍为“真吏”，并不为奇。另一方面，吴简中记载高龄者并不少，80 岁以上者除黄阿之外还有 26 例⑤，90 岁以上者有 7 例⑥。这些显然多是簿籍登记的需要，而并非完全为了在当年役使这些耄耋之人，黄阿简似亦可作如是观。

4. 关于唯宜阳里有“真吏”的问题

目前所见到的“真吏”简均出自宜阳里，不见于其他地方，由于资料缺乏，尚不能作出合理的解释。上述文献中关于“真吏”与非“真吏”的记载表明，尽管他们的区分是客观存在并且是普遍的，但是在文献中却很少或几乎没有直接称呼他们为“真吏”或非“真吏”的情况。故吴简中关于“真吏”的

---

① 《三国志》卷 60《吕岱传》，1386～1387 页。

② 《后汉书》卷 56《张皓传》，1816 页。

③ 《晋书》卷 88《孝友传·夏方传》，2277 页。

④ 《三国志》卷 25《高堂隆传》，708 页。

⑤ 简 362、769、2625、3310、4220、5175、5364、7356、7364、7758、8405、8462、8471、8472、8490、9159、9216、9249、9252、9306、9311、9412、10094、10111、10271、10466。

⑥ 简 945、2645、5534、5663、7593、7660、10210。

记载可能也不会太多。关于目前唯见宜阳里有“真吏”的记载问题，或许与制作这种簿籍的特定目的、功用有关系。但当时是出于什么目的需要写明“真吏”这种身份？是官府方面经常性的要求，还是特定的、偶然的要求？毕竟吴简的绝大部分尚未面世，也许将来会有新的资料得以冰释这些疑窦。

原载《史学月刊》，2009(5)，《人大复印资料·魏晋南北朝隋唐史》，2009(5)全文转载。

说“给吏”

——从长沙走马楼吴简谈起

长沙走马楼三国吴简中有不少“给吏”的记载，过去学术界并未关注这个问题，因为文献记载“给吏”的资料并不多，而吴简提供了这方面丰富的资料，尤为难能可贵的是这些资料为反映当时基层政府和乡里基层社会相关情况的第一手资料，更显弥足珍贵。兹不揣浅陋，试略述之。

一、前言

从现已公布的吴简来看，孙吴时期地方政府征发“吏民”为“给吏”或其他“给”务的情况相当繁数，范围很广，名目甚多，目前所见有：“给州吏”、[①]“给郡吏”、[②]“给县吏”、[③]“给吏”、[④]“给军吏”、[⑤]“给州卒”、[⑥]“给郡卒”、[⑦]“给县卒”、[⑧]“给卒”、[⑨]“给度卒”、[⑩]“给锻佐”、[⑪]“给三州仓父”、[⑫]“给

① 长沙市文物考古研究所、中国文物研究所、北京大学历史学系 走马楼简牍整理组编著：《长沙走马楼三国吴简·竹简(壹)》，壹·3323、7432、10139、10149、10201、8646、10367等，北京，文物出版社，2003。

② 壹·8127、10042、10048、10169、10175、10232、10298、10398；长沙市文物考古研究所、中国文物研究所、北京大学历史学系 走马楼简牍整理组编著：《长沙走马楼三国吴简·竹简(贰)》，贰·7536、8197等，北京，文物出版社，2007。

③ 壹·7353、9435、9588、7777、10080、10182、10401、10412等。

④ 壹·5602、8934

⑤ 壹·5652、8671、10306

⑥ 《长沙走马楼三国吴简·竹简(叁)》，叁·6482，北京，文物出版社，2008。

⑦ 《长沙走马楼三国吴简·竹简(肆)》，肆·30829，北京，文物出版社，2011。

⑧ 壹·5474、9123、10056、10308、贰·2063、2318、4511、6906

⑨ 贰·4791、肆·30425

⑩ 壹·5327、5490、5654

⑪ 壹·5429、5440.

⑫ 壹·5435.

库吏”、[①]“给官师”、[②]“给监兵”、[③]“给驿兵”、[④]“给驿卒”、[⑤]“给佃帅”、[⑥]“给习射”、[⑦]“给官瓦师”、[⑧]“给囷父”、[⑨]“给郡园父”、[⑩]“给园父”、[⑪]“给朝丞”、[⑫]“给子弟佃客”、[⑬]“给佑子弟限田”、[⑭]“给子弟限客”、[⑮]“给限佃客”、[⑯]“给子弟”、[⑰]“给私学”、[⑱]“给州私学”、[⑲]“给常佃”、[⑳]“给养官牛”、[㉑]“给冢种客”、[㉒]“给邮卒”、[㉓]“给佃吏”、[㉔]“给关父”、[㉕]“给亭杂人”、[㉖]“给亭复人”、[㉗]“给县帅”、[㉘]“给郡医”[㉙]等。这些记载表明：第一，这些吏务、差役均为地方政府向基层乡里的征发，基层

① 壹·5472.

② 壹·8935

③ 肆·32632

④ 壹·8976、贰·1571、1778、1781、1903、

⑤ 贰·2285

⑥ 贰·1562、

⑦ 贰·1592、1961、1979、2492、6872、

⑧ 贰·1657

⑨ 贰·1686

⑩ 贰·1701

⑪ 《长沙走马楼三国吴简·竹简(柒)》，柒·2650，北京，文物出版社，2013。

⑫ 贰·1702

⑬ 贰·1981

⑭ 贰·7048

⑮ 肆·30298

⑯ 贰·6872

⑰ 贰·1680、1818、1904、2033、2034、2682

⑱ 贰·1972

⑲ 肆·32081

⑳ 贰·2306

㉑ 贰·2498

㉒ 贰·2501、2525

㉓ 肆·30295

㉔ 肆·30765

㉕ 肆·31924

㉖ 肆·32042

㉗ 肆·32633

㉘ 肆·32071

㉙ 肆·32666

"吏民"是官府一切吏务、差役的供应源，官府的各种征发均来自于"民"。表明当时孙吴地区的确是"民多征役"，"以役事扰民"①的情况是相当严重的，而这些不过是孙吴"征役"的部分内容。第二，这些征发范围很广，种类繁多，既有州郡县吏，又有州郡县卒、军吏以及其他各种名目的吏务、差役，广义而言，它们都可以说是"给吏"，这些吏务、差役都是为了满足官府的"吏"事需求，古代"吏"与"事"是相通的，因此，各种公共事务都可以说是"吏"事，上述征发事项涵盖各种公共事务的需求。但是其征发的核心需求和重点在于"吏"役、"吏"职。故狭义而言，"给吏"主要是指"给"州郡县吏。但是它与其它征发之间并非截然划分，而有相互交叉、包含的情况，除了明言"给州吏"、"给郡吏"、"给县吏"之外，其他如"给库吏"、"给佃吏"、"给锻佐"等也应视为"给吏"之具体吏役、吏职。第三，上述种种不同名目的征发，表明它们之间所具有的不同质的规定性，也就是说规定了它们之间不同的服役内容和性质，不仅"给州郡县吏"与"给州郡县卒"、"给军吏"以及其他各种名目的"给"务有别，而"给吏"是在"吏"务范围之内的征发，即使在"给州郡县吏"中的"给州吏"、"给郡吏"、"给县吏"也有行政单位层级不同而导致的某些差异。这就提示我们注意"给吏"与"给"其它差役应有所区别，以"给郡园父"、"给园父"、"给养官牛"为例，这里的"园"可能属于"禄田"之类的官府菜园，园父为种植官府菜园的菜农，"给困父"则为官仓之差役，"给养官牛"则似为饲养公田、交通之类官牛的牛倌，这些无疑属于力役性差遣，而他们与"园吏"、"困吏"、"厩吏"之类吏职似应有所区别，前者为劳役，后者为吏役、吏职。因此我们不能因见吴简"给吏"多为"下品"户而视为等同于力役或主要为力役("给吏"多为下品户问题容后讨论)，我们固然不能排除"给吏"也有力役在内，如上述"给佃吏"之类，当与宋世的"大田武吏"不无联系，但毕竟"给吏"与"给役"虽有联系亦有所区别。本文不拟讨论所有"给"务征发事项，主要讨论狭义的"给吏"，即"给州郡县吏"的问题。

基层"吏民"被地方政府征调"给吏"，即"给州郡县吏"，由于服役对

---

① 《三国志》卷47《吴主传》，1144页，北京，中华书局，1959。

象、场合不同而大体有两种不同的类型，一是“给吏”于本州郡县，二是“给吏”于其他单位或部门。

二、“给吏”于本州郡县

基层“吏民”被地方政府征调“给吏”，在本州郡县为“吏”，这是“给吏”的基本形态。

(一)文献所见“给吏”即“吏”

文献多见“给吏”即“吏”的记载。

东汉末年人郑玄①，北海郡高密县人，西晋人司马彪《续汉书》记其事曰：“少给县为吏，得休不归家，常诣校官读经。家贫无资，县中嘉之。”②此即“给县吏”，亦即充当本县的“县吏”。范晔《后汉书》记其事曰：郑玄“少为乡啬夫，得休归，常诣学官，不乐为吏，父数怒之，不能禁。遂造太学受业。”③郑玄所“给”之“县吏”，具体来说是担任“乡啬夫”。汉制：郡县所辖诸乡，五千户以上的大乡，由郡所署“有秩”负责；五千户以下的小乡，由县所置“啬夫”负责。两者“皆主知民善恶，为役先后，知民贫富，为赋多少，平其差品。”④《后汉书·郑玄传》注：“前书曰‘乡有啬夫，掌听讼收赋税’也。”⑤由于“啬夫”为县廷派驻乡一级基层单位的员吏，故称“乡啬夫”；又由于“啬夫”为县廷所署，故为县之属吏⑥，笼统而称则谓之“县吏”。《汉官》载洛阳令属吏即有“啬夫”⑦，郑玄所任则为其籍贯北海郡高密县之“啬夫”。可见“给吏”与各种具体的“吏”称是在不同场合的运用。郑玄

---

① 郑玄生于东汉顺帝永建二年(公元 127 年)，卒于建安五年(公元 200 年)，其晚年与长沙走马楼吴简时代相衔接。

② 司马彪：《续汉书》，见《北堂书钞》卷 77 引，317 页，天津，天津古籍出版社，1988。

③ 《后汉书》卷 35《郑玄传》，1207 页，北京，中华书局，1965。

④ 《续汉书·百官志五》，见《后汉书》，3624 页。

⑤ 《后汉书》卷 35《郑玄传》，1207 页。

⑥ 《续汉书·百官志五》，见《后汉书》，3624 页。

⑦ 《续汉书·百官志五》注引，见《后汉书》，3623～3624 页。

晚年以书戒子曰："吾家旧贫，不为父母群弟所容，去厮役之吏。"①他把自己"给县吏"而为"乡啬夫"称之为"吏"，这里揭示了"给吏"过程中相互关联的三个层次的概念："乡啬夫"—"县吏"—"吏"。

东汉末年郑玄"给吏"的情况，实来源有自，与西汉的"给吏"制度有着继承关系，西汉后期人朱博，杜陵人，"家贫，少时给事县为亭长。"②两汉之际人逢萌，北海都昌人，"家贫，给事县为亭长。"③吴汉，南阳宛人，"家贫，给事县为亭长。"④上述三人所"给"之吏职为"亭长"。汉制十里一亭，以亭长主其事，与上述"乡啬夫"的情况相似，他们也是作为县的属吏而被派至基层担任吏职的，笼统而言他们都是"给县吏"者。与此相类似，东汉人谅辅，广汉新都人，"少给佐吏，浆水不交，为从事，大小毕举，郡县敛手。时夏枯旱，太守自曝中庭，而雨不降；辅以五官掾出祷山川……"⑤他是"给吏"于郡县，先后担任从事、五官掾等吏职，其职权甚大，包揽政务，乃至郡县长官为之"敛手"。东汉中期人应顺，"少给事郡县，为吏清公，不发私书。"⑥应顺也是"给吏"于郡县，但是未具体指明担任何种吏职，不过其身份已经是"吏"，故史称其"为吏"清公，说明他在履行吏职中有良好的表现，因此他是"郡县吏"而无疑。上述资料表明，所谓"给吏"即是担任本郡县吏职，也就是"郡县吏"，这是两汉一脉相承的。

《华阳国志》所载东汉桓帝时巴郡"给吏"的情况，为我们了解"给吏"的这种类型及其性质提供了更为翔实生动的资料。汉代巴郡治所在江州(今重庆市)，由于郡域辽阔，交通困难，于是以郡吏赵芬等人为首，在郡太守的支持下发起并推动了一场分郡活动，希望将巴郡一分为二，以减轻属县"给吏"的困难。时泰山人但望担任巴郡太守，郡文学掾宕渠赵芬，以及

① 《后汉书》卷35《郑玄传》，1209页。

② 《汉书》卷83《朱博传》，3398页，北京，中华书局，1962。

③ 《后汉书》卷83《逸民列传·逢萌传》，2759页。

④ 《后汉书》卷18《吴汉传》，675页。

⑤ (晋)干宝撰，汪绍楹校注：《搜神记》卷11《谅辅》，131页，北京，中华书局，1979。

⑥ 《后汉书》卷48《应奉传》注引华峤《汉后书》，1607页。

郡掾弘农冯尤，垫江龚荣、王祈、李温，临江严就、胡良、文恺，安汉陈禧，阆中黄闾，江州毋成、阳誉、乔就、张绍、牟存、平直等16人，上书但望申诉“给吏”之艰难曰：

“郡境广远，千里给吏。兼将人从，冬往夏还。夏单冬复。惟踰时之役，怀怨旷之思。其昏忧丧吉凶，不得相见。解缓补绽，下至薪菜之物，无不躬买于市。富者财得自供。贫者无以自久。是以清俭，夭枉不闻。加以水陆艰难，山有猛禽；思迫期会，陨身江河，投死虎口。咨嗟之叹，历世所苦。天之应感，乃遭明府，欲为更新。童儿匹妇，欢喜相贺：‘将去远就近，释危蒙安。’县无数十，人无远迩，恩加未生，泽及来世。巍巍之功，勒于金石，乞以文书付计掾史。人鬼同符，必获嘉报。芬等幸甚。”

太守但望“深纳之”。郡户曹掾史枳积极支持此事，对但望说：“(赵)芬等前后百余人，历政讼诉，未蒙感悟。明府运机布政，稽当皇极。为民庶请命救患，德合天地”云云。但望即于永兴二年(公元154年)上疏建议分郡：强调巴郡地域辽阔，“远县去郡千二百至千五百里。乡亭去县，或三四百，或及千里。”而且险峻难行，“给吏休谒，往还数千”，“遥县客吏，多有疾病。”于是建议“敢欲分为二郡：一治临江。一治安汉。”①

从这个记载我们可以获得如下认识：

1. 上书者的身份为巴郡郡吏。参与向郡太守上书的人员有“郡文学掾”赵芬1人，以及“(郡)掾”冯龙等15人。“文学掾”为郡国学官；“掾”，东汉诸郡国“皆置诸曹掾史”②，分曹办理各项行政事务，“掾”为诸曹之长，“史”为其下之办事人员。上述16人均为“郡吏”无疑。赵芬，同书又记作“户曹掾”，或谓：“当是由文学转户曹，卒于户曹任也。”③。“户曹”为郡国

---

① 任乃强：《华阳国志校补图注》卷1《巴志》，19～20页，上海，上海古籍出版社，1987。

② 《续汉书·百官志五》，见《后汉书》，3621页。

③ 《华阳国志校补图注》原附士女目录一卷，687页。

列曹之首曹，掌管户口、祠祀①等，“户曹掾”为该曹之长。不论赵芬为“户曹掾”或“文学掾”，总之他以及其他 15 位郡“掾”均为郡府诸曹之负责人，他们均属“郡吏”而无疑。如同上述郑玄以“乡啬夫”而为“县吏”一样，他们也分别以“户曹掾”或“文学掾”等不同吏职而为“郡吏”。赵芬等郡吏是为他们以及以他们为代表的郡吏争取分郡以减轻“给吏”之困难，故上书中说如有“嘉报”，则“芬等幸甚”。从“前后百余人，历政讼诉”，可知先后有一百多位郡吏参与过此事。

2. 但是，他们也是“给吏”者。赵芬等郡吏上书请求分郡，正是为了解除“千里给吏”的困难，太守但望也以“给吏休谒，往还数千”作为建议分郡的理由之一。他们是代表所有“给吏”者表达此意愿的。这些“给吏”者除一人为外郡的弘农人外，其余均来自巴郡所属各县，有宕渠、垫江、临江、安汉、阆中、江州等县。这基本上符合汉代郡县属吏取本籍人担任的制度。他们就是巴郡太守但望向所辖各县“吏民”中辟召的吏员。他们是从本县前往郡治所在地江州“给吏”的，以承担“户曹掾”、“文学掾”或其他诸曹“掾”等“郡吏”职务，所以被称为“遥县客吏”。这里所谓“遥县”，是对于郡府来说的，巴郡所辖边远诸县即属此。“客吏”是指巴郡所辖县的吏民任“吏”职于郡府者，特别是指那些从“遥县”而客居于郡府任“吏”职者，故“遥县客吏”是指巴郡之内属县的那些“千里给吏”者而无疑。或谓“‘客吏’谓外州来此服官职者”②。此说将原文“县”改为“州”、“遥”改为“外”，与原义相去甚远。注解古籍忌擅改原文，如果通过篡改原文而肆意铺陈，曲为之说，尤不可取。太守但望这句话的前后文是这样的：“郡治江州，时有温风，遥县客吏，多有疾病。”指出郡治江州常有瘴疠之疫，使得那些从“遥县”来郡府的“给吏”者经常生病。这里的“遥县客吏”明指从巴郡所辖远县而客居江州任吏职者，文义晓畅，不容曲解。这句话不仅与开篇的“郡境广远，千里给吏”以及“给吏休谒，往还数千”有着内在的逻辑关系，而且完全符合两汉魏晋时期的地方政治制度，即郡府所需“给吏”者是由本郡属县的

① 参见严耕望：《秦汉地方行政制度史》，130～131 页，“中研院”历史语言研究所专刊之 45A，1990. 5。

② 《华阳国志校补图注》注，23 页。

吏民中征召而来的。但望的上书中还说“远县去郡千二百至千五百里。乡亭去县，或三四百，或及千里。”表明“给吏”的困难不独“给郡吏”为然，“给县吏”亦然。但望何以提出“乡亭去县，或三四百，或及千里”的问题呢？原因之一是有的郡县吏是需要到“乡亭”去服吏役、吏职的，如上引郑玄之为“乡啬夫”，朱博、逢萌、吴汉等人之为“亭长”均属如此。也就是说“郡境广远”不仅给辖县吏民“给吏”于郡府造成困难，也给郡县吏下至属县或乡亭履行吏役、吏职造成困难(“郡境广远”当然也给郡县长官、长吏巡察四方和执行政务带来困难，此不属本文讨论的主题，毋庸作骈枝之说)。因此，他们所指的“给吏”困难情况实际上是包括“给郡吏”与“给县吏”这两类人员在内的。

无独有偶，与益州紧邻的凉州武都郡，也有类似于巴郡的情况，这里则是由于郡境交通困难给属县“给吏”造成很大困难，其析里[①]“溪源漂疾，横柱于道”，尤以郙阁艰险难行，以致“沮县士民，或给州府，休谒往还，恒失日晷。行理咨嗟，郡县所苦。”[②]致使凉州武都郡所辖沮县(今陕西略阳县东)的“士民”(即“吏民”)“给吏”于凉州府经常不能按时顺利进行，不仅民众意见很大，郡县政府也颇感头痛。灵帝建宁年间(公元168—172年)李翕出任武都太守后，于是建造了“析里大桥”。此桥不仅对于沟通凉、益二州“商旅”起了积极作用，也对于武都郡属县—沮县民众“给吏”于凉州府带来方便。《华阳国志》的记载反映的是属县民众“给吏”于郡府的困难问题，这个碑刻反映的是属县民众“给吏”于州府的困难问题，两者的问题和性质是一致的。文献资料与碑刻资料如此若合符契，并非偶然巧合，而是当时的实际情况如此，属县民众“给吏”于上级官府因为交通问题造成困难是一个普遍存在的社会问题和客观事实。

3. 巴郡的“给吏”者是有“休谒”待遇和权利的。这句话出自巴郡太守之口，表明“给吏”者不仅承担吏役、吏职，而且享受“吏”的休假待遇和权利。此与上述郑玄“给”县史时可以“得休归”是一致的。但是由于巴郡郡境辽阔，特别是其中有的“远县去郡千二百至千五百里”，“给吏”者“休谒”一

① 今陕西略阳县西嘉陵江边，参见复旦大学历史地理研究所编：《中国历史地名词典》，476页，南昌，江西教育出版社，1988。

② 《李翕析里桥郙阁颂》，见王昶辑：《金石萃编》卷14，北京，中国书店，1985。

次就得“往还数千”，给“给吏”的“休谒”造成很大困难，十分不便。汉律规定：“吏官去家二千里以上者，二岁壹归，予告八十日。”①离家远近与官吏的休假影响颇大。上述凉州武都郡属县—沮县的“给吏”者也与巴郡“给吏”者一样享有“休谒”的待遇和权利，他们则由于交通困难使这些“给吏”者“休谒往还，恒失日晷。”经常不能按时休假或报到销假。两汉之际的唐公房，为汉中郡成固县(今陕西城固县东北)人，“王莽居摄二年，君为郡吏……是时府在西成，去家七百余里，休谒往徕，转景即至。阖郡惊焉，白之府君，徙为御吏。”②他从家乡成固县到离家七百里的郡府所在地西城(今陕西安康县西北)为郡吏，是为汉中郡府的一位“遥县客吏”。由于他在为郡吏期间服用了“真人”的“神药”而成仙，故能“休谒往徕，转景即至。”这位郡吏也享有“休谒”的待遇和权利。这个神话反映了吏人休假与路程远近、交通便利与否有很大关系，是当时“给吏”者普遍关注的问题，渴望交通便利是“给吏”者普遍的愿望。东汉人许荆则由于家贫无力解决交通工具问题，而造成休假的困难，他“少丧父，养母孝顺。家贫为吏，无有船车，休假，常单步荷担上下。”③总之，按时“休谒”是吏的待遇和权利，故巴郡诸县和武都郡沮县的“给吏”者与其他“吏”或“给吏”者一样，都是享有“休谒”待遇和权利的。(关于这个问题我们在下文还将进行讨论)

4. 巴郡那些“给吏”者与上述其他“给吏”者相同，均来自于“民庶”，亦即从编户齐民中调发充当的。这是秦汉魏晋南北朝时期州郡县“给吏”来源的普遍情况。故巴郡户曹掾史枳认为此举是“为民庶请命救患”；巴郡太守的上书中也称赞龚荣等郡吏提出分郡之举“得百姓欢心”，“释民之劳”④。赵芬等16人并非仅仅为他们，也不是仅仅为那些为分郡问题出过力的“前后百余人”，而是为了巴郡全体吏民而提出分郡的主张，因为巴郡的全体吏民都是“给吏”的后备人员和承担者，是为了减轻全体吏民“给吏”的困难

① 《张家山汉简·二年律令·置吏律》，162页。

② 《仙人唐公房碑》，见《金石萃编》卷19，第1册。

③ 谢承：《后汉书》卷5《循吏传》，见周天游辑注：《八家后汉书辑注》上，151页，上海，上海古籍出版社，1986。

④ 《华阳国志校补图注》卷1《巴志》，20页。

和负担。因而他们的行动被誉为“为民庶请命救患，德合天地。”凉州府的“给吏”者也是从属县之一沮县的“士民”中调发而来的，故武都太守建成析里大桥之后被赞颂称“百姓欢欣，佥曰太平兮。”①

(二)吴简所见“给吏”即“吏”

长沙走马楼吴简是承接东汉末年而记载的官府文书，上述文献所载“给吏”者郑玄卒于建安五年(公元200年)，吴简中就有建安年号的简牍，故整理者认为：“考虑到孙权自建安二十年以后即已控制长沙，我们推测这批简牍，包括建安末年纪年简牍，都属于孙吴官府。”②所以，吴简所反映的社会历史与上述文献记载的情况是有着紧密继承关系的。在走马楼吴简中亦有与上述文献记载相同的情况，即存在着“给吏”即为“吏”的简牍，它们印证并丰富了文献关于“给吏”的记载。兹以表格形式列举吴简中的“给吏”者即“吏”的情况于下：

吴简所见“给吏”即“吏”对应表

姓名	“给吏”	具体职务	“吏”的身份	履行吏职
谢达	“给县吏”③		“县吏”④；“吏”⑤	草上言遣吏谢达传送吏逢眷卒朱德所[得](?)□□□一枚事 十一月十八日……白⑥
松棐	“给县吏”⑦		“县吏”⑧	

---

① 《李翕析里桥郙阁颂》，见《金石萃编》卷14，第1册。

② 《嘉禾吏民田家莂》(上)，前言1页。

③ 壹·7777.

④ 5·231.

⑤ 柒·2917

⑥ 柒·2917

⑦ 壹·10080

⑧ 4·250、5·345

续表

姓名	“给吏”	具体职务	“吏”的身份	履行吏职
张惕	“给县吏”①	“贼曹史”②；“户曹史”③；“兼田曹史”④；	“县吏”⑤；“吏”⑥	☐……事　八月廿七日兼田曹史张惕白⑦
张乔	“给县吏”⑧		“县吏”⑨	☐口张乔谨列四年口佃复民口☐⑩
朱客	“给县吏”⑪		“县吏”⑫	
张乐	“给县吏”⑬	“书佐”⑭		九月卅日书佐张乐言⑮

---

① 柒·3543，壹·10182。

② 《长沙走马楼三国吴简·竹简(捌)》，捌·6582，北京，文物出版社，2015。捌·4754 作“贼曹吏”。

③ 捌·5518、5521。2979《竹简(柒)》记为“兼户曹史”(柒·2979)，又记为“兼户曹别主史”(柒·2900)

④ 捌·5580。

⑤ 5·800

⑥ 贰·460、壹·肆·4668

⑦ 捌·5880。按：张惕履行吏职的简甚多，不烦枚举。

⑧ 柒·3555；壹·10412.

⑨ 4·262

⑩ 叁·6782

⑪ 柒·3561

⑫ 5·335

⑬ 柒·1050

⑭ 贰·7051、8937、叁·207、220、3652、柒·2779

⑮ 贰7051。此外，贰·8937、叁·207、220、3652、柒·2779 均有“书佐张乐言”的竹简。

续表

姓名	"给吏"	具体职务	"吏"的身份	履行吏职
张近	"给县吏"①		"县吏"②	
李思	"给县吏"③	"从掾史"④		三月十日从掾史李思白⑤
谢难	"给县吏"⑥	"兼口用曹"⑦	"县吏"⑧	草言府诸乡县吏掾区光黄永等坐兵衣布无人事　三月十二日兼口用曹谢难白⑨
五陵	"给县吏"⑩	"桑郷典田掾"⑪	"吏"⑫	五月三日典[田](?)掾五陵白⑬
逢杲	"给郡吏"⑭		"郡吏"⑮	

① 柒・1068

② 贰・7012

③ 柒・3894

④ 柒・2911

⑤ 柒・2911

⑥ 柒・3208

⑦ 柒・573

⑧ 4・266

⑨ 柒・573

⑩ 壹・9435

⑪ 贰6582、壹・1361、5589、叁・3892、柒・4471、捌・5280

⑫ 柒・3146、捌・4829、5063

⑬ 壹・1361。与此相类似记载其履行职务简还有：壹・5589、贰・6582、叁・3892、柒・4471

⑭ 柒・3582

⑮ 4・16

续表

姓名	“给吏”	具体职务	“吏”的身份	履行吏职
周柏	“给郡吏”①		“郡吏”②	
胡恕	“给郡吏”③		“吏”④	
许迪	“给郡吏”⑤	“淕口典盐掾”⑥、“典盐吏”⑦、“库吏”⑧	“郡吏”⑨、“吏”⑩、“见吏”⑪	割盗盐米一百一十二斛六斗八升⑫
胡杨	“给州吏”⑬		“州吏”⑭	
严追	“给卌吏”⑮		“卌吏”⑯	

① 柒·3723
② 4·9
③ 壹·10042
④ 肆·5495
⑤ 捌·4075
⑥ 捌·4064、4066、4069
⑦ 捌·4082
⑧ 捌·303
⑨ 捌·4076、4307
⑩ 捌·4055、4110、4139、4199、4214，柒·4419
⑪ 捌·4016
⑫ 捌·4307。其职务犯罪事，不胜枚举。
⑬ 柒·3565
⑭ 5·695
⑮ 柒·3542
⑯ 4·28

续表

姓名	“给吏”	具体职务	“吏”的身份	履行吏职
烝谓	“给州吏”①		“州吏”②	入小武陵乡税米二斛胄毕＊嘉禾元年十一月十四日平(?)支丘州吏烝谓付三州仓吏谷汉受中③

资料来源：《嘉禾吏民田家莂》，《竹简(壹)》、《竹简(贰)》、《竹简(叁)》、《竹简(肆)》、《竹简(柒)》、《竹简(捌)》

上述“给吏”者，都是姓氏和吏称记载完整而明确者，共得17例，其中有10位“给县吏”，4位“给郡吏”，3位“给州吏”，其数量多寡恰与《嘉禾吏民田家莂》中这几种自下而上吏人的数量比例大体一致④。

10位“给县吏”者中，有8位的身份被明确记载为“县吏”或“吏”，第一，谢达。“宜阳里户人公乘谢达年廿六筭一给县吏”，⑤ 在《嘉禾吏民田家莂》中有“石下丘县吏谢达”⑥的户主身份记载。第二，松棐。“高迁里户人公乘松棐年卅四筭一给县吏”，⑦ 在《嘉禾吏民田家莂》中有“武龙丘县吏松棐”、⑧ “伻丘县吏松棐”⑨的户主身份记载。第三，张惕。“吉阳里户人公乘张惕年卌八　给县吏”，⑩ 在《嘉禾吏民田家莂》中有“新唐丘县吏张惕”⑪

---

① 壹·8646

② 肆·2577

③ 肆·2577

④ 《嘉禾吏民田家莂》中计有州吏37人，郡吏57人，县吏67人。

⑤ 壹·7777、9588、贰·4504

⑥ 5·231

⑦ 壹·10080

⑧ 5·345

⑨ 4·250

⑩ 柒·3543。按：壹·10182．亦有张惕“给县吏”之记载，两个张惕年龄相距较大。

⑪ 5·800

的户主身份记载。第四，张乔。“高迁里户人公乘张乔年卅筭一给县吏”[①]，又有“吉阳里户人公乘张乔年卅九　给县吏”，[②] 在《嘉禾吏民田家莂》中有“伻丘县吏张乔”[③]的户主身份记载。第五，朱客。“吉阳里户人公乘朱客年卅七　给县吏”，[④] 在《嘉禾吏民田家莂》中有“伻丘县吏朱客”[⑤]的户主身份记载。第六，张近。《竹简(柒)》有“嘉禾五年常迁里户人公乘张近年卅五给县吏”的记载，[⑥] 而在《竹简(壹)》中有“□郷县吏张近故户下品出钱四千[四]■”[⑦]的身份记载。第七，谢难。《竹简(柒)》有“平阳里户人公乘谢难年廿一　给县吏”[⑧]的记载，而在《嘉禾吏民田家莂》中有：“伻丘腖縣吏谢難”[⑨]的户主身份记载。第八，五陵。《竹简(壹)》有“小成里户人公乘五陵年卌六给县吏复”的记载，[⑩] 五陵没有“县吏”的直接记载，但是有多处为“吏”的记载，如：“……吏郭宋谢韶区光黄欣五陵殷连等纪(?)”，[⑪] 在这里五陵与其他五位“吏”联名，其中有几位是著名的的“吏”，例如殷连作为“库吏”，其负责收取租布的记载极其繁多，如“☐□□□十六匹二丈七尺𠔁嘉禾元年八月十四日关丞付库吏殷连受”。[⑫] 谢韶作为“南乡劝农掾”也频繁见诸简牍。[⑬] 区光亦有为“吏”的多处记载。[⑭]

“给县吏”中有3位没有明确的相应的身份记载，但是却都有明确的履行吏职的记载，第一，张乐。“嘉禾五年常迁里户人公乘张乐年廿五给县吏”，[⑮]

① 壹·10412.

② 柒·3555

③ 4·262

④ 柒·3561

⑤ 5·335

⑥ 柒·1068

⑦ 贰·7012

⑧ 柒·3894

⑨ 4·266

⑩ 壹·9435

⑪ 柒·3146。又见于捌·4829、5063

⑫ 捌·3795

⑬ 捌·3342(1)、2882、3632 等。

⑭ 捌·5063、5280、4829

⑮ 柒·1050

他虽然没有"县吏"身份的记载，但是却有担任"书佐"并以此职称履行职务的明确记载："九月卅日囗下书佐张乐言"，[①]"十一月卅日书佐张乐言"，[②]"☐书佐张乐言"，[③]"九月卅日书佐张乐言"，[④]"？……月廿(?)八(?)日书佐张乐言"。[⑤] 第二，李思。"囗阳里户人公乘李思年廿给县吏……"[⑥]李思亦然，他有以"从掾史"身份告白的记载："三月十日从掾史李思白"。[⑦] 他们2位虽然没有其身份为"县吏"或"吏"的直接记载，但是从他们担任的吏职可知亦当为"县吏"。

"给郡吏"者有4位，他们都有相对应的"郡吏"或"吏"的身份记载。第一，逢杲。"吉阳里户人公乘逢杲年卅　给郡吏"，[⑧] 在《嘉禾吏民田家莂》中有"下伍丘郡吏逢杲"[⑨]的户主身份记载。第二，周柏。"高迁里户人公乘周柏年廿四给郡吏　訾　五　十"，[⑩] 在《嘉禾吏民田家莂》中有"下伍丘郡吏周柏"[⑪]以及"侠丘郡吏周柏"[⑫]的户主身份记载。第三，胡恕。"吉阳里户人公乘胡恕年卅四筭一给郡吏"，[⑬] 而有其为"吏"的记载："□邮乡吏文腾录送证知吏胡恕□/"。[⑭] 第四，许迪。他"出给县吏以吏次后不觉年中复给郡吏"，[⑮] 先"给县吏"，接着又"给郡吏"。他的身份被明确称为

① 叁·207
② 叁·220
③ 柒·2779
④ 贰·7051
⑤ 贰·8937
⑥ 柒·3894
⑦ 柒·2911
⑧ 柒·3582
⑨ 4·16
⑩ 柒·3723
⑪ 4·9
⑫ 5·516
⑬ 壹·10042
⑭ 肆·5495
⑮ 捌·4075

"郡吏"："出郡吏许迪所领三年盐贾吴平斛米一百一十二斛六斗八升擿量嘉禾四年六月一日关壁郭嵩付仓吏黄瑛受",① "……嘉禾四年十一月十七日兼金曹□李珠白言郡吏许迪割盗 盐米一百一十二斛六斗八升结正罪法"②；或被明确称之为"吏"："☐重(?)部吏陈旷实核吏许迪辞割食所领盐",③ "勑中部督邮亟促考核吏许迪訬米有出郡簿一百一十二",④ "草言府县不枉考入吏许迪罪法傅前解行□军法事 四月廿九日金曹掾□□白"⑤；或被明确谓之为"见吏"："(许)迪见吏明知科行典受官宝却敢"。⑥

"给州吏"者有3位，他们都有相应的"州吏"身份。第一，胡杨。"吉阳里户人公乘胡杨年卌 给州吏",⑦ 在《嘉禾吏民田家莂》中有"楮下丘州吏胡杨"⑧的户主身份记载。第二，烝谓。"东阳里户人公乘烝谓年廿二筭一给州吏",⑨ 另简记有："入小武陵乡税米二斛胄毕⁎嘉禾元年十一月十四日平(?)支丘州吏烝谓付三州仓吏谷汉受中"。⑩ 第三，严追。《竹简(柒)》有"吉阳里户人公乘严追年廿九 给州吏"⑪的记载，而在《嘉禾吏民田家莂》中有"下伍丘州吏嚴追"⑫的户主身份记载。

以上17位"给吏"者，基本上都有比较明确的身份或足以表明其身份的相关记载，但是他们中，容或有姓名相同而实际并非一人，或者"给吏"者与相关身份记载亦并非同一人的情况，这是可以肯定的，但是其中亦必有

---

① 捌·4076
② 捌·4307
③ 捌·4055
④ 捌·4110
⑤ 捌·4419
⑥ 捌·4016
⑦ 柒·3565
⑧ 5·695
⑨ 壹·8646
⑩ 肆·2577
⑪ 柒·3542
⑫ 4·28

同为一人而且相关身份记载亦相符者，这也是可以肯定的。吴简与上述文献记载相呼应，表明“给吏”即为“吏”，具体而言“给县吏”即为“县吏”，“给郡吏”即为“郡吏”，“给州吏”即为“州吏”，这是文献和吴简所一致证明的客观事实。

三、“给吏”于其他部门

地方政府征召“给吏”者主要是为了满足本州郡县吏役、吏职的需求，此外，地方政府还需负责向某些特定单位或部门提供“给吏”，这是州郡县政府的法定义务之一。也就是说“给吏”是由上述两个方面组成的。后者的情形大体有如下两种：

(一)向郡县其他特定单位提供“给吏”

地方政府需要向郡县境内其他一些相关特定单位提供“给吏”，以满足这些特定单位对于“吏”的需求。

1.“给吏”于侯国

向侯国提供“给吏”即为所在地方郡县的任务之一。西汉霍光的父亲霍中孺，河东平阳人，“以县吏给事平阳侯家。与侍者卫少儿私通而生(霍)去病。中孺吏毕归家，娶妇生(霍)光。”颜师古注曰：“县遣吏于侯家供事也。”①霍中孺是以“县吏”的身份被派遣至平阳侯家服役的，则他既是一位“县吏”，又是一位“给吏者”。卫青的父亲郑季亦然，他是“河东平阳人也，以县吏给事侯家。”②也是以“县吏”而“给吏”于平阳侯家。上述二人的身份都明言为“县吏”，但他们均不在本县服役，而是“给吏”于侯家。霍中孺“吏毕归家”的记载表明，他在平阳侯家“给吏”是有期限的，事毕之后即直接回家，回归为“民”，那么他是为满足平阳侯家的吏役、吏职需要而被县府征调的“给吏”者。他的“给吏”流程是：民—“县吏”—“给吏”—民。

他们或称为“县吏”，或称为“给吏”，是在不同语境下的不同表述。这

---

① 《汉书》卷68《霍光传》，2931～2932页。

② 《汉书》卷55《卫青传》，2471页。

些“给吏”者均为本县之正式吏员，据《尹湾汉墓简牍》中的《集簿》，东海郡辖县18，侯国18。《东海郡吏员簿》详列郡、县、侯国所辖吏员之后，谓“最凡吏员二千二百二人”①。给事侯国的吏是包括在东海郡属吏范围之内的，他们都是编制内的吏员。上述二人的情况与此相同。霍中孺、郑季的身份是“县吏”，则他们是平阳县编制内的吏员，但他们是在为平阳县承担向平阳侯“给吏”任务的“给吏”者。长沙走马楼三国吴简“很可能就是临湘侯的或更高级别行政机构的官府档案”②，这些简牍中的“给吏”者，应当也有与霍中孺、郑季相同而“以县吏给事临湘侯”的“给吏”者。

2.“给吏”于郡县附属专业性官署

各地郡县往往设置有附属的各种专业性的官署，“凡郡县出盐多者置盐官，主盐税。出铁多者置铁官，主鼓铸。有工多者置工官，主工税物。有水池及鱼利多者置水官，主平水收渔税。”③这些盐官、铁官、工官、水官为郡县所属而与县同级的官署，他们的属吏也是由所在县提供的。这些专业性官署中的“给吏”者从西汉到东汉，经历了由县员编制内向编制外的发展变化。从西汉《东海郡吏员簿》可以看到，该郡有盐官3、铁官2，他们的吏员共107人，都是总计在该郡的全部吏员数目之内的，也就是说他们都是在编制之内的。其中，东海郡的两处铁官的属吏中分别有佐9人、佐2人不等，这11位“佐”应是由东海郡所辖诸县“给吏”者承担。吴简诸多“给吏”的简牍中就有“给锻佐”的记载：如：“其一户给锻佐下品之下”(壹·5429)、“[其][一][户][给][锻][佐][下][品]之下”(壹·5440)等，他们也应当是由县廷派遣“给”铁官的属吏，也应属于这种“给县吏”的一种形式。吴简中的许迪也应属于这类“给吏”者，他作为“给郡吏”者而被郡府选拔派遣出任淕口“典盐掾”(捌·4075、4064)。东汉时期规定上述种种专业性官署中的属吏由“在所诸县均差吏更给之，置吏随事，不具县员。”④仍由

① 连云港市博物馆、东海县博物馆、中国社会科学院简帛研究中心、中国文物研究所：《尹湾汉墓简牍》，77、84页，北京，中华书局，1997。

② 《嘉禾吏民田家莂·前言》，1页。

③ 《续汉书·百官志五》，见《后汉书》，3625页。

④ 《续汉书·百官志五》，见《后汉书》，3625页。

该县派遣“吏”轮番承担，根据任务多少而设置员额，但是他们不属于县员的编制，根据吏务之需要而设置吏员。尽管这些专业性官署的“给吏”者到了东汉时期已经不在县员的编制之内了，但是他们的身份仍然为“吏”却是没有变化的。那么，吴简中的这些“给锻佐”者也可能是不在编制之内的。

3.“给吏”于屯田部门

屯田部门也有这种“给吏者”。建安年间，石苞被“县召为吏，给农司马。”[①]他是渤海南皮人，被县府征调而向屯田部门提供“给吏”，他被派遣时的身份也是“县吏”，但不在本县服役，而是“给吏”于“农司马”。他与邓艾一起在那里服役，邓艾“为都尉学士，以口吃，不得作干佐。为稻田守从草吏。”[②]他是屯田单位的“吏”。当时谒者郭玄信“坐被刑在家，从典农司马求人御，以(邓)艾、(石)苞与御。”[③]前文的“农司马”即后文的“典农司马”，《邓艾传》中的“都尉”即“典农都尉”。典农司马是典农都尉的属官，典农都尉是与县同级的、掌管屯田的职官。由此可见，石苞是被县廷派遣至典农都尉下属的“典农司马”那里“给吏”的。

由于被派遣至其他单位或部门“给吏”成为一种普遍的、经常性的现象，于是“给吏”遂成为地方政府“少吏”所承担的一个重要方面的特定任务，从而产生了“给吏”、“给吏者”这样的专有名词或群体。这种情况到南朝时期仍然存在，刘宋时，宗悫随江夏王、征北将军、南兖州刺史刘义恭镇广陵。时宗悫从兄宗绮为征北府主簿。有一次宗绮入直府中，“而给吏牛泰与(宗)绮妾私通”，被宗悫发现而杀死牛泰，宗绮“壮其意，不责也。”[④]这位“给吏”者牛泰也应是南兖州属县派遣至征北将军府服役的县吏，表明到刘宋时郡县政府还需要向军府提供“给吏”，“给吏”的范围较汉魏时期又有所扩大。

(二)向中央一些特定单位派遣“给吏”

汉代三辅地区郡县，则有向中央某些特定单位提供“给吏”的法定义

① 《晋书》卷33《石苞传》，1000页，北京，中华书局，1974。

② 《三国志》卷28《邓艾传》，775页。

③ 《三国志》卷28《邓艾传》注引《世语》，775页。

④ 《宋书》卷76《宗悫传》，1971页，北京，中华书局，1974。

务。司隶校尉和廪牺署等特定单位的吏员有相当多是由三辅地区郡县派遣“给吏”来承担的。

1.“给吏”于司隶校尉

司隶校尉是设置于三辅地区的重要官署，其职掌督察中央和首都周边郡国官吏，到东汉时同时兼领一州，具有中央官与地方官兼备的特色。司隶校尉的属吏有不少即来自下属郡县的“给吏者”。汉成帝时王尊为京兆尹，有一次“司隶遣假佐放奉诏书白(王)尊发吏捕人”①。司隶校尉派遣这位叫做放的“假佐”去京兆尹王尊那里，要求他捕人。“假佐”是什么人?《汉书·王尊传》注引“苏林曰：‘胡公《汉官》假佐，取内郡善史书佐给诸府也。’”②可知司隶校尉的属吏“假佐”是由内郡“善史书”者，即擅长书写官府通用文字—隶书③的“佐”以“给”之的。这些“假佐”原来是内郡的属吏—“佐”，而且是从他们之中选拔优秀者充当，其原来为“郡吏”而无疑。这些原为“郡吏”的“佐”，被郡府派遣至司隶校尉担任“假佐”，成为“给吏”。《说文》：“给，相足也。”段玉裁注：“相足者，彼不足，此足之也。”④以本单位、本部门之“吏”满足其他单位、部门对“吏”的需求，均可称之为“给吏”。这些给吏者称为“假佐”，段玉裁谓“假与叚义略同”，《说文》：“叚，借也。”⑤由此部门借调至彼部门谓之“假”。司隶校尉的“假佐”，用我们今天通行的术语或可谓“借调干部”、“借调人员”。

东汉时期关于司隶校尉“假佐”的设置及其性质和来源的记载较西汉时期更为详细和明确。司隶校尉的属吏由两部分人员组成，一部分是“通为百石”的从事史12人，“皆州自辟除”；另一部分则为“假佐”25人，均由辖郡“给吏”者担任。这25位“假佐”的构成、职责及其来源分别是：“主簿录合下事，省文书。门亭长主州正。门功曹书佐主选用。孝经师主监试经。

---

① 《汉书》卷76《王尊传》，3233页。

② 《汉书》卷76《王尊传》注，3234页。

③ 段玉裁云：“汉人谓隶书为史书……苏林引胡公云，汉官假佐取内郡善史书者给佐诸府也。是可以知史书之必为隶书。”见[汉]许慎撰、[清]段玉裁注：《说文解字注》卷15上，759页，上海，上海古籍出版社，1981。

④ 段玉裁：《说文解字注》，647页。

⑤ 段玉裁：《说文解字注》，374、116页。

月令师主时节祠祀。律令师主平法律。簿曹书佐主簿书。其余都官书佐及每郡国，各有典郡书佐一人，各主一郡文书。以郡吏补，岁满一更。”①这些“假佐”都是由司隶校尉所辖7郡抽调的“郡吏”担任的，服役期限为一年，每年加以轮换。这些“给吏者”，明言为“郡吏”，他们是以“郡吏”的身份前往司隶校尉担任“假佐”的。

2.“给吏”于廪牺署

与司隶校尉的“假佐”由属郡“给郡吏”者承担的情况类似，廪牺署的吏员则由河南尹属县的“给县吏”者承担。西汉中央大司农下属有廪牺令，“掌祭祀牺牲鴈鹜之属”，供应朝廷祭祀所需。东汉时改属河南尹②。其所属有“丞一人，三百石。员吏四十人，其十一人斗食，十七人佐，七人学事，五人守学事，皆河南属县给吏者。”③除了由中央除授的廪牺丞等长吏之外，其余属吏40人都是由河南尹所辖诸县的“给吏者”充当。这40人是廪牺署编制内的员吏，除“守学事”5人之外，其余35人都是正式的员吏。向“廪牺”署提供“给吏者”是河南尹所辖诸县向国家承担的诸法定义务之一。仿照《汉书》《霍光传》、《卫青传》记载霍中孺、郑季事的书法，则上述司隶校尉辖郡派遣至司隶校尉府的“假佐”亦可表述为“以郡吏给事司隶校尉府”，河南诸县派往廪牺署的吏员，也可表述为“以县吏给事廪牺署”。

吴简有“其一人先给郡吏在[武][昌]”(叁·3835)的记载，孙权原都武昌，虽然于黄龙元年(公元229年)迁都建业，但与武昌仍然有密切联系，这位“给郡吏”者也可能即属于派遣至中央有关部门的人员。

综上所述可见，不论是派遣至郡县附属官署还是中央某些特定部门中的“给吏”者，他们的身份都毫无例外地为“吏”或“郡吏”、“县吏”，而不论他们是在编制之内还是编制之外。

① 《续汉书·百官志四》，见《后汉书》，3614页。黎按：点校本“各主一郡文书”与“以郡吏补”之间为逗号，则似仅“典郡书佐”是“以郡吏补”；从西汉制度揆之，“假佐”25人均“以郡吏补”，故似以句号为宜。

② 《续汉书·百官志三》，见《后汉书》，3590页。

③ 《续汉书·百官志三》注引《汉官》，见《后汉书》，3591页。

四、后论

"给吏"者是否均立即、自动、全部如上述两部分人那样转化为"吏"呢？当然不是。

"给吏"者是否均立即、自动、全部如上述两部分人那样转化为"吏"呢？当然不是。

汉魏六朝时期"官吏"的来源和产生，过去我们只知道察举、征辟等这一大类项的方式，吴简资料启示我们，除了人们所熟知的这一传统方式之外，还有"给吏"这一方式，或者说是一种补充方式，这是吴简给予中国古史研究的诸多贡献之一。何以我们认为这是当时"官吏"来源和产生的方式之一？一则因为它涉及面极其广泛。除了基层民众之外，还有广大的"诸吏"，而且它为最高统治者皇帝所认可和关注，故曾试图整顿、规范诸吏"子弟给郡县吏[①]中存在的问题，二则其所"给"之"吏"十分广泛。它涉及以州、郡、县三级为中心的各级地方政权机构乃至其他相关单位或部门，三则其征调已经制度化，有了一定的规则。例如许迪"出给县吏以吏次后不觉年中复给郡吏"[②]的记载表明"给吏"并非随意、无序为之，而是按照"吏次"征发，"给吏"当年一般不得再次调发。四则两者在制度方面的同一性。除了"给吏"者被授予"职吏"称谓之外，还有被授予散吏称谓者，上述李思以"给吏"者而为"散吏"，似表明"给吏"与辟召为吏的规章制度基本上是相同的。遗憾的是更多应有的规章制度还没有被发现。虽然不能认为"给吏"是从三国孙吴才产生的全新方式，而应当是在前代基础上发展起来的，但是由于三国孙吴在三方鼎峙这一特定历史条件下，导致民众赋役的空前繁重，对于下层小吏的需求亦随之而空前增加，吏务需求与编制的矛盾日益

---

① 如孙休永安元年(258年)诏曰："诸吏家有五人，三人兼重为役，父兄在都，子弟给郡县吏，既出限米，军出又从，至于家事无经护者。朕甚愍之。其有五人，三人为役，听其父兄所欲留，为留一人，除其米限，军出不从。"《三国志》卷四八《孙休传》，第1157页。

② 捌·4075

尖锐，原有的、传统的察举、征辟等方式不能满足对于吏人数量、种类的需求时，以"给吏"这一方式加以弥补，遂有其必要性和迫切性，这一方式遂得以应时而兴盛。这是过去由于文献资料的局限而为我们所不甚关注和了解的一种方式，现在我们可以根据吴简资料而提出，大略而言汉魏六朝时期"吏民"之为"官"为"吏"，实际上存在着这样两种方式和途径，一是通过察举、辟召等方式，二是通过"给吏"的方式，前者的指向主要为不同层级的社会精英，主要满足对于基层政权上纲、主吏、亲信以及二百石以上长吏的需求，后者的指向主要为下层民众，主要满足对于基层政权小吏及其他吏职、吏役之需求，故前者为主流，后者次之。地方长官辟召不及、不便者，可通过"给吏"这一方式以弥补和满足之，表明两者实具有相关性和互补性。

以这两种方式之仕进途径而言，前者尚且并非立即、自动、全部转化为"官"或"吏"，后者则更不可能如此；二百石以上长吏尚且并非立即、自动、全部转化为"官"或"吏"，百石以下小吏更不可能如此。拙文《说'真吏'—从长沙走马楼吴简谈起》提出汉唐时期官吏任用存在"真吏"与"非真吏"两个互相联系而又有所区别的区块，二百石以上长吏存在着经过"非真吏"，如"守"、"行"、"假"、"兼"、"摄"……等方式，才能"即真"、"为正"而完成向"真吏"的转化过程。百石以下小吏同样也存在这样一个转化过程。社会精英和二百石以上长吏一般需要经过一年乃至二三年的时间才能完成从"非真吏"到"真吏"的转化过程，何况基本上属于社会下层的"给吏"者。

以此出发进行探讨，也许有助于我们认识何以从文献到吴简中都存在既有"州吏"、"郡吏"、"县吏"等明确的身份记载者，又有"给州吏"、"给郡吏"、"给县吏"的记载者，甚至在一个家庭内部，也存在既有"州吏"、"郡吏"、"县吏"，又有"给州吏"、"给郡吏"、"给县吏"的情况。孙休永安元年诏中"诸吏家有五人，三人兼重为役，父兄在都，子弟给郡县吏"①，表明父兄为"吏"的家庭中却有"子弟给郡县吏"的事实。吴简亦然，如南乡

① 《三国志》卷48《孙休传》，1157页。

劝农掾谢韶"被书条列乡界州吏父兄子弟"，经其派员调查了解到"乡领州吏父兄子弟合十二人，其二人被病物故，一人先给郡吏"①。广成乡的州吏七人的家属中，亦有"一人先出给县吏"②。这些州吏的家庭中即有"给"郡或县吏者。出现这种现象的原因在于，那些身份已经确定的"州吏"、"郡吏"、"县吏"，是通过郡县辟召或通过"给吏"等上述两种不同途径已经成为"真吏"者，或者有的则已经进入"非真吏"并向"真吏"的转化过程者，因为进入"非真吏"阶段即意味着已基本上进入"吏"的范畴之中了；而那些"给吏"者，则是正在"给吏"，如果说前者基本上属于"完成式"，后者则基本上属于"进行式"，他们中有的并没有进入"非真吏"阶段(如"给县吏"者许迪不久即回到家乡复归为民③)，有的已经进入"非真吏"阶段(如上述"给县吏"者谢难之担任"兼囗用曹"④，张惕之担任"兼田曹史"⑤)，也有的则已经完成了从"非真吏"到"真吏"这一转变过程而为"真吏"者(如上述"给县吏"者张乐之为"书佐"⑥，"给县吏"者张惕之为"户曹史"⑦，"给郡吏"者许迪之为"典盐掾"、为"郡吏"⑧等为然)。两者的区别在于：前者("州郡县吏")为已经进入"非真吏"或"真吏"者，后者("给吏")除了部分进入"非真吏"或"真吏"之外，还有部分并未进入这一范畴之内者。

(一)"给吏"者的出处进退

"给吏"者的出处进退并非只有转化为"吏"一个途径，而是有若干情形：

1."给吏"转化为"吏"

上文所揭文献资料和吴简资料，基本上属于这一类型，亦即他们当已经进入"非真吏"或"真吏"范畴之中，故这部分"给吏"者即"吏"，上举吴简

① 捌·3342(1)
② 《长沙走马楼二十二号井发掘报告》，《嘉禾吏民田家莂》，32页。
③ 捌·4243、4075。
④ 柒·573。
⑤ 捌·5880。
⑥ 叁·207、柒·2779、贰·7051。
⑦ 捌·5518、5521。
⑧ 捌·4069、4307。

中的17例“给吏”者以及文献所明确记载已经为“吏”者多数应属此类。故吴简和文献中均存在“给县吏”即为“县吏”，“给郡吏”即为“郡吏”的客观事实。吴简所载许迪事较为具体地反映了这一转化过程，他于建安二十一年(公元216年)“给郡吏”，于黄龙三年(公元231年)“为曹所选”，被“遣于淕口典受官盐”(捌·4177)，具体职务为“淕口典盐掾”(捌·4069)。也就是说他从建安二十一年至黄龙三年的15年间完成了从“给吏”转化为“吏”并提升为“掾”的过程。不仅如此，从文献资料观之，在这部分人中，还有少数可能日后向二百石以上长吏发展者，如朱博，杜陵人，“少时给事县为亭长”，后“稍迁为功曹”，“时诸陵县属太常，博以太常掾察廉，补安陵丞。”[①]这位“给吏”者的升迁路线是：亭长→功曹→太常掾→安陵丞。上述“给吏”者石苞被当时人认为日后可以“至卿相”，被中央政府掌管人事的吏部郎许诺“当相引在朝廷”，后来果然逐步升迁为典农中郎将→太守→刺史→都督→三公[②]等职。上述巴郡“给吏”者，李温后来为桂阳太守，[③] 龚荣“以俊才为荆州刺史”。[④] 赵芬、龚荣、李温三人均跻身“一郡之望”，被载入“巴郡士女”之中，[⑤] 可见他们已享有相当的政治、社会地位。

2.“给吏”转化为其他职务

吴简中有“吉阳里户人公乘区张年廿八筭一给州吏”(壹·10367)的记载，又有“囗阳里户人公乘区张年廿八给州卒”(柒·3607)的记载，两位区张性别、年龄相同，所在乡里也可能相同，当为同一人同一年事。在同一年里，他既“给州吏”，又“给州卒”，如果排除书吏的笔误，很可能是在这两种“给”务之间转换，或从“州吏”转换为“州卒”，或从“州卒”转换为“州吏”。果如是，则表明“给吏”是可能转换为其他职务的，同理，其他“给”务中也有可能转换为“给吏”者的。

---

① 《汉书》卷83《朱博传》，3398页。

② 《晋书》卷33《石苞传》，1000～1003页，北京，中华书局，1974。

③ 《华阳国志校补图注》原附士女目录一卷，680页。

④ 《华阳国志校补图注》卷1《巴志》垫江县条，31页。

⑤ 《华阳国志校补图注》原附士女目录一卷《益梁宁三州先汉以来士女目录》，557页。

3.“给吏”者返归为民

吴简中的许迪于建安二十一年(公元216年)“给吏”，“出给县吏以吏次后不觉年中复给郡吏”。(捌·4075)表明他在“给县吏”后，不久即回到家乡下隽县“南乡稊丘”(捌·4106)，返归为民，不过由于基层工作人员的疏忽，违反“吏次”之后同年不再“给吏”的规定，他于同年又被征发“给郡吏”。可知他“给县吏”的时间不长，故不可能转化为“吏”，第一次“给县吏”之后返回原籍仍为一介平民而无疑。说明“给吏”者返回原籍，复归为民是“给吏”者的归宿之一，而且这种情形当不为少数。何以言之？因为即使是正式的“吏”或“官”复归为民在汉魏时期也是常见现象，何况主要调发于下层民众中的“给吏”者。不仅尚未转化为“吏”的“给吏”者可能返归为民，即使已经完成了从“给吏”者转化为“吏”者，也可能转化为“民”。在论述吴简“吏民”问题的系列拙文中曾反复论证：汉唐时期的“吏”具有相对固定性和相对流动性的特点，前者指世代相承为“吏”的现象，后者指“吏”与“民”之间的相互转换，即由“民”为“吏”以及由“吏”而“民”的频繁流动，兹不赘述。二百石以上长吏返归为民者尚属屡见不鲜，百石以下小吏必定更为常见，“给吏”者复归为民实属不言而喻。

(二)“给吏”转化为“吏”的标志问题

既然“给吏”有可能转化为“吏”是一个客观存在的事实，那么，其转化为“吏”的标志是什么呢？可否以是否进入编制之内作为标志呢？不完全可以。何以言之？

首先，编制与吏员需求之间的矛盾是常态。编制与实际吏员人数及其需求的不统一，是一个经常性的现象和问题，而且随着社会历史的发展，一般来说是愈演愈烈的。上文的叙述已经部分触及到这个问题，例如我们在讨论郡县政府向附属的专业性官署遣吏问题时已经提到，西汉时期东海郡有盐官3、铁官2，他们的吏员共107人，以及县廷所“给”侯家的吏员，他们都是总计在该郡的全部吏员数目之内的，也就是说他们都是在编制之内的。但是到了东汉时期，则已明文规定上述种种专业性官署中的属吏虽然仍由“在所诸县均差吏更给之”，但是“置吏随事，不具县员。”①也就是说这个时期县廷向这些盐铁官派遣的“给吏”者已经不在政府的吏员编制范围之内了，设置吏员的自由度大为增加了，可以根据工作的需要，增加员额，不受编制的限制束缚。同为“给吏”者，可以在编制之内也可以在编制之外，我们不能认为西汉时期的这些属于编制之内的“给吏”者才是“吏”，而东汉时期的这些在编制之外的“给吏”者则不属于“吏”。由此可见是否为“吏”并不完全由“编制”来决定，“吏”既可以在编制内，也可以在编制外，如上文“诸县均差吏更给之”中的给吏者明言为“吏”，但却是在编制之外的。一般来说，随着“吏”务的逐渐增加，编制亦应随之逐渐扩大，但是在实际上，相对固化的行政编制不能适应“吏”务发展变化需求的情况是不可避免的，因此在实践中吏员数额往往突破编制的限制和束缚也是一种常态。政府部门“吏非员者众”②，亦即吏员膨胀，日益突破编制局限，是一个不可避免的趋势。但是这句话也明言这些众多“非员者”，亦即编制之外者也属于“吏”的范畴之中，表明编制之内固然为“吏”，编制之外也可能存在“吏”，故不能以“编制”一刀切以定其是否为“吏”。上述郡县附属盐铁官的吏员从编制内到编制外的这种变化，正是相对固化的行政编制与“吏”务实际需求发展变化之间存在矛盾的反映。从西汉到东汉，就已经发生郡县附属盐铁官“给吏”者由编制内向编制外的变化，何况到了孙吴时期“吏”务更为繁剧，导致民众徭役负担超过两汉时期，其行政编制与“吏”务实际需求之间的矛盾必定更为尖锐突出。

顺便言及：文献中常见“家贫”为“吏”者，吴简中亦存在“给吏”者多为下品之户者，这种现象应该如何解释呢？除了孙吴时期吏务繁重，导致对吏的需求膨胀之外，同时还与孙吴地区的政治生态环境有关，从东汉后期到魏晋时期，郡县吏上纲多被地方世族豪家所把持，尤以孙吴地区为甚，

① 《续汉书·百官志五》，见点校本《后汉书》，3625页。

② 荀悦：《汉纪》卷5《孝惠皇帝纪》，见张烈点校：《两汉纪》上册，74页，北京，中华书局，2002。

"孙吴远处江南，本恃地方豪族之支持而立国。郡县吏常以山越大族为之。"[①]贺齐守剡长，"县吏斯从轻侠为奸，(贺)齐欲治之，主簿谏曰：'(斯)从，县大族，山越所附，今日治之，明日寇至。'(贺)齐闻大怒，便立斩(斯)从。(斯)从族党遂相纠合，众千余人，举兵攻县。"[②]地方大族把持县吏的情形于此可见一斑，长沙郡县情况当与此相似。在这种情况下，由于上纲职位多由世家大族所把持，而吏务需求又不断膨胀，于是不得不从下户小民中调发"给吏"以满足需求，吴简中多见下品户为"给吏"者，与此不无关系。在这种政治生态环境之中，出身下品之户的"给吏"者进入政府法定编制之内的阻力和困难当较一般"吏"更为严重。

其次，"吏"或"民"身份转换的轻易性。官吏职位、身份转换轻易是东汉时期的突出现象，由于吏务的增加，不仅行政编制是一个并不十分确定或难于确定的问题，而且由于官吏职位、身份变换轻易，故其本身也是一个并不十分确定的问题。东汉末年的荀爽有令名，"公车征为大将军何进从事中郎。(何)进恐其不至，迎荐为侍中，及(何)进败而诏命中绝。献帝即立，董卓辅政，复征之。(荀)爽欲遁命，吏持之急，不得去，因复就拜平原相。行至宛陵，复追为光禄勋。视事三日，进拜司空。(荀)爽自被征命及登台司，九十五日。"[③]像荀爽这样职位、身份之变换有如走马灯者虽属极端，但"官"与"民"轻易变换的情况则是比较普遍的，故赵翼《召用不论资格》条谓：汉代"其有德隆望重由朝廷召用者，则布衣便可践台辅之位。"[④]与此相联系，官吏的去就进退亦十分随意，东汉后期冀州饥荒，盗贼群起，"乃以(范)滂为清诏使，案察之……及至州境，守令自知臧污，望风解印绶去。"[⑤]侍御史朱穆清正严明，桓帝永兴元年(公元153年)黄河水患，"冀州盗贼尤多，故擢(朱)穆为冀州刺史……冀部令长闻(朱)穆济

① 严耕望：《中国地方行政制度史》卷中《魏晋南北朝地方行政制度》，"中央研究院"历史语言研究所专刊之四十五，401页，台北，荣泰印书馆，1963。

② 《三国志》卷60《贺齐传》，1377页。

③ 《后汉书》卷62《荀爽传》，2057页。

④ 《廿二史札记校证》卷5，104页，北京，中华书局，1984。

⑤ 《后汉书》卷67《党锢列传·范滂传》，2203～2204页。

河，解印绶去者四十余人。”[1]诸如此类擅自离职者史不绝书，《廿二史札记》有《擅去官者无禁》条谓：“可见平时朝廷无禁人擅去官之令，听其自来自去而不追问也，法网亦太疏矣。”[2]顺帝时左雄揭露时弊，指出地方政府长官轻于去就的情况曰：“典城百里，转动无常，各怀一切，莫虑长久。”“朱紫同色，清浊不分。故使奸猾枉滥，轻忽去就，拜除如流，缺动百数。”“选代交互，令长月易，迎新送旧，劳扰无已，或官寺空旷，无人案事，每选部剧，乃至逃亡。”[3]在这种政治生态环境中，地方政府长官的职位、身份都如此轻忽，百石以下小吏更不必说。上文所及之霍中孺，明言以“县吏”身份到侯家“给吏”，而“吏毕归家”娶妻生子，“因绝不相闻”，与侯家断绝联系，返归为“民”，其身份即在“吏”与“民”之间转换，并非一成不变。顺便言及：吴简中常见小吏“叛走”记载，论者多从吏役繁重、地位低下着眼，作为“吏户”的根据之一，其实个中缘由似未必如此单一，上述长吏因贪赃枉法担心被查处而“叛走”的记载，有助于我们理解小吏“叛走”的复杂原因。

那么，我们可以什么作为“给吏”者转化为“吏”的标志呢？

“给吏”之转化为“吏”，以下三条似为比较切合实际并具有可操作性的标志：第一，是否享受“吏”的待遇、权利。第二，是否履行相关吏职。第三，是否具有“吏”的职称。

1. 是否享受“吏”的待遇、权利

“给吏”者如果享受“吏”的待遇、权利，意味着他已经与老百姓有了区别。“吏”的待遇、权利，主要体现于俸禄和休假方面。

前引《华阳国志》文中“给吏休谒”这句话对于理解“给吏”的性质有重要价值。定期“休谒”是秦汉魏晋南北朝官吏制度中的一项法规，《初学记》：“李斐《汉书》曰：‘告，请也，言请休谒也。’”又引曰：“汉律：吏五日得一下沐，言休息以洗沐也。晋令：急假者，一月五急；一年之中，以六十日

① 《后汉书》卷43《朱穆传》，1470页。

② 《廿二史札记校证》卷5，105页。

③ 《后汉书》卷61《左雄传》，2017～2019页。

为限。千里内者疾病申延二十日，及道路解故九十五日。此其事也，书记所称曰归休，亦曰休急、休瀚、取急、请急。”①因而“休谒”是“吏”所享受的应有待遇和权利，刘类于“嘉平中，为弘农太守。吏二百余人，不与休假，专使为不急。”②他剥夺吏的休假权，被视为“酷吏”，为舆论所不容。故上述武都郡属县“沮县士民”在“给州府”时，由于交通困难导致“休谒往还，恒失日晷。”遂成为郡太守不辞艰难修建析里大桥的重要原因之一。这样我们就可以理解，为什么在文献、碑刻中“吏”往往与“休谒”相联系。按时“休谒”是行政法规所确定的“吏”的待遇和权利，而老百姓是谈不上定期休假的，他们是“四时之间亡日休息”③的。上文提到的那些“给吏”者多见“休谒”记载，原因在于此。

“俸禄”也是官吏的待遇和权利之一，东汉所制订的“百官受奉例”规定：“一百石奉，月十六斛。斗食奉，月十一斛。佐史奉，月八斛。”④可见百石以下小吏也享受这一待遇和权利。只要经过“非真吏”的过渡时期，则可以得到全俸，“试守者，试守一岁，乃为真，食其全俸。”⑤不论半俸还是全俸都意味着“吃官饭”，而与普通老百姓有了区别。这样我们就可以理解，为什么文献记载常见因家贫而主动乃至父母催逼“给吏”者，例如西汉后期人朱博，杜陵人，“家贫，少时给事县为亭长。”⑥西汉末的逢萌，北海都昌人，“家贫，给事县为亭长。”⑦吴汉，南阳宛人，“家贫，给事县为亭长。”⑧东汉人许荆，“少丧父，养母孝顺。家贫为吏。”⑨郭太，太原界休人，“家世贫贱。早孤，母欲使给事县廷。”⑩郑玄北海郡高密县人，“少给

① 《初学记》卷20《政理部·假六》引，482页，北京，中华书局，1962。

② 《三国志》卷15《梁习传》注引《魏略·苛吏传》，471页。

③ 《汉书》卷24上《食货志上》，1132页。

④ 《后汉书·百官志五》，3632～3633页。

⑤ 《后汉书》卷24《马援传》注引《前书音义》，850页。

⑥ 《汉书》卷83《朱博传》，3398页。

⑦ 《后汉书》卷83《逢萌传》，2759页。

⑧ 《后汉书》卷18《吴汉传》，675页。

⑨ 谢承：《后汉书》卷5《循吏传》，见周天游辑注：《八家后汉书辑注》上，151页，上海，上海古籍出版社，1986。

⑩ 《后汉书》卷68《郭太传》，2225页。

县为吏，得休不归家，常诣校官读经。家贫无资，县中嘉之。”[①]他晚年以书戒子亦曰：“吾家旧贫，不为父母群弟所容，去厮役之吏。”[②]邓艾，“少孤，太祖破荆州，徙汝南，为农民养犊。年十二，随母至颍川……为都尉学士，以口吃，不得作干佐。为稻田守丛草吏。同郡吏父怜其家贫，资给甚厚。”[③]陶侃，“早孤贫，为县吏。[④] 这些都是因家庭贫穷而任郡县小吏者，俸禄虽然不多，但也有助于解救困厄。吴简中多见“给吏”者为下品户者，这也应是其原因之一。

2. 是否履行相关吏职

“给吏”者如果得以履行相关吏职，意味着他是在“吏”这一职务范围之内服务于政府相关职能部门，从而在事实上成为国家机器运转中的一个构成部件或分子。略举如下：

张惕：吴简之《竹简(柒)》和《竹简(壹)》均有张惕“给县吏”(柒·3543，壹·10182)的记载，《嘉禾吏民田家莂》有记其户主身份为“县吏”(5·800)的简；而在《竹简(贰)》和《竹简(肆)》等中都有其为“吏”[⑤](贰460、肆·4668)的记载。不仅如此，在《竹简》诸书中，计有26简(可能有同名异人者)记载了其履行吏职的记录，例如：

1. ☐……留事　十二月十五日<u>户曹史</u>张惕白(捌·5518)

2. ☐　口月五日<u>户曹史张惕白</u>(捌·5521)

3. ☐……事　八月廿七日兼田曹史张惕白(捌·5880)

张乐：《竹简(柒)》记其“给县吏”(柒·1050)，在其他简牍中亦多处记其履行吏职事，如：

---

① 司马彪：《续汉书》，见虞世南：《北堂书钞》卷77引，317页，天津，天津古籍出版社，1988。

② 《后汉书》卷35《郑玄传》，1209页。

③ 《三国志》卷28《邓艾传》，775页。

④ 《晋书》卷66《陶侃传》，1768页。

⑤ 贰·460、壹·肆·4668

1. 九月卅日书佐张乐言(贰・7051)

2. 九月卅日口下书佐张乐言　(叁・207)

3. 十一月卅日书佐张乐言　(叁・220)

此外之其他“给吏”者亦有相应的履行吏职的记录，如：谢达(柒・2917)、张乔(叁・6782)、李思(柒・2911)、谢难(柒・573)、五陵(壹・1361、5589、贰・6582、叁・3892、柒・4471)、烝谓(肆・2577)、许迪(捌・4307，除此之外其职务犯罪简牍，不胜枚举)等均属如此。

现在我们讨论一下许迪这位“给吏”者是否转化为“吏”的问题。

1. 迪以建安廿一年中给吏到黄龙三年(捌・4243)

2. 出给县吏以吏次后不觉年中复给郡吏以黄龙三年正月廿日为曹所选为淕(捌・4075)

3. 廿一年中出给吏到过黄龙三年正月廿日受曹遣于淕口典受官盐一千七百廿四斛九斗皆得(捌・4177)

4. 廖咨料淕口典盐掾许迪所领盐一千五百一十二斛七斗(捌・4069)

5. 临湘言重实核淕口典盐吏许迪割用所领米一百一十二斛六斗八升前(捌・4183)

6. 尚书前言长沙郡所领嘉禾二年官盐簿淕口典盐吏许迪卖盐(捌・4082)

7. 迪辞前后所卖官盐合得米二千五百六十一斛六斗九升迪口(捌・4184)

8. 吏许迪以嘉禾二年中卖余盐四百廿六斛一斗九升八合四勺其(捌・4214)

9. ☐[库]吏许迪散用盐贾米[二千五百六十一斛六斗九升]……（捌·303）

10. …… 嘉禾四年十一月十七日兼金曹口李珠白言郡吏许迪割盗盐米一百一十二斛六斗八升结正罪法（捌·4307）

上述诸简表明许迪于建安二十一年（公元216年）“给吏”，先“给县吏”，后“给郡吏”。于黄龙三年（公元231年）“为曹所选”，被“遣于淕口典受官盐”，具体职务为“淕口典盐掾”。嘉禾四年（公元235年）案发。表明他从建安二十一年至黄龙三年的15年期间“给郡吏”于长沙郡，于黄龙三年被派遣担任“淕口典盐掾”，在此职位上计4年，于嘉禾四年贪污案发。

许迪在担任“淕口典盐掾”至嘉禾四年贪污案发的4年期间已经为“吏”应该没有问题，从上面所引简牍可知，案发之后加诸其身的称谓有“典盐吏”、“典盐掾”、“吏”、“库吏”、“郡吏”等，这些都明确表示他已经为“吏”。他之所以能够频繁贪污而且数额巨大，是因为由他经管的盐务数额巨大、次数频繁，这中间他有着独当一面的有利条件，故得以有机会上下其手。问题在于在此之前的“给郡吏”的15年中，他是否已经转化为“吏”了？

许迪之出任“淕口典盐掾”是经过“曹选”这一正常程序的，这个“曹”应当是“金曹”①。金曹为郡府办事机构之一，负责市易盐铁事宜，盐业及其买卖事务完全在其职分范围之内，故派遣许迪为“典盐掾”也是在其主管范围之内，从许迪案发之后“金曹”吏李珠参与经办此案亦可反推而证知。许迪之被派遣出任“淕口典盐掾”应当说是被委以重任，因为盐在孙吴时期不仅是民生不可或缺的物资，而且是当时用以贸易的货币，是与国计民生有密切关系的物资。那么，郡府金曹何以从诸吏之中选拔许迪出任“淕口典盐掾”呢？这必定是相关主管部门对其在工作中的表现和能力有比较深入

① 也有可能为“司盐曹”（捌·4193）。孙吴可能将盐务从金曹中分出，另设“司盐曹”。

的了解，特别是市易和盐务等具体吏职中的表现有所了解。从许迪被金曹所选拔派遣，表明他在“给郡吏”期间的工作部门可能就是在金曹，而且很可能经“署曹”而担任实职，为金曹之“职吏”，否则他的工作能力和表现无从发挥并被上司所发现和了解。他之所以能够在郡府盘桓、周旋15年之久，并最后被委以重任，这应当是比较合理的解释。如果许迪不在郡府，不在曹中承担吏职，则无从考察其表现和能力。因此，我们倾向于认为许迪在出任“淕口典盐掾”之前，已经完成了从“给郡吏”向“郡吏”的转换，已经是一位郡府的正式吏员了，亦即已经进入“非真吏”阶段并完成了向“真吏”的转化过程，否则不能很好的解释他何以在郡府度过如此漫长岁月，又何以得到提升并被委以重任。

3. 是否具有“吏”的职称

具有“吏”的职称是“给吏”者为“吏”的重要标志。上文所提及的文献记载和吴简中的“给吏”者我们之所以认为他们是“吏”，一个重要根据就是他们所具有的“吏”的职称，如郑玄之为“乡啬夫”，朱博、逢萌、吴汉等人之为“亭长”。吴简所见诸吏亦然，“给吏”者在履行吏职过程中，需要签署他们的职称，从中除了得以明了他们所从事的吏职活动情况，也可以了解他们在履行职务中的职称，例如张惕有“贼曹史”①、“户曹史”②、“兼田曹史”③等不同职称记载；张乐有“书佐”④的签署；李思有“从掾史”⑤的职称；谢难有“兼□用曹”⑥的职称；五陵有“桑郷典田掾”⑦的职称；许迪有“淕口典盐掾”⑧、“典盐吏”⑨、“库吏”⑩等职称。这些职称是地方政府赋

---

① 捌·6582。捌·4754作“贼曹吏”。

② 捌·5518、5521。2979《竹简(柒)》记为“兼户曹史”(柒·2979)，又记为“兼户曹别主史”(柒·2900)

③ 捌·5580。

④ 贰·7051、8937、叁·207、220、3652、柒·2779

⑤ 柒·2911

⑥ 柒·573

⑦ 贰6582、壹·1361、5589、叁·3892、柒·4471、捌·5280

⑧ 捌·4064、4066、4069

⑨ 捌·4082

⑩ 捌·303

予他们行使权力的名分和依据。

从许迪经过15年的漫长岁月才完成从“给吏”转化为“吏”的过程，且其吏职之顶峰不过为“典盐掾”，表明“给吏”这一方式主要以下层民众为指向，并且其仕途多为百石以下小吏的特点，从而显示其与察举、征辟这类方式相比较所具有的差异性。再从我们上文所举吴简中“给吏”者所任吏职观之，多为户曹史、贼曹史、书佐、库吏、兼口用曹、兼田曹史、典田掾等百石以下小吏，乃至从掾史之类的散吏，而不见州郡上纲、主吏，更不必说二百石以上长吏者，亦显示了这一方式之特点。

以上三条实际上是相互关联的一个整体，吏的职称是“给吏”者得以履行吏职的名分和依据，由于他们履行了吏职，从而尽了为吏的义务，故得以享受吏的待遇和权利。当这些权利和义务、名分和内涵均聚集于“给吏”者之身时，意味着他们已经具有了“吏”的基本属性，即可认定他们已经转化为“吏”，而不必追究他们是否进入编制之内。

附言：2016年3月3日接长沙简牍博物馆约稿通知：2016年时值长沙吴简出土二十周年，拟出版《长沙三国吴简研究论文精选》。遂根据新近公布的吴简资料对这一原刊文进行了补充、修改以应命。作者谨识于2016年3月31日。

原载《社会科学战线》，2008(11)。

汉唐时期的“军吏”

——从长沙走马楼吴简谈起

中国古代史籍中频见“军吏”一词，长沙走马楼吴简中也有不少“军吏”的记载，但是“军吏”的范畴是什么？并没有明确的记载，是一个使用频度较高而含义模糊的概念，因而也就没有引起学术界的注意，可谓论者寥寥①。学术界注重了军队将领乃至士卒的研究，而鲜有措意于军吏的研究。兹不揣简陋，试略述汉唐时期“军吏”之内涵及其渊源流变，以抛砖引玉。

一、先秦秦汉时期的“军吏”

先秦时期有关“军吏”的记载就已经大量出现，《左传》、《国语》、《周礼》、《战国策》、《越绝书》、《吴越春秋》、《韩非子》、《墨子》等先秦文献中都有所记载。如《左传》记载鲁僖公二十五年(公元前635年)“冬，晋侯围原，命三日之粮。原不降，命去之。谍出，曰：‘原将降矣。’军吏曰：‘请待之。’公曰：‘信，国之宝也，民之所庇也。得原失信，何以庇之？所亡滋多’”②。表明至少在春秋中期已经有了关于“军吏”的记载。此后，有关“军吏”的记载即史不绝书。

“军吏”的内涵是什么呢？

《周礼》记大司马之职有云：“中秋教治兵，如振旅之陈。辨旗物之用：王载大常，诸侯载旂，军吏载旗，师都载旜，乡遂载物，郊野戴旐，百官

① 管见仅有陈槃：《由汉简中之军吏名籍说起》，载《大陆杂志》，第2卷第8期，1951年4月；李学勤：《马王堆帛书〈刑德〉中的军吏》，见《简帛研究》，第2辑，北京，法律出版社，1996。前者通过居延汉简中的徐宗、礼忠两简叙述汉代名籍问题，后者将于下文进行讨论。

② 《春秋左传正义》卷16，“僖公25年”条，见《十三经注疏》，1821页，北京，中华书局，1980。

载旜。各书其事与其号焉。”[①]这里列举了自天子至百官等各种身份的人在治兵时所载不同的旗帜，其中即有“军吏”。郑玄注曰：“军吏，诸军帅也。”贾公彦释曰：“亦谓从军将至下伍长皆是军吏也。”军队中从最高的“军将”至最低层的“伍长”，各级军队负责人均属“军吏”。由此可见在先秦时“军吏”的含义是非常宽泛的，部队中除了士兵之外的各级负责人均属“军吏”之列。据《周礼》记载，周代的军事编制是：“凡制军：万有二千五百人为军。王六军，大国三军，次国二军，小国一军。军将皆命卿。二千有五百人为师，师帅皆中大夫。五百人为旅，旅帅皆下大夫。百人为卒，卒长皆上士。二十五人为两，两司马皆中士。五人为伍，伍皆有长。”[②]。郑注曰：“言‘军将皆命卿’，则凡军帅不特置，选于六官、六乡之吏。自卿以下，德任者使兼官焉。”贾疏云：“则自卿已下至伍长，有武德堪任为军之吏者乃兼官。兼官者，在乡为乡官，在军为军吏。”可知“军吏”一词的含义即“为军之吏”，具体来说即军、师、旅、卒、两、伍之长。

“军吏”所统为士卒。贾公彦疏《周礼》“旗居卒间”一语曰：“军吏各领已之士卒，执旗以表之，故旗居卒间也。”[③]明言“军吏”所统为“士卒”。孔颖达《尚书正义》在训释“乃召六卿。王曰：‘嗟！六事之人……’”时，引郑玄云：“变六卿言六事之人者，言军吏下及士卒也。”[④]亦将“军吏”与“士卒”作了区分，指出了他们之间的上下关系。

上述郑玄、贾公彦关于“军吏”为各级军事负责人的说法可以得到先秦文献的印证。上引鲁僖公二十五年晋军围原时，在究竟是否撤围的问题上，晋文公与“军吏”进行了争论，表明这些“军吏”在战争中参与决策，当为高级将领。鲁僖公二十八年(公元前632年)晋、楚战于城濮，楚军“从晋师，晋师退。军吏曰：‘以君辟臣，辱也；且楚师老矣，何故退？’”[⑤]接着，

---

① 《周礼注疏》卷29《夏官司马第四·大司马》，见《十三经注疏》，837页，北京，中华书局，1980。

② 《周礼注疏》卷28《夏官司马第四》，见《十三经注疏》，830页。

③ 《周礼注疏》卷29《夏官司马第四·大司马》，见《十三经注疏》，837页。

④ 《尚书正义》卷7《甘誓》，见《十三经注疏》，156页，北京，中华书局，1980。

⑤ 《春秋左传正义》卷16，僖公28年，见《十三经注疏》，1825页。

晋军的上军将领子犯解释了暂时退兵的理由。这些“军吏”也是有权参与决策的将领。鲁成公十六年(公元前 575 年)晋、楚战于鄢，晋国降人伯州犁侍于楚王后，在观察晋军阵势时他们之间有一段对话：“王曰：‘骋而左右，何也?’曰：‘召军吏也。’‘皆聚于中军矣。’曰：‘合谋也。’”[①]可见在战争中需召集“军吏”到中军进行谋划。此“军吏”亦必为高级将领。鲁文公十六年(公元前 611 年)，晋伐宋，“乃发令于太庙，召军吏而戒乐正，令三军之钟鼓必备”[②]。韦昭注曰：“军吏，主师旅。”他也将这里的“军吏”解释为军队之负责人。

马王堆帛书《刑德》甲、乙种有一段关于军吏的记载：

> 凡以风占军吏之事，子午，刑德将军；(丑未)丰隆司空；寅申，风柏(伯)候；卯酉，大音尉；辰戌，雷公司马；巳亥，雨师冢子；各当其日，以□(风杀邻，其宫有事，若)无事，(乃有罪)。[③]

《刑德》甲种有“今皇帝十一年”文字，研究者指出此为抄写于汉高祖十一年(公元前 196 年)；乙种干支表中有“孝惠年”记载，研究者认为应抄写于惠帝二年(公元前 193 年)至高后二年(公元前 186 年)[④]。李学勤先生根据《刑德》甲、乙种抄写年代，认为上述军吏制度，“反映了汉初的职官情况”[⑤]。但是，抄写年代未必就是该书的撰写年代。有的研究者指出《刑德》篇中之星占书实形成于战国中晚期之交的公元前 284 年前后[⑥]。而且《刑

---

① 《春秋左传正义》卷 28，“成公十六年”条，见《十三经注疏》，1918 页。

② 徐元诰撰，王树民、沈长云点校：《国语集解》卷 11《晋语五》，379 页，北京，中华书局，2002。

③ 傅举有、陈松长编著：《马王堆汉墓文物》，137 页，长沙，湖南出版社，1992。上揭李学勤文对此作了修正。

④ 陈松长：《马王堆帛书〈刑德〉研究论稿》，68 页，台北，台湾古籍出版有限公司，2001。

⑤ 见上揭李学勤文。

⑥ 上揭陈松长《论稿》，72 页。

德》所举六种军吏之一“冢子”并不见于秦汉时期，而是战国时期三晋职官[①]。其他五种军吏亦均为先秦所有。《刑德》所反映的军吏制度，符合《周礼》所述先秦制度，应当是战国中晚期之前的军吏制度。

由此可见，先秦时期军队由军吏与士卒两个层级组成。而到了秦汉时期军队组成已发展为军将、军吏、士卒三个层级。故秦汉时期“军吏”的层级有所下移，逐渐指“军将”以下的中下级军官了。这个时期的军功赐爵制度，据刘劭《爵制》：一爵公士至四爵不更分别为“步卒”、“御驷马者”、“车右”等士卒。从五爵大夫至九爵五大夫，“皆军吏也。”而“自左庶长已上至大庶长，皆卿大夫，皆军将也”[②]。将军队中的成员划分为三个档次：一至四爵为士卒，五至九爵为“军吏”，十至十八爵为“军将”。“军吏”介于“军将”和士卒之间，军中之“吏”与军中之“将”已经有了区分。汉初，刘邦令叔孙通制定朝仪，“汉七年，长乐宫成，诸侯群臣皆朝十月。仪：先平明，谒者治礼，引以次入殿门……功臣列侯诸将军军吏以次陈西方，东向；文官丞相以下陈东方，西向”[③]。这里对武官系列中的“将军”和“军吏”作了区分，而将“军吏”排列在“将军”之下。《说苑》所记将帅拜授仪式：“将帅受命者：将率入，军吏毕入，皆北面再拜稽首受命。天子南面而授之钺，东行西面而揖之，示弗御也。”[④]将“将帅”与“军吏”作了区分。这应当是秦汉制度。武帝元狩元年(公元前122年)淮南王刘安谋反时所准备的措施之一是：“乃作皇帝玺，丞相、御史大夫、将军、军吏、中二千石及旁近郡太守、都尉印。”[⑤]或记作“刻天子玺、将相军吏印”[⑥]。亦将“军吏”与将军作了区分。

那么，将军和军吏之间的分界线在哪里呢？西汉名将李广曾数度以将

---

① 李家浩：《战国时代的“冢”字》，见《语言学论丛》，第7辑，北京，商务印书馆，1981。

② 《续汉书·百官志五》注引，见《后汉书》，3632页，北京，中华书局，1965。

③ 《史记》卷99《刘敬叔孙通列传》，2723页，北京，中华书局，1975。

④ (汉)刘向撰，向宗鲁校证：《说苑校证》卷15，370页，北京，中华书局，1987。

⑤ 《资治通鉴》卷19《汉纪十一》，“武帝元狩元年”条，624页，北京，中华书局，1956。

⑥ 《史记》卷118《淮南衡山列传》，3091页。

军领兵出征，然而“(李)广不得爵邑，官不过九卿”，而“诸(李)广之军吏及士卒或取封侯。”于是李广“尝与望气王朔燕语，曰：‘自汉击匈奴而广未尝不在其中，而诸部校尉以下，才能不及中人，然以击胡军功取侯者数十人，而广不为后人，然无尺寸之功以得封邑者，何也？岂吾相不当侯邪？且固命也？’”①这里把将军李广的“军吏”指明为“诸部校尉以下”的人员。汉代军制：“其领军皆有部曲。大将军营五部，部校尉一人，比二千石；军司马一人，比千石。部下有曲，曲有军候一人，比六百石。曲下有屯，屯长一人，比二百石。”②可知将军以下有“部校尉”、“军司马”、“军候”、“屯长”等从比二千石至比二百石的各级军官，他们对于将军来说都是“军吏”。居摄二年(公元 7 年)翟义起兵反王莽，王莽大惧，乃拜其党亲七人为将军，令他们“自择除关西人为校尉军吏，将关东甲卒，发奔命以击义焉”③。这七位将军也是选拔校尉以下的各级军官作为自己的“军吏”以统领“甲卒”，组成军队。可见校尉是将军和军吏的分界线。

东汉初，耿纯为东郡太守，历时四年，因坐事免，以列侯奉朝请。后他随从光武帝击董宪，道过东郡，百姓老小数千人随车驾涕泣，云“愿复得耿君”。光武帝谓公卿曰：“(耿)纯年少被甲胄为军吏耳，治郡乃能见思若是乎？”④耿纯“年少”时的情况是：早年在王莽当政时曾“学于长安，因除为纳言士”⑤。是为尚书吏员，并非“军吏”。后王莽败，更始立，耿纯遂游说舞阴王李轶，“轶奇之，且以其钜鹿大姓，乃承制拜为骑都尉，授以节，令安集赵、魏。会世祖度河至邯郸，纯即谒见，世祖深接之……拜纯为前将军，封耿乡侯”⑥。他“年少被甲胄为军吏”当指这段经历，即从被拜为骑都尉始，至拜为前将军、封耿乡侯止。刘秀所谓耿纯“年少被甲胄为军吏”当指其任“骑都尉”一事，而都尉是略低于校尉的军官。

---

① 《史记》卷 109《李将军列传》，2873～2874 页。

② 《续汉书·百官志一》，见《后汉书》，3564 页。

③ 《汉书》卷 84《翟方进传》附《翟义传》，3427 页，北京，中华书局，1983。

④ 《后汉书》卷 21《耿纯传》，765 页。

⑤ 《后汉书》耿纯本传注云：“王莽法古置纳言之官，即尚书也。每官皆置士，故曰纳言士也。”

⑥ 《后汉书》卷 21《耿纯传》，761～762 页。

汉代“军吏”的地位仍然在士卒之上。悬泉置汉简《过长罗侯费用簿》，记载西汉元康五年(公元前61年)置吏接待常惠所率使团：“出酒十八石，以过军吏廿、斥候五十人，凡七十人。”①这里将“军吏”与“斥候”分别记载。斥候为负责候望、警戒之士卒，为出使远方的使团所常备，苏武出使匈奴时“募士斥候百余人俱”②，颜师古释曰：“募人以充士卒，及在道为斥候者。”故斥候又常称为“斥候士”③。可见“军吏”是在士卒之上的一个群体。

但是，汉代“军吏”的范畴较前代又有所扩大。上述“部校尉”以下各级军事单位的军官，只是“军吏”的一部分。“军吏”还有另外一部分人员，那就是幕府中的吏员。汉昭帝时，燕仓“以故大将军幕府军吏发谋反者骑将军上官安罪有功，封侯，邑二千户”④。此“大将军”指霍光，燕仓曾为其幕府中的“军吏”。上官安与其父上官桀等人“共谋……杀大将军(霍)光，征立燕王为天子”⑤。燕仓得知后揭发了这一阴谋。又，“田延年，以军吏事昭帝；发觉上官桀谋反事”⑥。田延年也是因揭发上官父子谋反事立功。据《汉书》本传，田延年“以材略给事大将军莫府，霍光重之，迁为长史”⑦。则《史记》所谓“以军吏事昭帝”实指其在昭帝朝曾为霍光幕府军吏一事。田延年受到霍光的重用，迁为长史。长史乃“众史之长。”⑧为幕府之总管。据《续汉志》将军幕府的吏员有：“长史、司马皆一人，千石。本注曰：司马主兵，如太尉。从事中郎二人，六百石。本注曰：职参谋议。掾属二十九人。令史及御属三十一人。本注曰：此皆府员职也。又赐官骑三十人，及鼓吹。”⑨从长史以下至掾、史等幕府吏员均属“军吏”范畴。

① 甘肃省文物考古研究所：《敦煌悬泉汉简释文选》，载《文物》，2000(5)。

② 《汉书》卷54《苏武传》，2460页。

③ 《汉书》卷96上《西域传上》杜钦语，3886页。

④ 《史记》卷20《建元以来侯者年表》，1061页。

⑤ 《汉书》卷7《昭帝纪》，226～227页。

⑥ 《史记》卷20《建元以来侯者年表》，1063页。

⑦ 《汉书》卷90《田延年传》，3665页。

⑧ (清)孙星衍等辑，周天游点校：《汉官六种·汉官仪卷上》，151页，北京，中华书局，1990。

⑨ 《续汉书·百官志一》，见《后汉书》，3564页。

二、魏晋南北朝时期的“军吏”

魏晋南北朝时期沿袭汉代，也以将领所辖军官和幕府属吏视为“军吏”，其概念范畴甚为宽泛。青龙二年(公元234年)司马懿与诸葛亮对阵于渭南，“宣王将出战，辛毗杖节奉诏，勒宣王及军吏已下，乃止”①。这里把将军司马懿与“军吏”作了区分。甘露二年(公元257年)诸葛诞反，大将军司马昭督诸军讨伐，“分部围守，各有所统”。时镇南将军王基率部参战，围叛军于寿春。司马昭“敕军吏入镇南部界，一不得有所遣”②。这里把司马昭所统诸部军官称为“军吏”。后，司马昭发起进攻，“大将军司马胡奋部兵逆击，斩诞，传首，夷三族”③。这位斩诸葛诞的司马胡奋无疑为大将军“军吏”之一。北齐唐邕曾为高澄大将军府参军，“天保初，稍迁给事中，兼中书舍人”④。他“专掌兵机……自督将以还，军吏以上，劳效由绪，无不谙练，每有顾问，占对如响”⑤。这里将“督将”等高级将领与“军吏”等中下级军官作了区分。总之，将领下面各级军官均可视为“军吏”。此外，“军吏”还有另外一部分人，就是军府僚佐。东晋元兴三年(公元404年)刘裕谋兴复晋室，被推为盟主后，问何无忌曰：“急须一府主簿，何由得之?”何无忌推荐刘穆之。刘裕于是召见刘穆之。刘穆之“往见高祖(即刘裕)。高祖谓之曰：‘我始举大义，方造艰难，须一军吏甚急，卿谓谁堪其选?’穆之曰：‘贵府始建，军吏实须其才，仓卒之际，当略无见逾者。’高祖笑曰：‘卿能自屈，吾事济矣。’即于坐受署”。⑥ 刘裕所要物色的“军吏”是其军府中的主簿。由此可见军府之吏员亦谓之“军吏”。说明这个时期的“军吏”也是包含将领下面的中下级军官和幕府吏员两部分人。

① 《三国志》卷3《明帝纪》注引《魏氏春秋》，103页。

② 《三国志》卷27《王基传》，754页。

③ 《三国志》卷28《诸葛诞传》，773页。

④ 《北史》卷55《唐邕传》，2001页。

⑤ 《北齐书》卷40《唐邕传》，530页。

⑥ 《宋书》卷42《刘穆之传》，1303页。

不过，“军吏”与“军将”并非截然划分，凝固不变，而是具有一定的相对性。各级军事单位的军官，他们对于将军来说是“军吏”，对于各自所在部队来说他们是将领。泰始元年(公元465年)宋明帝继位后，四方反叛。次年正月，以沈攸之为宁朔将军、寻阳太守，率军据虎槛，“时王玄谟为大统，未发。前锋有五军在虎槛，五军后又络绎继至，每夜各立姓号，不相禀受。攸之谓军吏曰：‘今众军姓号不同，若有耕夫渔父，夜相呵叱，便致骇乱，取败之道也。’乃就一军请号，众咸从之”①。这里的“军吏”是指聚集于虎槛的十军的将领。故《通鉴》记此事称“攸之谓诸将曰”云云②。在统帅未到的情况下，沈攸之与诸军将领协调，统一请号。沈攸之当时并非统帅，是方面军将领，但在这个问题上起到了统帅的作用。那么，对于统帅而言，“诸将”则属于“军吏”了。

魏晋南北朝承袭前代传统，军吏地位亦在士卒之上。晋元帝以戴若思“出为征西将军、都督兖豫幽冀雍并六州诸军事、假节，加散骑常侍。发投刺王官千人为军吏，调扬州百姓家奴万人为兵配之”③。“军吏”发“投刺王官”为之，“兵”则调“百姓家奴”为之；前者千人，后者万人。两者的区分是显然的。

由于“军吏”范围宽泛，其上下层级亦相去悬远，下层“军吏”的地位低下。孙权赤乌年间，孟宗“初为骠骑将军朱据军吏，将母在营。既不得志，又夜雨屋漏，因起涕泣，以谢其母，母曰：‘但当勉之，何足泣也?’据亦稍知之，除为监池司马。自能结网，手以捕鱼，作鲊寄母。母因以还之，曰：‘汝为鱼官，而以鲊寄我，非避嫌也’”④。孟宗为朱据幕府“军吏”，后由“军吏”而提升为“监池司马”，地位有了改善和提高。首先，孟宗在为

① 《宋书》卷74《沈攸之传》，1928页。

② 《资治通鉴》卷131《宋纪十三》，“明帝泰始二年”条，4094页。

③ 《晋书》卷69《戴若思传》，1847页，北京，中华书局，1982。

④ 《三国志》卷48《孙皓传》注引《吴录》，1169页。“监池”，或作“盐池”，卢弼《三国志集解》：“冯本盐作监。赵一清曰：作监是也。”“盐”、“监”形近致讹，应为“监”。

"军吏"时感到"不得志"，可见当时他是下层军吏，后被朱据提拔为监池司马①，应当是地位较先前有所提高，由"吏"而为"官"，表明两者的地位是不同的；其次，在为"军吏"时，孟宗"将母在营"，在为监池司马后，其母已不随孟宗居住，而是回家居住，故孟宗为孝敬母亲需将鲊寄回家乡。同书在记载他由监池司马迁为吴县令后说："每得时物，来以寄母，"因为"时皆不得将家之官"②。可见监池司马与县令一样都是不得"将家之官"的官员。

长沙走马楼吴简中有一些关于"军吏"的记载，为我们了解军吏这个群体提供了宝贵资料。

吴简中的"军吏"大概属于军中的中下级吏员。从长沙走马楼吴简我们可以看到，这些"军吏"来自于编户齐民。第一，"军吏"与其他编户齐民一样被编入基层户籍。《嘉禾吏民田家莂》③一书所载长沙地区"吏民"的户主身份有六种：普通农民(男子、大女)、吏(州吏、郡吏、县吏)、卒(州卒、郡卒、县卒)、复民、士、军吏。其中户主为男子者1388人，为大女者86人，为州吏者39人，为郡吏者58人，为县吏者70人，为军吏者18人，为州卒者10人，为郡卒者9人，为县卒者13人，为复民者13人，为士者9人。共计1713户④。"军吏"与其他五种身份的人一样被编入乡里基层之中，如简八六七一："东阳里户人公乘翁确年卅筭一给军吏"；简一〇三〇六："高迁里户人公乘黄毛年卅四筭一给军吏"⑤。他们分别为东阳里、高迁里中的"户人"，被征召而"给军吏"。从吴简可知孙吴时期已经实行户品制度，现已公布的简牍中可以看到的有上品、中品、下品、下品之下四

① 严可均谓孟宗于"嘉禾中除监池司马"(《全三国文》卷73孟宗条)，似不确。《三国志·孙权传》有嘉禾六年在讨论在官之吏服三年之丧问题后有"其后，吴令孟宗丧母奔赴。已而自拘于武昌，以听刑"的记载，明言此事在"其后"所发生，不能证明孟宗是在嘉禾年间除为监池司马。事实上孟宗除监池司马是在朱据为骠骑将军时，朱据于赤乌九年迁骠骑将军(见《三国志》卷57《朱据传》)，则孟宗除监池司马必在是年之后。

② 《三国志》卷48《孙皓传》注引《吴录》，1169页。

③ 《嘉禾吏民田家莂》，北京，文物出版社，1999。

④ 见拙文《"吏户"献疑——从长沙走马楼吴简谈起》，载《历史研究》，2005(5)，据《嘉禾吏民田家莂》资料统计，简文残缺不清者不计入。

⑤ 《长沙走马楼三国吴简·竹简(壹)》，北京，文物出版社，2003。

品。户品是家赀状况的反映。“军吏”与其他编户齐民一样被统一排列户等，如简五六五二：“[给]军吏下品”。此户“给军吏”者属于“下品”之户。第二，他们在经济上与其他“吏民”相同，都有“佃田”的权利。在吴简中，上述六种“吏民”人均“佃田”亩数为32亩，军吏人均34.35亩，高于平均田亩数。普通农民和“卒”的人均田亩数低于平均田亩数，分别为29.6亩和30亩，均在军吏之下。但是军吏的平均田亩数却低于“士”(79亩)、“吏”(51.6亩)、“复民”(38亩)，位居第四①。第三，他们在经济上与其他“吏民”同样都有交纳赋税的义务。《嘉禾吏民田家莂》记录了当时“吏民”向国家交纳赋税的详细情况，他们的“佃田”主要分为“二年常限田”与“余力田”，这两种田又按照旱、熟不同情况交纳不同标准的赋税。“军吏”与普通农民以及卒、郡吏、县吏等按照同样标准交纳赋税，而逊于享受不同程度优惠待遇的“士”、“复民”、“州吏”等。第四，他们在政治上与其他“吏民”同样都有赐爵的权利。自商鞅变法确立军功赐爵制度之后，秦汉时期又派生出一种赐民爵的制度。这种赐爵虽无实际的政治、经济权益，但也是编户齐民的政治待遇的一种体现。吴简记载显示，孙吴继续赐予“吏民”爵。“军吏”与其他五种“吏民”群体一样也得到赐爵，上引两简表明“给军吏”的翁确、黄毛均有“公乘”的爵号。

长沙走马楼吴简中既有“军吏”的记载，也有“监池司马”的记载，其官称与上述孟宗的官历完全一致。

从吴简所反映的以上情况，我们可以看到，“军吏”与其他五种社会群体共同构成当时所谓的“吏民”。“军吏”在当时的六种编户民中，其各方面的待遇、地位等于或略高于普通农民和“卒”，而低于“士”、“复民”、和“吏”。由此可见吴简中的“军吏”的社会地位是不高的，其主要成分当为军中的中下级吏员。这与文献所反映的“军吏”状况大体相符。孙权时张温引致暨艳，掌管选举。他与徐彪联手按照“率皆贬高就下，降损数等”的原则整顿百僚，其中一项措施是把“居位贪鄙，志节污卑者，皆以为军吏，置

① 见拙文《“吏户”献疑——从长沙走马楼吴简谈起》，据《嘉禾吏民田家莂》资料统计，简文残缺不清者不计入。

营府以处之”。这表明“军吏”在当时的官吏队伍中地位是比较低下的，因此将其作为被贬斥官吏的一种职位。其次表明“军吏”一般居于“营府”之中。上述孟宗为军吏时“将母在营”当是这种措施的表现。暨艳、徐彪的做法遭到许多人的反对，认为他们“专用私情，爱憎不由公理”①。后来他们二人被孙权杀了，但是人们反对的不是“军吏”地位低下以及居于营府的问题，而是反对将百僚不分青红皂白降为“军吏”的做法。后来孟宗为“军吏”时的情况表明“军吏”的这种状况还在延续着。

虽然三国时期的“军吏”被处之营府，但是他们的户籍仍然是在原籍。据《三国志·华佗传》记载：“军吏梅平得病，除名还家，家居广陵，未至二百里，止亲人舍。有顷，佗偶至主人计，主人令佗视平，佗谓平曰：‘君早见我，可不至此。今疾已结，促去可得与家相见，五日卒。’应时归，如佗所刻。”②这个记载表明：第一，“军吏”在军中服役时只是在军中注有名籍，退役之后即除名。第二，“军吏”服役期间，其户籍仍然在原籍，故梅平除名之后得以返回原籍。这与吴简中“军吏”的情况可以相互印证。据吴简的记载，“军吏”不论平时还是在“给军吏”期间，其户籍一直在本乡里之中，照样“佃田”、交纳赋税，与其他“吏民”一样尽编户齐民所应尽的各项义务和享受各项应有的权利。

三、隋唐五代时期的“军吏”

隋唐五代沿袭前代，“军吏”仍为介于“军将”和“士卒”之间的一个群体。麟德元年(公元664年)高宗派刘仁愿率部接替检校熊津都督刘仁轨，令其率部还，刘仁轨对刘仁愿说：“国家悬军海外，欲以经略高丽，其事非易。今收获未毕，而军吏与士卒一时代去，军将又归。夷人新服，众心未安，必将生变。不如且留旧兵，渐令收获，办具资粮，节级遣还；军将且留镇抚，未可还也。”③这里将军队成员分为“军将”、“军吏”、“士卒”三

① 《三国志》卷57《张温传》，1331页。

② 《三国志》卷29《华佗传》，801页。

③ 《资治通鉴》卷201，“高宗麟德元年”条，6341～6342页。

个层次，“军吏”为两者之间的一个群体。这是唐代前期的情况。咸通元年(公元860年)因裘甫之乱，“时二浙久安，人不习战，甲兵朽钝，见卒不满三百，郑祗德更募新卒以益之，军吏受赂，率皆得孱弱者”①。浙东观察使郑祗德派遣“军吏”负责招募“新卒”，以补充“见卒”之不足。这里的“军吏”仍然是介于“军将”与“士卒”之间的群体。这是唐代后期的情况。《宋史·天文志四》在叙述“天大将军十一星”时说：“客星守之，大将不安，军吏以饥败。流星入，大将忧。苍白云气犯之，兵多疾。”②亦有“大将”、“军吏”、“兵”三个层次之分，当为包含前代军吏观念之反映。

但这是一个笼统、宽泛的界域。具体来说“军吏”包括哪些人呢？

我们先来考察“军吏”之上限，即他们与“军将”的分界。隋炀帝时以来护儿统帅征辽东，“高丽主高元扫境内兵以拒之，列阵数十里。诸将咸惧，护儿笑谓副将周法尚及军吏曰：‘吾本谓其坚城清野以待王师，今来送死，当殄之而朝食’”③。这里把“副将”与“军吏”作了区别，可见副将在军吏之上。肃宗时以邓景山为太原尹，“及至太原，以镇抚纪纲为己任，检覆军吏隐没者，众惧。有一偏将抵罪当死，诸将各请赎其罪，景山不许。”④这位被检察出了问题的偏将无疑则是在“军吏”范畴之内。唐末，刘晟“以军吏补新兴镇将，事节度使李可举”⑤。时李可举为幽州节度使。据此则“军吏”在“镇将”之下。唐律所规定的“在外长官”，包括“都督、刺史、折冲、果毅、镇将、县令、关监等”⑥。即道、州、军、镇、县、关等部门之长官，镇将为其中之一。可以推知一般而言各军事部门长官即为军将，而其下之军官、僚佐即为“军吏”。所以，刘晟补为镇将之后，已不属于“军吏”，而属于“军将”了。但是，节度使李可举对于刘晟来说，又是其军将，

① 《资治通鉴》卷250，“懿宗咸通元年”条，8079页。

② 《宋史》卷51《天文志四》，1035页，北京，中华书局，1975。

③ 《北史》卷76《来护儿传》，2591页。

④ 《旧唐书》卷110《邓景山传》，3313页，北京，中华书局，1975。

⑤ 《旧五代史》卷135《刘守光传》，1799页，北京，中华书局，1976。

⑥ (唐)长孙无忌等：《唐律疏议》卷10，“诸在外长官”条，212页，北京，中华书局，1983。

而刘晟则为其军吏。唐中后期有李惠登"自军吏为随州刺史"[1]，或记作"自军校授随州刺史"[2]。可见"军吏"相当于军队的中下级军官——"军校"。李惠登任随州刺史之前的"军吏"经历是：平卢军裨将——试金吾卫将军——以兵二千镇随州(或谓"随州镇遏使")[3]，这些职务都属于"军吏"。天复二年(公元902年)"杨行密发兵讨朱全忠，以副使李承嗣权知淮南军府事。军吏欲以巨舰运粮，都知兵马使徐温曰：'运路久不行，葭苇堙塞，请用小艇，庶几易通。'军至宿州，会久雨，重载不能进，士有饥色，而小艇先至，行密由是奇温，始与议军事"[4]。则方镇之都知兵马使似亦不在"军吏"之内而属于"军将"。

由此可见，"军吏"并非固定的概念，而是一个相对的、模糊的概念，一般而言军将之下的中下级军官均属于军吏范畴。但是军吏与军将又是一个根据不同场合而发生相应变化的范畴。

我们再来具体看看"军吏"的下限，即他们与士卒之间的分界。唐末，杨行密"应募为州兵，戍朔方，迁队长。岁满戍还，而军吏恶之，复使出戍。行密将行，过军吏舍，军吏阳为好言，问行密行何所欲。行密奋然曰：'惟少公头尔！'即斩其首，携之而出，因起兵为乱，自号八营都知兵马使"[5]。这一记载似表明"队长"在"军吏"之下而不属于"军吏"。但《新唐书·杨行密传》记此事曰："以功补队长。都将忌之，俾出戍。将行，都将问所乏，对曰：'我须公头！'即斩之。"[6]前文所谓"军吏"实指"都将"。"队"为唐末五代最基层的军事编制，"队长"似不能排除在"军吏"之外而与"士卒"等同。一般而言，由"士卒"升迁为"队长"并非易事，是一个重要变化。

---

① (唐)王谠撰，周勋初校证：《唐语林校证》卷2，112页，北京，中华书局，1987。

② (唐)李肇：《唐国史补》卷中，35页，上海，上海古籍出版社，1983。

③ 《旧唐书》卷185下《良吏下·李惠登传》，4828页；《新唐书》卷197《循吏·李惠登传》，5627页；(北宋)王溥：《唐会要》卷68《刺史上》，1422页，北京，中华书局，1955；(北宋)王钦若等编：《册府元龟》卷165《帝王部·招怀三》，1989页，北京，中华书局，1960。

④ 《资治通鉴》卷263《唐纪》，"昭宗天复二年"条，7577页。

⑤ 《新五代史》卷61《吴世家·杨行密》，747页，北京，中华书局，1975。

⑥ 《新唐书》卷188《杨行密传》，5451页，北京，中华书局，1975。

唐末，朱温“与仲兄存俱入(黄)巢军，以力战屡捷，得补为队长”①。李茂贞“时隶本军为市巡，累迁至队长”②。冯晖“为效节军卒，以功迁队长”③。可见士卒须经相当战功累积或特殊才能等方能升迁为队长，故杨行密由“州兵”积功升迁为队长，表明他已由士卒转变为军吏。唐末五代人王都的养父李应之在兵乱中被杀后，“众不解甲。乃逼牙帐请杀(王)都，(王)处直坚靳之，久乃得免。翌日赏劳，籍其兵于卧内，自队长已上记于别簿，渐以佗事孥戮，迨二十年，别簿之记，略无孑遗”④。何以为报此仇而专门建立的簿籍只登记自队长以上，然后加以杀害？表明队长以上与一般士卒是不同的。在军事编制中，“队长”是与士兵有别而构成军官范围之内的底层成员。李茂贞，“为博野军卒，戍凤翔。黄巢犯京师，郑畋以博野军击贼，茂贞以功自队长迁军校”。⑤ 经历了由“军卒”而“队长”而“军校”的阶梯。所有我们可以认为“队长”已与“士卒”不同而属于“军吏”了，它是士卒与军吏的一个分界。

后唐天成元年(公元926年)，“明宗军变，从马直军吏张破败率众杀将校，纵火焚营躁呼”。⑥“从马直”为后唐所建立之“天子亲军”⑦，即禁卫军。“后唐庄宗选诸军骁勇者为亲军，分置四指挥，号从马直。”⑧但是有的记载称张破败为“军士”⑨。这一记载之差异，或表明“军吏”之下层与“军士”之间的界线是模糊的，难以区分的。

“军吏”的范围十分广泛，分布于从中央到地方的各军事单位，其高下层级亦相去悬远。仪凤四年(公元679年)裴行俭“平都支、遮匐，大获瑰宝，蕃酋将士愿观之，行俭因宴设，遍出历示。有马脑盘，广二尺余，文

① 《旧五代史》卷1《梁书一·太祖纪一》，2页。

② 《旧五代史》卷132《李茂贞传》，1737页。

③ 《新五代史》卷49《冯晖传》，554页。

④ 《旧五代史》卷54《王处直传》附《王都传》，732页。

⑤ 《新五代史》卷40《李茂贞传》，429页。

⑥ 《新五代史》卷46《霍彦威传》，505页。

⑦ 《新五代史》卷46《霍彦威传》，505页。

⑧ (明)冯琦：《经济类编》卷57，962页，上海，上海古籍出版社，1991。

⑨ 见《旧五代史》卷35《明宗纪一》，488页、《资治通鉴》卷274《后唐纪三》，“明宗天成元年”条，8965页。

彩殊绝。军吏王休烈捧盘，历阶趋进，误蹑衣，足跌便倒，盘亦随碎。休烈惊惶，叩头流血，行俭笑而谓曰：‘尔非故也，何至于是。’更不形颜色”①。此为唐前期行军总管府之军吏。德宗时天德军判官任迪简，因军宴后至而被军吏误以醋为酒饮之②，此为唐后期方镇使府之军吏。此二例之军吏皆为军宴中之服务人员，唐代军中之下层有“一人军正，主军令，斩决罪隶，及行军、礼仪、祭祀、宾客、进止”③。军宴当在其职掌“礼仪”“宾客”范围，则此二军吏当为“军正”或其下之吏员。冯定与于頔为旧交，“后(于)頔帅襄阳，(冯)定乘驴诣军门，吏不时白，定不留而去。頔惭，笞军吏，驰载钱五十万，及境谢之”。④ 据《旧唐书·于頔传》，贞元十四年(公元798年)于頔为襄州刺史，充山南东道节度观察。此为把守节度使军门之下层“军吏”。大和六年(公元832年)苏州刺史刘禹锡“遣军吏某乙具少牢清酌之奠，敬祭于故虢州杨公之灵”⑤。此为军吏受差遣之杂役。白居易为杭州刺史，为了调节钱塘湖水的利用，规定“先须别选公勤军吏二人，立于田次，与本所由田户，据顷亩，定日时，量尺寸节限而放之”⑥。宣宗时，李荀为楚州刺史，“俾军吏之敏察者觇公田之稼，得将隐谩之谷，不翅万斛”⑦。均为州郡下层军吏，而且其所承担职务已超越军事而涉民事。

唐五代时期“军吏”较两汉魏晋南北朝时期也发生了某些变化：

(一)军吏范畴的变化

唐五代时期“军吏”的范畴较前代有所变化，府署僚佐并不笼统纳入军吏范畴，而主要指其中的武职僚佐，似不包括其中的文职僚佐。元和五年(公元810年)李墉出为扬州大都督府长史、淮南节度使，史称他“当官严重，为吏以峻法立操，所到称理，而刚决少恩。镇扬州七年，令行禁止，

① 《旧唐书》卷84《裴行俭传》，2805～2806页。

② 《唐国史补》卷中，36页。

③ 《太白阴经全解》卷3《将军篇》，143页，长沙，岳麓书社，2004。

④ 《旧唐书》卷168《冯宿传》附《冯定传》，4390页。

⑤ 刘禹锡：《祭虢州杨庶子文》，见《全唐文》卷610，6171页，北京，中华书局，1983。

⑥ 白居易：《钱塘湖石记》，见《全唐文》卷676，6911页。

⑦ 郑吉：《楚州修城南门记》，见《全唐文》卷763，7933页。

擒拙生杀，一委军吏，参佐束手，居人颇陷非法，物议以此少之”[①]。这里将“军吏”与“参佐”对举，表明两者有别。永贞元年(公元805年)河东节度使严绶“申命前清源令范阳卢惮假符于州……秋九月一日，率其属，有摄长史程义光，摄司马周利用，从事王儛，州主簿赵鄂、王青溪、杨果云、连道冲，并军吏群从数十人，致斋陈信……”[②]前往祷奠沁源县之琴高泉。这里的长史、司马、从事、主簿为州郡文职僚佐，而与“军吏”对举，也表明军吏与一般文职僚佐有别。德宗时“任迪简为天德军判官，军宴后至，当饮觥酒，军吏误以醋酌。迪简以军使李景略严暴，发之则死者多矣，乃强饮之，吐血而归”[③]。表明方镇文职僚佐——判官也不在“军吏”之列。《宋史·颜衎传》：“后唐天成中为邹平令。符习初镇天平，(符)习，武臣之廉慎者，以书告属邑，毋聚敛为献贺。(颜)衎未领书，以故规行之，寻为吏所讼，习遽召衎笞之，幕客军吏，咸以为辱及正人。”[④]这里也将幕客与军吏对举。出现这种变化的原因，与方镇使府和州府僚佐性能结构的变化有关，到了唐代后期，文武分途更为发展，不仅府州僚佐而且方镇使府也已经井然区分为文职与武职两套人员[⑤]，而军吏则属其中的武职人员。

(二)军吏作用的变化

军吏的作用在唐五代时期曾有突出表现。军吏中的上层在军事行动中参与指挥决策，历代皆然，毋庸赘述。唯至唐五代时期，军吏在政治上的作用亦日益突出，尤以唐代中后期为甚。唐代中后期政治上的两个突出现象是宦官与藩镇势力的膨胀，从而对其时的政治产生了巨大的影响。而在其中的一些军吏扮演了重要的角色，某些情况下具有举足轻重的作用。

军吏在方镇主帅的任用、更替中扮演了重要角色。大历八年(公元773年)相州刺史，充相、卫、洺、邢等州节度观察使薛嵩卒，其子薛平年十

① 《旧唐书》卷157《李鄘传》，4149页。

② 令狐楚：《沁源县琴高灵泉碑记》，见《全唐文》卷543，5508页。

③ 《唐国史补》卷中，36页。

④ 《宋史》卷270《颜衎传》，9253页。

⑤ 参见严耕望：《唐代府州僚佐考》、《唐代方镇使府僚佐考》，见《唐史研究丛稿》(上)，103～236页，香港，香港新亚研究所，1969。

二，为磁州刺史，“军吏欲用河北故事，胁(薛)平知留后务”①。大历十年(公元775年)魏博节度使田承嗣“逡巡磁、相，仍劫(孙)知古偕行，先令侄(田)悦权扇军吏，至使引刀自割，抑令腾口相稽，当众喧哗，请归承嗣”。②《通鉴》记此事曰：“使其将士割耳剺面，请承嗣为帅。”③田承嗣在魏博“数年之间，其众十万。仍选其魁伟强力者万人以自卫，谓之衙兵。”④其所倚仗之“军吏”主要就在这些亲兵之中。德宗时，泗州刺史张伾卒，“有子重政，军吏欲立为郡将，重政母徐氏固拒不从”⑤。徐申为岭南节度使，“前此守臣物故，军吏乘变，窃发印符，易置部校，拔用恶少年百辈，军中几乱，相率亡命”⑥。元和五年(公元810年)义武节度使张茂昭去职，朝廷派任迪简为义武行军司马，“虞候杨伯玉作乱，囚廸简”，杨伯玉被将士杀之；“兵马使张佐元又作乱，囚廸简”，张佐元又被将士所杀⑦。然后任迪简才得以被任命为节度使。但是当时义武“公私殚罄，迪简至，欲飨士，无所取给，乃以粝食与士同之。身居戟门下凡周月，军吏感之，请归堂寝，迪简乃安其位”⑧。在这个反复曲折的过程中，先后作乱的虞候、兵马使实际上都是军吏，而任迪简之得以接替为义武节度使并站住脚，也主要依靠军吏的支持。后梁开平三年(公元909年)，夏州“牙将高宗益等作乱，彝昌遇害，时(李)仁福为蕃部指挥使，本州军吏迎立仁福为帅。”⑨南唐时清源军副使陈洪进与留后张汉思争权，张汉思“虑洪进先发，常严兵为备。洪进子文显、文颢皆为指挥使，勒所部欲击汉思，洪进不许。一日，洪进袖置大锁，从二子常服安步入府中，直兵数百人，皆叱去之。汉

① 《旧唐书》卷124《薛嵩传》附《薛平传》，3526页。

② 《旧唐书》卷141《田承嗣传》，3839页。

③ 《资治通鉴》卷225《唐纪四十一》，“大历十年”条，7229页。

④ 《旧唐书》卷141《田承嗣传》，3838页。

⑤ 《旧唐书》187下《张伾传》，4909页。

⑥ 权德舆：《徐公(申)墓志铭并序》，见《全唐文》卷502，5109页。《新唐书·徐申传》记此事曰：“前使死，吏盗印，署府职百余员”云云，此“吏”实即权德舆文所称“军吏”。

⑦ 《资治通鉴》卷238《唐纪五十四》，“元和五年”条，7679～7680页。

⑧ 《旧唐书》卷185下《任迪简传》，4829页。

⑨ 《旧五代史》卷132《李仁福传》，1746页。

思方处内斋，洪进即锁其门，使人叩门谓汉思曰：‘郡中军吏请洪进知留务，众情不可违，当以印见授。’汉思惶惧不知所为，即自门间出印与之。洪进遽召将校吏士告之曰：‘汉思昏耄不能为政，授吾印，请吾莅郡事。’将吏皆贺。即日迁汉思别墅，以兵卫送。遣使请命于李煜，煜以洪进为清源军节度、泉南等州观察使”①。陈洪进也是在军吏的支持下夺得帅印，其所召之“将校吏士”即主要为“军吏”。这些情况表明军吏在地方政权中是一股不可忽视的力量，他们的向背往往影响、决定了镇帅的更替。

“军吏”在方镇与中央的关系中也显示了突出的作用。会昌元年(公元841年)幽州发生军乱，牙将陈行泰杀节度使史元忠，随后陈行泰又为次将张绛所杀，雄武军使张仲武“遣军吏吴仲舒表请以本军伐叛”，于是“上遣宰臣询其事”②。宰相李德裕向武宗详细汇报了这次他接见幽州军吏吴仲舒的情况：“雄武军使今日奏事官吴仲舒到臣宅，臣扶疾与之相见，细问雄武只有兵士八百人，在此外更有土团子弟五百人。臣问：‘兵马至少如何去得?’仲舒答臣云：‘只系人心归向，若人心不从，三万人去亦无益。’据此说即是仲武得幽州人心。又云：‘张绛初处置陈行泰之时，已曾唤仲武欲让与留务，是衙门内一二百人未肯。仲武行至昌平县去幽州九十里，却令归镇。’臣又问：‘万一入不得，即有何计?’仲舒云：‘幽州军粮并贮在妫州及向北七镇，若万一入未得，却于居庸关守险绝其粮道，幽州自存立不得。’伏以陈行泰、张绛皆是邀求符节，固不可比。仲武先布欵诚，候朝廷指挥，因此拔用，必能尽节，加之恩宠亦似有名。”③军吏吴仲舒是以藩镇奏事官身份前往朝廷汇报幽州局势的。奏事官是唐后期藩镇与朝廷联系的重要纽带。胡三省谓：“方镇遣牙职入奏事，因谓之奏事官”④。认为奏事官多由藩镇牙职人员担任。而所谓牙职，乃“牙前将校之职”⑤。方镇牙前

---

① 《宋史》卷483《陈氏世家·陈洪进》，13960页。

② 《旧唐书》卷180《张仲武传》，4677页。

③ (唐)李卫公：《会昌一品集》卷17《论幽州事宜状》，142页，北京，中华书局，1985。

④ 《资治通鉴》卷248《唐纪六十四》，“会昌四年”条，8003页。

⑤ 《资治通鉴》卷247《唐纪六十三》胡注，“会昌三年”条，7979页。

将校中的多数是军吏，他们为奏事官人选之一。军吏承担这一使命并非个别。如，元和六年(公元811年)“振武军吏走驿马诣阙告饥，公卿廷议，以转运使不得其人，宜选才干之士往换之”①。元和十五年(公元820年)成德节度使王承宗死，“镇州军吏以节度使王承宗死上闻，诏(田)宏正除中书令代焉”②。后唐明宗天成元年(公元926年)“卢文进至幽州，遣军吏奉表来上”③。这些都是以“军吏”为奏事官。咸通九年(公元868年)庞勋为了与唐朝廷联系，“遣押牙张琯奉表诣京师”④。张琯虽然不是藩镇奏事官，但其性质亦类似。此外，藩镇之间的联系也常利用军吏。建中二年(公元781年)成德节度使李宝臣死，其子李惟岳擅领父众，图谋背叛朝廷，判官邵真“劝惟岳遣其弟惟简入朝，仍遣军吏薛广嗣诣河东节度马燧军求保荐”⑤。襄阳节帅卢尚书与李商隐的联系也是通过军吏：“昨晚又复蒙远遣军吏，重降手笔，揄扬转极，抚纳兹深。”⑥一般情况下奏事官不以牙前上佐充任，光启二年(公元886年)僖宗因黄巢之乱播迁宝鸡，时邠宁节度使朱玫遣“奏事判官李松年至凤翔”⑦。胡三省注曰：“唐末藩镇遣其属奏事，皆谓之奏事官。判官，幕府右职也，朱玫遣之奏事行在所，故曰奏事判官，以别于寻常奏事官。”以判官为奏事官是个特例，故称之为“奏事判官”。可见“寻常奏事官”并不常以上佐充任。但奏事官不仅需要非常了解方镇各方面的情况和藩帅的意图，回答宰相甚至皇帝提出的各种问题，而且还得提出决策的建议和依据，这些又恐非低级僚佐所能胜任，他们必须是藩帅的亲信人物。因此，我们可以推测方镇奏事官似多以中级僚佐承担，军吏即为其中人选之一。我们可以看到，尽管奏事官的作用十分重要，但是其地位并不很高，元和十一年(公元816年)“敕诸道奏事官非急切不得乘驿马”⑧，

① 韩愈：《送水陆运使韩侍御归所治序》，见《全唐文》卷556，5623页。
② 庾承宣：《魏博节度使田布碑》，见《全唐文》卷615，6213页。
③ 《旧五代史》卷37《明宗纪》，512页。
④ 《资治通鉴》卷251《唐纪六十七》，“咸通九年”条，8128页。
⑤ 《旧唐书》卷187下《邵真传》，4905页。
⑥ 李商隐：《献襄阳卢尚书启》，见《全唐文》卷778，8117页。
⑦ 《资治通鉴》卷256《唐纪七十二》，“光启二年”条，8330页。
⑧ 《旧唐书》卷15《宪宗纪下》，457页。

可能就是这种情况的反映。

军吏不仅活跃于方镇与朝廷之间和藩镇之间，而且往往直接参与朝廷大事。中央的神策军是掌握在宦官手中的禁卫军，神策军中的军吏，就成为南衙与北司斗争中的争夺对象。光化三年(公元900年)神策左军中尉刘季述、右军中尉王仲先等废昭宗，以太子监国。时“有神策军巡使孙德昭者，颇怒季述之废立”，宰相崔胤“伺知之，令判官石戬与德昭游，伺其深意。每酒酣，德昭泣下，戬知其诚，乃与之谋曰：‘今中外大臣，自废立已来，无不含怒。至于军旅，亦怀愤惋。今谋反者，独季述、仲先耳。足下诛此二竖，复帝宝位，垂名万代，今正其时。持疑不断，则功落他人之手也!’德昭谢曰：‘予军吏耳，社稷大计，不敢自专。如相公委使，不敢避也。’胤乃割衣带，手书以通其意。十二月晦，德昭伏兵诛季述。昭宗反正”①。孙德昭自称“军吏”，《通鉴》将“军吏”改称“小校”②，表明两者含义是相通的。这个“军吏”具体指什么职务呢？孙德昭在起事之前的官历有诸多不同记载：护驾盐州都将③、都将④、盐州雄毅军使⑤、神策军巡使⑥、左神策指挥使⑦、左神策军将⑧、神策军大将⑨、侍卫军将⑩、右神策军都指挥使⑪等。其中《资治通鉴》记作：“有盐州雄毅军使孙德昭为左神策指挥使”⑫，似比较近于事实。据《旧五代史》本传，孙德昭盐州五原县人，“世为州校”⑬，他先为本州为雄毅军使，后调神策军。在神策军中的都指挥

① 《旧唐书》卷177《崔胤传》，4584页。
② 《资治通鉴》卷262《唐纪七十八》，“昭宗光化三年”条，8544页。
③ 《旧唐书》卷20上《昭宗纪》，771页。
④ 《新唐书》卷208《宦者下·刘季述传》，5895页。
⑤ 《唐会要》卷33《诸乐》，619页；卷65《内侍省》，1131页。
⑥ 《旧唐书》卷177《崔胤传》，4584页。
⑦ 《资治通鉴》262《唐纪七十八》，“昭宗光化三年”条，8543页。
⑧ 《新唐书》卷10《昭宗纪》，297页。
⑨ 《新唐书》卷223下《奸臣下·崔胤传》，6355页。
⑩ 《旧五代史》卷2《太祖纪二》，27页。
⑪ 《旧五代史》卷15《孙德昭传》，211页。
⑫ 《资治通鉴》卷262《唐纪七十八》，“昭宗光化三年”条，8543页。
⑬ 《旧五代史》卷15《孙德昭传》，211页。

使、指挥使、巡使等职，均属高级将领中尉、统军、大将军之下的中级将领，故均可归入“军吏”之列。在皇权与宦官的斗争中，军吏成为双方争取利用的对象。而军吏的背向成为斗争成败的关键。宰相崔胤利用神策军吏而击败了宦官势力的图谋，拨乱反正。文宗用宋申锡为宰相，亦图谋铲除宦官势力。太和五年(公元831年)“(宋)申锡谋未果，为(郑)注所察，(王)守澄乃令军吏豆卢著诬告申锡与漳王谋逆，申锡坐贬”①。时宦官王守澄为神策军中尉，豆卢著为神策军虞候。神策军与藩镇使府体制大体相同，也有都虞候、虞候等军官。豆卢著为神策军虞候，故史称其为“军吏”。这次是宦官势力利用自己所控制的神策军吏而得手。宦官利用神策虞候进行诬告，可能与虞候具有“职在刺奸”②的职能有关。

(三)军吏地位的变化

军吏的范围非常广泛，故其地位高下亦各不相同，不可一概而论。但就军吏的大多数而言，处于社会下层，其经济、政治地位是不高的。唐朝在西北地区建有巨大的牧场，“宝应中，凤翔节度请监牧废田给贫人及军吏已上者。相承数十年矣”。③ 这里将军吏与贫民并举。而到了元和十二年(公元817年)“闲厩使张茂宗举故事，尽收岐阳坊地，民失业者甚众”④。包括军吏在内的民众因而失去了土地，可见其经济地位并不高。“战士留滞于外府，军吏咨嗟于下寮”，⑤ 正是其地位的写照。但另一方面，也有一些军吏的地位则比较突出。

在唐五代时期某些军吏的政治经济地位较两汉魏晋南北朝时期有了不少变化和提高。唐末五代有些军吏一定程度上形成了带有世袭性特征的群体。上述“世为州校”的孙德昭即是这样的军吏世家。此外如：赵克裕，“祖、父皆为军吏。克裕少为牙将，好读书，谨仪范，牧伯皆奇待之。累

① 《旧唐书》卷184《王守澄传》，4770页。

② 常衮：《授张自勉开府仪同三司制》，见《全唐文》卷413，4237页。

③ 《唐会要》卷65《闲厩使》，1129页。

④ 《新唐书》卷50《兵志》，1339页。

⑤ 陈子昂：《为河内王等论军功表》，见《全唐文》卷209。

居右职，擢为虎牢关使”。[1] 这是一个三代皆为军吏的家庭。马嗣勋，“世为军吏。嗣勋有口辩，习武艺，为州客将”[2]。也是一个军吏世家。军吏一般好文者少，而尚武少文者多。后唐时“有上介胡饶，本出军吏，性麤犷，因事诟(冯)道于牙门，左右数报不应。(冯)道曰：‘此必醉耳!’”[3]是为军吏群体特征的写照。这个时期某些军吏政治地位之上升，从上述第一点中已经可以看到。同时其经济地位也有了提高。王宗，“善殖财货，富拟王侯，初为唐神策军吏，官至金吾大将军，领兴元节度使”[4]。元和四年(公元 809 年)许孟容拜京兆尹，“军吏李昱贷富人钱八百万，三岁不肯归”[5]。于是“孟容遣吏收捕械系，克日命还之，曰：‘不及期当死’……孟容刚正不惧，以法绳之，一军尽惊，冤诉于上。立命中使宣旨，令送本军，孟容系之不遣。中使再至，乃执奏曰：‘臣诚知不奉诏当诛，然臣职司辇毂，合为陛下弹抑豪强。钱未尽输，昱不可得。’上以其守正，许之。自此豪右敛迹”[6]。李昱为神策军吏[7]，或谓其为左神策军吏[8]。这个事件表明：神策军吏平日在长安地区横行霸道，为非作歹，甚至欺压富商，已经成为豪强势力的一支；京兆尹整治违法的神策军吏遭遇很大的阻力，诉状直达天听，皇帝两次出面为之开脱，中使往还干预。由此可见神策军吏在唐后期政治、经济地位的膨胀。这种状况是与当时的政治形势密切相关的，“神策军自兴元后，日骄恣，府县不能制”[9]。因为“自兴元已后，禁军有功，又中贵之尤有渥恩者，方得护军，故军士日益纵横，府县不能制”[10]，是皇

① 《旧五代史》卷 15《赵克裕传》，213 页。

② 《旧五代史》卷 20《马嗣勋传》，274 页。

③ 《旧五代史》卷 126《冯道传》，1658 页。

④ 《新五代史》卷 39《王处直传》，419 页。

⑤ 《新唐书》卷 162《许孟容传》，5000 页。

⑥ 《旧唐书》卷 154《许孟容传》，4102 页。

⑦ 参见《册府元龟》卷 696《牧守部·抑豪强》，《太平御览》卷 252《职官部五十·尹》，北京，中华书局，1960(据上海涵芬楼影印宋本复制重印)。

⑧ 见《唐会要》卷 67《京兆尹》，1187 页，《资治通鉴》卷 238《唐纪五十四》，“元和四年”条，7666 页。

⑨ 《新唐书》卷 162《许孟容传》，5000 页。

⑩ 《旧唐书》卷 154《许孟容传》，4102 页。

权衰落、宦官势力膨胀的结果。这是以往任何一个时代所不曾出现过的现象。李昱事件看来不是偶然的，元和十五年(公元820年)王仲舒为江南西道观察使，至则“罢军吏官债五千万，悉焚簿文书”①。这些军吏的负债，虽然多数可能因贫困所致，但也不能排除如李昱那样的情况。

唐五代军吏与前代相比发生的这些变化，是与这个时期社会政治结构、制度的变化相关联的。军吏范畴之相对单一和纯粹，反映了从秦汉开始的文武分途，经过两汉魏晋南北朝漫长的发展演变，到了这个时期已经完成，文吏与武吏，文官与武官已经井然有序，泾渭分明，不再混淆。部分军吏之成为藩镇与朝廷沟通的重要中介之一，以及成为皇权与宦官势力都要加以争夺和利用的工具，正是这个时期皇权衰弱的反映，是唐后期政治局势的一种反映。这部分作用比较突出的军吏，主要是在藩镇和神策军中，而这二者乃影响唐后期政治的关键势力和因素。本来地位并不高的军吏之所有能够发挥政治上的这种重要作用，与旧有的阶官品级制度的式微和使职差遣制度的发展有密切关系。这些发挥了积极作用的军吏大多是在使职差遣体系中的成员，在这种体制和制度下，他们可以不受官阶品级的制约而因缘际会，乘时成事立功，发挥了重要作用，这在过去是不可想象的。职是之故，这个时期某些军吏的政治、经济地位有了不同程度的提高，他们中的部分已经形成一个世袭性的，带有豪强色彩的群体，他们通过盘踞津要的部分表达了自己的政治主张和诉求。他们已经成为在政治、军事上都不可忽视的一个群体。从军吏这样一个独特的视角来研究中古时期的军事制度乃至社会政治历史，也许是一个可供选择的新途径。

附记：本文为笔者于2005年11月4日在日本唐代史研究会于京都大学会馆举行的唐代史会上的讲演稿，后来又发表于日本唐代史研究会主办的《唐代史研究》第9号(2006年7月)。兹稍事修改，以就正于国内的读者。原来我在《文史哲》2005年第2期发表的《说“军

① 韩愈：《江南西道观察使赠左散骑常侍太原王公墓志铭》，见《全唐文》卷563，5704页。

吏”——从长沙走马楼吴简谈起》只谈了先秦秦汉和魏晋南北朝时期的情况，本文补充了隋唐五代的内容。不过，其中的先秦秦汉及魏晋南北朝部分内容虽然与《说“军吏”》一文有所重复，但补充了一些新资料，关于“军吏”层级下移的时间也作了新的考虑。

原载[日]《唐代史研究》，第9号，2006年7月；转载于《阴山学刊》，2006(6)、《人大复印资料·魏晋南北朝隋唐史》，2007(3)全文转载。

跋　语

本书所收入的论文发表的时间前后相隔已历数十年，体例、格式参差不齐，这次均一一做了调整，力求以时下通行之格式整齐之。文中引用之资料，亦一一重新查找出处，加以校核。在尽可能保留原样的同时，个别内容作了一些修改、删补。

本书的出版首先应当感谢北京师范大学历史学院的领导。在出版一书几近年薪的今天，历史学院的领导以提倡学术为职志，慷慨投资出版这套丛书，把钢用在刀刃上，实属功德无量之善举，嘉惠学林之盛事，可圈可点。

在本书即将付梓之时，我对于长期以来在学术道路上施予援手的友人、同学的铭感之情不禁油然而生。

这里首先要提到的是，在上述20世纪80年代之后的论文撰写中，曾经先后得到张金龙教授、李文才教授、侯旭东教授、张兴成副教授、彭丰文副研究员、冯金忠副研究员、董坤玉副研究员等从不同角度多方帮助和支持。

我还要特别提出的是东北大学社会科学研究院副教授、历史学博士、博士后董劭伟先生，他数年如一日在研究工作方面给予我大力的帮助，或查找资料，或提供信息，或协助整理文稿，有求必应，不厌其烦。由于现在网上交流便捷，我们虽然相隔关山，但如在目前，畅通无阻。

历史学博士李凯先生则是我在研究先秦史方面的一位得力支持者。他说他在初中上学时便买了我的《夏商周史话》，这对于他日后从事先秦史研究，不无影响。前几年我在研究周代交聘制度时，他就曾帮忙查找资料。本书“古史”卷中的几篇殷商史论文就是他在百忙之中拨冗代为校核的。由于这些论文是在二三十年前写的，当时的许多参考书籍，特别是甲骨文书籍现在已经很难查找到了，李先生不辞劳苦，一一查找出来，进行校核，其付出时间和精力之巨，不难想象。如果不是他的大力帮助，以我一人之力，恐怕是难以如期完成这个任务的。

我当年在研究长沙走马楼吴简时，于2004年所做的“吏民‘佃田’统计表”，最近由首都师范大学历史系的朱舒娟、樊一然、王娇硕士研究生帮助输入电脑，这是一项耗费时间、精力的枯燥工作，她们不辞劳苦，细心从事，圆满完成。

还有不少从不同角度对于我的研究工作给予了不同程度帮助的友人，恕不一一，在此一并致以衷心的感谢！

子曰：“三人行，必有我师焉。”我要说的是：“师”与“生”是相对而不是绝对的，“师”也可以从“生”那里学习到很多，故“生”中亦有我师焉。与学生乃至其他一些青年学者讨论学术问题并虚心倾听他们的意见，是我的习惯和乐趣之一，除了从中得到一些启发、收获之外还可以收相互鼓舞、激励之效，相得益彰，訚訚如也！

北京师范大学出版社的刘松弢先生以其耐心和细致，悉心帮助，不吝付出，使本书得以顺利圆满出版，谨致谢忱！

本书稿编成之后，由于出版时间延宕，故又补充了四篇新近完成的论文：《汉代和亲与“质侍”在外交中的互动关系》、《汉代“天子三玺”在外交中的应用》、《一部值得中国读者阅读的三国史》、《唐代和亲公主的常驻使节作用》。

黎虎

2012.6.25

于渤海之滨的山海同湾

2016.1.5于北京师范大学